Introduction to
Futures Studies & Management

미래학·
미래경영

Introduction to Futures Studies & Management

미래학 • 미래경영

이주헌

도서출판 청람

머리말

100일 후의 미래

미래는 아무도 모른다. 짐작은 해보지만 상상일 뿐이다. 전문가들의 전망도 불확실하게 여겨진다. 슈퍼컴퓨터를 활용한 내일의 기상예보도 틀리곤 하는데 어찌, 누가, 무슨 근거로 감히 10년, 20년, 50년 후를 예측할 수 있으랴.

그러나 미래는 어김없이 찾아온다. 때론 우리의 생각과 달리, 예상과 전혀 다른 모습과 속도로 다가오기도 한다. 그래서 막연한 희망도 가져보고 불필요한 걱정도 해본다. 개인은 물론, 기업도 국가도 마찬가지다. 어찌하랴! 잠자코 있기엔 너무 불안하다. 그렇다고 나 자신을, 내 기업을, 우리나라를 운명에 맡기기는 싫다. 현대경영학의 창시자인 피터 드러커Peter Druker는 이미 오래 전에 '미래를 예측하는 최선의 방법은 미래를 창조하는 것'이라 주창했는데 과연 그 창조의 방법은 있을까?

있다! 바로 이 책에 그 답을 모아 담았다. 다름 아닌 미래학未來學이다. 이 책은 미지의 세계로 출발하려는 젊은이들을 위한 '희망 교과서'이자, 격동치는 변화와 치열한 경쟁 속에서 내일을 걱정하는 기업인과 정책가를 위한 현대판 '손자병법서'이다.

미래학은 아직 다가오지 않은 미래를 예측하고 창조하는 방법을 탐구하는 학문이다. 이 책은 다가올 미래를 전망하는 예언서나 미래예측기법들의 사용지침서가 아닌 전문학술도서로, '미래' 관련 국내외 저서들과 연구논문들을 바탕으로 정리하였다. 이에, 우리나라 대학들도 세계 유수 대학들처럼 미래학을 경영학과를 비롯한 다양한 사회과학정치학·사회학·행정학·언론학·경제학·인류학 등의 학부 및 대학원 교과과정에 포함시킬 것을 제안하면서 이 책을 감히 강의교재로 추천한다. 물론 미래에 대한 큰 그림을 그리고자 하는 공공기관의 정책연구자들과 기업 전략기획가들의 참고서가 될 수도 있으리라.

나는 IT학자이다. 미래학자가 아니다. 컴퓨터과학・산업공학・경영정보학을 전공하고 미국의 벨연구소Bell Labs, 1978~83에서 5년간의 통신시스템 개발 연구원 생활 후 귀국하여 LG그룹의 컴퓨터연구소장을 역임한 철저한 IT전문가이다. 1970년대부터 한국인 최초의 UNIX 기반의 C 프로그래머였고, 1980년대 중반부터는 우리나라 PC 보급에 앞장섰던 IT기술 1세대 중 한 명이다. 1980년대 후반에는 컴퓨터계몽가로주요 일간지에 '컴퓨터 교실'을 연재하고 '*하나님, 컴퓨터 그리고 사랑*'이라는 에세이집도 펴냄, 1990년대는 소프트웨어공학자로'*소프트웨어 공학론 시리즈* 총3권'을 저술, 2000년대는 정보통신정책가'*정보통신정책 핸드북*'의 발간을 주도함 및 경영학자이었음도'*경영학으로의 초대*'와 '*인터넷시대의 경영정보시스템*' 등을 공저함 자임한다.

그럼에도 불구하고 나는 IT혁명이 가져올 미래사회가 늘 궁금했다. 미래를 전망하는 서적은 가급적 찾아 읽었다. 국책연구기관인 정보통신정책연구원KISDI 원장 재직 시에는 청와대에, 정부기관에, 국회에, 기업에 '미래연구'를 설파했다. 취임하자마자 연구원 내에 '미래한국연구실'을 만들어 대한민국 미래사회에 대한 메가트렌드 연구를 주도했으며, 대중을 계몽하기 위한 다양한 저서들도'*2020 미래한국*', '*IT로 말하는 통일한국의 미래*', '*메가트렌드 코리아*' 등 출간한 바 있다. 당시의 내 단골 외부강연 주제도 미래'IT기반 미래 대한민국의 설계' 등였고, 공영TV방송에서 '디지털 한국의 미래'라는 주제의 TV좌담 사회를 맡은 적도 있다. 한국경영정보학회 회장을 역임할 때는 첫 학술대회2006춘계의 주제를 '디지털시대의 미래경영'으로 잡기도 했다. 미래학의 대부인 짐 데이토James Dator 교수, 세계 최초 미래학 박사로 알려지는 피터 비숍Peter Bishop 교수, 정보사회학계의 석학인 마뉴엘 카스텔Manuel Castells 교수 등을 만난 것도 그 무렵이다. 또한 미래연구의 산실인 SRI연구소와 RAND연구소를 방문하고 미국과 유럽의 미래학자들과도 직접 교류하는 등 당시는 제법 열정적인 미래학도였다.

그 후 대학에 복귀하여 '디지털혁명과 미래경영'을 가끔씩 재미로 가르쳐오다가 세월이 한참 흐른 이제야 이 책을 펴내기에 이르렀다. 미래 관련 서적들은 넘쳐나는 데도 미래학을 학문으로 가르칠 수 있는 마땅한 대학교재를 찾을 수 없었다는 것이 가장 큰 나의 명분이지만, 미래학자가 아닌 사람이 감히 미래학 입문서를 저술했음에, '미래학의 미래를 위한 것' 뿐이라고 미래학자들의 양해를 구한다. 책의 이곳저곳 미흡한 부분도 많으리라.

사실 이 책은 무려 지난 10년 동안을 꿈으로만 그리면서 방황하다가그 사이, '*대통령의 여인*'과 같은 수필집과, '*이주헌의 스케치북*'이라는 비학술적인 책만 집필함 뒤늦게 두문불출하고 쓴 늦깎이 미래학도의 결과물이다. 내가 방황하던 사이에, 미래학은 크게 발전하여 학술적 기반을 더욱 다졌고 많은 책들도 출간됨으로써 이 책을 준비하는 데 큰 어려움이 없었던 점은 다행이었다. 인터넷에도 참고할만한 자료가 흐르고 넘쳐서 찾아 읽고 간추리는 작업에만 많은 시간을 보냈으나, 방황하며 기다린 보람도 있었던 셈이다. 사실은, 지난 2018년 1월 에티오피아를 여행하면서 아프리카의 100여 개국의 모임인 아프리칸 유니온African Union의 '아젠다Agenda 2063'을 소개받고 10억 명 인구의 50년 후 미래에 대한 소망을 알게 된 것이 이 책을 쓰게 만든 새로운 계기였다고도 고백한다. 비록 과거는 참혹했고 현재도 힘들지만 이제 아프리카 모든 국가들이 경제·교통·물류·교육 등에서 한마음으로 뭉쳐 50년 후엔 강건한 대륙으로 거듭나자는 그들의 미래설계도는 내겐 신선한 충격이었고 동시에 한반도의 5년 후조차도 모르는 내 자신을 한없이 부끄럽게 만들었다. 미래를 준비해야 한다! 국가도 사회도 기업도 미래를 예측하고 개척해야 한다! 세상을 바꾸는 돌발변수들도 포용가능하다! 나는 미래학 책이라도 쓰자! 젊은 학생들이 미래학을 배우게 만들자! 이 책은 그렇게 시작되었다. 그래서 이 책 앞날개 '저자소개란'의 코끼리를 배경으로 한 투박한 모습의 내 사진도 그 여행 당시의 사진이다.

이제 이 머리말과 함께 탈고한다. 2018년 봄학기 내내, 조교 단 한 명의 도움도 없이 이 책과 홀로 씨름했다. 30여 권의 해외원서들을 아마존에서 주문해 독파했고, 50여 권의 국내서적들을 구입하여 꼼꼼하게 정독했으며, 최소 200여 편의 논문들을 살폈다. 과거에 읽었던 미래 관련 수많은 책들도 다시 훑어보고 예전의 발표 자료들과 보고서들도 다시 뒤적였다. '미래'를 논하는 신문·잡지 기사들도 찾아 읽었고 유튜브 동영상도 100편 이상 본 것 같다. 온갖 자료들로 내 연구실의 모습은 지금 이 순간에도 난장판이다. 해외의 수백 개의 각종 사이트들을 탐색하고 전문용어 어휘사전을 검색하는 등 집필하면서 구글이나 네이버에 조회한 횟수도 아마 5천 번은 훨씬 넘을 것이다. 인터넷을 접속할 때마다 소화시켜야 하는 정보량이 폭발적으로 늘다보니 쓰는 시간보다 독해하고 머리를 정리하는 시간이 훨씬 길었던 것 같다. 번역하고, 표 만들어 정리하고, 도형 그리고, 사진 찾고, 각 장마다 토의문제까지 만드는 등 이 책을 위해 최소 1,000시간을 투자했다. 그러나 내겐 오랜만에 즐겁게 읽고 배우면서 글 쓰는 보람의 시간이었다. '우리나라 IT전문가들 중에 나만큼 글자를 많이 만든 사람은 없으리라' 생각할 정도로 평생 제법 많은 글을 써왔지만 이번만큼은 짧은 기간 동안에 머리 못지않게 키보드를 두드리는 손가락도 많이 바빴다. 더 욕심내면 끝이 없다. 드디어 탈고의 시간이다.

탈고를 하려니 내 예측이 맞았다. 학기 초인 2018년 3월 8일, 한 쪽짜리 목차를 구성하면서

100일 후면 이 순간을 맞을 것이라고 다짐했는데 역시 여름방학이 다가온다. 100일 후의 미래를 내 과거의 저술경험에 비추어 제법 정확하게 예측한 셈이다. 아니, 이 책이 미래학을 '미래창조 학문'이라고 강조하듯이, 비전을 세우고 자료 환경을 분석하고 목표를 정한 후 집필전략기획strategic planning을 실행으로 옮기니 이렇게 하나의 작은 미래가 창조될 수 있었으므로 미래학의 실용성을 증명한 사례로도 간주된다. 물론 대단한 집필전략이 있었던 것은 아니고, '일주일에 한 장chapter씩', '하루에 A4용지 5장', '매일 최소 10시간 투자'를 스스로 약속하고 가급적 지켰던 것뿐이다. 다소 급하게 썼지만 결과가 부끄러운 수준은 아니다. 아니, 국내외의 많은 미래학 관련 책들을 제법 샅샅이 훑어본 입장에서, 우리나라 대학의혹은 대학원의 미래학 입문서로 추천할 만 하다고 자평한다. 가을학기부터는 이 책으로 강의를 할 수 있을 것 같아 벌써부터 기대된다. 출판사에서 책으로 만들어주는 방학기간 동안은 유쾌한 스케치여행을 떠날 계획이다.

이 책을 쓰며 무엇보다도 독자들에게 내일을 생각하게 하고, 미래를 흥미롭게 느끼게 하고, 미래학이 쉽게 이해되도록 노력했다. '미래학・미래경영Futures Studies & Management'은 아마도 나의 마지막 학술저서가 아닐까 싶다. 미래학 공부와 희망찬 미래 개척에 도움이 되길 바라며, 이 책을 후학後學들에게 바친다.

2018년 6월 11일

저자 이주헌

이 책의 내용에 대한 **설명**

미래학 입문서에 무슨 내용을 담을까. 이 책은 제법 깊은 고민 끝에 '넓게, 쉽게, 재미있게'라는 저자 나름의 원칙을 지킨 결과이다. 이 책 한 권이면 미래학에 대한 폭넓은 이해가 가능하리라 확신한다. 무엇보다도 미래를 생각하고 미래학을 배우고 싶은 욕심을 갖도록 노력했다.

제1부 미래를 **생각**하고 미래학을 배우는 목적을 밝히기 위한 장으로 시작했다.

- 제1장 과거, 현재 그리고 미래
- 제2장 미래학의 과거와 현재
- 제3장 미래학이 전망하는 미래

제2부 **이론**을 담았다. 변화・탐색・예측・창조 등과 관련된 핵심 미래학 이론들을 소개했다.

- 제4장 변화와 시스템과 미래
- 제5장 미래탐색과 미래예측
- 제6장 미래의 창조

제3부 미래연구에 필요한 다양한 **기법**과 **방법**들을 연구단계별로 분류해 설명했다.

- 제7장 현재의 이슈와 트렌드 탐색방법
- 제8장 미래예측 기법
- 제9장 미래설계와 전략적 창조방법

제4부 국내외 **방법론**을 소개함으로써 미래학이 실용학문으로 이해되고 활용되도록 했다.

- 제10장 해외 미래학계의 유명 방법론
- 제11장 국산 미래경영 방법론
- 제12장 개인의 인생을 위한 미래경영 기법과 방법론

제5부 미래학의 **응용**편이다. 국가・산업・기업・조직의 미래연구 사례를 선별하여 소개했다.

- 제13장 국가와 사회를 위한 미래연구 사례
- 제14장 산업과 기업의 미래경영 사례

이 책은 각 장 끝에 **부록**을 첨부하였다. 미래를 위한 교훈, 미래도서 목록, 미래학 교과과정, 미래를 가르치는 세계의 대학들, 미래연구 기관들, 미래용어집, 죽음 이후의 미래 등은 유익한 정보가 되리라 기대한다. 책 뒤에 첨부하지 않고 각 장에 삽입시킨 것은 그저 부록으로만 취급되지 않고 읽혀지기 위한 포석이다.

미래를 생각하자는 취지로 각 장마다 3~4편의 '**생각해봅시다**' 글을 실었다. 미래학을 공부하는 중에 잠시 쉬어가면서 미래를 다방면에서 생각하고 또한 흥미를 갖도록 했다. 이 책은 교과서인 까닭에 각 장마다 **토의문제**를 10개씩 담고 있다. 그러나 개인 과제와 팀 과제가 미래학의 이해에 가장 중요하므로 **과제 수행지침**도 제공한다. 참고로, 이 책은 수천 개의 비교적 고급 영어단어들을 한글단어 옆에 함께 표기했다. **영어공부**에도 도움이 될 것을 기대한다.

책 끝의 별첨부록은 '**미래 상상교육관**'으로 꾸며 미래를 그린 그림과 영화와 미래학을 공부할 수 있는 교육용 동영상 목록을 제공했다. 미래를 보고 듣는 공간이다.

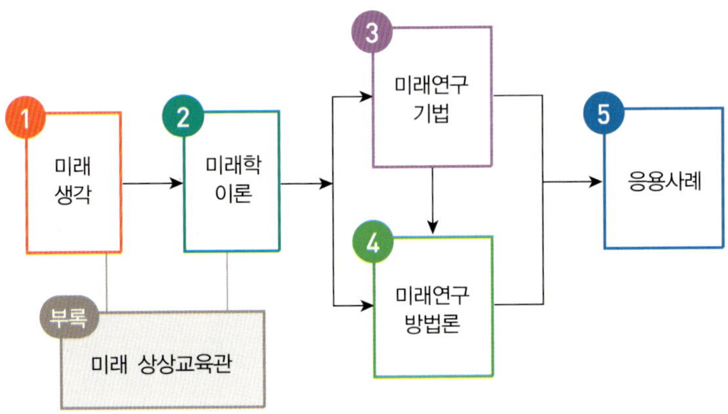

이 책의 이용에 대한 **안내**

미래학을 가르치고 배운다는 것은 쉽지 않은 일이다. 일반 학문처럼 정형화되어 있지 않을 뿐더러 무엇을 어떻게 배워야 하는지가 불분명하다. 예측기법의 설명만으로 미래학이 이해되고 미래가 눈에 보이는 것도 아니다. 미래학은 기법의 집합이 아닌 학문인 까닭이다.

그러나 미래학을 공부하는 목표는 분명하다. 미래의 정치·경제·사회·문화·환경에 영향을 미칠 변화의 흐름을 체계적으로 발견하고 분석할 수 있는 이론과 실용적 방법을 배워, 가능하고 바람직한 미래상을 예측할 수 있게 함이다. 나아가 사례 실습을 통해 미래학을 몸소 체험하고 학생 개인의 미래의 삶을 개척하는 꿈과 지혜를 주기 위함이다. 저자의 경험으로는 많이 찾아 읽고 많은 생각을 하고 과제를 통해 통찰력을 키우는 것이 바람직하다는 생각이다.

- **강의** 이론이나 예측기법은 가르쳐야 하되, 무엇보다도 토론 위주의 강의 방식이 추천된다.
- **개인과제** 읽고 생각하고 쓰고 발표하고 토론에 참여할 여건을 마련함이 중요하다.
- **팀과제** 3~5명의 팀들을 편성하여 미래연구과제를 수행하게 함은 필수적이다.

팀과제는 팀원들끼리 토론을 거쳐 자율적으로 정할 것이지만, 흥미롭고 유익하고 한 학기 동안 나름대로 미래를 예측하고 원하는 미래상을 밝힐 수 있되, 최소한 10년 후의 미래를 연구하게 해야 진정한 미래연구과제라고 본다.

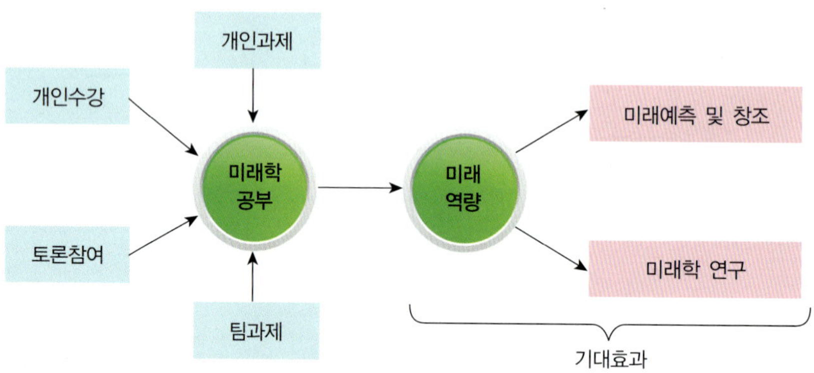

참고로, 아래는 저자가 추천하는 주별 강의진행 일정표이다.

주	강의 및 토론내용		개인 및 팀과제	비고
1	기초	제1장 과거·현재·미래	개인: 수필(미래의 꿈)	
2		제2장 미래학 개요		신문읽기 추천
3		제3장 미래전망 상식	개인: 독후감(미래도서)	
4	이론	제4장 변화·시스템·미래		
5		제5장 미래탐색과 예측	팀 편성(팀당 3~5명씩)	매주 '팀별 토론'(30분 배려)
6		제6장 미래창조		
7	발표 및 토론		팀: 연구주제 발표	미래연구 계획서
8	중간고사		개인: 필기시험(주관식)	미래학의 개념 이해 평가
7	발표 및 토론		팀: 연구주제 발표	미래연구 계획서
8	중간고사		개인: 필기시험(주관식)	미래학의 개념 이해 평가
9	기법	제7장 추세탐색 기법		연습문제(기법 사용)
10		제8장 미래예측 기법		
11		제9장 미래설계·창조방법	팀: 중간발표(탐색결과)	
12	방법론	제10장 해외 유명 방법론		포사이트foresight 방법론 해외·국내 하나씩만 소개 개인 미래경영 방법론 강조
		제11장 국산 방법론		
		제12장 개인의 미래경영		
13	응용	제13장 국가와 사회		팀 과제 진행 점검
		제14장 산업과 기업		
14	발표 및 토론 – 첫 주		팀: 최종발표	팀 리포트 제출 (강의 카페에 업로드)
15	발표 및 토론 – 둘째 주			
16	총정리 및 학기말 고사		개인: 인생설계서	과제 제출(필기시험 대신)

미래연구과제 수행에 대한 **지침**

미래학은 이론이나 기법만으로는 배움이 불확실한 학문이다. 다른 여러 학문과 마찬가지로 실습을 통해 이론을 응용함으로써 배운 지식을 '내 것'으로 만드는 과정이 필수적이다. 따라서 학기 전반에 걸쳐 과제를 수행하며 익히고 토론하고 발표하는 시간을 가져야 한다.

◉ 팀과제

다음과 같이 추천한다.

- **팀의 구성** 학기 초에 3~5명씩 팀을 편성하고 팀장을 정하게 한다.
- **연구대상 결정** 팀과제는 팀원들끼리 토론을 거쳐 자율적으로 정할 것이지만, 흥미롭고 유익하고 한 학기 동안 나름대로 미래를 예측하고 원하는 미래상을 밝힐 수 있는 주제들이 중복되지 않게 선정한다. 연구주제는 대학도서관, 입시학원, 결혼제도, 데이트문화, 패션스타일, 의료서비스, 케이블방송, 신문, K-POP, 당구장, 영화관, 홈쇼핑, 스마트폰의 미래 등 다양할 수 있겠으나, 최소한 10년 후의 미래를 연구하게 해야 진정한 미래연구 과제라고 본다.
- **진행방법** 이 책 제10장에 소개된 방법론(하와이대학의 4 Steps to the Future 등)이나, 제11장에 소개된 방법론(카이스트의 3차원 미래관리 방법론 혹은 기술인문융합창작소의 FEF 미래예측 프레임워크 등)에서 하나를 선택하여 진행시킴을 원칙으로 한다.
- **일정계획** 학기 전반에 팀 구성과 주제를 확정하고, 후반에 중간발표(탐색결과)를 한 후 학기말 경에 최종발표회를 갖는다. 보고서는 학기말에 제출한다.
- **팀 회의** 팀 편성이 된 이후 매주 팀 회의를 갖고 연구내용, 역할분담, 향후 계획 등을 위한 브레인스토밍 회의를 갖는다.
- **구두 발표** 팀별로 약 30분에 걸쳐 발표하고(중간과 최종) 토론하고 피드백을 받는다. 최종 발표는 파워포인트 자료 50장 내외로 한다.
- **보고서 작성** A용지 50쪽 내외의 분량으로 최종보고서를 작성하고 평가받는다.

◉ 개인과제

개인의 미래를 설계함도 미래학도로서 큰 의미를 갖는다.

- **내용** 개인의 인생설계가 목적이다.
- **진행방법** 이 책 제12장의 '젊은이를 위한 ISOM 인생설계 방법론'을 따른다.
- **일정계획** 학기 전반에 인생설계도를 그려보고, 학기말에 상세 보고서를 제출한다.
- **보고서 작성** 추천 양식을 따르되, 인생스토리 에세이나 5분 동영상을 첨부한다.

◉ 기타 개인과제

다음과 같은 과제들도 추천한다.

- **읽기** 최근 출간된 미래도서 중 한 권을 선택하여 읽고 독후감 쓰기
- **쓰기** '미래와 나'를 주제로 A4용지 1~2쪽 분량으로 수필쓰기
- **생각하기** 이 책의 [생각해봅시다] 코너를 읽으며 사색하기
- **보기** 미래 관련된 동영상(youtube 등)과 영화를 시청한 후 토론하기

◉ 팀 연구과제 추천목록(예)

• 대학도서관	• 드론	• 안마기	• 동네의원
• 입시학원	• 암퇴치	• 택배서비스	• 막걸리
• 결혼제도	• 텔레비전	• 노트북PC	• 약국
• 데이트문화	• 손목시계	• 책	• 성인용품
• 패션스타일	• 국회	• 가상화폐	• 양복
• 의료서비스	• 시내버스	• 주민등록증	• 반지
• 케이블방송	• 대학교육	• 성인방송	• 클래식음악
• 신문	• 선풍기	• 자동차	• 안경
• K-POP	• 미장원	• 편의점	• 냉장고
• 당구장	• 네비게이션	• 전원주택	• 음성인식
• 영화관	• 포르노	• 온실	• 애니메이션
• 홈쇼핑	• 음료수	• 사랑	• 빨집
• 스마트폰	• 통역기	• 자전거	• 몰래카메라
• 온라인게임	• 넥타이	• 키보드	• 김치
• 레스토랑	• 주민센터	• 선거방식	• 담배

차례

머리말 ▪ iv
이 책의 내용에 대한 설명 ▪ viii
이 책의 이용에 대한 안내 ▪ x
미래연구과제 수행에 대한 지침 ▪ xii

Part 01 미래경영의 개념
미래는 무엇이며 어떻게 준비해야 하나?

Chapter 1 과거, 현재 그리고 미래
❑ 미래란 무엇인가 ▪ 4
1. 미래를 생각해야 하는 이유 ▪ 5
2. 미래의 특성 ▪ 6
3. 미래법칙 ▪ 7
생각해봅시다 1.1 '미치광이' 교수가 세계미래학계의 석학? ▪ 9
❑ 21세기의 선지자들 ▪ 10
1. SF작가의 상상력과 문학인의 혜안 ▪ 10
2. 천재들의 직관력 ▪ 11
3. 대통령의 선견지명 ▪ 12
4. 동양철학가의 신통력 ▪ 13
생각해봅시다 1.2 토정비결은 자랑스러운 조선의 예언서인가? ▪ 14
5. 미래학자의 예지력 ▪ 15
❑ 과거가 주는 교훈 ▪ 16
1. 과거로부터 배우는 미래 ▪ 16
2. 과거를 벗어나는 미래 ▪ 17
생각해봅시다 1.3 '과거' 관련 명언들 ▪ 19
❑ 현재에 대한 이해 ▪ 19
1. 메가트렌드 ▪ 20
2. 현재분석 ▪ 20
생각해봅시다 1.4 '현재' 관련 명언들 ▪ 21
❑ 미래예측과 미래창조 ▪ 22

1. 미래예측 ▪ 22
2. 미래를 위한 혁신 ▪ 22
3. 미래학으로 창조하는 미래 ▪ 23
생각해봅시다 1.5 '미래' 관련 명언들 ▪ 25
◉ 개인문제 젊은 당신의 행복을 위한 미래 인생설계도 ▪ 26
◉ 토의문제 ▪ 27
◉ 참고문헌 ▪ 27
◉ 부록 1 젊은 당신의 미래를 위한 교훈 ▪ 29

Chapter 2 미래학의 과거와 현재
❑ 미래학의 역사 ▪ 36
1. 미래를 그린 고전 서적들 ▪ 36
2. 미래학의 탄생 배경 ▪ 37
3. 미래학의 발전과정과 미래학자들의 계파 ▪ 38
생각해봅시다 2.1 인류 종말이 온다. 지구를 떠나라. ▪ 43
❑ 미래학의 정의와 학문적인 틀 ▪ 46
1. 미래학의 정의 ▪ 46
2. 미래학의 학문적 특성 ▪ 49
생각해봅시다 2.2 미래학이라는 학문명칭의 미래는? ▪ 53
3. 미래학의 연구영역 ▪ 54
4. 미래학의 체계 ▪ 55
5. 미래학의 핵심이론 ▪ 57
❑ 미래연구의 특성과 기법 ▪ 59
1. 미래연구의 특성 ▪ 59
2. 미래예측에 필요한 지식 ▪ 59
3. 미래연구 기법들 ▪ 60
❑ 미래학 교육 ▪ 61
1. 학문으로서의 대학교육 ▪ 61
2. 기술로서의 전문가교육과 역량 ▪ 63
❑ 우리나라 미래학의 과거와 현재 ▪ 65
1. 국내 미래학계의 역사 ▪ 65
2. 국내 연구기관의 미래연구 ▪ 67
3. 국내 미래학계의 현황 ▪ 68
4. 우리나라 미래학 교육의 실태 ▪ 70
생각해봅시다 2.3 미래학은 출신성분을 따지지 않는다? ▪ 71
◉ 토의문제 ▪ 73
◉ 참고문헌 ▪ 73

◉ 부록 2 세계 미래교육 대학 목록과 대학원 교과과정 ▪ 75

Chapter 3 미래학이 전망하는 미래

❑ 궁금한 미래, 많은 질문들 ▪ 79
❑ 유엔 미래연구기구의 2055 미래 전망 ▪ 81
1. 건강하게 오래 사는 사람들 ▪ 82
2. 인공지능과 제4차 산업혁명의 영향 ▪ 84
3. 무너지는 경계, 변하는 세상 ▪ 85
4. 권력의 분산 ▪ 87
5. 생명공학과 인간의 미래 ▪ 88
6. 미래기술 타임라인 ▪ 89
생각해봅시다 3.1 2055년의 당신은? ▪ 91
❑ 싱귤래리티 학파가 전망하는 2045 미래 ▪ 92
1. 세계를 변화시키는 일곱 가지 힘 ▪ 93
2. 특이점과 미래 ▪ 94
생각해봅시다 3.2 삼성전자의 인공지능연구 ▪ 96
❑ 미국 국가정보위원회의 2035 글로벌 트렌드 ▪ 97
❑ 한국과학기술기획평가원의 2035 메가트렌드 ▪ 99
❑ KT경제경영연구소의 제4차 산업혁명의 미래 ▪ 101
1. 제4차 산업혁명의 개념 ▪ 101
2. 대한민국의 위기와 제4차 산업혁명의 미래 ▪ 104
생각해봅시다 3.3 1989년에 예측했던 2000년도 서울의 미래 ▪ 105
◉ 개인과제 '미래'도서 독후감 제출 ▪ 107
◉ 토의문제 ▪ 107
◉ 참고문헌 ▪ 108
◉ 부록 3 미래도서 목록 ▪ 109

Part 02 미래학의 핵심이론

미래학의 기본 사상과 원리는 무엇인가?

Chapter 4 변화와 시스템과 미래

❑ 변화의 4차원 이론 ▪ 115
1. 변화의 원천 ▪ 116
2. 변화의 시계 ▪ 118

3. 변화의 속도 ▪ 119
4. 변화의 형태 ▪ 120
❑ 변화의 단속평형 이론 ▪ 122
❑ 시스템 사고 ▪ 124
1. 시스템 이론 ▪ 124
2. 시스템 작동과 모델링 ▪ 125
3. 사이버네틱 시스템 ▪ 127
4. 복잡적응계 ▪ 128
생각해봅시다 4.1 X와 Y 중 누가 미래를 더 잘 준비하고 있을까? ▪ 130
❑ 사회변동 이론 ▪ 131
1. 진보론 ▪ 132
2. 발전론 ▪ 133
3. 기술론 ▪ 133
4. 문화론 ▪ 134
5. 순환론 ▪ 135
6. 갈등론 ▪ 135
7. 시장론 ▪ 136
8. 권력론 ▪ 136
9. 진화론 ▪ 137
10. 창발론 ▪ 137
❑ 미래를 보는 관점 ▪ 139
1. 전통적인 관점 ▪ 139
2. 통합적 관점 ▪ 140
❑ 미래의 다양성 이론 ▪ 141
1. 미래의 유형 ▪ 141
2. 비판적 사고와 가정 ▪ 142
❑ 미래연구 기법과 프레임워크 ▪ 145
1. 기법과 방법 ▪ 146
2. 미래연구 프레임워크 ▪ 148
생각해봅시다 4.2 다시 찾아 읽은 아시모프 과학칼럼 ▪ 148
◉ 토의문제 ▪ 151
◉ 참고문헌 ▪ 151
◉ 부록 4 20년 후 다가오는 4가지 미래 ▪ 153

Chapter 5 변화탐색과 미래예측
❑ 조사연구론 ▪ 156
1. 조사연구의 개념 ▪ 157

Contents

2. 프레임워크 예측의 활용 ▪ 158
❑ 변화추세의 탐색 ▪ 159
1. 스캐닝히트의 발견 ▪ 160
2. 광범위한 정보자원의 탐색 ▪ 161
3. 연구영역의 다른 계층 탐색 ▪ 162
4. 와일드카드에 대한 주목 ▪ 163
5. 스캐닝히트의 관리 ▪ 163
6. 스캐닝히트의 구분 ▪ 164
7. 스캐닝히트 평가기준의 확립 ▪ 164
생각해봅시다 5.1 머피가 셀리를 만났을 때? ▪ 165
❑ 미래예측의 의미와 이론 ▪ 166
1. 미래예측의 의미 ▪ 166
2. 예측이론 ▪ 167
생각해봅시다 5.2 예측이라는 단어가 주는 거부감? ▪ 168
❑ 프레임워크를 이용하는 미래예측 ▪ 169
1. 미래예측 프레임워크 ▪ 170
2. 베이스라인 미래의 예측 ▪ 171
3. 베이스라인 분석 ▪ 173
생각해봅시다 5.2 미친 창의력이란 무엇일까? ▪ 175
4. 대안 미래의 예측 ▪ 176
5. 핵심 시나리오 ▪ 179
◉ 토의문제 ▪ 179
◉ 참고문헌 ▪ 180
◉ 부록 5 글로벌 도전과제들과 대응방안 ▪ 181

Chapter 6 미래의 창조
❑ 리더십 ▪ 188
1. 리더십 이론 ▪ 188
2. 조직변화의 기능 ▪ 190
3. 미래창조 리더십의 이해 ▪ 191
생각해봅시다 6.1 대통령의 리더십 ▪ 192
❑ 비전의 설정 ▪ 192
1. 비전과 비저닝 ▪ 193
2. 비전의 특성과 비전 선언문 ▪ 193
3. 비전 개발과정 ▪ 195
생각해봅시다 6.2 당신은 여우? 고슴도치? ▪ 197
❑ 미래창조를 위한 전략기획 ▪ 198

1. 전략기획을 위한 계획수립 ▪ 198
2. 미래의 이해 ▪ 199
3. 방향의 설정 ▪ 200
4. 전략기획 ▪ 200
❑ 미래창조를 위한 변화관리 이론 ▪ 201
1. 변화관리의 필요성 ▪ 201
생각해봅시다 6.3 창조적 파괴 ▪ 203
2. 혁신확산과 경영혁신 이론 ▪ 203
3. 변화주도 이론 ▪ 205
4. 변화관리의 원칙 ▪ 205
◉ 토의문제 ▪ 207
◉ 참고문헌 ▪ 207
◉ 부록 6 미래용어집 ▪ 209

Part 03 미래연구 기법과 방법

과거·현재의 분석과 미래예측 기술은 무엇인가?

Chapter 7 현재의 이슈와 트렌드 탐색방법
❑ 이머징 이슈 분석기법 ▪ 217
1. 이머징 이슈분석의 정의와 목적 ▪ 218
2. 이머징 이슈분석을 위한 활동 ▪ 218
3. 이머징 이슈 분석사례 ▪ 219
❑ 환경스캐닝 방법 ▪ 220
1. 환경스캐닝 방법의 개념 ▪ 220
2. 스캐닝 절차 ▪ 221
3. 환경스캐닝의 사례 ▪ 223
❑ STEEP 분석기법 ▪ 224
1. STEEP 분석의 개념 ▪ 225
2. STEEP 분석 워크숍 진행법 ▪ 226
3. STEEP 기법의 활용사례 ▪ 228
❑ 인과층위분석 기법 ▪ 230
1. 4단계 계층구조와 접근법 ▪ 230
2. 인과층위분석 기법의 이용 ▪ 231
❑ 추세외삽법 ▪ 232
1. 추세외삽법의 개념 ▪ 232

2. 질적 추세외삽법의 과정 ▪ 233
3. 질적 추세외삽법의 한계 ▪ 234
4. 적용사례 ▪ 235
❑ 통계모형과 시계열분석 기법 ▪ 236
1. 회귀분석 ▪ 236
2. 시계열분석과 사례 ▪ 237
생각해봅시다 7.1 여자는 과거, 남자는 미래? ▪ 239
❑ 형태분석법 ▪ 240
1. 형태분석의 개념과 실행방법 ▪ 240
2. 형태분석법의 활용사례 ▪ 242
생각해봅시다 7.2 추리소설과 미래학 ▪ 243
❑ 에이전트 모델링 ▪ 244
1. 에이전트 모델링의 개념 ▪ 245
2. 에이전트 모델링의 특징 ▪ 246
3. 모델링 사례 ▪ 247
❑ 문헌조사 ▪ 249
◉ 토의문제 ▪ 250
◉ 참고문헌 ▪ 250
◉ 부록 7 육감 테스트와 미래예측력 ▪ 252

Chapter 8 미래예측 기법
❑ 퓨처스 휠 분석기법 ▪ 256
1. 퓨처스 휠의 개념 ▪ 256
2. 퓨처스 휠 기법의 실행방법 ▪ 258
3. 버전 2와 버전 3 모형 ▪ 259
생각해봅시다 8.1 아프리카 대륙의 미래 비전 ▪ 261
4. 퓨처스 휠 기법의 이용사례 ▪ 262
❑ 시나리오 기법 ▪ 263
1. 시나리오 기법의 실행방법 ▪ 264
2. 플롯의 선택 ▪ 266
3. 시나리오 기법의 장·단점과 유의사항 ▪ 267
4. 시나리오 기법의 활용사례 ▪ 267
생각해봅시다 8.2 영화 시나리오와 미래 ▪ 269
❑ 델파이 기법 ▪ 270
1. 델파이 기법의 이용방법 ▪ 270
2. 델파이 기법의 특징 및 장·단점 ▪ 272
3. 델파이 기법의 이용사례 ▪ 272

Contents

❑ 교차영향분석 기법 ▪ 274
1. 상호연관성 ▪ 274
2. 교차영향분석 절차 ▪ 275
3. 교차영향분석 사례 ▪ 276
생각해봅시다 8.3 미래영어 공부 ▪ 277
❑ 빅데이터 기법 ▪ 277
1. 빅데이터 기법의 개념 ▪ 278
2. 빅데이터 기법의 유형과 분석도구 ▪ 279
3. 빅데이터 기법의 이용사례 ▪ 281
❑ 텍스트 마이닝 기법 ▪ 285
1. 텍스트 마이닝 기법의 개념 ▪ 285
2. 텍스트 마이닝 도구 ▪ 287
3. 텍스트 마이닝 활용사례 ▪ 288
❑ 브레인스토밍 기법 ▪ 290
1. 브레인스토밍 기법의 개념 ▪ 291
2. 브레인스토밍 진행방법 ▪ 292
3. 브레인스토밍 기법 이용사례 ▪ 293
❑ 전문가패널 기법 ▪ 295
1. 패널의 종류 ▪ 295
2. 전문가패널 기법의 특성과 장·단점 ▪ 296
❑ 와일드카드 기법 ▪ 296
1. 와일드카드의 개념 ▪ 296
2. 와일드카드 기법의 이해 ▪ 297
❑ 천재적 예측방법 ▪ 298
1. 천재의 특성 ▪ 298
2. 천재의 직관과 통찰력 ▪ 299
3. 천재적 예측을 위한 접근방법 ▪ 300
❑ 미래지수 기법 ▪ 301
1. 국가미래지수 ▪ 301
2. 국가미래준비지수 ▪ 304
3. 기업미래지수 ▪ 306
◉ 토의문제 ▪ 308
◉ 참고문헌 ▪ 309
◉ 부록 8 미래연구 기법의 분류 ▪ 311

Contents

Chapter 9 미래설계와 전략적 창조방법

생각해봅시다 9.1 토끼와 늑대 ▪ 314

❑ 계층화분석법 ▪ 315
1. 계층화분석법의 원리 ▪ 316
2. 계층화분석법의 적용단계 ▪ 317
3. 계층화분석법의 이용사례 ▪ 318

❑ 로드맵 기법 ▪ 320
1. 로드맵의 유형 ▪ 320
2. 로드맵핑의 단계 ▪ 321
3. 로드맵 기법의 활용사례 ▪ 322

❑ 의사결정나무 기법 ▪ 323
1. 의사결정나무 제작 ▪ 324
2. 의사결정나무를 이용한 예측 ▪ 324

❑ 윈드터널링 방법 ▪ 325
1. 윈드터널링의 개념 ▪ 325
2. 윈드터널링 방법의 수행 ▪ 325

❑ 백캐스팅 기법 ▪ 327
1. 백캐스팅 기법의 개념 ▪ 327
2. 백캐스팅의 효과 ▪ 327

❑ 비저닝 워크숍 ▪ 328
1. 비저닝 워크숍 프로세스 ▪ 328
2. 비저닝 워크숍의 적용 ▪ 329

❑ SWOT 요인분석법 ▪ 330
1. SWOT 요인분석법의 개념 ▪ 330
2. SWOT 기법 활용사례 ▪ 331
3. SWOT 기법의 장·단점 ▪ 333

생각해봅시다 9.2 당신은 똑게? 멍부? ▪ 333

❑ 미래상 시각화 기법 ▪ 334
1. 미래상 시각화의 개념 ▪ 334
2. 미래상 시각화의 사례 ▪ 335

❑ 미래지도 기법 ▪ 337
1. 미래지도의 유형 ▪ 338
2. 미래지도 사례들 ▪ 338

❑ 전략기획과 전략적 미래창조 ▪ 340
1. 경영학에서의 미래지향적 전략기획 ▪ 341
2. 미래학에서의 전략적 미래창조 ▪ 342
3. 미래전략개발 프로세스 사례 ▪ 344

❑ 미래연구 역량평가 ▪ 345
1. 미래역량의 개념 ▪ 345
2. 미래지향적 역량평가 사례 ▪ 347
❑ 게임과 시뮬레이션 ▪ 348
1. 게임과 시뮬레이션의 개념 ▪ 348
2. 정책게임의 사례 ▪ 350
❑ 리더십 발휘 ▪ 350
1. 미래지향적 리더십 ▪ 351
2. 리더십을 발휘하는 방법 ▪ 352
❑ 경영프로세스 혁신 ▪ 352
1. BPR의 정의 ▪ 353
2. BPR의 실행단계 ▪ 354
3. BPR 도입의 성공요인 ▪ 354
4. BPR 적용사례 ▪ 355
❑ 변화관리와 성과관리 ▪ 356
1. 변화관리 ▪ 356
2. 성과관리 ▪ 358
3. BSC 기반의 성과관리 ▪ 358
생각해봅시다 9.3 '시한부 인생'을 선고받은 사람의 미래 ▪ 359
◉ 토의문제 ▪ 360
◉ 참고문헌 ▪ 361
◉ 부록 9 은퇴 후의 미래, 노후준비 ▪ 363

Part 04 미래경영 방법론

미래를 창조하는 실용적 방법은 무엇인가?

Chapter 10 해외 미래학계의 유명 방법론

❑ 휴스턴대학의 Framework Foresight 방법론 ▪ 369
1. 프로젝트 정의 ▪ 371
2. 과거·현재의 탐색 ▪ 372
3. 미래 예측 ▪ 373
4, 비전의 설정 ▪ 375
5. 계획수립 ▪ 376
6. 실행 ▪ 376
생각해봅시다 10.1 미래중독자의 내일? ▪ 378

Contents

❑ 하와이대학의 4 Steps to the Future 방법론 ▪ 379
1. 과거분석 ▪ 380
2. 현재의 이해 ▪ 382
3. 미래 예측 ▪ 383
4. 미래를 위한 열망 ▪ 386
❑ 스웨덴의 TAIDA 방법론 ▪ 387
1. 추적단계 ▪ 388
2. 분석단계 ▪ 389
3. 전망단계 ▪ 390
4. 결정단계 ▪ 391
5. 행동단계 ▪ 391
생각해봅시다 10.2 제나 세이 쿠와? ▪ 392
❑ 기타 해외 방법론 ▪ 392
1. 영국 Shaping Tomorrow사의 방법론 ▪ 393
2. 독일 Siemens사의 방법론 ▪ 394
생각해봅시다 10.3 당신은 얼마나 미래지향적 사고를 가졌는가? ▪ 396
3. 러시아의 S&T Foresight 2030 방법론 ▪ 397
4. 대만 담강대학교 이나야툴라의 미래연구 방법론 ▪ 398
◉ 토의문제 ▪ 400
◉ 참고문헌 ▪ 400
◉ 부록 10 좌뇌와 우뇌, 그리고 학문의 세계 ▪ 402

Chapter 11 국산 미래경영 방법론
❑ 카이스트의 3차원 미래관리 방법론 ▪ 405
1. 미래예측 ▪ 407
2. 미래설계 ▪ 408
3. 미래전략 ▪ 409
4. 미래계획 ▪ 410
5. 유지보수 ▪ 410
생각해봅시다 11.1 '괴짜 교수'가 미래학자? ▪ 410
❑ 한국정보화진흥원NIA의 FROM 미래전략연구 방법론 ▪ 411
1. 정보수집 및 추출단계 ▪ 412
2. 정보연관 및 확장단계 ▪ 415
3. 정보 재구조화단계 ▪ 416
4. 미래이슈 도출단계 ▪ 417
5. 정책 및 전략수립단계 ▪ 418
6. 실행단계 ▪ 419

7. 모니터링단계 ▪ 419
❑ 정보통신정책연구원KISDI의 KITAIP 방법론 ▪ 420
1. 변수도출과 트렌드분석 ▪ 421
2. 상호영향관계분석 ▪ 424
3. 미래도출과 전략대응 ▪ 426
❑ 과학기술정책연구원STEPI의 통합적 미래연구 방법론 ▪ 427
1. 미래 경제·사회 주요 이슈 도출 ▪ 428
2. 미래 경제·사회 트렌드에 따른 시나리오 도출 ▪ 431
3. 기술예측 ▪ 433
4. 시나리오 기반 기술영향평가 ▪ 435
5. 기술로드맵 작성 ▪ 436
6. 모니터링 ▪ 437
❑ 한국과학기술정보연구원KISTI의 미래기술예측 방법론 ▪ 438
1. 미래유망기술 데이터베이스 ▪ 439
2. 미래기술예측 방법론 ▪ 439
생각해봅시다 11.2 오명만 남기고 사라진 미래 조직들 ▪ 440
❑ 기술인문융합창작소의 FEF 미래예측 프레임워크 ▪ 441
1. 계획수립 ▪ 445
2. 징후포착 ▪ 445
3. 관계분석 ▪ 446
4. 미래 구체화 ▪ 447
5. 미래상 정의 ▪ 448
6. 콘셉트 발굴 ▪ 448
7. 콘셉트 개발 ▪ 449
생각해봅시다 11.3 미래학자 넘치는 대한민국 미래예측의 현주소 ▪ 450
◉ 토의문제 ▪ 451
◉ 참고문헌 ▪ 452
◉ 부록 11 주요 미래연구·학술기관 목록 ▪ 453

Chapter 12 개인의 인생을 위한 미래경영 기법과 방법론
❑ 한국인의 미래인식과 미래적응력 ▪ 456
1. 한국의 사회분위기 ▪ 456
2. 한국인이 선호하는 미래 ▪ 457
3. 한국인의 미래적응력 ▪ 458
생각해봅시다 12.1 마음과 미래 ▪ 459
❑ 인생설계 기법 ▪ 461
1. 사명선언문 ▪ 461

Contents

2. 삶의 영역 분류와 인생프로세스 ▪ 462
3. 매슬로우의 개인의 욕구이론 ▪ 463
4. 개인의 지능 ▪ 464
5. 개인의 역량평가를 위한 SWOT 기법 ▪ 466
생각해봅시다 12.2 쉬운 IQ 테스트 ▪ 467
❑ 휠라이트의 개인의 미래경영 방법론 ▪ 468
1. 자신에 대한 이해 ▪ 468
2. 삶의 영역별 전망 ▪ 469
3. 미래 시나리오 개발 ▪ 470
4. 미래전략 계획수립 ▪ 471
생각해봅시다 12.3 IT를 알면 미래가 보인다? ▪ 473
❑ 한국외국어대학교의 대학생을 위한 ISOM 인생설계 방법론 ▪ 473
1. ISOM 방법론의 철학 ▪ 474
2. 방법론의 단계 ▪ 475
3. 인생설계 양식 ▪ 476
❑ 대학생을 위한 CU 진로설계 방법론 ▪ 478
1. 자신의 발견 ▪ 478
2. 가치관의 정립 ▪ 479
3. 20년 후의 미래상 상상과 목표설정 ▪ 480
4. 목표달성을 위한 전술 ▪ 481
◉ 토의문제 ▪ 481
◉ 참고문헌 ▪ 482
◉ 부록 12 만다라 인생계획법 ▪ 483

Part 05 미래학의 응용

미래학은 국가·사회·산업·기업 현장에서 어떻게 이용되고 있나?

Chapter 13 국가와 사회를 위한 미래연구 사례
❑ 국가의 미래와 정책연구 ▪ 487
1. 국가전략 개발의 필요성 ▪ 487
2. 미래지향적 정책개발 ▪ 488
❑ 국가 IT전략과 미래연구 사례 ▪ 489
1. IT비전 20/20 미래전략 ▪ 489
2. 시나리오 기법을 이용한 정보통신서비스 예측 ▪ 492
생각해봅시다 13.1 오뚝이 나라 ▪ 497

❑ 미래사회의 위험분석 사례 ▪ 498
1. 1단계: 정보수집 및 추출단계 ▪ 499
2. 2단계: 정보연관 및 확장단계 ▪ 499
3. 3단계: 정보 재구조화단계 ▪ 501
4. 4-1단계: 미래이슈 도출단계 ▪ 503
5. 4-2단계: 미래이슈도출 비저닝단계 ▪ 504
6. 5~6단계: 정책·전략수립 및 실행단계 ▪ 507
7. 7단계: 모니터링단계 ▪ 507
❑ 한국인의 기대수명에 대한 연구사례 ▪ 507
생각해봅시다 13.2 우연과 필연, 그리고 과학과 예술 ▪ 508
❑ 글로벌 트렌드 연구와 국가정책 ▪ 509
1. 과학기술정책의 중요성 ▪ 510
2. 글로벌 트렌드 연구 ▪ 510
3. 기술 R&D 정책개발 방향 ▪ 514
❑ 다른 국가들의 미래전략 ▪ 516
1. 영국의 미래연구 프로젝트 ▪ 516
2. 사우디아라비아의 비전 2030 ▪ 518
3. 기타 국가들 ▪ 519
생각해봅시다 13.3 명견만리와 방탄소년단 ▪ 520
◉ 토의문제 ▪ 521
◉ 참고문헌 ▪ 522
◉ 부록 13 국회미래연구원 ▪ 523

Chapter 14 산업과 기업의 미래경영 사례
❑ 대기업들의 미래전략 ▪ 527
1. 그룹 총수들의 불황 타개책 ▪ 527
2. 국내외 기업들의 미래연구 동향 ▪ 529
❑ 디스플레이 산업의 미래 ▪ 530
1. 문제의 정의 ▪ 532
2. 관련요소 추출 ▪ 532
3. 핵심동인 결정 ▪ 533
4. 미래예측 ▪ 534
5. 예측결과 통합 ▪ 536
6. 미래창조 전략 수립 ▪ 540
생각해봅시다 14.1 노키아가 몰락한 이유? ▪ 541
❑ 화장품 기업의 미래연구 사례 ▪ 542
1. 창의적인 발상과 혁신적 관점 ▪ 543

Contents

2. 미래시장 조사 ▪ 544
3. 미래시장 개념 구축 ▪ 549
4. 신사업 설계 및 브랜드 런칭 ▪ 550
5. 제품개발 및 커뮤니케이션 ▪ 553
❑ 한국의 미래 의생활 예측과 의류산업 ▪ 554
1. 미래연구 절차 ▪ 555
2. 환경스캐닝 ▪ 555
3. 델파이 설문 ▪ 557
4. 시나리오와 의류산업의 대응전략 ▪ 559
❑ 가트너그룹이 예측한 2022년 ▪ 561
생각해봅시다 14.2 우리의 소원은 통일 ▪ 563
◉ 토의문제 ▪ 564
◉ 참고문헌 ▪ 565
◉ 부록 14 죽음 후의 미래 ▪ 566

부록
미래 상상교육관

미래와 세계를 생각하는 그림·영화·동영상 모음

❑ 미래 상상미술관 ▪ 571
❑ 미래 영화관 ▪ 573
❑ 미래학 동영상 교육관 ▪ 579
❑ 미래 도서관 – 해외 베스트셀러 ▪ 592
❑ 지구촌 스케치관 ▪ 595

✤ 찾아보기 ▪ 599
✤ 맺음말 ▪ 606

1

Part

Introduction to Futures Studies & Management

미래학 · 미래경영

미래경영의 개념

미래는 무엇이며
어떻게 준비해야 하나?

우리는 어디에서 왔고, 우리는 누구이며, 우리는 어디로 가는가?
Where do we come from? Where are you? Where are we going?

폴 고갱 Paul Gauguin, 1897년 작품, 보스턴 미술관

그림의 구성 그림 오른쪽에 있는 개와 그 옆의 여자들, 유아와 가족이 '어디서 왔을까?'로 **과거**를 나타내고, 중앙에 과일을 따는 남자와 그것을 먹는 아이와 고양이가 '누구인가?'로 **현재**를, 왼쪽에 줄에 묶인 산양과 젊은 여성, 노파, 흰 새가 '어디로 가는가?'로 **미래**를 나타낸다. 그림은 뒤편에 있는 우상을 향해 오른쪽으로 회전하면서 인생의 윤회를 보여주고 있다.

과거

현재

미래

윤회

폴 고갱 Paul Gauguin, 1848~1903 프랑스 후기인상파 화가이다. 그의 상징성과 내면성, 그리고 비非자연주의적 경향은 20세기 회화가 출현하는 데 근원적인 역할을 했다. 문명세계에 대한 혐오감으로 남태평양의 타히티 섬으로 떠났고 원주민의 건강한 인간성과 열대의 밝고 강렬한 색채가 그의 예술을 완성시켰다. 위 작품이 타히티에서 그린 고갱의 최후의 대작이다.

고갱의 인생은 늘 고달팠고 경제적으로도 힘들었다고 한다. 그에게 미래란 무엇이었을까?

1 Chapter 과거, 현재 그리고 미래

"청년은 미래가 있다는 것만으로도 충분히 행복하다"
– 고골리(우크라이나 극작가)

인간은 과히 지혜롭지 못한 동물이다. '만물의 영장'이라지만 대부분은 내일을 모른 채 오늘을 사는 무지한 존재들이다.[1] 하늘 높은 줄 몰랐던 권세가들이박근혜/이명박 추락하는가 하면, 뜻밖의 비보悲報를세월호 접한 경우가 한두 번이 아니다. 세계를 지배하던 기업들이노키아/GE 순식간에 무너지고 승승장구하던 유명인사가 말 한마디미투운동 때문에 나락으로 떨어지는가 하면, 부풀었던 기대가 청천벽력 실망으로가상화폐 이어지는 경우도 있다. 어찌 그토록 앞날을 몰랐을까.

반면에, 불가능해 보이던 꿈이 현실이 되거나남북정상회담 작은 벤처기업이 산업을 선도하는 성공 사례도구글/카카오 쉽게 찾아볼 수 있다. 하룻밤 사이에 세계적인 스타싸이가 되는 사람도 있고 기대하지 않았던 소망이 이루어지기도방탄소년단 한다. '꿈은 이루어진다'더니 과연 노력과 기도와 응원의 결과였을까. 아니면 그저 운이 좋았던 것일까.

그래서 혼란스럽다. 미래를 미리 가늠하기가 어려우니 운명에 맡기기도 한다. 호기심으로 신문의 '오늘의 운세'에 눈길을 주거나 심지어 어떤 사람들은 심리적 위안이나 궁금증 해소를 위해 소위 신통하다는 점쟁이를 찾기도 한다. 서양에서도 별점horoscope/점성술이나 타로tarot점이 유행이다. 물론 [그림 1.1]의[2] 점占의 유래에서도 알 수 있듯이 과학적 신뢰성은 전혀 없다. 미래를 미리 내다보고 싶은 욕망은 인간의 근원적 본능인지도 모른다.

---

1) 이주헌 외, *2020 미래한국*, 한길사, 2005.

2) 이원복, "미래예측 엉터리다". http://interaction.tistory.com/96

[그림 1.1] 미래에 대한 인간의 무지ignorance와 점占의 유래

미래란 무엇인가?

미래future란 다가오지 않은 때를 말한다. 아직 존재하지 않는다. 그래서 미래는 없다. 아니, 있지만 모른다. 현실화되지 않았으므로 접해보지 못했고 따라서 그것이 무엇인지 모르기 때문에 사실 미래는 개념조차 모호하다. 현실화되었다면 이미 미래가 아닌 까닭에 미래는 늘 짙은 안개에 가려져 있다. 급변하는 세상의 안갯속 미래로 우리는 오늘도 운전 중이다.

사실 미래학futures studies도 미래를 예측하지 못한다. 그저 변화를 연구할 뿐이다. 역사학이 과거의 변화를, 저널리즘이 현재의 변화를 탐구하듯이 미래학은 미래의 변화를 탐구한다.[3] 그러나 역사학이나 저널리즘이 연구대상으로 삼는 이미 인지된 변화와는 달리, 미래학은 우리가 전혀 모르는 미래의 변화에 대해 연구한다. 모르는 것을 가르칠 수는 없는 까

3) Bishop, Peter C. and Andy Hines, *Teaching about the Future*, Palgrave Macmillan, 2012.

닭에 미래학을 가르치는 대학들도 많지 않다. 과거는 이미 과거이고 현재도 과거로 흘러갈 것이 분명하며 우리 모두는 오로지 미래를 향해 살아가고 있는데, 과거만 가르치고 미래를 가르치지 않는다 함은 매우 안타까운 교육현실이다.

그러나 예측하지 못한다는 이유 때문에 미래에 대한 생각조차 포기할 수는 없다. 안개가 시야를 가린다고 눈을 감고 운전할 수는 없는 것과 같은 논리다. 아니, 잘 안 보일수록 운전자는 오히려 눈을 크게 뜨고 앞을 바라봐야 한다. 혹시 길이 굽어지지는 않는지, 장애물이라도 없는지, 그 가능성을 염두에 두고 운전대를 꼭 잡고 속도를 조절하는 것이 상식이다. 사고가 날 미래의 가능성 때문에 자동차보험에도 가입하지 않았던가!

바로 그것이다! 미래학은 그 가능성을 탐색한다. 어떤 가능한 미래상들plausible futures images이 눈앞에 펼쳐질는지 연구한다. 길은 여러 갈래다. 그 중 원하는 미래preferable future의 길로 운전할 수 있도록 도로안내판을 보여주고 교통방송을 듣게 해준다. 안개가 걷히고 나면 무엇이 보일까. 글쎄다. 그 미래는 우리의 생각과 노력에 달려있다.

1. 미래를 생각해야 하는 이유

미래는 사람에 따라, 시간에 따라 각각 다른 상념을 떠올리게 한다.

- **낙관적**optimistic 꿈, 환상, 새로움, 설렘, 행복, 기회, 희망. 승리, 성공, 기대
- **비관적**pessimistic 막막함, 불안, 위기, 불행, 두려움, 노파심, 걱정, 노후, 사망
- **중립적**neutral 모름, 호기심, 운명, 공상과학, 복불복, 극복, 용기, 도전, 기도

'미래란 모르는 자에겐 두려움이고 아는 자에겐 즐거움이다'라는 말이 있다. 이 말이 옳다면 우리 모두는 다가오는 미래를 비관적으로 두려워하며 살고 있는 셈이다. 미래를 모르기 때문이다. 머나 먼 미래는커녕 당장 코앞에 벌어질 일조차도 모르는 우리에겐 삶 자체가 불안감의 연속이다. 그래서 인간은 고대로부터 선지자를 찾아 신봉하며 따랐는지도 모른다.

왜 미래를 생각해야 할까? 답은 분명하다. 우리의 모든 지식은 과거에 관한 것이지만 우리의 하루하루 삶의 판단은 늘 미래에 대한 것이기 때문이다. 훌륭한 의사결정을 위해 오늘 알아야 할 지식의 대부분은 우리의 밖에 있고 우리는 그것이 존재하는지조차도 모른 채 살고 있다. 아는 양은 극히 적을 뿐 무엇을 모르는지도 모르는데 어찌 현재의 앎으로 미래를 맞으랴!

2. 미래의 특성

미래를 모르는 두려움 대신 미래를 알고 즐거우려면 우선 미래의 특성부터 이해해야 한다.

미래의 복합성complexity 미래는 자연의 힘, 정치적 역동성, 과학적 발견 그리고 첨단기술의 진화 등의 영향을 받는다. 산업은 정치·사회·경제·생태·인구·자원 등에 영향 받으며 기업은 자본·기술·환경 등에 지배받는다. 다양한 요인들이 국가·산업·기업·개인에게 미치는 영향의 정도와 시기와 그들 간의 동적 상호작용system dynamics은 매우 복잡하고 또한 복합적일 수밖에 없다. 시스템적 사고systems thinking가 필요하다.

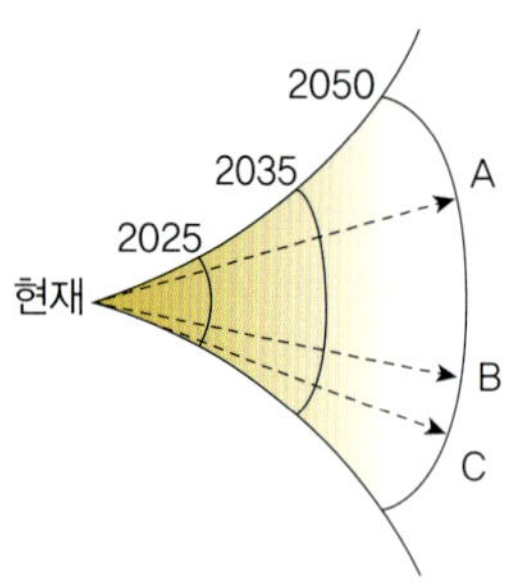

미래의 불확실성uncertainty 미래예측은 근본적으로 불확실성을 내재한다. 멀리 볼수록 불확실성은 커진다. 물론 카오스Chaos 이론에 따라 불안정하고 불규칙적으로 보이면서도 나름대로 질서와 규칙성을 지니고 있는 현상을 간파한다면 미래가 움직이는 방향은 이해할 수 있다. 그러나 또 한편, 나비의 작은 날갯짓이 날씨 변화를 일으키듯이 미세한 변화나 작은 사건이 추후 예상하지 못한 엄청난 결과로 이어질 수도 있다는 나비효과butterfly effect도 고려한다면 미래예측은 정확할 리가 없다. 불확실성을 극복하는 방법을 깨우쳐야 한다.

미래의 다양성multiplicity 미래는 하나가 아니라 여러 개다. 어느 미래가 진정 우리의 미래가 될는지를 모를 뿐이다. 바람직한 미래desirable future를 우리의 현실로 만들 수만 있다면 얼마나 좋을까? 미래학자들은 그 해법을 찾고자 한다. 미래학이 예언이 아니라 선택의 미학[4] 이라고 주장한다. 미래학을 '다양한 미래들alternative futures을 연구하는 학문'이라 정의한다. 미래는 단수가 아닌 복수의 개념이다.

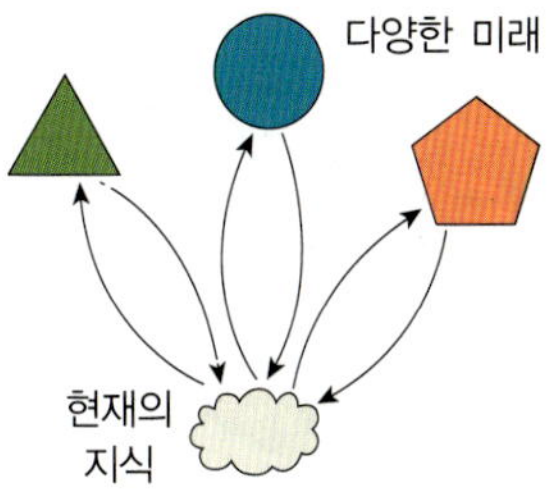

이와 같은 미래의 특성들은 서로 간에 연결되어 있다. 미래의 복합성 때문에 미래는 불확실하고 미래의 불확실성은 다양한 미래의 가능성을 열어준다. 그 가능한 미래 중에서 바람직한 미래를 우리의 현실로 다가오게 만드는 것이 바로 미래학의 목적이다.

3. 미래법칙

그 누구도 미래를 정확하게 예측할 수는 없다. 그러나 변화를 예상하고 미래를 조금 더 이해하여 개인이나 집단이 스스로 원하는 방향으로 만들어 갈 수는 있다. 헝가리 출신의 물리학자 데니스 가버Dennis Garbor가 '미래는 예상할 수는 없으나 발명할 수는 있다'라고 말했듯이, 바람직한 미래상을 찾고 그것이 실제 현실이 되도록 미래를 창조하는 것이 미래학이 추구하는 핵심가치다.

데이토의 미래법칙 미래학자 데이토James Dator가 제안한 미래법칙은 아래와 같다.

① 미래는 예측 불가능하다. 현재 존재하는 않은 까닭이다.

② 미래에 대한 유익한 아이디어는 터무니없고 황당ridiculous하게 들려야 한다. 황당하지 않은 것은 이미 미래가 아닌 현실이기 때문이다.

③ 우리는 도구를 만들고, 그 도구는 우리를 만든다. 인간이 만든 과학기술이 다시 우리 삶을 변화시키는 동인動因으로 작용한다는 뜻이다.

미래는 변화를 위한 도전의 결과이며 현재와 비교하면 늘 신선하고 새롭고 다르다.

4) 신지은·박정훈 외, *세계적 미래학자 10인이 말하는 미래혁명*, 일송북, 2010.

히로시의 법칙 미래가 황당할 수도 있다는 주장은 다사카 히로시Tasaka Hiroshi의 미래에 대한 변증법적dialectic 법칙이 뒷받침한다.5)

① 세계는 마치 나선spiral계단을 오르듯이 발전한다.
② 현재의 동향은 미래에 반드시 반전한다.
③ 양이 일정 수준을 넘어서면 질이 극적으로 변한다.
④ 대립하고 경쟁하는 것끼리는 서로 닮아간다.
⑤ 모순은 세계 발전의 원동력이다.

클라크의 법칙 데이토의 미래법칙 ③에 대해서는 스탠리 큐브릭Stanley Kubrick 감독의 미래영화 '2001 스페이스 오디세이'의 작가로 유명한 클라크Arthur Clarke가 이미 오래전 '미래모습profiles of the future의 3가지 법칙'으로 과학기술의 무한한 가능성을 주장한 바 있다.6)

① 나이가 지긋한 저명한 과학자가 무엇인가가 가능하리라고 주장하면 그의 말이 맞을 확률이 높다. 하지만 그가 무엇인가가 불가능하리라고 주장한다면 틀릴 가능성이 크다.
② 가능성의 한계를 발견하는 유일한 방법은 그 한계를 넘어 불가능할 때까지 도전해 보는 방법밖에 없다.
③ 충분히 진보된 과학은 마술magic이나 다름없다.

100년 전 옛날 사람들이 미리 들었다면 마술처럼 극적인 모습으로 우리는 비행기만 타면 불과 몇 시간 만에 아메리카 대륙을 발견할 수 있다. 50년 전 미리 알려주었다면 황당한 모습으로 스마트폰과 같은 과학기술문명을 향유하고 있다. 우리의 삶을 변화해 온 과거를 돌이켜보면, 위 데이토·히로시·클라크의 법칙들 사이에는 일관성이 있다. 결국 결론은 하나다. 미래에 대한 정확한 예측은 불가능하다는 것이다. 미래학은 미래상을 연구할 뿐이다.

모르는 미래! 진정한 미래는 아직도 오로지 종교와 신앙의 영역일 수도 있다.

5) 다사카 히로시, *미래를 예견하는 5가지 법칙*, 나라원, 2009.
6) Clarke, Arthur C., *Profiles of the Future*, Harper & Row, 1962.

생각해봅시다 1.1 '미치광이' 교수가 세계미래학계의 석학?

오래 전 2003년도에, 세계미래학회의 회장을 역임했고 '데이토의 미래법칙의 주인공'인 짐 데이토 교수를 하와이대학으로 직접 찾아가 만난 적이 있다. 방문을 환영하다면서 하와이언 꽃목걸이를 목에 걸어 준 기억이 생생하다. 1~2시간 대화했을까? 그의 두 가지 발언이 기억에 남는다.

"대학이 문제입니다.
모든 교수들이 학생들에게 과거에 밝혀졌던 사실만 가르칩니다.
모두가 역사학자들입니다. 다가올 미래를 가르쳐야 하는데
왜 역사만 가르치는지 불만입니다. 미래학을 가르쳐야 합니다!"

"정부가 미래전략을 수립해 실행으로 옮기기엔 한국이 가장 좋은 여건을 갖췄다고 봅니다. 통치자가 국가 전체를 이끌 힘이 있고 국가경제력도 있어야 하는데, 바로 한국입니다.

사회주의 국가는 정부가 힘은 있지만 돈이 없고, 미국은 부강한 나라이지만 주state지방정부들과 산업체들이 자발적·독립적으로 움직입니다.

연방federal정부가 통제할 수 없습니다. 나아가, 4년마다 대통령 선거가 있어 대통령들이 4년 동안의 실적 쌓기에 급급할 뿐, 4년 후는 아예 관심도 없어서 30년, 50년 후를 내다보는 미래연구에는 큰 관심도 없는 나라가 미국입니다.

정부 주도 미래연구는 한국이 적격입니다! '통일'이 큰 변수이지만 말입니다."

정치학자 출신답다. 의미심장하고 또한 고무적인 지적에 고개를 끄덕이다가, 문득 요즘 개인적으로 관심 있는 연구과제가 무엇이냐'고 물었다. 그런데 의외의 황당한 답이 들렸다.

"요즘은 인간의 '순간이동teleport'이 초래할 미래상을 연구 중입니다."

무엇이라고? 미쳤군! 순간이동 연구? 황당하네! 미래는 황당하게 들려야 한다더니 과연! 순간, 어이가 없었지만 과연 미래학계의 석학답다는 생각도 스쳤다. 하기야 10년 후 정도는 그에겐 미래도 아니라고 했다. 최소한 30년, 50년 이상 멀리 봐야 미래연구라는 것이다. 조금은 미쳐야 미래가 제대로 보일는지도 모른다. 정말 50년 후엔 순간이동이나 타임머신이 가능해질까?

그러던 그가 그 후 몇 번 한국을 왕래하더니 지금은 아예 우리나라 KAIST 미래전략대학원의 교수로도 활동하고 있다. 이 책을 쓰면서 세계에서 미래학 교육에 관심이 가장 많은 그와의 옛 만남을 회상하다가 아래와 같은 그림을 그려보았다. 저자도 그가 말하는 역사학자일까?

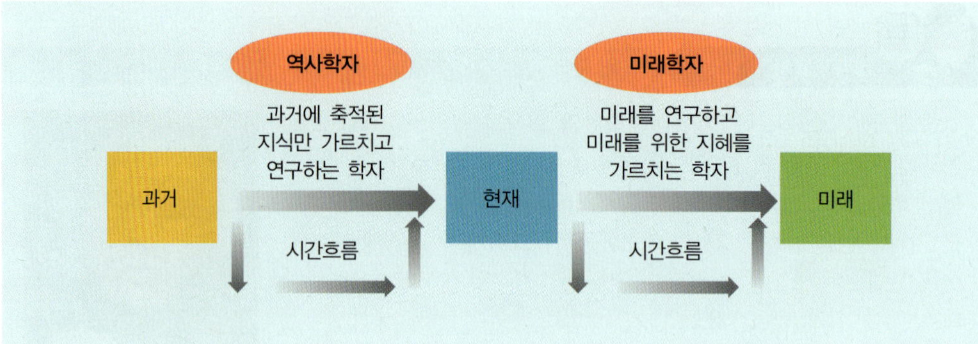

21세기의 선지자들

'*성경*'에서는 다윗·솔로몬·사무엘·모세와 같은 선지자예언가/prophet들이 이스라엘 백성을 구하고 젖과 꿀이 흐르는 가나안 땅으로 인도한다. 당시 백성은 선지자를 따라 미래로 나아갔다.

현대사회에서도 선지자는 존재할까? 누가 인류의 미래를 주도하는가? 21세기를 사는 우리는 과연 누가 말하는 미래를 믿고 따라야 하나? 역사 속의 선지자들을 유형별로 살펴보자.

1. SF작가의 상상력과 문학인의 혜안

인류의 역사를 바꾼 혁명적인 과학기술문명은 공상과학소설science fiction작가들이 주도했다고 해도 과언이 아니다. SF작가들은 미리 현실로 나타나기 50~100여 년 전에 놀라운 상상력으로 미리 미래를 예측하는 데 성공했다. 대표적인 사례는 아래와 같다.

- SF의 아버지라 평가받는 **쥘 베른**Jules Verne의 1865년 소설 '*달나라 여행*'에서 상상한 인간의 지구에서 달까지의 여행은 100여 년 후인 1969년 아폴로 11호에 의해 현실화되었다.
- 프랑스의 작가 **알버트 로비다**Albert Robida가 1880년도에 발간한 책 '*20세기의 전쟁 The War of 20C*'에서 묘사된 영상전화기telephot는 1960년에 등장했다.

- SF소설의 선구자 **허버트 웰스**Herbert Wells가 1898년에 출간한 '*우주전쟁The War of the World*'에서 최초로 사용했던 원자폭탄atomic bomb은 그 후 1942년에 등장하였다. 그가 최초로 언급한 타임머신도 언젠가 현실화될는지 모른다.
- 미국 SF의 창시자인 **휴고 건즈백**Hugo Gernsback의 1912년 작품 '*발명왕 124C41+*'에서 언급된 태양열solar energy은 60년 후인 1972년에 실현되었다. '124C41+'는 'one to forsee for one another'를 뜻한다. 주인공 이름부터 대단히 창의적이다.

쥘 베른

알버트 로비다

하버트 웰스

휴고 건즈백

컴퓨터가 등장하기도 전인 1948년도에 전자감시사회의 빅 브러더Big Brother를 예측한 소설 '*1984*'의 작가 조지 오웰George Orwell도 잘 알려진 작가이다. 로봇robot도 체코슬로바키아의 극작가인 차페크Cepek가 1920년에 '*로섬의 인조인간*'을 집필하면서 만들어낸 용어다.

그러나 작가들의 대단한 혜안이라고만 평가하기에는 무리가 있다. SF작가들의 미래에 대한 상상이나 예측이 머나먼 미래의 구현과 보이지 않는 선으로 연결되어 있는 그 배경에는 SF작가들의 상상을 실현시키고자 하는 과학기술자들의 연구와 노력이 뒤따랐기 때문이다.

2. 천재들의 직관력

세상은 소수의 천재genius들에 의해서 움직인다는 말이 있다. 초능력을 지닌 천재들은 뛰어난 직관력intuition으로 우주와 대자연의 움직임을 읽고 새로운 세상을 설계하고 소비자를 선도한다. 천재들의 미래를 예측하는 통찰력과 직관력은 과학적으로 설명하기 힘들고 합리적으로 해명할 수도 없다. 보통 사람과 비교할 수 없을 정도로 많은 지식을 흡수하고, 논리적으로 분석하고 판단하는 우수한 두뇌와 정확한 직감의 천재성이 놀라운 영감으로 미래의 비전vision을 제시하리라는 추측만 가능하다.[7]

---

7) 이 책의 제8장에서 '천재적 예측방법'에 대해 소개한다.

그러나 토마스 에디슨이 '1%의 영감과 99%의 노력이 천재를 만든다'고 했듯이 노력하지 않은 천재는 없다고도 한다. 노력으로 세상을 변화시킨 대표적인 천재들은 다음과 같다.

- 천재적 과학자 **알버트 아인슈타인**Albert Einstein의 중요한 모험들은 실제 세계가 아닌 머릿속에서 이루어졌다고 한다. 그의 상대성이론은 세상을 바라보는 시각을 바꿔놓았고 그 결과 그는 20세기 과학혁명을 주도한 이론물리학자로 꼽힌다.
- 천재적 발명가 **토마스 에디슨**Thomas Edison은 백열전구로 세상을 밝힌 인물이다. 특허수가 1,000종을 넘을 정도였다. '실패하는 사람들은 포기했던 그 순간이 얼마나 성공과 가까웠는지 모른다'면서 포기를 모르는 노력가였다고 한다.
- 천재적 IT전문가 **스티브 잡스**Steve Jobs는 대학 중퇴자였지만 애플Apple사를 창업하여 애플PC를 선보이면서 인류의 PC시대를 개막하였다. 그의 아이폰과 아이패드는 가히 혁신적이었으며 그 덕분에 우리 모두는 스마트폰을 손에 들고 다니게 되었다.
- 천재적 대한민국 기업인 **이건희** 회장은 반도체와 통신 분야의 글로벌시장에 대한 선견지명과 '끊임없는 변화만이 경쟁에서 살아남을 수 있다'는 혁신경영 철학으로 삼성을 세계적 기업으로 건설하였다.

알버트 아인슈타인

토마스 에디슨

스티브 잡스

이건희

3. 대통령의 선견지명

한 국가의 지도자는 국민 모두에게 큰 영향을 미친다. 단 한 명의 지도자의 역량과 국가비전은 많은 사람들의 미래를 좌우한다. 예를 들어, 사다트Sadat 대통령 시절1970~1981의 이집트성경의 애굽는 번성하였고 중동평화까지도 주도하는 대국이었으나 그의 사망 이후 무바라크Mubarak 대통령의 30년 통치기간1981~2011 동안 권력남용과 부패로 정치·사회·경제적으로 취약한 국가로 전락되고 말았다. 우리나라의 지난 1997년 IMF 외환위기와 이에 따른 국민의 고통도 정치지도자의 무능incompetence과 무지ignorance에서 비롯되었다. 이처럼 미래는 정치와 직결되므로 정치지도자의 역사의식과 미래를 보는 선견지명foresight은 매우 중요하다.

선견지명으로 우리나라를 이끌었던 대표적인 정치지도자들은 다음과 같다.

- **컴퓨터시대를 미리 예측한 세종대왕** 과학을 사랑했던 세종대왕의 최고의 발명은 단연 한글이다. 과학적으로 조합되는 고작 24개의 자모음으로 키보드 타자가 쉽고 글자와 말이 하나가 되어 글자인식 · 음성재생 등 인공지능 연구가 수월한 한글은 단연 세계최고의 언어이다.[8]
- **경제강국의 미래로 이끌었던 박정희 대통령** 국가가 개발도상국에서 선진국으로 도약하려면 물류와 정보의 유통이 가장 중요하다. 못살던 시절임에도 착수했던 고속도로와 전화문명 인프라의 구축 사업은 박정희 대통령의 통찰력 있는 대업적으로 꼽을 만하다.
- **인터넷강국의 꿈을 꾸고 실현시킨 김대중 대통령** 1998년의 취임사에서 '세계에서 가장 PC를 잘 쓰는 나라를 만들겠다'고 선언했던 김대중 대통령은 인터넷의 힘을 미리 간파하고 과감한 정보통신정책을 펼쳐 우리나라를 IT강국으로 우뚝 서게 만들었다.

세종대왕

박정희 대통령

김대중 대통령

4. 동양철학가의 신통력

21세기 과학문명시대를 살아가는 현대인이 동양철학[9]을 운운함은 사리에 맞지 않을 수도 있다. 서양은 과학적이고 논리적임에 비해 동양은 비과학적이고 신비주의적이라는 지적도 있다. 그러나 만에 하나, 동양오술東洋五術이 논하는 명命 · 복卜 · 의醫 · 상相 · 산山 중에, 의의술/한의학와 산육체와 정신수련으로 도를 닦음을 제외한 명개인의 삶 · 복운세 예측 · 상얼굴관상 등에 관한 역술易術의 예측근거가 혹시 과거 오랜 세월 동안의 시간과 사건과 인물과 장소에 대한 사려깊은 관찰과 분석에 토대한 것이라면 그 개념만큼은 살펴볼 의미는 있다.

---

8) 과학기술정책연구원, "세종 즉위 600주년, 세종의 리더십 연구, 장래를 예측하고 징조를 살핀 리더", *Future Horizon*, Winter 2018.

9) 소재학, "제6부 동양 미래예측 방법론", *전략적 미래예측 방법론 BIBLE*(국제미래학회), 두남, 2014.

- **명술가**命術家는 하늘에 의해 정해진 이치를 찾아 개인의 삶에 대한 길흉화복을 예측한다. 대자연의 반복되는 변화 패턴 등 일정한 법칙을 근거로 하여 논리적으로 예측한다. 사주四柱를 본다거나 연초에 토정비결을 보는 행위는 명술에 따르는 것이다.
- **복술가**卜術家/점쟁이는 개인의 직관이나 영적 능력, 혹은 초자연적인 힘에 의하여 점占을 쳐서 미래를 예측하는 사람이다. 주역周易 등이 이에 해당한다.
- **상술가**相術家는 모양이나 형태, 기운의 성쇠 등을 살펴 미래를 예측한다. 지형을 살피는 풍수지리風水地理, 얼굴을 살피는 관상觀相, 손금을 보는 수상手相 등이 있다.

생각해봅시다 1.2 토정비결은 자랑스러운 조선의 예언서인가?

토정비결은 정초에 개인의 사주四柱 중 태어난 연·월·일 세 가지로 육십갑자六十甲子를 이용하여 한 해의 운수를 알아보는 대표적인 점복풍속으로, 조선 선조 때의 학자 토정 이지함의 도참서예언서이다.

토정비결을 보는 방법은 백단위인 상괘上卦, 십단위인 중괘中卦, 일단위인 하괘下卦를 합하여 세 자릿수로 된 괘를 완성시켜 책에서 해당 숫자를 찾아보면 된다. 백단위는 나이와 해당 년의 태세수太歲數를 합한 뒤 8로 나눈 나머지 숫자이며, 나머지가 없으면 8이다. 십단위는 해당 년의 생월 날짜 수큰달은 30, 작은달은 29와 월건수月建數를 합해 6으로 나눈 나머지 수, 일단위는 생일수와 일진수日辰數를 합한 뒤 3으로 나눈 나머지 수이다. 이렇게 해서 얻은 세 단위의 숫자를 찾으면 그해의 전체 운수에 대한 개설이 나오고, 이어 월별풀이가 나온다.

특히 열두 달의 운세를 4언3구4言의3句 시구로 풀이하고 있다는 점이 재미있다. 흔히 볼 수 있는 내용은 '뜻밖에 귀인이 내방하여 길한 일이 있다', '구설수가 있으니 입을 조심하라', '봄바람에 얼음이 녹으니 봄을 만난 나무로다' 등과 같이 주로 부귀·화복·구설·가정 등 개인의 길흉화복이 중심을 이루고 있다.

왜 이런 숫자놀이를 해야 하는지, 시구풀이가 과연 믿을만한 것인지는 모르지만 신통한 조선의 예언서로 지금까지도 널리 알려져 많은 사람들이 이젠 인터넷 토정비결까지 보는 실정에 이르렀으니 궁금해진다. 토정비결은 진정 신통한가? 중국의 주역周易과 다른 우리의 독창적인 것이라고 자랑스럽게 생각해야 하나?

5. 미래학자의 예지력

선구적 미래학자futurist들은 미래를 예측하는 방법을 창안하는 데 머무르지 않고 인류에게 다가올 큰 미래상을 미리 밝혀 대중을 계몽시켜 왔다. 대표적인 미래학자들은 다음과 같다.

- 하버드대학의 사회학자였던 **다니엘 벨**Daniel Bell은 '*이데올로기의 종언*', '*후기 산업사회의 도래*' 등의 저서로 새로운 세계의 전개를 예언한 미래학의 대부이다.
- '*미래의 충격*', '*권력이동*', '*제3의 물결*', '*부의 미래*' 등 미래를 꿰뚫는 통찰력을 담은 저서로 유명한 미국의 미래학자 **엘빈 토플러**Alvin Toffler는 '세계는 지식을 소유한 사람들에 의해 지배될 것'이라는 주장으로 큰 반향을 일으켰다. 언론계 출신이다.
- IBM 출신의 미래학자인 **존 나이스비트**John Naisbit는 '*메가트렌드*', '*글로벌 패러독스*', '*하이테크 · 하이터치*' 등의 미래서로 유명하다. 탈공업화 사회, 글로벌경제, 분권화 등을 특징으로 하는 현대사회의 거대한 조류에 관한 예언은 적중했다.
- 오스트리아 태생의 미국 경영학자인 **피터 드러커**Peter Drucker는 현대경영학의 대부로 꼽힌다. 분권화, 민영화, 권한이양, 지식노동자, 목표관리MBO, 수평조직 등의 지금은 일상화된 경영용어들은 모두 드러커가 처음 만든 것들이다. 특히 '미래를 예측하는 최선의 방법은 미래를 창조하는 것이다'라는 명언을 남겨 미래학자로도 평가받는다.

다니엘 벨

엘빈 토플러

존 나이스비트

피터 드러커

미래학자들은 어떻게 미래를 예측할까? 이 책이 그 질문에 대한 답을 담고 있지만, 결국 방대한 정보를 분석하고 뛰어난 예지력으로 전망한 결과이리라. 이 책은 SF작가 · 대통령 · 동양철학가를 논외로 하고, 철저히 미래학자들의 학술적 연구결과만을 소개함에 그 목적이 있다.

과거가 주는 교훈

과거past는 이미 지나간 때를 말한다. 20세기, 10년 전, 작년, 지난 달, 어제뿐만 아니라 불과 한 시간 전도 모두 과거다. 따라서 현재는 찰나일 뿐이므로 시간은 과거와 미래로만 양분될 수도 있다. 그래서 엄밀히 따지면 현재는 '가까운 과거'이다.

오랜 기간에 걸쳐 과거에 발생한 사실의 기록이나 인류사회의 변천과정은 역사history라고 일컫는다. '역사는 반복한다', 혹은 '역사는 앞날을 말해준다'는 진리를 깨우친다면 미래를 지혜롭게 대처할 수 있을 것이다. 작은 단위로 보면 저마다의 논쟁거리로 혼란스러워만 보이는 역사이지만, 큰 줄기로 보면 오묘하게도 일정한 주기와 패턴을 갖고 비슷한 유형의 사건들이 과거와 현재를 오가며 이어지기 때문이다. 그 패턴이 미래로 이어질 가능성도 높다.

1. 과거로부터 배우는 미래

과거로부터 배우기 위해 과거의 자료를 계량적으로 분석하여 불확실한 미래를 미리 타진하는 정통 학문은 통계학statistics이다. 통계학은 과거의 통계를 확률적으로 분석하여 지혜롭게 미래를 내다볼 수 있게 만들어주는 과학이다. 무작위적random으로 발생한 사건들의 계량적 수치를 확률적probabilistic 질서로 해석하는 통계학 중에서 특히 예측론forecasting, 회귀분석regression analysis, 시뮬레이션simulation은 경영학이나 산업공학뿐만 아니라 사회과학적 연구의 기본도구로 활용되고 있다. 대표적인 응용사례는 다음과 같다.

- **기상예보**weather forecast 특정 시간대에의 일기를 추정하는 것으로, 위성이나 레이더 장치로 수집된 데이터를 과거·현재를 분석하는 고등역학적 통계 모델을 이용하여 슈퍼컴퓨터로 분석한다. 일기예보가 가끔씩 틀리는 이유는 자연의 비선형성non-linearity 때문이라고 한다.
- **선거예측**election forecast 샘플링 방법을 이용해 과거의 투표성향분석 모형에 현재의 투표 의향을 접목시켜 통계적으로 선거의 당락을 예측한다. 여론조사 통계가인 조지 갤럽George Gallup이 1936년 대통령 선거에서 루즈벨트의 당선을 예측함으로써 명성을 얻어 오늘날의 '갤럽여론

조사'로 발전시켰음은 잘 알려져 있다.

- **시장예측**market forecast 소비자의 소비행태와 규모를 시계열분석time-series analysis과 같은 통계학을 이용하여 특정 상품의 구매 정도나 산업의 추이를 예측하는 것이다.

통계학은 철저하게 과학이다. 과거와 현재를 계량적quantitatively으로 분석한다. 과학적 예측forecasting이므로 감각적 직관intuition이나 경험적 추측guess이 반영되는 전망conjecture과는 전혀 다르다. 단지 미래는 날씨・선거・시장보다는 관심의 폭이 훨씬 넓고 과거・현재의 숫자 분석으로만은 예측 불가능하다는 점에서 통계학과는 또 다른 미래학의 필요성을 찾게 된다.

미래학은 과거에 대해 어떻게how와 왜why라는 질문을 다음과 같이 던지라고 권고한다.10) 체계적인 응답과정을 통해 과거의 일정한 흐름pattern을 읽고 미래로 향하는 방향설정의 나침반으로 삼기 위해서이다.

- 당신의 미래연구의 관심의 대상기업・시장・산업・국가 등은 지난 15, 25 혹은 50년 동안 어떻게 변했나? 일상생활daily life, 제도system, 가치관values의 변화는 무엇이었나?
- 그러한 변화는 왜 일어났다고 생각하는가? 과학기술의 발전advancements in science or technology, 갈등과 경쟁상황conflict or competition, 새로운 아이디어와 가치관new ideas and values, 그리고 통제할 수 없었던 사건들wild-cards이 변화에 얼마나 기여했다고 판단하는가?

2. 과거를 벗어나는 미래

시간은 '과거 → 현재 → 미래'로 흘러간다는 것이 일반적 시각이다. 어떤 이는 과거의 교훈을 얻기 위해 현 시점에서 과거를 돌이켜보며 미래를 내다보는 '현재 → 과거 → 미래'의 관점을 택한다. 그러나 과거가 미래를 밝혀줌에는 한계가 있다. 과거에 그래왔으므로 앞으로도 그렇게 진행될 가능성이 있긴 하지만 불확실성이 존재하기 때문이다. 아래와 같은 사례가 그러하다.

10) Lum, Richard A. K., *4 Steps to the Future*, FutureScribe, 2016.

- **주식 시세**stock price의 예측은 과거 주가의 분석으로는 불가능하다고 한다. 현재 이미 알려진 정보도 큰 효과가 없다. 소위 난보이론亂步理論random walk theory은 '주가의 변동을 예측하는 지표는 존재하지 않는다'는 투자이론으로, 증권계에서는 정설로 통한다. 기업에 대한 환경분석 자료는 물론이요, 기업내부의 정보만이 미래 주가를 가늠할 수 있다는 것이다. 개미투자자들이 낭패를 경험하는 이유다.
- **개인의 미래**도 과거와는 무관하다. '잘못될 친구는 떡잎부터 알아본다'지만 그렇지 않은 인물에 대한 사례는 각자의 주변에 많다. 성공은 성적순이 아니고 학업이 미래를 보장해주는 것도 아니다. 새로운 각오로 노력하면 충분히 성공적인 삶을 개척할 수 있다.

바로 이 때문에 미래학자들은 과거로부터 흘러온 큰 흐름trend은 존중하되 타당한 미래상을 예측함에는 또 다른 지혜가 필요하다고 본다. 따라서 [그림 1.2]와 같이 '미래 → 현재 → 과거'라는 파격적 입장을 취한다. '미래가 먼저 존재했고 그것이 현재가 되더니 이제는 과거가 되었다'는 해괴망측한 모순irony처럼 들리는 논리를 주장한다.[11] 즉, 과거에 얽매이지 말고 다양한 미래상을 예측한 후 바람직한 미래를 현재로 이끌어야 한다는 '미래창조론'이다. 이미 지나가버린 과거가 새롭게 다가올 미래를 만들 힘은 한계가 있다고 보는 것이다.

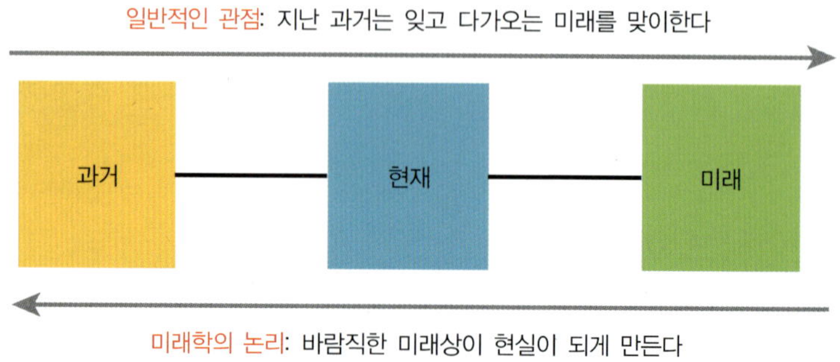

[그림 1.2] '과거-현재-미래'를 보는 관점의 차이

11) Hines, Andy, *The Push and Pull of the Future*, 2016.9.
http://www.andyhinesight.com/category/foresight-2/page/11

생각해봅시다 1.3 '과거' 관련 명언들

과거는 우리에게 무엇일까? 명언들을 새겨보자. 가슴에 새길 만한 것이 있는가?

- 과거는 현재의 거울이다.(쇼스타나비치)
- 가장 좋은 예언자는 과거이다.(바이런)
- 과거를 무시하는 자는 과거를 되풀이한다.(조지 산타야나)
- 나는 과거와 단절된 어떠한 미래도 원하지 않는다.(조지 엘리어트)
- 현재가 과거와 다르길 바란다면 과거를 공부하라.(바뤼흐 스피노자)
- 낭비한 시간에 대한 후회는 더 큰 시간낭비이다.(메이슨 쿨리)
- 현재나 미래 같은 것은 없다. 그저 끝없이 반복되는 과거만이 있을 뿐이다.(유진 오닐)
- 과거를 놓아주라. 과거를 놓아준 만큼 미래가 열린다.(안젤름 그륀)
- 돌아갈 수 있는 과거는 없다.(토마스 월트)
- 현재는 과거의 미래다. 현재는 과거의 산물이다.

현재에 대한 이해

'오늘은 남은 인생이 시작하는 첫날Today is the first day of the rest of my life'이라 했다.[12] 하루하루를 내 인생의 첫날로 생각하고 후회 없이 살라는 말이다. 어쩌면 행복의 비결이기도 하다. '세상엔 소중한 **금**이 셋 있는데, 과거엔 **소금**, 현재는 **황금**이지만, 미래를 위해서는 **지금**이다'라는 명언도 있다. 지금now 혹은 현재present 속에는 과거가 녹아 있고, 미래는 현재를 반영한다. 현재는 과거와 미래의 연결고리다. 현재는 미래를 위해 존재한다.

오늘을 모르고 어찌 내일을 운운하랴! 오늘 건강검진을 받는 이유는 내일부터 더 건강하기 위해서이다. 미래를 위해서는 현재에 대한 냉철한 진단이 필요하다. '*손자병법*'의 지피지기백전백승知彼知己百戰不殆은 상대를 알고 나를 알면 백 번 싸워도 위태롭지 않다는 뜻이지만, 경영학자들은 현재as-is의 상태와 처한 환경을 분석한 후 미래to-be의 경쟁전략을 수립하라는 충고로 해석한다.

12) 2002년도의 영화 '어댑테이션'Adaptation에 나오는 대사

1. 메가트렌드

오늘을 이해하려면 우선 이 세상을 변화시키고 있는 큰 흐름만큼은 간파해야 한다. 그래야 미래가 읽힌다. 현대사회에서 일어나고 있는 거대한 시대적 조류를 메가트렌드 megatrend라고[13] 부른다. 메가트렌드에 대한 이해가 없다면 예견된 풍랑을 모른 채 바다로 배를 저어가려는 무모한 도전과 같다.

지난 1982년 미래학자 나이스비트는 그의 저서 '*메가트렌드*'에서 우리의 삶을 변화시키는 큰 물결을 10가지로 진단했다. 이 진단은 참여민주주의, 네트워크형 조직, 인간존중, 분권화, 다원화사회, 국가복지제도, 글로벌시장, 동북아시대, IT사회, 장기비전 등의 키워드 keyword로 잘 알려져 있다. 이어 1996년에 발간된 '*메가트렌드 2000*'에서는 환태평양지역의 부상, 자유시장 사회주의의 출현, 문화예술의 부흥, 범세계적 생활양식, 여성리더십의 부각, 유전공학의 시대를 예고했다. 그의 예측은 적중했으며 이미 우리의 현실이 되었다.

지난 2006년에 '21세기, 우리 앞의 20가지 메가트렌드와 79가지 미래 변화'라는 부제로 발간된 '*메가트렌드 코리아*'[14]는 지식정보사회로 진화되는 대한민국의 큰 흐름을 밝힌 바 있다. 접속사회로의 전환, 개인중심의 기술, 자발적 참여의 증가, 양극화의 가속화, 창조적 파괴, 디지털경제 패러다임의 등장, 경계의 소멸 등의 변화는 오늘날의 또 다른 모습으로 우리에게 다가와 정착되고 있다.

미래학자들이 진단하는 메가트렌드는 그 진단의 정확성과 무관하게, 암흑의 미래로 향하며 현재를 노저어가는 우리에겐 등대lighthouse의 불빛과 같다. 미래예측과 설계를 위해 필수적인 참고자료가 된다.[15]

2. 현재분석

현재는 과거와 미래를 잇는 순간에 불과하지만 변화에 대한 모든 신호signal를 포착하는 시점이다. 다음과 같은 질문에 답할 때이다.

---

13) 1982년 미국의 미래학자인 존 나이스비트의 유명저서인 '*메가트렌드*'에서 유래된 용어이다.

14) 이주헌 외, *메가트렌드 코리아*, 한길사, 2006. 정보통신정책연구원의 연구결과를 토대로 발간되었다.

15) 향후 2025년, 2035년, 2050년 등을 내다본 미래학자들의 전망은 이 책의 제3장에서 소개한다.

- 과거를 만들었던 동력historical drivers 중에서 어떤 것들이 지금도 작동하고 있는가?
- 변화를 만드는 새로운 원천new sources of change이 포착detect되고 있는가?
- 무엇이 변화를 지연시키거나 심지어는 저지prevent하는가?

현재에 대한 분석은 결국 과거부터 현재까지의 트렌드를 탐색scanning하고 미래에 영향influence을 미칠 요인들을 현 시점에서 파악하고자 함이다.

생각해봅시다 1.4 '현재' 관련 명언들

- 오늘 지금 이 순간을 즐겨라.(팝콘)
- 얼마 후면 사라져 버릴 지금이다. 지금은 그리 오래 지속되지 않는다.(쉐포)
- 부디 지금 즐기라. 언제 세상에서 사라질지 모르는 것이니까.(노엘 갤리거)
- 오늘은 선물이다. 그래서 현재도 선물도 둘 다 영어로는 present이다.(빌 킨)
- 진정한 행복이란 미래에 대한 불안한 의존 없이 현재를 즐기는 것이다.(세네카)
- 오늘 할 수 있는 일에만 전력을 쏟으라.(뉴턴)
- 지금이야말로 일할 때다. 지금이야말로 나를 더 훌륭한 사람으로 만들 때다. 오늘 그것을 못하면 내일 그것을 할 수 있겠는가?(토마스 아켐피스)
- 내가 헛되이 보낸 오늘은 어제 죽은 자가 그토록 원하던 내일이다.(빅터 프랭클)
- 현재에서 미래는 태어난다.(볼테르)
- 오늘 특별한 순간들은 내일의 추억이다.(영화 '알라딘' 중)
- 지금 이 순간을 살아라.(에크하르트 톨레)
- 미래는 과거를 이길 수 없다.(다니엘 커너먼)
- 현재는 끝을 가지고 있지 않은 유일한 것이다.(슈뢰딩거)
- 나중을 위해 아끼지 말라. 내일 당장 무슨 일이 일어날지 아무도 모른다.(파울로 코엘료)
- 미래보다는 현재의 나에게!(Yolo족)
- 인생은 한 번뿐이기 때문에 지금 하고 싶은 것을 하면서 살자.(Yolo족)
- 미래를 위해 현재를 희생하지 않는다.(하완)

미래예측과 미래창조

1. 미래예측

미래는 또 다른 현실로 온다. 미래를 예측함은 보다 밝은 미래를 창조하고 발전하기 위함이다. 이를 위해 커다란 영향을 준, 과거로부터 현재까지 이르게 만든 트렌드들을 추적scanning한 후에, 그 트렌드들의 분석을 토대로 향후 나타날 개연성probability이 높은 미래의 모습들을 미리 살피는 과정을 거친다. 그러나 예측의 적중hit이 목표는 아니다. 미래를 정확하게 예측하는 것은 어차피 불가능하다. 미래학은 '미래는 만들어질 수 있다'는 전제하에 일어날 상황에 능동적으로 대처하고 영향을 주는 방안을 강구함에 그 궁극적 목적을 둔다.

장기적인 미래상을 예측을 할 수 있다는 논리적 근거는 다음과 같다.[16)]

- 세상은 진화evolution하고 발전한다. 그 과정을 지켜보고 변화추이를 알아내면 된다.
- 혁명revolution은 세상을 크게 변화시킨다. 언제 발생할 것인지 관심을 가지면 된다.
- 세상 모든 일은 순환cycle한다. 반복적인 주기는 탐지 가능하다.

미래예측을 위한 대표적인 기법은 시나리오scenario 기법이다. 시나리오 기법은 복잡하고 급변하는 불확실한 시대의 비선형적이고 불연속적인 변화에 대해 창의적인 발상을 유도함으로써 미래에 발생 가능한 다수의 대안적 미래alternative futures의 모습들을 상상하게 하고 바람직한 미래상에 대한 선택의 폭을 열어주는 기법이다.

2. 미래를 위한 혁신

미래는 대비하는 수동형이 아니라 능동형이어야 창조될 수 있다. 현재에서 미래로 나아가는 전략과 실천계획을 수립하고 행동으로 옮겨 혁신적인 변화를 시도해야 한다.

16) 현대경영연구소, *미래예측: 기술·산업·세계*, 승산서관, 2012.

예를 들어, 마이클 해머Michael Hammer가 추천한 비즈니스 프로세스 리엔지니어링business process re-engineering, 일명 BPR기법[17]은 현재의 핵심 프로세스process 일하는 방법들을 비용·품질·서비스·속도 면에서 획기적인 성과를 거두기 위해 근본적으로 다시 생각하고, 혁신적으로 재설계할 것을 주문하는 경영혁신기법이다. 이를 위해 현재as-is를 분석하고 나아갈 미래to-be를 설정한 후 프로세스 혁신을 실행에 옮기라고 권한다.

[그림 1.3] BPR 경영기법의 개념

BPR의 혁신적 변화 사상은 국가행정혁신에 적용될 수 있고,[18] 조직과 개인의 삶의 변화에도 도움을 줄 수 있다.[19] 미래를 창조하는 좋은 기법 중 하나이다.

3. 미래학으로 창조하는 미래

과거와 현재는 이미 지나갔으므로 인간의 힘으로는 바꿀 수가 없다. 오직 변화의 가능성은 미래뿐이다. 우리가 미래를 어떻게 준비하고 대비하느냐에 따라 미래는 달라질 수 있다. 미래는 고정불변의 숙명이 아니라 인간의 의지와 노력에 따라 변화될 여지가 충분히 있다. 최대한 객관적인 방법으로 근거를 가지고 미래를 예측하면 다가올 불행이나 재앙을 막을 수 있고 변화에 능동적으로 대처할 수 있다. 작가 부루스 스털링Bruce Sterling은 '미래는 명사noun가 아니라 동사verb'라고 했다. 의학자 조나스 솔크Jonas Salk는 '우리의 가장 큰 책무는 훌륭한 조상이 되는 것'이라고도 했다. 미래를 연구해야 하는 이유가 바로 여기에 있다.[20]

---

17) Hammer, Michael, "Reengineering Work: Don't Automate, Obliterate", *Harvard Business Review*, August, 1990. 이건희 회장의 '마누라만 빼고 다 바꾸라'는 혁신철학과 일맥상통한다.

18) 노무현 대통령도 지난 2002년 후보시절 저자가 써 준대로 "대한민국을 BPR시키겠습니다"라는 연설을 한 적이 있다. 연설 전 날, "BPR이 무엇입니까?"라고 물어왔던 기억이 난다. 물론 대한민국의 미래에 대한 그의 정치철학과 대통령 후보로서의 혁신공약을 상징적으로 표현해준 것이었다.

19) BPR을 이용한 개인 인생의 미래창조 기법은 이 책의 제12장에서 상세히 다룬다.

20) 최연구, *미래를 예측하는 힘*, 살림, 2009.

따라서 다음과 같은 질문을 던진다.

- 미래를 **예측**predict할 수 있을까?
- 미래를 미리 **알**know 수 있을까?
- 미래를 **통제**control할 수 있을까?
- 미래에 **영향**influence을 줄 수 있을까?
- 미래를 **창조**create할 수 있을까?

위 질문에 대한 답이 미래학이다. 미래학은 과거·현재를 분석하고 미래를 예측·설계·창조하는 방법을 모색하는 학문이며, 미래를 연구하고 경영하는 이론을 탐구하는 학문이다. 이 책이 정의하는 미래학의 범주는 [그림 1.4]와 같다.

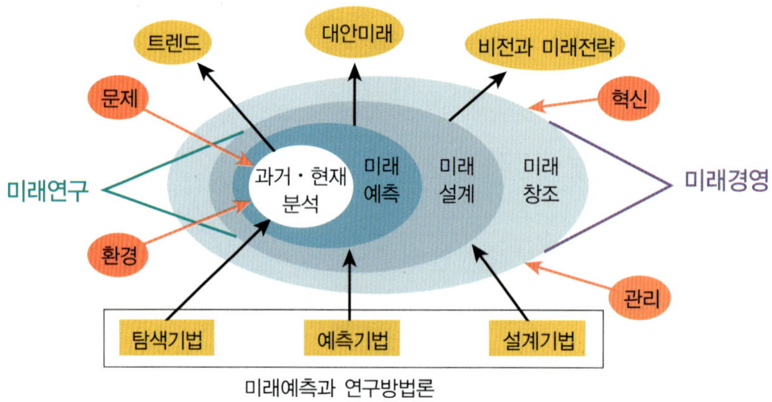

[그림 1.4] 미래학의 범주

나아가 미래학은 아래와 같은 많은 사람들이 궁금해하는 다섯 가지 질문에 답하기 위해 연구하는 학문일 것이다.

- 앞으로 10년, 20년, 30년 후의 세상은 어떻게 변할까?
- 그러한 변화를 통해 이익을 얻기 위해 우리는 무엇을 해야 할 수 있을까?
- 10년 후 어떠한 미래가 펼쳐지기를 원할까?
- 피할 수 없는 놀라운 사건에 어떻게 대비할 수 있을까?
- 더 나은 미래를 위해 우리는 지금 무엇을 해야 하는가?

그러나 미래학은 미래를 보여주는 신비의 묘책이 전혀 아니다. 올바른 시각을 다시 강조한다.21)

- 현재 존재하지 않은 미래는 정확히 예측하지 못하며 그 누구도 그렇게 주장해서도 아니 된다. 미래학은 오로지 미래상image을 연구하며, 단지 대안 미래들을 예측하고 식별하고 검토한 후 그 중 선호하는 미래에 대한 계획을 수립하고 창조해 나가도록 도와준다.
- 미래학은 미래에 관한 그 어떤 터무니없는 아이디어도 존중한다. 뜻밖의 변수로 미래는 늘 바뀌기 때문이다. 가장 미래다운 미래가 아닌, 가장 현실성 있는 다양한 미래상을 예측하는 학문이 미래학이다.

생각해봅시다 1.5 '미래' 관련 명언들

'미래' 관련 명언들이다. 명언은 사리에 맞는 훌륭한 말로, 듣는 이에게 교훈을 주는 효과가 있다. 가슴에 새기면 미래가 달라질 수도 있다. 아래 명언들 중 교훈이 되는 명언 셋만 고르라면 무엇일까?

- 과거는 모두 잊었다. 나는 미래만 보고 있다.(에디슨)
- 과거를 뒤돌아보지 말라. 현재를 믿으라. 그리고 씩씩하게 미래를 맞으라.(롱펠로우)
- 돌이킬 수 없는 어제는 우리 것이 아니지만, 이기거나 질 수 있는 내일은 우리 것이다.(존슨)
- 무엇인가를 의논할 때는 과거를, 누릴 때는 현재를, 무엇인가를 할 때는 미래를 생각하라.(쥬벨)
- 미래는 운명의 손이 아니라 우리의 손에 달렸음을 명심하라.(쥐스랑)
- 미래를 기다려서는 안 되며, 우리 스스로 만들어야 하는 것이다.(베유)
- 현재는 우리의 목적이 아니다. 과거와 현재는 수단이며 미래만이 우리의 목적이다.(파스칼)
- 현재와 과거를 서로 경쟁시킨다면 반드시 미래를 놓치게 될 것이다.(처칠)
- 미래는 현재 우리가 무엇을 하고 있는가에 달려있다.(간디)
- 사람이 먼 일을 생각하지 않으면 바로 앞에 슬픔이 닥치는 법이다.(공자)
- 계획이란 미래에 관한 현재의 결정이다.(피터 드러커)
- 과거는 지식의 원천이며 미래는 희망의 원천이다.(스티븐 앰브로즈)
- 미래가 불투명한 상황에서 희망은 드디어 빛을 발한다.(에머슨)
- 비록 모든 것을 다 잃을지라도 아직 미래가 남아있다.(보비)
- 슬기로운 자는 미래를 현재인 것처럼 대비한다.(푸블릴리우스 시루스)
- 우리들은 과거에의 집착보다 미래의 희망으로 살고 있다.(무어)

21) Dator James, *What Futures Studies is, and is not?* 세미나 자료. 2009.

- 지식은 과거지만 지혜는 미래다.(숀 스틸)
- 나만이 내 인생을 바꿀 수 있다. 아무도 날 대신해 해줄 수 없다.(캐롤 버넷)
- 내가 헛되이 보낸 오늘 하루는 어제 죽어간 이들이 그토록 바라던 하루다.(소포클레스)
- 항상 갈망하라. 그리고 항상 무모하라.(스티브 잡스)
- 우물쭈물 살다가 이럴 줄 알았다.(버나드 쇼의 묘비)

개인문제 | 젊은 당신의 행복을 위한 미래 인생설계도

미래학의 다양한 이론들의 이해에 앞서 남은 인생의 미래설계도면을 그려보라. 자유롭게 창의성을 발휘하되 멋지고 행복한 인생을 위해 개인의 꿈과 소망을 단계적으로 이루어가는 청사진을 그림 한 장으로 그려라(아래 사례의 그림들은 한국외대의 학부생들을 대상으로 한 '미래경영 강좌'에서 제출받은 미래설계도들이지만 참조만 하길 바란다. 보다 구체적인 방법은 이 책의 '제12장 개인을 위한 인생미래경영 방법론'에서 소개한다).

[사례 1]

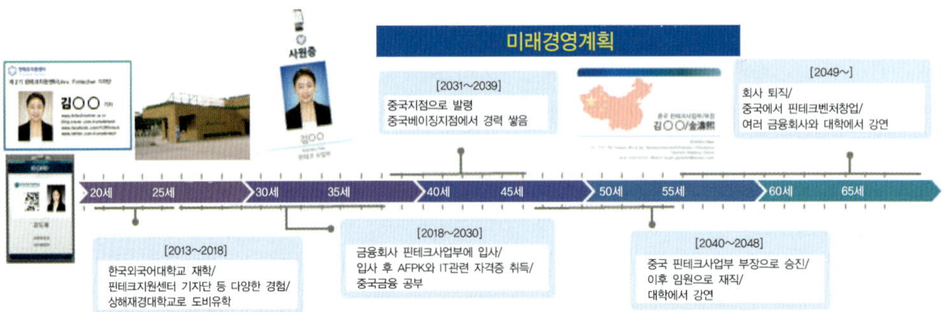

[사례 2]

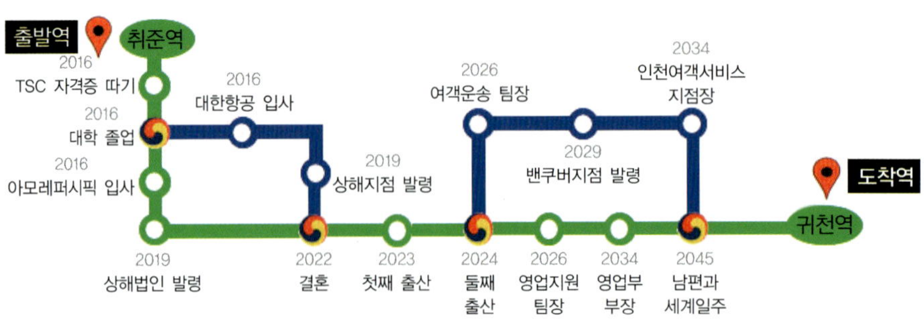

토의문제

01. 미래는 당신에게 무슨 단어인가? 낙관적인가 비관적인가?

02. 미래가 여럿이라는 말의 의미는 무엇인가?

03. 현대의 선지자는 누구라고 생각하는가?

04. 당신은 손금, 궁합, 토정비결 등을 얼마나 믿는가?

05. 과거, 현재, 미래 중에서 무엇이 가장 먼저라고 생각하는가?

06. 미래는 창조될 수 있다고 진정 믿어지는가?

07. 대망의 큰 꿈을 품고 사는가? 그것은 무엇인가?

08. 당신은 신문을 읽는가? 왜 신문읽기가 중요하다고 생각하는가?

09. 지난 1년 동안 읽은 비전공서적은 몇 권인가?

10. 자신이 미래를 개척할 수 있는 유능함을 지녔다고 생각되는가?

참고문헌

국내문헌

과학기술정책연구원, "세종 즉위 600주년, 세종의 리더십 연구, 장래를 예측하고 징조를 살핀 리더", *Future Horizon*, Winter 2018.

국제미래학회, *전략적 미래예측 방법론 BIBLE*, 두남, 2014.

김성근・이주헌, *인터넷시대의 경영정보시스템*, 문영사, 2009.

박영숙・제롬 글렌・테드 고든, *전략적 사고를 위한 미래예측*, 교보문고, 2007.

신지은・박정훈 외, *세계적 미래학자 10인이 말하는 미래혁명*, 일송북, 2010.

이광형, *3차원 미래 예측으로 보는 미래경영*, 생능출판사, 2015.

이원복, "미래예측 엉터리다", http://interaction.tistory.com/96

이주헌, "미래를 위하여", 학부생 진로설계 세미나 강의자료, 2017.

이주헌, "미래를 예측하는 가장 확실한 방법", *대통령의 여인*, 북콘서트, 2009.

이주헌, "미래와 국가경영", 외부강연 자료, 2004.

이주헌 외, *2020 미래한국*, 한길사, 2005.

이주헌 외, *메가트렌드 코리아*, 한길사, 2006.

최연구, *미래를 예측하는 힘*, 살림, 2009.

최윤식, *미래학자의 통찰법*, 김영사, 2014.

현대경영연구소, *미래예측: 기술·산업·세계*, 승산서관, 2012.

해외문헌

다사카, 히로시, *미래를 예견하는 5가지 법칙*, 나라원, 2009.

스티븐 코비, *성공하는 사람들의 일곱 가지 습관*, 김영사, 2006.

엘빈 토플러, 이규행 감역, *부의 법칙과 미래*, 한국경제신문, 2003.

엘빈 토플러, 이규행 감역, *제3물결*, 한국경제신문, 1989.

존 나이스비트, 에버딘 패트리셔, 김홍기 옮김, *메가트렌드 2000*, 1990.

피터 드러커, 이재규 역, *Next Society*, 한국경제신문, 2002.

피터 슈워츠, *미래를 읽는 기술*, 비즈니스북스, 2004.

Clarke, Arthur C., *Profiles of the Future*, Harper & Row, 1962.

Dertouzos, Michael, *What Wii Be*, HaperCollins Publishers, Inc., 1997.

Lum, Richard A. K., *4 Steps to the Future*, FutureScribe, 2016.

Hammer, Michael, "Reengineering Work: Don't Automate, Obliterate", *Harvard Business Review*, August, 1990.

Tonn, Bruce & Donald MacGregor, "Individual approaches to futures thinking and Decision Making", *Futures*, 2009.

부록 1 젊은 당신의 미래를 위한 교훈

현대를 호모 헌드레드homo hundred 시대라고 한다. 생활환경 개선과 제약·의료기술의 발달로 인간의 수명이 연장되면서 바야흐로 100세 시대에 접어들었다. 20대 대학생들은 앞으로도 70~80년을 더 살게 된다. '나이는 숫자에 불과하다' 하더니 40~50대들에게도 향후 50년 인생이 남아있다. 우리 모두는 젊은 청춘이고 미래는 길고 또 길다. 남은 긴 인생이 재앙 아닌 축복이 되기 위해서는 지금이 바로 미래학을 배우고 미래를 연구하면서 미래를 창조해야 하는 때이다.

특히 젊은 학생들이라면 과거가 짧았을 뿐만 아니라 오로지 미지unknown의 세계로 출발하는 입장이므로 과거는 분석할 대상이 크게 되지 못한다. 그냥 미래만 바라보면 된다. 그러나 밝은 미래를 개척하기 위해서는 갖추어야 하는 조건이 있다. 아래는 5가지 교훈이다.[22)]

▶ 교훈 1. 꿈을 꿔야 희망의 미래가 있다

꿈dream은 잠자는 동안에 일어나는 일련의 시각적 심상이다. 그러나 한편 인간의 소망wish이나 희망hope을 의미하기도 한다. '간절히 소망하면 이루어진다' 했듯이 꿈은 미래를 창조하는 재료이며 미래를 향해 나아가게 하는 원동력이다. 기도도 꿈의 또 다른 표현이다. 1963년의 마틴 루터 킹Martin Luther King Jr. 목사의 인종차별 없는 세상을 염원하는 명연설 '나에게는 꿈이 있습니다I have a dream'가 결국 2009년도에 흑인대통령 오바마를 탄생시켰다면 '꿈 → 미래실현'의 한 예가 된다.

꿈이 미래를 어떻게 만들까. 꿈은 노력으로 이어지기 때문이다. 꿈을 꾸는 것은 사람이지만 그 사람을 만들어가는 것은 그가 꾸고 있는 꿈이다. 따라서 꿈꾸는 자에게는 희망찬 미래가 다가온다. 꿈은 미래로 이끌어준다.

그러나 유의해야 할 점이 있다. 꿈은 가격표가 있고 그 값은 오직 내가 쏟은 정직한 노력으로만 치를 수 있다. 고생을 각오하지 않는 꿈은 허황된 망상delusion이 된다. 꿈이 망상이 되지 않게 하려면 노력하는 길밖에 없다. 아래 꿈과 관련된 명언들을 우선 읽어보라.

22) 이 교훈들은 새롭게 사회에 진출하여 미래를 개척하려는 한국외대 경영학과(경영정보대학원과 주·야간 MBA과정도 포함) 학생들에게 '진로 세미나 강좌' 시간에 교훈으로 강조했던 강의내용을 간추린 것이다. 지난 30여 년 교육자로서의 경험을 토대로 작성되었을 뿐 학술적인 근거는 없음을 밝힌다.

- 꿈이 없다면 인생은 쓰다.(리튼)
- 꿈을 지녀라. 그러면 어려운 현실을 이길 수 있다.(릴케)
- 꿈을 품어라. 꿈이 없는 사람은 아무런 생명력이 없는 인형과 같다.(그라시안)
- 꿈을 계속 간직하고 있으면 반드시 실현할 때가 온다.(괴테)
- 꿈을 향해 담대하게 나아가고 상상한 삶을 위해 노력하면 뜻밖의 성공을 접하게 될 것이다.(소로)
- 꿈은 이루어진다. 이루어질 가능성이 없었다면 애초에 자연이 우리를 꿈꾸게 하지도 않았을 것이다.(존 업다이크)
- 큰 꿈들은 사람들의 영혼을 휘저어 위대함에 이르도록 하는 마법을 창조한다.(빌 메카트니)
- 오랫동안 꿈을 그리는 사람은 마침내 그 꿈을 닮아간다.(앙드레 말로)
- 당신의 꿈이 한 번도 실현되지 않았다고 해서 가엾게 생각해서는 안 된다. 정말 가여운 것은 한 번도 꿈을 꿔보지 않았던 사람들이다.(에센바흐)
- 이룩할 수 없는 꿈을 꾸고 이루어질 수 없는 사랑을 하고 이길 수 없는 적과 싸우고 견딜 수 없는 고통을 견디며 잡을 수 없는 저 하늘의 별을 잡자.(돈키호테)
- 새우잠을 자더라도 고래 꿈을 꾸어라.(정호승)

이루고자 하는 미래의 꿈을 정형화formalize시킨 것이 **비전**vision이다. 비전은 미래에 대한 전망이며 기대하는 환상적인 현상이다. 비전없는 삶은 그냥 흘러간다. 태어난 인생의 사명을 정의하고 비전을 만들고 실행으로 옮기면 꿈은 이루어진다.

▶ 교훈 2. 지혜로워야 미래를 개척한다

지혜로운 자만이 미래를 개척한다. **지혜의 비결**은 다음과 같다.

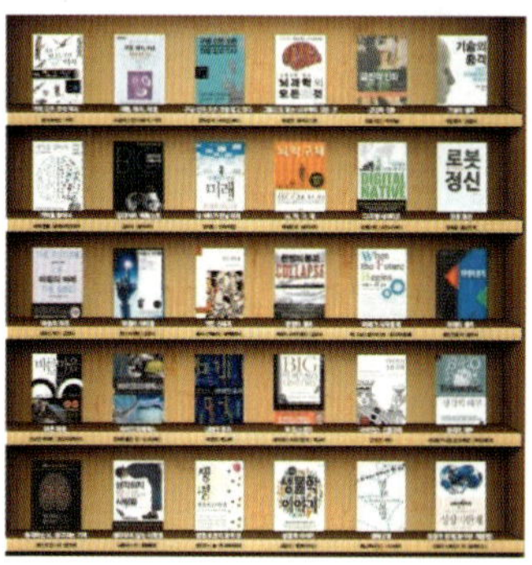

- **독서와 사색** 책은 마음의 양식이고 독서는 간접체험을 위한 길이다. 심신을 수양하고 교양을 넓혀준다. 지혜는 풍부한 지식과 깊은 생각에서 비롯되지만 사실 생각think이란 깨달은 지식의 활용일 뿐이다. 명작소설은 상상력과 꿈을 키워주고, 역사책은 선인들의 지혜를 새겨주고, 교양서적은 머리를 깨우쳐준다. 특히 인문학 도서가 중요하다. 현대 디지털문화를 이끈 스티브 잡스의 창의력도 그가 기술과 인문학을 결합함으로써 가능했다. 문학·역사·철학·예술에 대한 이해는 '참 지식'을 쌓는 원천이다. 읽고 또 읽고 사색하면 지혜로워진다.
- **시사상식의 이해** 세상의 이치를 깨달으려면 매일 신문을 읽어야 한다. 현대 지성인의 기본이다. TV뉴스 시청이나 인터넷 화면에 나타나는 뉴스 몇 개를 소화시키는 것으로는 극히 부족하다. '**나만큼 한다면 누구나 미래를 읽을 수 있다. 나는 하루 6~7시간씩 신문을 읽는다**'고 말했던 미래학자 나이스비트의 명언은 위대한 교훈이다. 특히 칼럼을 읽어야 한다. 지식인들의 다양한 주장을 접하지 못하면 '나의 생각'이 올바르게 정리되지 못한다.

- **글쓰기와 논리력 향상** 알고 있는 바를 글로 표현할 수 있어야 지혜로운 사람이다. 글쓰기는 체험, 상상, 사유한 바를 주제에 맞춰 논리적 문장으로 질서화하는 행위인데, 이때의 행위는 단순히 문장을 엮어나감이 아니라 의미를 새롭게 깨닫기도 하고, 생각을 바꾸기도 하고, 명확하게 정리하기도 한다. '**쉬지 않고 글을 쓰면 마음의 문을 열 수 있고 자아를 발견할 수 있다**'고 한다. 글을 잘 쓰려면 많이 읽고 많이 생각해야 하므로 글쓰기는 고등高等정신능력을 단련시켜 미래를 향한 지혜를 제공한다.
- **여행과 체험** 다른 고장이나 외국으로 떠나 새로운 문화나 풍습을 접하고 여행지의 역사나 현재의 삶을 관찰하면서 새로운 생활을 체험하면 세상을 보는 눈이 밝아진다. '**바보는 방황하고 현명한 사람은 여행한다**'는 명언도 있다. '**세계는 한 권의 책이고 여행하지 않은 사람은 그 책의 한 페이지만 읽는 것과 같다**'고도 한다. 자주 우리나라 지도와 세계지도를 보라. 그리고 가능하면 많이 찾아가 직접 보고 느끼고 현명해질 것을 추천한다.

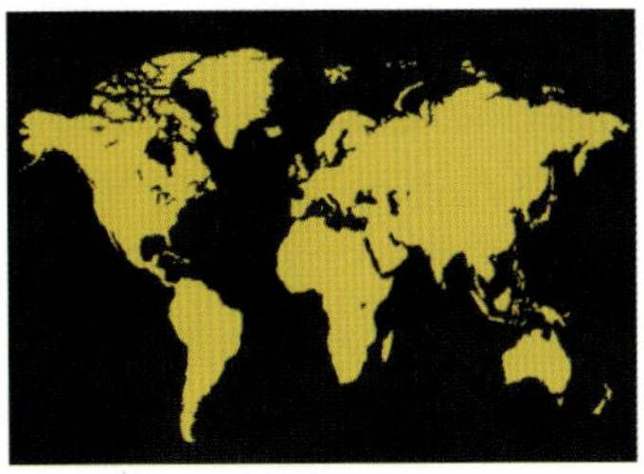

- **대인관계와 휴먼 네트워크** 좋은 친구들과 자주 만나고 다양한 사람들과 교류하면 지식의 폭이 넓어진다. '**어리석은 자와 가까이 말고, 슬기로운 이와 친하고, 존경할 만한 사람을 섬기면 이것이 인간에게 최상의 행복이다**'라고 했다. 지혜는 다른 사람과의 교류에서 얻어진다.

지혜로우면 통찰력이 생긴다. 미래도 읽을 수 있다. 아래와 같은 '*미래학자의 통찰법*'[23]도 역시 독서와 관찰과 상상과 대인관계를 중시한다.

- 세상을 꿰뚫어보라. 독서는 기본이되, 분별력 있게 읽어라. 데이터를 보라.
- 세상을 다르게 보라. 미래에 주목하고, 변화를 읽고, 가상의 시나리오를 짜라.
- 세상을 다르게 만들어보라. 어디로 갈지를 선택하고 창조하라.
- 자신을 통찰하라. 나를 깨닫고 나만의 역량 코드를 찾은 후 몰입하라.
- 사람들에 대해 통찰하라. 내 안의 사람, 나 밖의 사람, 미래의 사람을 알아라.
- 승리할 수 있는 미래를 끊임없이 연구하라.

▶ 교훈 3. 배움은 희열이다

지혜의 근본은 지식이다. 지식을 쌓으려면 배워야 한다. 공부study는 힘들지만 배움learning은 희열이다. 인생은 끝없는 배움의 과정이다. 그러나 '**잘**' 배워서 내 것으로 소화시켜야 지식은 지혜로 승화한다. 잘 배우려면 새로운 지식을 접할 때 다음과 같은 질문을 던져야 한다.

- 그것은 과연 무엇인가?
- 그것은 왜 그러한가?

---

23) 최윤식, *미래학자의 통찰법*, 김영사, 2014.

- 그것이 왜 중요하다는 말인가?
- 그것은 이미 알고 있는 이것들과 무슨 관계가 있는가?
- 그것은 한마디로 줄여 어찌 정의되는가?

곱씹고 새기고 묻고 따지고 생각하고 고뇌하지 않으면 지식은 지혜로 발전하기도 전에 소멸되고 만다. 정보와 지식의 홍수시대에서 버릴 것은 버리고 꼭 알아야 할 것은 '잘' 깨우치는 슬기가 필요하다. 강의실에서의 토론과 팀 프로젝트는 배움의 효율성을 높여준다.

대학의 학부과정은 학생들로 하여금 전공분야의 전문지식을 터득하게 하고, 대학원에서는 학문을 탐구하며 연구능력을 배양하게 한다. 학부와 대학원의 차이는 '연구를 하고 논문을 쓰느냐'의 유무있고 없고로 차별된다. 단순 지식습득이 아닌 연구능력이 학사와 석·박사 학위의 차이다.[24)]

그러나 전공지식이 '참 지식인'이나 미래예측전문가를 만들지는 않는다. 전공을 뛰어넘어 다양한 학문과 그들 간의 관계에 대한 이해가 필요하다. 세상은 특정 전공분야 지식으로만 움직이지 않기 때문이다. 깊게 배우는 것은 전문가의 길이되, 넓고 멀리 봐야 지식인이 된다.

누구든 모든 학문을 섭렵할 수는 없다. 그러나 각자 전공분야의 전문지식을 잘 배우되, 많이 읽고 많이 깨우쳐 시야를 넓힌다면 미래를 미리 내다보는 혜안이 저절로 생길 것이다.

▶ 교훈 4. 유식보다는 유능이다

현대사회는 유능한competent 인재를 원한다. 성적이 좋은 학생이 아니다. 지혜와 열정으로 주어진 과업을 성공적으로 수행하고 미래를 개척할 수 있는 능력을 높이 평가한다. 특히 경쟁시대에서는 유능해야 생존 가능하다. **유능함**은 **자신감**self-confidence으로부터 비롯되고 이 자신감은 지식이 쌓였을 때 생긴다. 따라서 **유식**해야 유능할 수 있다는 것이다. 그러나 유식함knowledge이 유능함의 필요충분if-and-only-if조건은 아니다. 성적표는 유능함의 척도가 못된다. 지식도 쌓아두기만 한다면 무의미하다. '잘' 배워 지식을 '잘' 갖추고, 주어진 문제에 대해 그 지식을 창의적으로 '잘' 활용해서 해법을 찾은 후, 찾은 결과를 글과 말로 '잘' 표현하고, 진정과 열정으로 감동을 주어야 한다. 역시 **읽기·쓰기·말하기가 유능함의 기본**이다.

흥미로운 점은 사람의 유능함은 몇 마디 대화만으로도 제법 쉽게 간파할 수 있다는 점이다. 유능함은 눈빛에서, 표정에서, 태도에서, 자세로 우러나오기 때문이라고 한다. 말 몇 마디 나눠보면 더욱 그렇다. 짧은 대화에서의 어휘선택과 말의 논리를 들으면 자명해진다. 불과 10~20분 만에 인재를 발탁할 수 있는 이유가 여기에 있다. 유능함이야말로 미래를 개척하는 힘이지만 유능하려면 지혜가, 지혜로우려면 지식이, 유식하려면 잘 배워야 한다. [그림 1.5]에서 보듯이 유능함이 돋보이면 언젠가

---

24) 영어의 의미로 새겨보면 학사학위bachelor's degree는 '총각 혹은 미혼남'이니 전문분야 새내기에 불과하지만, 석사학위master's degree는 그 분야의 '달인 혹은 도사' 수준에 이르렀음을 뜻하니 큰 차이다. 나아가 박사학위Ph.D./Doctor of Philosophy는 철학박사로 직역되므로 전공분야에 대한 탐구수준이 가히 철학적 경지에 도달했다고 인정하는 학위로 해석될 수 있다. 새내기 → 달인 → 철학가로 나아가는 학문탐구의 길은 흥미롭고, 끊임없는 학업은 도전해볼 만한 일이다.

실력이 알려지고 운도 따라주면 유명famous해질 수도 있겠으나 사실 유명세는 성공이나 행복과는 무관하다. 인기fame는 영광일 수 있는 반면에 거품bubble이기 쉽다.

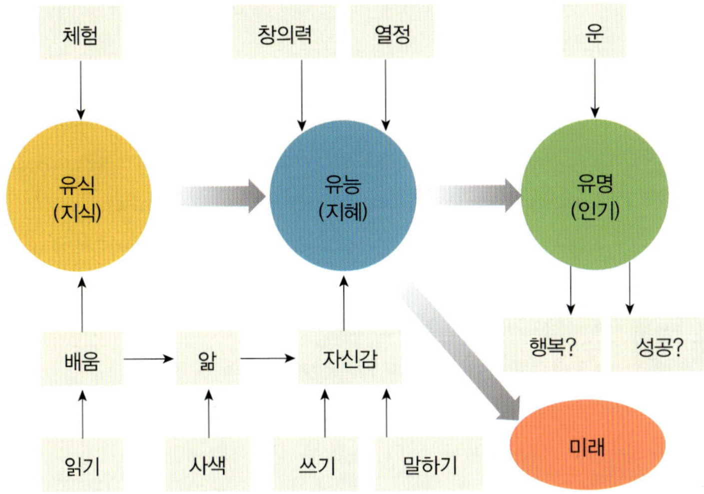

[그림 1.5] 유식-유능-유명의 관계

▶ 교훈 5. 열정이 행복의 열쇠이다

누구나 행복한 미래를 원한다. 행복happiness은 생활의 만족감과 기쁨이다. 헌법제10조도 우리 국민 개인은 행복을 추구할 수 있는 권리가 있다고 했다. 따라서 미래목표를 설정하기 전에 행복의 정의부터 내리는 것이 옳다.

그러나 행복의 개념은 매우 추상적이며 주관적이다. 예를 들어 다음과 같은 것들이다.

- 걱정 없이 편안한 안녕감well-being
- 노력으로 목표를 달성한 성취감sense of accomplishment
- 직장, 건강, 가족, 사랑 등 자기 삶에 대한 만족도satisfaction
- 경제적 부wealth의 수준
- 도움과 봉사의 기쁨

행복하게 해주는 하나의 척도가 성공success이다. 사람들은 목적한 바를 이루면 행복해진다고 믿는다. 대기업 취업, 사랑하는 사람과의 결혼, 벤처기업 창업, 100개국 여행, 히말라야산 정복, 저축 1억 원 달성, 한 달간의 선교활동 등을 목표로 삼고 이루면 기뻐한다. 다이어트로 5킬로그램 몸무게 줄이는 것에 성공만 해도 행복해진다. 성공도 극히 주관적이다. 그러나 목표가 무엇이든 성공은 밝은 미래를 꿈꾸는 젊은이들의 소망일 것이다. 물론 성공하려면 열정과 인내와 노력이 필요하다. 열정passion이 행복의 열쇠이다.

리더십의 권위자인 스티븐 코비Steven Covey는 그의 베스트셀러 '*성공하는 사람들의 일곱 가지 습관*'[25]에서 성공하는 방법을 아래와 같이 소개했다. 첫 셋은 자신에게, 그 다음 셋은 다른 사람들과의 관계에서, 그리고 마지막은 앞 여섯 가지에 에너지를 공급하는 역할을 한다. 설계된 미래를 현실화시키는 미래창조 비법으로 새겨둘 만하다.

- 자신의 삶을 주도하라.Be proactive
- 끝을 생각하며 시작하라.Begin with end in mind
- 소중한 것을 먼저, 중요한 것을 우선시하라.Put first things first
- 서로에게 좋은 '윈-윈' 생각을 하라.Think win-win
- 먼저 이해를 하고, 그 후에 이해를 구하라.Seek first to understand, then to be understood
- 시너지를 내라.Synergize
- 자기 자신을 연마하라.Sharpen the saw

성공하는 사람들의 일곱 가지 '기氣'도 있다. 눈에는 총기, 얼굴에는 화기, 마음에는 열기, 몸에는 향기, 행동에는 용기, 어려울 때는 끈기, 힘들 때는 용기라고 한다. 또한 성공하는 사람들의 일곱 가지 '특징'은 목표가 분명하고, 열린 마음이고, 밝은 자화상을 가지고 있고, 적극적이고, 쓸모 있는 사람이며, 자기 그릇을 날마다 닦고, 전문성이 강한 사람이라는 주장도 있다. 스티브 잡스는 '무모하게 도전하라'고 했다. 용기 있는 모험도 때론 성공의 길로 이끈다. 매사 성실하고, 늘 최선을 다 하고, 모든 약속을 철저히 지키는 생활도 성공의 비결이다.

25) 스티븐 코비, *성공하는 사람들의 일곱 가지 습관*, 김영사, 2006.

2 Chapter

미래학의 과거와 현재

"한국의 학생들은 학교와 학원에서 미래에는 필요하지도 않을 지식,
심지어 존재하지도 않을 직업을 위한 지식을 배우는데 매일 15시간씩 보내고 있다"
– 엘빈 토플러(퓨처리스트)

미래학Futures Studies은 미래에 대해 사회과학적으로 탐구한다. 미래학의 선구자인 다니엘 벨은 사회학자, 제레미 라프킨은 경제학자, 짐 데이토는 정치학자, 피터 드러커는 경영학자이었듯이, 미래학은 기존 학문의 벽을 뛰어넘는다. 엘빈 토플러는 언론계 출신이었고 존 나이스비트는 IT기업에 몸담았던 점을 감안하면 특정 기존 학문의 미래학에 대한 소유권 주장은 타당하지 않다. 무엇에 관해 무슨 시각으로 어떻게 미래를 예측하느냐가 중요할 뿐이다.

미래학은 개연성 있는 그리고 더 나은 미래상을 상정하고 연구하는 학문이지만 아직은 미성숙한 학문으로 평가하는 이들이 많다. 예술인지 과학인지, 그리고 그 학술적 가치에 대해서도 이견이 존재한다. 미래학을 정규 교과목으로 편성한 대학이 많지 않다는 현실도 이를 반증한다. 일부 미래학자들이 본인의 주장을 명확한 근거 없이 마치 '예언'인 듯 내놓는다는 비판도 있다. 그러나 지난 50여 년 동안 발표된 다양한 연구결과와 이론들은 미래학이 이제 분명한 사회과학의 한 계열임을 증명하고 있고, 따라서 하나의 실용학문으로 인정받기에 충분하다.[1)]

1) 저자는 미래학 관련 방대해진 학술적 이론을 이제 미래를 걸머질 대학생들에게 가르쳐야 할 당위성이 분명해졌다고 본다. 나아가, 미래학을 경영학·사회학·경제학·행정학·교육학·인류학과, 그리고 심지어는 산업공학·컴퓨터공학과 등의 교과과정에도 포함시킬 것을 주창한다. 마치 컴퓨터기술을 1960년대는 전자공학과에서만 다루다가 1970년도 전후 컴퓨터과학으로 독립시킨 후 이제는 IT를 정보사회학·행정정보학·경영정보학·문헌정보학·디지털경제학·뉴미디어론·교육공학 등 범학문적으로 가르치게 된 현재와 유사한 발전단계를 밟으리라고 믿는다. KAIST 외에도 미래 전문대학원들이 추가로 설립되리라 확신한다. 젊은이들에게 과거의 지식만 가르치지 말고 미래를 통찰하는 지혜도 갖게 하는 것은 교육의 책무다.

미래학의 역사

미래학의 역사[2]는 고대로 거슬러 올라간다. 인류문명의 시발점이라 할 수 있는 기원전 600년경 고대 그리스문명 당시의 인간은 하늘이나 신에게 기도를 드리고 계시revelation를 받았다. 그리스 델포이Delphoe[3]에 있는 아폴로 신전에서 계시를 받는 피티아Phthia 여사제의 존재는 절대적이었다. 신비감은 더욱 무지한 사람들을 따르게 했다. 당시의 미래 예측은 신의 영역이었고 따라서 예언자·점성술사·주술사의 몫이었다. 기원전 400년 무렵의 플라톤Plato시대는 이상적 미래사회의 실현을 위해 위정자들이 철학자이어야 한다는 논의도 성행했으나 그리스문명을 계승한 로마제국이 붕괴되면서 미래학의 싹도 일단 사라지고 말았다.[4]

1. 미래를 그린 고전 서적들

중세기의 암흑시대를 거쳐, 1492년의 신대륙America의 발견은 유럽인들에게 미래를 생각할 힘을 부활시켰다. 다빈치Leonardo da Vinci의 미래에 대한 상상오늘날의 낙하산, 비행기, 전차, 잠수함, 증기기관 등의 그림들과 1555년의 노스트라다무스Nostradamus의 종말론을 접한 후, 17~18세기에는 흥미로운 미래를 그린 서적들을 읽을 수 있었다. 대표적인 사례가 다음과 같다.

2) Anderson Janna, "Futures Studies Timeline", Elon University, 2014.

3) 델포이Delphoe는 고대 그리스의 도시로, 미국 랜드RAND연구소에서 개발한 미래예측의 대표적인 기법인 델파이 기법Delphi method의 이름은 여기에서 따온 것이다.

4) 최연구, *미래를 예측하는 힘*, 살림출판사, 2009.

- **베이컨**의 *뉴아틀란티스The New Atlantis* 1627년에 영국의 프랜시스 베이컨Francis Bacon은 가공의 섬에 만든 유토피아utopia를 그려 유럽 전역에 센세이션을 일으켰다.
- **메르시에**의 *서기 2440 The Year 2440* 프랑스의 루이-세바스티안 메르시에Louis-Sebastien Mercier가 1771년에 출간한 이 소설은 18세기에 살던 주인공이 긴 동면 끝에 잠에서 깨어나자 25세기가 되어 있었다는 설정으로, 진보사상의 실천이 자손들에게 가져올 미래를 당시 프랑스에서는 출판 금지가 될 정도로 파격적으로 그렸다.
- **콩도르세**의 *인간정신 진보의 역사적 개관Progress of the Human Mind* 프랑스의 마르키드 콩도르세Marquis de Condorcet의 1793년도의 이 책은 역사적 발전에 관해 낙관주의를 표명한 미래학의 고전으로 꼽힌다. 세계문명의 역사를 10기로 구분하고 마지막 10기째에는 지식이나 정보가 주역이 되리라고 예언했으니 가히 정확한 것이었다.

그 후, 1859년엔 진화론자 다윈Darwin의 '*종의 기원*'도 발표되었고 19세기 말에는 공상과학소설SF의 아버지라 평가받는 쥘 베른Jules Verne의 '*기구를 타고 5주일*', '*해저 2만리*', '*80일간의 세계일주*' 등 기발한 상상력과 치밀한 사실성을 주특기로 시대를 뛰어넘어 미래를 묘사하는 베스트셀러 소설도 등장하였다. 또한 1892년에는 저명한 생리학자 샤를 리셰Charles Richet가 학술서의 형태로 '*100년 후Dans cent ans*'라는 책을 펴내 관심을 모았다. 리셰는 이 책에서 세계인구 증가에 대한 통계적 예측을 통해 미국과 러시아소련의 2강 체제, 석탄 → 석유 → 태양에너지 시대를 예측했는데, 100년 후에 그의 예측은 그대로 실현되었다. 미국에서는 1889년 소설가 에드워드 벨러미Edward Bellamy가 '*과거를 돌아보다Looking Backward*'라는 미래의 유토피아 사회상을 그린 책을 출간시켜 화제를 모았다.

2. 미래학의 탄생 배경

본격적인 미래학의 출범은 20세기 초부터 시작되었다. 그 시작이 영국의 소설가 겸 미래예측가인 허버트 웰스Herbert George Wells이다. 그는 1895년에 출간한 '*타임머신The Time Machine*'과 1897년에 발표한 '*투명인간The invisible Man*', 그리고 1898년의 원자폭탄을 예측한 '*우주전쟁The War of the Worlds*' 등으로 공상과학소설의 새 지평을 연 인물로 알려져 있다.

허버트 웰스

그러나 웰스는 미래학의 창시자로 더욱 칭송받는다. 그 이유는 1901년에 발표한 그의 '*예견Anticipations*'이라는 미래예측 서적 때문이다. 이 책에서 웰스는 교통·통신·도시계획·전쟁 등 여러 분야의 변화요인을 분석하면서 독자적인 기술관을 제시했다. 당시 전성기를 맞고 있던 마차가 자동차로 대체될 것, 영국과 유럽이 전화나 통신망으로 연결될 것 등을 예측했고 비행기가 발명되기 이전인데도 전쟁 시 공군력의 중요성을 강조하기도 했다. 또한 그는 다음과 같이 썼다. 바로 미래학의 탄생을 제창한 글이다.

"많은 사람들은 과거의 실적이나 역사에만 눈을 빼앗기고 있다. 미래의 일들은 알 수 없다는 고정관념에 사로잡혀 있다. 그러나 과거를 아는 것과 미래를 창조하는 것은 같은 것이다. 인간이 미래에 관심을 가지고 있는 한, 미래를 알 수 있는 실마리도 항상 그 속에 있다. 과학의 진보는 과거의 발굴에 크게 기여함과 동시에 미래의 발견에 기여하는 힘도 지니고 있다. 각 분야의 전문지식과 사회 동향에 관한 정보가 있으면 과학적으로 미래를 예측함으로써 미래를 창조해 갈 수 있다. 그러기 위해서는 정치·경제·사회·종교·윤리·과학 등을 하나의 시스템으로 묶어 종합적으로 다루는 미래연구라는 학문을 하루라도 빨리 확립해야 한다."

3. 미래학의 발전과정과 미래학자들의 계파

현대적인 의미의 미래학은 두 차례의 세계대전이 끝난 후부터 본격화되었다. '*미래학futurology*'이라는 용어는 1943년 미국의 정치학자 오시프 플레이트하임Ossip Flechtheim이 처음으로 사용했지만, 미래연구의 실무적인 방법론은 제2차 세계대전 말에 등장한 '과학기술에 바탕을 둔 예측'에서 비롯됐다고 보는 것이 일반적이다. 헝가리 출신의 미국 항공역학자 테오도르 폰 카르만Theodore von Karman이 1947년에 쓴 보고서 '새로운 지평선을 향하여Toward New Horizons'가 그 시작이다. 카르만은 '기술예측technological forecasting'의 방법론을 정립해 미래학의 초석을 다졌다.

이 후 미래학은 주로 국책 연구조직이나 공공기관 연구원들의 다양한 미래예측 기법들의 개발과 적용사례 보고서 등을 통해 실용학문으로서의 학술적인 기반을 쌓아가기 시작했다. 예를 들어 다음과 같은 조직들이 대표적이다.

- **랜드RAND연구소** 오늘날 미래학에서 사용되는 예측기법인 '델파이Delphi 기법' 등을 개발해 미국의 국방기술수요와 사회발전 추세예측 등 긴급한 국방 및 사회현안 이슈에 대한 전문가들의 집단의견을 수렴하는 등, 현대적 미래예측 방법론의 산실로 평가받는다. 1950년대에는 허먼 칸Herman Kahn을 비롯한 미래연구 전문가들이 무기 발전과 군사전략의 관계를 분석하기 위해 이른바 '시나리오 기법scenario planning'을 개발하기도 했다. 랜드연구소의 미래예측 선구자들은 이후 각자 독자적인 연구소를 설립해 미국의 미래학을 이끌어갔는데, 허먼 칸은 허드슨연구소Hudson Institute를, 올라프 헬머Olaf Helmer는 미래연구소Institute for the Future를, 시어도어 고든Theodore Gorden은 1971년에 미래연구를 비즈니스에 접목시킨 미래전략그룹Future Group을 설립한 것으로 기록되고 있다.
- **SRI** 미국을 대표하는 싱크탱크think-tank로 손꼽히는 SRIStanford Research Institute 역시 미래예측 기법의 발전에서 큰 역할을 했다. 원래 SRI는 스탠퍼드대학Stanford University의 신탁하에 1946년에 지역경제발전을 지원하는 혁신센터로서 만들어졌는데, 시나리오 기법의 대가인 피터 슈워츠Peter Schwartz가 이 연구소 출신이다. 1980년대 들어 슈워츠는 폴 호킨Paul Hawken 등과 함께 미래예측기법을 활용해 1990년대의 기술·경제·시장의 미래상을 대담하게 묘사했다.
- **미국 국가정보위원회** 1973년 설립된 미국의 국가정보위원회NIC: National Intelligence Council는 중장기 전략적 사고를 위해 만들어진 조직이다. NIC는 국가정보국(DNI)의 지원 아래 정책 결정자들의 질문에 주요 답변을 제공하는 것을 핵심임무로 한다. 동아시아·유럽·러시아 등 7개의 지역별 조직과 경제·군사·과학 등 6개 이슈별 조직으로 구성되어 전략기획 보고서를 발표한다. '세계미래전망Mapping the global future' 등의 보고서로 유명하다.
- **코펜하겐 미래학연구소** 유럽에서는 1970년 덴마크에서 코펜하겐 미래학연구소Copenhagen Institute for Futures Studies라는 초대형 연구기관이 설립되었다. 이 연구소는 그간 미래연구를 통해 기업이나 기관이 중요한 전략방향을 결정하는 데 있어서 이론적 토대를 제공하는 역할을 해왔다. 이 연구소의 롤프 옌센Rolf Jenssen과 그의 저서 '*드림 소사이어티The Dream Society*'는 우리에게도 잘 알려져 있다.
- **스웨덴 미래연구소** 스웨덴은 지난 1987년부터 '미래연구원Swedish Institute for Futures Studies'을 설립해 운영하고 있다. 이 연구소는 미래의 위협과 기회에 관한 공개적이고 광범위한 대중논쟁을 유도함으로써 미래에 대한 합의를 도출하고 있다. 대표적인 보고서로는 '미래 형성하기Shaping the future', 'EU에서의 인구 변화와 경제성장 간의 관계' 등이 있다.
- **영국의 미래전략청** 영국은 2002년에 설립된 미래전략청The Starategy Unit을 중심으로 미래전략을 연구한다. 총리 직속기관인 미래전략청은 공공정책 혁신을 위해 만들어졌으며, 비정기적 전략적 감사를 통한 긴급 현안과 도전과제를 확인하고 그에 대한 문제의식을 확산시키는 역할을 담당하고 있다. 대표적인 보고서로는 '영국의 미래전략 변화' 등이 있다.
- **기타 연구기관** 핀란드 미래연구센터Finland Futures Research Centre, 포사이트 캐나다Foresight Canada, 러시아 미래연구아카데미Russian Futures Studies Academy, 미국의 클렘 베졸드Clem Bezold가 이끄는 대안미래연구소Institute for Alternative Futures, 이집트의 미래연구센터The Centre for Futures Studies 등도 이후 창설되었다.

선진국을 중심으로 본격적인 미래학 연구단체나 연구소들이 하나둘씩 생겨나면서 미래학 연구는 점점 활기를 띠기 시작했다. 1960년대에는 국제적인 미래연구 조직들도 탄생했다.

- **세계미래회의**WFS/World Futures Society 1966년 미국 메릴랜드주 베데스다Bethesda에서 창립되어 사회 · 경제 · 기술적인 발전이 어떻게 미래를 만들어가는지를 전문적으로 조사하고 연구하고 있다. 오늘날 80여 개국 약 25,000명의 회원을 보유하고 있는 세계미래회의는 '더 퓨처리스트The Futurist'라는 미래연구 전문지도 발간하고 있다.
- **세계미래연구연맹**WFSF: World Futures Studies Federation 1967년에는 유럽에서 학술적 차원의 전문적인 미래연구를 위한 국제 네트워크로 출범하여 1973년 5월 26일 마침내 파리에서 창립 콘퍼런스와 함께 세계미래연구연맹으로 정식으로 발족했다. WFSF는 미래연구 전문가 개인이나 미래연구단체가 회원으로 참여할 수 있는데 세계 60개국 이상의 개인회원 3,000여 명과 기관회원 20개를 보유하고 있는 권위 있는 미래연구 국제 네트워크이다.
- **로마클럽**The Club of Rome 1968년 4월 서유럽의 정계 · 재계 · 학계의 지도자들이 로마에 모여 결성한 국제 비영리단체인데, 이 조직 역시 미래연구에 지대한 관심을 갖고 있다. 메도스Dennis Meadows가 이끈 연구팀의 보고서는 인구증가, 산업팽창, 공해 등이 지금과 같은 속도로 계속되면서 식량생산 부족 및 천연자원 고갈과 결합하면 세계질서가 무너지고 말 것이라고 경고했다. 또 이런 추세를 상쇄하려면 끝없는 성장에 대한 신념과 낭비에 대한 묵인을 재평가하는 '정신혁명'이 필요하다고 주장했다.

1970년대부터는 명망 있는 미래학자들이 미래예측 서적들을 쏟아내면서 현대 미래학의 대중화를 선도하기 시작했다. 나아가 그들의 통찰력을 학술적으로 연구하려는 움직임도 나타났다. 엘빈 토플러를 위시한 대표적인 베스트셀러 주인공들은 다음과 같다.

- 하버드대학의 사회학자였던 다니엘 벨Daniel Bell의 '*이데올로기의 종언The End of Ideology*'(1960), '*후기 산업사회의 도래The Coming of Post-Industrial Society*'(1973) 등의 저서들은 새로운 세계의 전개를 예언한 명작으로 꼽힌다.
- 무명의 언론계 출신 엘빈 토플러Alvin Toffler는 '*미래의 충격Future Shock*'(1970), '*제3의 물결The Third Waves*'(1980), '*권력이동Power Shift*'(1991), '*부의 미래Revolutionary Wealth*'(2006) 등 미래를 꿰뚫는 저서들로 일약 미국의 가장 유명한 미래학자가 되었다.
- 정치학자였던 새뮤얼 헌팅턴Samuel Huntington의 대표저서는 '*문명의 충돌: 세계 질서의 재편The Clash of Civilizations*'(1996)이다.

- **존 나이스비트**John Naisbitt는 '*메가트렌드Megatrends*'(1982), '*글로벌 패러독스Global Paradox*'(1994), '*하이테크/하이터치High Tech High Touch*'(1999) 등의 미래서로 유명하다. 현대사회의 거대한 조류에 관한 예언을 담은 책들이다.

다니엘 벨

엘빈 토플러

새뮤얼 헌팅턴

존 나이스비트

- 현대경영학의 대부인 **피터 드러커**Peter Drucker는 현대경영학의 대부로 평가받는다. '*새로운 사회The New Society*'(1949), '*단절의 시대The Age of Discontinuity*'(1969) 등이 있다.
- 프랑스의 천재학자 **자크 아탈리**Jacques Attali의 '*호모 노마드 유목하는 인간L'homme nomade*'(2003), '*위기 그리고 그 이후After the Crisis*'(2010), *미래의 역사A Brief History Of the Future*'(2011) 등으로 널리 알려진 석학이다.
- MIT대학에서 인공지능Artificail Intelligence을 연구하는 미디어랩Media Lab의 **니콜라스 네그로폰테**Nocholas Negroponte의 '*디지털이다Being Digital*'(1995), **마이클 더투조스**Machael Dertouzos의 '*무엇이 될까What Will Be*'(1997), 그리고 **마빈 민스키**Marvin Minsky의 *생각의 사회The Society of Mind*'(1986)와 '*감성기계The Emotion Machine*'(2007) 등은 정보기술IT의 미래를 다룬 베스트셀러들이었다. 백만장자 **빌 게이츠**Bill Gates의 '*생각의 속도The Speed of Thought*'(1999)도 미래의 IT문명을 다룬 인기 도서였다.
- **피터 슈와츠**Peter Schwartz도 '*멀리 보는 예술The Art of Long View*'(1991), '*이미 시작된 20년 후 Inevitable Surprises*'(2003) 등으로 유명해진 미래학자이다.

피터 드러커

자크 아탈리

니콜라스 네그로폰테

마이클 더투조스

피터 슈와츠

- 팝콘 리포트로 유명한 **페이쓰 팝콘**Faith Popcorn이 미래의 추세trend를 클릭하여 알아본다는 의미의 '*클릭하기Clicking*'(1996)는 당시 선풍적인 인기를 모았는데, 집에 박혀 컴퓨터와만 지내는 '디지털 누에벌레digital cocoon'는 아직도 회자되는 표현이다. '*미래용어사전The Dictionary of the Future*'(2001)도 의미 있는 저서였다.
- 스페인 출신 정보사회학계의 거장인 **마뉴엘 카스텔**Manuel Castells의[5] '*네트워크 사회의 도래The Rise of the Network Society*'(2000)와 미국의 투자자문가 겸 경제학자인 **조지 길더**George Gilder의 '*텔레코즘Telecosm*'(2000)도 인류의 문 앞에 당도한 새로운 시대를 탁월한 분석과 직관으로 보여주어 감동을 자아내게 했다.

- 제레미 리프킨Jeremy Rifkin의 '*유러피안 드림The European Dream*'(2004)과 폴 케네디Paul Kennedy의 '*21세기 준비Preparing for the 21C*'(1993)도 미래서로 널리 읽혀졌다.
- 미래학자는 아니지만 SF작가 아이작 아시모프Isaac Asimov의 '*아이로봇I, Robot*'(1950)에서는 로봇공학robotics이라는 용어를 최초로 제안하였다. 그는 1992년 사망 직전까지도 그의 과학칼럼[6]으로 미래의 세상을 상상하게 해준 인물이다.

페이쓰 팝콘

마뉴엘 카스텔

제레미 리프킨

아이작 아시모프

1990년대 이후의 미래학자futurist들은 무슨 미래를 어떻게 예측하느냐에 따라 계파로 분류되기도 한다. 예를 들어 다음과 같은 계파들이다.

- **종말론적doomsaying 비관파** 과학기술의 발전은 인간성을 뺏고 미래사회는 심각한 문제에 봉착하리라고 예측한다. 문학비평가이자 미래워크샵 기법의 창안자 로버트 융크Robert Jungk가 계파에 속한다. 우주 물리학자 스티븐 호킹Steven Hocking도 포함된다.
- **기술지향적techno-driven 낙관파** 과학기술의 진보를 전폭적으로 신뢰하며 오늘보다 내일은 반드시 좋아진다는 확신을 갖는 계파이다. 니콜라스 네그로폰테, 피터 슈와츠, 그리고 미국의 허드슨연구소를 설립했던 미래학자 허먼 칸이 대표적이다.

---

5) 지난 2004년, 카스텔 교수의 특별초청을 받아 스페인 바르셀로나에서 개최된 '전자정부 국제워크샵(International Workshop on e-Governance)'에서 우리나라의 변화되는 디지털사회상을 발표한 적이 있다. 그는 당시 미국 USC대학교에 몸담고 있었음에도 스페인의 석학으로 영웅적 대우를 받고 있었는데 그런 그와의 만남은 개인적으로도 영광이었다.

6) 아시모프의 과학칼럼은 우리나라에서도 오랜 기간 '과학동아'에 연재되고 또한 일부는 책으로 발간된 적도 있다. 저자는 1990년도를 전후한 약 2년 동안 번역을 맡아왔었는데 매 칼럼마다 아시모프의 박식함과 번뜩이는 지혜와 글의 묘미가 나를 감동시켰다. 사실 그는 로봇이 따라야 할 세 가지 원칙을 제안한 것으로 유명하다. '① 로봇은 인간에게 해를 가하거나, 혹은 행동을 하지 않음으로써 인간에게 해를 끼치지 않는다. ② 로봇은 첫 번째 원칙에 위배되지 않는 한 인간이 내리는 명령에 복종해야 한다. ③ 로봇은 첫 번째와 두 번째 원칙을 위배하지 않는 선에서 로봇 자신의 존재를 보호해야 한다'라는 이 원칙은 미래의 로봇공학도들에게 미리 교훈을 준 셈이었다. 1985년에 아시모프는 위 3대 원칙에 인류집단 안전을 위해 0번째 법칙인 '⓪ 로봇은 인류에게 해를 가하거나, 해를 끼치는 행동을 하지 않음으로써 인류에게 해를 끼치지 않는다'를 추가하였다.

- **시장동향**trend-marketing **탐색파** 생활 속의 인간과 소비자의 심리 등이 어떻게 변화하는지 전망한다. 페이쓰 팝콘이 대표적이다.
- **경제경영**economic/managerial **혁신파** 글로벌경제를 전망하고 기업의 미래를 혁신시킨다. 제레미 리프킨이나 피터 드러커 등이다.

[그림 2.1]은 지난 800년의 미래학 역사를 인물 위주로 보여준다. 미래예측기법을 연구한 현대의 미래학자들은 이 책의 제3부에서 다양한 기법들과 함께 소개하기로 한다.

생각해봅시다 2.1 인류 종말이 온다. 지구를 떠나라.

최근 2018년 초에 타개한 영국의 천재 물리학자 **스티븐 호킹** 박사가 "인류가 멸망하지 않으려면, 향후 200년 안에 지구를 떠나야 한다"고 경고했다. 인류는 머지않아 멸종에 가까운 대재앙의 희생물이 될 것으로 판단했기 때문이다. 대표적 예가 소행성의 충돌 같은 것이지만, 이 외에도 인공지능AI과 기후변화, 핵전쟁, 변종 바이러스, 인구폭발 등도 잠재적 위협이 될 것으로 봤다. 따라서 인류가 외계 행성에 영구 거주할 수 있도록 지금 준비에 나서야 한다는 것이다. 로봇과 싸워 패배함으로써 다른 행성으로 도망가는 인간들! 어찌 생각하는가?

영화 '아이로봇'의 한 장면

어둠의 시대 (The Dark Ages)

1300

1290

로저 베이컨(R. Bacon)
- 신학자, 철학자, 과학자
- 증기선, 비행기계 예견

르네상스

비전의 시대 (The Age of Vision)

1500

레오나르도 다빈치(Leonardo da Vinci)
- 철학자, 화가, 과학자
- 비행선 상상도

연금술의 시대

1555

노스트라다무스(Nostradamus)
- 예언가
- Les Centuries(백시선): 인류의 멸망 예언

1700

계몽의 시대 (The Age of Enlightment)

1771

메르시에(Mercier)
- 휴머니스트, 미래이상주의자
- The Year 2440: 가상현실과 출산통제 예견

프랑스혁명

1793

콩도르세(Marquis de Condorcet)
- 경제학자, 교육개혁자
- Progress of the human mind(인간정신의 진보에 대한 역사적 개요): 국가 사이의 불평등 철폐와 사회의 평등 확립 등

1800

산업혁명

기회의 시대 (The Ages of Expectations)

1858

찰스 다윈(Charles Robert Darwin)
- 진화론 발견

1860

쥘 베른(Jules Verne)
- 공상과학소설 아버지
- De la Terre la Lune(달나라 여행): 우주여행 예견

1900

1902

조지 웰스(H. G. Wells)
- SF 소설가
- The Yar of the Worlds: 타임머신, 원자폭탄 등

비운의 시대 (The Age of Doom)

1908

샬롯 길먼(C. P. Gilman)
- 페미니스트
- The Yellow Wallpaper: 페미니스트 유토피아 구현

1932

올더스 헉슬리(Aldous Huxley)
- 영국 소설가, 비평가
- Brave New World(멋진 신세계): 생체공학, 하늘나는 인류

1945

칼 포퍼(Carl Popper)
- 철학자
- The Open Society: 점진주의적 사회, 개인중심사회

속도의 시대 (The Age of Fast Forward)

1948

조지 오웰(George Orwell)
- 영국 소설가
- 1984: 감시사회(Big Brother)

Hyper-Futurism

1970

엘빈 토플러(Alvin Toffler)
- 미래학자
- Future Shock(미래의 충격): 관료적 조직에서 임시적 조직으로

Club of Rome
1968
• 미래연구기관
• 1968년 4월 유럽의 정치, 재정, 학술계 지도급 인사를 중심으로 로마에서 결성
로버트 융크(Robert Jungk)
• 문학비평가
• Der Atomstaat(원자력제국): 새로운 차원의 폭력 등장
1970
종말론적 비관파
니콜라스 네그로폰테(Nicholas Negroponte)
• 미디어학자
• Being Digital(디지털이다): 디지털사회
1980
기술지향적 낙관파
존 나이스비트(John Naisbitt)
• 미래학자
• Global Paradox
피터 슈와츠(Peter Schwartz)
• 미래학자
• Inevitable Surprises (피할 수 없는 충격): 세계블럭화 등 7가지 예견
피터 드러커(Peter Drucker)
• 경영학자
• The next Society(새로운 사회): 지식사회 등장
1980
경제경영 혁신파
제러미 리프킨(Jeremy Rifkin)
• 경제학자, 문명비평가
• The end of Work: 노동의 종말
페이쓰 팝콘(Faith Popcorn)
• 트렌드 전문가
• The Popcorn Report: 코쿠닝 등 17가지 미래트렌드 제시
1990
시장동향 탐색파
1990
현대 미래학 (Futures Studies & Foresight Framework)

[그림 2.1] 미래학의 역사

미래학의 정의와 학문적인 틀

미래학은 미래를 미리 내다보게 해주는 학문이다. 접근방법은 사회과학적이다. 과거와 현재를 분석하고 미래를 예측하는 방법들을 연구하는 것이 주 목적이다. 이에, 지난 50여 년간 많은 기법들이 제안되었고 그 기법들의 응용사례들을 통해 예측결과를 발표하면서 지금에 이르렀다. 무엇보다도 종합적인 사고와 복합적인 논리와 체계적인 절차를 강조한다.

1. 미래학의 정의

미래학에 대한 정의는 다양하다. '예측의 목적을 가진 과학', '가능성 있는, 개연성 있는 그리고 더 나은 미래를 상정하고 연구하는 학문', '과거 또는 현재의 상황을 바탕으로 미래 사회의 모습을 예측하고, 그 모델을 제공하는 학문' 등이 사전dictionary적 정의들이다. '내일을 예측해서 좋은 것은 맞이하고, 나쁜 것은 피하고 극복해 나가기 위한 방법을 연구하는 것을 기본 철학으로 하는 학문'이라는 정의도 있고,[7] '미래에 일어날 일을 시간 축 위에서 전망하고 연구하는 융합학문'이라는 정의도 있다.[8]

그러나 '미래를 예측하는 최선의 방법은 미래를 창조하는 것'이라 주창했던 피터 드러커의 사상을 받들어, 이 책은 미래학을 다음과 같이 정의한다.

"미래학은 다양한 미래를 예측하고 원하는 미래를 새롭게 창조하는 융합학문이다."

즉, 주 목적을 '창조'에 두었다. 예측 후에는 대응해야 하고, 대응하려면 새로운 미래의 청사진을 설계하고 실현시켜야 함이 마땅할 것이며, 그 노력에 따라 미래는 더욱 나은 미래가 될 것이 자명하다. 따라서 미래학은 새로운 미래를 '만드는' 학문이다. 그런데 그 창조를 위한 체계적인 방법은 다른 기존 학문들의 분리된 사고의 이론들을 하나의 논리적 구성으로 통합하는 과정을 거치므로 '종합multidisciplinary'적이며 나아가 다양한 이론들이

7) 백남환, *미래학*, 파오디나라, 2016.
8) 이광형, *미래경영*, 생능출판사, 2015.

녹여져 하나의 새로운 학문으로 융합되었기 때문에 이 책은 미래학을 융합학문이라 규명한다.

미래학의 재정의 이 책은 미래학에서 사용되는 용어들을 명확히 하기 위해 미래학을 재정의한다. 아래 정의를 살피면 이 책이 다루는 미래학에 대한 이해가 가능하다.

"미래학futures studies/futurology은 미래예견가futurist의 과거에 대한 이해력hindsight과 현재에 대한 뛰어난 통찰력insight만으로 미래를 추측speculate하거나 예상predict하거나 전망projection하는 논리적 활동이 아닌, 오로지 미래역량foresight을 갖춘 미래학자futurologist들의 사회과학적인 미래연구futures research를 통해 학술적으로 미래주의futurism를 탐구하고, 체계적인 방법론methodology을 토대로 미래연구과제foresight project를 정의framing하고, 과거와 현재를 탐색scanning하여 이슈issue와 추세trend를 밝히고, 나아가 다양한 미래상alternative futures을 예측forecasting/futuring하고 비전visioning을 만들고, 이를 위한 설계designing와, 미래로부터 현재로의 역방향 탐색backscanning으로 전략을 수립strategic planning하고 이의 혁신적 실행adopting을 통해 바람직한preferred 미래를 창조create하고 또한 경영manage하기 위한, 학제 간 연계interdisciplinary 학문이자 이제 독립적으로도 정립되어가는 융합convergence학문이다."

포사이트 · foresight 위 정의에서 'foresight · 미래역량'이 핵심 용어이다. 예지력 · 선견지명 등의 원래의 사전적 의미를 뛰어넘어 이제 포사이트foresight는 미래, 미래전망, 미래연구foresight research, 전략적 미래개발strategic foresight, 미래프로젝트foresight project, 심지어는 미래학foresight studies까지도 포용하는 용어로 확대되어 널리 통용되고 있다. 포사이트는 명사이고 동사이며 형용사이다. 이 용어를 하나의 의미로 해석하지 않고 목표지향적 미래를 논하는 핵심적 · 포괄적 개념으로 받아들여야 미래학이 이해될 수 있다. 심지어는 유명세를 누리는 퓨처리스트futurist와 차별화하자는 취지에서 미래예측 전문가를 foresighter로 칭하기도 한다.

[그림 2.2]는 위 미래학의 정의를 이해할 수 있는 미래연구의 틀Framework Foresight을 보여준다.[9] 이 프레임워크에 대한 상세한 설명은 제2부에서 하기로 한다.

---

9) Hines, Andy, Updating Framework Foresight with Six APF Competencies, 2017.8.8. http://www.andyhinesight.com/tag/framework-foresight/

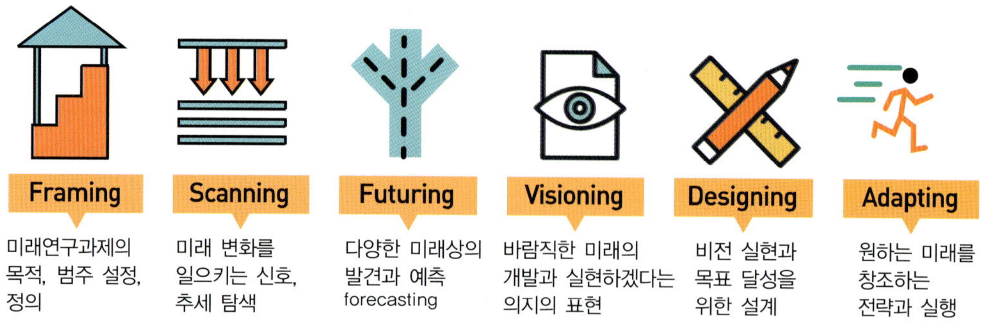

[그림 2.2] 미래연구의 틀 Framework Foresight

[그림 2.3]에서 보듯이 미래는 다양하다.[10] 가능possible하고 타당plausible하고 발생할 개연성probable이 높은 미래들 중에서 가장 바람직한preferable 미래가 다가오도록 만드는 연구가 미래학이다. 의외의 상황wild card 때문에 전혀 예기치 못했던 미래에 대비하는 것도 중요하다.

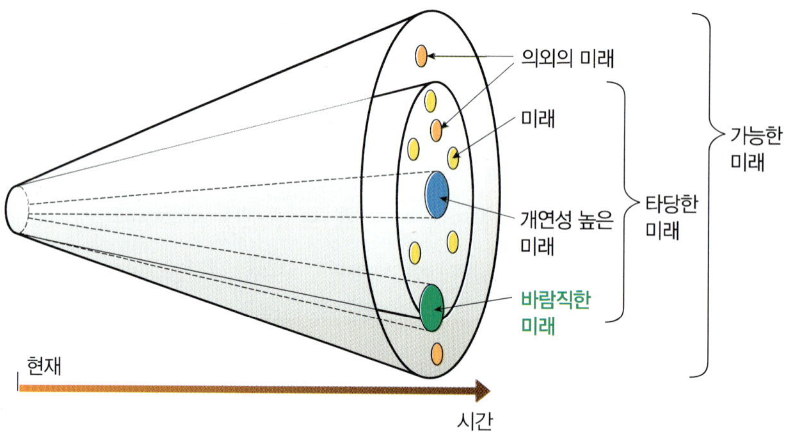

[그림 2.3] 미래콘futures cone **모양으로 본 다양한 미래**

10) Voros, Joseph, "The Futures Cone, use and history", *The Voroscope*, 2017. https://thevoroscope.com/2017/02/24/the-futures-cone-use-and-history/

바람직한 미래란 타당하면서 우리가 원하는 미래이다. 실제 일어날 것만 같고 또한 그렇게 일어났으면 좋겠다고 희망하는 미래다. [그림 2.4]는 이 경우를 시나리오 도형으로 보여준다.[11)]

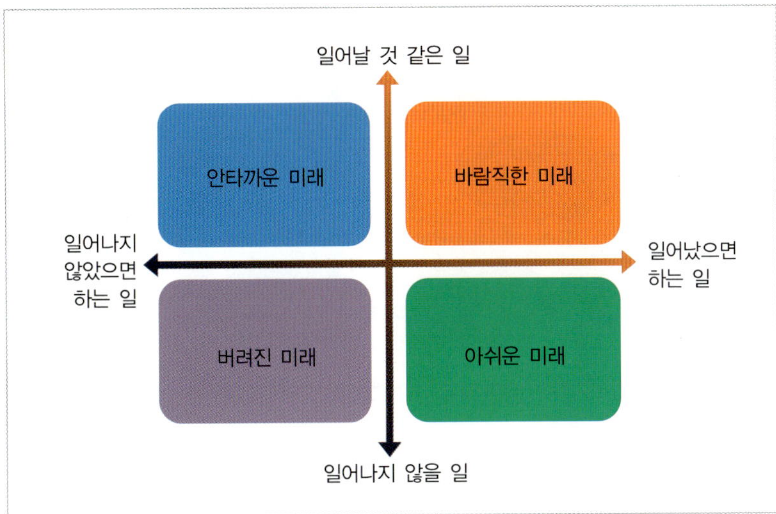

[그림 2.4] 시나리오로 본 다양한 미래

2. 미래학의 학문적 특성

[그림 2.5]에서 볼 수 있듯이 미래학은 학제적 연계가 중요한 학문이다. 미래의 변화에 대한 거시적 안목meta으로 인문사회학 및 과학기술까지도 포용해야 하는, 그 범주가 광범위한 종합학문이다. 미래학의 연구대상은 미래이지만 미래의 본질the nature of future에 대한 정의부터 쉽지 않다.[12)]

11) 소데카와 요시유키, "델파이 기법부터 간이조사법까지, 미래예측 기술의 세계", *HS Adzine*, 2017.2.7. http://blog.hsad.co.kr/2321

12) 손현주, "미래학의 학문적 성격에 대한 시론적 연구", *미래연구*, 1권 1호, 미래학회, 2016.11. 이 논문의 내용을 많이 인용한다.

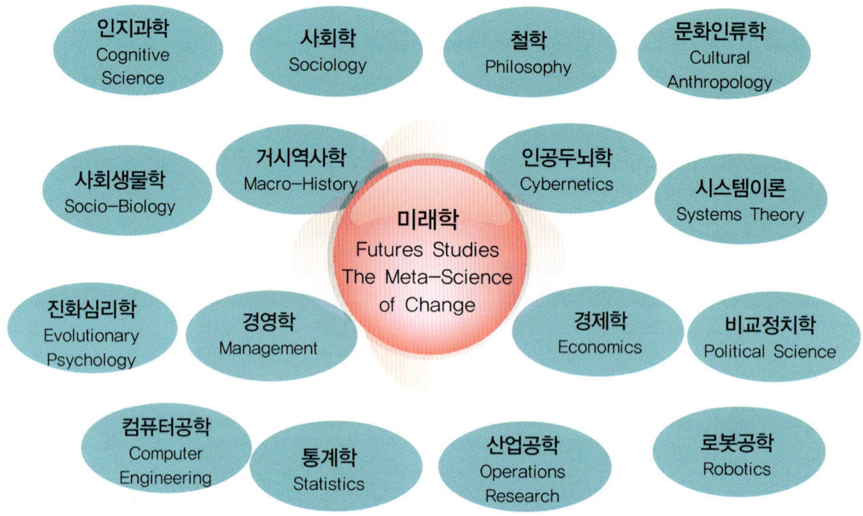

[그림 2.5] 융합학문인 미래학(미래론)의 범주(예)

미래학의 철학 미래의 본질은 자유의 영역a realm of freedom, 가능성의 영역a realm of possibility, 그리고 의지의 영역a realm of will 등으로 구분될 수 있지만, 미래학은 '미래가 상상이 아니고 과연 실제로 존재하는가?'라고 묻는 존재론theory of being적 질문과 '미래에 대한 지식을 어떻게 획득할 수 있는가?'라고 묻는 인식론theory of knowledge적 질문부터 답해야 한다. 미래에 대한 철학적 탐구가 필요한 질문들이다.

미래의 존재에 관해 객관주의적 학자들은 미래를 실체로 인정하고 예측과 이론화를 추구하는 반면에 구성주의 학자들은 미래가 상상의 산물이므로 미래의 이미지image of future, 바람직한 미래, 비전 등과 같은 규범적 미래에 대해 관심을 갖는다. 미래에 대한 인식에 대해서는, 미래에 대해 사회과학적인 방법체계적인 방법, 과학적 법칙, 인과관계 등을 통하여 충분히 양적으로 예측할 수 있다고 보는 실증주의positivism 학자와, 인간의 미래에 대해 주관적 의미를 이해하는 것이 중요하므로 질적인 면을 중시하자는 해석주의interpretivism 학자, 그리고 미래는 실체이되 인간의 오감五感으로 감지할 수 없는 추상적인 존재이기 때문에 양적인 면과 질적인 면을 모두 사용하자는 현실주의realism 학자들로 분류되기도 한다.

미래학에 대한 명칭 사실 미래학에 대한 명칭부터 학자들 사이에 이견이 있어왔다. 아직도 혼선은 있으나 미래학은 'Futures Studies'로 정착되고 'Foresight'가 인기 학술용어로 통용되기에 이르렀다.

- Futurology 체계적인 미래의 연구, 과학으로서의 미래에 대한 탐구라는 뜻의 학문명
- Futures Research 산업공학의 한 계열인 계량경영과학operations research의 분과로 간주하고 데이터분석 등을 통해 과학적인 연구를 진행시키자는 취지의 학문명
- Futures Studies 예측·추측·상상·예상 등과 같은 미래의 다양한 측면을 포괄하기 위해서 과학적 엄격함을 완화시키자는 취지의 학문명으로, Futurology와 혼용됨
- Foresight 탐색·예측·설계 등 미래연구를 수행할 수 있는 역량 및 원하는 미래상, 혹은 바람직한 미래를 전략적으로 만들어가는 과정을 총칭하는 미래학계의 대표적인 용어
- Futures Management 미래연구와 전략기획의 가교 역할을 맡아 미래연구에 대한 조기 인지 및 진단을 위한 방법과 절차 그리고 그것들을 조직의 전략에 통합시키는 활동

미래학의 목적에 대해서도 의견이 분분하다. 웬델 벨Wendell Bell의 '인류의 자유와 복지를 유지하거나 향상시키는 것'이라는 광의의 개념과, 워렌 와그너Warren Wagner처럼 '미래를 단순히 예측하거나 이해하는 방법만을 다루는 것이 아니라, 보다 나은 세상을 만들기 위한 규범적인 제안이나 인간사회에 대한 평가까지 포함해야 한다'는 협의의 개념이 공존한다.

미래학의 목적 다음과 같이 미래학의 목적은 7가지로 구분하여 제시되기도 한다.

- 예측forecasting과 전망prediction을 통하여 미래에 대한 대략적인 방향성을 제시하는 것이다. 미래는 정확히 예측할 수 없기 때문에 미래의 인간생활, 문화, 조직, 제도, 구조 등의 변화에 대한 대략적이고 큰 흐름을 제시할 수 있어야 한다.
- 가능성 있는 미래possible futures, 개연성 있는 미래probable futures, 선호 미래preferable futures 등과 같은 대안미래alternative futures를 제시하는 것이다.
- 비전을 제시하는 것이다. 비전은 인간 행동의 길잡이 역할을 한다. 올바른 비전은 목적 달성을 할 수 있도록 개인적·집단적 차원의 에너지, 능력, 자원을 불러 일으켜서 더 높은 단계로 도약할 수 있는 발판을 만들어준다.
- 앞으로 다가올 위기나 특정한 부문의 취약성을 미리 파악하여 위험과 재난을 극복할 수 있도록 조기경보early warning의 기능을 발휘해야 한다. 문제가 발생된 후에 해결하기보다는 이머징 이슈emerging issue나 혹은 위기의 징후를 발견하여 예방적 차원에서 대안을 제시하고 대책을 마련하는 것이다.

- 지도자 및 대중이 갖고 있는 기존의 패러다임이나 사고방식의 변화를 이끄는 데 있다. 시대적 변화에 부응하기 위해서는 불확실성, 의도하지 않은 결과, 그리고 새로운 요구까지 포용할 수 있어야 한다.
- 정책결정의 우선순위를 결정하는 데 중요한 기준을 제시하는 것이다. 정책결정을 할 때 미래의 발전방향과 양상을 바탕으로 의사결정을 하는 것이 바람직하다. 선택과 집중이라는 전략적 접근이 불가피하기 때문이다.
- 학교교육과정뿐만 아니라 일상생활 속에서 미래학적 사고방식을 습득할 수 있도록 그 기반을 제공하는 것이다. 장기적인 관점에서 불확실성을 기회로 간주할 수 있는 문화를 형성해야 한다. 이러한 문화를 형성하는데 미래학적 사고방식이 크게 기여를 하게 될 것이다.

미래학의 특성 나아가, 미래학의 특성은 아래와 같이 정리될 수 있다.

- 미래학은 다학문적multidisciplinary 및 간학문적interdisciplinary 성격을 갖고 있다. 다학문적 접근이라는 것은 미래학의 개념과 이론을 정립하기 위해서는 둘 이상의 다른 학문적 지식을 통합해야 한다는 것이다. 간학문적 접근이라는 것은 미래학이 독자적인 학문으로서 성장하기 위해서 꾸준히 다른 학문분야의 지식과 방법의 도움을 받아야 한다는 것이다. 이 책에서는 다양한 학문과 이론의 융합학문이라고 그 성격을 규명한다.
- 미래학은 과학과 예술의 통합적 성격을 갖고 있다. 미래학을 예술로 보는 미래학자들은 미래는 예측을 할 수 없기 때문에 미래학은 추측의 영역이므로 미래현상에 대한 진리를 추구하는 것이 아니라 대안 미래를 제시해야 한다고 주장하는 반면에, 반면에 미래학을 과학이라고 주장하는 미래학자들은 미래를 과학적·체계적으로 연구한다는 입장이다. 미래학은 다른 학문분야와 다르게 과학과 예술의 특성을 섞어 놓은 학문 분야라 할 수 있다.
- 미래학의 연구대상인 미래는 현재에 존재하지 않기 때문에 미래학자의 연구결과를 바로 검증 불가능한 특성이 있다. 또한 미래학의 중요한 목적 중의 하나가 바람직한 미래와 같은 규범적 미래에 대한 제시이기 때문에 창의성·독창성 등과 같이 기존의 세계관을 벗어난 생각을 중요하게 여긴다. 이러한 점들이 일반적인 사회과학과 미래학이 다른 부분이다.
- 미래학은 분석대상 중심의 학문이라 할 수 있다. 다른 학문처럼 하위 분과학문이 체계적으로 분화되지 않은 채 연구대상 중심으로 미래학의 하위분야가 결정되거나 지식영역이 획정되는 경향이 있다. 따라서 이론적인 것보다 집단·조직 등과 같은 현장지식이 다른 어느 학문보다 요구된다.

생각해봅시다 2.2 미래학이라는 학문명칭의 미래는?

미래학은 미래를 탐구하고 바람직한 미래를 만드는선택하는 사회과학이다. 컴퓨터과학이나 컴퓨터공학은 있어도 '컴퓨터학'은 없듯이 그냥 '미래학'이니 조금은 아쉬운 명칭이다. 사회학·정치학·종교학 등과 같이 인간사회의 여러 현상을 과학적 그리고 체계적으로 연구하는 경험과학의 한 갈래로는 이해되지만 또 한편, 사회·정치·종교와 달리 미래의 개념은 모호하고 미래학이 인간사회의 모든 현상들을 연구의 대상으로 한다는 점도 너무도 폭넓게 여겨진다. 사회과학의 '과학적' 근거도 불명확하다. 또한 미래는 복합적 역학관계의 산물이므로 미래학은 많은 학문들을 포용하는 종합학문의 특성도 지닐 수밖에 없다.

미래학은 그 명칭이 미국에서는 futurology, futures research, futures studies, foresight 등으로 변화되어왔다. 그러나 우리는 예전부터 그냥 미래학이다. '미래학', 그대로 좋은가? 미래학의 명칭을 바꿀 수는 없을까? 다음과 같은 제안들이 가능하다.

- **미래창조학** 한때 유행되었던 '창조경제creative economy'는 창의력으로 무한한 가능성을 열어 산업에 활력을 불어넣자는 영국의 경영전략가인 존 호킨스John Howkins의 주장에서 비롯되었다. 원래 창조는 이제까지 없었던 것을 새로 만들어내는 일을 말한다. 이제까지 없던 미래를 창의적으로 개척하여 조직과 국가에 활력을 불어넣자는 학문이 미래학이라면, '미래창조학'은 어떠한가?

- **미래공학** 과학은 자연의 진리를 밝히는 반면, 공학은 과학을 이용하여 인류에게 문명의 이기를 만들어준다. 건축공학, 기계공학, 전자공학 등이 다 그러하다. 또 다른 예로, 소프트웨어공학은 소프트웨어 개발방법을 연구하는 학문이다. 생산성 높게 소프트웨어를 개발하고 그 결과의 품질을 보증함으로써 사용자에게 만족감을 부여할 수 있는 체계적인 기술과 방법론을 모색하는 학문이다.이주헌, 소프트웨어공학론, 법영사, 1993 그런데 이 소프트웨어공학이 미래학의 특징과 유사하다. 둘 다, 첫째 눈에 안 보이는 것소프트웨어와 미래의 현실화가 목표이고, 둘째 분석→설계→구현의 체계적 과정을 거치며, 셋째 결과가 실현되기까지는 미리 품질을 예측하기 힘들뿐 아니라, 넷째 각 단계마다 사용가능한 기법들이 추천되고 이들의 체계적 활용을 돕는 방법론이 제안되면서 학문적 틀을 잡아가기 시작했고, 다섯째 학문의 시작이 학자들보다는 실무 전문가들의 오랜 경험에서 비롯되었다는 사실과, 여섯째 과학적이라고 주장하지만컴퓨터과학, 사회과학 등 그 근거가 부족하다는 점이다. 너무도 유사하다. 따라서, 소프트웨어를 연구하는 학문을 '소프트웨어공학'이라 일컫듯이 미래학을 '미래공학'이라고 부르면 어떨까?

- **미래경영학** 경영학은 조직의 자원을 조직의 활동에 효과적이고 효율적으로 투입·통합·조정하는 과정을 연구하는 학문이다.이주헌 외, 경영학으로의 초대, 제6판, 박영사, 2018 조직의 더 나은 미래수익성·경제성·생산성향상를 위해 그 구조와 행동의 원리를 연구하는 사회과학이다. 미래학 역시 마찬가지이다.

연구대상국가·산업·기업 등의 더 나은 미래가 현실이 되도록 자원을 잘 활용하는 방법을 연구하는 학문이다. 미래를 예측하고 설계하고 만들어가는 전 과정을 잘 경영하는 방안을 연구하는 학문! '미래경영학'으로의 개칭은 어떠한가?

터무니없는 제안들인가? 그러나 때는 오리라. 최소한 미래경영학, 미래사회학, 미래철학, 미래역사학, 미래인문학, 미래환경학, 미래정치학 등 미래학을 정의하는 소小학문들은 새로운 이름으로 등장하리라. 어떻게 생각하는가?

3. 미래학의 연구영역

미래학은 개인·가족·지역공동체·국가·세계를 모두 연구대상에 포함한다. 그 연구대상이 매우 광범위하기 때문에 연구영역에 대한 통일된 의견은 없다. 그러나 미래학자인 마이클 머린Michael Marine은 미래학의 연구영역을 [표 2.1]처럼 구분하였다.[13)]

[표 2.1] 미래 연구영역

1	세계의 미래World Futures	8	사회와 정치Society and Politics
2	글로벌경제The Global Economy	9	경제와 도시Economy and Cities
3	세계의 지역과 국가World Regions and Nations	10	건강Health
4	국방과 군축Defense and Disarmament	11	교육Education
5	지속가능성Sustainability	12	커뮤니케이션Communication
6	환경문제Environmental Issues	13	과학과 기술Science and Technology
7	식량과 농업Food and Agriculture	14	미래를 형성하는 방법들 Methods to Shape the Future

또한 유엔 밀레니엄 프로젝트는 미래연구자들에 대한 설문조사를 통하여 [표 2.2]와 같이 글로벌 기회global opportunities 15가지를 미래학의 연구영역혹은 도전과제으로 제시한 바 있다.

13) 송영조 외, *성공적 공공정책수립을 위한 미래 연구전략 방법론*, 정보문화진흥원, 2009.

[표 2.2] 글로벌기회UN Millenium Project

1	지속가능한 개발과 기후변화 대안	9	교육과 학습의 미래
2	깨끗한 수자원 확보 방안	10	민족분쟁과 그 대안
3	인구증가와 자원의 균형	11	여성의 지위 향상
4	민주주의에 대한 위협과 해결 방안	12	초국가적 조직범죄 퇴치
5	글로벌 미래예측과 의사결정 개선 방안	13	에너지 수요 증가와 그 대안
6	정보통신기술의 글로벌 컨버전스	14	과학기술의 발전과 대안들
7	빈부격차 해소	15	윤리적 의사결정
8	의료보건 문제의 개선		

4. 미래학의 체계

학술적 관점에서의 미래학의 체계는 아래와 같다.[14] [그림 2.6]은 이를 그림으로 보여준다.[15]

- **미래학 개요**overview 미래학의 역사, 미래학에 대한 개요, 리더십, 전략적 사고
- **미래학 이론**theory 체계적 복합성organized complexity 이론, 조직·사회의 변화 이론
- **미래연구 방법**methods 예측, 시나리오scenarios, 전략적 변화strategic change
- **미래전략개발**context 조직·사회·환경·문화·인류·개인에 대한 전략적 미래설계와 사례 연구

14) 미국 레전트대학Regent University의 미래학 대학원 교육과정 분류체계를 인용했다. 이 분류체계를 따라, 이 책의 제1부(1, 2장)에서 개요를, 제2부(4, 5, 6)장에서 이론을, 제3부(7, 8, 9장)와 제4부(10, 11, 12장)에서 연구방법을, 그리고 제5부(13, 14장)에서 연구대상별 미래전략 사례를 설명한다. 제1부의 제3장은 미래학자들의 전망을 소개함으로써 미리 제2~4부의 내용을 미리 머릿속에 담도록 했다.

15) 이 그림에 나타난 학문의 분류체계는 미국의 그린리프Greenleaf대학교, 영국의 맨체스터Manchester대학교, 캐나다의 트렌토Trento대학교, 핀란드의 트루크Truku대학교, 대만의 탐강Tamkang대학교의 미래학 교과과정 과목들을 종합적으로 재분류한 것이다.

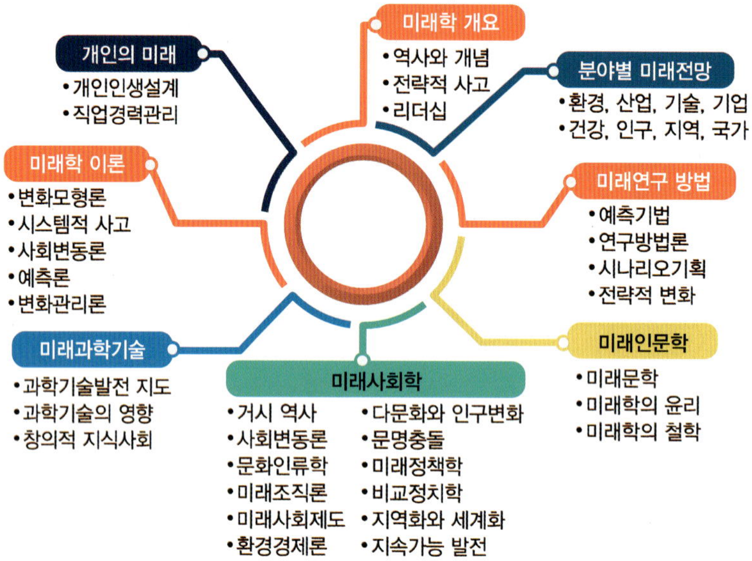

[그림 2.6] 미래학의 체계[16)]

해외 유수 대학교들의 미래학 과정을 종합해보면 미래학은 다음과 같은 계열로의 분류도 가능해진다.[17)] 아래 분류는 [그림 2.6]에 이미 반영되어 있다.

- **미래학 기초** 미래학 개요history and foundations of futures studies, 리더십leadership
- **미래학 이론** 변화론models of change, 시스템 사고systems thinking, 사회변동social change, 예측론scanning & forecasting, 변화관리론change management, 시나리오 사고scenario thinking, 전략적 예측론strategic foresight, 미래통계학statistics and foresight, 시뮬레이션Simulation 등
- **미래연구 방법** 예측기법 및 방법론futures research methodologies, 동향분석론trend analysis, 미래설계론futures design 등
- **미래과학기술론** 과학기술 진보의 영향science, technology and governance, 창의적 지식사회innovation in the knowledge society, 바이오기술bio-technology과 리스크risk 등

16) 이 책은 미래학의 이론과 연구방법을 상세히 소개한다(그림의 빨강 부분). 그러나 미래인문학・미래과학기술・미래사회학 등은 타 학문에 대한 깊은 이해가 필요로 하기 때문에 생략한다.

17) https://www.wfsf.org/resources/future-studies-education/university. 여기 열거된 미래학 각 계열의 '소小' 학문들에 대한 설명은 생략하기로 한다.

- **미래사회학** 거시 역사macro-history, 사회변화론social change, 문화인류학cultural anthropology, 미래조직론the future of organizations, 미래사회제도the future of social systems, 다문화와 인구변화multi-culturalism and population change, 문명충돌civilization conflicts, 미래정책학vision and alternative futures of public policy, 비교정치학comparative politics, 지역개발과 세계화regional development and globalization, 환경경제론eco-economy, 지속가능한 발전sustainable development 등
- **미래인문학** 미래문학the literature of futurology, 미래학의 윤리ethics of futures studies, 미래학의 철학philosophy of futures studies 등
- **개인의 미래** 직업경력관리career management, 개인미래론personal and professional growth plan
- **분야별 동향분석 및 미래연구** 미래의 건강health futures, 인력개발의 동향the trend of human resource management 등

비숍Peter Bishop은 [그림 2.7]과 같이 미래학 교과과정의 5단계를 제시한 바 있다.[18)]

[그림 2.7] 미래학 교과과정의 5단계

5. 미래학의 핵심이론

미래학의 주요 이론은 앞서 제시한 바와 같이 시스템적 사고systems thinking, 미래통계학statistics and foresight, 시뮬레이션Simulation, 사회변동이론 등을 포함한다. 비숍은 또 다른 시각에서 [표 2.3]과 같이 미래연구를 진행하는 각 단계별 작업에 필요한 주요 이론들을 묶어 책으로 펴낸 바 있다.

18) Bishop, Peter C. and Andy Hines, *Teaching about the Futures*, Palgrave Macmillan, 2012. 이 책의 제2부(4, 5, 6장)에서 상세히 다룬다.

[표 2.3] 미래학의 단계별 이론들

변화의과거·현재 이해 단계 Understanding	미래의 예측 단계 Mapping	미래의 창조 단계 Influencing
• 변화의 모형화models of change • 시스템 사고systems thinking • 미래에 대한 시각perspectives on the future • 사회변동social change	• 조사분석research • 변화 스캐닝scanning • 예측forecasting	• 리더십leadership • 비전 설정visioning • 실현을 위한 계획수립planning • 변화관리change management

미래학 이론들은 학회지Journal에 발표된다. 미래학계의 주요 학회지는 다음과 같다.

- Journal of Futures Studies 탐강대학Tamkang University Press이 발행하는 계간지
- European Journal of Futures Research Springer 출판사가 발행하는 학술지
- Foresight: The Journal of Future Studies, Strategic Thinking and Policy 영국에서 Emerald Publishing Group 출판사 발행하는 월간 학술지
- Futures; The journal of policy, planning and futures studies Elsevier 출판사가 발행하는 국제 미래학술지
- Futures Research Quarterly 세계미래회의WFS가 발행하는 계간 학술지
- Futures & Foresight Science Wiley 출판사가 최근 발행을 시작한 국제학술지
- LRP Long Range Planning: International Journal of Strategic Management 1968년에 창간된 Elsevier 출판사가 발행하는 국제 미래학술지
- International Journal of Foresight and Innovation Policy Inderscience사에 의해 2004년에 창간된 국제학술지
- Technological Forecasting and Social Change 1969년부터 Elsevier 출판사가 발행하는 국제 미래학술지
- The International Journal of Forecasting 1985년에 창간된 저널
- The Journal of Forecasting Wiley사가 1982년부터 발행하는 학술지
- Time & Society 1992년부터 Sage사가 발행하는 학술지
- World Future Review: A Journal of Strategic Foresight 미래세계회의가 발행
- World Futures: The Journal of New Paradigm Research Taylor and Francis가 2002년부터 발행하는 학술지
- The Futurist 연구저널은 아니지만 세계미래회의WFS가 발행하는 격월간 학술잡지

미래연구의 특성과 기법

미래연구의 목적은 미래의 불확실성을 극복하고 바람직한 미래를 만들어가기 위함이다.

1. 미래연구의 특성

미래연구는 다음의 세 가지 특성을 지닌다.[19)]

- 미래연구는 분석의 학문일 뿐 아니라 실행의 학문이다. 미래가 예측의 대상이면서 동시에 개조의 대상인 까닭이다.
- 미래연구는 다양한 시각의 통찰에 기반을 둔 총체론적 관점을 지향한다. 과학적 사고, 인문학적 관심, 예술적 감성을 아우르는 복합적 상상력을 필요로 한다.
- '변화무쌍' 같은 어법으로 표현되는 역동적 변화상을 나타내는 오늘날의 미래전망은 가시적 추세를 외삽extrapolate한 양적 추정을 넘어선, 질적 동향의 색출까지를 포함한 적극적 탐사를 요하는 작업이다.

미래연구를 위해서는 미래에 대한 시나리오를 만들고 미래에 영향을 주는 변수들, 특히 조정가능한 변수들을 찾고 이들을 관리하기 위한 미래예측 방법이 필수적이다. 지난 50여 년 동안 많은 미래학자들에 의해 수십 개의 다양한 접근방법들이 제안되고 활용되어오고 있는 바, 이들에 대한 이해가 필요하다.

2. 미래예측에 필요한 지식

미래예측에 필요한 지식이 제시된 적도 있다. [표 2.4]는 이 지식을 미래의 3P, 즉 가능한, 바람직한, 개연성 있는 미래의 관점에서 분류한 것이다.[20)]

19) 최항섭, *미래예측 방법론*, 정보통신정책연구원, 2007.12.

20) 박병원, "미래예측, 무엇을 공부할 것인가?", *Futures Horizon*, 2011.8.

[표 2.4] 미래예측에 필요한 지식분류

	가능한 미래 possible future	바람직한 미래 preferable future	개연성 있는 미래 probable future
기초	• 대안적 미래 • 경영분석 • 이머징 이슈, 교차영향분석, 패턴분석 • 이머징 기술분석 • Horizon 스캐닝 및 약신호 • 미래 이미지	• 인과구조분석 등 비판적 미래예측 • 민족학, 문화, 하위문화 • 개인적 미래 • 개인의 미래personal futures • 미래연구의 발전추세	• 발전연구 • 모델링, 시뮬레이션기초 • 미래 저널리즘 • 예측분석 • 예측시장 • 델파이조사
고급	• 디자인, 사용자경험 및 예술 • 진화, 복잡계이론, 시스템이론 • SF소설, 유토피아/디스토피아 문학 • 역사Alternative Histories • 혁신, 기업가정신 및 네트워크 • 지식관리 • 규범적 미래 • 종교미래종교	• 인류학 및 문화연구 • 평화학, 분쟁학 • 의사결정론, 리얼옵션 • 윤리/가치 연구 • 통합integral 사고 • 리더십 • 철학규범적 미래 • 정치학 • 시장예측, 홍보, 소비자 행동 • 안전/국방연구, 국제관계 • 전략기획 • 도시계획 • 기업의 사회적 책임관리	• 위험분석 • 인지/사회심리학 • 비판적 사고 • 인구와 사회 • 모델링, 시뮬레이션고급 • 장기투자 및 금융 • 위험관리 • Operations Research • 게임이론 • 미래과학기술 • 지속가능한 발전 • 확률기반 예측

3. 미래연구 기법들

현재 알려진 미래연구 기법들은 [표 2.5]와 같이 다양하다.[21]

[표 2.5] 주요 미래예측 및 설계기법들

Analytic Hierarchy Process계층화분석법	Genius Forecasting천재적 예측기법
Agent Modeling에이전트 모델링	Infometrics계량정보분석
Backcasting백캐스팅 기법	Literature Survey문헌조사

21) Glenn, Jerome and Theodore J. Gordon, *Futures Research Methodology Version 3.0*, The Millenium Project, 2009. 각 기법들은 이 책의 제3부에서 상세히 소개한다.

Big Data빅데이터 기법	Morphological Analysis형태분석법
Brainstorming브레인스토밍 기법	Panelling Methods패널기법
Causal Layered Analysis인과층위분석기법	Roadmapping로드맵 작성법
Cross-Impact Analysis교차영향분석법	Scenarios시나리오 기법
Decision Tree의사결정나무	Statistical Modelling & Time Series Analysis 통계모형/시계열분석기법
Delphi Techniques델파이 기법	STEEP사회·기술·경제·환경·정치 요인분석법
Emerging Issue Analysis이머징 이슈분석	Text Mining텍스트 마이닝
Environmental Scanning환경스캐닝	Trend Extrapolation Analysis추세분석 외삽법
Future Index미래지수 기법	Visioning Workshop비저닝 워크숍
Futures Map미래지도 기법	Visualization of the Future미래상 시각화기법
Futures Wheel퓨처스 휠	Wild Cards와일드카드
Gaming & Simulation게임이론과 시뮬레이션	Wind-tunnelling윈드터널링

미래학 교육

1. 학문으로서의 대학교육

미래학의 교과과정curriculum은 아직 정형화되어 있지 않다. 예측기법을 소개하는 참고서나 지침서는 많지만 미래학개론 대학교과서도 찾기 쉽지 않다.

대학교 학부의 '미래전공' 교과과정은 다음과 같이 제공되기도 한다.[22] 그러나 학부에 독립적인 미래학과를 설립하는 것보다는 다양한 각 사회과학과에서 1~3개의 과목을 개설함이 합리적이다. 미래학 교육의 목적은 [그림 2.8]과 같이 정의되기도 한다.[23]

22) 미국 샌디에고 시립대학교San Diego City College의 미래전공 교과과정을 소개한 것이다.
23) 박병원, "미래예측, 무엇을 공부할 것인가?", *Futures Horizon*, 2011.8.

- **목표** 미래 세상의 사회 · 문화 · 정치 · 경제 · 환경에 영향을 미칠 추이를 전략적으로 발견하고 분석할 수 있는 이론과 실용적 방법을 배워, 가능하고 바람직한 미래상을 예측할 수 있게 한다. 나아가 사례 실습을 통해 미래학업에 실무경험도 쌓게 한다.
- **강좌** 미래학입문, 예측 · 창조기법, 이머징emerging 과학기술, 문화인류학, 비교정치학, 정보시스템, 세계화와 사회변화, 미래학 실습 등

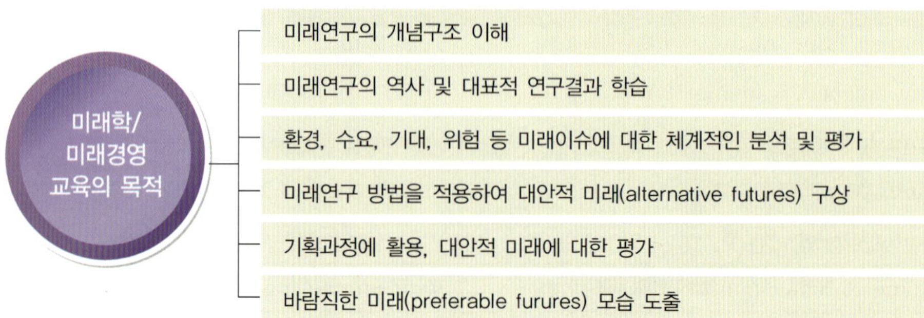

[그림 2.8] 미래학 교육의 목적

미래학은 그 특성상 대학원 과정으로 편성함이 타당하다. 미래학의 대학원 과정은 전문적인 미래학자[24]를 양성함을 목적으로 한다. 미래학을 위한 대학원 과목들은 이 제2장의 [부록]에서 보여준다.

미래학을 가르치는 대학은 제법 많다. 학사 · 석사 · 박사 과정을 개설한 학과도 참으로 다양하다. 학위 명칭도 각양각색이다. 대학 부설연구기관에서 현장실습 기회를 제공하는 대학들이 있는가 하면, 특정학과에서 1~3개 교양과목으로만 가르치는 대학들도 있다. 현

24) 현재 우리나라의 소위 '미래학자'들은 대부분 미래예측 전문가들이다. 현장 혹은 연구대상 중심의 미래학의 특성상 이론중심의 미래학자와 현장에서 미래를 예측하고 자문해주는 전문가 간의 차이가 없다는 주장도 있지만 해외에서는 이들 현장실무가들까지도 학자라고 칭하지는 않는다. 이와 달리, 우리나라에서는 미래를 읽는 정보를 많이 축적하거나, 근거 희박한 예언을 글로 발표하고 책으로 내거나, 해외 미래관련 서적의 번역 또는 비정규 미래예측기법 교육과정을 진행하면서 자칭 미래학자라고 하는 사람들이 많다. 그러나 '학자'의 본분이 연구를 통한 새로운 진리의 발견과 논문 발표, 그리고 이를 통해 인류발전에 기여하는 것이니 의문이 생긴다. 컴퓨터 프로그래머가 컴퓨터공학자가 아니듯이, 미래예측 실무가들을 미래학자라 칭할 수는 없지 않을까? 미래예측에 관련된 전문가들을 미래예견자 · 퓨처리스트futurist와 미래학자scholar와 미래연구자researcher와 예측기법 교육자trainer와 예측실무가practitioner 등으로 구분해야 하지 않을까? 물론, 이 책을 쓰는 저자는 자신을 미래학에 관심 있는 미래학도student라고 부르련다. 무엇보다도 미래학 관련 많은 학술연구논문을 발표하고 있지 못한 까닭이다. 이 책 한 권이 저자를 갑자기 미래학자로 만들어 줄 리도 만무하다.

재 미래학을 석·박사 대학원 과정으로 제공하는 대학교들도 이 제2장의 [부록]에서 살펴볼 수 있다. 미래학 전공으로는 약 20여 대학에 불과하지만 타 학문과 연계해서 미래학 학위를 수여하는 곳까지 합하면 총 120여 곳에 이른다. 나아가 학부 과목으로 편성한 대학들은 400~500개로 추정된다.

2. 기술로서의 전문가교육과 역량

대학교에서의 학문탐구가 아닌 미래연구 기법들을 가르치고 방법론을 가르치는 교육기관은 미국과 유럽지역에는 많다. 미래컨설팅 기업이 대부분이지만 대학부설 기관들도 있다. 물론 컨설팅 기업들은 교육 외에 그들의 독창적인 방법론을 통해 고객의 미래를 예측해준다.

그러나 미래예측기법의 교육훈련으로만 미래를 예측하기에는 한계가 있다. [표 2.6]과 [표 2.7]은 미래연구 전문가가 갖추어야 할 능력과 역량을 보여준다.[25]

[표 2.6] 미래예측에 필요한 4가지 능력

	내부	외부
개인	• 나(I) • 의도intentional • 자아/의식 예 프로이드Freud의 심리분석	• 그것(it) • 행동behavioral • 두뇌/몸의 기관 예 Skinner의 행동주의
집단	• 우리(we) • 문화cultural • 세계화 예 Gadamer의 철학적 해석학	• 그것의(its) • 사회social • 환경 예 Marx의 경제이론

25) 박병원, "미래예측, 무엇을 공부할 것인가?", *Futures Horizon*, 2011.8.
추가로 참조한 문헌은 Gary, Jay, Toward a Foresight Competency Model, 2017.10.22.
https://jaygary.com/foresight-competency-model/

[표 2.7] 미래예측에 필요한 기본역량

	내부	외부
개인	창조와 혁신Creating/Innovating – 미래의 상품, 이미지, 아이디어를 상상하고 만드는 능력	성과와 측정Benefiting/Measuring – 더 나은 미래를 위한 나의 현재 진척도의 객관화 및 측정능력
집단	기획과 협상Planning/Negotiating – 우리가 원하는 미래를 위해 합의를 구하고 전략을 수립하는 능력	전망과 발견Predicting/Discovering – 시스템이 미래를 향해 어떻게 움직이고 있는지 전망하고 발견하는 능력

개개인의 능력과 경험이 중요하다. 아래 미래학자 짐 데이토의 '우수한 미래예측전문가futurist의 갖추어야 하는 소양attributes'을 정리한 내용도 이를 입증한다.[26]

- 역사와 다양한 문화와 문명에 대한 가능한 한 많은widest possible 지식
- 사회과학 전반에 대한 가능한 한 많은 지식
- 자연과학의 현재와 새롭게 등장하는 신新과학, 그리고 복합적 과학진화적 시스템이론, 카오스이론, 두뇌과학 등에 대한 가능한 한 많은 지식
- 공학특히 전자공학과 유전공학, 건축, 우주과학 학문과의 가능한 한 큰 친숙감familiarity
- 가능한 한 다양한 전통tradition의 철학 · 윤리 · 종교 등에 대한 이해
- 법과 정책에 관한 가능한 한 깊은 이해
- 아름다움과 삶의 미적 요소들에 대한 이해와 지속적으로 쌓는 경험
- 새로운 생각을 하고 심지어는 자신을 조롱하고 웃게 만드는 창의력과 상상력
- 분석하고 종합하고 발명하고 창조하는 능력
- 정치적인 활동에 적극적으로 임하고, 새로운 아이디어를 자신에게 먼저 실험하고, 다른 사람들이 보다 나은 세상에서 살도록 노력하는 진취성
- 자신이 취한 행동이 초래할 결과를 예측하고, 실패를 감당하며, 실수와 비판으로부터 배우는 긍정적 마인드
- 호기심과 열정과 낙관적 사고와 유머감각과 터무니없는 상황도 즐길 수 있는 마음가짐
- 과거를 존중하되, 새로운 미래에 대한 갈망yearning

26) Dator, James, "Attributes of a Futurist", *Futurist.*

우리나라 미래학의 과거와 현재

1. 국내 미래학계의 역사

한국에서도 급속한 경제발전과 함께 서구의 영향을 받아 미래예측과 미래학에 대한 관심이 높아지기 시작했다. 더불어 서구식 근대화를 이상적인 미래상으로 삼고 미래를 앞당기는 노력의 형태로 미래탐구가 시작됐다. 일찍이 1960년대의 경제개발 5개년 계획 등 중장기 발전계획을 성공적으로 추진했던 나라로 '발전학'으로서의 미래를 연구하기 시작했던 셈이다.

한국의 미래학은 그 역사가 50년이 넘는다. 이를 간추리면 다음과 같다.

- **1960년대** 1968년, 이한빈을 필두로 한 6명의 발기인들권태준, 김경동, 이한빈, 이헌조, 전정구, 최정호 등에 의해 한국미래학회의 창설이 한국 미래학의 시작이다. 창립과 함께, 김학소가 '우리나라 국토개발의 미래상'이라는 주제로, 류동식은 '신학 분야에서 본 미래 문제', 조가경은 '최근 북미에 있어서의 미래문제연구의 동향'을 주제로 각각 연구발표를 했는데, 이 발표들이 우리나라 최초의 미래연구 발표였다고 할 수 있다. 이 학회는 1990년대에는 '한국인의 삶' 등을 출간했다
- **1970년대** 1970년에 한국미래학회의 학회지 '미래를 묻는다' 창간호가 발간되었다. 1971년에는 한국과학기술연구소 이름으로 완성된 '서기 2000년 한국에 대한 조사연구Korea in the Year 2000'라는 제목의 영문 보고서가 출간되었는데 미래연구 기법Delphi을 사용한 최초의 학술연구 보고서라는 점이 주목할 만하다.
- **1980년대** 1989년에 민간미래학 연구소인 한백연구재단이 공성진 등에 의해 설립되었다. 설립취지는 국내외의 제 현상과 미래에 대한 과학적 분석, 예측 및 전망을 통하여 '비전의 구체화'를 위한 청사진을 만들자는 것이었고 1991년부터 '델파이 라인'을 발간하고 있다.
- **1990년대** 1995년, 또 다른 민간연구소 한국미래학연구원이 창립되었다. 이 연구원은 사회 각 분야에 대한 미래연구로 미래에 관한 지식·정보를 개발·보급하고, 미시적·거시적 미래예측을 통해 대안적 미래를 제시함으로써 급증하는 미래지식 및 정보에 대한 수요를 충족시키고 건전한 미래사회 구현에 기여함을 목적으로 하였다.
- **2000년대 초반** 우리나라에서 미래학이 본격화된 것은 2000년대 초부터이다. 국책연구기관인 정보통신정책연구원KISDI이 2002년부터 시작한 'IT의 미래사회에 대한 영향연구'는 우리나라 정치·경제·사회·문화 전역에 대한 미래상을 20여 명의 학계 교수진과 함께 3년간 진행시킨 대규모 연구과제였다. 당시 연구원장이었던 이주헌이 책의 저자은 이를 위해 연구원 내에

'미래한국연구실'을 만들었고 미국의 하와이대학 · SRI연구소를 방문하고 유럽미래학회에 참석하며 한국의 국책미래연구에 대한 방향을 모색했다. 그 후 연구결과물을 대중에게 보급하기 위해 강홍렬 · 황주성 · 최항섭 등과 함께 '*21세기 메가트렌드 시리즈* 총 5권', '*메가트렌드 코리아*', '*2020 미래한국*' 등의 도서를 발간했으며, 2005년도에는 대한민국 국회에 미래사회연구포럼변재일 · 진영 공동위원장을 발족시키는 데 일익을 담당하였다. 2004년도에 산업자원부가 미래생활산업본부를 만든 것도 의미 있는 출발이었다.

- **2000년대 중 · 후반** 2005년에는 이영탁 · 박영숙 등에 의해 사단법인 '유엔미래포럼-밀레니엄 프로젝트'가 유엔미래포럼[27]의 한국지부로 발족하면서 한국 미래학의 새로운 시작을 예고했다. 바로 이 무렵부터 해외의 저명한 미래예측가들이 한국을 방문하였고 또한 다양한 미래전망 도서들이 발간되었기 때문이다. 특히 주한 영국대사관 출신의 박영숙은 해외학자들과 '*미래예측 리포트*', '*세계미래보고서*', '*전략적 사고를 위한 미래예측*' 등 다양한 책을 발간함으로써 지금도 가장 활발한 활동을 하는 한국의 미래전문가로 인정받고 있다. 김영일 · 이남식 등이 2007년도에 미래학자인 제롬 글렌과 함께 국제미래학회를 창립하고 유엔미래포럼과 공조하면서부터는 다양한 학술포럼이 개최되고 '*미래가 보인다*', '*대한민국 미래보고서*', '*전략적 미래예측 방법론 BIBLE*' 등 많은 전문서적들이 출간되었다. 같은 해 11월에는 오명 · 김성태 등이 국가미래정책포럼과 산하 국가미래정책연구원을 발족시켰다. 2008년도에는 과학기술정책연구원이 미래연구센터CSF를 설립하였다. CSF는 가장 활동적인 국가미래조직으로 인정받고 있다.
- **2010년대 초반** 2013년도에 정보통신부가 해체되고 미래창조과학부로 개편되는2017년도에 과학기술정보통신부로 개명 시기에 한국의 미래학은 새로운 전기를 맞았다. 우선 이남식이 이끄는 기술인문융합창작소가 2013년 산업통상자원부의 지원으로 펴낸 '미래예측 프레임워크와 방법론'은 국내 미래예측 방법론의 보급과 대중화를 위한 의미 있는 성과로 평가된다. 같은 해, 이광형 · 정재승 등이 주도하여 KAIST 내에 미래전략대학원을 설립하면서 국내 최초의 미래학 석 · 박사 학위과정이 개설되었다. 또한 해외의 프레이 · 아탈리 · 크리스텐슨 등이 저술한 미래 관련 번역서와 유영민 · 최연구 · 최윤식 · 황주홍 등이 쓴 미래를 다룬 교양도서들이 출간되면서는 '미래'는 일상화된 용어로 정착하기에 이르렀다.
- **2010년대 중 · 후반** 국책연구기관들이 앞다투어 미래연구를 위한 조직을 신설하고 국가차원의 미래연구를 시작했다. 한국과학기술기획평가원의 미래예측본부, 한국정보화진흥원의 미래전략센터, 전자통신연구원의 창의미래연구소가 대표적이다. 2016년, 이광형의 주도로 미래학회가 창립되어 국내 첫 학술지인 '*미래연구*'를 발행하기 시작한 것은 주목받아 마땅하고, 2018년 3월 시행된 국회미래연구원법에 따라 국회미래연구원이 설립된 것도 우리나라 미래학의 새로운 출발을 예고한다.

27) 1996년에 설립된 UN대학교 미국위원회의 국제미래전략그룹The Futures Group이 주도하는 단체

2. 국내 연구기관의 미래연구

현재 우리나라 국책연구기관들의 연구는 제법 활발하다. 한국개발원KDI, 정보통신정책연구원KISDI, 과학기술정책연구원STEI, 한국정보화진흥원NIA, 한국과학기술원KAIST, 전자통신연구원ETRI, 한국인터넷진흥원KISA, 행정연구원, 국토연구원 등이 경제·과학·정보통신기술의 관점에서 연구를 하고 있으며, 향후 환경·노동·교통·에너지 등으로도 연구영역이 확대되리라 전망된다.

우리나라의 대표적인 국책연구기관들을 소개하면 다음과 같다.[28]

- **과학기술정책연구원의 미래전략센터**CSF 1993년부터 우리나라 최초로 기술예측조사 목적의 미래연구를 시작해 온 이 연구원은 2008년 미래과학기술전략센터를 2011년 미래연구센터www.foresight.kr로 개편하면서 미래관점에서 과학기술의 변화와 사회변화 사이에 발생하는 상호작용을 분석하여 국가차원의 정책적 대안을 제시하는 등 다양한 연구를 활발히 수행 중이다. 지난 2010년에 미래연구 홈페이지 'The Future Horizon'도 오픈했으며 2018년에는 미래연구용어집을 발간하기도 했다.
- **한국정보화진흥원의 미래전략센터** 한국정보화진흥원www.nia.or.kr의 미래전략센터는 2014년도에 개소되었으며 중장기 미래 정보통신 융합정책이슈 발굴, 지능정보사회 정책이슈 연구, 미래사회 메가트렌드 연구 등을 진행 중이다. 또한 빠르게 변화하는 경제사회 환경변화와 현안문제에 능동적·선제적으로 대응하기 위한 데이터 거버넌스를 확립하는 등 데이터 기반의 미래전략을 제시하고 있다. 공공정책 수립을 위한 미래전략연구 방법론인 FROM을 개발하기도 했고, '국가 미래사회 준비지수', '미래 지능정보사회의 이슈와 과제', '지능정보시대 인력양성과 미래교육' 등의 연구보고서도 발표했다.
- **정보통신정책연구원** 2002년부터 한국의 메가트렌드를 연구해온 정보통신정책연구원www.kisdi.re.kr은 디지털 문명이 사회에 미치는 영향을 다각도로 연구해오고 있다. '디지털 컨버전스 기반 미래연구' 과제를 진행시켜 왔으며 '미래 시나리오 방법론', '디지털사회의 미래예측 방법론' 등도 발표한 바 있다.
- **한국개발원** 우리나라 경제분야 싱크탱크인 한국개발원www.kdi.re.kr은 다양한 경제전망 연구를 한다. 거시경제, 금융경제, 경쟁정책·복지정책 연구 등은 기본적으로 미래지향적이다. 2017년에는 '미래한국 아이디어 공모전'을 개최하여 관심을 끌기도 했다.

---

28) 이세준·이윤준·홍정임, *통합적 미래연구 방법론의 탐색 및 적용*, 과학기술정책연구원, 2008.

민간기관들의 활동도 활발해졌다. 산업계에서는 포스코경영연구소의 미래성장연구센터, 현대자동차 미래트렌드연구소 등이 대표적이다. 또한 독립적인 싱크탱크를 지향하는 (사)국가미래연구원www.ifs.or.kr, (사)미래전략연구원www.kifs.org, (재)한국미래연구원www.mirero.org 등의 미래정책연구기관, 세계미래포럼wff.or.kr/wff · 유엔미래포럼www.korea2050.net 등의 미래저술·강연기관, 미래예측컨설팅·교육기관인 아시아미래인재연구소www.afhi.org와 아스팩미래기술경영연구소 등의 노력도 향후 미래학계의 발전에 이바지할 것으로 기대된다. 전자신문사 등 언론사의 '미래' 보도도 점점 늘고 있는 실정이다.

3. 국내 미래학계의 현황

1968년도에 설립되었던 한국미래학회koreafuture.net는 지난 10여 년 전부터 거의 유명무실해진 가운데, 현재 우리나라의 미래학계는 국제미래학회와 미래학회라는 두 바퀴로 굴러가고 있다. 국제미래학회는 국제적 담론과 한국의 이슈에 관한 학술행사를 진행시키며 도서 발간에 치중해오고 있는 반면에, 뒤늦게 창립된 미래학회는 학술적인 연구와 산업계의 미래연구와 정부·공공기관의 정책과제를 지원하면서 '미래연구' 논문집을 내는 등 보다 학술적으로 활동하고 있다.

국제미래학회blog.naver.com/globalfuture는 산하에 [표 2.8]과 같이 60개 이상의 미래연구위원회를 두고 활동하고 있는데 미래연구 영역이 매우 포괄적이다.[29)]

[표 2.8] 국제미래학회 산하 연구위원회

미래미디어위원회	미래경영예측위원회	미래지식서비스위원회	미래경제예측위원회
미래디자인위원회	미래경영컨설팅위원회	미래공간지리위원회	미래기업홍보위원회
미래보건인재위원회	미래주거환경위원회	미래정보분석위원회	미래콘텐츠재산권위원회
미래국토계획위원회	미래핵에너지위원회	미래트렌드예측위원회	미래인터넷윤리위원회
미래IT위원회	미래평생교육위원회	미래스토리텔링위원회	미래혁신정책위원회
미래의료과학위원회	미래융합산업위원회	미래게임위원회	미래인구예측위원회
미레헬스케어위원회	미래경영위원회	미래컴퓨터위원회	미래광고위원회

29) 이렇게 연구위원회가 많은 것에 대해 위인설관爲人設官식 위원장 임명으로 학회조직이 비대해졌다는 지적도 있지만, 미래연구의 영역이 그만큼 넓은 이유일 것이다.

미래예술위원회	미래혁신기술위원회	미래창의교육위원회	미래에너지위원회
미래방송기술위원회	미래기후변화위원회	미래한류문화위원회	미래동양학위원회
미래방송위원회	미래대기장위원회	미래지속가능혁위원회	미래IT기술분석위원회
미래인문학위원회	미래과학기술위원회	미래기술가치위원회	미래드론위원회
미래블록체인위원회	미래의복위원회	미래휴먼컴위원회	미래드론교육위원회
미래지역산업위원회	미래위성우주위원회	미래인구변화정책위원회	미래3D프린팅위원회
미래이러닝위원회	미래빅데이터위원회	미래전통문화위원회	미래출판위원회
미래비교문화위원회	미래국토이용위원회	미래캠페인위원회	
미래4차산업위원회	미래영어교육위원회	미래정책위원회	

미래학회koreafutures.net는 미래학의 연구논문 발표와 논문집의 발행에 가장 학술단체다운 면모를 보인다. 학술지인 '미래연구'에는 한국의 언론, 고령화사회, 촛불집회의 미래 등 여러 관점에서 논문들이 발표되고 있는데 '미래학의 미래'를 분석한 창간호의 연구결과는 [표 2.9]와 같다.[30]

[표 2.9] 미래학의 미래 - 10가지 도전과제

1	예술에서 과학으로from art to science
2	예측에서 대안 실현으로from forecasting to backcasting
3	개별연구에서 미래연구의 제도화로institutionalizing futures studies
4	변화통제에서 변화이해로from controlling change to dancing with change
5	트렌드연구에서 이머징 이슈 연구로from trends to emerging issues
6	미래세대 연구의 중요성 부각initiating future generations studies
7	미래연구 탈식민화de-colonizing futures
8	기술예측에서 기술영향 예측으로from forecasting tech to forecasting its influence
9	변화의 윤리적 책임강조underlying ethical futures
10	불확실성에 대한 이해향상enriching understanding about uncertainty

30) 박성원, "미래학의 미래를 위한 10가지 도전", *미래연구*, 미래학회, 2016.

4. 우리나라 미래학 교육의 실태

그러나 미래학의 역사가 50년이 넘었음에도 우리나라 미래학 교육의 현실은 아직까지도 유아기에 머물러 있다. 소수의 대학교에서 '미래사회와 교육', '인간과 미래', 'IT와 미래', '글로벌 미래학' 등의 강좌를 개설하고 있으나, 학부 3~4학년이나 대학원의 교재로 사용할 만한 '미래학 개론' 교과서조차 미흡한 실정이다.[31)] 내용도 대학생들의 공부하는 학습용으로는 불편한 수준이다. 미래학 관련 국내 학술서적도 [표 2.10]과 같이 미흡하다.

[표 2.10] 국내 출판된 미래학 관련 학술도서 목록(한글판 일부)

분류		교육용 학술서적(저자명 순)
교과서		• 김성태, *또 다른 미래를 위하여*, 법문사, 2007. • 박순창, *미래학의 이해*, 청목출판사, 2013. • 하인호, *미래학이란 무엇인가*, 일송북, 2009.절판
참고서	국내 저술	• 경제 · 인문사회연구회, *데이터 기반 디지털 경제 미래예측 방법론 연구*, 진한엠앤비, 2017. • 국제미래학회, *전략적 미래예측 방법론 BIBLE*, 두남, 2014. • 권기현, *미래예측학*, 법문사, 2008. • 기술인문융합창작소, *미래예측 프레임워크와 방법론*, 2013. • 김병욱, *미래예측 분석방법*, 킴스정보전략연구소, 2015. • 미래연구센터CSF, *미래 용어집*, 과학기술정책연구원, 2018. • 박영숙, *전략적 사고를 위한 미래예측*, 교보문고, 2007. • 송태민 외, *머신러닝을 활용한 소셜 빅데이터 분석과 미래신호 예측*, 한나래아카데미, 2017. • 우종필, *빅데이터 분석대로 미래는 이루어진다*, 매일경제, 2017. • 이광형, 3*차원 미래 예측으로 보는 미래경영*, 생능출판사, 2015. • 이세준 · 이윤준 · 홍정임, *통합적 미래연구 방법론의 탐색 및 적용*, 과학기술정책연구원, 2008. • 한국미래기술교육연구원, *빅데이터를 통한 4차산업혁명, 분석 및 예측을 위한 통합 솔루션 적용방안*, 미래기술, 2017. • 한국정보화진흥원, *미래연구백서*, 2011. • 현대경영연구소, *미래예측 기술 · 산업 · 세계*, 승산서관, 2012.
	번역	• 제임스 데이터 편, *Advancing Futures 다가오는 미래*, 예문, 2008. • 스테판 바이츠, *검색이 바꿀 미래를 검색하다*, 코리아닷컴, 2015.

31) 이 책은 바로 이러한 상황을 타개하고자 대학교재로 준비되었다.

한국의 미래학 대학교육은 현재까지는 KAIST의 문술미래전략대학원에서의 석·박사과정이 유일하다. KAIST는 2013년부터 '인류와 지구가 당면한 문제를 해결하는 기술지식 기반 대학원'을 지향하며 [표 2.11]과 같은 석사학위 교과과정을 운영하고 있다.[32)]

[표 2.11] KAIST 미래학 석사학위 교과과정

구분		교과목
전공필수 과목	공학분야	정보기술전략, 환경기술전략, 바이오기술전략, 융합기술전략
	미래학분야	미래학개론, 미래예측 방법론, 이슈기반 미래예측, 미래전략 연구방법, 미래사회 변화구조, 미래예측 실습
공통필수 과목		리더십&커뮤니케이션, 윤리 및 안전
선택 (분야별 미래전략 과목)		과학기술, 글로벌 이슈식량, 질병, 국제관계, 경제산업, 국가경영, 국방정보, 위험관리, 정보미디어, 혁신, 문화기술, 사회인지 신경과학, 정책화 실습
연구		논문연구논문석사, 개별연구교과석사

생각해봅시다 2.3 미래학은 출신성분을 따지지 않는다?

이 책을 쓰는 과정에 미래학을 연구하는 많은 분들의 이름과 업적을 알게 되었다. 책과 연구논문과 동영상과 다양한 기사들을 접하며 '현재 우리나라의 미래학은 누가 주도하고 하는가?'라는 질문을 자연스럽게 던져보았다. 50여 명의 훌륭한 후보들 중, 우선 현직교수들을 제외하고, 2000년도 이후의 저술, 연구논문, 학술활동, 인지도 등 저자의 지극히 주관적인 평가항목에 따라 심사숙고 끝에, 활동이 가장 왕성한 세 분을 선정하였다. 아래 세 분의 미래학 발전을 위한 노고에 경의를 표하며 그들의 더 나은 미래를 기원한다.가나다 순

- **박성원** 국회 미래연구원 연구위원이다. 언론사에서 **기자**로 일하다가 미래연구에 관심을 갖게 되어 하와이대학에서 2012년 미래학 박사학위를 받았다. 짐 데이토Jim Dator 교수의 제자 중 한 명이다. 저서로는 '*미래는 나의 힘*2015', '*우리는 어떤 미래를 원하는가*2017' 등이 있으며, 과학기술정책연구원 미래연구센터 재직당시부터 한국인의 미래 인식을 연구하는 등 활발한 연구활동이 돋보인다. 특히 미래학의 계몽을 위해 기자 출신답게 주요 일간지 등에 활발한 기고활동을 해왔음을 높이 평가했다.
- **박영숙** 유엔 미래연구기구 '밀레니엄 프로젝트'의 한국지부 대표를 맡고 있으며, 프랑스어와 교육학을 전공한 **외교관** 출신이다. 30년 동안 주한 영국·호주대사관에서 홍보를 맡았던 국제적 교류경험과 친화력으로 2010년 이후 제롬 글렌, 짐 데이토 등 세계적인 미래학 석학들을 초청하여 우리나라 곳곳에 미래를 계몽시킨 우리나라 '미래'의 산파이다. '*세계미래보고서*

32) KAIST의 대학원 박사과정의 소개는 생략한다.

2055 2017', '*세계미래보고서 2018* 2017', '*인공지능 2030* 2016' 등 주로 해외 학자들과 함께 유엔 미래보고서의 내용을 10여 권의 책으로 신속하게 번역하고 강연하고 국내에 보급시킨 정열가이다. 미래학자는 아니지만 우리나라의 대표적인 퓨처리스트로 단연 손꼽힌다.

- **최윤식** 아시아미래인재연구소 소장으로 휴스턴대학에서 미래학을 공부한 신학대학 출신 현직 **목사**이다. 비숍Peter Bishop 교수의 제자 중 한 명이다. 그는 개인과 기업과 우리 사회가 바람직한 미래를 창조해 갈 수 있도록 함을 소명으로 생각하고, 저술・강연・연구 등에 종횡무진하고 있다. '*2030 대담한 도전* 2016', '*부자의 시간* 2017', '*미래학자의 인공지능 시나리오* 2016', '*2030 미래의 대이동* 2016', '*미래학자의 통찰법* 2014' 등 이미 20여 권의 저자이며, 그가 쓴 일부 미래예측서들은 중국・일본・대만에서도 출판되었다고 한다. 목사 출신답게 달변의 유명 강연자이고, '*2040 한국교회 미래지도* 2013'도 펴낸 바 있다.

흥미로운 사실은 선정된 분들의 과거 경력이 **기자・외교관・목사**라는 점이다. 이들은 어떻게 '미래'에 인생을 바치게 되었을까? 세상 돌아가는 이치에 관심을 가졌던 기자, 글로벌 환경의 변화를 이해했던 외교관, 하나님의 미래를 기도하던 목사! 그래서 각자 직업까지 바꾸게 된 것일까? 아무튼 흥미롭다. 미래학은 출신성분을 따지지 않는다는 사실만큼은 분명하다.

토의문제

01. 미래학의 '아버지'는 누구인가?

02. 미래학은 학제 간의 종합학문인가, 아니면 단일화된 융합학문인가?

03. 미래학은 이제 하나의 학문으로 정착되었다고 생각하는가? 왜인가?

04. 미래학을 바라보는 객관주의 · 구성주의 · 실증주의 · 해석주의 · 현실주의 계파 중 어느 계파의 주장이 가장 타당하게 여겨지는가?

05. 미래학이라는 학문명칭에 만족하는가?

06. 과거 미래학자들을 종말론적 비관파, 기술지향적 낙관파, 시장동향을 살피는 탐색파, 경제경영 문제를 다루는 혁신파로 분류함에 동의하는가? 다른 분류방법을 찾아보라.

07. 가능성 있는 미래, 개연성 있는 미래, 선호하는 미래, 대안적 미래의 차이는?

08. 당신이 가장 궁금한 미래연구의 영역은?

09. 우리나라 미래학자들의 수는 과연 몇 명이나 될까?

10. 우리 대학도 미래학 전공 대학원과정을 신설할 필요성이 있다고 생각하는가?

참고문헌

국내문헌

국제미래학회, *전략적 미래예측 방법론 BIBLE*, 두남, 2014.
김규태 기자, [창간특집-미래경영] 세계는 지금, *전자신문*, 2008.9.22.
박병원, "미래예측, 무엇을 공부할 것인가?", *Futures Horizon*, 2011.8.
박성원, "미래학의 미래를 위한 10가지 도전", *미래연구*, 미래학회, 2016.
백남환, *미래학*, 파오디나라, 2016.
손현주, "미래학의 학문적 성격에 대한 시론적 연구", *미래연구*, 미래학회, 2016.11.

송영조 외, *성공적 공공정책수립을 위한 미래연구전략 방법론*, 정보문화진흥원, 2009.

이광형, *미래경영*, 생능출판사, 2015.

이세준·이윤준·홍정임, *통합적 미래연구 방법론의 탐색 및 적용*, 과학기술정책연구원, 2008.

이주헌, *소프트웨어공학*, 법영사, 1993.

최연구, *미래를 예측하는 힘*, 살림출판사, 2009.

최항섭, *미래예측 방법론*, 정보통신정책연구원, 2007.12.

KAIST 문술미래전략대학원(http://futures.kaist.ac.kr/)

과학기술정책연구원(http://www.stepi.re.kr/ https://www.dbpia.co.kr/)

(사)국가미래연구원(http://www.ifs.or.kr/)

국제미래학회(https://blog.naver.com/globalfuture)

미래연구센터(http://www.foresight.kr/)

미래학회(http://koreafutures.net/)

아시아미래인재연구소(http://cafe.naver.com/kkoomforum)

(사)유엔미래포럼(http://www.korea2050.net/)

정보통신정책연구원(http://www.kisdi.re.kr/ http://blog.daum.net/prkisdi/1081)

한국개발연구원(http://www.kdi.re.kr/)

한국정보화진흥원(http://www.nia.or.kr/)

해외문헌

Anderson Janna, "Futures Studies Timeline", Elon University, 2014.
http://www.elon.edu/docs/e-web/predictions/futures%20studies%20timeline.pdf

Bishop, Peter C. and Andy Hines, *Teaching about the Futures*, Palgrave Macmillan, 2012.

Dator, James, "Teaching Futures Studies: Some lessons learned", *Workshop on Teaching Futures Studies*, Tamkang University, Taipei, 2002.
http://www.futures.hawaii.edu/publications/futures-studies/TeachingFS2002.pdf

Accelaration Studies Foundation(ACF), Foresight Graduate Programs – Global List
http://www.accelerating.org/gradprograms.html

Glenn, Jerome and Theodore J. Gordon, *Futures Research Methodology Version 3.0,* 2009.

UN University(https://unu.edu/)

Teach the Future Library(https://library.teachthefuture.org/)

World Future Society(https://www.worldfuture.org/)

World Futures Studies Federation(https://www.wfsf.org/)

부록 2 세계 미래교육 대학 목록과 대학원 교과과정

▶ 세계의 미래학 학위과정을 운영하는 대학들

독립된 미래학 교과과정으로 석·박사 학위를 수여하는 세계의 대학교들(2018)은 아래 [표 2.12]와 같다.

[표 2.12] 미래학 학위과정을 운영하는 대학들

국가 (ABC 순)	대학교	대학·학과	미래학 학위과정		
			학사	석사	박사
ARGENTINA	Univ. Nacional de Las Palma			○	
AUSTRALIA	• Swinburne Univ. of Technology • Curtin University of technology	Business Admin		○ ○	○
CANADA	Ontario College of Art and Design	Design		○	
COLOMBIA	External University of Colombia	Bus. Admin		○	
DENMARK	Aarhus University	School of Business			○
ECUADOR	Universidad Cat lica de Santiago de Guayaquil			○	
FINLAND	University of Turku	Econ. & Bus. Ad		○	○
FRANCE	• CNAM • Lipsor • Université angers	Bus. Ad &. Engrg	 ○ 	 ○	○
GERMANY	• University of Potsdam • Free University of Berlin	 Interdisciplinary		○ ○	○
HUNGARY	Corvinus U. of Budapest	Bus. Admin		○	○
INDIA	University of Kerala	Applied Sci & Tech		○	○
IRAN	• Imam Khomeini International Univ • University of Tehran	Engrg and Tech New Sci and Tech			○ ○
ITALY	• Da Vinci Online University • Pontificia Universitá Gregoriana • Universita di Trento	Bus. Admin	 ○ 	○ ○	 ○
KOREA	Korea Advanced Institute of Science & Technoligy (KAIST)	Future Strategy		○	○
MALTA	Univ. of Malta			○	

MEXICO	• Monterrey Inst. of Tech	Govt/Public Policy		○	
	• Tamaulipas			○	
	• Universidad Autónoma de Chiapas			○	
PERU	• CAEN			○	
	• Univ Nacional Mayor San Marcos			○	
PORTUGAL	Technical U. of Lisbon	Bus. Admin		○	
RUSSIA	Moscow State University		○	○	
SOUTH AFRICA	University of Stellenbosch	Econ/Mgmt		○	○
SPAIN	Fundacio			○	
TAIWAN	• Tamkang University	Education		○	
	• Fo Guang University	Sociology)	○	○	
UK	• Leeds Metropolian Univ			○	
	• University of Manchester				○
USA	• California College of the Arts	Bus. Admin		○	
	• Regent University	Bus. Admin			○
	• Greenleaf Univ.			○	
	• University of Hawaii at Manoa	Pol Sci		○	○
	• Univ. of Houston at Clear Lake	Technology		○	
	• Revans University			○	

이들 대학교들 외에 타 전공과 연계해서 석·박사 학위를 수여하는 대학들은 가나(1개의 대학교), 네덜란드(3), 독일(1), 멕시코(1), 미국(44), 러시아(1), 벨기에(1), 싱가포르(2), 스웨덴(2), 아르헨티나(1), 아일랜드(1), 에콰도르(1), 영국(14), 이스라엘(2), 인도(1), 일본(1), 파키스탄(1), 페루(1), 포르투갈(1), 프랑스(3), 캐나다(3), 코스타리카(1), 콜롬비아(1), 헝가리(1), 호주(3) 등에서 약 100여 개 대학들이다.

▶ 미래학을 위한 대학원 과목들

미래학자인 휴스턴대학의 피터 비숍이 제안하고, ACF Acceleration Studies Foundation가 추천한 석·박사 과정의 교육의 틀은 아래 [표 2.13]과 같다.[33] 이 표에서 주 과목들은 미래학 전공과목들이며, 부 과목들은 다른 학문과 연계된 부전공 과목들을 의미한다.

[표 2.13] 미래학 대학원 과목들

주 Primary 대학원 과목들(26)	부 Secondary 대학원 과목들(33)
• Alternative Futures • Comparative Analysis and Competitive Intelligence	• Actuarial Science and Risk Assessment • Anthropology and Culture Studies • Cognitive & Social Psychology Personality Profiles,

33) Accelaration Studies Foundation(ACF), Foresight Graduate Programs – Global List http://www.accelerating.org/gradprograms.html 이 표에 열거된 과목명의 번역은 생략한다.

- Corporate and Organizational Foresight
- Critical Foresight[Causal Layered Analysis, etc.]
- Development Studies and Acceleration Studies
- Emerging Issues, Cross Impact and Pattern Analysis
- Emerging Tech Analysis and Technical Intelligence
- Ethnographic, Culture, and Subculture Foresight
- Forecasting and Modeling/Simulation[basic]
- Foresight Frameworks and Foundations
- Foresight Journalism and Metrics
- Game Foresight[Strategy, Serious Games, Wargames etc.]
- History and Analysis of Predictions
- Horizon Scanning and Weak Signal Identification
- Images and Artifacts of the Future
- Personal Foresight Development
- Prediction Markets and Foresight Networks
- Predictive Surveys and Delphi
- Roadmapping[Long-Range Ind., Tech, Policy Maps]
- Scenario Development, Planning, and Learning
- Strategic Foresight
- Systems Thinking
- Transhumanist and Ethics of Emerging Tech Studies
- Trend Extrapolation and Learning Curves
- Visioning, Intuition, and Creative Thinking
- Wildcards/Black Swans[Hi-Impact, Low-Prob. Events]

- Collaboration, Facilitation, and Peace/Conflict Studies
- Critical and Evidence-Based Thinking
- Decision Theory, Uncertainty, and Real Options Analysis
- Demographics, Sociology, and Action Research
- Design, User Experience, and Art
- Economics[Cliometrics]
- Ethics and Values Studies
- Evolution, Complexity and Systems Studies
- Forecasting and Modeling/Simulation [advanced]
- Futures, Sci-Fi, Utopian, and Dystopian Lit Studies
- History[Alternative Histories]
- Innovation and Entrepreneurship Studies and Networks
- Innovation Journalism and Metrics
- Integral Studies and Thinking
- Intelligence Studies/Analysis
- Investing and Finance[Long-Term]
- Leadership Studies and Organizational Development
- Library Science and Knowledge Management
- Marketing[Predictive], PR, and Consumer Behavior
- Philosophy[Normative Alternative Futures]
- Political Science and Policy Studies
- Probabilistic[Statistical] Prediction
- Religious Studies[Future Beliefs]
- Risk Management, Operations Research, Game Theory
- Security/Defense Studies and International Relations
- Science and Technology Studies and Analysis
- Socially Responsible/Triple Bottom Line Management
- Strategic & L-R Planning, Decision Analysis
- Sustainability and Development[Economic] Studies
- Urban Studies and Planning

3 Chapter 미래학이 전망하는 미래

"향후 10년의 변화가 과거 50년의 변화를 앞지를 것이다"
– 빌 게이츠(IT전문가)

세상이 변하고 있다. 정말 빨리 변하고 있다. 이 변화의 흐름을 간파하지 못하면 시대의 낙오자가 될 수 있다. 세상을 움직이는 큰 흐름을 알아야 한다. 그런데 대부분의 우리는 현실에 급급한 나머지, 모르는 것을 알려는 노력에 인색하다. 마치 먼 미래를 생각하는 것은 '사치'라고 생각하는 듯하다.

그러나 [그림 3.1]에서 보듯이, 훌륭한 의사결정을 위해 오늘 알아야 할 지식의 대부분은 우리의 밖에 있고 우리는 그것이 존재하는지조차도 모른 채 살고 있는 현실은 안타깝다. 아는 양은 극히 적을 뿐 무엇을 모르는지도 모르는 처지에 밝은 미래를 기대한다는 것은 '나무에 올라 고기를 잡겠다'는 연목구어緣木求魚와 다름없기 때문이다.

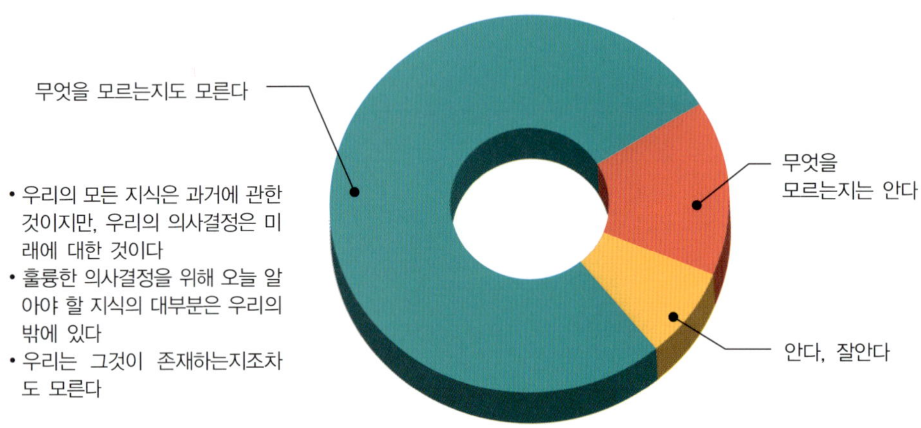

[그림 3.1] 우리가 아는 것과 모르는 것

그렇다면 미래전망future outlook 서적들도 읽어봐야 한다. 지난 20여 년 동안 출간된 많은 미래전망서들은 독자들을 호기심 천국으로 또는 충격으로 몰아넣어왔다. 믿고 싶은 전망과 믿기 힘든 전망이 뒤섞여서 혼란스럽지만, 퓨처리스트futurist들이 내린 전망의 옳고 그름이나 근거의 충분·불충분을 떠나 그들의 주장에 귀를 기울이는 것은 미래학도의 기본자세이다. 만약 그 전망이 무엇을 모르는지도 몰랐던 새로운 내용들이라면 더욱 파악하고 생각할 가치가 있을 것이다. 미래연구도 원래 전혀 모르는 것을 탐색함으로부터 출발한다. 무엇을 모르는지 알았건 몰랐건 알아가는 것이 중요하다. 미래에 대한 궁금증과 호기심이 미래학의 출발선이다.

이 책은 미래전망서가 아니지만, 본 장에서는 특정 개인의 예견이 아닌 국내외 신뢰받을 만한 미래연구조직들이 보는 글로벌지구촌, 신문명사회, 디지털혁명의 의미와 향후 20~40년 후에 대한 미래전망 및 메가트렌드를 요약하여 설명한다. 아울러 제4차 산업혁명이 가져올 미래도 진단한다. 본격적인 미래학의 이해에 앞서 유익하리라 판단한다.

궁금한 미래, 많은 질문들

미래! 참 궁금한 것이 많다. 먼 미래를 생각하면 우선 다음과 같은 질문을 던지게 된다.

- **지구와 우주** 지구와 우주의 미래는 무엇일까? 인간이 필요로 하는 자원은 고갈되지 않고 영원히 풍족할까? 물과 에너지의 공급은 누가 어떻게 보장할까? 기후변화와 온난화는 과연 인간에게 위협적인가? 핵무기는 지구를 송두리째 파괴할 수도 있을까? 외계인들은 정말 있을까? 일반인의 달나라 여행은 언제나 가능할까? 지구를 피해 행성으로 이주하는 상황이 정말 벌어질까? 인류는 지구에 얼마나 오랜 기간 생존할까?
- **지구촌** 지구촌은 어떤 모습으로 변화할까? 미국과 러시아는 과연 쇄락할까? 인구가 많은 중국과 인도가 결국 강대국이 될까? 국가의 개념은 언제까지 존속할까? 인구와 경제, 국가와 국제정치는 어떻게 상호작용하면서 변할까? 세계의 지도도 변할까? 전쟁의 위험은 얼마나 될까? 종교적 충돌은 변함없을까? 테러는 미래에도 빈번히 일어나는 사건일까?
- **첨단기술** 기술의 발전의 한계는 과연 어디까지일까? 인공지능이 정말 인간의 지능을 뛰어넘을까? 인간은 로봇과 함께 살아야 하고 심지어는 그들과 싸우기까지 할까? 두뇌공학은 뇌 속의 정보를 컴퓨터로 옮기고 또한 반대로 정보를 뇌 속으로 다운로드할 수 있도록 해줄까?

유전공학은 동물을 만들까? 인간의 장기를 3D프린터로 만들 수 있을까? 줄기세포와 생명공학은 인간복제까지 가능하게 할까? 그렇다면 인간은 영원불멸의 존재가 될까? 순간이동이나 타임머신 기술은 현실화 가능할까? 감정이 있어 기뻐 웃고 슬피 우는 인조인간이 가능할까?

너무 머나먼 미래에 대한 질문이었을까? 그러나 불과 50년만 내다보면 자연스럽게 나오는 질문들이다. 또한 이런 질문들에 답하는 것이 바로 미래학이며, 사실 많은 답들이 이미 쏟아져 나오고 있다. 조금 더 현실적인 질문도 가능하다.

- **대한민국** 한반도와 대한민국은 어떻게 될까? 인구감소와 고령화는 후대에 얼마나 큰 부담을 줄까? 경쟁력을 잃지 않는 국가로 계속 발전할 수 있을까? 정치의 형태는 어떻게 바뀔까? 민주복지국가로의 방향은 유지될까? 한반도의 전쟁 위험은 사라지고 남북통일은 정말 이루어질까? 통일비용은 얼마일까? 자유롭게 북한을 관광하고 평양냉면을 먹을 수 있는 때는 언제일까? 북한주민과 한국인이 한 마음, 한 뜻이 되려면 시간이 얼마나 필요할까? 통일한국과 미국·일본·중국과의 관계는 어떻게 변할까?
- **과학기술** 첨단과학기술은 내 삶에 얼마나 유익할까? 암과 치매와 에이즈와 독감 퇴치는 언제쯤 가능할까? 인간 장기들의 생산도 가능할까? 요즘 태어나는 아이들은 200년까지도 살 수 있을까? 의사는 언제까지 필요한 직업일까? 로봇도우미의 출현은 언제쯤일까? 운전자가 필요 없는 자율자동차와 하늘을 나는 자동차는 언제쯤 보편화될까? 교통기술은 서울에서 부산까지 15분, 인천에서 미국까지 1시간도 가능하게 만들까?
- **인류와 사회** 인류의 문명과 삶의 방식은 어떻게 발전할까? 진보·보수의 사상대립과 정당정치가 존속될까? 지구촌의 국제결혼 문화는 보편화될까? 식품은 인공육류까지 발전할까? 미래 주택은 어떤 모습일까? 신문·방송·영화·책은 어떻게 탈바꿈할까? 가상현실과 증강현실은 얼마나 실감날까? 3D와 홀로그램 기술은 실제와 식별할 수 없을 정도로 발전할까? 안경, 신발, 입는 옷 등의 웨어러블wearable은 우리 생활을 어떻게 이롭게 할까? 개인의 먹고 사는 문제는 경제력이 없어도 정부가 사회보장제도로 해결해줄까?

아직도 머나먼 미래에 대한 질문들일까? 그럼 조금 더 가까운 미래에 대한 질문을 해본다.

- **디지털혁명** 스마트폰과 인터넷의 미래는 무엇일까? 안경 하나만 쓰고 말만 하면 통화는 물론이고, 자료는 검색해서 망막에 비춰주게 될까? 완벽한 즉석 통·번역기술이 굳이 외국어를

배울 필요를 사라지게 할까? 집 안의 전자장비들은 얼마나 편리하게 해줄까? 영화 · 게임 · 포르노 콘텐츠는 어떻게 발전할까? 귀에 꽂고 있으면 수면 중에도 충전하듯이 지식이 쌓여질 수는 없나? 미래에도 개인의 사생활은 보장될 수 있을까?

- **4차 산업혁명** 산업과 기업과 우리의 직업은 어떻게 바뀔까? 미래의 직업은 무엇이 좋을까? 제조업과 서비스업과 유통업은 어떻게 발전할까? 5G→6G→7G로의 모바일 통신의 진화는 계속될까? 학교는 언제 사라질까? 교사가 없는 배움은 어찌 달라질까? 삼성 · LG · 현대는 언제까지 우리나라의 경제를 주도할까? 농촌과 농업, 바다와 수산업은 어찌 변할까?
- **신문명 사회** 여성의 사회적 지위는 남성을 위협할까? 결혼이라는 제도는 언제까지 존속될까? 미혼들과 노인들이 많은 반면에 어린아이들이 점점 줄어드는 나라로 탈바꿈할까? 정말 모계사회로 변할까? 성문화는 어찌 변할까? 가정과 부부는 어떤 의미가 될까? 예술의 가치는 존속될까? 더 안전한 사회일까? 윤리와 도덕의 정의는 달라질까? 세계의 문화유산은 의미 있게 지켜질까? 우리나라에 사는 외국인이나 다문화가족은 몇 %까지 늘어날까?
- **삶의 변화** 어느 나라로 유학을 가면 좋을까? 무엇을 전공하면 미래가 밝을까? 약 한 알이면 암 치료도, 다이어트도, 식사도 해결될까? 학교 · 병원 · 도로 · 주택 · 관공서의 미래모습은 무엇일까? 3D프린터와 드론drone은 삶에 어떤 영향을 줄까? TV와 자동차는 어찌 변할까? 종교와 신앙은 지금과 똑같을까?

질문은 또 다른 질문을 꼬리 이어 만들게 하고, 미래에 대한 호기심은 끝이 없다. 흔히 미래에 대한 전망은 인구구조와 사회변화, 기술의 진보와 미래 유망기술, 세계경제구도의 변화, 기후변화와 에너지, 세계정세의 변화 등으로 분류되기도 하고 건강 · 경제 · 교통 · 정치 · 과학 등으로 나누어 전망되기도 한다. 그러나 이 책은 미래연구조직별로 위 질문에 대한 그들의 답을 들어본다.

유엔 미래연구기구의 2055 미래 전망

밀레니엄 프로젝트The Millenium Project는 유엔 산하의 글로벌 미래를 연구하는 그룹이다. 지난 1988년 유엔의 새천년 미래예측 프로젝트를 기반으로 1996년 비정부기구로 창립되었고, 1996년부터 2007년까지 유엔대학교 미국위원회의 후원을 받다가 2009년 유엔 경제사회이사회 산하의 독립적 국제 비정부기구로 활동하고 있다. 전 세계 64개의 지부가 있으며. 지구촌 15대 과제의 대안, 국제사회에 필요한 장기비전을 제시하고 그에 따른 기회와 위기를 분석하고 필요한 전략을 제안함으로써, 과학적 미래예측을 통해 미래사회의 위험을 사전에 경고하는 일을 하고 있다. 한국지부는 (사)유엔미래포럼www.korea2050.net이다.

2055년, 그때쯤 되면 세상은 어떻게 변할까? 과히 머나먼 미래는 아니다. 우리 대부분은 여전히 살고 있을 그 무렵의 미래를 주제별로 전망한다. 밀레니엄 프로젝트의 보고서를 토대로 출간된 최근의 도서[1]들을 요약하여 설명한다.

먼저 2055년, 세계에 대한 5가지 큰 전망을 [표 3.1]에서 살핀 후 세부 주제별로 이어간다.

[표 3.1] 세계에 대한 5가지 큰 전망(2055년)

1	2055년까지 인도는 미국을 추월해 세계 2대 경제국이 된다.
2	영국은 더 이상 세계 10대 경제국에 포함되지 못한다. – 2018년 순위: 중국, 미국, 일본, 독일, 영국, 인도, 프랑스, 브라질, 이탈리아, 캐나다 – 2055년 순위: 중국, 인도, 미국, 인도네시아, 브라질, 멕시코, 일본, 러시아, 나이지리아, 독일
3	• 현재의 E7 개발도상국가들이 GDP 측면에서 G7국가들을 앞지른다. • 2055년이면 E7 경제국(중국, 인도, 브라질, 멕시코, 러시아, 인도네시아, 터키)의 GDP 총합은 G7 경제국(캐나다, 독일, 이탈리아, 일본, 영국, 미국)의 GDP 총합을 훨씬 능가한다.
4	• 기독교는 여전히 지배적인 종교이다. • 그러나 이슬람교는 가장 빠르게 성장하는 종교가 된다.
5	• 세계인구는 96억 명에 이른다(2017년말 기준: 76억 명). • 인구증가는 주로 개발도상국에서 일어나지만, 선진국의 수명도 길어진다.

1. 건강하게 오래 사는 사람들

앞으로 사람은 건강하게 오래 산다. 질병에서 해방되고 늙지 않은 채 아주 오래 살게 된다.

---

1) 박영숙 & 제롬 글렌, *세계미래보고서 2018*, *세계미래보고서 2055*, 비즈니스북스, 2017.
이 두 권의 내용을 부분적으로 발췌하고 요약한다.

- **영원한 젊음** 식이요법이나 운동으로 많은 사람들이 젊어보이는 요즘이다. 그러나 이제 생물학적 연령을 낮추는 기술이 나온다. 수명연장, 노화예방, 영생 등 늙지 않게 된다. 염색체 말단의 염기서열 부위로, 세포가 분열할 때마다 길이가 점점 짧아져 나중에는 매듭만 남게 되어 분열을 멈추고 노화상태로 들어가게 만드는 '텔로미어telomere'를 늘리는 기술은 노화를 방지하게 한다. 이로 인해 모두가 100세 혹은 250세까지 살게 되면 엄청난 지성의 개선, 새로운 발견의 시대, 다양한 경제시대를 만들지만, 슈퍼 늙은이들이 부를 통제하고, 정치가 후퇴하고 인구과잉이 새로운 사회적 문제를 야기시킬 수 있다.
- **장애 없는 세상** 수명연장과 더불어 미래에는 장애가 없는 세상이 온다. 뇌졸중이나 척수손상으로 전신마비가 왔을 때, 불의의 사고를 당해 다리를 절단하거나 한쪽 손을 쓸 수 없게 되었을 때 절망할 필요가 없다. 입는 엑소슈트exosuit가 기동성을 갖게 해주고 3D프린팅으로 인공뼈를 만들 수 있다. 장애인 인권문제는 저절로 사라진다.
- **질병 정복** 우리 모두의 신체는 유전적 취약성을 지니고 있다. 앞으로는 원하는 유전자DNA를 자르고 새로운 유전자를 삽입하는 유전자 편집기술이 선천적 질환을 예방하고 암세포를 파괴시킬 수 있다.
- **데이트와 섹스** 섹스는 인간의 가장 원초적 본능이다. 이미 결혼하는 연령이 늦어지고 있지만 앞으로는 기혼보다 미혼자가 더 많게 된다. 미혼자들 사이에서는 온라인 데이트가 보편화되고, 데이트의 게임화, 사람의 상품화 등은 이미 현실이다. 2030년에는 인공지능의 발달로 인한 가상현실섹스를 즐길 것이고, 2035년에는 가상현실과 상호작용하는 섹스토이sex-toy를 가질 것이라고 예측한다. 2050년에 이르면 남녀 섹스보다 섹스로봇sexbots과의 섹스가 더 성행하리라는 전망도 나온다. 이 기술들은 남녀관계와 실제 섹스를 완전히 대체하게 한다.
- **맞춤 아기의 탄생** 첫 번째 성 혁명이었던 피임도구의 사용은 이제 섹스와 생식의 분리를 위한 두 번째 성 혁명으로 향하고 있다. 35세 이하일 때 여성의 난자와 남성의 정자를 보관하였다가 커플이 준비가 되면 모체 외부에서 남자와 정자를 결합해 배아를 형성하고, 배아의 유전자를 선별해서 자궁에 착상시키는 것이 두 번째 혁명이다, 배아의 게놈을 편집하면 질병 유전자를 미리 해결할 수도 있다.
- **개인화된 시스템 의료** 건강의 결정요인은 유전자30%, 환경과 생활습관60%, 보건관리10%이다. 보건healthcare 산업은 예측predictive · 예방preventive · 개인화personalized · 참여participatory라는 4P를 중심으로 변한다, 암을 유발할 수 있는 유전자 배열, 식이요법 정보, 운동량과 수면시간 등 건강과 관련된 모든 최신 정보가 '개인화된 데이터 클라우드'에 내장되어 사람의 질병을 발견하고 진단할 수 있게 한다.

2. 인공지능과 제4차 산업혁명의 영향

제1차 산업혁명은 증기기관, 제2차는 전기, 제3차는 컴퓨터와 인터넷으로 시작되었다면, 제4차 산업혁명은 인공지능이 이끈다. 인공지능은 알파고Alphgo와 이세돌의 바둑대결에서 보았듯이 스스로 학습딥러닝/deep learning하며 예측과 추론을 거쳐 최적의 수를 고르는 것뿐만 아니라 수십, 수백, 수천 가지를 동시에 잘할 수 있는 인공일반지능artificial general intelligence으로 나아가고 있다. 미래의 인공지능은 인간의 5가지 감각시각·청각·후각·미각·촉각을 모두 인지할 것이며, 테러나 기후변화 문제 등 오늘날 우리 사회가 맞닥뜨린 가장 어려운 과제들을 풀고, 모든 의료활동의 획기적 변화를 가져오고, 스마트한 의사결정으로 풍요로움을 약속하면서, 모든 산업분야를 재정비하리라 전망된다. 앞으로는 인공지능을 공부한 인력을 많이 보유한 나라가 강국이 된다고 한다. 인공지능이 변화시킬 미래를 전망해본다.

- **AI-바이오의 융합** 인공지능이 가장 많이 돈을 버는 분야는 현재는 보건의료이지만 조만간 투자가 엄청난 신약개발 분야로 전망된다. 환자의 증상을 알려주면 인공지능이 신약 후보를 알려준다. 제약업계와 인간수명 연장에 혁신적인 변화가 예고된다.
- **똑똑한 로봇의 대중화** 로봇들이 서로를 가르치면서 학습경험을 나누게 된다. 인공신경망 방식의 딥러닝deep learning과 사람의 학습과정을 따르는 머신러닝machine learning이 이를 가능하게 한다. 로봇들이 집단학습을 하게 됨에 따라 2029년이면 인간 한 명보다 로봇이 훨씬 더 많은 지식을 갖게 되며, 2045년이면 지구촌의 모든 인간의 지능을 합한 것보다 더 똑똑해져 인류를 능가하는 인공지능, 즉 특이점singularity이 온다고 한다. 전 세계 로봇시장은 2025년 67억 달러 규모인데 이 중 비즈니스용과 가정용 도우미 로봇이 40%를 차지하게 되리라는 예측이다. 산업용 로봇도 사람과 협업이 가능해져 근로자에게는 더 나은 직업을, 생산자에게는 더 높은 생산성을 제공할 수 있다.
- **인조인간** 핸슨 로보틱스Hanson Robotics의 사람과 매우 흡사한 생김새의 '소피아'는 이미 표현할 수 있는 감정도 무려 62가지나 된다. 사람처럼 사고할 뿐 아니라 자신의 욕망과 의지를 표명한다. 핸슨은 20년 내에 로봇과 인류가 구별되지 않는 세상이 올 것이라고 전망한다.
- **일자리의 변화** 직장에서 흔히 하는 데이터의 수집·처리·예측 업무는 자동화될 것이다. 반면에, 의사결정, 기획, 인간 상호작용, 창조성과 관련된 업무는 여전히 인간의 몫이다. 2030년까지 20억 개의 일자리가 다른 일자리로 전환되고 정규직이 아닌 프리랜서가 50%에 육박할 것이라고 한다. 현재 취업의 필수요건인 4년제 학위제도는 신기술을 3개월에 가르치는 '마이크로 대학'이 대신할 수 있다. 2050년까지 80세 이상의 인구는 지금의 3배가 되기 때문에 노

인의 일자리도 전문분야별로 생긴다.

- **정치로봇의 등장** 정치집단에 대한 혐오감은 인공지능을 대안으로 삼는다. 실제로 로바마로봇과 오바마의 합성어가 개발되기도 했다. 인공지능은 중요한 결정에 대한 정보파악, 증거분석, 추론을 하여 정부와 국회를 대체할 수 있다. 인간이 법・뉴스・정책 등을 잘 알려주면 로봇이 SNS의 국민의견까지 수렴하여 최적의 대안이나 대체 법안을 만들어낼 수 있다.
- **불필요한 의사** 10년 이내에 상당수의 의료인이 실업상태에 놓이게 된다. 로봇이나 센서, 칩이 대신하기 때문에 '무無의사 병원'이 보편화된다. 인간 의사보다 훨씬 싸고 더 정확하고 신기술로 잘 습득하고 있는 로봇 의사들은 이미 암 진단을 하고 개개인을 위한 최적의 치료방법까지 알려주고 있다. 앞으로 20~30년 후가 되면 병원은 매우 다른 장소로 변모한다. 침상들을 자동으로 움직여 환자를 응급실에서 입원실로 옮길 수도 있고, 안전한 약품조제도 할 수 있으며 재활 프로그램도 로봇의 지원을 받게 된다.
- **양자 컴퓨터와 순간이동** 물체의 순간이동teleportation이 가능해질 전망이다. 양자역학의 '뒤엉킴 현상entanglement'을 이용하여 중간거점 없이 바로 특정 장소로 원자를 이동시키는 실험에 성공했다는 주장이 나왔기 때문이다. 양자 컴퓨터는 더 나눌 수 없는 에너지 최소량 단위인 양자quantum가 중첩되고 얽히는 현상을 이용한 컴퓨터이다. 양자 컴퓨터와 함께 양자 인터넷, 양자 라우터router가 등장하면 한 곳에서 마련한 정보를 다른 곳으로 순식간에 이동시키는 인터넷 3.0 시대가 열린다. 양자역학을 이용한 통신은 해킹이 불가능하기 때문에 미래 보안기술로도 주목받고 있다. 스위스에서는 이미 전자투표시스템에 양자 암호를 채택해 사용 중이다. 물론 영화 '스타트랙'에서처럼 사람이 순간이동하는 것은 현재 기술로는 불가능하다. 그러나 2050년경에는 생명체의 순간이동도 가능하리라는 전망도 나오고 있다.

3. 무너지는 경계, 변하는 세상

미래에는 국경이 없다. 모든 언어도 이해가능하다. 책과 신문이 사라지고 영상이 대신한다. 기업의 운영방식이 바뀌고 의식주와 교통 및 교육에도 큰 변화가 도래한다. 세상이 변하고 삶이 달라진다.

- **붕괴되는 기존 시스템** 미래에는 국경의 담장이 무너지고 사람들은 지구 어느 곳에서든 일하며 살 수 있다. 거주지, 화폐, 언어는 기술에 의해 붕괴되고 의미를 잃는다. 텔레프레즌스tele-presense기술은 특정한 곳에 직접 가 있지 않아도 극도의 현장감을 제공하고, 아바타avatar기술은 로봇이 사람과 동시에 보고 듣고 느끼면서 대신 의사를 전달할 수 있다. 언어의 벽도 무너진다. 현재의 구글 번역기 수준이 아니라 실시간 통역이어폰과 같은 웨어러블이 세계

100여 개의 통번역을 완벽하게 해준다. 언어는 더 이상 유학, 해외여행, 타국 이성과의 사랑의 장애물은 아니다. 화폐 역시 은행이 불필요한 국제 디지털 통화인 가상화폐로 대체된다.

- **5G 통신혁명** 5G는 4G에 비해 200배 빠른 통신으로, 우리나라에서는 이미 개막되었다. 5G는 기기 · 센서 · 칩 · 장비 · 자동차 등이 빠른 속도로 인터넷에 접속할 수 있게 하고 문자의 자리에 영상이 자리잡게 만든다. 신문 · 교과서 · 소설이 사라지고 영화는 홀로그램 동영상으로 대체된다. 가정용 사물인터넷IoT시대가 본격화되고 '스마트워크'와 '원격진료'가 가능하다.
- **바뀌는 정치 선거판** 선거 캠페인은 인공지능, 머신러닝, 센서와 네트워크 기술로 더욱 가속화되고 극단적으로 개인화되어 갈 것이다. 후보들은 소셜미디어에서 수집한 정보로 유권자를 알고 자신의 아바타를 통해 유권자가 어디에 있든 앞에 나타나서 감성을 자극할 수 있다. 인공지능 챗봇chatbot을 활용하는 선거 캠페인은 물론이고 사물인터넷을 통해 파악된 유권자 개개인의 성향을 파악하여 걷고 있는 길의 벽 디스플레이 화면에 개인화된 광고를 띄울 수도 있다.
- **소프트웨어 기업 같은 의류 회사** 고객이 이미지만 보고 클릭하면 그래픽 디자인이 프린트되고 현지의 재봉사가 재단하고 재봉하여 완성된 제품은 다음날 발송되는 봄쉘러bombsheller는 재고위험을 없게 만든다. 마치 스냅챗snapchat으로 소비자가 원하는 서비스를 새로운 버전으로 출시하는 소프트웨어 업체와 유사하다. 로봇 재봉기계와 3D프린팅 기술이 부드러운 옷감은 다루기 쉽지 않은 문제를 극복하고 의류제조에도 사용될 전망이다.
- **미래 식품과 사라지는 부엌** 냉장고도 사라진다. 냉장고 대신 드론이 신선한 음식을 배달해주고, 정확한 식재료로 3D프린터가 음식을 만들어주고, 줄기세포를 배양해 만든 육류가 고기 맛을 내준다. 요즘 각광받는 직업인 요리사가 사라질 가능성도 크다. 한편 미래의 음식은 알약 하나일 수도 있다. 영양분을 담은 유동식 간이식품 소이렌트soylent가 인기이고, 앞으로는 피하영양분전달시스템trans-dermal nutrient delivery system인 피부에 붙이는 영양 패치가 기능성 영양제를 피부 모공이나 모세혈관으로 직접 전달한다. 부엌이 불필요해진다.
- **주거문화와 3D프린팅 건축** 3D프린팅은 3D로 설계도를 출력한 후 집을 짓는 개념이다. 현재는 주로 플라스틱을 사용하고 있지만 콘크리트도 사용하기 시작했으며 신소재 연구도 활발하다. 로봇산업과 함께 시너지를 낼 경우 고층빌딩 건설도 가능해진다. 곡선 형태를 포함한 자유로운 형태의 디자인도 가능하다. 스마트 도시 건설도 가능해진다.
- **메가시티** 초고층의 최첨단 건물과 노마드nomad/유목민 라이프를 지향하는 이들을 위한 3~4평 정도의 이동식 주택들이 공존하게 된다. 또한 인구증가 · 교통체증 · 환경오염 등으로 교외에서의 삶을 추구하는 사람들조차도 다시 도심으로 몰리는 재도시화re-urbanization가 진행되고 메가시티mega-city가 건설될 전망이다. 메가시티는 터널 · 교량 · 댐 · 고속도로 · 공항 · 병원 · 고층빌딩 · 크루즈선 · 풍력발전농장 등이 포함되어 새로운 상상력으로 보다 나은 삶의 질을 담보한다. 메가시티는 우주리조트, 해저도시, 떠다니는 섬 등의 모습으로도 나타날 것이다.
- **달라지는 교통문화** 구글의 자율자동차는 이미 미국의 마운틴뷰와 피츠버그에서 달리고 있다. 프랑스 나브야 셔틀버스와 싱가포르 누토노미의 자율주행택시도 운행 중이다. 우리나라의 현대차도 준비 중이다. 본격적인 자율자동차 시대가 오면 BMW나 벤츠 같은 럭셔리 브랜드는 점차 가치를 잃고 '운전사 없는 콜택시'를 저렴한 비용으로 사용하게 된다. 자동차 소유의 시

대가 종지부를 찍게 되면 도심의 자동차 수도 줄고, 주차건물도 사라지고, 운전면허증도 필요 없게 된다. 인공지능 센서를 이용하여 충돌을 제어하기 때문에 자동차사고도 없다. 이에 따라 졸음운전·음주운전·끼어들기·차선변경·얌체운전·과속운전은 자취를 감추고, 견인차·응급차·자동차보험회사·교통방송 등도 불필요하게 된다. 이와 같은 무인차는 전기차로 바뀌고 석유 기반 에너지의 점진적인 감축과 함께 더 깨끗한 지구를 만드는 데 기여하게 될 전망이다.

- **교육 패러다임의 변화** 원하는 수업만을 모아 자신만의 대학 커리큘럼을 짜는 날이 곧 온다. 세계의 유명교수를 마음껏 선택할 수 있다. 그것도 값싼 등록금으로 말이다. 미래의 교육은 인공지능과 가상현실 덕분에 개인화·완전교육·무료교육으로 발전한다. 사람들은 무엇을 배울지, 어떤 속도로 학습할지 스스로 선택할 수 있다. 많은 사람들이 동시접근 가능한 민주주의적인 교육환경은 세계에서 가장 가난한 지역의 아이들과 가장 부유한 지역의 아이들이 동일한 교육의 기회를 갖게 만들어줄 것이다.

4. 권력의 분산

대표적인 권력기구들인 국가, 관공서, 은행, 언론 등이 변하리라는 전망이다.

- **가상현실 저널리즘** 이미 언론권력은 재편되고 있다. 신문업은 쇠락衰落의 길에서 버티는 중이고 방송도 시청자가 급감하고 있다. 모두 인터넷이 그 원인이다. 그러나 앞으로는 가상현실이 저널리즘과 언론산업을 재편하리라 전망된다. 사고현장, 살인 등의 모든 사건들은 드론drone이 취재하고 모든 사건의 전후 사정, 리얼리즘, 시공간 감각에 깊이를 더한다. 보도의 투명성이 높아지고 정부기관과의 신뢰관계가 형성된다. 사소한 뉴스도 전해주는 '다품종 소량 뉴스' 보도로 바뀐다. 인공지능 화면 캡처기능을 통해 사람들의 표정을 분석하고 선호·비선호도를 학습한 후 이를 통해 뉴스의 길이, 선호영상, 해설 스타일까지 평가할 수 있다.
- **자율규제시스템** 블록체인blockchain의 핵심적인 속성은 철저한 보안과 대폭 절감되는 비용과 투명한 정보공개이다. 인터넷이 주인도 없이 자율적으로 정보교환을 민주화하고 모든 산업을 변화시켰다면 블록체인은 자율적인 가치의 교환을 민주화시킨다. 따라서 금융거래나 소유권 이전이나 법적 계약 체결 시 '스마트 계약'이 가능해진다. 미래의 회사들이 모두 블록체인시스템을 도입하면 최초로 시스템에 의해 자율적으로 움직이는 상거래 생태계가 출현하게 된다. 1990년대에 시작한 인터넷처럼 2020년대의 블록체인은 세상을 바꿀 것이다.
- **디지털 화폐** 비트코인은 블록체인을 금융분야에 적용한 하나의 사례이다. 비트코인은 시장에서 버티지 못할 수도 있지만 해외의 유수 은행들은 블록체인을 기반으로 하는 디지털 화폐 개발에 나섰고 향후 다른 사람들과의 거래빈도를 기하급수적으로 증가시킬 전망이다. 한국조

폐공사도 블록체인 기반 사업을 본격화하겠다고 발표한 바 있다.

- **국가의 소멸** 머잖아 개별국가는 사라지고 누구나 자신이 국가를 선택하는 '거버너스 governance 2.0' 시대가 온다. 지금까지 정부가 해왔던 특정 국민에 대한 신분과 입증서 발행을 블록체인 위에 세워진 플랫폼이 등장해 해결해주면 누구든 자신만의 국가를 건설할 수도 있다. 재산권, 결혼, 법인설립, 신분증명 등의 거버넌스 서비스들을 독단적인 당국에 맡길 필요가 없어진다. 물론 현재와는 다른 국가 개념이다. 분산되고 국경이 없으며 자발적이다. 우리나라에서도 실망을 한 나머지 국회를 없애라는 국민들이 많지만 국회와 정부를 대신할 다양한 가상공간을 만드는 데 앞장서야 한다.

5. 생명공학과 인간의 미래

'건강하게 오래 사는 인간'을 이미 전망했지만 추가적으로 '인간의, 인간을 위한, 인간에 의한' 조금은 먼 미래를 전망해본다.

- **불필요한 장기 이식자** 인간의 신체 장기를 신체 외부에서 다층방식으로 제작하는 '3D 바이오 프린팅'은 단백질 또는 세포를 활용해 생명력이 있는 구조체를 만드는 것이다. 예를 들어, 간 이식이 필요한 경우 자신의 줄기세포를 채취하여 연구소로 보내 인간의 간을 구성하는 다양한 유형의 세포로 분열시키고 바이오 프린터가 이런 세포들을 이용해 적층방식으로 새로운 간을 만들어 낸 후에, 만들어진 간이 신체를 모방한 인큐베이터에서 이식 준비가 될 때까지 기다리게 할 수 있다는 것이다. 물론 신장·심장·폐와 같은 실질기관의 배양은 어렵지만 이미 손가락, 치아, 고관절 등은 실용화 단계에 접어들었다.
- **DNA 데이터 저장소** DNA는 천연의 정보 매체이다. 우리는 이를 '생명의 청사진'이라 부른다. 이 DNA에 디지털 데이터를 저장했다가 복원하는 실험이 성공하여 새로운 가능성을 예고하고 있다. DNA 정보저장소는 지구상에 DNA 기반의 생명체가 있는 한 영원하며, 70만 년 전의 화석에서 DNA를 검출했듯이 안정된 매체이며, 저장용량이 다른 모든 매체보다 뛰어나다는 장점이 있다.
- **뇌에 지식을 다운받는 방법** 배움의 결과는 뇌 속에 저장된다. 반복된 훈련과 연습은 독립된 신경회로를 만든다. 그러나 노력하지 않고 직접 두뇌의 특정 영역에 매우 낮은 전류를 흘리는 경두개직류전기자극법tDCS이 그 가능성을 보여준다. 지식을 다운받을 수는 없지만 뉴런이 자극에 반응하는 능력을 변화시켜 학습능력을 향상시켜주는 것은 확인되었다. 뇌-컴퓨터 인터페이스가 보편화되어 뇌와 컴퓨터를 연결시킨 후 지식을 클라우드에 저장하고 언제든 다른 뇌로 전송할 수 있는 단계로 이어질지는 아직은 미지수이다.
- **로봇 안에서 영생을 얻는 인간** 인간은 영원히 살 수 있을까? 인간의 수명연장 가능성을 연

구하는 사람들은 자신의 장기를 자동차 부품 갈 듯이 장기를 교환하는 작업은 수년 내에도 가능하리라 전망한다. 매년 5,700만 명이 죽어가고 있는데, 죽음은 사망자의 두뇌 속에 들어있던 기억과 독창성까지도 영원히 소멸시켜 더욱 안타깝게 만든다. 그런데 많은 신경학자들은 화학적 두뇌보존 기술의 발달 덕분에 죽은 사람의 기억을 영구보존할 수 있다고 한다. 지금은 불가하지만 2020년에 사람의 보존된 두뇌는 사랑하는 사람들과 친구들이 아직 살아있는 2060년에 컴퓨터를 이용한 로봇형태로 다시 돌아오게 하는 것이 가능하다.

- **엄마 없이 태어나는 아이** 줄기세포에서 난자를 생산해 정자와 수정시킬 수 있다면 '불임의 종말'이다. 윤리적 문제가 해결되어야 하지만, 과학적으로는 유전적으로 생식의 문제를 가지고 있는 여성 또는 노령이나 질병 때문에 임신을 못하는 여성들도 실험실 난자세포를 이용해 자신의 DNA를 보유한 아이를 가질 수 있게 된다.
- **인간이 인간을 만드는 휴먼게놈프로젝트** 게놈genome은 한 생물이 가지는 모든 유전정보이다. 1990년에 시작한 휴먼게놈프로젝트는 인간 유전체를 구성하는 30억 개의 염기쌍 배열의 해독이라는 1차 목표를 달성했다. 그러나 갈 길이 멀다. 그래서 이제 합성생물학에 초점을 둔 새로운 휴먼게놈프로젝트가 진행 중이다. 이 프로젝트가 성공하면 직접 인간이 게놈을 만들어 내는 것이 가능한 시대가 도래하게 된다.

6. 미래기술 타임라인

위의 전망들은 모두 급속히 발전하고 있는 과학기술 덕분이다. 언제 어떤 과학기술이 현실화되느냐에 따라 위의 전망들은 더 빨라질 수도 혹은 늦춰질 수도 있다. 향후 30년의 미래기술의 예상되는 출현시기를 타임라인으로 [표 3.2]가 보여주고 있다. '미래는 기술의 변화에서 온다'거나 '기술의 미래가 곧 당신의 미래다'라는 말이 이 표를 보면 실감난다.

[표 3.2] 미래기술 타임라인

	전망	설명
2020 ~2025	가상 망막디스플레이retinal display	• 망막에 스크린을 넣어 스마트폰처럼 사용 • 마치 눈앞에 있는 것처럼 화면을 볼 수 있음
	줄기세포기술의 획기적 발전	• 2020년 뼈나 장기 성장기술 개발 • 기증자 없이 장기이식 가능 → 수명 연장
	우주강국으로 도약하는 중국	• 2022년 독자적인 우주정거장 텐궁3호 발사 • 미·러·일 공동 국제우주정거장은 2024년 운영종료

	무선 전송·충전기술의 실현	• 전자기기를 선 없이, 플러그 없이 충전 • 모든 에너지 소비제품에 기본 장착
	지구의 평균기온 상승	• 북극기온 상승, 온실화로 섭씨 1도 상승 • 2022년 킬리만자로의 얼음은 완전히 사라짐
	진공자기부상열차 하이퍼루프 완공	• 2024년 하이퍼루프 완공, 서울 → 부산 15분 • 2017년 실험용 터널공사 착수
	3D 바이오 프린팅	• 2025년 인간의 장기도 출력가능 • 78개 이상의 장기, 3D프린트 가능 예상
	달에 유인기지 건설	• 2022년 유인기지NASA, 10명 1년 이상 • 10년 내 100명 거주하는 기지 구축이 목표
2026 ~2030	개인을 식별하는 광고	• 모든 사물 안에 마이크로 센서 내장 • 휴대전화 등으로 사람을 식별, 맞춤화된 광고
	기혼인구를 초월하는 미혼인구	• 2030년 미혼인구가 기혼인구보다 많아짐 • 사회관습 거부, 자신의 삶 즐기려는 사람 증가
	4천 년 전 멸종된 메머드의 부활	• 2015년 하버드대 메머드 부활 프로젝트 시작 • 2030년 아시아코끼리와 접목한 생명체 탄생
	쇠락하는 한국 대기업	• 한국 2020년경부터 인구 감소, 내수시장 줄어듬 • 한국 대기업, 신용등급 하락 → 글로벌 경쟁력 약화
2031 ~2035	현실에 더 가까워지는 인터넷	• AI로 진화, 2031년 모든 현존문서 디지털화 • 뉴스기관 독점정보 신속접속 가능, 더욱 민주화
	중동경제의 붕괴	• 경제의 필수 성장동력으로서의 석유사용 급감 • 대체 에너지(태양광, 풍력, 신재생에너지) 부각
	자율자동차의 보편화	• 성능과 안전성 개선, 자가운전보다 더 안전함 • 수요폭발로 차량의 75%는 자율자동차
	마인드 업로딩	• 인간 뇌 속의 정보를 컴퓨터로 다운로드 가능 • 의식·정신·감정까지 복원·재생·기억생성 가능
	치매(알츠하이머) 정복	• 연구를 통해 치매로 인한 뇌 손상 메커니즘 이해 • 줄기세포, 나노봇을 이용한 치료기술 등장
2036 ~2040	시험관 햄버거, 배양육의 보편화	• 동물의 줄기세포를 떼어 시험관에서 고기 배양 • 도축이라는 잔인한 방법 불필요
	EU의 붕괴와 재연합	• 자국 내 문제에 초점맞추느라 EU 탈퇴 • 북부프랑스·독일·핀란드 등와 남부로 분리 가능
	삶 속으로 들어온 가상현실	• 웨어러블(안경·옷·장갑)이 생생한 가상현실 제공 • 원격현전tele-existence도 보편화

	클레이트로닉스로 소비재에 혁명	• 찰흙과 나노기술의 결합, 자유자재로 물질구성 • 인간모사에서부터 아주 작은 물건까지 변형 가능
	세계 최고 강대국이 되는 인도	• 2040년 인도의 경제성장률은 중국·미국 추월 • 젊은 평균연령, 15억 명의 경제인구
	뇌-컴퓨터 인터페이스의 일상화	• 2040년 뇌-컴퓨터 인터페이스 기술 가격 저렴 • 2040년대 가상 텔레파시 기술 등이 사회개편
2041 ~2045	우주 태양광 발전의 상용화	• 우주에서 태양광에너지 축적, 지구에 보냄 • 기상상태 무관, 환경영향 전무
	초 인공지능(특이점)의 출현	• AI가 모든 인류의 지성보다 뛰어난 특이점 도래 • 유전공학은 인간의 신체적 한계 극복해줌 • 생명공학은 복제인간과 인조인간을 제조 수준
	기후 재난으로 인한 도시 폐쇄	• 온난화로 다양한 기후 재난 • 멕시코만은 슈퍼태풍 때문에 해안도시 포기 예상
2046 ~2050	안드로이드(인조인간)의 일상화	• 인간의 모습을 한 안드로이드 로봇의 일상화 • 가사 도우미, 대신 일하는 아바타, 반려동물 등
	스위스의 원전 완전 폐쇄	• 2017년 스위스 '에너지전략 2050'법 통과 • 2050년까지 완전중단 선언
	아마존 생태계 소멸	• 2050년 지구의 허파, 아마존 열대우림 50% 소멸 • 지구온난화 가속화, 다양한 생물멸종위기
	주택혁명과 도시혁명	• 미래의 건축은 3D프린터로 • 태양광이나 풍력 터빈 등 친환경시스템과 융합 • 건물 자체가 하나의 도시

생각해봅시다 3.1 **2055년의 당신은?**

2055년, 그리 멀지 않은 미래다. 지금 학생이라면 건강한 중년의 모습이리라. 그 미래의 키워드들은 '유엔 밀레니엄 프로젝트'의 미래학자들에 의하면 다음과 같다.

- **무료화되는 의식주** 2030년부터 풍요의 시대가 도래해서 2055년이면 의식주, 교통, 에너지, 교육 등이 거의 무료가 된다.
- **기본소득의 보편화** 기본소득제도 덕분에 먹고 살기 위해 일하는 것이 아니라 그저 재미와 자아실현을 위해 일하게 된다. 1년에 2~3개월만 일하거나 하루에 2~3시간 일하게 된다.
- **의회의 소멸과 정부의 축소** 세상은 너무 투명해져서 정부나 개인이 해외로 빼돌릴 돈이 없다. 이미 인공지능이 사람들보다 더 정확하게 분배하고, 세금을 거두고, 법을 만든다. 의회제도는 블록체인으로 연결된 신新직접민주주의로 인해 사라진다. 정부는 지금의 북유럽처럼 작은

권력만을 갖는다.

- **전 세계 1일생활권** 사람들은 아주 빠른 시속 3,000킬로미터 속도의 하이프루프 진공자기부상열차로 이동하며 세계는 1일생활권이 된다. 완벽한 가상현실에, 아바타를 이곳저곳으로 보내 1인기업으로 먹고살 수 있는 자영업자들이 보편화된다.
- **오래 사는 미혼 남녀들** 국적은 보통 3~4개씩 보유한다. 평균수명은 150년, 결혼제도가 소멸하고 여러 사람과 느슨한 파트너십을 갖게 된다. 개개인의 소통은 글이 아닌 가상 텔레파시가 머릿속의 생각을 타인의 머릿속으로 전송시킨다.
- **에너지와 그래핀** 2045~2055년 사이 철강이 소멸하고 200배 더 강한 신소재 그래핀graphene의 시대가 온다. 우주에서 태양광을 생산하므로 에너지 부족문제는 해결된다.
- **우주 식민지** 달 식민지가 개척되어 우주여행이 시작된다. 양자 컴퓨터의 개발로 수조 배로 빠른 컴퓨터를 이용하여 생명체의 원거리 순간이동도 가능해진다. 기후변화의 정점에서 화성 식민지 개척이 시작된다.

싱귤래리티 학파가 전망하는 2045 미래

특이점singularity/싱귤래리티은 질적 도약이 발생하는 특정 시점을 뜻한다. 인공지능AI의 미래를 상징하는 용어로 인공지능이 인류의 지능을 초월해 스스로 진화해가는 기점기술적 특이점을 뜻하기도 한다. 이 시점에 다다르면 인공지능은 자신보다 더 뛰어난 인공지능을 만들어내고 사람은 더 이상 인공지능을 통제할 수 없게 된다. 이 기술적 특이점이 언젠가 반드시 도래한다고 믿는 사람들을 싱귤래리티 학파Singularitirian라 하는데, 이 학파의 대표적인 미래학자 커즈와일Ray Kurzweil은 '*특이점이 온다The Singularity Is Near*'(2005)라는 저서에서 2045년 특이점이 올 것이라고 예측한 바 있다.

싱귤래리티 대학www.su.org도 있다. '풍족한 세상을 창조한다는 것은 지구상의 모두에게 사치스러운 삶이 아니라 가능성이 있는 삶을 만들겠다는 것이다'라고 생각하는 피터 디아만디스Peter Diamandis와 '기술의 변화는 기하급수적이어서 21세기에 우리는 100년의 진보progress가 아니라, 20000년의 진보를 경험하게 될 것이다'라고 주장하는 커즈와일이 공동 설립한 미래교육 전문기관이다. 싱귤래리티 학파가 예측하는 2045년 특이점을 소개한다.

1. 세계를 변화시키는 일곱 가지 힘

세상은 100년 전, 30년 전, 10년 전에 비해 점점 좋아지고 있다. 지난 100년 동안1917년 이래 세계인구는 19억 명에서 76억 명으로 증가했다. 기대수명은 개발도상국에서 두 배 이상 증가했으며 선진국에서도 크게 증가했다. 1917년에는 불과 8%의 가정에만 유선전화가 있었지만 오늘날은 10명 중 7명은 휴대용 슈퍼컴퓨터, 즉 스마트폰을 들고 다닌다. 이러한 변화는 모두 기하급수적exponential인 기술발전 속도 때문이며, 급속한 성장세는 지속되고 있다.

2017년, 싱귤래리티 대학의 창립자 디아만디스는 한 발 더 나아가 '내일의 변화 속도는 오늘의 변화 속도를 마치 기어가는 것처럼 보이게 할 것'이라면서 가속의 요인으로 아래 일곱 가지를 꼽았다.[2]

1. **컴퓨팅 기술** 1965년 인텔의 설립자인 무어Gordon Moore는 컴퓨터칩이 매 18~24개월마다 성능은 두 배가 되고 원가는 절반이 될 것이라고 예측했다. 무어의 법칙은 지금도 정확한 것으로 판명되고 있다.
2. **기술융합** 기술의 융합은 새로운 가능성을 열고 있다. 예를 들어 인공지능기술의 발전이 생명공학 분야의 획기적인 발전으로 이어지고 있고, 나노기술을 적용하면서 태양광기술이 획기적으로 발전하는 식이다.
3. **인터페이스** 사람과 기술의 관계가 친숙해졌다. 인터넷은 과거엔 IT전문가들만의 영역이었지만, 이젠 누구나 검색하고 누구나 웹페이지를 만들 수 있다. 이제 로봇과 3D프린팅 영역의 인터페이스도 개방되고 있다. 디아만디스는 인공지능이 모든 사람들이 기술을 활용할 수 있게 하고 '궁극적인 인터페이스 모멘트'를 경험할 수 있으리라고 한다.
4. **초연결 사회** 인터넷 세계인구는 2010년의 18억 명에서, 현재 30억 명으로 추산되고, 2025년에는 80억 명에 달하리라고 한다. 지구상의 모두가 연결되어 기하급수적 기술을 이용하는 시대가 된다.
5. **인공지능 센서** 디아만디스는 10~100Gpbs의 속도를 가진 5G 네트워크가 구축되면 센서가 급증하여 도시의 블록마다 10만 개 정도의 인공지능을 탑재한 센서sensor가 존재하여 엄청난 양의 지식을 얻을 수 있을 것이라고 한다. 2030년에는 무려 100조 개의 센서가 존재하게 된다.

2) 피터 디아만디스, *볼드 BOLD*, 비즈니스북스, 2016.

6. **지성의 발전** 100년 전에 오지마을에서 태어난 천재는 재능을 마음껏 펼치지 못했다면, 이젠 천재의 두뇌를 컴퓨터에 업로드시키는 두뇌-인간 인터페이스 기술이 개발되고 있다. 천재들이 모인 인간의 지성은 그 발전 속도가 역시 기하급수적일 것이다, 기업이나 국방분야에서 적극적으로 연구 중이다.
7. **부의 집중화** 몇 사람의 개인에 더욱 많은 부가 집중되는 시대를 살고 있다. 그리고 그 개인들이 기술적·사회적·경제적인 변화를 선도하면서 변화의 가속화를 이끈다.

빠르게 변화하는 세상의 중요한 의미 중의 하나는 이 모든 것의 비용이 **제로한계비용** '0'을 향해 가고 있다는 점이다. 펜실베니아대학교의 리프킨Jeremy Rifkin은 '한계비용제로사회'를 통해 자유시장의 경쟁적 기술혁신이 생산에 필요한 한계비용생산물 한 단위를 추가로 생산할 때 필요한 총비용의 증가분을 제로수준으로 낮춘 결과, 시장에서 상품을 판매해 이윤을 남기는 자본주의 기업의 존립 근거가 근본적인 모순에 직면했다고 주장한다.[3] 리프킨은 이러한 과정에 주목하여 왜 자본주의가 필연적으로 역사에서 사라지게 될 것인지를 설명하는 한편, '협력적 공유사회'라는 새로운 경제시대를 예측했다. 특히 '사물인터넷IoT'의 생산성과 '**공유경제**' 모델들의 가능성에 주목한다. 사물인터넷은 산업혁명을 이끈 '전기'의 파괴력에 버금갈 것이라고 주장하며 **소유 중심의 교환가치에서 접속 중심의 공유가치로 옮겨가는 대전환**이 새로운 경제시대를 이끌 기술적·사회적 동력이 될 것이라는 분석이다.

2. 특이점과 미래

싱귤래리티 학파의 대표주자 커즈와일의 주장에 따르면[4] 지금으로부터 2045년 진짜 현실과 가상현실의 뚜렷한 경계가 사라진다. '존 말코비치 되기'처럼[5] 다양한 신체와 다채로운 인간성까지 자유롭게 경험한다. 유전학이 생물학과 만나고, 정보와 물리세계가 만나고, 강력한 로봇이 융합한 GNR유전공학, 나노기술, 로봇공학 및 인공지능 혁명이 단계적으로 펼쳐지면 인류의 문명이 생물학을 넘어서는 순간이 온다. 나아가, 커즈와일은 유전공학을 통해

---

3) 제레미 리프킨, *한계비용제로사회*, 민음사, 2014.
4) 레이 커즈와일, *특이점이 온다*, 김영사, 2007.
5) '존 말코비치 되기Being John Malkovich'는 1999년작, 존 쿠삭 주연의 영화이다. 줄거리는 인형극 연출자인 크렉이 한 회사에 서류정리자로 취직을 하게 되는데, 거기서 우연히 '존 말코비치'라는 사람 속으로 들어가는 통로를 발견하면서 벌어지는 이야기로 색다르면서도 흥미롭다.

생물학의 원리를 파악하고 나노기술을 통해 그 원리들을 자유자재로 조작하게 되면 이미 인간은 물질적으로 신神/God이나 다름없는 존재가 된다고 주장한다. 여기에 인간의 지적 수준에 맞먹는 인공지능이 등장하면 그로부터 인간을 넘어서는 인공지능이 등장하는 것은 순식간이다. 물질계를 전적으로 통제하며 인간을 넘어서는 인공지능이 있다면 문명은 생물학적 인간들의 손아귀를 벗어난다.[6] 바로 이 시점이 2045년! 특이점에 다다르면 인공지능은 자신보다 더 뛰어난 인공지능을 만들어내고 사람은 더 이상 인공지능을 통제할 수 없게 된다. 무서운 상상이다.

특이점을 약 2060년으로 보는 시각도 있다. 아래 [표 3.3]이 그러하다. 이 표에서 역사를 나선형spiral으로 표기한 이유는 천천히 돌다가 점점 빨라지는 듯싶더니 나중에는 빨려들 정도로 급속히 회전하는 모습이 마치 블랙홀을 연상시키는 기하급수적인 나선형 같다는 뜻이다.

[표 3.3] 인류의 시대적 변천사와 특이점

인류의 나선형 발전사Development Spiral	시기
호모 하빌리스Homo Habilis 시대	2000000년 전
호모 사피엔스Homo Sapiens 시대	100000년 전
부족/크로마뇽Tribal/Cro-Magnon 구석기 시대	40000년 전
농경Agricultural 시대	7000년 전
제국Empires 시대	2500년 전
과학Scientific 시대	380년 동안(서기 1500~1770년)
산업Industrial 시대	180년 동안(1770~1950년)
정보Information 시대	70년 동안(1950~2020년)
공생Symbiotic 시대	30년 동안(2020~2050년)
자율Autonomy 시대	10년 동안(2050~2060년)
특이점Tech Singularity	약 2060년도 전후

특이점 이후 로봇과 인간의 가장 큰 차이는 무엇일까? 화가 고갱이 그의 그림으로 물었던 질문인 '나는 어디서 왔는가, 나는 누구인가, 어디로 가는가'는 매우 인간 본연의 철학적

6) 이영탁, "미래학자가 보는 인류 미래, 어떤 모습일까", *KINEWS*, 2016.2.10.

질문이다. 같은 질문을 로봇 스스로가 자신에게 묻고 답한다면 '**나는 어디서 왔나. 사람이 만들었다. 나는 누구인가. 기계다. 나는 어디로 가는가. 프로그램된 데로 간다**'라는 문답이 나올 것이다. 그러나 지능이 발전하면서 '내 생각이 진짜 내 생각일까?, 난 오리지널original일까?, 아니면 사람이 프로그램 해놓은 것일까?'라고 되묻다가, 나중에는 '나는 생각한다. 고로 존재한다'는 깨달음마저 갖고, 심지어는 '나를 존재하게 해준 볼품없고 불쌍한 인간을 자식처럼 여기고 보살펴주자'라고 동정심으로 발전할 수도 있다.

특이점이 오면 컴퓨터의 문서파일 및 이미지들을 다른 컴퓨터로 쉽게 이동시키는 것처럼 인간도 자신의 뇌 데이터를 서버server에 담아 이론적으로 영생이 가능하다. 약 2000년 전 불로장생을 원한 진시황의 꿈이 이루어지는 것이다. 이 서버에서 인간은 자신이 창조한 가상세계에서 살게 된다. 아니면 자신의 원래 몸을 생체공학기술을 이용해 복제해 둔 뒤 자신의 육체 수명이 다할 때 정신만을 옮겨가 현실세계에 계속 남아있을 수도 있다. 가상세계와 현실세계를 오가며 가상과 현실의 구분이 사라질 확률이 높다.

특이점 이후의 시대는 예측이 불가능하다. 유토피아가 아니라 영화 매트릭스처럼 인공지능과 기계의 노예로 전락할지 모른다. 아니면 인간과 기계의 구분이 자연스럽게 사라질는지도 모르는 일이다. '**지구상의 마지막 인간은 로봇일 것이다**'라는 예언이 의미심장하다.

생각해봅시다 3.2 삼성전자의 인공지능연구

이 책을 쓰고 있는데 뉴스 하나가 눈길을 끈다. 삼성전자가 본격적으로 인공지능연구에 나섰다는 소식이다. 당연하다! 세상이 인공지능 때문에 크게 변하고 있는데 삼성의 행보는 뒤늦은 감마저 있다. 여러 기사 중 하나는 다음과 같았다. 이코노믹 리뷰, 2018.5.23.

삼성전자의 인공지능 로드맵이 빨라지고 있다. 한국 AI 총괄센터를 중심으로 미국에 이어 영국, 캐나다, 러시아에 글로벌 인공지능 연구센터를 신설하는 방안이 23일 확인됐다. 삼성전자는 세트부문 선행연구를 담당하고 있는 삼성 리서치SR가 지난해 11월 한국 AI 총괄센터를 신설하고 인공지능연구 역량을 다져왔으며, 올해 1월에는 실리콘밸리에 AI 연구센터를 설립한 바 있다.

삼성 리서치의 무게감에 시선이 집중된다. 삼성 리서치는 한국 AI 총괄센터, 실리콘밸리 AI 연구센터를 비롯해 영국과 캐나다, 러시아의 연구센터를 활용해 선행 인공지능연구를 수행한다는 방침이다. 지난해 11월 DMC연구소와 소프트웨어 센터를 통합해 만들어진 삼성 리서치는 세계 24개 연구거점과 2만 명의 연구개발 인력을 끌어가는 삼성 인공지능 로드맵의 허브가 될 전망이다. 인공지능 경쟁력을 세계 거점으로 풀어가면서 한국을 중심에 두고 판을 키우겠다는 뜻이다.

삼성 리서치 산하 한국 AI 총괄센터의 추가 연구센터 개소는 영국 케임브리지 22일, 캐나다 토론토 24일, 러시아 모스크바 29일이다. 삼성전자는 이를 바탕으로 인공지능 선행 연구개발 인력을 2020년까지 1,000명 이상으로 확대할 방침이다.

케임브리지 AI 센터는 앤드류 블레이크 박사 외 인공지능 기반 감정인식 연구로 유명한 마야 팬틱Maja Pantić 교수임페리얼 칼리지 런던 등을 중심으로 선행연구를 수행해 나갈 계획이다. 캐나다 토론토 AI 센터는 실리콘밸리 AI 센터 리더이자 음성인식 전문가인 래리 헥Larry Heck 전무를 리더로 캐나다의 우수 대학과 전략적 협력 관계를 구축하고 인공지능 코어기술 연구를 주도해 나갈 예정이다. 러시아 모스크바 AI 센터는 러시아의 수학, 물리학 등 기초·원천기술 역량을 기반으로 향후 인공지능연구를 주도할 것으로 기대된다. 인공지능 전문가인 러시아 고등경제대학HSE 드미트리 베트로프Dmitry Vetrov 교수, 스콜테크Skoltech 빅토르 렘피츠키Victor Lempitsky 교수가 중심이다.

저자는 삼성전자뿐 아니라 우리나라 모든 대기업들의 인공지능 및 유전공학, 두뇌공학, 로봇공학, 가상현실 등에 대한 연구가 미래에도 대한민국을 세계를 주도하는 산업국가로 이끌어주기를 바라는 마음이다.

미국 국가정보위원회의 2035 글로벌 트렌드

미국 국가정보위원회NIC: Naional Intelligence Council는 미국 정부의 전략적 사고의 중심에 있는 기관으로, 대통령과 정책입안자들에게 세계 경영에 대한 중장기 전략과 외교정책에 관련된 정보를 제공한다. NIC는 CIA중앙정보국, FBI연방수사국, NSA국가안전보장국, DIA국방정보국, NRO국가정찰처 등 미국 내 16개 정보기관들이 보내오는 정보를 취합·평가·분석한 후 보고서를 발행하는데, 특히 4년 단위로 발간해 세계의 미래를 전망하는 '글로벌 트렌드' 보고서는 20년 후를 내다보는 전망서로 그 내용의 신뢰성은 그 어떤 미래연구기구의 것보다 높다 하겠다.

NIC의 2035년까지의 7대 글로벌 트렌드와 핵심영향들은 다음과 같이 요약된다.[7]

7) 미국 국가정보위원회(이미숙·이영래 옮김), *NIC 미래예측보고서*, 예문, 2017.

- **부유한 나라들은 노화하고 있지만 가난한 나라들은 그렇지 않다.** 부유한 나라와 중국·러시아의 노동연령인구는 줄어들고 있으나 더 가난한 개발도상국, 특히 아프리카와 남아시아에서는 오히려 늘어나서 경제·고용·도시화·복지의 압력이 증가하고 이민을 부추긴다. 선진국과 개발도상국에서 모두 훈련과 지속적인 교육이 중요해질 것이다.
- **세계경제가 변화하고 있다. 단기적으로 경제성장은 계속 저조할 것이다.** 부채가 증가하고 수요가 약화되며, 세계화에 대한 의혹을 불러일으켰던 2008~2009 금융위기로부터 회복하는 한편, 주요 국가의 노동인구가 감소하고 생산성의 증가폭이 줄어들 것이다. 중국은 장기적인 수출과 투자 중심에서 소비자 주도 경제로 변화하기 위해 노력할 것이다. 낮은 성장률이 개발도상국가의 빈곤 해소를 위협할 것이다.
- **기술이 진보를 가속화하는 한편 단절을 야기하고 있다.** 급속한 기술발전을 통해 변화의 속도가 빨라지고 새로운 기회가 창조되지만 승자와 패자의 사이의 격차는 더 벌어질 것이다. 자동화와 인공지능은 국가가 적응할 수 없을 정도로 산업을 변화시켜 노동자를 해고하고 가난한 나라가 발전할 수 있는 일상적인 경로를 제한하고 위협한다. 유전자 교화 같은 바이오 기술이 도덕적인 차이를 부각시키는 한편 의학과 다른 분야에 대변혁을 일으킬 것이다.
- **아이디어와 정체성이 배타의 물결을 주도하고 있다.** 세계의 연결성이 증가하고 성장이 저조함에 따라 사회 내·외부의 긴장이 고조될 것이다. 포퓰리즘populism이 좌파와 우파에서 모두 증가해 자유주의를 위협할 것이다. 일부 지도자들은 국가주의를 이용해 통제를 뒷받침할 것이다. 종교적인 영향이 중요해져서 많은 정부보다 더 큰 권위를 얻을 것이다. 거의 모든 국가에서 경제력 때문에 여성의 지위와 지도자의 역할이 제고되는 한편 반발도 일어날 것이다.
- **거버넌스가 더욱 어려워지고 있다.** 대중은 정부에게 안보와 번영을 제공하도록 요구하지만 제자리걸음인 수입, 불신, 양극화, 그리고 새롭게 부상하는 수많은 문제가 정부활동의 걸림돌이 될 것이다. 기술 때문에 정치행위를 가로막거나 우회할 수 있는 플레이어의 범위가 넓어질 것이다. NGO, 기업, 역량이 강화된 개인을 포함해 관련자들이 증가함에 따라 세계적인 문제를 관리하기가 더욱 어려워지고 그 결과 임시방편이 증가하고 포괄적인 활동은 줄어들 것이다.
- **분쟁의 본질이 변화하고 있다.** 주요 강대국 사이의 이해관계가 다양해지며 테러 위협이 증가하고 약소국가들의 불안이 계속되며 치명적이고 파괴적인 기술이 확산됨에 따라 충돌의 위험이 증가할 것이다. 멀리서 사회기반시설을 조준하는 원거리 정밀무기와 사이버, 로봇시스템과 대량살상무기를 개발하는 기술을 손에 넣기가 더욱 쉬워짐에 따라 이 기술로 파괴되는 사회가 증가할 것이다.
- **기후변화와 환경, 의료문제에 대한 관심이 요구될 것이다.** 다양한 세계의 위험이 급박하면서도 장기적인 위협을 제기함에 따라 협력하기가 더욱 어려워진다 해도 이에 대처하려면 집단적인 행동이 필요할 것이다. 기상 이변, 물 부족과 토양 파괴, 식량 불안이 사회를 위협할 것이다. 해수면 상승, 바다의 산성화, 빙하 해빙, 공해로 말미암아 생활패턴이 변화할 것이다. 기후변화를 둘러싼 긴장이 고조될 것이다. 여행이 증가하고 의료시설은 열악하기 때문에 감염성 질환을 관리하기가 더욱 어려워질 것이다.

한국과학기술기획평가원의 2035 메가트렌드

한국과학기술기획평가원kistep은 1987년 1월 한국과학기술연구원KIST의 부설 과학기술정책연구평가센터로 출범하여 2001년 7월 현재의 모습을 갖추게 된 국책연구기관이다. 미래의 혁신가치를 창출하는 글로벌 과학기술 기획·평가전문기관이라는 비전으로 세계일류 선진한국 건설에 기여하고 있다. 여기서는 KISTEP이 도출한 2035년 미래사회의 메가트렌드를 소개한다.[8] 앞으로 약 20년, 세상을 움직이는 큰 흐름의 내용이 무엇인지를 진단한 글로벌 8대 메가트렌드와 25개 트렌드는 [표 3.4]와 같다.

[표 3.4] 8대 글로벌 메가트렌드와 25개 트렌드KITEP

8대 글로벌 메가트렌드	25개의 트렌드	주요 내용
글로벌화의 심화	세계시장의 통합	• 세계 FTA 체결국의 지속적인 증가 • 국제 금융시장의 다각화 • 다국적기업의 생산 네트워크 활성화
	국제질서의 다극화	• 세계경제에서의 BRICs브라질·러시아·인도·중국의 영향력 확대 • G20 체제의 역할 증대 • 동북아 협력체제 구축: ASEAN+3의 역할 증대
	인력이동의 글로벌화	• 글로벌 인재확보 경쟁의 심화 • 국제 노동시장의 확대 및 유연화
	거버넌스 개념의 확대 및 다양화	• 핵확산 금지, 환경이슈에서의 상호의존 증대 • 글로벌 거버넌스·파트너십 확대
	전염병의 급속한 확산	• SARS, 신종플루, 조류독감 등 전염병의 급속한 확산
갈등의 심화	민족·종교·국가 간 갈등의 심화	• 중동지역의 갈등 지속 • 민족 간 분쟁으로 인한 국지전의 증가 • 서구와 이슬람의 대결 심화
	사이버 테러의 증가	• 인터넷 네트워크를 활용한 초국가적 테러조직의 확산 • 해킹, 사이버 범죄류 테러의 증가

8) 한국과학기술기획평가원, *과학기술예측조사 2012~2035*, 진한엠앤비, 2014.

	테러위험의 증가	• 테러 무기의 다양화 • 테러위험 국가군의 핵보유 시도 • 해적 · 마약조직 등 초국가적 범죄의 증가
	양극화 심화	• 소득 · 일자리 양극화의 심화 • 환경오염 양극화의 심화 • 사회계층 간 갈등의 심화
인구구조의 변화	저출산 · 고령화의 지속	• 선진국의 고령화 심화와 개도국의 청년화 • 선진국의 잠재성장률 저하 • 실버산업의 성장
	세계 도시인구의 증가	• 신흥 개도국의 도시인구 집중 심화 • 인구 1,000만 명 이상 메가시티의 증가
	가족 개념의 변화	• 가족의 소규모화 • 개인주의 심화와 가족제도의 해체
문화적 다양성 증가	문화교류의 증대와 다문화 사회화	• 다문화 가정의 확산 • 다양한 문화교류 공간의 확대 • 문화적 차이로 인한 사회적 갈등 발생
	여성의 지위 향상	• 여성교육의 확대 • 전통적인 남성 위주 일자리에 대한 진출 확대 • 글로벌 소비시장에서의 구매력 증가 • 가정에서의 성역할 변화
에너지 · 자원의 고갈	에너지 · 자원 수요의 증가	• 화석연료 고갈 • 에너지 수요 증가 및 비용 상승 • 신재생에너지 연구 활성화
	물 · 식량 부족의 심화	• 물 수요의 지속적인 증가 • 이상 강우, 기후 변화 및 개발로 인한 수자원의 감소 • 곡물가격의 지속적 상승 및 식량 부족
	에너지 · 자원의 무기화	• 국가 간 자원 및 에너지 확보 분쟁 가능성 증대 • 천연자원의 국유화 • 국제자원 카르텔의 확대
기후변화 및 환경문제 심화	지구온난화의 심화 및 이상기후현상 증가	• 지구 평균온도의 지속적인 상승 • 글로벌 온실가스 배출량 규제 관련 갈등 증가 • 대규모 자연재해 발생빈도 증가
	환경오염의 증가	• 대기 · 토양오염의 증가 • 하천 · 해양 · 지하수의 오염 증가
	생태계의 변화	• 생물종의 감소 및 위험 생물종의 증가 • 열대우림 감소 및 사막화 확대 • 극지의 빙하 감소, 해안선 상승 및 식생대 변화

중국의 부상	중국의 경제적 영향력 증대	• 미국과 경쟁하는 초강대국으로 부상 • 글로벌 시장에서의 비중 확대 • 아프리카, 중남미, 아세안 등에 대한 영향력 증대
	중국의 외교·문화적 영향력 증대	• 원조, 무역 등을 활용한 외교적 영향력 강화 • 중국 고유문화의 브랜드화 • 중국어 구사 인력의 증가
과학기술 발달과 융복합화	정보통신기술의 발달	• 디지털 컨버전스·네트워크의 지속적 발전 • 정보화·인터넷 세대의 등장으로 인한 정보격차의 심화 • 유비쿼터스 시대의 구현
	생명과학기술의 발달	• 신약, 줄기세포, 인공장기 개발 등 레드 바이오기술의 발달 • 대체연료 생산 등 화이트 바이오기술의 발달 • 유기농, 작물재배 확산 등 그린바이오기술의 활성화
	나노기술의 발달	• 신기술 및 전통기술과 융복합화 • 나노기술의 발전에 따른 부작용 가능성

KT경제경영연구소의 제4차 산업혁명의 미래

컴퓨터·통신·인터넷 등 정보통신기술에 의한 제3차 산업혁명은 많은 산업을 디지털로 전환시키는, 이른바 디지털로의 변환digital transformation의 효과로 산업을 크게 성장시켜 왔다. 그러나 지난 10여 년 동안 글로벌 생산성의 둔화, 경제적 불평등의 확대, 인구의 고령화 등은 새로운 이슈로 부각되고 있다. 이에 제4차 산업혁명이 시작되고 있다.[9] 이 새로운 혁명은 인류에게 또 무슨 변화를 가져올까? 2017년 출간된 KT의 미래예측으로 답해본다.[10]

1. 제4차 산업혁명의 개념

제4차 산업혁명은 낮은 출산율, 생산인구 감소, 고임금체계, 낮은 에너지 자급률 등의

9) 클라우스 슈밥, *클라우스 슈밥의 제4차 산업혁명*, 새로운현재, 2016.
10) KT경제경영연구소, *한국형 제4차 산업혁명의 미래*, 한스미디어, 2017. 이 책을 많이 인용한다.

문제에 봉착한 독일이 제조업 경쟁력 확보를 위해 내세운 인더스트리 4.0으로부터 시작했다.[11] 제조업과 IT기술의 융합을 주요 방법으로 삼고 제조업의 완전자동화를 목표로 한다. 제4차 산업혁명은 인더스트리 4.0을 아우르며 제조업뿐만 아니라 전 산업의 디지털 변환, 일하는 방식의 변화, 사회·정치적 변화까지 영향을 미치는 포괄적인 개념이다.

제4차 산업혁명은 2016년 세계경제포럼일명 다보스포럼에서 클라우스 슈밥Klaus Schwab 회장이 제4차 산업혁명을 언급하면서 산업 전반의 패러다임 전환을 일컫는 용어로 통용되기 시작했다. 그 개념은 물리적·디지털·생물학적 경계를 허무는 기술의 결정체라고 볼 수 있는데, 이 융합의 핵심에는 사이버물리시스템cyber physical system이 존재한다. 사이버물리시스템이란 로봇, 의료기기, 산업장비 등 현실 속 제품을 뜻하는 물리적인 세계와 인터넷 가상공간을 뜻하는 사이버 세계가 하나의 네트워크로 연결되어 이 안에서 집적된 데이터를 분석·활용하고 사물의 자동제어가 가능하도록 하는 시스템이다.

속도·범위·영향력에서 제4차 산업혁명은 과거의 산업혁명과는 차원이 다르다. 모든 사물things과 산업, 생활 전반에 스며들어 신산업육성 및 일자리 창출, 국가 경제성장을 이끌어낸다. [그림 3.2]가 이를 보여준다.

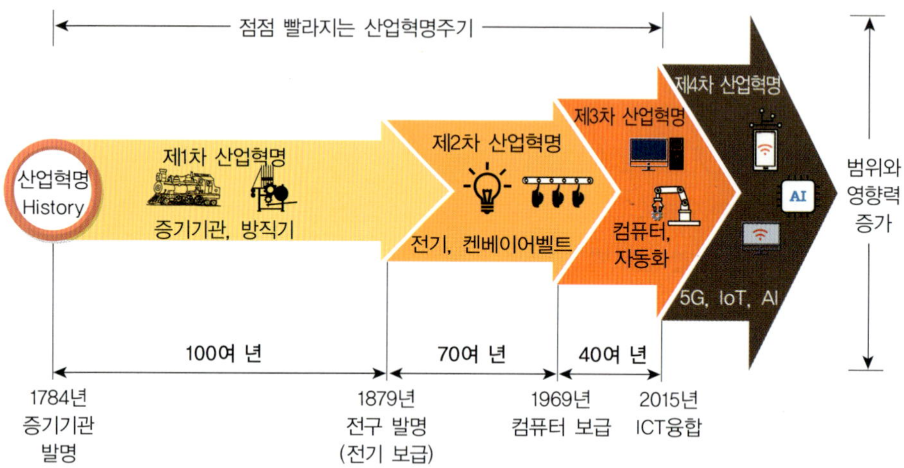

[그림 3.2] 속도·범위·영향력에서 차원이 다른 제4차 산업혁명

11) 인더스트리 1.0은 제조업 기계화, 2.0은 대량생산, 3.0은 부분자동화를 의미한다. 인더스트리 4.0은 완전자동화를 뜻하는 개념이다.

제4차 산업혁명을 주도하는 요소 기술들은 인공지능을 필두로, 사물인터넷IoT, 빅데이터, 클라우드, 3D프린팅, 나노기술, 바이오기술, 신소재기술, 에너지저장기술 등이다. 이와 같은 새로운 기술들이 융합하며 현재의 산업과 사회의 문제를 해결해주리라는 전망이다. 예를 들어, 인공지능이 창출할 새로운 시장은 [그림 3.3]과 같이 매우 다양하다.

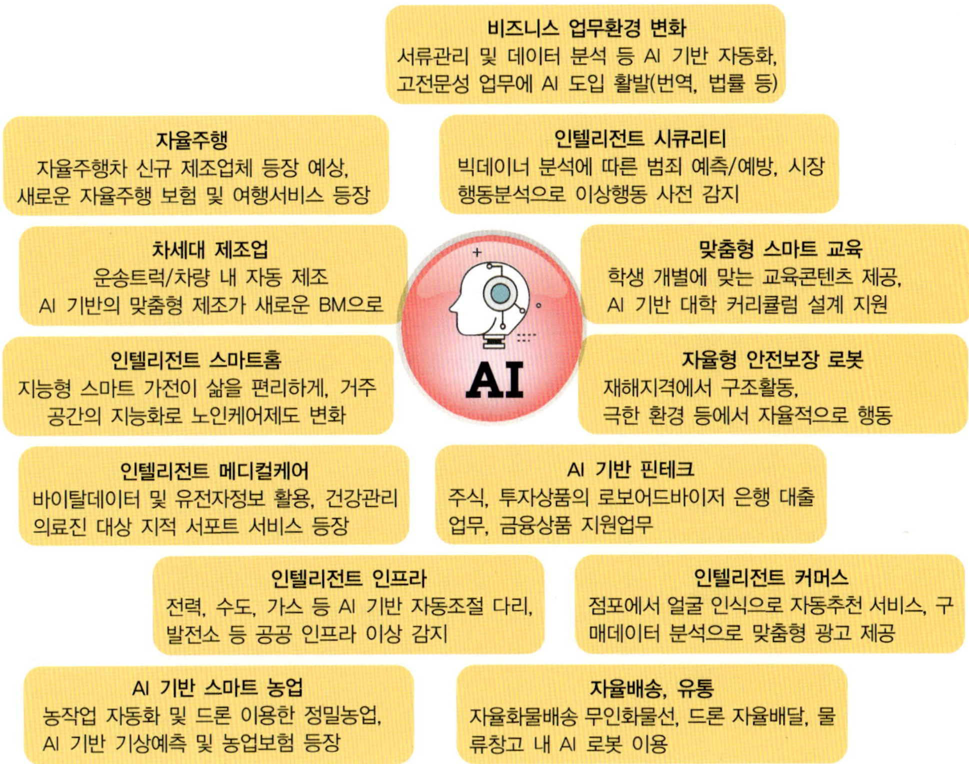

[그림 3.3] 인공지능이 만드는 새로운 시장

제4차 산업혁명이 진행되면 경제는 성장한다. 그러나 동시에 경제적 불평등 문제가 제기될 수 있다. 그 해법으로 등장한 것이 포용적 세계화inclusive globalizaton이다. 자유무역과 자본이동으로 생긴 부의 쏠림현상을 제도적 장치로 완화시키자는 것이다. 세계경제포럼은 향후 10년간 세계를 위협할 3대 리스크risk로, ① 경제적 불평등, ② 사회적 양극화, ③ 환경위험 증대를 꼽은 바 있다. 이런 주장 아래 등장한 '포용적 성장inclusive growth'은 기존의 경제성장 중심에서 벗어나 사회구성원의 삶의 질 향상, 사회의 다양한 불평등 해소 등, 계층 간 형평성 있는 분배 등을 추구하는 복합적 개념이다.

2. 대한민국의 위기와 제4차 산업혁명의 미래

세계경제는 2008년 금융위기 이후 계속 저성장 기조를 이어왔다. 미국은 완만한 경기 회복세를 보이고 있지만 세계경제성장의 견인차 역할을 했던 중국은 6%대의 중속 성장대로 돌아섰고 유럽과 일본은 회복이 미미한 상황이다. 한국 역시 2%대의 저성장 기조가 지속될 것으로 전망된다.

2016년 12월, IMF는 한국경제가 처한 위기상황을 수요와 공급측면에서 진단한 바 있다. 5가지 리스크risk 요인들은 [표 3.5]와 같다.

[표 3.5] 한국경제의 5대 역풍(IMF, 2017)

	한국경제 5대 역풍	주요 내용
1	저출산, 생산인구 감소, 고령화	세계 최저수준의 저출산으로 생산가능인구 감소, 장기적 경제성장 제약
2	과도한 수출의존도	과도한 수출의존도로 외부충격에 대한 취약성과 불안전성 증가
3	성장주도 중공업 취약	조선, 철강, 석유화학, 전자, 자동차 등 경제성장을 주도하던 산업의 경쟁력 약화
4	비효율적 노동시장과 낮은 생산성	노동시장의 양극화와 비효율성 증대, 서비스업과 중소기업의 낮은 생산성 지속
5	가계부채와 소득불평등	가계부채 증가 및 소득불평등 확대로 장기성장 제약

이러한 위기의 극복을 위한 대안이 제4차 산업혁명이다. KT는 제4차 산업혁명 시대에서 포용적 성장의 핵심은 5G, 인공지능, 사물인터넷, 빅데이터 등의 정보통신기술ICT을 활용하여 사회문제 해결과 경제성장을 동시에 추구하는 데 있다고 본다. 과거의 포용정책이 소득재분배 등의 재정지원으로 역기능을 해소했다면, 정보통신기술을 통한 포용적 성장은 새로운 산업성장의 기회를 제공하는 셈이다. 미래 한국사회를 이끌 7대 산업으로는 ① 스마트 에너지, ② 스마트 팩토리, ③ 스마트 자동차, ④ 핀테크, ⑤ 스마트 도시, ⑥ 스마트 보안, ⑦ 스마트 미디어를 꼽았다. [그림 3.4]는 KT의 한국형 제4차 산업혁명의 비전을 보여준다.

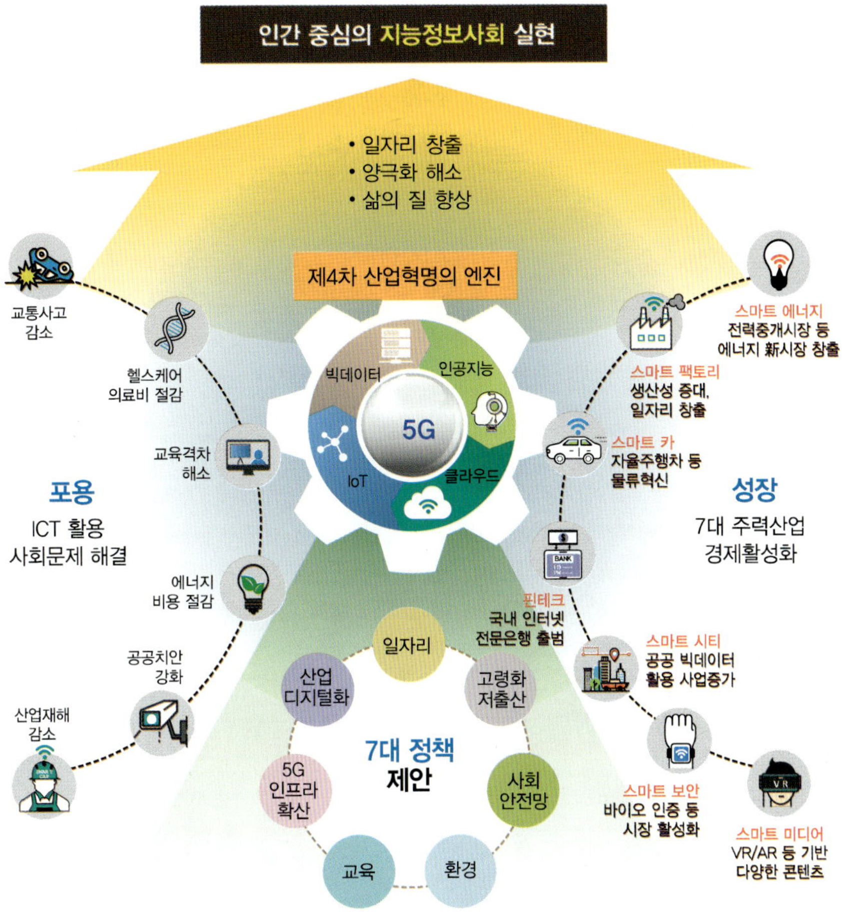

[그림 3.4] 한국형 제4차 산업혁명의 개념도

생각해봅시다 3.3 1989년에 예측했던 2000년도 서울의 미래

1989년 '서기 2000년 서울 서울 서울'이라는 제목으로 '서울지하철' 사보의 초대인사 칼럼에 기고한 적이 있다. 1989년 당시는 인터넷도, 케이블TV도, 휴대폰도 없었다. TV도 덩치만 컸지 대부분 25인치 정도, PC만 막 보급되기 시작했던 그야말로 IT황무지였다. 바로 그 당시 10년 후를 상상한 글이었는데, 이미 약 20년 전의 과거를 예측하는 글이었던 셈이어서 다시 찾아 읽어보니 새삼 흥미롭다. 다음과 같은 대목이 나온다.

정보화시대의 서울 교통문제 해결은 어떻게 가능해질까? 서기 2000년 어느 날의 내 모습을 상상해본다.

2000년 2월 18일, 아침잠이 많은 나는 여느때와 마찬가지로 9시가 다 되어서야 눈을 비비며 일어났다. 창밖으로 내려다보니 입춘도 훨씬 지났는데 때아니게 함박눈이 펑펑 쏟아지고 있었다. "방학이 있는 교수라는 직업은 이래서 좋은 거야" 하며 샤워를 끝내고 옷을 주워 입노라니 삐삐삐- 전화벨이 울렸다. "9시반 입니다. 교수회의가 시작하는데요" 하는 교학과 주임의 목소리였다. "아이쿠 내 정신! 오늘 참 교수회의가 있다는 날이지. 예- 나, 지금 앉습니다. 시작해도 됩니다" 하고 난 전화기 앞에 앉았다. 곧 이어 대학원장 김 교수의 얼굴이 화면 중앙에 나타나며 "아직 방학 중인데 회의하자고 급히 연락드려 죄송합니다. 이 교수는 아직 머리도 못 말리신걸 보니 이제 일어나셨군요. 어젯밤 늦게까지 또 고향 술통친구들과 한잔 하신 모양이죠?" 하고 놀려대왔다. 화면 가장자리의 박 교수, 장 교수 그리고 또 서너 명이 껄껄대며 웃고 있었다. 전화기 앞의 카메라가 오늘따라 유난히도 내 모습을 뚫어지게 쳐다보는 것 같았다. 회의를 해보니 싱겁게도 봄 학기 강의시간표가 아직도 확정되지 않았으니 협조를 해 달라는 것과 신임교수 환영식을 위한 날짜를 정하는 것이 회의의 안건 모두였다.

난 회의가 끝나자마자 서재로 들어가 약속대로 컴퓨터에 주로 오후로 내 강의시간을 잡은 시간표를 만들어 전자우편으로 학교에 우송했다. 그러고 나니 벌써 11시가 넘었다. 속이 마냥 쓰려왔다. "어젯밤의 술독도 가라앉힐 겸, 마누라한테 따끈한 육개장이나 만들어 달래야지" 생각하며 안방으로 걸어 들어가니 아내와 막내딸이 여자 옷들이 즐비한 텔레비전 화면 앞에 앉아 있다. 이 두 모녀는 끄덕하면 단짝처럼 마주앉아 비디오텍스로 백화점에 물건 주문하느라 정신이 없어 정말 탈이다. "대학교수가 몇 푼 번다고 벌써부터 봄나들이 옷 타령들이야?" 하고 호통을 쳐 보았다. 내말이 떨어지기가 무섭게 딸애가 생긋 웃으며 "아빠 내 중학교 졸업 기념선물, 그럼 안 사주실 작정이셨어요?" 하면서 대든다.

물론 가상적인 이야기였지만 이렇게 생활할 수 있는 때가 우리 서울의 가정에도 10여년 후면 찾아오리라고 난 믿어 의심치 않는다. 개봉영화를 집에 앉아 50인치 고선명 스크린에서 즐길 수 있는 케이블TV시대, 출근이 필요 없이 컴퓨터 단말기로 업무를 처리할 수 있는 재택근무시대, 집에서도 얼굴을 마주하고 의견교환을 할 수 있는 영상회의시대, 비디오텍스로 백화점물건을 주문할 수 있는 홈쇼핑시대, 우체부가 필요 없는 전자우편시대, 모든 금전거래 역시 은행에 찾아갈 필요가 없는 홈뱅킹시대가 불과 10여 년 밖에 남지 않았다는 이야기이다. 이렇게만 된다면 서울의 교통은 얼마나 한가로워질 것인가? 지옥 같은 출퇴근시간, 아수라장인 백화점, 암표장사꾼들로 어지러운 영화관 앞은 많이 조용해질 것 아니겠는가? 그렇다면 소음도, 먼지도, 주차문제도 훨씬 부드러워질 것 아니겠는가? 우리의 가정생활을 보다 안락하고 윤택하게, 우리의 사회활동은 보다 더 편리하게, 우리의 환경은 보다 더 쾌적하게, 우리의 여가선용은 보다 더 즐겁게 만들 수 있는 정보사회의 의미를 우리 국민들이 진정 깨닫고 있는지 궁금해진다.

홈쇼핑, 50인치 고선명TV, 전자우편, IPTV, 영상회의, 인터넷 영화예매... 지금은 다 보편화된 우리의 일상이다. 이제 생각해보자. 너무도 뻔한 예측이었다고 생각하는가? 그럼 위와 같은 형식의 글로 '2030년도의 미래'를 써본다면 그 내용이 어찌 바뀔까?

개인과제 | '미래'도서 독후감 제출

'미래'를 다루는 책이 홍수를 이루는 시대에 살고 있다. 많은 사람들이 미래를 논하고 있다. 젊은 꿈을 원대하게 품으려면 미래도서들을 가까이 하는 것이 좋다. 서점에 들려 직접 미래서적들을 살피고, 그 중 한 권만 골라 정독한 후에 감상문을 A4 용지 한 장 분량으로 써서 제출하라.

토의문제

01. 무엇을 모르는지도 모르며 의사결정을 하는 문제는 어떻게 해결해야 한다고 생각하는가?

02. 저자의 주장이 담긴 그럴 듯한 미래전망서도 읽을 가치가 있을까?

03. 30년 후 미래를 상상할 때 가장 궁금한 것 3가지를 꼽으라면 무엇일까?

04. 당신은 과학기술의 혜택을 입어(식품, 의료, 바이오기술 등) 몇 살까지 살 것 같은가?

05. 로봇이 인간의 능력을 뛰어넘을 때를 몇 년 후쯤이라고 추측하는가?

06. 2030년 자율자동차들이 운전자 없이 서울 시내를 가로지르고 다닐까?

07. 특이점이 2050년 전후로 도래한다는데 믿어지는가?

08. 현재의 종교는 과학기술문명의 발달에도 불구하고 변함이 없을까?

09. 남북통일이 되면 인구가 늘어 우리나라는 좀 더 강국이 될까?

10. 미래전망 도서 중 읽고 싶은 책은?

참고문헌

피터 디아만디스, *볼드 BOLD*, 비즈니스북스, 2016.

제레미 리프킨, *한계비용 제로 사회*, 민음사, 2014.

미국 국가정보위원회(이미숙·이영래 옮김), *NIC 미래예측보고서*, 예문, 2017.

박영숙 & 제롬 글렌, *세계미래보고서 2018*, *세계미래보고서 2055*, 비즈니스북스, 2017.

클라우스 슈밥, *클라우스 슈밥의 제4차 산업혁명*, 새로운현재, 2016.

이영탁, "미래학자가 보는 인류 미래, 어떤 모습일까", *KINEWS*, 2016.2.10.

레이 커즈와일, *특이점이 온다*, 김영사, 2007.

한국과학기술기획평가원, 과학기술예측조사 2012~2035, 진한엠앤비, 2014.

KT경제경영연구소, *한국형 제4차 산업혁명의 미래*, 한스미디어, 2017.

부록 3 미래도서 목록

▶ 미래전망 도서목록

우리나라의 '미래'에 관한 관심은 대단하다. 특히 21세기에 접어들면서는 미래를 주제로 하는 책들이 봇물처럼 쏟아져 나오면서 일반인들도 사회변화와 기술발전이 초래할 영향에 대해 주목하게 되었다. 이에 [표 3.6]에 정리된 미래를 전망하는 책들이 서점에서 날개돋인 듯 팔려나갔다. 대형서점들은 아예 '미래서 코너'를 만들 정도가 되었다.

[표 3.6] 미래전망 도서목록(2000년도 이후 출판)

분류	미래 전망 도서명저자명 순
번역서	• 노무라 나오유키, *인공지능이 바꾸는 미래 비즈니스*, 21세기북스, 2017. • 도널드 N. 톰슨, *예측시장을 주목하라*, 행복에너지, 2017. • 마티아스 호르크스, *위대한 미래*, 한국경제신문사, 2010. • 마틴 셰퍼, *급변의 과학*, 궁리출판, 2012. • 레이 커즈와일, *특이점이 온다*, 김영사, 2007. • 로버트 J. 실러 외, *새로운 부의 시대*, 알키, 2015. • 롤프 옌센, *미래경영의 지배자들*, 리드리드출판, 2017. • 미국 국가정보위원회(NIC), *글로벌 트렌드 2030*, 예문, 2013. • 미국 국가정보위원회(NIC), *NIC 미래 예측 보고서*, 예문, 2017. • 우르반 바허, *인플레이션*, 다산북스, 2017. • 사이토 가즈노리, *AI가 인간을 초월하면 어떻게 될까?*, 마일스톤, 2017. • 제임스 마틴, *제임스 마틴의 미래학 강의*, 김영사, 2009. • 제임스 캔턴, *극단적 미래예측*, 김영사, 2001. • 조엘 A. 바커 외, *우리가 꼭 알아야 할 미래 시나리오*, 위즈덤하우스, 2006.
국내 도서	• 강홍렬 · 이주헌 외, *메가트렌드 코리아*, 한길사, 2006. • 국제미래학회, *대한민국 4차 산업혁명 마스터플랜*, 광문각, 2017. • 국제미래학회, *대한민국 미래보고서*, 교보문고, 2015. • 국제미래학회, *미래가 보인다*, 박영사, 2013. • 고리들, *인공지능과 미래인문학*, 행운출판사, 2017. • 김현식, *새로운 트렌드가 온다*, 새로운제안, 2015. • 김형국, *한국의 미래와 미래학*, 나남, 1996. • 노순규, *한국의 미래예측과 2050년*, 한국기업경영연구원, 2015. • 박영숙, *미래예측 리포트*, 랜덤하우스코리아, 2004. • 박영숙, *미래예측보고서*, 경향미디어, 2012. • 박영숙 외, *미래는 어떻게 변해가는가*, 교보문고, 2014. • 박영숙 외, *세계미래보고서 2045*, 교보문고, 2014. • 백남환, *미래학*, 피오디나라, 2016. • 신주식, *2030 대변화의 미래*, 리바이블, 2013.

	• 아시아개발은행, *아시아 미래 대예측*, 위즈덤하우스, 2012. • 유우찬, *미래학자 유우찬의 시대역전과 의식혁명*, 2016. • 이광형, *세상의 미래*, 엠아이디, 2018. • 이상문 외, *메타 이노베이션*, 한국경제신문사, 2016. • 정보통신정책연구원, *21세기 한국 메가트렌드 시리즈 – 총5권*, 민음사, 2005. • 조영태, *정해진 미래*, 북스톤, 2016. • 차원용, *미래기술경영 대예측*, 굿모닝미디어, 2006. • 한국과학기술기획평가원, *과학기술예측조사 2012~2035*, 진한엠앤비, 2014. • ETRI 홍보팀, *꿈과 IT가 열어갈 가까운 미래*, 콘텐츠하다, 2015. • KT경제경영연구소, *한국형 4차 산업혁명의 미래*, 2017.

▶ 미래 관련 교양도서 목록

미래학자들이 전망하는 것처럼 기술·환경·사회·국가가 변한다면 개인의 삶은 어떻게 변할까? 개인의 더 나은 미래를 바라는 독자들을 겨냥해 출간된 대표적인 교양도서들은 [표 3.7]과 같다. 참고로, 조선일보가 2015년도에 각 분야 미래전문가들의 도움을 받아 'Biz Books Futures'로 선정한 54권은 이 표에서 빨간 점으로 표시했다.

[표 3.7] 미래 관련 교양도서 목록(2000년도 이후 출판)

분류	미래 교양도서 저자명 순, 번역서는 옮긴이 생략, •는 2015 조선일보 선정 Biz Books Futures 54선	
번역서	• 나카하라 츠네오, *100년 후 미래*, 파라주니어, 2009. • 니콜라스 카, *생각하지 않는 사람들*, 청림출판, 2011. • 대니얼 카너먼 외, *생각의 해부*, 와이즈베리, 2015. • 다니엘 밀러, *미래중독자*, 추수밭, 2017. • 더글러스 호프스태터, *괴델, 에셔 바흐*, 까치, 2017. • 데이비드 크리스천 외, *빅 히스토리*, 해나무, 2013. • 도넬라. H. 메도즈 외, *성장의 한계*, 갈라파고스, 2012. • 돈 탭스콧, *디지털 네이티브*, 비즈니스북스, 2009. • 라메즈 남, *인간의 미래*, 동아시아, 2007. • 매그너스 린드비스트, *미래가 시작될 때*, 생각과사람들, 2013. • 미치오 카쿠, *마음의 미래*, 김영사, 2015. • 마티아스 호르크스, *테크놀로지의 종말*, 21세기북스, 2009.	• 유발 하라리, *호모 데우스*, 2017. • 이다 요시아키, *지구와 인류의 미래*, 문학사상, 2017. • 자크 아탈리, *더 나은 미래*, 청림출판, 2011. • 자크 아탈리, *어떻게 미래를 예측할 것인가*, 21세기북스, 2018. • 잭 린치, *브레인 퓨처*, 해나무, 2010. • 제닌 베니어스, *생체 모방*, 시스테마, 2010. • 제프 호킨스 외, *생각하는 뇌, 생각하는 기계*, 멘토르, 2010. • 조너선 하이트, *바른 마음*, 웅진지식하우스, 2014. • 조엘 가로, *급진적 진화*, 지식의 숲, 2007. • 존 브록만, *위험한 생각들*, 갤리온, 2007. • 존 L. 캐스티, *대중의 직관*, 반비, 2012. • 제레미 리프킨, *한계비용제로사회*, 민음사, 2014. • 재레드 다이아몬드, *문명의 붕괴*, 김영사, 2005. • 재레드 다이아몬드, *제3의 침팬지*, 문학사상사, 2015.

	• 레이 커즈와일, *특이점이 온다*, 김영사, 2007. • 로버트 앨런, *바이오미메틱스*, 시그마북스, 2011. • 리처드 도킨스, *이기적 유전자*, 을유문화사, 2010. • 리처드 도킨스, *조상 이야기*, 까치, 2018. • 리처드 하인버그, *제로 성장시대가 온다*, 부키, 2013. • 마키노 노보루, *총예측 미래 기술*, 동방미디어, 2002. • 빅토르 마이어 쇤베르거, *잊혀질 권리*, 지식의 날개, 2011. • 빌 브라이슨, *거의 모든 것의 역사*, 까치, 2003. • 세실리 사머스, *미래학자처럼 생각하라*, 골든어페어, 2017. • 스티븐 핑커, *우리 본성의 선한 천사*, 사이언스북스, 2014. • 앤드류 H. 놀, *생명 최초의 30억 년*, 뿌리와이파리, 2007. • 에릭 브린욜프슨 외, *제2의 기계시대*, 청림출판, 2014. • 에릭 켄델, *기억을 찾아서*, 알에이치코리아, 2014. • 엘빈 토플러, *미래의 충격*, 범우사, 1999. • 올더스 헉슬리, *멋진 신세계*, 문예출판사, 1998. • 웬델 웰러치 외, *왜 로봇의 도덕인가*, 메디치미디어, 2014.	• 진노 마사후미, *역사로 읽는 세계*, 라이프맵, 2017. • 칼 세이건 외, *잊혀진 조상의 그림자*, 사이언스북스, 2008. • 칼 세이건, *코스모스*, 사이언스북스, 2006. • 케빈 켈리, *기술의 충격*, 민음사, 2011. • 토머스 프레이, *미래와의 대화*, 북스토리, 2016. • 클레이튼 크리스텐슨, *불확실성 경영*, 21세기북스, 2009. • 페이얼투, *프시*, 스노우폭스북스, 2017. • 필립 E. 테틀록, *슈퍼 예측, 그들은 어떻게 미래를 보았는가*, 알키, 2017. • 한스 모라벡, *마음의 아이들*, 김영사, 2011. • 호드 립슨 외, *3D 프린팅의 신세계*, 한스미디어, 2013.
국내 도서	• 김길룡, *미래학 수련*, 백산서당, 2013. • 김난도 외, *트렌드 코리아 2018*, 미래의 창, 2017. • 김대식, *김대식의 빅퀘스천*, 동아시아, 2014. • 김상배 외, *4차 산업혁명과 한국의 미래전략*, 사회평론아카데미, 2017. • 김석기, *사이언스 소믈리에*, MID, 2013. • 김신회, *미래경영어스*, 무한, 2010. • 김영호, *예측의 기법*, 현대미디어, 2006. • 김웅진, *생물학 이야기*, 행성B이오스, 2015. • 미래경제연구회, *자기경영 서바이벌*, 선영사, 2000. • 미래전략정책연구원, 10년 후 일자리의 미래, 일상과 이상, 2018. • 박문호, *그림으로 읽는 뇌과학의 모든 것*, 휴머니스트, 2013. • 박성원, *우리는 어떤 미래를 원하는가*, 이새, 2017.	• 장하석, *장하석의 과학, 철학을 만나다*, 지식채널, 2014. • 장하웅, *구글 신은 모든 것을 알고 있다*, 사이언스북스, 2013. • 정봉찬, *미래학, 인문학을 만나다*, 지식공감, 2016. • 정재승, *1.4킬로그램의 우주, 뇌*, 사이언스북스, 2014. • 정지훈, *내 아이가 만날 미래*, 코리아닷컴, 2013. • 정창덕, *유비쿼터스와 미래예측*, 내하출판사, 2009. • 조영태, *정해진 미래시장의 기회*, 북스톤, 2018. • 조원경, *한 권으로 읽는 디지털혁명 4.0*, 로크미디어, 2018. • 차경천, *예측의 힘*, 올림, 2013. • 최연구, *미래를 보는 눈*, 한울앰플러스,

- 박성준, *한국의 미래전략*, 신서원, 2013.
- 박영숙, *유엔미래보고서 2045*, 교보문고, 2014.
- 박태현 외, *뇌・약・구・체*, 동아시아, 2013
- 승현준, *커넥톰, 뇌의 지도*, 김영사, 2014.
- 신지은 외, *세계적 미래학자 10인이 말하는 미래혁명*, 일송북, 2010.
- 우종필, 빅데이터 분석대로 이루어진다, 매경, 2017.
- 이인식, *융합하면 미래가 보인다*, 21세기북스, 2014.
- 이인식, *한권으로 읽는 나노기술의 모든 것*, 고즈원, 2009.
- 이준정, *첨단기술로 본 3년 후에*, 시간여행, 2016.
- 이홍림, *미래학자와 예언자*, 한림원, 2014.
- 유영민 외, *상상, 현실이 된다*, 프롬북스, 2014.
- 유인봉, *나를 찾아가는 자기경영*, 미래경영개발연구원, 2003.
- 유정식, *전략가의 시나리오*, 알에이치코리아, 2014.
- 이순영, *전략적 사고*, 현대미디어, 2007.
- 이치구, *오라클 이펙트*, 올림, 2011.
- 임해규, *임해규의 미래학교*, 글통, 2018. 2017.
- 최연구, *미래를 예측하는 힘*, 살림출판사, 2009.
- 최윤식, *미래학자의 인공지능 시나리오*, 코리아닷컴, 2016.
- 최윤식, *미래학자의 통찰법*, 김영사, 2014.
- 최윤식, *최윤식의 Future Report 2015*, 지식노마드, 2015.
- 최은수, *넥스트 패러다임*, 이케이북, 2012.
- 한재권, *로봇 정신*, 월간로봇, 2015.
- 한홍진, *미래 학교의 5가지 기반*, 두남, 2009.
- 황순학, *미래경영의 아트코어*, 더블북, 2016.
- 황주홍, *황주홍 교수의 미래학 산책*, 조선일보사, 2002.
- 현대전략경영연구소, *번영하는 미래한국 그 힘은 어디서*, 현대전략경영연구소, 2015.
- KAIST 문술미래전략대학원/미래전략연구센터, *대한민국 국가미래전략 2018*, 이콘, 2017.
- KBS, *명견만리*, 인플루엔셜, 2016.

2

Part

Introduction to Futures Studies & Management

미래학 · 미래경영

미래학의 핵심이론

미래학의 기본 사상과

원리는 무엇인가?

더 콩그레스(미래학회)
The Congress, 2013

내용 기술문명의 발달로 영화계는 배우들을 스캔해서 컴퓨터 프로그램화시키는 새로운 단계에 접어든다. 이에 영화제작사 미라마운트는 한때 스타였던 여배우 로빈에게 거액과 함께 스캔에 참여할 것을 요구한다. 두 번 다시 실제로 연기를 할 수 없다는 현실과 영원히 젊고 아름다운 배우로 남을 수 있다는 이상 속에 로빈은 결국 계약에 사인하게 되는데…

평론 미래사회를 배경으로 기술의 진보에 밀려 퇴락하는 인간의 모습이 씁쓸하게 다가온다. 영화 제목 '더 콩그레스'는 미래학회를 뜻한다. 디스토피아distopia적 세계관이 등장해 화려한 색감으로 구현된 영상에도 자아를 잃어가는 인간의 몰락이 침울하게 나타난다.

생각 영화 '빽투더퓨처'는 주인공이 과거와 미래 사이를 오고 가지만, 이 영화의 주인공은 실사와 애니메이션의 조합으로 탄생하여 현실과 가상세계를 오고 간다. '로봇↔인간'은 상상해봤지만 '인간↔만화주인공'이라니! 여배우가 스캔되어 애니메이션 속의 미래학회에 참석한다는 아리 폴먼 감독의 발상이 소름이 돋도록 기이하지만 미래학도들에게 권하고 싶은 영화이다.

4 Chapter

변화와 시스템과 미래

"현재는 모든 과거의 필연적인 산물이며 모든 미래의 필연적인 원인이다"
– 괴테(작가)

미래학은 근본적으로 변화change를 탐구하는 학문이다.[1] 변화가 무엇이고 얼마나 변하는지가 연구대상이다. 변화의 모습, 시작과 근원, 파급 영역의 범위, 속도 등 변화에 대해 통합적으로 묻고 답한다. 미래학은 미래를 전망하지 않고 그 변화가 초래할 다양한 미래를 탐색한다. 가능한 미래 중에서 가장 타당하고 바람직한 미래를 예측futuring/forecasting함과 동시에 미래의 불확실성을 연구한다. 나아가 그 변화에 영향influencing을 가함으로써 바람직한preferable 미래로 나아갈 수 있도록 비전visioning을 세우고 계획planning을 수립한 후 실행adopting/acting으로 옮긴다. 따라서 변화의 이해가 미래학의 핵심이다.

변화의 4차원 이론

세상은 급속도로 변하고 있다. 정치·사회·기술·경제·환경 등 글로벌 무대global scale에서 발생하는 다양한 변화는 강력한 힘으로 우리 삶의 양식·교육·패션·취미·가치 등을 송두리째 바꾸고 있다. 과거의 전통과 관습은 지키기 쉽지 않다. 21세기의 지구촌은 가

1) Bishop, Peter C. & Andy Hines, *Teaching about the Future*, Palgrave Macmillan, 2012. 이 장은 이 책을 많이 인용한다.

히 역동적이다.

변화는 4차원이다. 어디서sources 왔고, 얼마나time horizons 지속될 것이며, 속도rates는 얼마나 되고, 그 변화의 형태forms는 과연 무엇인지, 네 가지 관점에서 이해해야 한다.

1. 변화의 원천

변화의 방향 변화는 어디서 시작되어올까? 변화는 두 방향에서 만들어진다.

- **인바운드**inbound 세상 밖으로부터 우리에게 찾아오는 변화
- **아웃바운드**outbound 우리가 만들어가는 세상의 변화

이 둘이 어우러지며 세상을 변화시킨다. 예를 들어, 인터넷기술은 인바운드 변화였으나 인터넷쇼핑을 하는 우리는 아웃바운드로 디지털경제시대를 만들어가고 있다. 미투me too운동은 아웃바운드로 미미한 시작이었으나 이로 인한 새로운 윤리관은 직장에서의 제도가 되어 인바운드로 다가오고 있다. 즉 우리 개개인은 미래를 크게 바꿀 힘은 없지만 변화를 만들 수 있는 주체들임은 분명하므로 미래에 대해 완전히 무력powerless한 존재는 아닌 것이다. 미래의 변화를 만들 수 있는 우리! 그래서 미래학은 미래를 탐색하는 데 머물지 않고 미래를 창조하는 방법을 연구한다.

사회학자 밀스C. Wright Mills는[2] 사람들은 일반적으로 수동적 관찰자spectator의 함정에 빠지는 경향이 있고 그들의 일상적인 삶이 세상에 무슨 영향을 미치는지 관심도 없지만, 사실은 자신도 모르게 역사를 만드는 데 일조한다고 했다. 개인도 조금만 눈을 크게 뜨고 바라보면 무슨 변화가 다가오고 있는지를 알 수 있는데 이를 위해 필요한 것이 '마음의 품질quality of mind'이다. 이 품질을 직업적으로 추구하는 사람들이 언론인·학자·예술가·과학자·편집인 등이지만, 이 직업에 종사하는 사람들이 기대하는 사회적 상상sociological imagination을 보통사람도 조금만 관심을 밖으로 돌

2) Mills, C, Wright, *The Sociological Imagination*, Oxford, 1969.

리면 할 수 있고 미래를 내다볼 수 있다고 했다. 이것이 미래학이 논하는 미래에 대한 관점futures perspective이다.

변화의 계층 변화가 발생하는 계층은 [그림 4.1]에서 보듯이 보통 3개로 나뉜다.

- **조직**organization 소조직이나 기업 등
- **조직 외곽**immediate environment 산업, 지역, 사회, 국가 등
- **글로벌 환경**global 조직이나 조직 밖을 지배하는 글로벌 환경

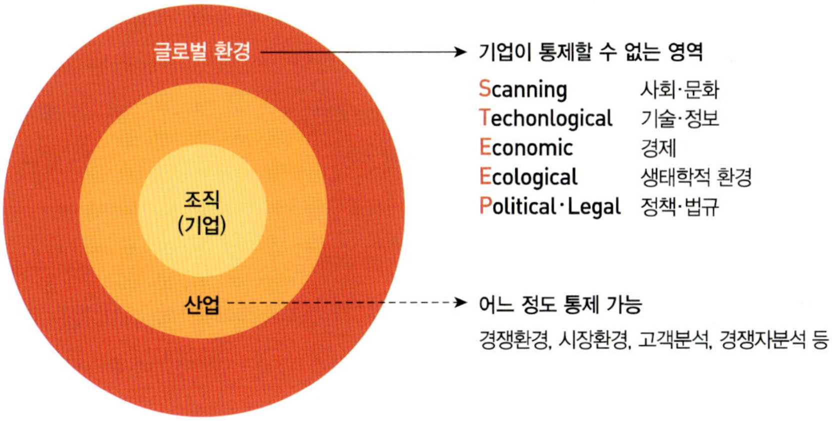

[그림 4.1] 변화의 계층

글로벌 환경을 이해하기 위해 가장 알려진 프레임워크framework는 STEEP이다.[3] 그림에서 보듯이 사회·기술·경제·생태·정치 다섯 개의 앞글자를 따서 만든 STEEP은 조직에 영향을 주는 인바운드 변화요인들이지만 서로 간에도 상호작용을 한다. 기술이 경제에 영향을 미치면 사회가 변하는 식이다. 인구population·자원resource 등이 추가되면 STEPPER가 되기도 하는데,[4] 이들 환경의 주요 변화들을 인지해야 기업의 장기적 미래를 예측할 수 있다.

조직 내에 속한 사람들은 자신들에게만 관심을 쏟지만 조직 밖과도 정기적인 유대관계

3) STEEP에 관해서는 이 책의 제7장에서 상세히 소개한다.

4) 이광형, *3차원 미래예측으로 보는 미래경영*, 생능출판사, 2015.

를 맺는다. 예를 들어 정부의 공직자는 시민단체와, 기업의 영업사원은 고객들과, 가정의 학부형은 학교 및 학원 선생님들과 교류한다.

2. 변화의 시계

타임 호라이즌, 혹은 시계視界/time horizon란 우리 눈의 시력eyesight이 미치는 범위를 말한다. 골짜기에서는 짧지만 산 위에 올라가면 멀리까지 볼 수 있다. 같은 논리로, 미래에 대한 타임 호라이즌은 우리가 바라보고자 하는 미래의 시점time이다. 5년 후, 10년 후일 수도 있고 2025, 2040 등 연도로 생각할 수도 있다. 9년 후와 10년 후, 2039와 2040의 정확한 차이는 없다. 대략 그 정도 시간이 지나면 미래가 어떻게 변할까 가늠해보는 것뿐이다.

타임 호라이즌은 미래의 관심영역domain에 따라 다르다. 예로 기후변화는 길다. 정치적 변화는 선거 때와 맞물리는 등 비교적 짧다. 미래연구는 흔히 10년 혹은 20년 후를 내다본다. 글로벌 환경의 변화를 포용하려면 그 정도 시간이 필요한 까닭이다. 1년, 혹은 3~5년 후는 장단기 계획이나 전략목표 시점일 수는 있지만 미래연구의 타임 호라이즌은 되지 못한다. 3년 후도 불확실한데 왜 10년, 20년 후까지 바라보냐고? 회의감을 가질 수도 있다. 그러나 오늘의 결정이 10~20년 동안 혹은 더 긴 시간 동안 삶에 영향을 미치는 까닭이다. '순간의 선택이 10년을 좌우한다' 하지 않았던가. 우리가 집을 살 때, 배우자를 선택할 때, 단지 3~5년만을 생각하는 것은 아니지 않은가. 같은 이유에서다.

사실 아웃바운드 변화를 만들 수 있는 개인도 그 정도의 긴 기간을 필요로 한다. 역사 속 위대한 과학자·예술가·정치인의 업적은 수십 년이 지난 후에 빛을 보며 인류의 문명을 변화시킨다. 약 50년이 미래연구의 타임 호라이즌으로 적합하다는 설도 있다. 현대의 젊은이들이 50년 전 태어난 사람들과 함께 사는 이 세상에 과거와 현재와 미래가 공존하는 까닭이다.

[그림 4.2]에서 보듯이, 타임 호라이즌을 얼마나 길게 잡고 어떤 변화가 발생하냐에 따라 전혀 다른 미래가 나타날 수도 있다.

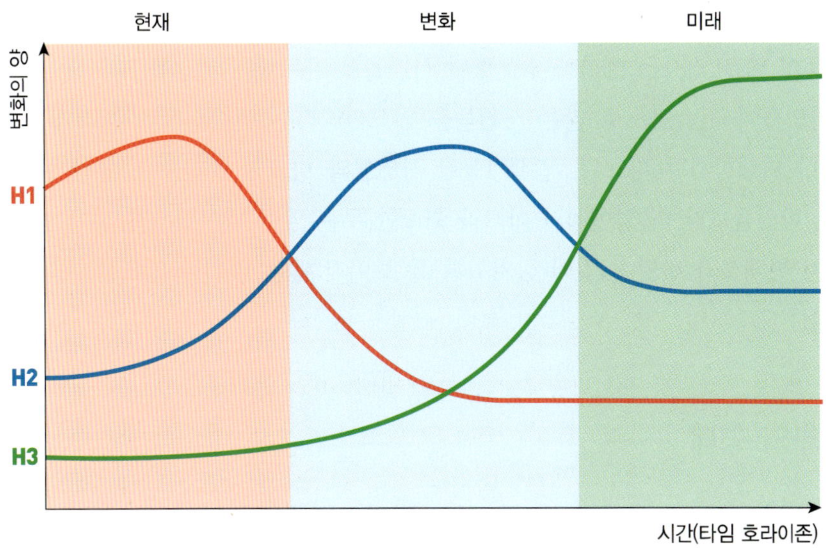

[그림 4.2] 타임 호라이존과 3개의 미래

3. 변화의 속도

변화의 속도rates of change는 변화의 내용에 따라 다르다. 예를 들어, 주식시장은 매우 빠르게, 정치적 변화는 더디게, 계절은 3개월마다 바뀐다. 그러나 변화의 공통된 특징은 연속성continuity이다. 연속성은 사람들에게 미래를 유추類推할 수 있는 여건을 제공한다. 통계학이나 시뮬레이션이 유용한 이유이다.

물론 변화는 비연속성discontinuity으로 갑자기 나타나 사람들이 적응하기 힘든 경우도 발생한다. 운전 중 사고지점을 통과할 때의 교통체증처럼 미리 미래를 내다보기 힘든 경우이다. 사실 인류의 역사는 비연속성의 사건들로 가득하다. 아래와 같은 사건들이 대표적이다.

- **기술의 변화** 인쇄술, 스팀엔진, 전기, 트랜지스터, 피임약의 발명 등
- **경제적 변화** 화폐의 창안, 주식거래시장의 개설 등
- **정치적 변화** 전쟁과 혁명, 유명 정치인 암살, 여성평등권이나 의료법 시행 등

그럼에도 불구하고 사람들은 미래를 비연속성 사건들이 발생하는 시간으로 보지는 않는다. 그들이 배운 역사는 예측하지 못했던 사건들로 가득했음에도 불구하고, 그저 앞으로도 많은 사람들이 지속적으로 많은 사건들을 일으키리라는 연속선상에서 미래를 바라본다.

그러나 미래학자는 다르다. 발생가능한 사건들과 비교적 놀라운 상황전개를 미리 탐색한다. 일반인들보다 더 알아서가 아니라 최소한 무슨 일이 벌어질 가능성이 있는지를 밝힌다. 마치 항해사가 바닷속 깊이 잠겨있어 잘 보이지 않는 바위나 암초를 예의주시하는 것과 같다.

4. 변화의 형태

시간이 지나면서 변화는 어떤 모습일까? [그림 4.3]과 같이 다양한 형태로 나타날 수 있다.

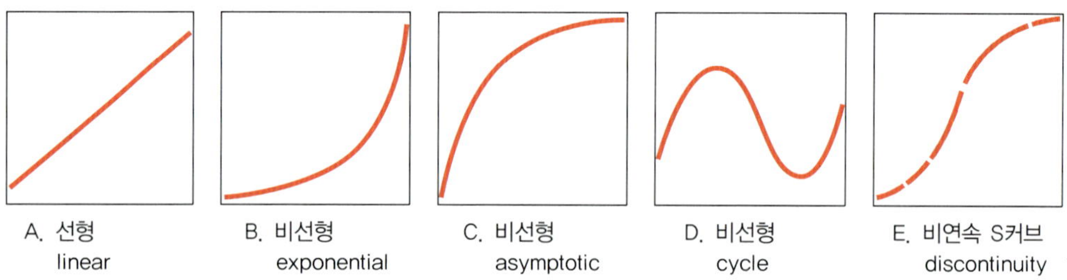

[그림 4.3] 변화의 다양한 모습

- **선형**linear 일직선상으로 나타나는 모습으로 수학이나 통계학의 Y=aX+b를 말한다. 안타깝게도 현실에서 쉽게 발견되지는 않는 모습이다. 예를 들어, 시험공부에 두 배 더 시간을 쏟았다고 점수가 두 배가 되는 것은 아니듯이 말이다.
- **비선형/기하급수적**nonlinear/exponential 기하급수적으로 변하는 모습이다.[5] 인구증가, 기술

5) 기하급수적으로 늘어나는 상황에 대해 재미있는 이야기가 있다. 마하라자Maharaja가 자신을 도와준 현인wise man에게 은혜에 보답하고 싶다고 했다. 그러자 현인은 마하라자에게 64개의 사각형 칸이 있는 체스chess판의 한 칸에 먼저 쌀 한 톨을 놓고, 두 번째 칸에는 그 2배인 2톨을, 세 번째 칸에는 그 2배인 4톨을 놓는 식으로, 계속 2배씩 늘리며 64번째 칸까지 계속할 수 있느냐고 물었다. 쉽게 생각한 마하라자는 그리 하겠다고 했는데… 나중에 깨우친 것이지만 64번째 칸에 놓을 쌀의 숫자는 인류가 재배하고 수확한 전 세계의 쌀을 다 모아도 모자란 숫자였다. 2^{64}는 몇 개인가?!^^

발전, 경제규모, 정치권력 등 일반적으로 현실세계에서 자주 보는 모습이다. 그러나 이 현상이 끝없이 지속되는 것은 아니다. 예를 들어, 현재의 전 세계 인구증가율을 단순 기하급수적 현상으로 예측하면 불과 200년이면 지구상에 무려 1조의 인구가 득실거리게 된다. 기하급수적 현상은 일정기간이 지나면 안정세를 찾거나 오히려 하락세로 변할 수 있다.

- **비선형/점근적**asymptotic 점근漸近/asymptotically적으로 한계에 접근하는 모습으로 실세계에서도 자주 발견된다. 올림픽 선수들의 기록이 좋은 예다. 상품판매량이 증가하다가 수확체감법칙The law of diminishing return에 따라 더 이상 증가하지 않는 현상도 이에 해당한다.
- **비선형/순환**cycle 최고치와 최저치를 일정하게 순환적cycle으로 오르내리는 모습이다. 정치권력이 진보와 보수로 교체·반복되는 현상이나 기온의 변화는 주기적이다. 그러나 이러한 추세는 계속되지 않고 방향을 바꿀 수 있다는 점에 유의하여야 한다.
- **비연속**discontinuity 수학이나 통계학에서 논하지 않는 S커브curve 모습으로, 미래의 변화를 이해하는 데 가장 유용하다. 단, 과거의 추세가 지속된다는 보장이 없음을 인식해야 한다. 예를 들어, 자동차와 비행기의 발명이 하늘을 나는 자동차로 쉽게 연결되는 것이 아니다. 컴퓨터공학과 두뇌공학의 발전추이가 조만간 뇌 속의 정보를 컴퓨터에 다운로드할 수 있으리라는 기대도 아직은 그 현실성이 요원하기만 하다.

데이토Dator는 비선형 미래를 또 다른 시각에서 [그림 4.4]와 같이 '4가지 미래상four images of the future'을 지속성장·몰락·조정·재도약이라는 의미와 함께 보여주기도 했다.

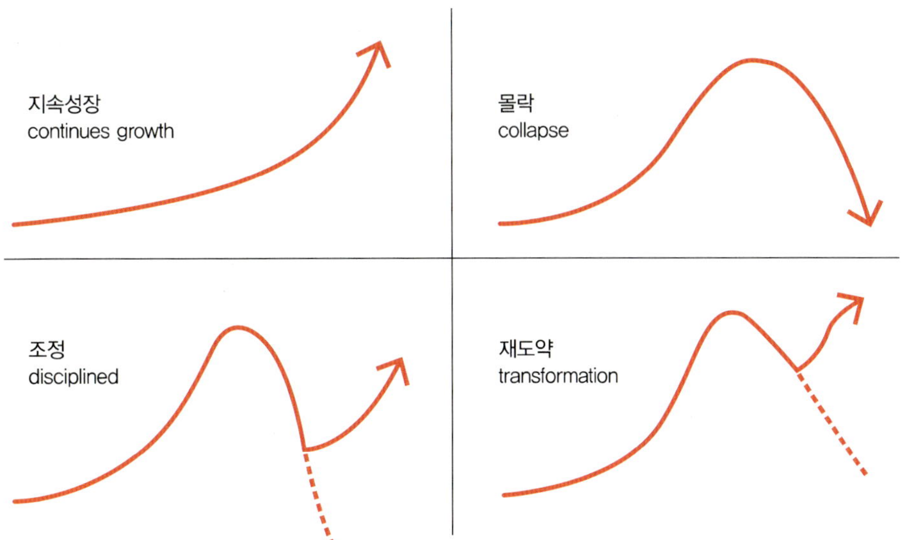

[그림 4.4] 데이토의 4가지 미래상

변화의 단속평형 이론

살다보면 이런저런 사건들이 발생한다, 오래 탄 차가 너무 고장이 잦으면 새 차로 바꾸기도 하고, 해외지사로 발령이 나면 갑자기 이사를 가는 일도 생긴다. 대단하지는 않지만 작은 변화를 접한 후 다시 안정을 찾는 상태를 평형equilibrium 상태라고 한다. 그러나 파격적인 변화, 예를 들어 결혼, 승진, 직장에서의 해고, 암의 발견 등은 새로운 상태를 만든다. 이를 단속평형punctuated equilibrium이라고 한다.

단속평형설은 다윈의 진화론이 주장했던 종species의 연속성을 부정하고 종과 종 간의 단절성을 인정하는 가설이다. 단속평형설은 1960년대 들어서 미국의 고생물학자 엘드리지Niles Erdredge가 처음으로 주창한 학설이었는데, 1980년대 들어서 하버드대학교의 진화생물학자인 스티븐 굴드Stephen Jay Gould에 의해 정리되어 많은 주목을 받았다. 굴드의 주장은 진화는 다윈이 생각했던 것처럼 일정 속도로 서서히 진행하는 것이 아니라는 것이다. 단속평형설에 의하면 진화는 짧은 기간에 급격한 변화에 의해 야기되나 그 후 긴 기간이 지나도 생물에는 변화가 생기지 않는다고 이야기하고 있다. 이러한 단속평형설은 인간사회의 변화에도 적용되는 가설이다.

역사는 평형을 유지하는 기간을 시대era라고 일컫는다. 빅토리아시대, 르네상스시대, 냉전시대 등이다. 특정 시대에서 새로운 시대로 넘어가는 기간은 전환transition기라 한다. 옛것이 사라지고 새로운 것이 찾아오는 '창조적 파괴'가 일어나는 때이다. 물론 전환기는 길

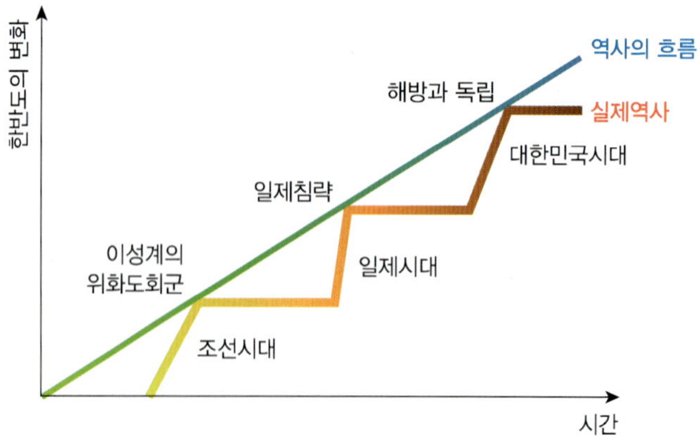

[그림 4.5] 한반도 역사의 단속평형

지 않고 또 다른 평형을 이룬다. [그림 4.5]처럼 우리나라도 고려시대에서 조선시대로, 일본 식민지시대에서 대한민국으로 오기까지 역사적 사건들이 있었고 국민들은 그 전환기 때마다 정치·사회적 혼선과 갈등을 경험해야 했다.

특히 과학기술의 발전은 단속평형 이론을 뒷받침한다. 유선통신시대에서 무선통신시대로, 일반 휴대폰에서 스마트폰으로의 이동은 잠시나마 문화적 충격이었다. 지금의 스마트폰 시대가 또 어떤 시대로 변화할지가 궁금할 뿐이다. [그림 4.6]에서 보는 것처럼 새로운 교통기술도 과거의 추세를 무너뜨리고 새로운 형태로 자리잡곤 했다. 기술이 바뀔 때마다 속도는 10배씩 빨라졌다. 그래서 다시 궁금하다. 우리는 언제 달나라 관광을 갈 수 있을까?

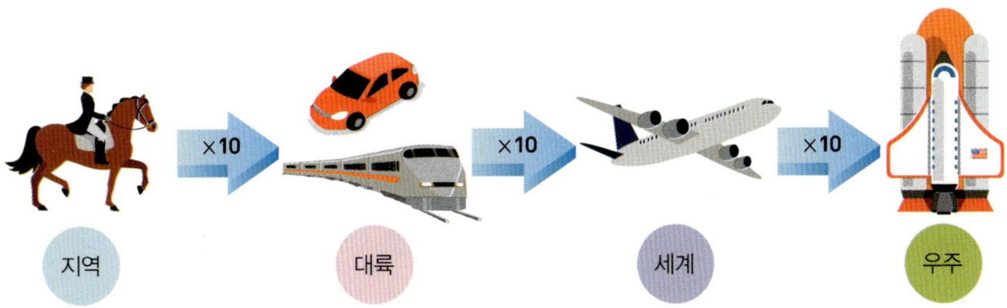

[그림 4.6] 교통기술의 발전

미래학의 질문은 '현재의 시대가 언제까지 지속될 것이며 새로운 시대가 언제 어떤 모습으로 다가올 것인가'이다. 쉽게 답할 수 있는 질문은 아니지만, 한 시대가 정착되려면 시간이 많이 소요되고 그 기간 동안에는 연속적인 변화가 진행되다가 수확체감법칙을 따르게 되고 특별한 사건과 전기를 맞아 새 시대를 열어가는 것만은 분명하다.

문제는 새 시대에 모두가 적응하는 것은 아니라는 점이다. 지난 시대의 장점이 그대로 남아 있길 원할 수도 있다. 예를 들어, 자동차 대신 자전거를 타고 출퇴근하는 사람들도 있다. 그럼에도 불구하고 새 시대는 다가온다. 미래학은 글로벌 환경이 주는 다양한 신호를 분석하여 그 시기와 모습을 예측한다.

시스템 사고

시스템은 상호작용하는 요소들의 집합체이다. 따라서 시스템 사고systems thinking란 주어진 복잡한 현상이나 사물을 하나의 시스템 혹은 여러 시스템들의 집합으로 생각하라는 뜻으로 미래학이 미래를 바라보는 가장 기본적인 관점perspective이자 미래연구를 위한 절대적인 패러다임paradigm이다.

1. 시스템 이론

시스템은 일반적으로 다음과 같이 설명된다.

- 시스템은 여러 부분parts/subsystems들로 구성되어 있으며 시스템 자체도 더 큰 시스템의 부분일 수 있다.
- 모든 시스템과 구성요소들은 다른 시스템과 직·간접적으로 연결되어 있다.
- 시스템들과 시스템의 구성요소들은 서로 상호작용하며 의외의 결과를 낳을 수 있다.
- 기대하지 않은 결과를 생산하는 시스템의 경향tendency은 시스템이 만들 결과에 대한 예측을 불가능하게 하거나 최소한 어렵게 한다.

시스템 이론은 1930년대에 생물학자 버탈란피Ludug von Bertalanffy가 개념화시켰으나 제2차 세계대전 무렵 MIT의 위너Nobert Weiner와 프린스턴대학의 노이먼John von Neumann에 의해 실용화되기 시작했다.

- **사이버네틱스** 위너는 사이버네틱스cybernetics라는 제어이론control theory을 소개하면서, 시스템은 안정상태를 유지하기 위해 그 시스템의 상태를 혼란시키거나 저해하는 외부의 부정적negative 피드백feedback을 어느 한계선limits까지는 수용한다고 했다. 원래는 생물유기체[6]나 기계장치를 설명하는 이론이었지만 이후 도시와 산업 같은 사회적 시스템, 심지어는 외부환경

6) 사이버네틱스와 유기체organism의 합성어인 사이보그cyborg는 인조인간을 의미한다.

의 빛 · 소리 · 움직임 · 온도 등의 정보를 각종의 센서에 의하여 감지하고 그 정보에 따라 작동하는 피드백 기구를 설치한 예술작품도 출현하는 등 폭넓게 적용되기에 이르렀다. 백남준의 작품들이 이에 해당한다.[7)]

- **셀룰라 오토마타** 현대 컴퓨터의 설계자로 알려지는 노이먼은 셀룰러 오토마타CA: Cellular Automata라는 또 다른 시스템의 개념을 제안했다. CA는 사이버네틱스와는 달리 시스템 안에 독립적인 에이전트agent들이 존재하고 이 에이전트들은 주변 에이전트들의 여건과 그들이 취하는 행동에 따라 자생적으로 움직이는 시스템이다. 콘웨이John Conway의 '생명게임'으로 널리 알려진 바 있다.[8)]

시스템 이론은 이제 지구과학자들로 하여금 무無생명 행성의 움직임에 관해, 생물학자들에겐 생태계의 유기체들에 관해, 정신치료사들에게는 가족구성원들의 상호작용에 관해, 그들이 관심을 갖는 시스템을 이해할 수 있는 이론적 기반을 제공해 오고 있다. 미래학 관점에서의 시스템 이론은 공동체 · 조직 · 지역 · 국가 그리고 인류사회 전반을 이해하고, 나아가 세상이 어떻게 미래를 변화시키는지를 설명하는 유익한 접근방법이다.

2. 시스템 작동과 모델링

조직 · 단체 · 국가와 같은 사회 시스템이 특정하게 작동하는 이유는 세 가지로 해석가능하다.

- **사람** 시스템 내의 사람들 때문이다. 조직의 리더, 구성원들이 시스템을 작동시킨다. 대통령 한 명이 바뀌면 국가시스템이 변하고 기업의 임원이 교체되자 매출액이 높아지는 것은 결국 사람 때문이다. 그러나 인물이 바뀌어도 정쟁政爭만 일삼는 국회, 목회자가 바뀌어도 성도 수가 줄어들지 않는 대형교회를 보면 과연 시스템의 변화가 사람 때문인지 불확실하다.
- **외부 영향력** 법 · 제도 · 시장 그리고 이 세상이 힘을 가함으로써 시스템이 작동한다. 환율이 기업의 수출에 영향을 미치는 것이 좋은 예이다. 물론 특정 기업이 다른 기업에 비해 영향을 적게 받는 이유까지 설명하는 것은 아니지만 대체적으로 외부의 힘이 시스템의 작동을 결정한다고 보는 것이다.

7) 남창섭, "백남준 아트센터, 공동진화 사이버네틱스에서 포스트휴먼", *인천일보*, 2017.6.13.

8) 생명게임과 에이전트 모델링 기법에 대해서는 이 책의 제7장에서 상세히 설명한다.

- **구조** '구조가 행위를 지배한다Structure influences behavior'는 말이 있듯이, 시스템의 작동은 시스템 구성요소들 간의 관계와 상호작용으로 나타난다는 뜻이다. 사람이나 외부의 힘은 시스템의 작은 변화를 가져오지만 구조는 큰 변화를 만든다. 바로 미래학의 관점이다.

인간을 시스템으로 간주하고 비만obesity 치유법으로서의 다이어트diet를 사례로 들어보자. 적게 먹으면 살이 빠지는 것은 당연하지만 왜 다이어트로 살을 빼는 것이 힘들까. 첫 번째 이유는 사람 때문이다. 의지력will power이 부족한 사람이 바로 문제이다. 그러나 비만의 문제가 꼭 그 사람 때문일까? 아닐 수도 있다. 두 번째 이유는 외부로부터의 스트레스 때문일 수도 있다. 집, 자식들, 배우자, 직장 등에서 받는 스트레스가 냉장고 문을 자꾸 열게 만든다. 그럴 수도 있다. 그러나 핑계처럼 들리기도 한다.

미래학은 세 번째에 해당하는 신체의 신진대사metabolism 구조를 그 이유로 꼽는다. 신진대사는 하나의 시스템이다. 다이어트를 시작하면 인간의 신체는 위기를 포착하고 칼로리를 효율적으로 소모하면서 언제 필요할지 모르는 에너지를 지방fat으로 보관하기 시작한다. 다이어트를 오래 지속하면 체중은 감소되겠지만 신체 시스템은 이를 경보alarm로 받아들인다. 이 경보는 다이어트가 끝나도 작동하여 여전히 효율적인 칼로리 소모와 함께 지방을 축적시키며 결국은 요요현상을 맞게 되는 것이다. 따라서 다이어트로 인한 일시적 체중 감소는 비만에서 벗어나는 효과로는 부족하다. 의지력도 스트레스도 아닌 신진대사가 바로 비만이 지속되는 이유라는 것이며, 이러한 관점은 사회 시스템의 이해에도 바람직하다는 것이 미래학이다.

시스템을 이해하기 위해서는 시스템 모델링이 필요하다. 모델model은 현실을 간소화simplified시킨 것으로 그 형태는 물리적·수학적 모형이거나 도형일 수 있다. 현실의 전체가 아니라 핵심만 반영해야 시스템의 작동원리를 파악할 수 있다. 모형 안에 무엇을 포함시킬 것인가를 결정하는 기준이 **시스템 경계선**boundary이다. 원칙은 다음과 같다.

- **완전성**completeness 시스템의 행위를 설명하는 모든 요소들을 포함시킨다.
- **절약성**parsimony 꼭 필요하지 않은 요소들을 제외시킨다.

시스템 모형에는 4가지 유형이 있다.

- **구두 모형** 구두verbal, 즉 말로 시스템의 구조와 행위를 설명하는 것이다. 우리가 일상생활을 하며 흔히 사용한다. 간편하지만 부정확할 수 있다는 단점이 있다.
- **공식 모형** 수학과 같은 공식formal 언어를 이용하며 시스템을 설명하는 것이다.
- **시뮬레이션 모형** 컴퓨터 프로그래밍으로 모의실험simulation하는 것이다. 예를 들어, 교통시스템 시뮬레이션 결과에 따라 도로확장이나 신호등 설치 같은 정책이 뒤따르기도 한다.
- **적합 모형** 시계열 모형과 같이 과거의 데이터를 근거로 미래를 예측하기 전에 미리 그 적합validation성을 검증한 모형이다.

3. 사이버네틱 시스템

사이버네틱cybernetic 시스템은 어떤 목적달성을 위한 행동을 취하면서 끊임없이 그 행동결과를 예상 또는 피드백하여 다음 행동을 준비하고 가장 적합한 행동을 취하는 시스템이다. 즉, 외부로부터 정보를 수집해 그것을 자신의 행동에 유용하게 사용하기 위한 특수한 장치를 갖추고 있고, 그 장치는 다음 행동에도 도움이 되는 정보를 새로운 형태로 변환시켜 축적하는데, 이를 통해 외부에 대해 효과적으로 행동하게 되고 또한 외부에 대해 행해진 동작이 다시 그 장치에 정보를 가져오게 된다. 이렇게 시스템은 외부와의 관계에 대응하면서 목적달성을 위한 최적의 행동을 취하도록 자기제어를 하는데 생물·기계장치뿐만 아니라 사회 시스템 역시 마찬가지이다. 예를 들어, 하나의 공공정책이 공공부문과 민간부문 사이의 상호작용 속에서 이루어진다는 뉴거버넌스new governance의 중요한 속성은 '사회적' 사이버네틱스 시스템socio-cybernetic system이라 불린다. 기업·산업·국가 등 사회 시스템의 자기제어 과정의 구조와 기능에 관해 연구하는 것은 미래학의 의미 있는 과제라 할 수 있다.

복잡한 사회가 왜 그렇게 움직이는지, 그 현상을 이해하려면 모형이 필요하다. 미래학은 이를 '심리모형mental model'이라 부른다. 사실 사람들은 모든 일에 대해 나름대로의 심적 모형을 가지고 있다. 누구를 어떻게 만날까, 식사를 어떻게 할까, 어떻게 가르칠까 등의 생각은 심리모형의 활용과 다름 없다. 나아가 왜 매출이 높고 낮은지, 왜 특정 지역에는 범죄가 많이 발생하는지, 왜 전쟁이 터지는지에 관해 지식·경험·상식을 바탕으로 한 심리모형을 가동시킨다, 그 심리모형들을 밝히는 것이 사이버네틱 시스템을 이해하는 방법이며 이는 미래학의 중요한 과제가 된다.

4. 복잡적응계

복잡적응계complex adaptive systems는 얼핏 보면 무질서해 보이지만 자발적으로 질서를 형성하는 자기조직화 능력을 갖고 있는 시스템이다.[9] 자연계를 구성하고 있는 많은 구성요소 간의 다양하고 유기적 협동현상에서 비롯되는 복잡한 현상들의 집합체로 자연과학·수학·사회과학 등 다양한 영역에서 연구되고 있다. 복잡계에서는 어느 장소에서 일어난 작은 사건이 그 주변에 있는 다양한 요인에 작용을 하고, 그것이 복합되어 차츰 큰 영향력을 갖게 됨으로써 멀리 떨어진 곳에서 일어난 사건의 원인이 된다고 생각한다. 갖가지 복잡한 요소가 다양하게 얽혀있는 사회 시스템이 바로 복잡적응계의 한 예이다.

다른 예로 '주행 시스템'을 살펴보자. 우선 자동차의 주행을 담당하는 기계장치들은 복잡하다. 이 기계장치는 상호의존적인 부품들이 있어 전체 기능이 정상적으로 작동되려면 모든 부품들이 동시에 제 역할을 해야 한다. 만약 필수적인 역할을 담당하는 부품을 제거한다면 전체 주행 시스템은 이 역할을 수행하지 못하게 된다. 따라서 주행 시스템은 기본이 구성요소들이 상호작용하는 복잡계complex system이다. 그런데 달리던 도로에 사고창발/emergence/創發가 났다. 이 차가 주행 중에 사고지점을 통과하면서 앞 차가 속도를 줄이는 바람에 뒤따르던 차도 속도를 줄이고, 이에 그 뒤의 차들도 당연히 속도를 줄이면서 결국 교통체증이 일어난다. 시스템 내의 요소들인 자동차들의 상호작용으로 생긴 현상이다. 교통체증이 일어나면서 교통방송이 이 사실을 알리고 소식을 들은 다른 차들은 상황에 적응adapt하기 위해 사고지점 쪽으로 향하지 않고 우회로를 찾게 되고 이 우회도로로 가는 차들이 많아지면 이 우회도로 역시 교통체증을 유발한다. 이 소식까지 접한 또 다른 운전자들은 차라리 원래의 직선도로를 선택할 수 있고 아니면 아예 집에 머무를 수도 있다. 이 모든 현상이 복잡적응계의 한 예이다.[10]

복잡적응계의 다른 사례는 주식시장이다. 주식시장의 참여자들은 서로 상호작용하며 다른 사람들이 어떻게 행동할지를 예측하고 이에 적응한다. 그래서 주가는 하루 종일 출렁거

9) 임형두, "태어난 것과 만들어진 것의 결합", *연합뉴스*, 2015.12.10.
10) Polarized Lentium, "교통사고와 주식시장 그리고 복잡적응계," 2017.6. http://polarizedlentium.tistory.com/128

린다. 기후변화도 마찬가지로 복잡적응계이다. [그림 4.7]은 복잡적응계를 보여준다.

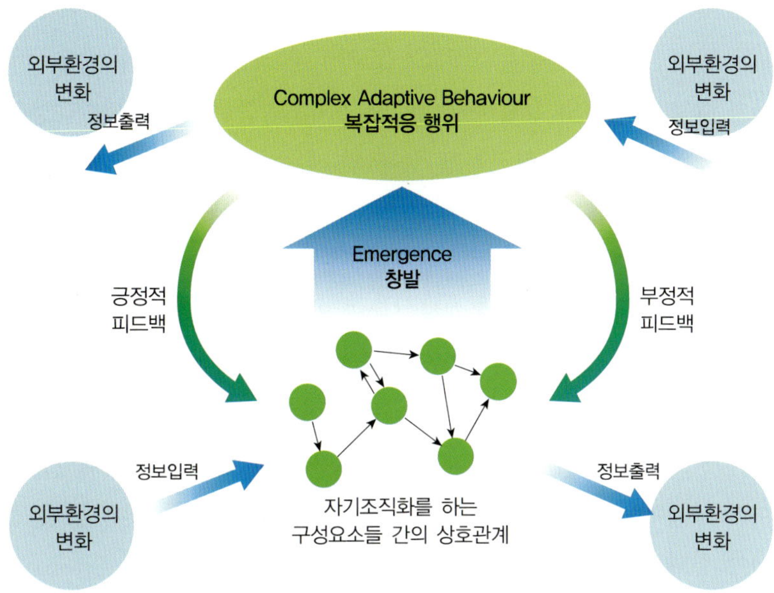

[그림 4.7] 복잡적응계

복잡적응계는 4가지로 분류된다.

- **카오스**chaos　카오스혼돈는 복잡・무질서・불규칙한 상태를 말하며, 장래의 예측이 불가능한 현상을 가리킨다. 그러나 서로 깨어지고 부서지는 상태가 아니라, 마치 교향악을 연주하듯 조화를 이룬 가운데 혼동하는 복잡함 속의 일정한 규칙이 존재한다. 카오스는 '혼돈'이라는 원래의 의미보다는 '복잡한 본질을 이루고 있는 요소' 또는 '불규칙한 이동 현상'이라는 뜻으로 해석해야 한다. 카오스 이론을 통해 복잡한 현상을 일으키는 여러 요인들 중에서 2~3개 정도의 요인만을 분석함으로써 예측도 가능하다.
- **재앙**catastrophe　9・11 사태처럼 갑자기 발생하는 재앙도 복잡적응계의 일종이지만 이와 같은 사태를 다루는 이론은 현재는 존재하지 않는다.
- **임계성**criticality　어떠한 현상이 갑자기 다르게 나타나기 시작하는 경계를 말한다. 성냥개비를 계속 쌓아올리면 어느 순간에는 결국 무너지고 만다. 정치적 혁명쿠데타도 한 예이다.
- **복잡계**complex systems　구성요소들이 서로 간의 상호작용을 통해 구성요소 하나하나의 특성과는 사뭇 다른 새로운 복잡성을 나타내는 동시에 그 속에서 특정한 질서를 보여주는 시스템이다. 미래학의 관심대상이다.

복잡계의 복잡성complexity은 단순히 복잡한complicated 것과는 구별되는 개념이다.[11] 복잡한 시스템complicated system은 각 구성요소가 서로 다른 역할을 하면서 긴밀하게 연결되어 있지만, 구성요소들 간의 적응과 반응의 과정은 없다. 따라서 일정 변수에 의해 통제되고 예측가능하다. 반면, 복잡계에서는 구성요소들 사이에 적응과 반응이 나타나며 이는 피드백을 발생시켜 새로운 패턴의 창발emergence 및 자기조직화self-organization 과정을 야기한다. 이런 변화는 무작위적이거나 단절적이고, 통제 및 예측이 어렵다. 이러한 복잡계의 특징을 비선형성non-linearity이라고 한다. 비선형성은 원인과 결과가 명확한 단순계simple systems와 상반되는 개념이다.

복잡계나 카오스와 같이 비선형 동태적 시스템의 또 다른 특징 중 하나는 경로의존성path dependence이다. 한 번 경로가 정해지면 나중에 그 경로가 비효율적이라는 사실을 알면서도 관성과 경로의 기득권 때문에 경로를 바꾸기 어렵거나 아예 불가능해지는 현상을 말한다. 경로의존성으로 인해 발생하는 문제점들을 피하려면 모든 정책대안들을 신중하게 고려하고 미리 상황대응계획을 수립하여 예상하지 못했던 상황을 맞았을 때 충분한 유연성을 갖추어야 한다.

생각해봅시다 4.1 X와 Y 중 누가 미래를 더 잘 준비하고 있을까?

사람마다 장・단점이 있고 성품이 각각 다르기 마련이다. X와 Y로 분류하면 아래 표와 같다.

분야	X	Y
1. 감각	하나에만 집중한다.	종합적으로 인지한다.
2. 작업	한 가지 일을 충실하게 한다.	여럿을 동시에, 멀티프로세싱한다.
3. 얼굴	얼굴을 보며 말한다.	표정을 읽으며 말한다.
4. 대화	앞 사람의 말을 진지하게 들어준다.	주변 사람들의 대화까지 듣는다.
5. 상대	상대에게 귀기울여주며 공감한다.	언행의 의도를 생각하며 상대한다.
6. 문제	어떻게 할까 고민한다.	문제를 분석하고 해결책을 찾는다.
7. 태도	한가할 듯 싶은데 늘 바빠 보인다.	바쁠 듯 싶은데 늘 느긋해 보인다.
8. 여행	패키지여행이 편하다.	자유여행이 좋다.
9. 뉴스	TV뉴스는 한 시간씩 꼭 시청한다.	인터넷까지 뒤지며 오랜 시간 분석한다.
10. 능력	미美적 감각, 창의력이 괜찮다.	시스템사고력, 기획력이 괜찮다.

11) STEPI, *미래연구 용어집*, 2018.3.

X는 큰 걱정이 없다. 독실한 신앙심으로, 사망 후의 미래에 대해 확신에 차 있다. 그래서 신학을 공부 중이다. Y는 생각이 많다. 10년, 20년 후의 미래도 궁금해서 미래학 책까지 쓰고 있다(이제 짐작하다시피 Y는 저자이고 X는 저자의 아내이다). 미래학 이론으로 따진다면 미래역량은 Y가 X보다 낫다. 그러나 X와 Y 중 누가 더 미래를 더 잘 준비하고 있는 것일까?

사회변동 이론

사회변동은 역사이고 또한 이 시대의 사실fact이다. 인류는 늘 격동하면서 새 역사를 만들어왔다. 어떤 이들은 사회변동을 근본적 현실fundamental reality이라고도 한다.[12)]

사회변동social change[13)]은 한 사회에 존재하는 질서·체제·제도나 정신적·물질적 문화가 일부 또는 전체적으로 변화하는 것이다. 바꾸어 말해서 사회질서의 변화, 즉 사회구조와 사회관계의 변화를 의미한다. 사회구조social structure란 사회의 제반 기능을 유기적有機的으로 분담하는 조직이 배치되어 있는 시스템을 말하고, 사회관계social relations란 개인 상호간, 개인과 집단 간, 집단과 집단 간의 상호작용을 내용으로 하는 사회과정社會過程이 반복에 의하여 상대적으로 지속되고 그 방향이나 성격이 명확하고 안정적인 관계를 말한다. 이러한 사회구조 및 사회관계가 변화하는 것을 일반적으로 사회변동이라 한다. 아들 낳기를 더 좋아하는 남아선호男兒選好 풍조에 의한 남녀별 인구구성의 변화, 핵가족화에 따른 남편과 아내의 지위·역할의 변화, 스마트폰의 등장으로 인한 사회활동의 변화 등은 모두 사회구조 및 사회관계의 변화를 나타낸 사회변동의 양상들이다.

사회변동을 설명하는 통일된 이론은 없다. 다양한 가정assumptions하에 다양한 논리들이 제시되어 왔을 뿐이다. 특정 이론의 옳고 그름보다는 미래를 이해하려는 연구대상에 따라 이론적 가정을 검토하고 취사선택할 수는 있다. [표 4.1]에 나열된 10개의 사회변동 이론을 각각 소개한다.

---

12) Lauer, R. *Perspectives on Social Change*, Allyn and Bacon, 1977.

13) *이해하기 쉽게 쓴 행정학용어사전*, 새정보미디어, 2010.3.25.

[표 4.1] 사회변동 이론들의 가정

	사회변동 이론	가정assumptions 요약
1	진보progress	가치에 대한 보편적 표준universal standard
2	발전development	일관된 방향
3	기술technology	유물론materialism과 이를 다루는 수단means
4	문화culture	아이디어의 힘
5	순환cycle	거시 상태macro states의 반복recurrence
6	갈등conflict	관계있는 사람끼리의 투쟁struggle
7	시장market	생산자와 소비자 간의 경쟁
8	권력power	특정 그룹의 지휘direction
9	진화evolution	환경과의 지속적인 상호작용
10	창발emergence	상향식 독립 에이전트agent들

1. 진보론

진보론progressive theory은 더욱 나은 모습으로 사회가 변화되리라고 주장한다.[14] 이 사회가 비록 빈곤poverty과 질환과 마약과 범죄와 환경오염과 지구온난화 등에 시름하고 있지만 인류의 독창성ingenuity과 고집스러움persistence은 과거에도 그래왔던 것처럼 이러한 문제를 극복하리라고 믿는다. 너무 낙관적으로 들리지만 평화·자유·정의·안전·식량 및 물질적 풍요로움과 같은 삶의 가치에 대한 보편적 표준universal standard에 인류가 공감하는 한, 이 사회는 시간과 함께 진보의 길을 걷는다는 것이다. 비판적 시각도 존재하지만, 진보론의 가정은 다음과 같다.

- 오늘날의 사회는 과거보다 더 나은 것이다.
- 미래의 사회는 현재의 사회보다 더 나은 사회일 것이다.

14) Bury, J. B., *The Ideas of Progress*, Macmillan, 1932.

2. 발전론

진보론이 지나치게 낙관적이라면 발전론development theory은 좋고 나쁨보다는 사회가 그저 발전한다는 가정을 한다.[15] 마치 인간이 태어나서 자라고 더 능력을 갖춘 어른으로 발전해가듯이 사회도 시간과 함께 오로지 발전한다는 것이다. 이를 선진화advancement라고 한다. 우리나라가 빈곤국가에서 개발도상국으로 선진국으로 발전해 왔듯이, 삼성·LG와 같은 국내 기업이 지역 창업으로부터 국내 대기업으로 그리고 지금의 글로벌 기업으로 성장해 왔듯이, 발전론은 사회가 일관된 모습으로 발전한다고 가정한다. 물론 인간은 사망하고 기업들도 도태되고 만다. 영구적이 아니다. 그 점이 발전론의 한계이지만 가정이 그러하다.

- 사회는 선진화 방향으로 변화할 것이다.
- 사회는 지속적으로 일관되게 선진화될 것이다.

3. 기술론

진보론이나 발전론은 사회의 변화하는 모습을 논한다. 그러나 그 변화를 초래하는 동인들을 포함시키는 이론은 아니다. 동인론driver theories 중 하나인 기술론technology theory은 기술의 발전과 이용이 사회를 변화시킨다고 믿는다.[16] 농경사회에서 산업사회로, 그리고 정보사회로의 변동은 인류의 기술개발 때문이었다. 기술론의 일종인 유물론materialism은 기술이나 물질을 다루는 수단means과 인간의 물질세계와의 관계를 중시한다. 예를 들어, 유목normadic사회는 사막에서의 삶에 적응을 위해 천막생활과 말 타기에 익숙해진다. 기술론은 인간이 물질 그 자체라고 가정하고 '사람은 무슨 일은 하느냐로 정의된다we are what we do'고 믿는다. 그러나 기술 그 자체도 나름의 생애life가 있다. 기술은 인간이 만들지만 기술은 갈 길을 스스로 찾아 변화·발전한다는 것이 기술론이다,

---

15) Bunting, M., "The End is Nigh", *Guardian of London*, 2001.8.

16) Kurzwell, R., *The Singularity is Near*, Viking, 2005.

- 사회변동을 일으키는 주된 동인primary driver이 존재한다.
- 기술은 그 자체적으로 거침없이inexorable 발전한다.
- 기술은 무한한indefinite 능력을 지니고 수십억 명의 인류를 잘살게 할 수 있다.

4. 문화론

문화란 일정한 목적 또는 생활의 이상을 실현하고자 사회구성원에 의하여 습득·공유·전달되는 행동양식이나 생활양식의 과정 및 그 과정에서 이룩하여 낸 물질적·정신적 소득을 통틀어 이르는 말이다. 다양한 아이디어와 삶은 지혜들이 그 시대와 그 사회를 지배한다. 의식주를 비롯하여 가치·지식·믿음·언어·풍습·종교·학문·예술·제도 따위를 모두 포함한다. 문화론culture theory은 사회가 물질이나 기술보다는 이러한 문화에 더 의존한다고 믿는다.[17] 심지어는 기술도 문화의 한 유형이며 그 기술을 활용하는 자세는 문화라고 본다. 물론 기술론은 물질이 지배한다고 고집하며 기술문화의 동인은 기술이라고 믿는다. 또한 자본주의와 물질세계에 길들여진 서구사회는 기술론에 더 익숙해 있다. 그러나 기술과 무관하게 지구촌의 문화는 다양하며 이와 같은 다양한 문화를 수용하기에 이르렀다. 지금은 '도대체 왜 그것을 먹고 그렇게 살까' 하고 타문화를 배타하지는 않는 글로벌 세상이다. 맥도날드 햄버거와 KFC치킨과 코카콜라와 같은 식음료에 대한 아이디어는 히말라야 중턱의 네팔에서도 인정하고 우리의 김치와 비빔밥과 불고기는 미국에서도 인기 메뉴가 되었다. 국제결혼은 이제 보편화되어가고 있다. 동·서양의 문화가 융합되어 새로운 활력을 찾는 것이 21세기 사회변동의 핵심이며 지구촌 현재의 모습이다.

- 사회는 물질이나 기술보다는 문화에 더 의존한다. 기술도 문화의 한 유형이다.
- 아이디어는 문화가 사회의 변화를 발생시키는 능력을 갖게 하는 핵심요인이다.

17) Inglehart, R., *Modernization and Postmodernization: Cultural, Economic, and Political Changes in 43 Countries*, Princeton University Press, 1997.

5. 순환론

앞서 논의된 이론들은 사회가 어느 방향으로인가 향한다고 가정한다. 그러나 '올라가다 보면 내려가고 그 어느 것도 영원한 것은 없다'는 이야기가 있듯이 모든 것은 주기를 따라 순환한다는 논리가 순환론cycle theory이다. 유행fads은 결국 지나가고 신기술은 언젠가는 성숙 단계에 이르며, 인기popular 상품은 인기가 식고, 명성이 자자했던 연예인celebrity이 무대에서 사라지는 것은 바로 순환론 때문이다. 순환론은 그 어떤 변동도 영원하지 않으며 결국 방향을 바꾸고 장기간 계속될 것 같지만, 언젠가는 종말을 맞는다고 가정한다.

- 그 어떤 한 방향으로의 변동도 일관되지 못하다. 장기간 계속되는 동안 정점에 이르기도 하고 또 하락하기도 한다.
- 방향성 변동은 장기간 지속되다가 결국 역전reverse된다. 그 어느 것도, 심지어는 우주조차도 영원하지 않다.
- 방향성directional 이론과 순환론 사이에서 선택할 때는 기간time-frame 설정을 중시해야 한다. 그 기간 내에 방향도 보이고 주기도 보일 수 있기 때문이다.

6. 갈등론

갈등론conflict theory은 사회 혹은 조직 내의 그룹과 개인들 사이에 발생하는 갈등의 결과로 사회변동이 일어난다고 생각한다.[18] 모든 사회에는 서로 다른 목표를 가진 사람들이 있고 그들은 자신들이 원하는 것을 위해 갈등을 초래한다. 분명한 현실이다. 겉으로 보기엔 단일체unity처럼 보이는 외관은 허울 좋은 표면일 뿐이며, 따라서 '우리는 한 배에 탔다'는 흔한 말을 갈등론은 믿지 못한다. 오히려 '모두의 다른 모두와의 전쟁the war of all against all'은 아닐지언정 최소한 '남과 싸우는 우리Us versus them'가 현실이라고 본다. 여당과 야당, 노동자와 사용자, 생산자와 소비자 등의 사이에 갈등은 늘 존재하고 이로 말미암아 사회는 변동한다.

18) Coser, L. "Social Conflict and the Theory of Social Change", *The British Journal of Sociology*, 8(3), 1957.

- 사회는 단일체가 아니며 서로 다른 목표와 실행으로 갈등관계에 있는 그룹들의 집합이다.
- 사회변동은 각각 다른 시간대에 각각 다른 방법으로 사람들에게 영향을 미친다.
- 갈등은 존재existence에 위협을 가하지 않는 한 사람들을 뭉치게 한다.
- 갈등은 사람들에게 목표를 위해 더욱 열심히 일하도록 하는 촉매제이고, 나아가 사회변동의 양과 속도를 높인다.

7. 시장론

산업자본주의industrial capitalism가 만든 시장marketplace은 다양한 경쟁을 촉발시키며 사회변동을 가져왔다. 더 나은 직장을 원하는 종업원들끼리, 시장에서 돈을 벌려는 기업들끼리, 노력에 대한 이익을 높이기 위한 경쟁은 치열하다. 세상을 살아가기 위해서는 누구나 돈이 필요하다. 돈은 현대사회를 움직이며 재력을 가진 사람이 사회를 통제한다. 자본주의 경쟁은 그 어떤 이론들보다 강력하게 사회변동을 가져왔다.

- 돈money은 현대 사회의 주된 동인driver이다.
- 재력을 가진 사람이 규범을 만들고those with the gold make the rules 재력이 클수록 사회변동을 만드는 힘이 더욱 강력해진다.

8. 권력론

권력은 남을 지배할 수 있는 힘이며 미래로 이끄는 수단이다. 국가나 정부가 국민에 대하여 가지고 있는 힘은 강력한 권력이다. 보통사람들은 그런 힘이 크지 않지만 누군가는 강력한 권력으로 세상을 이끌고 변화를 만든다. 역사의 인물들이 그러했다. 대통령, 장관, CEO, 회장, 장군, 추기경 등은 다른 사람들을 복종시키는 힘이 있다. 권력론은 비교적 적은 수의 사람들이 그들의 위치와 영향력으로 사회변동을 일으키는 엄청난 힘을 가지고 있다고 가정한다.[19]

19) Kleiner, A., *Who Really Matters: The Core Group Theory of Power, Privilege and Success*, Doubleday, 2003.

- 개인도 원하면 미래에 영향을 미칠 수 있다.
- 개인도 의식적으로 자신이나 남의 목표달성을 위해 미래에 영향을 미칠 선택을 한다.
- 역사를 설명하는 가장 좋은 방법은 변화를 주도했던 주인공들에 대한 이야기이다.
- 어떤 사람들은 다른 사람들보다 자신이 원하는 것을 갖는 데 더 강한 능력을 가지고 있다.

9. 진화론

진화론evolution theory은 다윈Darwin의 '종의 기원' 학설로 잘 알려져 있다.[20] 진화론은 3단계를 거친다.

① **변이**variation　같은 종specie 안에 있는 개체가 변하려면 먼저 달라야 한다. 흔히 돌연변이mutation가 만드는 재조합recombination에 의해 만들어진다.

② **선택**selection　그 다른 개체는 자연환경 적응력이 더 뛰어나야 한다.

③ **복제**replication　가장 적응력이 뛰어난 개체는 그 형질을 다음 세대에도 전파한다.

사회가 지속적으로 일관되게 선진화되어 간다는 발전론과 달리 진화론은 창조될 수 없는 자연환경의 역할을 강조한다. 위 세 단계가 자연환경의 변화이다. 진화론의 가정은 다음과 같다.

- 생물체든 사람이든 진화하는 개체는 선택받기 이전에 기존 개체에 비해 더욱 환경에 적응하는 변이된 모습을 보이고, 이후 복제과정을 거친다.
- 복제란 생물학적으로는 생식procreation이지만 기술세계에서는 신기술의 보급dissemination, 문화적으로는 한 사람으로부터 다른 사람으로의 새로운 아이디어의 전파transmission와 같은 논리이다.

10. 창발론

창발론emergence theory은 시스템이 일정한 환경 내에서 독립적인 목표를 가지고 활동하는

20) Darwin, C., *On the Origin of Species by Means of Natutral Selection*, John Murray, 1859.

에이전트agent들의 집합이라고 생각한다. 독립적인 에이전트들이 일으키는 대규모의 상향식 변동이 창발이며, 거시적인 복잡적응계의 상호작용하는 에이전트들이 창발의 원인이다. 사회도, 생물체도, 시장도 수많은 에이전트들의 구성체일 뿐이다.[21]

- 사회변동은 하향식이 아닌 상향식으로 끓어오른다bubbles up.
- 시스템은 일정한 환경 내에서 독립적인 목표를 가지고 활동하는 에이전트들의 집합이다.

사회변동을 설명하는 위 10가지의 이론들은 미래연구에 매우 중요하다. 이 이론들은 변화의 특성을 고려하여 대안미래를 모색하는 데 결정적 역할을 한다. 그러나 사회변동을 설명하기 위해 무슨 이론이 적합할까? 이 질문에 대한 답은 전적으로 미래연구 대상의 특성과 이론들의 가정에 달려있다. [그림 4.8]은 적정 사회변동 이론의 선택방법을 제시한다.

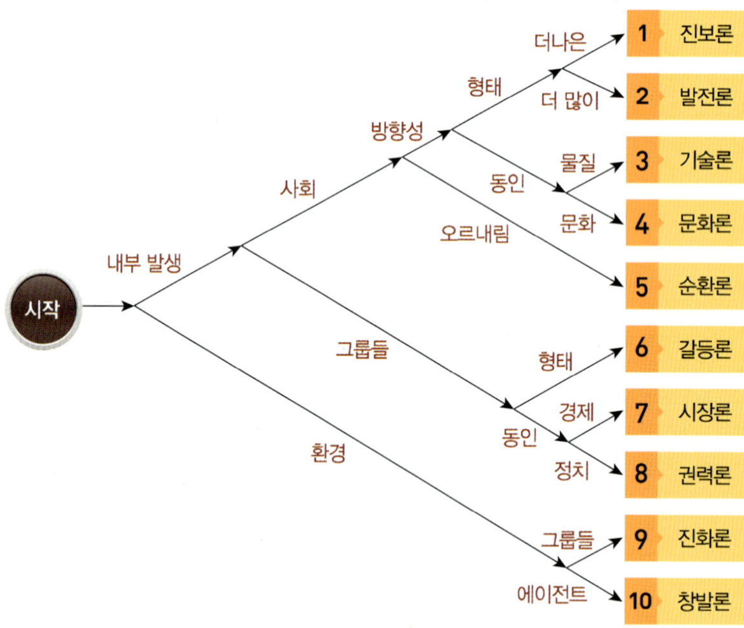

[그림 4.8] 사회변동 이론과 가정들

21) Wolfram, S., *A New Kind of Science*, Wolfram Media, 2002.

미래를 보는 관점

미래는 보이지 않으므로 바라보는 관점이 필요하다. 관점에 따라 보이는 것이 다르고 또한 해석이 달라진다. 시간이 흐르면 관점도 달라질 수 있다. 미래학도 70년 전의 전형적인 관점에서 벗어나 사회변동의 진보론·발전론·창발론을 따라 학문적 깊이를 더해가고 있다.

1. 전통적인 관점

이론적으로 미래학이 미래를 보는 전통적인 관점은 세 가지이다.

- **실증적 관점**empirical perspective 미국의 미래연구는 제2차 세계대전 무렵에 랜드연구소의 허만 칸Herman Kahn이 시나리오 플래닝scenario planning기법을 제안하면서 본격화되었다. 칸은 이 기법의 목적을 '생각할 수 없는 것을 생각하는 방법think the unthinkable'이라 했는데 처음엔 국방연구에 활용되다가 이후 기업의 미래연구로 전파되었다. 시나리오 플래닝으로 대표되는 실증적 관점은 변화를 외부환경과의 연결에 초점을 맞춘다. 핵심 추세·트렌드trend와 시스템들의 연결고리를 발견한 후 미래를 예측한다.
- **문화적 관점**cultural perspective 유럽의 프랑스와 구舊소련Soviet Union에서 시작된 미래를 보는 관점은 미래탐색에 문화적 시각이다. 주관적subjective이며 보다 합리적rational이고 직관적intuitive으로 문화적 변화의 영향과 바람직한 미래를 연구한다. 실증적 관점이 바람직한 미래를 위한 의사결정에 영향력을 행사하려는 목적으로 미래를 내다본다면, 문화적 관점은 미래를 향한 풍경landscape을 바라보며 바람직한 미래를 그리는 식이다.
- **비판적 관점**critical perspective 비판적 관점은 표면상 보이는 미래에 관해 더 넓고 더 깊게 비판적으로 파고드는 관점이다. 우리에게 '주어진다given'는 실증적 관점의 미래가 아니라 미래를 문제로 삼아 그 미래가 누구에게 좋고, 누가 이기고 지고, 누가 참여하고 누가 빠지나 식의 질문을 던지며 미래를 탐색한다. 미래는 객관적인 실증적 관점이나 주관적인 문화적 관점이 아닌, 모두의 동의를 확보하는 사회적 결과물로 여긴다. 예를 들어, 환경파괴나 에너지고갈 및 로봇의 인간지배 등 비판적인 시각으로 상상하는 미래상은 비판적 관점에서 생긴다.

그러나 이들 세 가지 관점에서 벗어나 주제를 탐색함에 있어서 가능한 많은 다양한 관점, 스타일 및 방법론 등을 포함시켜 미래를 예측하자는 것이 미래학의 현재의 관점이다, 이를 통합이론integral theory이라 한다.

2. 통합적 관점

통합이론[22]은 현실의 그 어떤 이슈나 측면aspect을 볼 때 4개의 필수 불가결한irreducible 4개의 관점, 즉 주관적subjective, 간주관적inter-subjective, 객관적objective, 간객관적inter-objective 관점으로 보자는 이론이다. [그림 4.9]는 네 관점들을 보여준다.[23]

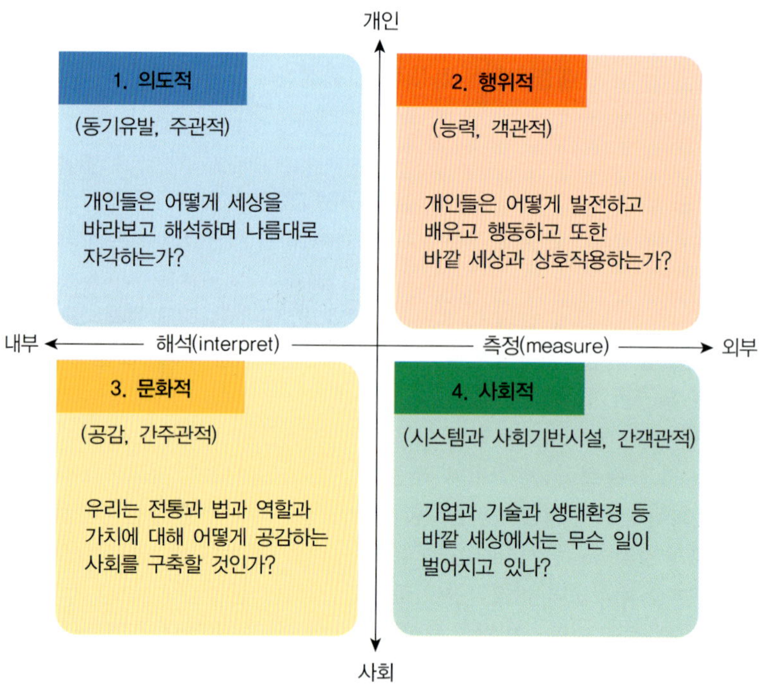

[그림 4.9] 통합이론의 네 가지 관점

22) Wilber, K., *A Theory of Everything: An Integral Version for Business, Politics, Science and Spirituality*, Shanbhala, 2001.

23) Slaughter, R.(ed), "Special Issue: Integral Futures," *Futures*, 2008.

- **의도적**intentional 개인의 주관적 내적 세계를 뜻하며 이를 이해하려면 오로지 해석하는 방법밖에 없다. 개개인의 동기나 가치관의 변화, 자각perception, 목표, 그리고 삶의 의미가 포함된다.
- **행위적**behavioral 개인의 행동이 객관적으로 관찰될 수 있는 바깥 세상이다. 투표, 소비행태, 생식reproductive행위 등 사람들과 상대하면서 변하는 행동들이다.
- **문화적**cultural 문화로 일컬어지는 집단의 내적 세계와 집단의 간주관적inter-subjective 공감세계를 뜻한다. 언어 · 문화 · 제도와 같은 집단적 구조들이다.
- **사회적**social 물리적 실세계 혹은 시스템과 사회기반시설과 같은 간객관적inter-objective 외부세계를 말한다. 자연이나 건축물과 같이 측정가능한 대상들이 여기 포함된다.

통합적 미래integral futures는 위와 같은 4개의 관점들을 통해 전체론holistic의 시각으로 바라보고 탐색하는 미래이다. 다양한 미래학의 이론들을 비교할 수 있는 틀을 제시해주고, 나아가 새로운 기법들을 창안할 수 있는 기회를 제공한다는 장점이 있다.

미래의 다양성 이론

미래학은 변화가 초래할 미래를 이해하기 위해 다양한 미래를 상정한다. 미래의 다양성은 전망과 불확실성을 함께 고려할 수 있게 하는 까닭이다. 주말에 중요한 야외행사를 계획한다면 누군가는 비가 올 가능성을 염두에 두어야 하고, 당일 비가 쏟아질 경우에 대비해서 가까운 곳의 실내 장소를 미리 준비하는 대비책을 강구해야 한다. 누군가는 일기예보를 보고 비가 내릴 확률을 알아두면 도움이 될 것이다.

1. 미래의 유형

과학적으로 미래를 예측함은 어렵지 않다. 통계학은 미래 예측에 매우 유용한 학문이다. 그러나 복잡한 사회현상이나 기업의 이슈를 오로지 관찰을 토대로 예측하려는 사회과학은 필연적으로 불확실성을 해결해야 한다. 이를 위해 미래학은 사회과학자들의 생각처럼 미래가 인과관계로 이어지는 사건들의causal chain of events 결과로 다가오는 것은 사실이되, 내포된 불확실성이 너무 높아서 과학적 분석의 대상은 못되므로 그 해결방법을 미래의 다양성에서 찾는다. 특정 미래가 나타날 확률을 계산하는 것이 아니라 [그림 4.10]에 보이는 다양한 미래를 따져보자는 것이다. 가능한possible 미래 중에서 타당한plausible 미래의 영역을 도출하고 그 중 나타날 개연성probable이 높은 미래를 찾은 다음 바람직한preferable 미래가 현실이 되도록 전략을 수립하자고 한다.

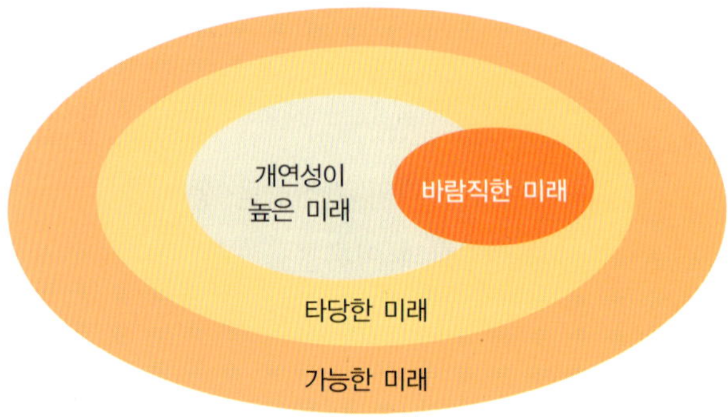

[그림 4.10] 미래의 네 가지 유형

미래의 다양성은 중요한 개념이다. 여러 정황으로 미루어 판단될지언정 '2개월 후면 전쟁이 끝나고 경기가 회복될 것이다'라는 식의 확고한 전망보다는 '전쟁은 2개월 후에 끝날 가능성이 있고 그런 후에 경기는 회복될 수 있다'고 말해야 하기 때문이다. 예를 들어, 두 개의 주사위를 던져 두 개의 숫자를 합했을 때 7이 나타날 확률이 가장 높지만 그 확률은 1/6에 불과하다. 만약 가장 확률이 높은 하나의 미래에만 관심을 갖고 '두 주사위를 던지면 그 합이 7이 될 것이다'라고 말할 수 없듯이 미래학은 다양성과 불확실성을 함께 연구한다.

2. 비판적 사고와 가정

다양한 미래를 예측하는 방법은 이미 알고 있는 사실과 함께 알려지지 않은 사실에 초점을 맞추는 것이다. 그러나 모르는 것을 알고자 함에는 노력이 필요하다. 따라서 자료를 수집하여 증거evidence를 찾고 그 증거를 토대로 추론inference한다.

그러나 증거는 심각한 추론의 오류를 범하게 할 수도 있다. 예상이 빗나갈 수도 있다. 예를 들어, 반전 영화는 추측과 달리 전혀 예상하지 못했던 상황으로 스토리를 반전twist시켜 짜릿한 즐거움을 준다. 죽은 사람 옆에서 총을 들고 있는 남자는 과연 범인일까? 그럴 수도 아닐 수도 있다. 같은 이유로, 미래학은 비판적 사고critical thinking를 강조하면서, ① 하나의 증거는 두 개의 결론으로 귀결될 수 있고, ② 두 사람이 같은 증거를 토대로 추론하여 두 개의 다른 결론에 도달할 수 있다고 가정한다.

가정assumption은 믿음에서 비롯되지만 옳고 그름의 개념은 아니다. 예로, 인간의 선악설과 성선설은 둘 다 가정가설이므로 어느 하나만이 옳다고 주장할 필요가 없다. 그러나 어떤 가정을 선택하느냐는 미래연구에 매우 중요하다. 틀린 가정은 틀린 결론으로 이어지기 때문이다.

비판적 사고와 올바른 가정은 다양한 미래로 안내한다. [그림 4.11]의 미래콘futures cone에 의하면 타당한 미래의 영역 중에 바람직한preferred 미래가 숨어있다. 바람직한 미래는 원하는desirable 미래는 아닐 수 있되, 타당한 미래 중에서는 가장 좋은 미래이다. 타당한 미래란 '그렇게 생각하는 이유를 들어보니 정말 그러한 미래가 펼쳐질 수 있겠다'고 합리적으로 판단되는 미래를 말하며, 그러한 타당한 미래 대안alternative들은 여럿일 수 있다. 그러한 가장 그럴 듯한 베이스라인baseline 미래를 포함한 여러 대안미래를 찾는 훌륭한 기법 중의 하나가 시나리오 기법이다이 책의 제8장에서 설명. 시나리오 기법은 비판적 사고와 올바른 가정을 토대로 보다 현실적인 대안미래들을 탐구하고 바람직한 미래를 선택할 수 있게 한다. 바람직한 미래로 나아가려면 비전vision이나 목표설정이 필요하고 의사결정과 실행과정이 책의 제9장을 거친다.

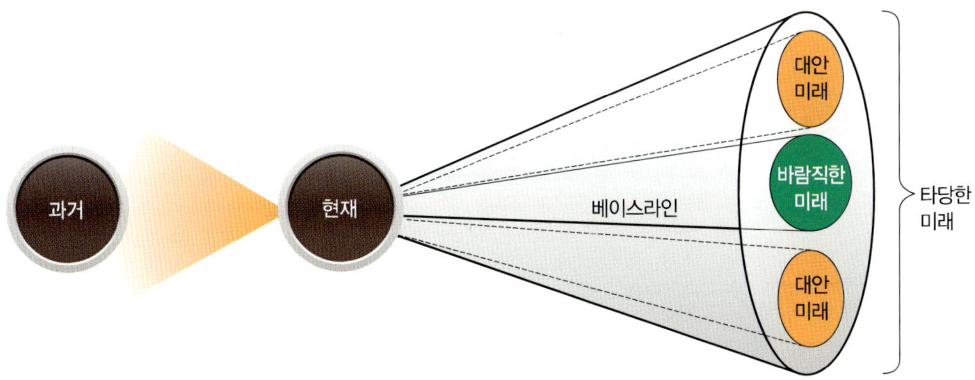

[그림 4.11] 미래콘futures cone으로 보는 타당한 미래

시나리오상에서 보는 대안미래들과 바람직한 미래의 차이는 [그림 4.12]에서도 찾을 수 있다. 대학생들은 흔히들 나의 미래의 전공혹은 세부 전공은 무엇일까, 나의 미래 직장은 어떤 곳일까, 내 배우자는 누구일까 등 미래를 알고 싶어 한다. 이 책을 쓰는 저자도 이 책이 언제 어떤 모습으로 탈고될지 궁금하다.24) 이러한 질문들이 연상시키는 미래상은 다양하다. 여러 타당한 대안미래들 중에서 바람직한 미래가 현실화되도록 하려면 의사결정과 노력이 필요하다. 그것이 미래예측이고 미래창조이다.

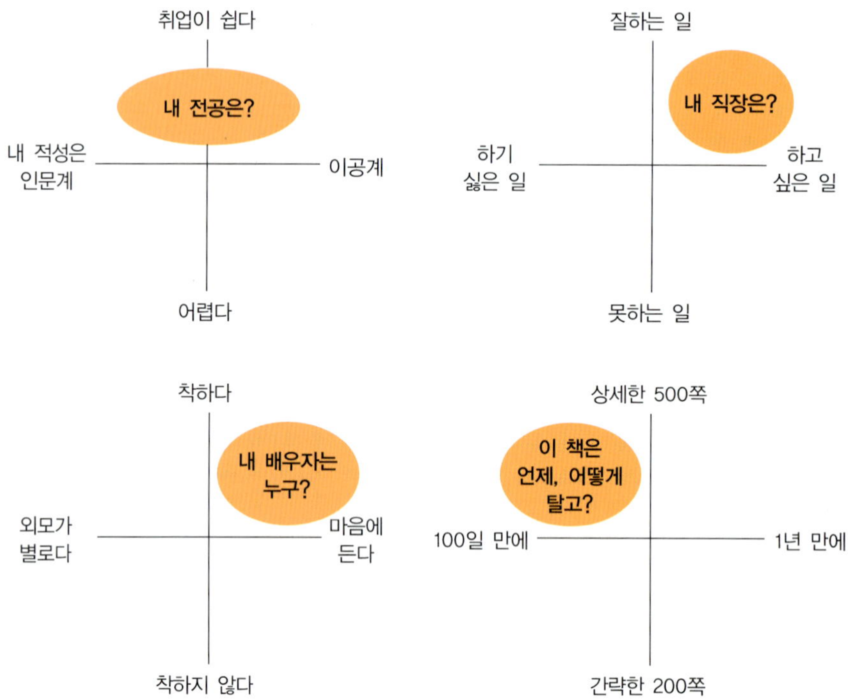

[그림 4.12] 대안미래들과 바람직한 미래

24) 100일 만에 500쪽의 미래학입문서를 집필한다는 것이 비판적 사고 관점에서 과연 합당하고 올바른 가정을 내린 예측인가라고 묻는다면, 저자는 과거의 저술경험이 그 타당함을 뒷받침하고, 나아가 하루에 평균 5쪽의 원고를 쓴다면 100일이면 가능할 수도 있다는 비전·전략으로 맞대응한다. 물론 그렇게 현실화되도록 노력하겠다는 것이지만 저자도 이 순간, 이 책의 미래를 정확히 예측할 수는 없다.

미래연구 기법과 프레임워크

바람직한 미래를 찾고 이를 실행으로 옮기는 미래연구 프로젝트를 수행하려면 두 가지가 필요하다. 하나는 프로젝트의 성공적인 진행을 위한 체계적인 절차의 확립이고 다른 하나는 그 절차를 밟으며 사용할 만한 기법 혹은 방법들이다(이 책의 제3부 7·8·9장에서 소개). 미래학에서는 이러한 프로젝트를 포사이트foresight 프로젝트라고 부르며, 체계적인 절차의 틀을 프레임워크framework라고 한다. 특정 프레임워크를 토대로 구체적인 기법들이 추천된 포괄적인 지침을 방법론methodology이라 하는데(이 책의 제4부 10·11·12장), 특정 프레임워크나 방법론이 표준으로 확립되어 있지는 않다. 포사이트 프로젝트를 진행하기 전에 다양하게 제안된 방법론들에 대한 이해가 필요하다.

미래학에서 사용되는 용어들을 다시 정의한다.[25)]

- **포사이트 프로젝트**project 미래를 연구하는 목표, 조직팀, 자원, 방법을 포함하는 과제이다.
- **기법**technique 한 명 혹은 소수의 전문가가 제안한 기술적인 접근방법을 뜻한다. 흔히 논문·도서를 통해 공개된다. 델파이delphi 기법이나 시나리오scenario 기법 등이 가장 대표적이다.
- **방법**method 기법의 사용법을 의미한다. 사용하는 사람에 따라 차이가 있을 수 있고 따라서 그 결과도 달리 나타날 수도 있다. 기법의 사용절차와 양식·문서화 등이 포함된다. 시나리오 플래닝이 이에 해당한다. 기법과 방법은 혼용되는 용어들이다.
- **도구**tools 기법의 사용을 돕는 소프트웨어를 뜻한다.
- **방법론**methodology 주어진 과제 전체를 완수하기 위한 일련의 활동에 대한 체계적이고 구체적인 지침으로, 지적소유권으로 등록하고 상용화할 수 있다. 미국 휴스턴대학의 Framework Foresight가 한 예이다. 이러한 방법론의 틀을 **프레임워크**framework라고 한다

25) 이주헌, *소프트웨어공학론*, 법영사, 1993. 미래학과 유사한 특성을 지닌 소프트웨어공학론 책에서 사용되는 용어들기법·방법·방법론의 정의를 따른다. 나아가 '방법'은 구체적인 사용법이 포함된 기법이므로 기법과 방법을 동일한 용어라고 본다. 미래학계에서 '방법론'이라 칭하는 대부분은 '기법' 혹은 '방법'으로 부르는 것이 옳다. 이 책에서는 제3부에서 기법들을, 제4부에서 방법론을 분리하여 소개한다.

1. 기법과 방법

현재 알려진 미래연구 기법들은 다양하다. 이 기법들은 정량적quantitative인지 정성적qualitative 측정방법에 따라, 혹은 일정한 규칙을 따라 사용해야 하는 규범적normative인지 이런저런 현상을 찾아내려는 탐색적exploratory인가의 접근방법에 따라 [표 4.2]와 같이 분류가 능하다. 우리나라 미래학자들의 각 기법의 연구대상·목적에 따른 분류도 반영시켰다[26][27][28]. 이 기법들은 이 책의 제3부에서 상세하게 소개한다.

[표 4.2] 주요 미래연구 기법들

연구대상: S(사회) · T(기술) · I(산업) · E(생태) · P(정책) · O(미래조직)
연구목적: 1(환경) · 2(패턴) · 3(목표) · 4(실행)

기법technique과 방법method (ABC 순)	측정방법		접근방법		연구		미래경영 단계 (이 책의 장 번호)		
	양적	질적	규범	탐색	대상	목적	이해 7장	예측 8장	창조 9장
Analytic Hierarchy Process 계층화분석법	×		×		T	3			×
Agent Modeling 에이전트 모델링		×		×	S,E	1,2	×		
Backcasting 백캐스팅 기법	×	×			all	3,4			×
Big Data 빅데이터 기법	×		×	×	all	2		×	
Brainstorming 브레인스토밍 기법		×	×		P	1,2		×	
Causal Layered Analysis 인과층위분석기법		×		×	S,T,E	1,2	×		
Change & Performance Management 변화/성과관리					O	4			×
Cross-Impact Analysis 교차영향분석법	×			×	I	2		×	
Decision Tree 의사결정나무		×	×		S	3			×
Delphi Techniques 델파이 기법		×	×	×	I	2		×	

26) Glenn, Jerome and Theodore J. Gordon, *Futures Research Methodology Version 3.0*, The Millenium Project, 2009.

27) 국제미래학회, *전략적 미래예측 방법론 BIBLE*, 두남, 2014.

28) 이광형, *3차원 미래 예측으로 보는 미래경영*, 생능출판사, 2015.

Emerging Issue Analysis 이머징 이슈분석	×			×	all	1	×		
Environmental Scanning환경스캐닝		×		×	S,I,E	1	×		
Foresight Competency Evaluation미래연구역량 평가기법	×	×			O	4			×
Future Index미래지수 기법	×	×	×	×	S,I,E	2		×	
Futures Map미래지도 기법		×			all	1,4			×
Futures Wheel퓨처스 휠		×	×	×	S	2		×	
Gaming & Simulation 게임이론과 시뮬레이션		×		×	P	2,3			×
Genius Forecasting천재적 예측기법		×	×	×	S	3		×	
Infometrics계량정보분석		×			T	1,2			
Leadership Style리더십 스타일					O	4			×
Literature Survey문헌조사		×		×	all	1	×		
Morphological Analysis형태분석법		×	×		S,T,P	1,2	×		
Panelling Methods패널기법		×	×		P	1,2		×	
Process Re-engineering프로세스 혁신		×			O	4			×
Roadmapping로드맵 작성법	×	×	×	×	T,I	3			×
Scenarios시나리오 기법	×	×	×	×	S	3		×	
Statistical Modelling & Time Series Analysis통계모형/시계열분석기법	×		×		I	1,2	×		
STEEP 사회·기술·경제·생태·정치 요인분석법		×	×	×	all	1	×		
Strategic Planning전략기획		×			O	4			×
SWOT강점·약점·기회·위협 요인분석법		×	×		I,P	3			×
Text Mining텍스트 마이닝		×	×	×	T	2		×	
Trend Extrapolation Analysis 추세분석 외삽법		×		×	S,I,E	1,2	×		
Visioning Workshop비저닝 워크숍		×	×		all	3			×
Visualization of the Future 미래상 시각화기법		×		×	O	3,4			×
Wild Cards와일드카드	×	×		×	S,T	1		×	
Wind-tunnelling윈드터널링		×		×	P	3,4			×

2. 미래연구 프레임워크

프레임워크framework는 미래연구 혹은 포사이트foresight 프로젝트를 수행하기 위한 체계이다. 널리 알려진 프레임워크 중의 하나는 [그림 4.13]에서 볼 수 있는 휴스턴대학에서 개발한 Framework Foresight이다. 비숍Peter Bishop은 전반 세 단계를 현재를 미래와 연결시키는 맵핑mapping단계, 후반 세 단계는 노력으로 미래에 영향력을 행사하여 원하는 미래를 현실화시키는 영향력influencing단계라고 분류하기도 했다. 이 책은 첫 두 단계는 이해·탐색, 중간 단계는 예측, 마지막 세 단계는 창조단계로 분류한다그 이론적 배경을 제5장과 6장에 나누어 상세히 설명하기로 한다. 즉, 영향력을 행사하는 후반부 단계들은 바로 미래창조creation가 목적이라고 보는 것이다. 프레임워크 각 단계에서 사용할 수 있는 기법들은 위 [표 4.2]에 이해·예측·창조기법으로 분류되어 있다.

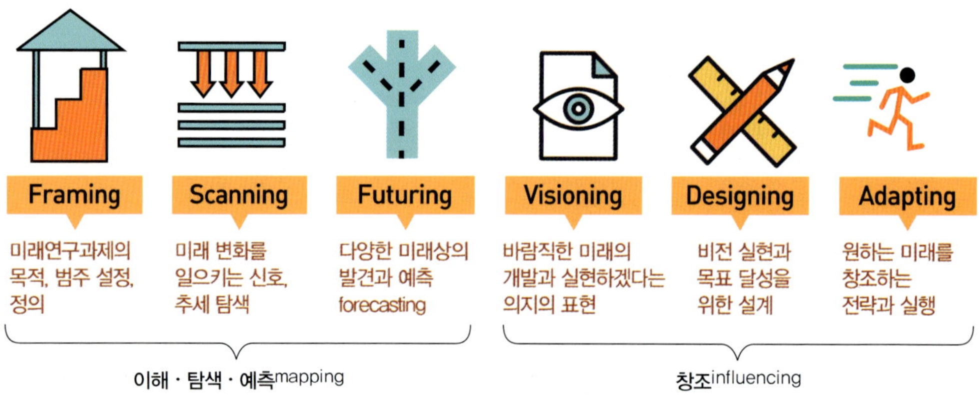

[그림 4.13] 포사이트 프레임워크

생각해봅시다 4.2 다시 찾아 읽은 아시모프 과학칼럼

아주 오래 전인 1990년대 초, 약 2년에 걸쳐 뉴욕타임스NYT 등 세계 200여 개의 신문에 동시 연재되던 세계적인 SF작가 아이작 아시모프Isaac Asimov의 칼럼을 2년간 '*과학동아*'의 부탁을 받고 번역영한대역하면서 과학의 미래에 관해 배움이 컸었다. 이 책 집필 중 로봇공학이 만들어갈 미래를 생각하다가 그 당시의 칼럼 하나가 생각나 찾아보았다.

당시는 휴대폰도 없고 우리나라에서는 고작 PC가 보급되던 시절이었는데, 놀랍게도 인공지능 선구자들은 이미 미래를 내다보고 있었던 듯싶다. 아래 '과학동아 1990년 12월호'에 실렸던 한

칼럼, 저자의 번역문을 읽어보자.

로봇 곤충들 Robettes

인공지능계의 대가인 마빈 민스키Marvin Minsky 덕분에 MIT는 세계적으로 가장 중요한 로봇공학센터의 하나로 알려져 있다. 로봇분야를 새로운 시각에서 접근하는 컴퓨터공학과 교수인 호주 출신 로드니 브룩스Rodney Brooks도 MIT에 있다. 브룩스는 아주 작은 것들을 머릿속에 떠올리고 있다.

소설이나 영상매체 속의 과학공상 이야기에 등장한 로봇들은 언제나 사람과 닮은꼴이었다. 그들은 인조인간 휴머노이드들이었다. 사실 소형컴퓨터가 등장하기 전에 로봇을 제작하는 궁극적인 목적이야말로 우리를 위해 우리의 일을 할 수 있는 기계인간들을 갖고자 하는 것이었다. 그러나 로봇에 적합한 형태가 인간이 아니라는 점은 쉽게 주장할 수 있다. 인간은 광범위하게 사용될 수 있는 팔다리와 매우 특수한 두뇌를 갖춘 다목적 작용장치다. 인간은 무거운 수레를 미는 것부터 심포니를 작곡하기까지, 나무를 베어 쓰러뜨리는 것부터 파일카드를 알파벳순서로 정리하기까지 똑같은 두뇌와 같은 근육들의 집합으로 참으로 많은 종류의 일을 수행하도록 설계되었다.

이것은 결과적으로는 인간에게 있어서 크나큰 단점이다. 생활상의 위급한 상황들은 사람으로 하여금 그들의 모든 시간과 기가 막히도록 범용성있는 신체를 전문적인 일에만 활용하도록 한다. 어떤 때는 두뇌의 너무 적은 활용으로 머리를 쇠퇴시키는 작업에만 몰두해야 한다. 또 혹은 자신의 희망이나 필요에 의해 한 가지 목적으로만 두뇌를 이용하고 근육을 퇴화시켜 몸이 연약해지도록 하기도 한다. 거의 대부분의 경우 사람들은 몇 가지 일은 매우 잘할 수 있도록 발전하지만 또 다른 분야에서는 심할 정도로 '불구자'가 되어버리고 만다.

만일 우리가 특별한 일을 수행할 기계장치를 원한다면 무엇 때문에 부탁하지도 않을 일까지 다양하게 수행할, 범용성 있는 구조를 개발할 필요가 있는 것인가? 범용성 있는 구조를 만들려면 많은 복잡하고 어려운 문제들을 접해야 하며 현실적으로 아직은 멀었다. 그러나 특수한 일만을 수행할 특수 구조체의 개발을 진행시키는 것은 상대적으로 쉬운 작업이다.

우리가 '산업용 로봇'이라고 부르는 것들은 컴퓨터 기계장치들이다. 1970년대 중반에 개발된 마이크로칩 반도체는 인간의 외형은 아니지만 컴퓨터로 작동되는 팔이나 레버lever 모양의 값싸고 신뢰성 있으며, 특수목적에 이용되는 산업용 로봇제작을 가능하게 하여 한정된 다양한 동작으로 전문화된 작업을 반복적으로 수행토록 하였다. 이들 컴퓨터 레버들은 과다한 전문성으로 가득한 뇌로부터 명령받는 인간의 팔보다도 훨씬 일관성 있게 효과적으로 작업을 수행한다. 게다가 로봇은 지치거나 지루해하는 법도 전혀 없다.

물론 그러한 로봇들은 시간이 지나면서 더욱 실용성 있고 다양한 일을 할 수 있도록 보다 복잡하게 만들어질 것이다. 더욱 높은 범용성을 추구함은 억제할 수 없는 경향이다. 사실 우리가 로봇을 인조인간처럼 만드는 데 노력해야 하는 이유는 적어도 두 가지가 있다. 첫째, 인체에 적절하도록 설계된 방대한 기술은 이미 개발돼 있다. 인체가 특정한 식으로 뻗고 굽히듯이, 또한 팔과 다리와 손가락이 특정한 규격이듯이 기계들도 그러한 식으로 만들어 움직이도록 하는 것이다. 만약 로봇들이 구조적으로 인체와 같이 만들어진 휴머노이드들이라면 기존기술을 이용할 수 있게 된다. 한 기술은 사람을 위하여, 또 한 기술은 로봇을 위하여 라는 식으로 불필요하게 두 가지 기술을 가질 필요가 없다. 둘째, 휴머노이드들은 작업과정의 동업자로서만이 아니라 친구처럼 가까운 존재로 느껴질 것이다. 이것이 휴머노이드를 만들려는 감정적인 이유일 것이다.

그러나 MIT의 브룩스는 또 다른 방향으로의 개발이 (바람직스럽게) 시도되어야 한다고 생각한다. 그는 로봇 제작을 위한 보다 적절한 모형이 우리 인간의 신체와는 전혀 다르게 만들어진 곤충이라고 한다. 곤충은 아주 조그마한 체구에 그들의 기능이 아주 경제적으로 구조화된 유기체다. 그 종류가 수백만 종에 달하는 곤충들은 각각 수백만 가지의 전문성을 발휘하도록 되어 있어 생명영위의 한두 가지 목적에 잘 부합되도록 만들어졌다. 전문화된 작업을 곤충처럼 수행하는 매우 작은 크기의 엄청나게 많은 소형로봇들(내가 로봇 곤충이라 생각하는)을 왜 만들지 않는 것인가?

브룩스는 꼬마로봇들에게 선박의 바깥표면에 다닥다닥 붙은 굴 등을 떼어내는 일감을 말길 수 있으리라고 한다. 화성의 흙을 탐험하는 데도 가능하다. 심지어는 주사로 혈관 속에 투입시켜 인체내부에서 수술을 할 수 있는 초소형 로봇도 상상하고 있다.

여기서 개인적인 이야기 한마디를 하지 않을 수 없다. 나는 51년간 로봇에 대한 공상과학소설을 써 왔고 따라서 그 어느 과학자라도 내가 그동안 한두 번 상상해보지 않은 새로운 아이디어를 제시하기란 쉽지 않을 것이다. 나는 지난 1974년에 아주 작은 로봇의 가능성을 책에서 이야기 했다. 곤충을 박멸할 목적을 지니고 새처럼 빠르게 나는 작은 로봇을 생각했던 것이다. 또한 1988년에 쓴 다른 글에서는 혈관으로 들어가 정상적인 세포는 다치지 않은 채 암세포를 박멸하는 미니로봇을 묘사한 바 있다.

아마도 그러한 로봇들이 실제로 등장하여 활동하게 되는 시점에 살고 있는 모양이다.

과학자들은 실로 위대하다. 그들의 상상과 노력은 과연 2045년에는 특이점을 만날 수 있게 만들 것도 같다. 그때까지 난 살아있을까? 그 미래가 갑자기 궁금해진다.

토의문제

01. 미래학은 변화를 탐구하는 학문이라는 주장에 동의하는가?

02. 주변의 변화를 늘 민감하게 관찰하면 미래예측력이 나아질까?

03. 창조적 파괴는 사회의 도약을 위해 필수적인 것인가?

04. 시스템 사고와 창의력은 어떻게 다른가?

05. 카오스와 복잡계 중 미래예측을 더욱 힘들게 하는 것은 무엇일까?

06. 지난 인생 20년을 회고하면서 변화의 속도에 대해 생각해보라.

07. 사회변동 이론 중 대한민국의 오늘을 설명할 수 있는 가장 적합한 이론은 무엇인가?

08. 디지털혁명은 기술론 외에 무슨 사회변동 이론을 따른다고 생각하는가?

09. 갈등은 사회발전을 위해 유익할 수 있을까?

10. 바람직한 미래를 설정하고 이의 실현을 위해 노력한 적이 있는가?

참고문헌

국내문헌

국제미래학회, *전략적 미래예측 방법론 BIBLE*, 두남, 2014.

이광형, *3차원 미래예측으로 보는 미래경영*, 생능출판사, 2015.

남창섭, "백남준 아트센터, 공동진화 사이버네틱스에서 포스트휴먼", *인천일보*, 2017.6.13.

임형두, "태어난 것과 만들어진 것의 결합", *연합뉴스*, 2015.12.10.

이해하기 쉽게 쓴 행정학용어사전, 새정보미디어, 2010.3.25.

Polarized Lentium, 교통사고와 주식시장 그리고 복잡적응계, 2017.6.
http://polarizedlentium.tistory.com/128

해외문헌

Bishop, Peter C. & Andy Hines, *Teaching about the Future*, Palgrave Macmillan, 2012.

Bunting, M., "The End is Nigh", *Guardian of London*, 2001.8.

Bury, J. B., *The Ideas of Progress*, Macmillan, 1932.

Coser, L., "Social Conflict and the Theory of Social Change", *The British Journal of Sociology*, 8(3), 1957.

Darwin, C., *On the Origin of Species by Means of Natutral Selection*, John Murray, 1859.

Glenn, Jerome and Theodore J. Gordon, *Futures Research Methodology Version 3.0*, The Millenium Project, 2009.

Inglehart, R., *Modernization and Postmodernization: Cultural, Economic, and Political Changes in 43 Countries*, Princeton University Press, 1997.

Kleiner, A., *Who Really Matters: The Core Group Theory of Power, Privilege and Success*, Doubleday, 2003.

Kurzwell, R., *The Singularity is Near*, Viking, 2005.

Lauer, R., *Perspectives on Social Change*, Allyn and Bacon, 1977.

Mills, C, Wright, *The Sociological Imagination*, Oxford, 1969.

Slaughter, R. (ed), "Special Issue: Integral Futures," *Futures*, 2008.

Wilber, K., *A Theory of Everything: An Integral Version for Business, Politics, Science and Spirituality*, Shanbhala, 2001.

Wolfram, S., *A New Kind of Science*, Wolfram Media, 2002.

부록 4 20년 후 다가오는 4가지 미래

우리는 어떤 미래를 원하는가? 원하는 미래가 우리에게 다가오게 하려면 그 미래에 대한 상상부터 먼저 해봐야 하지 않을까? 좋은 미래, 바람직한 미래, 원하는 미래도 여럿일 수 있고 또 사람마다 선호하는 미래가 다를 수 있다면 더욱 상상의 나래를 펼쳐볼 일이다.

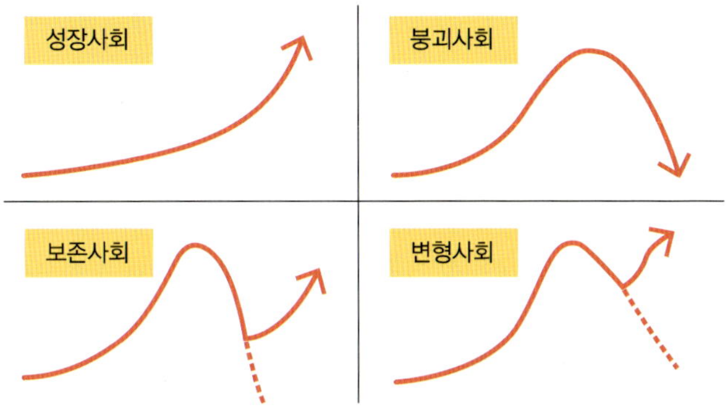

최근 출간된 책, '*우리는 어떤 미래를 원하는가* 박성원, 이새, 2017'는 바로 20년 후 우리나라의 4가지 미래상들을 상상해본 책이다. 옆의 그림은 앞서 보여준 [그림 4.4]의 데이토의 4가지 미래상을 성장사회, 붕괴사회, 보존사회, 변형사회로 명명하고 각각에 대해 미래학자의 시각으로 상상의 시나리오를 전개해서 흥미롭다. 그 내용을 이해하며 미리 **20년 후 상상의 미래**로 가본다.

▶ 성장사회, 지속적인 성장 추구

2008년 미국의 금융위기 이후 세계는 저성장 국면으로 접어들었다. 성장 일변도 정책을 펼치면서 사실 환경오염과 기후변화는 삶의 질을 저하시켰다. 이를 극복하려는 노력은 이산화탄소 배출량 감소정책으로 이어지고 이에 지속적인 경제성장은 더욱 쉽지 않았다. 남북통일도 요원한 상태로 시간이 흘렀다. 결국 '선택과 집중'의 성장정책으로 이어졌다. 이에 따라 서울을 중심으로 한 수도권에서는 세계최고의 실력을 갖춘 사람만이 살 수 있었다. 어린 나이에 성공한 기업가는 대부분 새로운 과학기술을 창조하는 사람들뿐이었다. 외국의 인재들도 연령・국적・학력・성별에 무관하게 서울로 들어와 강남의 약 5만 명이 거주하는 700층 높이의 초고층 빌딩 500층 이상에 거주하는 클라우디안cloudian이 되었다. 그러나 서울과 수도권을 벗어나면 풍경은 달라진다. 편의시설도 취약하고 초고령화 사회의 모습이다. 농부들은 매월 기본소득을 지원받아 생계를 유지했다. 과거보다 계층적 질서는 완고하지만 문명의 혜택을 입으며 하층민으로 지방에서 살아가는 것도 괜찮은 편이다. 이것은 한국이 경제적 성장을 유지하는 유일한 방법임을 누구도 부인하지 않는다.

▶ 붕괴사회, 그리고 새로운 시작

지난 20세기 숱한 난관을 극복해 온 한국사회는 그야말로 성공의 신화였고 이 성공은 계속되리라 믿었다. 그러나 당시 기성세대들의 바람일 뿐이었다. 인구가 감소하고 생산성이 급감하면서 경제는 침체되고 사회적·경제적 양극화는 심화되었다. 계층적 위계질서는 공고화되고 돈 많은 주인들과 가난한 노예들이 어우러져 일반 국민들은 매일의 삶이 전쟁터 같았다. 꿈을 실현할 가능성도 보이지 않았다. 그러던 중 누군가가 '붕괴는 새로운 시작이다'라며 새로운 꿈을 외치기 시작했다. 돈보다는 일을 하고, 일한 만큼 그 대가를 물건으로 받으며 공존하는 지역사회들이 생겨나고 자신의 일에 스스로 가치를 매기는 사회 건설이 시작되었다. 학교도 공동체에서 맡고, 수학·과학과 역사·외국어 등을 가르치며 새로운 인재를 양성했다. 차는 적게 타고 많이 걸으며 더 행복한 삶이었다. 물론, 서울과 대도시 지역은 '경쟁자유구역'으로 바삐 사는 사람들이 여전히 치열한 경쟁을 추구하지만, 이제 다수는 아니다. 무엇보다도 행복의 관점이 달라진 것이다.

▶ 보존사회, 새로운 방향의 모색

저성장시대에도 다시 지속적인 경제성장이 있으리라고 믿었으나, 저출산·고령화로 경제활동인구는 계속 줄 것으로 예측되는 가운데 세계경제상황도 침체기를 벗어나지 못했다. 이제 어떻게 하나. 시간이 흐르며 '아직 우리에겐 시간이 남아있으니 새로운 방향을 모색하자'는 움직임이 일기 시작하면서 용기가 재건되었다. 특히 2025년, 과거를 성찰하자는 한 언론인의 주장에 따라 많은 경제연구소, 시민단체, 공무원협의회, 전문가단체들이 고해성사를 하면서 사회분위기가 반전되기 시작했다. 성장을 합리화했던 거짓말들, 편파보도들, 눈 감았던 비리들, 나쁜 관행들, 데이터 조작 등 이들이 털어놓은 사실들은 우리 사회가 얼마나 깊이 병들었었는지 깨우쳐주었다. 돌파구는 이산화탄소를 줄이자는 G15 회담에서 시작되었는데 대기오염을 해당 국가와 기업들이 책임져야 한다는 새 재무제표 지침이 통과되면서 중국과 인도는 주춤하기 시작하고, 이는 남한과 북한이 함께 손잡고 일할 수 있는 기회를 제공하면서 '소비사회'에서 '보존사회'의 길이 열렸다. 환경을 보호하고 에너지 자원을 아껴쓰면서도 경제적으로 부족하지 않은 보존사회는 북한의 경험이 큰 도움이 되었다. 자연스럽게 2028년에 남북한 공동정부가 수립되었다. 그 후 남북 공동정부는 미래세대부라는 새로운 부처를 설립하고 후손들에게 부끄럽지 않은 유산을 물려주자고 선언했다. 지금 한반도의 '세계 녹색 대학'은 에너지와 식량 분야에서 세계 최고의 인재들을 유치해 명실상부 통일한국의 가장 수준 높은 대학으로 평가받고 있다.

▶ 변형사회, 인간을 넘어선 존재의 등장

우리 사회가 이토록 빨리 변하리라고는 대부분 예상하지 못했다. 20년 전 이세돌과 구글 알파고의 바둑 대국은 일부의 예측과는 다르게 그렇게 심각한 사건이 아니었다. 그런데 인공지능, 뇌공학, 바이오기술, 나노기술, 감성기술 등이 융합한 과학기술의 빅뱅 효과는 세상을 바꾸었다. 20년이 지나며 이제는 로봇이 인간의 지능과 같은 수준에 이르고 인간과 똑같은 모습의 로봇들과 함께 사회를 이루면서 기계와 인간의 혼합형인 트랜스휴먼들과 공존하는 시대를 맞았다. 또한 로봇, 트랜스휴먼, 유전자 변형인간, 아바타 등이 함께 살다보니 거처도 지구, 지구 밖, 가상공간으로 각자 다르다. 2040년에는 트랜스휴먼의 거주지가 화성에 건설될 예정이다. 최근에는 공간의 의미도 바뀌었다. 가상현실은 우리가 있는 곳이 바로 원하는 공간이 되도록 만들어준다. 말하지 않고 생각만으로 소통하는 것이 지금의 사회상이니 외국어를 열심히 배우던 20년 전과 참 많이 다른 변형사회의 모습이다. 요즘의 인재상은 인공지능 로봇이 따라올 수 없는 창의력 있는 젊은이들이다. 요즘 젊은이들은 홀로그램으로 사이버공간에서 서로 사랑하며 삶을 즐기기도 한다. 현실이 의미 없는 공간이 되다보니, 가상현실공간에서 가상공간의 대통령을 선출했는데, 새 대통령은 장애인으로 태어났지만 새로운 기술의 진보를 몸에 담아 나이가 멈춘 포스트휴먼이다.

4가지 시나리오 모두 조금 황당하긴 하다. 그러나 '*우리는 어떤 미래를 원하는가*'의 저자는 독자들에게 묻는다. 4가지 미래 중 20년 뒤, 한국사회의 미래로 ① 가장 실현될 가능성이 높은 미래는 무엇인가? ② 꼭 실현되기를 바라는 것은 무엇인가?

미래학도의 입장에서 한번쯤 생각할 만한 질문들이다(여기에 대한 우리나라 국민들의 답은 이 책의 12장에서 다루기로 한다).

5
Chapter

변화탐색과 미래예측

"미래가 불투명한 상황에서 희망은 드디어 빛을 발한다."
– 랄프 에머슨(사상가)

다양한 미래상의 발견과 이를 예측futuring/forecasting하여 바람직한 미래를 창조하기 위해서는 트렌드를 밝혀야 한다. 미래의 변화를 일으키는 신호를 포착해야만 미래상이 그려지기 때문이다. 이를 탐색scanning이라고 한다. 그러나 탐색에 앞서 수행해야 하는 작업이 조사연구research이다. 각종 자료를 수집하고 이의 분석을 통해 탐색과 예측의 방향을 정하게 된다. 이 장은 조사연구 → 탐색 → 예측 과정을 소개한다.[1)]

조사연구론

모든 새로운 연구는 사전 조사연구를 필요로 한다. 조사연구는 다양하게 수집된 자료와 다른 사람들에 의해 수행되었던 관련 연구결과 등에 대한 분석이다. 존재하지도 않은 미래에 대한 자료수집이 가능하냐고 되물을 수 있지만, 미래연구도 절대 예외는 아니다. 그 이유는 ① 과거와 현재의 자료는 미래연구의 개념 확립에 도움을 주고, ② 연구대상 문제영역domain에 대한 탐색을 통해 변화의 신호를 찾도록 해주며, ③ 포착된 신호들은 미래예측의 지식으로 활용될 수 있기 때문이다.

1) Bishop, Peter C. & Andy Hines, *Teaching about the Future*, Palgrave Macmillan, 2012. 이 참고문헌의 내용을 많이 인용한다.

1. 조사연구의 개념

조사연구 자료엔 주主primary자료와 부附secondary자료, 두 가지 종류가 있다. 미래연구를 위해서는 당장 존재하지 않는 주자료보다는 부자료를 확보하는 데 더 많은 시간을 쏟게 된다.

- **주자료** 연구를 위해 인터뷰나 설문에 의해 직접 확보된 자료로 응답자들의 기대, 경험, 선호도를 알 수 있는 자료
- **부자료** 다른 사람들에 의해 이미 출간된 자료, 웹사이트 및 데이터 등의 간접자료로 미래연구 프로젝트와 관련된 정보를 찾고 분석하는 데 유익한 자료

조사연구를 위해서는 우선 영역을 설정해야 하고, 직간접 자료의 수집・분석이 필요하다.[2)]

영역의 설정choosing a domain 미래연구를 발주한 고객이나 내부조직이 직접 연구대상의 영역을 정의할 수 있지만, 미래연구자들에 의한 영역설정은 포사이트미래연구프로젝트의 목표와 범주를 정하고 조정하는 데 필수적이다. 설정된 영역은 흥미롭고interesting, 그 안에는 미래연구를 필요로 하는 변화가 존재하고changing, 사람들에게 중요한 의미를important 가져야 한다. 영역설정 후에 조사연구가 진행된다.

주조사연구primary research 인터뷰・설문・관찰・집단심층focused group 등을 통해 주자료를 확보하고 분석하기 위한 직접적인 노력으로, [표 5.1]과 같이 분류가능하다. 설문을 준비할 때는 ① 목표를 설정하고, ② 획득하고자 하는 정보내용을 정의하고, ③ 대상을 정하고, ④ 주관자를 선정하고, ⑤ 결과를 어떻게 분석할 것인지 미리 계획을 수립해야 한다.

2) Markley, O. W. & A. C. Wygant, *Information and the Future*, Greenwood Press, 1988.

[표 5.1] 주자료 수집방법

집행	개방open · 비구조적unstructured	폐쇄적closed · 구조적structured
인터뷰 주관	• 대면 인터뷰 • 집단심층 인터뷰FGI • 전화 인터뷰 • 전자식 인터뷰	• 시장조사 • 여론조사 • 인구조사census
인터뷰 응답	• 현장 설문questionnaire • 이메일 설문	• 우편 설문 • 인터넷 설문

부조사연구secondary research 부자료를 간접적으로 확보·분석하기 위한 소위 '책상머리 연구desk research'로, 다른 연구자들이 만든 기존 정보를 요약·분석·종합하는 것이다. 과거엔 도서관을 찾았으나 다행히 지금은 인터넷 덕분에 비교적 수월해졌다. 오히려 구글Google검색을 통해 찾아지는 방대한 정보의 홍수 속에 빠지지 않고, 정보의 양보다는 질을 확보하는 능력이 중요하다.

조사연구는 전략이 필요하다. 아래와 같은 자료를 찾는 것이 일종의 전략이다.

- 관심대상 영역domain의 중심center을 조사해야 한다. 용어, 전문가, 믿을 수 있는 정보의 원천source, 역사, 측정표준, 현재의 가치 등을 살펴야 한다.
- 영역의 주변edge도 중요하다. 연구기관, 토론자료, 블로그 등이다.
- 둘러싸고 있는 생태계를 살펴야 한다. 응용사례, 시장, 고객, 공급처, 기술, 경쟁사들이다.
- 관심영역의 미래도 미리 살펴야 한다. 변화의 속도velocity, 사람들의 예견, 추세파악 등이다.

2. 프레임워크 예측의 활용

체계적인 조사연구를 위해 사용될 수 있는 개념이 프레임워크 예측framework forecasting이다. 포사이트foresight 프로젝트의 효율성을 위해 일정한 틀프레임워크에 맞춰 미래연구를 진행시키자는 것이며, 조사연구도 그 프레임워크를 지원하는 방법으로 진행시키는 것이 바람직하다는 것이다. 개괄적인 프레임워크는 [그림 5.1]로 먼저 소개한다.

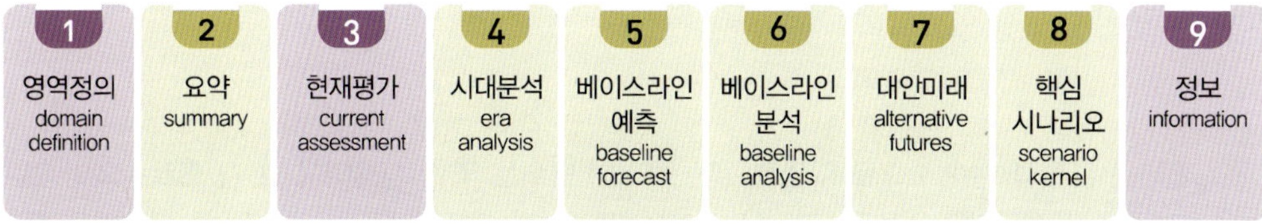

[그림 5.1] 프레임워크 예측의 개괄도

[그림 5.1]의 개괄도에서 조사연구가 필요한 1·3·9단계에 대한 설명은 다음과 같다.

- **영역정의**1단계 한 문장으로 영역을 정의한다. 무엇을 포함하고 무엇을 제외시킬 것인지, 미래연구의 대상영역을 명확히 한다. 불필요하게 연구영역이 확대됨을 미리 차단하기 위해서이다. 예측하고자 하는 지역·기업·산업·이슈 등 조직 내부, 직접적 관련이 있는 조직의 외부, 정치·경제·사회·생태·기술적 트렌드와 같은 글로벌 세계의 간접 환경, 지리적 영역, 그리고 예측하고자 하는 시기time horizon도 고려해야 한다.
- **현재평가**3단계 정의된 영역에 대한 과거로부터 현재에 이르는 검토가 필요하다. 어떻게 구성되어있고 운용되고 있는지, 해당 영역의 현재와 이해당사자들stakeholders과 그 영역에서 발생했던 과거의 사건들에 대한 검토를 한다.
- **정보**9단계 조사연구에 의해 혹은 탐색과정을 통해 찾는 정보는 영역의 구조·통계 등 출간물, 학술지·잡지와 같은 정기간행물periodicals, 협회전문단체 등에서 발간하는 기관정보, 전문가로부터 확보하는 정보, 그리고 다양한 웹사이트로부터의 정보를 망라한다.

변화추세의 탐색

탐색scanning은 변화의 추세를 살피는 것이다. 대부분의 변화는 갑자기 발생하는 것이 아니다. 변화의 신호를 감지하면 미래까지도 내다볼 수 있다. 신호가 약하다고 무시하다가 나중에 후회하는 일도 생긴다. '그때 그 주식을 살걸!', '땅값이 오르기 시작할 때 샀어야 하는데!'라고 후회하는 사람들은 변화의 신호를 무시했거나 미래개척의 의지가 약한 사람들이리라.[3]

과거로부터 현재까지 이어 온 변화를 포착하는 스캐닝은 사실 쉽지 않다. 다음과 같은 이유 때문이다.

- 스캐닝은 본질적inherently으로 주관적이다. 초기의 변화는 약한 신호이며 그 자체로는 의미 있는 신호로 여겨지지도 않는다. 그러나 스캐닝히트scanning hit'라 불리는 이 약weak신호가 나중에 큰 변화로 이어질 수도 있다. 스캐닝히트는 사람에 따라 다르게 인식된다. 기대하고 있었던 사람에게 스캐닝히트는 의미를 갖지만, 그렇지 못할 경우 신호로 포착되지 않을 수도 있다. 조사연구자의 경험이 그래서 중요하고 그만큼 스캐닝은 주관적이라는 말이다.
- 약한 신호는 약한 것이 문제이다. 강신호는 광범위하게 전파되지만 이미 알려진 사실이다. 그러나 진정한 의미를 갖는 신호는 아직 알려지지 않은 신호다. 문제는 이 신호가 정보의 홍수 속에 잠겨있어 포착하기가 쉽지 않다는 점이다.
- 빨리 오는 신호는 너무 빨리 오는 것도 문제이다. 변화는 많은 시간을 소요하는데, 빨리 포착되는 신호는 준비할 시간을 충분하게 부여하지만 어떻게 발전할 것인지 그 신뢰성이 크지 않다. 변화로 이어지지 않을 가능성도 있는 것이다.

이와 같은 어려움을 극복하는 방법은 다음과 같은 적절한 기법technique들을 사용하는 것이다.

1. 스캐닝히트의 발견

성공적인 탐색의 결과는 스캐닝히트이다. 최고의 스캐닝히트는 타당한 변화를 나타내는 사건이나 구체적인 정보다. 견해opinion나 추측speculation을 내포할 수도 있다. 확실한 근거가 없이 미래를 추측하는 것이 부적절하지만 새로운 생각이나 관점이 무엇인가로부터 시작해야 한다면 추측도 나름대로의 의미는 있을 수 있다. 그러나 대부분의 경우 막연한 추측은 우리의 미래예측에 큰 도움은 되지 못한다. 좋은 스캐닝히트는 미래를 변화시키는 확고한 뉴스와 연결되어져야 한다.

[표 5.2]와 같은 스캐닝히트 양식이 추천된다.

---

3) 저자는 주식시장이나 부동산 관련 변화의 신호는 철저하게 무시하는 사람 중의 한 명이다. 주식이나 부동산에 투자한 적이 없다. 당연히 로또복권 같은 것도 사본 적이 없다. 저자가 직접 통제할 수 없는 숫자주가 혹은 아파트 가격 등에 삶이 지배당함이 싫어서이다. 따라서 저자는 경영학자로서는 물론이요, 미래학도로서의 자격이 매우 불충분할 수도 있다. 그러나 한편, 디지털혁명의 미래, 교육의 미래, 통일한국의 미래 등에 대한 지적호기심은 크다. 그래서 이 책을 쓰고 있는지도 모른다.

[표 5.2] 스캐닝히트 양식

<table>
<tr><td>제목</td><td colspan="2"></td><td colspan="2">작성자</td><td colspan="2"></td></tr>
<tr><td>어디서?</td><td colspan="2"></td><td colspan="2">날짜</td><td colspan="2"></td></tr>
<tr><td>STEEP분야</td><td colspan="2"></td><td colspan="2">키워드</td><td colspan="2"></td></tr>
<tr><td>URL</td><td colspan="6"></td></tr>
<tr><td>유형</td><td colspan="6">확실한 사건 □ 새 트렌드 □ 새 사이클 □ 새 계획 □ 잠재적 사건 □ 새로운 정보 □ 새로운 이슈 □</td></tr>
<tr><td>요약 설명</td><td colspan="6"></td></tr>
<tr><td>영향 예측
미래는 어떻게 달라지나?</td><td colspan="6"></td></tr>
<tr><td rowspan="2">의미
잠재적 영향은?</td><td>이해관계자</td><td colspan="5"></td></tr>
<tr><td colspan="6"></td></tr>
<tr><td>총체적 효과
스캐닝히트 유형</td><td colspan="2">□ 확인 (베이스라인 시나리오) □ 신규/창조 (새로운 시나리오) □ 미확인/부당 (두 시나리오의 중간)</td><td>영향력 (0~5점)</td><td></td><td>관련성 (0~5점)</td><td></td></tr>
<tr><td>시나리오 설명</td><td colspan="2"></td><td>참신성 (0~5점)</td><td></td><td>시기 적절성 (0~5점)</td><td></td></tr>
<tr><td>탐색자</td><td colspan="2"></td><td>제출일</td><td colspan="3"></td></tr>
</table>

2. 광범위한 정보자원의 탐색

스캐닝을 위한 정보자원은 매우 폭넓을 수 있다. 이 자원들을 아이디어의 확산단계로 계층화시킨 것이 [표 5.3]이다.[4] 이 계층들은 가장 신선한novel 것으로부터 가장 중요한significant 것으로 구분되는데 각 층은 그 전 층에서의 의미 있는 것을 골라 다음 층에서 여과filter시키도록 꾸며져 있다. 가장 새로운 것은 위에, 그리고 점차 아래로의 확인과정을 거쳐 뉴스거리로 구체화되는 것이다. 문제는 가장 상단의 첫 단추를 잘 꿰는 일인데 인터넷의 정보가 방대하여 복잡성이 과다할 수 있다는 점이다. 우리가 찾고자 하는 자료는 분명

4) Moliitor, G., *The Power to Change the World: The Art of Forecasting*, Public Policy Forecasting, 2003.

히 존재하지만 적절한 스캐닝히트를 찾고 정의하고 선택하고 보고하는 것은 탐색자의 역량에 달려있다.

[표 5.3] 아이디어의 확산단계위에서 아래로 내려올수록 구체화

아이디어의 상태	정보자원
제약을 받지 않은 비전	미적·시적 작업결과, 과학공상소설, 실험·지하 언론
아이디어의 가미rendering	출간되지 않은 자료나 강연, 학술논문, 개인의 웹페이지
구체성 보강corroboration	연구논문지, 전문지, 출판물, 통계자료집
오피니언리더로의 아이디어 확산	자료검색 서비스, 지식인들이 보는 논문지
제도적인 기관의 반응	인기 잡지, 네트워크통신, 뉴스레터, 팸플릿
언론 대중매체mass media	대중잡지, 시사잡지
이슈의 정치화	여론조사자료, 투표결과자료, 정부행정기관의 발표자료
대량소비를 위한 즉시 보도	도서, 신문, 라디오방송, 텔레비전방송
규범으로 교육	교육분야 논문지
역사적 분석	역사적 분석, 석·박사학위논문

3. 연구영역의 다른 계층 탐색

특정 영역의 탐색은 이미 제4장의 [그림 4.1]에서 조직, 조직 외곽, 글로벌 환경이라는 변화의 3단계 계층을 소개했듯이 흔히 3단계로 분류된다. [표 5.4]가 이를 다시 표로 보여준다.

[표 5.4] 탐색의 3단계

단계	정의	탐색영역의 예연구영역=대학교
조직	탐색대상이 되는 개인, 가족, 그룹, 조직, 지역사회	교수진, 행정부서, 시설물, 도구, 정책, 각종 절차
조직 외곽	단기간 내 조직의 미래에 영향을 미칠 요인들	학생, 직원, 교과과정, 타 대학교들, 정부
글로벌 환경	장기간에 걸쳐 간접적으로 조직에 영향을 미칠 요인들	인구, 기술, 경제, 정치적 여건, 여론

조직이 기업인 경우, 조직외곽은 널리 알려진 경쟁전략 모형인 포터Michael Porter의 '5가지 힘 모형5 forces model'이 주장하는 기업의 경쟁력 결정요소들,[5] ① 산업 내 기존의 경쟁업체 간의 경쟁, ② 잠재적 경쟁자의 시장진입 가능성, ③ 대체재substitute의 위협, ④ 구매자의 교섭력, 그리고 ⑤ 공급자의 교섭력이 탐색영역이 될 수 있다. 글로벌 환경은 STEEP분석의 대상인 사회·기술·경제·생태·정치세계가 보편적이다.

4. 와일드카드에 대한 주목

와일드카드wild cards란 미래연구에서는 '예측할 수 없는 요인'을 의미한다. 의외의 돌발변수나 뜻밖의 상황이 트렌드를 무시하고 미래를 바꾸는 현상으로 나타날 확률은 낮지만 나타났을 때 큰 영향력을 행사하므로 무시할 수는 없다. 와일드카드보다 더 주목해야 하는 것은 이머징 이슈emerging issue로, 부각되기 직전의 중요한 동태이다. 수면 위로 부각되어 알려지는 과정을 프레이밍framing이라고 한다. 일단 이슈가 '프레이밍'되면 그때부터는 주목해야 한다.

스캐닝은 이슈가 터지기 전에 미리 노출시키는 작업이다. 문제는 수많은 와일드카드와 이머징 이슈들이 존재한다는 점이지만 주의 깊게 살피면 의미있는 추세를 도출할 수 있다.[6]

5. 스캐닝히트의 관리

스캐닝히트들을 포착하고 기록하는 관리방법이 필요하다. 데이터베이스를 구축하는 것이 중요한데, Shaping Tomorrow사http://www.shapingtomorrow.com의 데이터베이스는 잘 알려진 사례이다. Futures Centerhttps://thefuturescentre.org는 매월 변화의 신호를 제공한다.

조직계층에서의 문제는 조직 내 사람들이 스캐닝히트를 찾아 데이터베이스 구축에 참여하도록 만드는 일이다. 비록 대규모 데이터베이스와 각종 인터넷 정보가 많지만 조직 내의 스캐닝히트나 지적 정보pieces of intelligence를 관리하는 것은 중요한 과제이다.

---

5) 김귀곤·김솔·이명호·이주헌·조남신·조장연, *경영학으로의 초대(제6판)*, 박영사, 2018.
6) 이머징 이슈는 이 책의 제7장에서, 와일드카드는 제8장에서 다시 다룬다.

6. 스캐닝히트의 구분

스캐닝히트의 종류는 [표 5.2]에서 보았듯이 ① 확인confirming, ② 신규creating, ③ 부당disconfirming 등 3가지이며 이들은 각각 프레이밍에 다른 효과를 발휘한다. 모든 스캐닝히트들이 의미 있는 트렌드로 '확인'되어 기대되는expected 미래인 베이스라인 미래를 향하게 만들 수 있으므로, 특정 스캐닝히트를 확인confirm함에는 인색한 태도를 취하는 것이 좋다.

진정한 미래연구의 가치는 타당한 미래에 수정을 가할 수 있는 '신규'와 '부당'에 해당하는 히트들이다. 대안미래에서 베이스라인 미래로 상승하는 히트들은 더 중요하지만 흔치 않은 일이다. 예를 들어, 구 소련의 붕괴는 비연속성 사건으로 많은 영역의 베이스라인을 뒤흔드는 사례였다. 와일드카드인 '김정은'으로 말미암아 북한이 개방되면 한반도의 미래에 대한 베이스라인도 큰 변화를 맞을 것으로 예측된다.

7. 스캐닝히트 평가기준의 확립

모든 스캐닝히트의 질이 같은 것은 아니다. 좋고 나쁨이 존재한다. 따라서 스캐닝히트를 평가하기 위해 아래와 같은 7가지의 기준을 사용하기를 권한다.

- **신뢰성**credibility 정보의 원천source은 믿을만한가?
- **참신성**novelty 새로운가?
- **가능성**likelihood 미래를 바꿀 수 있는가?
- **영향력**impact 미래를 바꿀 힘은 얼마나 될까?
- **관련성**relevance 얼마나 중요한가?
- **시기적절성1**timeliness1 광범위하게 알려질 때까지 시간이 얼마나 걸릴까?time to aware
- **시기적절성2**timeliness2 영향을 행사하기 시작할 때까지 얼마가 걸릴까?time to prepare

생각해봅시다 5.1 머피가 셀리를 만났을 때?

일이 잘 풀리지 않고 갈수록 꼬이기만 할 때 우리는 머피의 법칙Murphy's law 때문이라고 곤혹스러워 한다. 일종의 경험법칙으로, 미국 에드워드 공군기지에 근무하던 머피Edward Murphy 대위가 1949년 처음으로 사용하였다. 당시 미 공군에서는 조종사들에게 전극봉을 이용해 가속된 신체가 갑자기 정지될 때의 신체 상태를 측정하는 급감속 실험을 하였으나, 모두 실패하였다. 나중에 조사해보니 조종사들에게 쓰인 전극봉의 한쪽 끝이 모두 잘못 연결되어 있었는데, 이는 어느 기술자가 배선을 제대로 연결하지 않아 생긴 사소한 실수 때문이었다.

전극봉을 설계한 머피는 이를 보고 "어떤 일을 하는 데는 여러 가지 방법이 있고, 그 가운데 한 가지 방법이 재앙을 초래할 수 있다면 누군가가 꼭 그 방법을 쓴다"고 말했는데 머피의 법칙은 바로 여기서 유래하였다. 그 뒤 일이 좀처럼 풀리지 않고 오히려 갈수록 꼬여 되는 일이 없을 때 흔히 이 말이 사용되면서 일반화되었다. 다시 말해서 머피의 법칙은 자신이 바라는 것은 이루어지지 않고, 우연히도 나쁜 방향으로만 일이 전개될 때 쓰는 말이다. '설마가 사람 잡는다'는 우리 속담과 일맥상통하고 미래학의 관점에서는 일종의 와일드카드에 해당한다. 이 경우의 와일드카드는 분명 원하는 미래의 방해꾼이다.

반대로, 샐리의 법칙Sally's law도 있다. 계속해서 자신에게 유리한 일만 일어남을 뜻하는 용어이다. 여기서 샐리는 1989년에 제작된 미국영화 '해리가 샐리를 만났을 때When Harry Met Sally'에서의 여주인공이다. 1977년 시카고대학을 졸업하고 뉴욕에 일자리를 얻은 해리는 마찬가지로 뉴욕을 향해 떠나는 샐리의 차를 얻어 타게 된다. 두 사람은 첫 만남부터 '남녀 사이에 친구는 성립되는가?' 하는 문제로 논쟁을 벌이게 된다. 그 후 두 사람은 12년간 친구로 지내면서 계속 티격태격하고 어긋나지만, 연달아 좋은 방향으로만 일들이 이어지면서 마침내 둘의 관계는 해피엔딩을 맞는다. 이런 경우를 샐리의 법칙이라 부르게 되었다. 이 역시 작은 와일드카드들이 12년 만에 미래를 만든 결과이다.

인생을 살다 보면 좋을 때도 있고 나쁠 때도 있다. 이것은 단지 어떤 일이 일어날 확률의 차이에 불과하다. 매사 부정적으로 생각하면 머피의 법칙이고 긍정적으로 생각하면 샐리의 법칙이라고 말하는 것뿐이다. 그러나 갑자기 궁금해진다. 해리 아닌 머피가 샐리를 만나면 어찌 될까? 그 미래가 궁금하다.

미래예측의 의미와 이론

미래를 알고 싶은 욕망의 역사는 아마도 인류의 역사와 같을 것이다. 고대 역사가 신화myth와 전설legend로 가득했듯이 고대의 미래예측도 무모한 믿음beliefs과 미신superstition에 불과하여 심리적 위안은 됐을지언정 유용하지는 못했다. 지금도 어떤 이들은 미래학에 대해 같은 평가를 하기도 한다. 경영학이나 정책학 등이 아직도 완벽하지 못하고 점점 발전하고 있는 것처럼 미래학도 과학과 같이 미래를 정확하게 예측할 수는 없지만 미래에 대해 유용한 지식을 제공하는 것만은 사실이다.

1. 미래예측의 의미

정확한 미래예측은 불가능하다. 그래서 질문이 생긴다. 미래를 정확하게 예측할 수 없다면 무엇 때문에 미래를 예측하나? 미래에 무슨 일이 일어날 가능성이 있는지를 알아내는 것 정도가 고작 포사이트 프로젝트가 주는 혜택인가? 미래학이 과연 의미가 있는 학문인가?

답은 '물론!'. 미래연구는 중요하다! 미래가 어떻게 펼쳐질unfold 것이며 세상이 어떻게 변할는지 안다는 것은 개인과 조직과 국가에게 대단히 중요한 일이다. 향후 3년 동안 부동산 가격이 약 2~3배 큰 폭으로 오른다는 정보가 중요하지, 3년 후의 가격을 미리 정확하게 맞춰야만 투자할 것인가? 전쟁의 위험에서 벗어나고 평화체제가 자리잡고 언젠가 한반도에 통일이 올 것 같다는 한반도 정세분석이 중요하지 굳이 정확한 통일시점을 밝혀보라고 떼를 쓸 것인가!

예측이란 다른 추론inference과 마찬가지로 증거evidence와 가정assumptions을 필요로 한다. 증거는 데이터이고 가정은 믿음에 해당한다. 가정이 증거보다 중요하다, '어떻게 작동할까', '그 다음엔 뭘까', '무엇이 가능하고 불가능할까' 등에 대한 답을 얻으려면 가정이 필요하다. 예측을 잘하는 방법은 올바른 가정을 하는 것이다. 예측에 까다로운 전제조건을 붙이자는 것이 아니라 타당한 가정으로 미래를 내다보자는 것이다,

사실 우리는 예측함에 어느 정도는 익숙하다. 과학시간에 지렛대의 힘을 재고 얼음이 녹는 시간을 예측하고 실험해보기도 했다. 이동시간이나 소요작업기간을 늘 예측하며 사

는 우리다. 과학자들은 달의 표면과 내일의 날씨와 지구온난화를 예측하고 있으며 그 예측은 제법 정확하다. 심리학·사회학·인류학·정치학도 미래를 논한다. 물론 경제학도 마찬가지다. 맞든 틀리든 우리는 자주 경제전문가들의 경제전망을 듣는다. 중요한 것은 이들 사회학자들도 여러 가정이나 여러 이론들을 토대로 여러 개의 전망을 한다는 점이다. 이렇듯, 타당한 미래는 여럿이다.

예측forecasting과 달리 전망prediction은 100%의 확신으로 미래를 주장하는 것이다. 정확한 예측이 불가능하므로 당연히 미래전망도 불가능하다. 그러나 한편 미래전망은 가능할 수도 있다. 맞출 수도 있고 틀릴 수도 있다. 그러나 그 미래가 현실reality로 다가왔을 때에야 비로소 밝혀진다는 것이 문제이다. 그래서 미래를 예측하는 가장 좋은 방법은 미래를 창조하는 것이라 했다. 어릴 적 들었던 부모님·선생님·목사님의 예언들, '대망을 품으면 넌 뭐든 이룰 수 있어!', '노력하면 어떤 목표든 다 달성할 수 있다', '예수를 믿으면 천국에 갈 것입니다' 등은 미래창조론의 밑거름이다. 그렇다! 역설적으로 들리지만 미래를 정확하게 예측할 수는 없되, 미래를 만들 수는 있다!

2. 예측이론

예측이론forecasting theory은 매우 풍부하다. 통계학·경영과학·산업공학 등에서 가르치는 예측이론은 그 내용을 별도의 책 한 권으로 써야 할 정도이다.7) 그러나 이들이 가르치는 예측기법의 대부분은 정량적quantitative인 까닭에 10~20년 후 먼 미래를 내다본다는 것에는 큰 위험부담이 따른다. 외삽extrapolation법으로 내다보는 그 긴 시간 동안에 얼마나 많은 와일드카드와 이머징 이슈가 등장하겠는가. 따라서 미래학의 예측은 정성적qualitative인 접근방법을 택한다. 정성적인 방법은 정량적인 방법이 수용할 수 없는 넓은 문제영역을 다룰 수 있고 많은 수의 요인들을 고려할 수 있게 해주는 이점도 있다.

정량적인 예측이론과 기법들의 오랜 역사와 수학적 기반 때문에 사회과학도들조차도 여전히 예측은 정량적이어야 한다고 믿는다. 미래학의 정성적 접근방법을 예측forecasting이라고 부르는 것도 불편해한다. 따라서 서구의 미래학자들은 오해의 소지가 있음을 인정하고 예측을 forecasting이 아닌 futuring이라고 칭하기 시작했다. 이 책은 그냥 '예측'이

7) Armstrong, J. S., *Principles of Forecasting*, Springer, 2001.

라 한다.

여기서는 단 3개의 예측이론futuring theory만 간단히 제시한다.

예측은 추론이다 미래는 직접 관찰할 수 있는 대상이 아니므로 미래에 대한 예측은 추론이다. 다른 학문도 추론을 한다, 직접 측정한 것이 아님에도 과학자는 지구로부터 태양까지의 거리는 약 1억 5천만km라고 추론한다. 그 당시에 살았던 사람들이 생존하고 있지 않음에도 역사학자들은 1597년에 이순신 장군이 명량해전에서 13척의 배로 133척의 배를 지닌 왜적을 물리쳤다고 추론한다. 아직 탑승도 하지 않았지만 인천공항의 여행객은 10시간 후엔 아프리카 에티오피아의 아디스아바바에 도착하리라고 추론한다. 이렇듯, 직접 관찰하지 않고도 안다는 것은 추론이다. 따라서 미래의 예측은 추론이다.

예측은 틀릴 수 있다 직접 관찰하지 않은 추론은 틀릴 수 있다. 직접 관찰한 것도 틀릴 수 있지만 그 가능성은 상대적으로 낮다. 추론을 잘한다는 미국의 여론조사기관들의 90%는 지난 2016년 대통령선거 결과로 도널드 트럼프가 아닌 힐러리 클린턴의 당선을 예측했다. 우리가 아는 모든 것은 불확실성을 내포한다. 미래예측도 틀릴 수 있다.

예측은 증거와 가정으로 뒷받침된다 추론은 수학의 정리theorem/正理처럼 증명할 수는 없다. 그러나 사실facts로 믿는 증거evidence를 활용하며 가정assumptions으로 추론한다. 가정과 추론 사이의 연결고리도 증거, 바로 데이터이다. 증거는 트렌드이다. 트렌드가 지속되면 예측대로 미래가 나타난다. 문제는 가정이다. 화석을 연구하는 인류학자들, 우주를 연구하는 우주과학자들도 문제에 대해 가정으로 접근함은 동일하다. 단지 미래학의 가설은 복합적 논리를 토대로 하는 까닭에 불확실성이 조금 더 클 뿐이다. 미래학의 예측은 증거와 가정으로 그 신뢰성이 뒷받침된다.

생각해봅시다 5.2 예측forecasting이라는 단어가 주는 거부감?

미래예측에 내 눈을 처음 뜨게 해준 분은 버지니아 공대Virginia Tech 산업공학과 대학원 재학 당시 저자의 석사과정 지도교수였던 가리P. M. Ghare 박사셨다. 1975년 9월 대학원 첫 학기에 택한 과목 중 하나가 가리 교수가 가르친 '예측forecasting이론'이었는데, 마침 저자가 조교teaching assistant로 도와드려야 하는 분이 바로 그 분이었다. 시계열time series분석을 위한 박스와 젠킨스Box & Jenkins의 ARIMA모델을 배우던 시절의 기억이 생생하다.

가리 교수는 주식시장에 관심이 많았다. 젊은 시절부터 주식투자로 제법 재미를 봤다고 했다. 그래서인지 예측이론을 토대로 주가예측 목적의 모형들을 만들어보라고 시켰다. 그는 '주가는 과거의 주가나 그 추이에 영향을 받지 않고 매 시점마다 독립적으로 움직인다'는 소위 랜덤워크random-walk 가설을 부정하고 싶어 했다. 그래서 우린 작은 연구에 착수했고 몇 개월 후 그 결과를 지역 학술논문지에 공동연구자로 게재하기에 이르렀다. 그래서 저자의 생애 첫 연구논문의 제목은 "An Evaluation of Random Walk Hypothesis for the Security Price Changes", *Virginia Journal of Science*(1976)가 된다.

그러나 그 논문이 씨가 되어 저자는 정작 제때에 석사학위를 받지 못하는 비운을 겪어야 했다. 주가예측에 성공하는 모델을 만들 수가 없었던 것이다. 20년 주가 데이터를 놓고, 첫 10년 데이터를 기반으로 만든 5~6개의 예측모델들을, 뒤 10년에 적용해자동매도·매수 그 결과를 평가했는데, 수익성이 높게 나타난 모델일수록 리스크가 너무 커서 그 가치를 찾기 힘들었다. 결국 남들 졸업할 때 못하고 저자는 석사논문주제를 바꿔 한 학기 뒤늦게 학위를 받게 되었다. 창피하고 자존심이 상했다. 그 악몽 때문에 저자는 지금도 수학적 예측이론의 신뢰성을 높게 평가하지 않는다. 이동평균moving average나 지수평활법exponential smoothing 등에 관해 '그래프로 그려보면 뻔한데 웬 고상한 이름까지 붙였지?' 하는 생각은 예나 지금이나 같다. 역시 불확실성을 탐구하는 통계학statistics, 신뢰성이론reliability, 품질관리론quality control, 대기이론queueing, 확률과정stochastic processes, PERT 스케줄링scheduling, 시뮬레이션simulation 등을 수강하던 기억은 좋은데 예측이론forecasting은 전혀 아니다.

이 책을 쓰면서도 forecasting 단어를 접할 때마다 거부감이 들었다. 그러나 미래학의 예측이 전통적인 forecasting의 개념과 달라 오해의 소지가 많다고 불편해하는 유럽지역 미래학자들의 지적을 많이 받은 휴스턴 미래학파가 최근 프레임워크의 forecasting 단계를 futuring 단계로 개명했다고 한다. 그 소식을 접하면서 저자는 안도의 한숨을 쉴 수 있었다.

forecasting과 futuring! 둘 다 '예측'을 의미하지만 많이 다르다. 특히 저자에겐 그렇다!

프레임워크를 이용하는 미래예측

포사이트foresight의 목적은 ① 변화추세를 찾아 그 추세로부터의 미래예측과 ② 그 변화에 영향력을 행사하는 바람직한 미래창조이다. 첫 번째 목적이 달성되면 얻는 결과물이 베이스라인baseline 미래와 대안alternative미래들이며, 이 중 무엇이 타당한 미래인지 선별하는 능력이 필요하다. 전략기획은 이후에 진행되는 작업으로 그 결과물은 비전과 계획과 그리고 궁극적으로 실행이다.

1. 미래예측 프레임워크

이런 포사이트 프로젝트를 체계적으로 절차를 밟아 진행시키자는 개념이 프레임워크이다. 프레임워크에 각 단계별 구체적인 지침이 더해지면 방법론methodology이라 한다. 방법론은 프로젝트에 참여하는 모든 사람들이 공유해야 하는 일종의 바이블이지만, 특히 경험이 부족한 참여자들에겐 큰 도움을 주는 효과가 있다이 책의 제4부는 다양한 방법론을 소개한다.

[그림 5.2]는 프레임워크를 이용한 포사이트의 전체도를 보여준다. 미래예측에 해당하는 앞의 [그림 5.1]과도 일맥상통하는 그림이다.

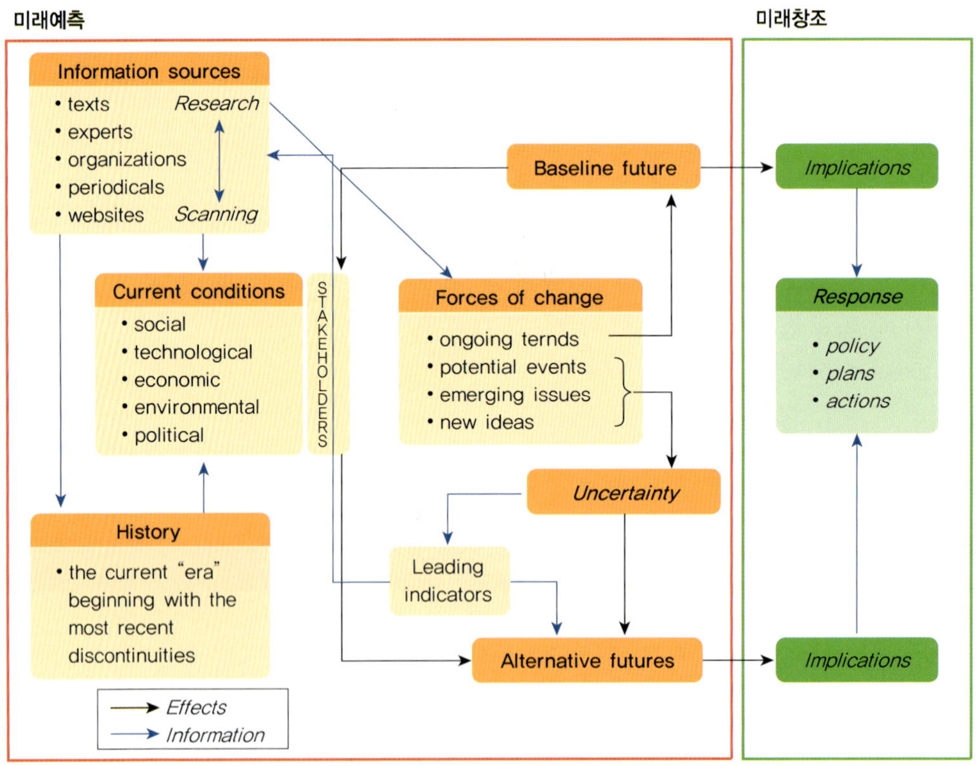

[그림 5.2] 프레임워크를 이용한 포사이트예측·창조의 개념

앞서 밝힌 포사이트의 목적 중 일단 '① 변화의 추세로부터 미래를 예측하는 목적'에 초점을 맞춘다미래창조를 위한 ②는 제6장에서 계속 논한다. 나아가, [그림 5.1] 중 아직 논의하지 않은 2·4·5·6·7·8단계를 차례로 설명한다. 특히 5·6·7단계인 베이스라인 미래의 예측·분석과 대안alternative미래 도출을 중점적으로 다룬다.

1	2	3	4	5	6	7	8	9
영역정의 domain definition	요약 summary	현재평가 current assessment	시대분석 era analysis	베이스라인 예측 baseline forecast	베이스라인 분석 baseline analysis	대안미래 alternative futures	핵심 시나리오 scenario kernel	정보 information

[그림 5.3] 프레임워크 예측단계의 개괄도[그림 5.1]과 같음

- **요약2단계** 전체 프레임워크 중에서 가장 중요한 부분은 요약summary이다. 맨 처음 작성된 후 진행결과를 수용하여 최종단계에서 보완된다. 처음의 요약문서는 주어진 영역의 무슨 정보를 탐색해야 하는지, 그 중 미래를 위해 가장 중요한 정보가 무엇인지를 선택할 수 있는 기회를 제공한다. 마지막 단계에서 보완되는 요약은 베이스라인과 시나리오 등을 포함한다.
- **시대분석4단계** 시대era는 일정기간 안정적으로 지속되어 그 나름대로의 특징을 갖는 기간을 말한다제4장에서 이미 소개함. 각 시대는 불연속한 사건으로 시작해 또 다른 불연속 사건으로 매듭지어진다. 예를 들어, 1910년 강제 한일합병으로부터 제2차 세계대전에서 패한 일본으로부터 해방된 1945년까지를 '일제시대'라고 부른다. 미래연구를 할 때는 현재의 시대를 파악하고, 이 시대가 지속될 것인지 조만간 중단사태를 맞을 것인지 분석하여 기록하는 것이 중요하다.

2. 베이스라인 미래의 예측[그림 5.3]의 5단계

조사연구를 통해 영역을 정의하고 현재를 평가하는 것은 미래를 예측하기 위한 사전단계였다. 현재평가current assessment단계에서 얻어진 스캐닝히트들이 해당영역을 촬영하는 마술카메라의 일종의 스냅사진들snapshots이었다면, 예측은 이 스냅사진들을 이용하여 문제영역에 대한 동영상을 제작하는 작업으로 비유할 수 있다. 동영상을 만들려면 변화의 동인들drivers이 필요하다. 이 동인들은 트렌드trend와 사건event과 이슈issue라고 부른다. 이 중 트렌드와 예측가능한 변화의 동인들이 기대되는expected 미래인 베이스라인baseline 미래로 이끄는 힘이고, 다른 동인들은 또 다른 타당한plausible 대안alternative미래들로 이끈다. 사건이나

이슈들은 트렌드보다 더 불확실성이 높은 까닭에 트렌드를 활용한 베이스라인 예측이 보편적이다.

기대되는 미래를 베이스라인이라 부르는 이유는 뜻밖의 일이 발생하지 않았을 때no surprises 나타날 기본적fundamental 미래이고 어떤 미래보다도 나타날 가능성이 높기most likely 때문이다. 그러나 물론 시간이 흐르며 상황이 바뀌면 달라질 수 있다. 베이스라인을 만드는 트렌드의 발견은 비교적 쉽지만 여러 대안미래들 중에서 의미 있는 미래를 선택하는 것이 제법 도전할 만한challenging 일이 된다. 단, 미래를 의심하고, 최악의 상황을 떠올리며 너무 미래를 비관적으로 보는 관점은 바람직하지 않다. 또한 기술문명시대에서 첨단기술의 발전을 너무 과다한 영향력이 있는 동인으로 삼는 우愚도 범하지 말아야 한다. 기술은 STEEP의 하나에 불과하다.

베이스라인 개발에 기여하는 요소들은 다음과 같다.

- **상수**constants 예측기간 동안 변함없을 것들이다. 베이스라인의 **경계조건**boundary conditions이라고도 한다.
- **트렌드** 상수 아닌 변수variable다. 긴 기간 동안 일정한 방향으로 변하는 것들이다. '더 많이', '더 적게', '증가', '감소' 등으로 표현된다. 유사한 트렌드들이 뭉치면 **메크로테마**macro theme가 되고 대세를 이루면 **메가트렌드**megatrend로 발전한다.
- **계획**plan 실행의도intentions to act를 말하며 개인·조직·국가에 의해 대외적으로 발표된다. 발표자들이 직접 포사이트 프로젝트를 수행하지 않을 수 있지만 최소한 이해당사자이고 또한 미래에 대한 동인이기 쉽다.
- **순환**cycle 오르내리는 진동oscillation으로 예측가능한 것들이다. 계절상품들의 매출, 경기economy의 상승과 하락, 심지어는 여야 간의 정권교체 등도 베이스라인의 구성요소들이다.
- **전망**projections 다른 사람들에 의해 만들어진 예측을 일컫는다. 정확성을 신뢰할 수는 없지만 능력 있는 예측가들의 베이스라인은 의미가 크다. 또한 내려진 전망들은 일종의 '**자기충족적 예언**self fulfilling prophecy'이 되어 실현가능성을 높이는 효과가 있다. '**말이 씨가 되어**' 정말 그렇게 되고 만다는 것이다.

그때가 되면 미래는 무슨 모습일까? 지금과 미래의 큰 차이는 무엇일까? 그 차이가 미래를 어찌 다르게 만들까? 이 질문들은 모두 베이스라인으로 답할 수 있는 것들이다.

베이스라인은 조금은 뻔하고 이미 알려지기도 한 까닭에 흥미롭거나 놀라움은 전혀 없으리라고 생각할 수 있지만 이는 오해misconception이다. 베이스라인의 구성요소들은 짐작되더라도 그것이 초래할 영향력은 의외일 수가 있다. 하나의 베이스라인에 내포된 두 개의 트렌드들이 충돌하여 예상하지 못했던 결과를 낳을 수도 있는 것이다. 이 때문에 베이스라인의 영향을 포괄적으로 이해하기 위해 **퓨처스 휠**futures wheel 같은 기법의 사용이 추천되기도 한다퓨처스 휠 기법은 이 책의 제8장에서 소개한다.

3. 베이스라인 분석[그림 5.3]의 6단계

베이스라인 분석을 위해서는 비판적 사고와 창의성이라는 두 가지 두뇌활동이 필요하다.

비판적 사고를 통한 베이스라인 분석과 대안미래 도출 비판적 사고critical thinking[8]는 베이스라인과 대안미래들 사이의 교량역할을 한다. 베이스라인에 대한 증거와 가정을 평가하면서 다른 타당한 미래들을 예측하는 것이다. 만약 베이스라인의 가정이 확고부동하지 못해 도전challenge을 받을만 하면, 결국 또 다른 가정이 타당하다는 뜻이므로 또 하나의 다른 대안미래가 부각될 수 있는 것이다. 베이스라인을 분석하고 대안미래를 모색하는 방법은 결국 비판적 사고이며, 그 절차는 다음과 같다.

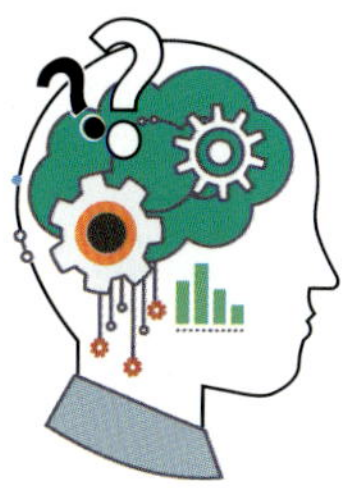

1. 조사연구를 한다.
2. 베이스라인 미래를 예측한다.
3. 베이스라인에 대한 증거상수·트렌드·계획 등를 제시한다.
4. 증거에 대해 비판적 시각을 갖는다. 예를 들어, ① 그것이 과연 사실인가? ② 그것이 베이스라인과 관련이 있나? 만약 그렇다면 추론의 근거로 사용되었는가? ③ 그것으로 충분한가? ④ 그 정도로 베이스라인에 관해 그렇게 강하게 주장할 수 있나? 등의 질문을 던진다.
5. 각 증거를 수용하게 만드는 가정이 무엇인지 밝힌다.
6. 각 가정에 대해 정반대의 입장을 취해본다. 이를 통해 원래의 가정의 합당함을 확인한다.
7. 다른 근본foundation과 증거와 이유로 인해 타당하다고 판단되는 또 다른 가정들alternative assumption을 세운다.

8) 비판적 사고는 미래학만 강조하는 것이 아니다. 저자는 학문에 대한 비판적 사고는 학자의 기본철학이라고 생각한다. 모든 연구는 문제의식에서 출발하기 때문이다. 사실, 학생들도 비판적 사고를 배워야 한다. 자신이 지금 생각하는 것과 다른 생각도 해보도록 새로운 생각의 지평을 열어주기 때문이다. 비판적 사고는 지혜로운 삶의 기본이고 미래개척의 기본자세라고 믿는다.

8. 세워진 다른 가정들을 이용하여 베이스라인과는 다른 대안미래로 확장시킨다.
9. 대안 가정의 이유는 이제 대안미래시나리오의 존재이유가 된다.

비판적 사고의 핵심은 가능한 미래와 제법 타당한 미래를 구별함distinguish에 있다. 비록 베이스라인 미래는 아니지만, 각 타당한 미래는 가정이 합당하고 증거가 충분하여 현실로 나타날 확률이 큰 미래인 까닭이다.

창의성에 의한 대안미래 도출 그러나 비판적 사고에서 한 걸음 더 나아가는 두뇌활동은 창의력을 발휘하는 것이다. 창의성creativity은 새로움을 생각하게 하고 모든 생각의 가능성을 열어준다. 경계를 허물고 문제를 재정의할 수도 있다. 대안미래를 찾는데 절대적으로 필요한 특성이다. 단, 새로운 아이디어를 찾는 창의성과 창의적 아이디어를 실행으로 옮겨 유익한 결과를 만드는 혁신innovation은 구분되어야 한다. 즉 혁신은 창의성을 이용하지만 그 자체가 창의적이지는 않다는 것이다. 물론 창의성은 새로움을 찾을 뿐 실행과는 무관하므로 훌륭한 창의적인 결과조차 빛을 못보고 자칫 사장死藏될 수도 있다. 그래서 창의성과 혁신은 동반자이어야 한다.

창의력은 선천적으로 타고날까, 아니면 후천적으로 개발 가능할까? 답은 불분명하지만 최소한 교육을 통해 발전시킬 수 있다는 것은 정설로 통한다. 예를 들어, 창의적 문제해결을 위해 한 기업은www.solutionpeople.com IDEAInvestigate needs, Develop ideas, Evaluate solutions, Activate plan라는 교육과정을 제공하는 등 후천적 창의력개발을 강조한다. 예를 들어, 브레인스토밍의 창시자 알렉스 오즈번Alex F. Osborn이 제안한 아래 '스캠퍼SCAMPER 9가지 체트리스트 발상법'은 창의력 향상기법에 해당한다.

- **대체**Sustitute 다른 것으로 대체할 수 있는가? 다른 관점? 다른 방식?
- **결합**Combine 다른 것과 조합할 수 있는가?
- **적용**Adapt 이것에 다른 아이디어를 적용시킬 수 있을까? 비슷한 다른 건 없을까?
- **변경**Modify 모양·색상·의미들을 바꿀 수 있을까?
- **확대**Magnify 더 크게, 더 높게, 더 길게, 더 강하게, 더 빨리, 더 자주 할 수 있을까?
- **축소**Minify 더 작게, 더 낮게, 더 짧게, 더 천천히 할 수 있을까?

- **다른 용도**Put to other uses 다른 용도로 쓸 수 있을까?
- **제거**Eliminate 여기서 뭔가를 제거하면 어떨까?
- **재배열**Rearrange · **뒤집기**Reverse 순서를 바꾸거나, 요소를 재배치하거나, 상하 좌우를 뒤집거나 역할을 바꿔볼 수 있을까?

그런데 흥미로운 점은 창의력과 미래역량은 깊은 관계를 맺는다는 점이다. 사실인즉, 둘은 목적이 다를 뿐 방법은 같다는 설도 있다. 예를 들어, 창의성을 위한 마인드매핑mind mapping[9]은 미래연구 기법인 퓨처스 휠과 유사하고 그 외에도 여러모로 닮았다고 한다.[10]

미래예측을 함에 있어 창의성은 대안미래들을 발견하는 데 도움이 된다. 창의성이 추론과 연결되면 타당한plausible 대안미래들로 인도해준다.

생각해봅시다 5.2 미친 창의력이란 무엇일까?

광고업계는 소비자의 마음을 사로잡는 반짝이는 창의력과 상상력을 필요로 한다. 광고업체에서 카피라이터로 일하는 저자의 막내딸은 회사에서 가끔씩 특이한 아이디어로 사람들을 놀라게 하는 듯싶다. 그래서인지 상관이 막내를 다른 사람에게 소개할 때 창의력이 '크리에이티브'한 친구라고 하지 않고 '크레이지티브crazytive'한 친구라고 소개한다고 한다. Crazytive! 영어사전에도 없는 단어이다. 칭찬인지 아닌지 자기도 모르겠다니 저자는 더욱 알 수 없는 노릇이다.

이 막내가 언젠가 입사초년생으로 무슨 국제광고제에 나가 '뉴스타 광고인' 금상을 받아왔다. 광고경력 3년 이하인 6개국 36개 팀들이 한 의류회사의 옷 광고를 주제로 받고 몇 시간 만에 광고카피를 만들어 경쟁했다는데, 그 금상을 받았다는 아이디어를 보고 저자는 갸우뚱했었

9) 마인드매핑은 부잔Tony Buzan이 개발한 방법으로서 인간의 방사 사고를 표현하여 이미지와 핵심주제어 그리고 색과 부호를 통해 좌뇌와 우뇌의 기능을 유기적으로 연결함으로써 인간의 두뇌 활용을 극대화하는 사고 및 학습기법으로 알려지고 있다.

10) 우연인지는 모르겠으나 미래학자인 KAIST의 이광형은 '*3차원 창의력 개발법*'이라는 책을, 퓨처리스트 최윤식도 *Thinking Tool Box씽킹 툴 박스*라는 책을 각각 출간하면서 누구나 창조적 사고력을 개발할 수 있다고 강조했다. 미래학자들이 창의력개발 책은 왜 집필했을까?^^

다는 기억이다.

Your clothes are seen before you are. 당신이 보이기 전에 옷이 먼저 보입니다.

카피 문구는 좋은데, 머리를 달랑 잘라 사진 밑에 놓다니! 혹시 이 광고는 crazimage? 지금 생각하니 과연 crazytive, 미친 창의력이 맞다. 창의력의 한계는 어디까지일까?

4. 대안미래의 예측[그림 5.3]의 7단계

흥미로운 사실이 있다. 누가 미래 어딘가로 향하고 있다고 말할 때 사람들은 잘 믿지 않는다는 점이다. 사실 가다보면 예측을 어긋나게 하는 무슨 일인가가 터지게 마련이다. 미래로 가는 동안 무슨 일이 일어나는 것일까? 이유는 말하기 힘들지만 결국은 그렇다. 그렇다고 미래예측을 포기하라는 것은 아니다, 한 가지 답은 오히려 그런 까닭에 베이스라인 외에, 가능한 타당한 여러 대안미래들을 상정해야 한다는 것이다. 다양한 시나리오 개발이 필수적이다. [표 5.5]는 시나리오 개발을 위한 기법들을 정리한다[11] 이 중 일부는 이 책의 제3부에서 소개한다.

[표 5.5] 시나리오 개발 기법들

분류	시나리오 개발 기법technique	절차process
판단	Genius Forecasting천재적 예측기법	생각, 상상
	Visualization of the Future 미래상 시각화기법	휴식, 상상으로부터의 자극
	Role Playing역할연기	설정된 조건에서 행위
	Coates & Jarratt코트 & 자렛기법	영역과 시간대 정의, 변수 도출, 시나리오 개발, 각 시나리오에서의 변수 측정, 시나리오 작성
베이스라인	Manoa하와이대기법	영향, 교차영향, 정교화
시나리오 정교화	Incasting인캐스팅기법	특정 영역의 정교화
	SRI SRI연구소기법	특정 영역들의 정렬

11) Bishop, P., A. Hines & T. Collins, "The Current State of Scenario Development," *Foresight*, 9(1), 2007.

시간정렬	Probability Trees확률나무기법	정렬, 확률배정
	Sociovision사회비전기법	매크로테마로 묶음
	Divergence Mapping방산매핑	4개의 타임호라이존에 위치, 사건과 정렬연결
	Future Mapping미래매핑기법	최종상태를 만들기 위한 사건정렬
백캐스팅	Backcasting, Horizon Mission Methodology백캐스팅기법	최종상태로 가기 위한 단계밟기
	Impact of Future Technologies 미래기술 영향분석기법	시나리오로 가는 폿말, 투자효과분석
불확실성 관점	Morphological Analysis형태분석법, Field Anamaly relaxation평년차 완화	각 차원으로부터의 여러 대안들
	Global Business NetworkGBN기법	가장 중요하고 불확실한 2×2 행렬
	Option Development & Evaluation 선택개발·평가기법	각 차원으로부터의 여러 대안들, 각 대안들에 대한 각 대안관점에서의 일관성 평가
	MORPHOLMORPHOL기법	각 차원으로부터의 여러 대안들, 불확실선에 대른 선택과 배제
교차영향 분석	Cross-Impact Analysis 교차영향분석법	초기 확률, 서로 간의 영향평가, 몬테칼로 시뮬레이션
	IFSIFS기법	변수의 고·중·저 확률, 초기 확률범위, 각 변수들의 범위에 따른 교차영향
	SMIC PROB_EXPERT	초기 확률, 우발적 확률, 일관성 교정
모델링	Trend Impact Analysis추세영향분석법	트렌드 영향 추정, 첫 영향시점, 최고영향, 마지막영향 시점
	Sensitivity Analysis민감도분석기법	불확실한 경계조건의 여러 타당값 책정
	Dynamic Scenarios동적시나리오	각 차원에서의 시스템 모델들, 전체로 통합

대안미래들은 베이스라인의 분석과 창의적 상상에 의해 만들어진다. 각 대안미래들은 불확실성을 내포하고 있으므로 그 불확실성을 노출시키고 관리하는 것이 대안 미래예측의 핵심이다. 그러나 다행스럽게도 불확실성을 정확하게 측정할 필요는 없다. 확실해야 한다는 강박관념에서 벗어나도 된다. 베이스라인에 대한 유연성과 창의성을 발휘하면 타당한 대안미래들을 찾을 수 있기 때문이다.

불확실성은 베이스라인 분석에 의해 노출된다. 불확실성의 이유는 다음과 같다.

- **트렌드의 역전** 베이스라인 확립에 기여했던 트렌드는 변할 수 있다. 속도가 늦춰지거나 멈추거나 아예 역전reversal될 수 있기 때문이다. 하나의 경향은 역경향counter-trend을 탄생시킨다. 사회를 너무 한 방향으로 밀어붙이면 반작용이 일어난다. 트렌드는 불확실하고 바뀔 수 있으며, 바뀌면 대안미래로 방향을 바꾸게 만든다.
- **달성하지 못한 계획** 강력한 힘을 가진 이해당사자stakeholder가 약속을 어기게 되면 초기 계획의 달성은 힘들어진다. 여러 상황이 발생할 수 있는 것이 미래이며, 계획이 바뀌면 미래는 베이스라인에서 벗어날 수밖에 없다. 그래서 대안미래가 존재의 의미를 갖는다.
- **잠재적 사건** 잠재적potential 사건은 미래를 바꾸고 만다. 전쟁이나 정치적 혁명 같은 큰 사건은 아예 시대를 바꾸기도 한다. 사건이 발생하지 않으면 하나의 미래가, 발생하면 또 하나의 다른 미래가 열린다. 경제불황, 온실가스로 인한 지구의 급작스런 온난화, AIDS의 돌연변이, 노화를 지연시키는 신비의 약 발명 등 많은 사건들이 잠재하고 있는 곳이 우리가 사는 세상이다. 따라서 미래는 특별한 사건을 맞아 노선을 바꿀 수 있다.
- **이머징 이슈** 이슈는 미래의 모습을 변화시킬 수 있는 강력한 힘이 있다. 민주화를 외치는 촛불시위. 성희롱을 반대하는 미투운동, 부동산 종합소득정책, 국제보호무역과 협정FTA, 보수정권의 쇠퇴, 북한의 핵폐기 등은 새롭게 부각된 이 시대의 이슈들이다. 그러나 아직 수면 위로 부상하지 못한 이슈들은 미래를 예상외의 방향으로 바꿀 수 있다. 예를 들어, 북한의 개방정책이 가져올 남북철도의 재건과 '서울↔유럽 철도관광'의 미래는 이머징 이슈에 해당한다.
- **새로운 아이디어** 새로운 아이디어와 이데올로기ideology는 세상을 바꾼다. 과거의 기독교, 민주주의, 사회주의, 자본주의가 그랬고, 인권과 자유와 같은 사상이 그랬고, 복지정책, 환경보호법, 학교급식제도 등이 그러하다. 일단 등장하면 큰 힘을 발휘하며 대안미래로 나아가게 만든다.
- **결정적 불확실성** 미래에 대한 상상도 미래를 바꾸는 힘이 있다. 미지의 세계를 그리는 인간의 욕망이 역사를 만든 결정적 동력key dynamic이었다는 설도 있다. 아직 모르는 세상에 대한 상상은 사람들에게 의욕을 불러일으키고 앞으로 나아가게 만든다. 기업과 국가는 원하는 내일desirable tomorrow을 위해 움직이는 중이다. 개인이나 조직도 마찬가지이다.

5. 핵심 시나리오[그림 5.3]의 8단계

대안미래들은 결국 한 개혹은 소수의 핵심 시나리오scenario kernel로 집약된다.[12] 대안시나리오는 대안미래의 타당함과 불확실성 및 현재와의 차이와 미래의 가치를 포함한다. 대안시나리오 각각에 예측이 끝난 후에도 기억에 남을 이름을 붙이는 것도 중요하다.

시간이 흐르며 현재와 가까워질수록 미래는 여럿이 아닌 하나로 다가온다. 발생가능할 수도 있으리라고 짐작했던 사건도 없었고 이슈도 나타나지 않은 채 다가온다. 항해 중에 암초와 풍랑을 걱정했는데 잘 피하고 무사히 목적지에 도달하는 것과 마찬가지로 말이다. 문제가 있긴 했다. 암초는 피했고 날씨는 예상보다 나쁘지 않았다. 밤 항해를 피하는 등 불확실성을 미리 해결했던 것이 미래로 향한 항해에 큰 도움이 되었다.

그러나 미래는 늘 이렇게 순조롭게 오지는 않는다. 따라서 모니터링monitoring이 필요하다. 무엇보다도 지표indicators를 지켜봐야 한다. 빈부격차는 줄어들고 있나, 청년실업률은 낮아지고 있나, 여성의 급여수준은 향상되고 있나 등을 신호등과 계측장비로 지켜봐야 다가오는 미래를 알 수 있다. 변화를 읽고자 하는 스캐닝이 광범위한 정보에 접근하는 것이었다면, 모니터링은 그 반대로 신호에 집중한다. 스캐닝은 선박의 각종 레이다radar로, 모니터링은 항해사에 비유될 수도 있다. 지표들의 변화는 특정 대안미래와 연결시킨다.

결국 미래는 온다. 그 미래는 베이스라인과 다른 대안미래의 조합일 공산이 크다. 베이스라인에 대한 유연하고 창의적인 사고가 예측한 미래일 것이다.

토의문제

01. 스캐닝을 하면 변화가 잘 포착되는가?

02. 당신은 궁금할 때 미루지 않고 즉석에서 검색을 하는 스타일인가?

03. 세상의 변화를 깨닫기 위해 하루 평균 뉴스를 접하는 데 얼마나 많은 시간을 보내는가?

---

12) Ogilvy, J. *Creating Better Futures: Scenario Planning as a Tool for a Better Tomorrow*, Oxford University Press, 2002.

04. 생활하면서 머피의 법칙을 발견하고 힘들었던 적이 있는가?

05. 예측, 추측, 추론, 짐작, 전망, 추리가 뜻하는 차이는 무엇일까?

06. 당신은 태생적으로 매사 일어날 일을 따지고 준비하는 예측가인가?

07. Forecasting과 futuring의 차이는?

08. 현 시대는 글로벌시대인가, 정보통신시대인가, 제4차 산업혁명시대인가?

09. 비판적 사고, 비판적 지지는 어떠한 상황에서 좋거나 나쁜 것일까?

10. 창의력을 발휘하기 위해 고정관념을 깬다는 논리를 예를 들어 설명해 보아라.

참고문헌

국내문헌

김귀곤・김솔・이명호・이주헌・조남신・조장연, *경영학으로의 초대(제6판)*, 박영사, 2018.

해외문헌

Armstrong, J. S., *Principles of Forecasting*, Springer, 2001.

Bishop, Peter C. & Andy Hines, *Teaching about the Future*, Palgrave Macmillan, 2012.

Bishop, Peter C., Andy Hines & T. Collins, "The Current State of Scenario Development," *Foresight*, 9(1), 2007.

Markley, O. W. & A. C. Wygant, *Information and the Future*, Greenwood Press, 1988.

Moliitor, G., *The Power to Change the World: The Art of Forecasting*, Public Policy Forecasting, 2003.

Ogilvy, J. *Creating Better Futures: Scenario Planning as a Tool for a Better Tomorrow*, Oxford University Press, 2002.

부록 5

글로벌 도전과제들과 대응방안

현대의 조직은 글로벌 환경과 밀접한 관계에 있다. 예를 들어, 미국 기업의 스마트폰 아이디어 하나가 우리의 생활에 큰 영향을 미치고 이 기술은 세계 기업들의 경영방식과 정치행정까지도 변화시킨다. 아마존의 생태계가 무너지거나 중동에서 전쟁이 발발한다거나 중국사막의 모래 태풍은 남의 나라 일이 아니고 우리의 삶에 직접적인 영향을 미친다.

제3장에서 소개했던 유엔 밀레니엄 프로젝트의 중요한 과제 중의 하나는 매년 지구촌 15대 도전과제들을 도출한 후 이 과제들에 따른 기회와 위기를 분석하고 필요한 전략적 대안을 제안하는 일이다. 과학적 미래예측을 통해 미래사회의 위험을 사전에 경고하는 의미 있는 작업이다. 2017년의 발표된 과제들의 현황과 대안을 [표 5.6]에 정리한다. 지구촌의 현안・도전과제들을 이해하는 것은 지구촌 일원의 의무이기도 하지만, 미래연구를 위한 글로벌 환경의 이해라는 관점에서도 유익할 것이다.

[표 5.6] 글로벌 지구촌의 15대 도전과제들과 대응방안

	도전과제	현황과 해결방안	
1	지속가능한 개발과 기후변화 대안	현황	• 현재의 기후변화가 계속되면 지구상의 생물 6종 중 하나는 멸종될 수 있다. • 빙하가 녹고, 질병 패턴이 변화하고, 산호초가 죽어가고 있다. • 해양은 매일 3,000만 톤의 이산화탄소를 흡수하면서 산도가 높아지고 있다. • 기후변화의 영향을 받는 농업・어업 국가들은 온실가스와 무관한 나라들이다.
		방안	• 화석연료발전소가 이산화탄소를 재사용하도록 개선한다. • 미국과 중국이 대기 중 이산화탄소가 350ppm을 초과하지 못하도록 한다. • 탄소세, 탄소허용한도를 정한다. • 화석연료에서 재생가능 에너지로의 전환을 위해 보조금을 제공한다.
2	깨끗한 수자원 확보 방안	현황	• 아직도 7억 4,800만 명의 사람들이 식수를 공급받지 못하고 있다. • 전 대륙의 지하수면이 하락하고 있다. • 전 인류의 거의 절반이 2개국 이상이 통제하는 수원으로부터 물을 얻는다. • 25억 명에 달하는 사람들이 여전히 위생시설에 접근하지 못하고 있다. • 지하수는 전 세계적으로 '고갈・염수화・오염'이라는 3대 위기에 처해 있다. • 가뭄, 토지 황폐화, 사막화로 인한 물 부족이 세계 15억 명의 사람들에게 영향을 주고 있으며 이는 가난, 식량안보, 영양불량과 관계가 있다.
		방안	• 처리수의 재사용, 고층건물 내 수직농장을 설치한다. • 물고기 양식과 수경재배를 융합한 아쿠아포닉과 수경재배・동물사육이 불필요한 배양육을 생산한다. • 점적 관수나 정밀농업을 통해 물 한 방울당 수확량을 증가시키는 방법을 확대한다.

3	인구증가와 자원의 균형	현황	• 인구역학은 높은 사망률과 출산율에서 낮은 사망률과 출산율로 변화하고 있다. • 60세 이상의 인구는 현재 8억 6,400만 명에서 2050년 20억 명으로 증가한다. • 전 세계 출산율은 1900년 1명당 6명에서 현재 2.45명으로 감소했다. • 현재 세계인구의 11.3%가 영양결핍으로 진단된다. • 5세 이하 어린이 사망률은 1990년에서 2013년 사이 거의 절반으로 하락했다. • 생산되는 식량의 약 33%가 낭비되고 있다. 낭비되는 것을 포함해 인간의 소비를 충족시키기 위해 식량은 2050년까지 70% 증가해야 한다.
		방안	• 합성생물학 등을 통해 장수기술의 잠재적 영향을 예측해 대비한다. • 환경을 보호하는 데 도움을 줄 수 있는 스마트 도시를 건설한다. • 대량생산이 가능하고 내건성을 가진 곡물에 대한 연구를 확대한다. • 소비단계에서 손실되는 식량을 줄이기 위해 기반시설과 상업 네트워크를 정비한다. • 토지의 고갈을 감소시키는 해수농업 연구를 확대한다.
4	민주주의에 대한 위협과 해결방안	현황	• 세계인구의 12.5%만이 '완전 민주국가'로 평가된 나라에서 살고 있다. • 세계인구의 37.6%는 '독재국가'(52개국)에 살고 있다. • 세계인구의 44%가 '전혀 자유가 없는 언론 환경'을 가진 국가(65개국)에서 살고 있다. • 1992년 이래 1,126명의 저널리스트가 피살됐으며, 사건의 87%는 전혀 처벌이 이루어지지 않았다고 보고된다. • 3,580만 명의 사람들이 현대판 노예상태로 살고 있다. • 6,530만 명의 사람들이 국가가 없는 난민의 상태로 남아있다.
		방안	• 민주주의에 대한 위협을 제거하는 전략이 자리잡아야 한다. • 비민주적인 시스템 안에서 사는 사람이 세계인구의 10% 미만으로 줄어들어야 한다. • 인터넷과 매체의 자유 보호가 국제적으로 시행되어야 한다. • 집행기관이 정치적·경제적 개입을 비롯한 아무런 간섭 없이 가능해야 한다. • 모든 시민이 선거권과 피선거권을 행사해야 한다.
5	글로벌 미래예측과 의사결정 개선방안	현황	• 미래전략부서가 급증하고 있다. • 의사결정 지원 소프트웨어와 미래예측 시스템이 지속적으로 개선되고 있다. 빅데이터 분석, 시뮬레이션, 집단지성 시스템, 각종 지수와 전자정부 참여 시스템 등이 그것이다. • 정부 간 조직과 민·관 협력체가 늘어나고 있다. • 제품, 건물, 생체에 내장된 센서사물인터넷에 의해 의사결정이 점차 증강될 것이다. • 50개국이 국가 미래지수를 계산하고 발표한다.
		방안	• 오늘날 기업의 회계처럼 미래예측 기능이 대부분의 조직에 일상적으로 자리잡아야 한다. • 고위험 프로젝트의 경우 프로젝트의 시작 전에 잠재적인 결과, 위험, 불확실성을 고려하는 과정이 일상적으로 진행되어야 한다. • 의회 상임 미래위원회와 국가 집단지성 시스템조직을 설립한다. • 최소한 50개국이 의사결정에 대한 교육을 받은 선출 공무원을 요구한다. • 미래에 대한 범지구적·다면적·보편적·참가적 목표를 세운다.

6	정보통신 기술의 글로벌 컨버전스	현황	• 2016년 기준 34억 명이 인터넷을 사용하고 있으며 이는 전년도 대비 10% 상승한 수치다. • 세계 모바일 사용자수는 약 38억 명이며이 중 스마트폰 이용 비율은 46% 이는 전년도 대비 4% 상승한 수치다. • 네트워크에 연결된 총 기기수는 73억 개이며, 그 중 스마트폰은 약 34억 개다. • 사물인터넷은 2020년까지 인터넷과 750~800억 개의 아이템을 연결한다. • 슈퍼컴퓨팅 기술과 인공지능의 상용화를 위한 경쟁이 진행 중이다.
		방안	• 개발도상국은 보편적인 광대역 접근권을 국가적 우선과제로 삼는다. • 해외의 개발도상국 전문가들을 국내의 개발 프로세스와 연결시킨다. • 정부는 현재나 과거의 사이버 위협을 기반으로 하는 규정이 아닌, 지역적으로 그리고 세계적으로 미래의 사이버 보안문제를 내다보는 규정과 절차를 마련해야 한다. • 인공지능을 위한 초기 조건을 만들어 인간의 통제를 넘어서는 파괴적인 성장이 이뤄지지 않도록 해야 한다.
7	빈부격차 해소	현황	• 빈부의 소득격차는 시간이 갈수록 더 커지고 있다. 2016년, 소득기준 상위 62명이2014년에는 80명이었으며 2010년에는 388명 소유한 재산이 하위 50%가 가진 재산보다 많다. • 지난 20년 동안 국내 소득불평등은 산업 국가의 경우 9%, 개발도상국의 경우 11%를 증가했다. • 현재의 추세가 계속된다면 세계의 실업자수는 2020년에 2억 1,200만 명을 넘어선다.
		방안	• 기업과 정부에 의해 시장경제의 부패와 악습이 강력한 처벌을 받아야 한다. • 부국과 빈국 사이의 범지구적 파트너십이 이루어져야 한다. • 경제개혁의 실행, 생산성 증대에 맞춰 조정된 소득, 세금도피처의 불법화를 위한 장기적인 전략계획이 필요하다.
8	의료보건 문제의 개선	현황	• 세계적으로 인간의 평균수명은 71.4년으로 보고된다. • WHO는 지난 5년 동안 1,100건 이상의 전염병 발생을 확인했다. • 전염병 질환의 발생률과 사망률은 감소하고 있지만 미생물 내성, 양양결핍, 비만과 같은 다른 보건문제는 계속 늘어나고 있다. • 비전염성 질병으로 매년 4,300만 명이 사망한다. 이는 연간 사망인구의 80%를 차지하는 수치다. 비전염성 질병이 만연해 사망률이 높은 데 비해 이들에 대한 자금지원은 의료지원 전체의 2%밖에 되지 않는다.
		방안	• 유행성 질환에 대한 정책이 수립되어야 한다. 빠른 탐지, 정확한 보고, 신속한 격리, 투명한 정보공개, 기반시설을 확보해야 한다. 이와 함께 깨끗한 식수, 위생시설, 손 씻기에 대한 투자확대도 필요하다. • 현재의 의료기술약물, 기기, 생물학적 제품, 의료시술과 외과적 시술, 지원시스템, 조직 사용의 최적화가 동반돼야 한다. • 정책과 우선 사항 설정을 위해 정보를 보다 정확하게 만드는 일을 하는 WHO의 세계 의료관측과 세계 질병부담 프로젝트를 이용한다. • 모든 국가가 14가지 백신접종을 통해 5세 이하 어린이의 90%가 면역력을 갖게 한다면 연간 이 연령집단에서 일어나는 200만 건의 사망을 막을 수 있다.

번호	주제	구분	내용
9	교육과 학습의 미래	현황	• 오늘날에는 인류의 대다수가 직간접적으로 세계의 수많은 지식을 쉽게 접하고 이용할 수 있다. • 15세 이상 성인의 식자율은 1990년 75.7%에서 2015년 약 86%로 증가했다. • 기술의 혜택을 받는 사람들과 그렇지 못한 사람들 사이의 지식격차가 생긴다. • 교육과 학습의 근본적인 변화가 없다면 2050년 인류의 약 50%가 기술적 실업사태에 직면한다.
		방안	• 지능의 향상을 국가적 교육목표로 선언한다. • 세계 어디에 있는 어린이든 18개월 내에 기본적인 읽기, 쓰기, 산술능력을 배울 수 있는 공개 소프트웨어를 개발한다. • 정책 결정권자들은 기술적으로 혜택을 받는 사람들과 그렇지 못한 사람들 사이의 지식격차를 없애는 정책을 정립해야 한다. • 온라인 학습 시스템에 대한 자유로운 접근이 전 세계적인 목표가 되어야 한다.
10	민족분쟁과 그 대안	현황	• 2008년 이래 세계의 평화는 매년 점점 악화되고 있다. • 2016년 취약국가 지수에 따르면, 178개국 중 156개국이 '위험'이나 '경고' 범주에 들어 있으며, 그 중 8개국이전 해의 2배이 '매우 위험' 범주에 속한다. • 전 세계 분쟁 및 갈등으로 약 13조 6,000억 달러의 비용이 발생했다. 이는 전 세계 GDP의 약 13.3%이며, 전 세계인이 매일 5달러씩 비용을 지불한 것과 같다. • 지난 5년간 러시아의 무기거래량이 260% 증가했다. • 정부와 기업들은 매일 다른 정부와 경쟁업체, 해커, 범죄조직에 의한 사이버 공격을 받는다.
		방안	• 각국 정부는 각 무기 유형에 따른 국제적인 감시 시스템을 정립한다. • 분쟁은 물론 사회적·환경적 상태에도 주의를 기울여야 한다. • 방사능 물질을 안전하게 지키기 위한 세계적인 노력을 강화해야 한다. • 사이버 전쟁에 대비하기 위해서는 기업과 개인의 공조를 통해 보호·저지·방위 자체에 대한 근본적인 재개념화가 필요하다.
11	여성의 지위 향상	현황	• 투표권이 사실상 보편적인 권리가 됐다. • 지난 20년간 의회에 진출한 여성이 거의 2배가 되었다. 그러나 38개국의 경우 의회에서 활동하는 여성이 전체의 11% 미만이다. 특히 6개 국가에는 여성 입법자가 전혀 없고, 8개 국가에는 내각에 여성이 전혀 없다. • 현재의 속도로 진전이 이루어진다면 G20에서 남녀가 동일한 직업에 동일한 보수를 받게 되는 데까지 75년이 더 걸린다. • 여성을 대상으로 하는 폭력은 매년 집계되는 사망자와 부상자 수로 가늠할 때 오늘날 가장 규모가 큰 전쟁이라 할 수 있다.
		방안	• 전통적인 매체는 성 고정관념을 고착시키는 행위를 피해야 한다. 최고경영진에 여성의 진출이 더 많아져야 한다. • 여성의 권리에 대한 침해는 반드시 기소되고 국제적 제재를 받아야 한다. 원조 프로그램은 반드시 양성평등의 원리에 따라야 한다. • 입법부의 최소 30%의 자리가 여성으로 채워져야 한다는 목표가 모든 국가에서 달성되어야 한다. • 여성 폭력에 대한 세계적인 인식을 높이고 있는 인터넷 기반 사이트를 장려하고 입법자와 법 집행기관이 그에 대해 더 많은 관심을 가져야 한다.

12	초국가적 조직범죄 퇴치	현황	• 초국가적 조직범죄는 매년 세계 군 예산 전체를 합친 것의 2배가 되는 3조 달러의 소득을 올리는 것으로 추정된다. • 전 세계 196개국 암시장의 총규모가 연간 1조 8,000억 달러인 것으로 추산된다. • 조직범죄의 반란, 테러의 구분이 모호해지기 시작하면서 조직범죄에 새로운 시장이 주어지고 민주주의, 개발, 감시에 대한 위협이 증가하고 있다. • 초국가적 조직범죄와 관련된 뇌물이 연간 1조 6,000억 달러로 추정된다. • 사이버 범죄와 사이버 스파이에 의한 세계적인 경제 손실이 연간 3,750억 달러에서 2조 달러에 이르는 것으로 추정된다.
		방안	• 돈 세탁 규모를 통해 규정된 주요 범죄집단을 확인하고 우선순위에 따라 하나씩 기소하는 금융범죄 기소 시스템을 갖춘 세계적 전략이 필요하다. • 이 시스템은 소송을 준비하고 동결가능한 용의자의 자산을 확인하고, 용의자의 현재 위치를 확인하고, 지역 당국의 체포 능력을 평가하고, 사전 선정된 여러 법원 중 하나에 사건을 송치시킨다.
13	에너지수요 증가와 그 대안	현황	• 2016년 11월 현재 450개 원자력발전소가 가동 중이다. • 2050년에는 세계 에너지 수요가 2000년의 3배가 될 것으로 예측된다. • 지난 5년간 누출된 천연가스는 총생산량의 4%에 가깝다. 3% 이상의 누출은 석탄으로 인한 환경파괴보다 더 위협적이다. • 2035년까지 자동차는 지금의 2배인 17억 대에 이를 것으로 전망된다. • 일본은 2030년까지 우주 태양광발전시스템을 작동시키려는 계획을 갖고 있으며, 중국 역시 2040년을 목표로 같은 계획을 추진하고 있다.
		방안	• 2050년까지 추가로 35억 명에게 전기를 공급할 수 있는 생산설비를 갖춰야 한다. • 노후한 핵발전소의 원자로를 해체하고 화석연료발전소를 개조한다. • 모든 국가가 이산화탄소 배출량 감소에 대한 약속을 이행한다. • 2050년까지 재생가능한 에너지원이 세계 에너지 수요의 77%를 충족시켜야 한다.
14	과학기술의 발전과 대안들	현황	• DNA 스캔이 맞춤형 약물과 유전성 질환의 퇴치가능성을 보여준다. • MRI 뇌 영상법이 실시간 사고과정을 보여준다. • 마비 환자들이 생각만으로 컴퓨터를 통제하는 것이 가능해졌다. • 화학물질, 생화학물질, 방사능물질을 모니터하기 위해 수백만 개의 무선 감지기로 이루어진 새로운 '스마트 더스트'가 개발되고 있다. • 합성생물학을 통해 다양한 종의 DNA를 조합해 미래역량을 창출한다. • 치명적인 인체 바이러스들을 유인해서 비활성화시킬 수 있는 '인공 원세포'를 개발하기 위한 새로운 항바이러스 전략을 추구하게 될 것이다.
		방안	• R&D와 기초과학연구를 증대시킨다. • 새로운 기술을 보다 지능적으로 사용할 수 있게 하는 혁신적인 비즈니스 모델과 정책이 필요하다. • 우주기술로 할 수 있는 정치적·경제적 의사결정 사이의 간극을 좁힌다. • 국제적인 과학기술 조직이 설립되어 세계의 과학기술 지식을 연결하고 적법한 배경과 법규하에서 사용되도록 한다.

15	윤리적 의사결정	현황	• 인터넷 연결성을 갖춘 세대가 권력의 남용에 맞서 봉기하는 일이 점차 늘어나고 있다. • 2008년의 금융위기는 경제적인 결과와 윤리의 상호의존성을 분명히 보여주었다. • 국제표준기구가 정한 기준과 국제조약들을 통해 범지구적 윤리가 모습을 드러내고 있다. • 조직범죄가 매년 3조 달러 이상을 챙기고 있다. 부패, 뇌물의 규모는 연 1조에서 1조 6,000억 달러에 달한다.
		방안	• 미래에 일어날 가능성이 있는 사건에 대한 윤리적 판단의 토대를 미리 마련해야 한다. • 부패한 공직자의 여행 비자 발급은 반드시 금지시켜야 한다. • 세계인권선언은 시민의 의무와 책임으로 강화되어야 한다. • 모든 기업의 소유주는 등록을 통해 공개되어야 한다. • 윤리적 기업 운영의 기준이 세계적으로 실행되고 그에 대한 감사가 정기적으로 이루어져야 한다.

출처: 박영숙 & 제롬 글렌, *세계미래보고서*, 비즈니스북스, 2017에서 발췌

6

Chapter

미래의 창조

"어제와 똑같이 살면서 다른 미래를 기대하는 것은 정신병 초기 증세이다"
– 아인슈타인(과학자)

잠자코 있으면 미래는 내 뜻과는 무관하게 찾아온다. 이런 사건들, 저런 문제들을 던지며 내 삶을 만들어버린다. 좋은 일은 아주 가끔씩, 대부분은 나쁘거나 안 좋은 일이다. 그래서 '인생은 고비 넘어 고비의 연속'이라고 했다. '삶은 고역苦役'이라거나 '무無소식이 희소식'이란 옛말이 괜히 있는 것이 아니다. 기업도 스스로 변하지 않으면 결국 도태되고 만다. 역동적인 21세기 지구촌에서의 국가도 마찬가지이다. 기다리는 미래는 나쁜 미래가 되고 만다.

내게 다가와 내 삶에 영향을 미칠 세상의 변화를 살피는 탐색scanning의 대상이 인바운드 변화inbound change였다면, 바깥 세상에 영향을 가하는 변화를 아웃바운드 변화outbound change라고 한다. 수동적으로 미래를 기다리지 않고, 능동적으로 더 나은 미래를 만드는 create a better future 방법이다. 사실 미래학을 공부하고 미래연구를 하고 포사이트foresight 프로젝트를 진행시키면서 대안미래를 찾는 궁극적인 목표가 바로 '더 나은 미래'이다. '하늘도 스스로 돕는 자를 돕는다'고 했다. 더 나은 미래를 만드는 아웃바운드 변화를 이 책은 과감하게 '미래창조'라고 부른다.

미래에 영향력을 행사한다는 말이 터무니없게 들릴 수도 있다. 그러나 생각해보면 우린 그렇게 살아왔다. 전공과 대학을 선택하고, 사랑을 고백하고, 취업시험 준비를 하고, 직장을 택하고, 여행계획을 세우는 등 미래를 능동적으로 만들기 위한 노력을 기울여왔다. 기업의 전략기획이나 정부의 산업육성정책 등도 '더 나은 내일'을 위한 아웃바운드 변화였다. 이 장은 아웃바운드 변화를 위한 리더십leadership, 비전설정visioning, 계획수립planning, 변

화관리change management 등 미래창조의 개념과 이론을 소개한다.[1)]

리더십

계획은 저절로 실행되는 것이 아니다. 사람들이 실행한다. 그 중에서도 리더leader/지도자가 실행을 주도하며 사람들을 이끈다. 리더는 조직·지역·사회를 한 시대에서 다음 시대로 변환transformational change시킨다. 원하는 미래를 만들자고 공개적으로 주장advocate하고 사람들이 그런 미래를 열망aspire하고 계획을 수립하고 성취accomplish하도록 돕는다.

1. 리더십 이론

리더십leadership이란 희구希求/desire하는 목표를 달성하기 위하여 개인 및 집단을 조정하며 동작하게 하는 리더의 대인관계기술을 의미한다. 조직구성원으로 하여금 바람직한 조직목표에 자발적으로 협조하도록 만드는 영향력이다. 리더십은 변화하는 환경에 조직이 효율적으로 적응하도록 하며, 조직 내부의 조화를 유지시키고, 조직구성원의 동기를 유발하는 기능 등을 수행하는 것이다. 리더십은 과거엔 간혹 권한authority이나 경영management 등과 혼용되기도 했지만 그 개념은 연구와 발전을 거듭하며 다양한 이론들로 설명되기에 이르고 있다.

• **특성이론** 초기의 리더십에 관한 연구는 리더들의 자질traits에 집중되었다. 지성·나이·역량·경력·책임감·참여 그리고 사회경제적 위치 등 권한을 행사하는 사람이 지녀야 할 특성들을 발견했다. 그러나 이들은 굳이 리더들에게만 좋은 자질은 아니다. 리더를 따르는 사람들, 즉 팔로우어follower들의 자질로도 좋은 특성들이다.

1) Bishop, Peter C. & Andy Hines, *Teaching about the Future*, Palgrave Macmillan, 2012. 본 장은 이 참고문헌의 내용을 많이 인용한다.

- **상황이론** 리더가 상황situation에 따라 어떤 자질을 갖추어야 좋은지를 논하는 이론이다.[2] 팔로우어들의 능숙함competence과 헌신commitment의 정도에 따라 다르게 발휘해야 한다는 리더십 이론이다. 예를 들어, 능숙하지 못하고 헌신하고자 하는 의지도 약할 때는 강력한 지휘감독supervision이 필요하지만 둘 다 높으면 많은 **권한위임**delegation도 좋다는 식이다. 그러나 이 이론은 실증적empirically으로 검증할 수 없는 한계가 있다.
- **효과이론** 리더가 무엇을 하면 효과effectiveness가 있는지 밝히는 이론이다. 이를 위해 독재적autocratic과 권위적authoritative, 참여적participative과 민주적democratic 등의 **리더십 스타일**이 연구되고, 과업위주task-oriented와 사람위주people-oriented 식으로 리더의 행위를 구분하는 이론도 발표되었다.
- **비상이론** 리더의 자질·상황·효과의 복잡한 상호작용을 연구하여 만약의 사태contingency에 발휘되어야 한다는 리더십 이론이다. 그러나 삼각관계가 명확하지는 않다.
- **공유이론** 리더 한 개인에서 여러 리더들 집단의 효과성으로 연구대상을 넓혀 수행해야 하는 기능에 초점을 맞춘 이론이다. 기능적functional 리더십이라고도 불리는 이 이론은 목표제시goal direction, 그룹소통group communication, 조직원의 동기부여individual motivation 등 함께 공유하는shared 리더십 기능을 중시한다. 조직원들이 일을 잘 수행하도록 오로지 뒷받침해주는 봉사servant리더십 이론도 공유이론의 한 유형이다.
- **관리자와 리더 이론** 관리자manager는 조직이 지속적으로 수행transactional해야 하는 업무에 치중하지만, 리더는 조직을 발전적으로 혁신·변환transformational시킨다고 둘을 차별화하는 이론이다.[3] 관리자는 기존의 목표달성을 위해, 리더는 새로운 목표와 새로운 환경을 지향한다. 따라서 리더에겐 비전이 필요하고 리더는 비전이 있는 **선지자**visionary여야 한다.[4]

리더십에 대한 어떤 한 이론이 좋다는 실증적 연구는 없다. 나아가 미래학 입문서에서 왜 리더십을 논하느냐고 물을 수도 있다. 왜? 리더야말로 변화를 만드는 주인공이며 리더십은 미래창조의 핵심이기 때문이다. 리더는 더 나은 미래를 위해 비연속성discontinuous 변화를 만들고, 파열disruption을 조장하고, 조직을 혁신변환/transformation시킨다. 비록 미래연구자들이 직접 리더가 되는 것은 아니지만 미래에 영향력을 행사하며 새로운 미래를 창조하는 데 앞장서는 리더의 역할과 그 중요성만은 인지해야 한다.

---

2) Hersey, P. & K. H. Blanchard, *Utilizing Human Resources: Management of Organizational Behavior*, 3rd ed., Prentice-Hall, 1977.

3) Bennis, W., *On Becoming a Leader*, 2nd ed., Perseus Books, 1994.

4) Nanus, B., *Visionary Leadership*, Jossey-Bass, 1992.

2. 조직변화의 기능

고대의 지도자는 백성을 한 곳에서 다른 곳으로의 길을 인도했다. 성경 출애굽기를 보면 모세Moses5)가 그랬다. 비록 40년의 시간이 필요했지만 이스라엘 민족이 이집트 애굽의 엘림을 떠나 황량한 시내광야wilderness of Sinai를 거쳐 홍해를 건너는 동안 모세는 절대적 리더였다. 그 길은 험했고 굶주림에 고통받아야 했다. 오죽했으면 '우리가 애굽 땅에서 고기 가마 곁에 앉았던 때와 떡을 배불리 먹던 때에 여호와의 손에 죽었더라면 좋았을 것을 너희가 이 광야로 우리를 인도하여 내어 이 온 회중으로 주려 죽게 하는도다출16:3'라고 모세와 아론을 원망했을까. 그러나 그들은 결국 젖과 꿀이 흐르는 땅에 당도했고 새로운 삶의 터전에 안착했다. 지도자는 이처럼 길을 안내하고 새 시대를 열어준다.

현대의 리더도 길을 안내한다. 지리적geographical인 길이 아니라 현재에서 더 나은 미래로 가는 길이다. 이를 위해 리더는 팔로우어follower들에게 늦기 전에 새 시대로 나아가자고 격려하고 미래지향 캠페인campaign에 동참시킨다. 위기가 닥쳤을 때는 이미 늦다. 리더십은 세상이 먼저 찾아오기 전에before the world steps in 미리 영향을 행사하는 것이다. 리더가 비전이 있다고 해서 누구나 믿고 따르지 않는다. 정치지도자가 선거 때 '새 시대를 열겠습니다!'라고 외친다고 모두 신뢰하는 것도 아니다.

조직의 변화를 만들려면 3가지 기능적 인물이 필요하다.

- **권한소유자**authorities는 변화를 만들기 위한 구속력binding 있는 의사결정을 한다. 권한은 선거나 임명에 의해 주어지며 정책입안, 예산책정, 채용·해고 등의 지휘권을 행사한다.
- **관리자**managers는 기존 시스템의 운영operation 및 향상을 위해 변화를 만든다. 관리자는 조직을 편성하고 모든 활동을 조정하며 기존 시스템 내에서 조직의 목표달성을 위해 일한다. 변화를 만들 수는 있지만 적은 규모이며 개선되는 수준이다.
- **리더**leaders는 새 시대를 개막하기 위해 기존 시스템을 혁신시킴으로써 변화를 만든다.

물론 한 명이 권한을 가진 관리자 겸 리더일 수도 있다. 애플의 故스티브 잡스 같은 인물

5) 그림출처: https://www.wsj.com/articles/how-did-moses-part-the-red-sea-1417790250

이다. 기존 시스템의 효율성을 높이는 관리자와 새로운 시스템을 만들자는 리더 간의 갈등이 발생할 수도 있다. 관리자의 저항으로 변화가 지연되면 세상이 지배력을 발휘하면서 기존 시대가 지속되게 만든다. 더 나은 미래의 창조가 불가능한 경우이다. 따라서 대통령·장관·CEO 등의 권한을 가진 지도자는 정기적으로 조직을 흔들 필요가 있다. 삼성 이건희 회장의 '마누라만 빼고 몽땅 바꾸라'는 발언은 삼성그룹을 뒤흔들어 지금의 삼성을 건설한 좋은 예이다.

3. 미래창조 리더십의 이해

리더는 최종의사결정권을 갖는 권한소유자가 아니다. 시스템의 획기적인 혁신을 위해 사람들을 설득하고 캠페인에 동참시키며 비전을 공감하고 함께 새로운 미래를 만들자고 외치는 일종의 선교사missionary와 다름없다. 리더가 권한까지 소유하면 좋을까? 아니다! 오히려 바람직하지 않다. 혁신이 쉽게 가능할 것 같지만, 혁신이 필요로 하는 동기와 창의성은 권한의 힘으로 만들어지는 것이 아니기 때문이다. 마찬가지로 리더가 관리자인 경우 변화는 기존 시스템을 개선시키는 선에서 머물 공산公算이 크다.

리더는 힘들다. 얼마나 힘들까? 아래는 미래창조 리더십을 이해할 수 있는 리더의 기능들이다.

- 리더는 조직과 사람들을 새로운 땅으로 인도한다.
- 리더는 가능·불가능의 경계까지 탐색한다. 사람들이 스스로의 한계를 깨닫고 지금까지 이룩한 성공의 방법과 성과에 익숙해 있을 때 리더는 그 방법을 깨고 현재의 문화를 파괴함으로써 더 나은 시대를 열자고 새로운 비전을 제시한다.
- 리더는 성취할 방법을 모르는 채 목표의 달성을 약속한다. 비전이 현실화될지 모르면서 계획을 세우고, 앞으로 나아가고 하루하루 최선을 다한다. 탐험가나 등반가와 다름없다.
- 리더는 강 건너편은 모른 채 이쪽부터 다리 건설에 착수한다. 아무도 가본 적이 없는 강 건너편이 더 좋다면서, 근거 빈약한 희망으로 건널 수 없을지도 모르는 위험을 감수한다. 그러나 다리가 놓여지고 사람들이 건너면 그곳이 얼마나 더 좋은지 깨닫게 된다.
- 리더는 사람들이 하고 싶지 않은 일을 하도록 동기를 부여한다. 비전은 좋지만 사람들은 예산을 투입하고, 여러 예상하지 못했던 문제들을 극복하고, 어려움을 견디고, 새로운 것을 배우는 등의 노력에 대한 투자효과에 대해서는 회의적이다. 값을 지불하지 않고 희망이 실현될 수는 없다. 그러나 리더는 그들의 마음을 뺏고 새 시대의 개막에 동참하도록 만들어야 한다.

리더가 힘들다는 것은 미래창조가 그만큼 어렵다는 의미로도 해석될 수 있다. 그래서 미래창조를 위해서는 더욱 리더십이 중요하고 훌륭한 리더가 필요한 것이다.

생각해봅시다 6.1 대통령의 리더십

대통령의 리더십은 일반 조직의 리더십과는 조금은 특별하다. 그 한 명에 의해 수십 년의 국가 운명이 좌우되기 때문이다. 대통령의 조건은 뭘까. 시대가 변했으니 '*한비자*'나 '*군주론*'은 논외로 치자. 미국의 '대통령학'은 건강 · 정열 · 비전 · 설득력을 지목한다. '*대통령의 자격*윤여준, 메디치미디어, 2011'이라는 책은 도덕성 · 철학 · 세력 · 감동을 꼽았다. 아무튼, 미국의 트럼프 대통령이나 우리나라 문재인 대통령을 머리에 떠올리면 고개가 끄덕여지는 조건들이다.

그럼 과거의 우리나라 대통령은 어땠을까? 한국일보'역대 대통령 리더십은 어땠을까', 2017.1.4는 이승만 대통령은 '봉건시대의 리더십', 박정희 대통령은 '목표지향형 리더십', 노태우 대통령은 '바통*변환기*의 리더십', 김영삼 대통령은 '저돌적인 리더십', 김대중 대통령은 '포용과 통합의 리더십' 노무현 대통령은 '탈권위의 리더십'을, 그리고 이명박 대통령은 '불도저 리더십'을 발휘했다고 평가했으나, 박근혜 대통령은 불통 · 독단의 대통령이었다고 리더십 스타일 자체도 언급하는 것을 피했다. 문재인 대통령에 대해서는 최근 월간중앙'문재인 대통령의 국정운영 리더십 평가', 2018.4이 '신뢰와 원칙, 균형감각을 중시하고 국민감성에 호소하는 통치스타일'이라고 평가했다.

미래학의 관점에서는 단연 가난을 이겨내고 과학기술을 중시하면서 경제를 건설한 박정희 대통령과 IMF위기를 극복하고 벤처기업 환경과 IT강국으로 우리나라를 새로 건설한 김대중 대통령이 크게 부각된다. 미래를 보는 혜안이 대단했던 분들이다. 그 분들은 각각 다른 방식이었을지언정 바람직한 미래를 설정하고 그 미래가 다가오도록 정치력을 발휘했다.

21세기의 10년은 과거의 100년과 같다. 아니, 커즈와일의 논리를 따르면 최소 1000년과도 같다. 문재인 대통령과 차기 대통령에게 향후 1000년을 위해 기대하는 바가 크다.

비전의 설정

비전은 장기적 변환을 위한 인도원칙guiding principle이다. 바람직한 미래로 인도하는 미래창조의 꿈이 서려있다. 간단하지만 소중하다. 비전은 미래에 대한 매력적인 이미지attractive image인 까닭에 사람들로 하여금 공동의 성취를 위해 노력을 기울이게 만든다. 실질적으로 구현가능하고tangible 구체적concrete이어야 좋은 비전이다.

1. 비전과 비저닝

비전은 막연한 꿈이나 희망이 아니라 장기적 안목에서 미래의 목표와 현실을 연결하는 전략구상이다.[6] 실현가능성과 바람직한 가치가 결합되어야 하며 현재의 결정과 행동에 명시적으로 관련이 있어야 한다. 명확한 비전설정은 조직구성원에게 목표의식·동기부여·참여의식 등을 유발함으로써 조직활성화에 기여한다. 기업에서는 장기적으로 지향하는 가치관이나 이념, 목표, 사업전개방향 및 전략 등을 포함하여 조직구성원이 공유하는 경영 구상을 뜻하기도 한다.

비전은 꿈과 일맥상통한다. 꿈을 비전으로 세우고 그 비전을 사명mission으로 가슴에 새기면서 구체화시킨 후 날짜와 함께 적어놓으면 그것은 목표goal/objective가 되고, 목표를 달성하는 방법을 궁리하여 전략strategy을 짜고, 그 전략에 맞춰 목표를 잘게 나누면 그것은 전략기획strategic plan이 되며, 그 계획을 실행implementation/action에 옮기면 원래 품었던 꿈과 비전의 실현은 가능해진다. 물론, 다양한 미래를 예측하고 그 중 원하는 미래상을 설정한 후 그 미래가 현실로 오도록 전략적으로 현실화시키자는 미래학의 포사이트foresight논리와 다를 바가 없다.

비저닝visioning은 비전을 만드는 것이다. '꿈은 이루어진다'고 했다. 비전은 더 나은 미래를 위한 열망의 표현이며 리더십의 도구이다. 신앙심은 미래에 대한 비전을 품는envision 것에서 비롯되고, 정치적 이데올로기ideology/사상도 미래사회에 대한 비전을 만들어 사람들에게 꿈을 심어준다, 폴락Polak[7]은 비전을 품는 역량을 '점진적 해방 과정gradual emancipation process'이라 했는데, 이는 비저닝의 의미를 하늘의 뜻에 맡기고 살던 삶의 자세에서 해방되어 자신의 미래를 스스로 개척하는 것으로 풀이했기 때문이다.

2. 비전의 특성과 비전 선언문

비전은 좋은 아이디어가 아니다. 비전은 미래에 대한 꿈dream, 상상imagination, 야망ambition, 대담boldness, 특별uniqueness, 최선best, 활력energy, 호소력appealing 등의 요소들로 구성된 이미

6) STEPI, *미래연구 용어집*, 2018.

7) Polak, F., *The Image of the Future*, Elsevier, 1973.

지image이다.

성공적인 비전은 다음과 같은 특성을 지닌다.

- **강렬함**compelling 비전은 모두가 원하는 가장 좋은 미래best future상으로 매력적이면서도 강렬하다. 마치 사람을 끄는 자석magnet 같아서 그런 비전을 가진 사람은 잠자코 있지 못하고 그 비전을 추구pursue할 수밖에 없다. 하루하루의 의사결정과 행동도 그 비전과 궤를 함께 하게 만든다. 강렬한 힘이 있다.
- **동기부여**motivating 비전은 비록 리더의 입에서 나올지언정 모두의 소유가 되어야 한다. 비전 추구에 앞장서는 리더의 역할도 중요하지만 모두가 공감해야 한다. 일방적으로 전달되는 비전은 무의미하다. 조직원들이 함께 만들고 소유한 비전이어야 한다. 비전은 열광enthusiasm 바이러스를 전염contagious시켜 변화와 격동turbulence of change의 시기에도 조직에게 동기를 부여하고 힘을 불어넣어 준다.
- **일치단결**aligning 공유하는 비전은 강한 힘이 있다. 조직의 수많은 사람들 개개인의 힘들forces이 한 방향으로 일치단결一致團結하도록 만든다.
- **변환**transforming 비전은 근본적·혁신적 변환이 필요한 격동의 시기에 가장 중요하다. 옛것을 파괴하고 새것을 만드는 것은 쉽지 않은 일이고 계획대로 잘 되지도 않는다. 방향을 잃고 갈등과 번민의 시기에 비전은 환호amidst를 받으며 우뚝 서서 방황하는 사람들을 인도한다. 깜깜한 언덕 위의 불빛이고 하늘의 빛나는 북극성pole star이다.
- **차별화**differentiating 비전은 특별해서 사람들로 하여금 그 비전에 대한 책무를 느끼도록 만든다. '최고의 고객서비스'나 '가장 수익성 높은 기업' 같은 일반적인 비전은 무의미하다. 예를 들어, Fedex의 '틀림없이, 꼭 당일 배달Absolutely, positively overnight처럼 사람들이 그 목표를 위해 일하도록 만들어야 한다.

비전 선언문vision statement은 비전을 간결하고 분명하게 표현한articulated 문장이다. 정치인의 공약처럼 공개적 매니페스토manifesto이다. 비록 종이에 쓴 한 줄이지만 가슴깊이 새겨진다. '젖과 꿀이 흐르는 땅모세/출애굽기', '나는 꿈이 있습니다마틴 루터 킹 목사', '20세기가 가기 전에 인간의 달 착륙케네디 대통령', '각자 능력껏, 각자 필요에 따라카를 마르크스', '행복을 추구하는 삶의 자유토마스 제퍼슨' 등은 감동을 준 대표적인 비전 선언문들이다, 1998년 대통령 취임사의 '세계에서 가장 컴퓨터를 잘 쓰는 나라김대중 대통령'는

IT강국으로 나아가게 만든 비전이었다. 좋은 비전 선언문은 사람들의 마음속으로 파고들고 공유되어 자발적인 행동으로 연결시킨다. 그 효과는 예상을 뛰어넘을 수도 있다.

3. 비전개발 과정

비전은 조직이 추구하는 가치value를 내포한다. 모두가 함께 일해야 하는 목표이고 사명이다. 가치란 삶의 가장 중요한 이유이고 존재의 의미이며 의사결정과 행동의 길잡이이다. 가치는 가슴으로 깨닫고 행동으로 옮겨질 때 가치 있어진다. 조직의 가치와 연결되어진 비전만이 도전을 받아들이고 미래를 개척하게 만든다. '매출 5천억 달성', '20개국에 진출' 등은 가치가 담긴 비전이라기보다는 목표goal이다. 개인의 가치라고 다르랴! 성공은 가치이지만 일등은 목표이다. '행복은 성적순이 아니잖아요'라는 말은 가치추구와 목표달성은 다르다는 뜻이다개인의 가치와 비저닝은 이 책의 제12장에서 추가로 다룬다.

비전개발, 비저닝visioning은 조직구성원들을 일치단결시키는 방법이다. 모두가 공감하게 하고 한 방향으로 나아가게 만든다. 혹시 공감하지 못하는 소수가 있더라도 그것은 조직이 건강한 까닭이니 그 나름대로 의미가 나쁘지 않다. 토론이나 공청회는 오히려 비전을 확고하게 만들 수 있다. 리더는 비전을 주창主唱하지만 비전은 그 전에 모두 함께 만들어야 한다이를 위한 비저닝 워크숍 기법은 이 책의 제9장에서 소개한다. 비전은 사람들이 약속한 만큼만의 힘을 발휘하는 까닭에 압력이나 위협이나 벌punishment로 성취되는 것이 아니다. 자발적인 파트너십이 비전의 효과를 극대화시킨다. 관심과 가치에 대한 대화, 동의하거나 동의하는 이유, 그리고 미래의 가능성 등을 토론하는 시간은 매우 중요하다.

비전개발은 아래 5단계 중 어느 한 단계에서 시작될 것이다. [표 6.1]에 정리한다.

[표 6.1] 비전개발의 5단계

단계	설명
1. 발표telling	리더가 그의 비전을 발표decree하고 모두가 그를 따른다.
2. 설득selling	리더는 비전을 알지만 조직원들이 공감해주길 바란다.
3. 시험testing	리더는 비전에 대한 아이디어는 있지만 이를 추진하기 전에 조직의 반응을 미리 알고 싶어 한다.
4. 자문consulting	리더는 비전을 만들면서 조직의 의견을 청취하고 싶어 한다.
5. 함께 개발co-creating	리더와 조직원들이 함께 마음을 모아 비전을 개발한다.

일반적으로 비저닝을 할 때는 다음과 같은 질문을 던져보라고 추천한다.[8)]

- 이해당사자들은 누구인가? 그들과 어떻게 일을 해야 하나? 그들에게 무슨 가치를 어떻게 제공할 수 있을까?
- 우리가 속한 산업의 가장 영향력 있는 트렌드는 무엇인가?
- 시장의 상황은 어떠한가? 어떻게 경쟁해야 할까?
- 우리가 세상에 기여하는 특별한 것은 무엇인가? 우리의 영향력은 무엇인가?
- 우리는 어떻게 돈을 벌고 있는가?
- 우리의 모습은 무엇인가?
- 우리는 좋거나 어려운 시간을 어떻게 관리하고 있는가?
- 우리가 일하는 직장이 좋은 이유는 무엇인가?
- 우리가 추구하는 가치는 무엇인가? 서로에게 어떻게 대하고 있는가?
- 우리 조직이 안전한 곳이라는 것을 어떻게 아는가?
- 우리 사회에 우리의 역할은 무엇인가?

비저닝에 대해 '**고슴도치 개념**hedgehog concept'을 적용해보라는 추천도 있다. 고슴도치 개념이란 최고가 되기 위한 목표·전략·계획보다 최고가 될 수 있는 것이 무엇인지 이해하는 것이 더 중요하다는 개념이다.[9)] 비전을 개발할 때 아래 세 가지 질문에 답해보라는 추천이다.

① 당신은 무엇에 대해 열정적인가What you are deeply passionate about?

② 당신은 무슨 이 세상 최고의 능력을 가졌는가What can you be the best in the world at?

③ 무엇이 당신의 돈 버는 재능을 발휘하게 하는가What drives your economic engine?

---

8) Senge, P., A. Kleiner, C. Roberts, R. Ross & B. Smith, *The Fifth Discipline Fieldbook*, Currency Doubleday, 1994.

9) '고슴도치 개념'은 '많은 것을 알고 있는 여우'와 '한 가지 큰 일만 아는 고슴도치'의 싸움에서 결국 여우는 고슴도치를 못 이긴다는 그리스 우화에 기초한 개념이다. [생각해봅시다 6.2] 참조바란다.

생각해봅시다 6.2 당신은 여우? 고슴도치?

'고슴도치 개념hedgehog concept'은 영국의 사상가 벌린Isaiah Berlin이 고대 그리스 우화에 기초하여 쓴 유명한 에세이 '고슴도치와 여우'에서 비롯된 개념이다. '많은 것을 아는 여우'와 '한 가지 일만 잘 아는 고슴도치'를 비교한 개념이다.

우화의 줄거리는 다음과 같다.

여우는 교활해서 고슴도치를 몰래 공격하기 위하여 수많은 복잡한 전략을 궁리하면서 매일 고슴도치를 덮칠 완벽한 순간을 기다리는데 지능이나 외관 등 어느 모로 보나 확실한 승리자는 여우처럼 보인다. 반면, 고슴도치는 한층 모자라고 온 몸에 가시를 갖고 늘 뒤뚱거리며 단순한 하루하루를 보낸다. 그러다가 드디어 어느 순간 고슴도치를 발견한 여우가 번개처럼 빠르게 펄쩍 뛰어 고슴도치를 공격한다. 그럴 때면 위험을 알아차린 고슴도치는 몸을 완전히 예리한 가시가 달린 공처럼 만들어버린다. 먹이고슴도치를 향하여 이리 뛰고 저리 뛰어 보던 여우는 결국 고슴도치의 방어에 공격을 포기하고 다시 잡아먹을 새로운 공격방법을 모색해보지만, 그럼에도 불구하고 교활한 여우보다는 단순한 고슴도치가 항상 이기고 만다.

즉, 여우와 같은 사람들은 한 번에 수많은 방법들을 구사해보지만, 자신들의 생각을 하나의 전체적인 개념이나 통일된 비전으로 갖지 못한다. 반면, 고슴도치와 같은 사람들은 복잡한 세상을 하나의 조직화된 개념으로 단순화한다. 그 결과 여우 스타일도 때론 성공할 수 있겠지만, 진정 위대한 성공을 이룩한 사람들은 고슴도치 스타일이라는 것이다.

'여우와 고슴도치'는 우리나라의 '토끼와 거북이'와 비슷한 우화로, 모든 것을 단순하게 그리고 자신의 능력을 잘 이해하고 활용하는 것이야말로 미래를 향한 좋은 전략이라는 교훈이다. 이 교훈을 발전시켜 벌린의 '고슴도치 개념'은 고슴도치처럼 피하고 웅크리라고만 하지는 않는다. ① 당신이 제일 좋아하고 동시에 ② 제일 잘하는 것을 직업으로 삼으면 좋지만, 현실도 감안하여 ③ 책임감 있게 돈도 벌 줄 알아야 한다는 삼위일체三位一體의 의미도 전달해준다.

당신은 여우인가, 고슴도치인가? 현대에서는 누가 더 성공할까? 당신은 어떻게 살고 싶은가? (그림은 *독서신문*에서 발췌: ttp://www.readersnews.com/news/articleView.html?idxno=23932)

미래창조를 위한 전략기획

계획수립planning은 사람들을 미래와 직접 연결시키는 고리이다. 이 계획에 따라 조직은 비전을 추구한다. 개인이나 기업이나 국가도 마찬가지이다. 비전을 달성하는 지침서가 바로 계획이고, 계획은 현재로부터 미래로 가는 설명서이다.

미래창조는 변화를 만들어create 미래에 영향을 주는 활동이다. 그 절차는 다음과 같다.

- **예측**futuring 기대되고 타당한 미래의 조건들을 이해한다.
- **비저닝**visioning 가치와 바람직한 미래를 정의한다.
- **계획수립**planning 바람직한 미래로 가기 위한 계획을 수립한다.
- **변화관리**change management 원하는 변화를 만들기 위해 계획을 실행으로 옮긴다.

이 책이 논하는 계획수립은 전략기획이다. 전략기획strategic planning은 조직의 목표를 효과적으로 달성하기 위하여 전략적 요인을 추출하여 조직의 미래의 방향을 설정하는 전체적 계획수립을 의미한다. 시나리오 플래닝scenario planning은 시나리오들을 계획의 대상input으로 여기는 것으로 전략기획의 일종이다. 전략기획의 4단계를 설명한다.

1. 전략기획을 위한 계획수립

전략기획에 앞서 수행해야 하는 가장 중요한 일은 경영진혹은 프로젝트를 의뢰하는 고객 조직의 공식적인 승인을 획득하는 일이다. 팀의 구성원과 예산을 확보해야 한다. 경영진의 형식적인perfunctory 승인이 나중에 자원으로 뒷받침되지 못하는 경우도 발생하기 때문이다. 포사이트 기간 동안 팀원들의 파트타임이나 오버타임보다는 풀타임이 물론 바람직하다. 조직 내의 '출범 축하' 팡파르fanfare와 기대도 좋지만 성공을 위해 조직이 원하는 것이 무엇인지 파악하는 것이 중요하다.

계획이란 ① 중간목표milestones와 산출물deliverables을 포함한 절차와, ② 전략기획을 진행시킬 팀의 구성이 핵심이다. 계획은 장황해서는 안 된다. 계획은 골격만 갖추면 되고 구체적인 것은 시간이 지나면서 채워도 무방하다. 계획은 조직원 모두가 이해할 수 있도록 얇게, 장기적인 목표와 방향을 말할 수 있고 향후의 무슨 도움을 줘야 하는지 각자 생각하게 하면 좋다. 두꺼운 보고서가 아니다.

2. 미래의 이해

변화가 미래를 만든다. 이 변화는 조직 내부, 조직 외곽, 그리고 글로벌 환경 등 여러 계층에서 발생한다이 책의 4장에서 이미 설명함. 많은 사람들은 우리의 하루하루가 글로벌 환경과 무슨 큰 관계가 있냐고 물을 수 있지만, 전략기획은 먼 미래를 바라보는 일이어서 중요하다. 미래의 이해는 조사연구, 베이스라인과 대안미래의 예측을 필요로 한다이 책의 제5장. 결과물은 전략기획의 방향을 제시하는 조직의 미래에 대한 기회와 위협들의 집합이다.

조직의 외곽immediate environment은 고객·경쟁사·협력사·정부기관 같이 매일 접촉하며 지내는 우리 조직의 주변을 말하며 글로벌 환경 못지않게 미래를 이해하는 데 중요하다.[10) 외곽에 대한 분석은 조직의 미션mission을 만들어준다. 이와 함께 [그림 6.1]에 보이는 조직혹은 기업 그 자체에 대한 분석이 필요하다. 고객에게 제품·서비스로 필요를 충족시키고

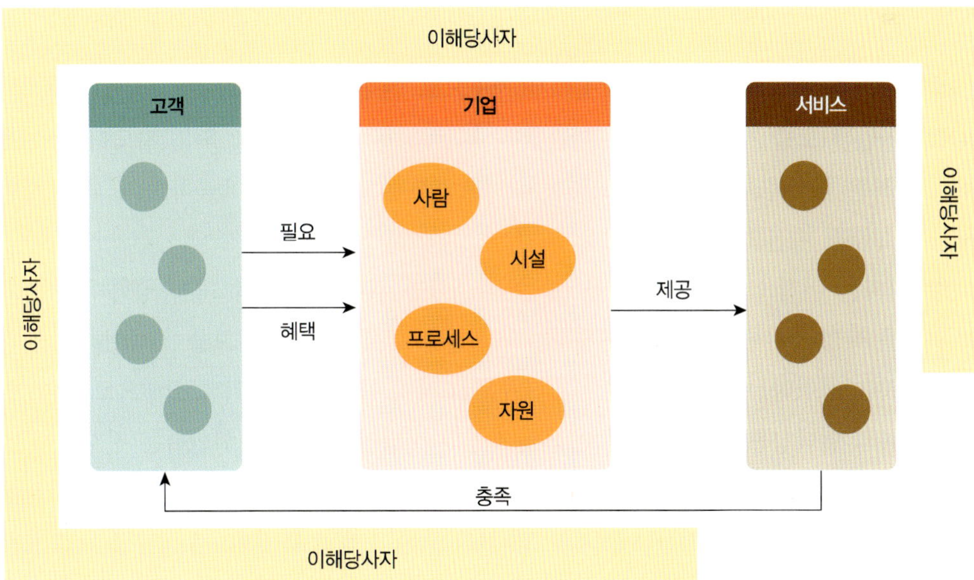

[그림 6.1] 기업모형

10) Porter, M., "The Five Competitive Forces that Shape Strategy," *Harvard Business Review*, 2008.1.

반대급부로 경제적 혜택을 보는 과정이 분석의 대상이다. 미래를 만드는 조직의 핵심역량core competencies과 장·단점도 검토되어야 한다. 핵심역량의 극대화maximization 방안은 전략적 방향설정에 활용된다.

3. 방향의 설정

전략기획의 가장 중요한 일은 미래창조를 위한 변화의 방향을 설정하는 것이다. 흔히 계획이 여러 방향으로 정의되는 이유는 다양한 요구를 수용하려는 것에서 비롯된다. 실행 가능성도 없는 모든 욕심을 포함한 엄청난gargantuan 문서가 만들어지기도 한다. 이로 인해 조직이 진정 추구하고 목표로 삼아야 하는 방향은 묻혀버리고 만다.

좋은 전략방향strategic direction은 ① 실제 변화를 만드는 제안이어야 하고, ② 한두 문장으로 간략히 표현될 수 있어야 한다. 미래를 위한 전략방향은 조직 전체의 경영전략에 포함될 수도 있고 조직의 비전과 연결될 수도 있다.

4. 전략기획

계획은 마치 지도map와 같다. 이곳에서 저곳으로 안내해준다. 전략기획 역시 현재에서 미래로 가는 지도를 개발하는 것과 다름없다. 미션misssion을 달성하게 하는 지도이다. 예를 들어, 학교는 학생들을 교육시키고, 자동차 제조업체는 교통수단을 제공하며, 군대는 시민들을 보호함을 미션으로 삼는다.

전략기획은 비전을 앞세워 미션을 달성한다. 이를 위해 일정기간 내에 성취achieve하고 그 결과를 측정measure할 수 있는 구체적인 목표들을 설정한다. 그 목표들이 성취하는 결과라면 전략은 성취하는 방법이 된다. 각 전략은 조직이 목표달성을 위해 실행으로 옮길 행동의 분류와 일맥상통한다. 조직의 역량과 자원의 투입이 효과를 발휘한다는 전제하에 만들어지는 각 전략은 구체적인 실행계획initiative들을 통해 구현된다. 실행계획이란 전략집행을 위한 일종의 소규모 단기 프로젝트를 말한다. 물론 수행할 과업task, 팀, 일정, 소요자원 등이 명시되어야 한다. [그림 6.2]는 전략기획의 구조를 보여준다전략기획 방법은 이 책의 제9장에서 설명한다.

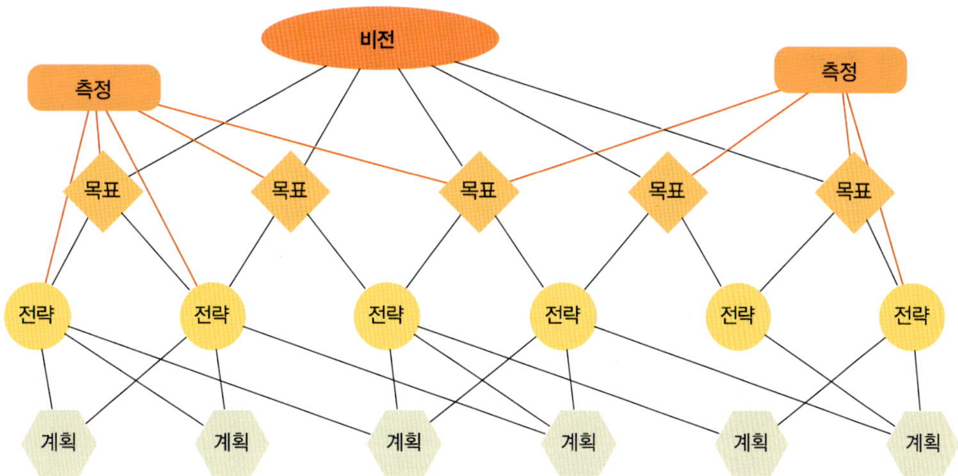

[그림 6.2] 전략기획의 구조

전략기획의 실행은 조직에 변화를 가져온다. 이러한 변화는 초기에 환호했던 사람들에게조차 부담을 줄 수 있고 경우에 따라서는 저항에 직면할 수도 있다. 그래서 변화관리가 중요하게 부각된다.

미래창조를 위한 변화관리 이론

변화는 쉽지 않다. 미래창조와 같이 시스템의 변환transformation을 추구하는 변화는 혁신이다. 혁신의 성과는 시간을 필요로 하고 변화를 수용하게 만드는 노력을 뒤따르게 만든다. 미래창조를 위한 변화관리의 기본원칙을 소개하기 전에, 먼저 변화관리의 필요성을 논하고, 몇 가지 경영학 이론부터 살펴본다.

1. 변화관리의 필요성

전략적 포사이트strategic foresight 관점에서 본다면, 예측가능한 기간에 걸쳐 서서히 진행되던 추세는 상황에 지장을 주는 급속한 변화rapid, disruptive change가 발생하면서 중단하고 만다. 오래 지속되던 그 기간을 시대era라고 한다. 역사의 시대들은 모두 특별한 상황변화를 맞아 중단된 후 다음 시대로 새롭게 시작되곤 했다. 기업에서도 새 경영진, M&A기업 인수합병, 신규사업으로의 진출 등의 변화는 조직을 새로운 상태로 전환시키며 새로운 시대를 시작하게 만든다. 차이가 있다면 전쟁이나 혁명과 같은 사건으로 새 시대가 열어지는 역사적 시대와 달리 기업의 새 시대는 자발적 선택으로 이루어진다는 것이다. 미래의 빛을 찾아 새롭게 항해하자는 소수의 사람들이 선택하고 주도하며 다른 사람들을 설득persuade하면서 '우리를 따르라'는 외침과 함께 시작한다.

새 시대는 구시대로부터 쉽게 전환될까? 성공한 기업이 현 시대에서 능력을 쌓아가다가 새 시대로 중단 없이 갈아타며 전진할 수 있을까? 아니다! 안타깝게도 파괴destruction 후에야 창조가 이루어진다는 것이 변화의 철칙iron law of change이다. '창조적 파괴'가 필수적이라는 뜻이다. 낡은 집을 허물고 새 집을 지을 때, 정든 직장을 떠나 새 직장에서 일하기 시작할 때, 정년퇴직 후 노후생활로 접어들 때, 배우자를 떠나보내고 홀로 삶을 살아가기 시작할 때, 우리가 큰 변화의 진통을 감내해야만 하듯이 말이다. 그래서 진통은 짧은 것이 좋다.

이와 같은 변화를 즐기는 사람은 드물다. 왜 이리 오래 걸리느냐고, 그냥 예전으로 돌아갈 수는 없는 것이냐고, 왜 이런 변화를 시작했느냐고 투덜거린다. 바로, 변화에 대한 저항resist to change이다. 그러나 진통은 새 시대를 선물한다. '인내는 쓰지만 그 열매는 달다'고 하지 않았던가. '아픈 만큼 성숙해진다'고도 했던가?

혁신적 변화transformational change는 건축보다는 탐험에 비유하는 것이 더 적절하다. 조직이 가본 적이 없는 곳으로 팀을 구성하여 소망을 품고 무슨 일이 중간에 생길지도 모르는 길을 떠나는 것과 같다. 그곳에 당도해도 무엇이 발견될는지 불확실하다. 성공확률이 기대치에 못 미치더라도 성공보수대가는 매우 클 수 있다. 리더십이 힘들고 또 중요한 이유이다.

생각해봅시다 6.3 창조적 파괴

몇 년 전, 23년간 살던 단독주택을 허물고 작은 건물을 지었다. 겉보기엔 괜찮은 집이었으나 햇볕이 잘 안 들어와 어둡고 단열이 잘 안 되어 냉온방비가 많이 들고 점점 관리하고 청소하기가 힘들었기 때문이다. 나아가 미리 노후 대비책으로 준비하고픈 욕심도 있었다. 비전을 세우고, 건축설계를 하고 구청허가를 받는 것도 쉽지 않은 일이었는데, 막상 다른 임시거처로 이삿짐을 옮긴 후 집을 허무는 장면을 목격하노라니 갑자기 가슴이 울컥했다. 정이 많이 들었던 것이다. 그 후 건물이 창조되는 과정은 훨씬 더 힘들었다. 이웃의 불평, 시공사와의 갈등은 예상을 뛰어넘어 '괜한 짓을 시작했구나' 하고 후회한 적도 자주 있었다. 진통이 얼마나 힘들었는지, 고생 끝에 건물 준공이 되고 제일 위층으로 다시 입주하는 날은 꿈같았다고 기억한다.

파괴의 순간들

창조의 순간들

맞다! 창조 전에 파괴가 선행되어야 하지만 진통을 겪은 후의 새 창조물은 보람 있다. 졸업, 유학, 새 직장, 연애, 결혼, 임신과 분만, 이사, 승진, 심지어는 다이어트와 성형수술까지 새로운 길을 걸으려면 아픔이 따른다. 모험 없이 도약할 수 없다. 스티브 잡스의 '무모하게 도전하라'는 추천과 같이 안일함보다는 무모함이 차라리 바람직한 미래를 만든다. 우리 모두 파괴를 두려워하지 말고 창조에 도전하여 새 시대를 열자!

2. 혁신확산과 경영혁신 이론

혁신의 확산innovation diffusion이란 관행·기술·제품·서비스가 시간이 경과함에 따라 사회시스템의 구성원들 사이에서 커뮤니케이션 채널을 통해 전파되어가는 과정이다. 로저스

Everett Rogers의 이론에 따르면, 혁신성향새로움을 빨리 채택하는 정도에 따라 구성원들을 혁신가innovators, 초기채택자early adopters, 초기대다수early majority, 후기대다수late majority, 그리고 혁신지체자laggards의 5개 집단으로 분류되었을 때 [그림 6.3]과 같이 분포된다고 하였다. 즉, 혁신가나 초기채택자들은 변화를 수용하고 다른 사람들에게 영향을 미치지만 후기대다수와 혁신지체자에 해당하는 50%의 사람들은 변화에 대한 반응이 늦다는 것이다. 변화관리가 필요하다는 근거가 되는 이론이다.

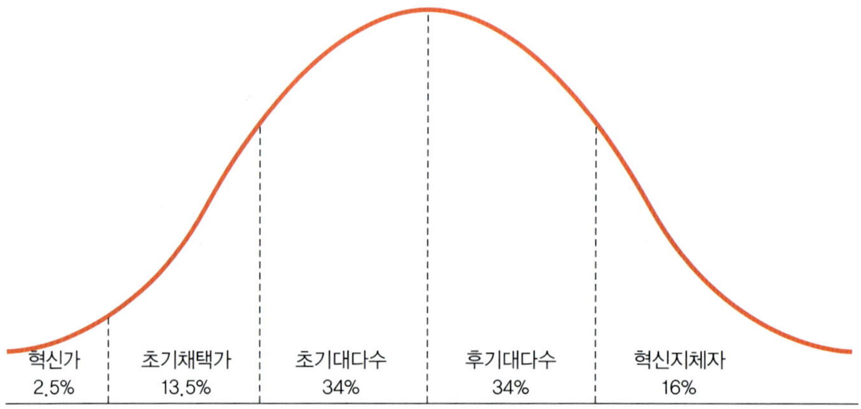

[그림 6.3] 혁신확산 분포도

경영학에서는 TQM, 6시그마, 벤치마킹 등 조직의 품질이나 생산성 향상을 위한 다양한 경영혁신방법들을 제시하면서 변화관리와 성과관리를 병행할 것을 강조한다. 널리 알려진 경영혁신방법 중의 하나가 일하는 방법을 파격적으로 변화시키자는 **비즈니스 프로세스 리엔지니어링**BPR: Business Process Reengineering으로,[11] 현재에서 미래로 나아가자는 포사이트의 철학과 일치한다. 또한 전략기획이 말하는 측정을 통한 성과관리를 위해 경영학은 BSCbalanced score card와 같은 기법을 강조한다. 일각에서는 이러한 기법들이 유행이라는 평가도 하지만[12] 조직의 변화를 위한 증명된 방법들로 여길 만하다.

11) Hammer, Michael, "Reengineering Work: Don't Automative, Obliterate", *Harvard Business Review*, 1990.7.

12) Bishop과 Hines는 그들의 책, *Teaching about the Future*(2012)에서 경영혁신기법들을 유행fads이라고 말하기도 하지만 저자는 이에 동의하지 않는다. 오히려 훌륭한 미래창조기법들이라 평가하며 제9장에 상세히 소개한다. 제12장의 ISOM 개인인생설계방법론도 BPR을 기반으로 제안한다.

3. 변화주도 이론

변화주도leading change 이론은 코터John Kotter에 의해 널리 전파된 변화관리 이론이다. 이 이론은 사람들이 보고 느끼고 변하는 3가지 패턴이 변화를 이끄는 가장 강력한 도구가 돼야 한다고 주장한다. 경영진이 직접 분석·사고해 변화의 방향을 이끌면 된다고 믿는 옛날 방식은 변화를 이끌어내는 동인이 더 이상 될 수 없다고 잘라 말한다.[13)]

변화를 이끄는 8단계는 다음과 같다.

1. 위기감 조성Establishing a Sense of Urgency
2. 강력한 팀의 구성Creating the Guiding Coalition
3. 비전과 전략의 개발Developing a Vision and Strategy
4. 새로운 비전을 널리 알리기Communicating the Change Vision
5. 부하직원의 권한 넓혀 주기Empowering Employees for Broad-Based Action
6. 단기간에 가시적인 성과 얻기Generating Short-Term Wins
7. 프로젝트의 본격적인 추진Consolidating Gains and Producing More Change
8. 새로운 제도의 정착Anchoring New Approaches in the Culture

4. 변화관리의 원칙

쿠블러 로스Elisabeth Kubler-Ross에 의하면, 변화를 맞이하는 사람들의 심리는 흔히 아래 5단계를 거친다고 한다. 큰 사고가 나거나, 암이라는 사망선고를 받은 후 충격과 비탄grief 속에서 벗어나오는 과정이다. 미래창조를 위한 혁신적 변화에 반응하는 조직 내 사람들이 이토록 비통함을 금하지 못할 정도는 아닐 것이다. 그러나 큰일을 당하면 인간의 심리는 변화 단계를 거친다는 점만은 확실하다. 미래창조에 저항하는 조직원들에 대한 변화관리에 성공하면 결국 모두가 미래를 위한 변화를 수용하기에 이른다.

13) 존 코터(한정곤 역), *Leading Change: 기업이 원하는 변화의 리더*, 김영사, 2005.

- **부정**denial 그럴 리가 없어!
- **분노**anger 이건 불공평 해
- **흥정**bargaining 좋아! 그럼 내가 뭘 해야 하는지 알려줘
- **암울**depression 과거가 그립군
- **수용**acceptance 이건 오래 전에 시작했어야지

변화관리를 위한 방법들은 다양하게 추천되고 있다. 그러나 어떤 특정한 방법이 좋은지는 불확실하다. 몇 가지 원칙들만 아래와 같이 정리한다.

- **좋은 이유를 가져라**Have a good reason 변화를 이끌려면 그럴만한 이유가 분명해야 한다. 세상이 변하고 있으므로 우리도 변해야 한다는 타당한 근거를 대야 한다. 다른 사람들이 아직 모르는 세상의 변화를 읽고 사람들에게 변화를 설파함은 리더의 선견지명foresight이다.
- **진행절차에 대해 솔직히 알리라**Be honest about the process 변화를 만드는 과정은 탐험가의 여행길과도 같다. 여정journey은 전혀 모르는 길로 향하고, 한 번도 시도해보지 않았던 작업을 수행할 수 있다. 명쾌한 계획을 원하는 사람들에겐 못마땅한 출발이다. 그래서 모든 것을 투명하게, 솔직하게 알려야 한다. 장점만 부각시키고 위험요소들을 감추면 안 된다. 나중을 위해서 더 좋다.
- **비전을 분명히 하라**Articulate a vision 비전은 결과를 미리 마음속에 그리게envision 만든다.
- **비전 달성을 이루겠다고 약속하라**Commit to achieve the vision 시간이 얼마나 걸리더라도 제아무리 어려운 일이 생기더라도 비전을 실현하겠다는 의지가 강력해야 한다. 좋은 의도로 시작했다가도 중도에 포기하거나 타협해버리면 돌아오는 것은 냉소cynicism뿐이다. 나아가 끝까지 지원하겠다는 경영진의 약속도 확보해야 한다.
- **대화를 나누라**Comminicate 대화는 쌍방향이어야 한다. 특히 다른 사람들의 의견을 청취하는 인바운드inbound 대화가 중요하다. 그들이 원하는 것, 현재의 조직에 몸담고 있는 이유, 무엇을 좋아하고 싫어하는지, 미래창조과정에 기여하고 추천하고 싶은 것들을 이해하고 수용하는 것이 대화이다. 대화는 열망aspiration을 공유하게 만든다.
- **신뢰를 쌓아라**Generate trust 개인에 대한 신뢰trust는 강해도 그 개인이 맡은 자리와 임무는 신뢰를 확보하기 힘든 경우가 많다. 신뢰는 언행의 일치에서 나온다. 변화를 만들려면 서로 신뢰해야 한다. 특히 리더가 신뢰를 얻지 못하면 미래창조는 물거품이 될 수 있다.

토의문제

01. 미래창조가 가능하다고 믿는가?

02. 당신이 아는 주변 인물 중 가장 리더십이 있다고 생각하는 사람의 리더십 스타일은?

03. 훌륭한 리더였던 모세는 왜 가나안 땅에 들어가지 못하고 시내 광야에서 죽었을까?

04. 남북정상회담, 한미정상회담에서 보인 문재인 대통령의 리더십을 논하라.

05. 꿈과 희망과 소원과 비전의 차이를 설명하라.

06. 여우가 고슴도치를 이긴 사례를 말해보라.

07. 계획수립과 전략기획의 결정적 차이는 무엇인가?

08. 당신은 변화를 추구하는 스타일인가, 아니면 현재에 만족하는 스타일인가?

09. 새롭게 출시된 스마트폰으로 다른 사람들보다 일찍 바꾸는 스타일인가?

10. 당신의 10년 후 비전을 한 문장으로 만들어보라.

참고문헌

국내문헌

STEPI, *미래연구 용어집*, 2018.

해외문헌

Bennis, W., *On Becoming a Leader*, 2nd ed., Perseus Books, 1994.

Bishop, Peter C. & Andy Hines, *Teaching about the Future*, Palgrave Macmillan, 2012.

Hammer, Michael, "Reengineering Work: Don't Automative, Obliterate", *Harvard Business Review*, 1990.7.

Hersey, P. & K. H. Blanchard, *Utilizing Human Resources: Management of Organizational*

Behavior, 3rd ed., Prentice-Hall, 1977.

Nanus, B., *Visionary Leadership*, Jossey-Bass, 1992.

Polak, F., *The Image of the Future*, Elsevier, 1973.

Porter, M., "The Five Competitive Forces that Shape Strategy," *Harvard Business Review*, 2008.1.

Senge, P., A. Kleiner, C. Roberts, R. Ross & B. Smith, *The Fifth Discipline Fieldbook*, Currecy Doubleday, 1994.

부록 6

미래용어집

과학기술정책연구원이 펴낸 '*미래연구 용어집*(2008)'을 보완하여 여기 부록으로 담았다.

분류	용어영문ABC순, 번역	한 줄 설명
일반 용어	Black Swan 검은 백조	지극히 드문 확률을 가지고 있거나 예상범위를 넘어선 깜짝 놀랄 만한 사건을 지칭하는 용어
	Butterfly Effect 나비효과	거대해 보이는 어떤 결과가 사실은 나비의 작은 날개짓처럼 작은 변화로부터 발생할 수 있다는 의미
	Cognitive Bias 인지적 편향성	인간이 정보를 수용·처리·기억하거나 추론 및 판단·예측을 하는 과정에서 시스템상의 오류를 발생시키는 심리적 경향성
	Complex Systems 복잡계	많은 수의 구성요소들이 서로 간의 상호작용을 통해 구성요소 하나하나의 특성과는 사뭇 다른 새로운 복잡성을 나타내는 동시에 그 속에서 어떤 질서를 보여주는 체계
	Critical Futures 비판적 미래	환경파괴나 에너지 고갈 및 로봇의 인간지배 등 비판적인 시각으로 상상하는 미래상
	Design Thinking 디자인 사고	명확하게 정의되지 않은 어려운 문제의 본질을 이해하고 이에 대한 최선의 해결책을 찾는 논리추론적 접근법
	Drivers 동인	변화를 일으키거나 미래에 영향을 주는 요인
	Forecast 예측	과거에서 현재까지 정량적 데이터를 바탕으로 시계열분석 기법을 적용하여 발생가능한 미래를 확률적으로 묘사하는 것
	Foresight 예측(전방위)	Forecast의 확장된 개념으로, 보통 ① 미래에 대한 정보를 수집·분석하여 ② 중장기 비전 및 전략을 도출하고, ③ 이를 달성하기 위해 현재시점에서 정책결정 및 실행방안을 도출하는 일련의 활동으로 정의
	Futures Research 미래연구	과거 및 현재의 경험과 자료를 기초로 사회구성원의 바램과 혜안insight을 결합하여 원하는 미래를 만들 수 있는 구체적인 대안을 체계적으로 발굴하는 과정
	Integral Futures 통합적 미래	주제를 탐색하는 데 있어서 가능한 많은 다양한 관점, 스타일 및 방법론 등을 포함시켜 예측하는 미래
	K-Wave K-파동(장기파동)	콘드라티에프Kondratieff가 주장한 거대한 사이클, 장기적인 경제 사이클을 뜻함
	Prediction 예언	100%의 확률을 가지고 미래를 확신적으로 주장함
	Predictability 예측가능성	과거와 현재의 관찰 및 경험을 통해 파생된 법칙과 패턴 또는 과학적인 추론 및 구조적인 모델링에 기반해 미래에 발생할 수 있는 사건의 가능성에 대한 신뢰의 정도

일반 용어	Prognostic 예후의	미래학자들이 미래의 무엇인가에 대해 의심을 하는 경우
	Resilience 회복탄력성	혼란 속에서도 본래의 기능과 구조, 정체성을 유지할 수 있도록 하는 능력
	Retrospective Coherence 회고일관성	현재 상황은 항상 지나고 나서야 이해할 수 있다는 개념
	Self-Fulfilling Prophecy 자기실현적 예언	그것이 이미 실현이 된 것과 같이 행동하기 때문에 현실이 되는 신념
	Sense-Making 의미형성	과거를 돌이켜보면서 그들의 행동을 합리적으로 설명할 수 있는 그럴듯한 이미지를 만들어내는 행위
	Singularity 특이점	인공지능의 발명이 급격한 기술성장을 촉발시켜 인간문명의 심오한 변화를 가져올 것이라는 가설로서, 인공지능이 전반적으로 인간의 지능을 뛰어넘는 기점
	Social Fiction 사회적 상상	인류가 우주여행과 같은 과학적 상상력을 현실화한 것처럼 사회에 대해 상상력을 발휘한다면 이를 통해 새로운 사회를 만들어나갈 수 있다는 믿음
	System Thinking 시스템 사고	체계적으로 인과지도분석을 핵심으로 하는 분석방법
	Time Horizon 시계(視界)	미래연구에서 고려하는 시간의 범위
	Transition 전환	사회의 진보 혹은 사회문화적 진화의 개념으로써 변증법적 혹은 진화적으로 사회가 진보한다는 철학적 관점
	Utopia 유토피아	상상할 수는 있지만 현실세계에서 존재하지 않는 곳, 완벽한 장소. 디스토피아Distopia의 반대어
	Weak Signal 약신호	아직 일반적으로 인정받지 못한 변화의 신호
	Wicked Problem 고약한 문제(난제)	이슈의 정확한 특성을 쉽게 정의할 수 없는 문제
	Wild Card 와일드카드	미래의 모습을 변화시킬 정도로 상당한 영향또는 결과을 가져올 수 있는, 놀랍지만 예상할 수 없는 사건
	Worldview 세계관	사람들이 세상을 바라보고 인식하는 관점
기법/ 방법론 용어	Agent-Based Modelling 행위자 기반 모델링	시스템 내 에이전트라고 불리는 미시적인 여러 주체들의 상호작용을 이용한 상향식 모델화로 전체 시스템의 거시적 행동패턴을 분석하는 복잡계 시뮬레이션 방법
	Backcasting 백캐스팅	다가올 미래를 예측하는 일반적인 기법과 달리 발생가능한 미래상황을 미리 정의한 뒤 시간 역순에 따라 그 인과관계를 추론하는 방법
	Causal Layered Analysis 인과층위분석	관찰가능한 사건 및 추세, 예상되는 미래 등의 원동력을 규명하는 기법

기법/방법론 용어	Cross Impact Analysis 교차영향분석	사건 간의 관계가 어떻게 결과에 영향을 미치고 미래의 불확실성을 감소시키는지 알아보기 위해 개발된 기법
	Cynefin Framework 큐네빈 프레임워크	환경의 불확실한 본질을 고려하여 의사결정자가 이슈를 분석하고 평가하여 이슈의 성격을 판단하고, 이를 토대로 적절한 후속행위를 취할 수 있도록 지원하는 이해형성 및 의사결정도구
	Decision Trees 의사결정나무	분석하고자 하는 대상을 의사결정의 규칙에 따라 도표로 만들어 몇 개의 소집단으로 분류하거나 예측하는 분석방법
	Delphi 델파이	익명 기반의 전문가설문조사 기법으로, 전문가들로 하여금 서로 다른 시각들을 반복적으로 제시하게 하면서 미래에 대한 질적 자료들을 수집하는 것
	Environmental Scanning 환경스캐닝	현재 진행되고 있는 추세를 확인하는 한편 잠재적인 이슈를 감지하고 앞으로 발생할 수 있는 불연속적인 사건들을 예측하는 기법
	Exploration 탐색	미래에 발생가능한 사건을 다양한 관점에서 폭넓게 고려하는 예견적 연구
	Extrapolation 외삽법	이전의 경험, 혹은 이전 실험에서 얻은 데이터들에 비추어 아직 경험하지 못한 경우를 예측하는 기법
	Futures Cone 퓨처스 콘	가능미래, 타당미래, 유력미래 및 선호미래의 네 가지 미래를 콘 모양으로 표현한 그림
	Futures Diamond 퓨처스 다이아몬드	미래예측 기법을 창의성, 근거, 전문성, 상호작용 등 지식의 원천에 따라서 4개의 꼭지점을 갖는 다이아몬드 형태로 배치한 그림
	Futures Wheel 퓨처스 휠	미래사회의 메가트렌드나 사건이 영향을 미치는 결과를 직관적으로 살펴볼 수 있도록 그림으로 표현한 것
	Morphological Analysis 형태학 분석	다차원적인 문제에 대해 모든 가능한 해결책을 탐색하는 방법
	Narrative Inquiry 내러티브 탐구	한 장소 또는 일련의 장소에서 환경과의 상호작용 속에서 일어나는 연구자와 참여자 간 협력의 과정이며 그들의 삶의 이야기
	Participatory Methods 참여적 방법	특정한 프로젝트와 정책 등으로 생활에 영향을 받을 수 있는 사람들을 의사결정과정에 중요한 역할을 하도록 참여시키는 방법
	Pre-Mortem 사전부검	어떤 결정을 내리기 전에 이미 그 결정이 틀렸다는 사실을 알게 된 미래에 와 있다고 가정하고, 왜 그런 틀린 결정을 내렸는지에 대해 논의하는 과정
	Red Team 레드팀	조직의 전략을 점검·보완하기 위하여 조직 내 취약점을 발견하고 공격하는 역할을 부여받은 팀
	Relevance Tree 연관수목법	위계적hierarchical 방식으로 연구 주제를 접근하는 방식
	Scenario 시나리오	주요 관계와 동력에 대한 명확하고 일관적이며 내부적으로 모순이 없는 일련의 가정에 맞추어서 미래가 어떻게 펼쳐지는가에 대한 서술
	Sentiment Analysis 감성분석	우리의 마음을 언어 기호로 표현한 것을 모으고 분석하여 이들에 나타난 의견, 평가, 태도 등의 특징적 양상을 정량화된 자료로 제시하는 것

구분	용어	정의
기법/방법론 용어	Simulation 모의실험	복잡한 문제를 해석하기 위하여 모델링을 통한 실험을 수행하거나 실제 사회현상과 비슷한 상태를 수식으로 만들어 모의적으로 연산을 반복함으로써 그 특성을 파악하는 것
	Strategic Planning 전략기획	운영환경이 언제든 변할 수 있는 상황에서 중장기적으로 달성해야 할 목표를 결정하고 목표를 달성할 수 있는 방법을 계획하는 과정
	STEEP Analysis STEEP분석	STEEP Social, Technological, Economic, Environmental, Political 관점에 따라 이슈들을 감지하고 그 영향을 판단함
	Time-Series Analysis 시계열분석	한 사건 또는 여러 사건에 대하여 일정한 간격으로 이들을 관찰하여 기록한 자료에 대한 연구
	Wind-Tunnelling 윈드터널링	시나리오를 전략으로 만드는 과정의 일환으로 다양한 시나리오에서 전략의 견고성을 평가하는 방법
정책 활용 용어	Crisis Management 위기관리	조직이 조직 자체 혹은 조직의 이해관계자, 일반 대중에게 위협이 되는 주요한 사건 및 예상하지 못한 변화에 대처하고 이를 관리하는 과정
	Early Warning System 조기경보시스템	미래에 발생가능한 경향이나 사건이 임박했음을 경고하는 지표를 추적하도록 설계된 시스템
	Futures Competency Framework 미래역량 프레임워크	미래예측 담당자들에게 필요한 기능별 역량을 3개의 그룹으로 나누어진 12개 역량, 그리고 각 역량별로 이를 수행하기 위한 행동지표들로 정의한 체계
	Horizon Scanning 이슈탐색	특정 분야에 등장한 표면적인 이슈들을 탐색하여 잠재적 이슈를 발굴하고 위험과 기회 등을 규명하는 기법
	Judgemental Forecasting 판단적 예측	연구자의 통찰력에 의존하는 예측
	Policy Game 정책게임	시뮬레이션, 카드게임 또는 보드게임과 같은 형태의 상호작용적인 활동 또는 연습
	Stress-Testing 스트레스테스팅	기존 정책의 약점이나 흠결을 찾는 기법
	SWOT Analysis SWOT 분석	강점strength, 약점weakness, 기회opportunity, 위협threat의 머리글자를 모아 만든 단어로, 조직에 영향을 미치는 외부환경의 기회 및 위협요인을 파악하고 내부의 강점과 약점을 분석한 후 전략적 대안을 도출하는 분석방법
	Technology Assessment 기술영향평가	과학기술 발전이 사회에 미치는 영향을 사전에 평가함으로써 부정적 영향을 최소화하고 긍정적 영향을 최대화하여 바람직한 과학기술의 변화 방향을 모색하려는 이론적·정책적 시도
	Technology Forecasting 기술예측	산업경쟁력 강화와 부의 창출, 삶의 질 향상에 크게 영향을 미칠 수 있는 과학기술적 발전을 평가하는 체계적인 수단
	Vision 비전	장기적 안목에서 미래의 목표와 현실을 연결하는 전략구상
	Whole-of-Government 범정부	정부의 다양한 부서 관료들이 개별 행정청의 우선순위 차이와 같은 정부 간 차이를 극복하고 전체적으로 일관되고 조정된 상태로 문제를 해결할 수 있도록 하는 거버넌스에 대한 네트워크적 접근을 서술하기 위해 사용하는 용어

3 Part

Introduction to Futures Studies & Management

미래학 · 미래경영

미래연구 기법과 방법

과거 · 현재의 분석과
미래예측 기술은 무엇인가?

베토벤Beethoven의 운명Symphony No.5

존 레논John Lennon의 상상Imagine

음악도 미래를 상상한다. 차이코프스키Tchaikovsky의 첫 교향곡 겨울날의 환상, 슈만Schumann의 교향곡 제3번, 드보르작Dvorjak의 신세계교향곡, 엘가Elgar의 교향곡 제1번 등은 미래를 연주한다. 물론 미래의 희망을 노래하는 팝송들도 많다. 우리나라에도 '희망의 나라로'도 있고 북한에도 '달려가자 미래로'가 있다. H.O.T.의 'We are the Future'라는 노래도 있다.

대표적으로 두 곡만 골라보면 다음과 같다.

베토벤1770~1827의 '운명 교향곡' 베토벤의 5번 교향곡인 이 곡은 **'어둠과 고난을 헤치고 광명과 환희로!'**라는 베토벤 고유의 사상이 명료하게, 효과적으로 응축된 곡이다. 특히 첫 악장에는 일평생 청각장애, 신분의 장벽, 정치적 격변기의 혼란 등을 겪으며 숱한 역경과 맞서 싸워야 했던 베토벤의 처절한 투쟁이 고스란히 투영되어 있는 듯하다. 한 편의 교향곡이라기보다는 차라리 감동적인 휴먼 드라마라는 평가도 받는다.

존 레논1940~1980의 '상상' 영국의 록밴드 비틀스Beattles 출신인 존 레논의 극히 개인주의적인 감각이 잘 표현된 이 노래는 그의 이상적인 사회관이 담겨있는 곡이라고 할 수 있다.

"천국이 없다고 상상해 봐… 모두가 오늘을 위해 산다고 상상해 봐…
국가도 없다고 상상해 봐… 그냥 모두가 평화롭게 산다고 상상해 봐…
나 혼자만 그런 꿈을 꾸는 게 아니야… 너도 동참해 주길 바래…
그럼 이 세상이 하나가 되잖아~~"

인류의 사랑과 평화의 미래를 향한 소망이 간절한 노래다저자의 애창곡이기도 하다.

미래의 도시
Mega Cities of the Future

미래 도시는 어떤 모습일까? 미래학자들은 한 빌딩에 5만 명 이상 사는 메가시티를 예상한다. 메가시티는 우주 리조트, 해저도시, 떠다니는 섬 등의 모습으로도 나타날 것이라고 한다.

제3부에서는 아래 표의 미래연구 및 경영기법들을 7·8·9장으로 나눠 상세히 소개한다.

연구대상: S(사회)·T(기술)·I(산업)·E(생태)·P(정책)·O(미래조직)

연구목적: 1(환경)·2(패턴)·3(목표)·4(실행)

기법technique과 방법method(ABC 순)	측정방법		접근방법		연구		미래경영 단계 (이 책의 장 번호)		
	양적	질적	규범	탐색	대상	목적	이해 7장	예측 8장	창조 9장
Analytic Hierarchy Process계층화분석법	×		×		T	3			×
Agent Modeling에이전트 모델링		×		×	S,E	1,2	×		
Backcasting백캐스팅 기법	×	×			all	3,4			×
Big Data빅데이터 기법	×		×	×	all	2		×	
Brainstorming브레인스토밍 기법		×	×		P	1,2		×	
Causal Layered Analysis인과층위분석기법		×		×	S,T,E	1,2	×		
Change & Performance Management변화/성과관리					O	4			×
Cross-Impact Analysis교차영향분석법	×			×	I	2		×	
Decision Tree의사결정나무		×	×		S	3			×
Delphi Techniques델파이 기법		×	×	×	I	2		×	
Emerging Issue Analysis이머징 이슈분석	×			×	all	1	×		
Environmental Scanning환경스캐닝		×		×	S,I,E	1	×		
Foresight Competency Evaluation미래연구역량 평가기법	×	×			O	4			×
Future Index미래지수 기법	×	×	×	×	S,I,E	2		×	
Futures Map미래지도 기법		×			all	1,4			×
Futures Wheel퓨처스 휠		×	×	×	S	2		×	
Gaming & Simulation게임이론과 시뮬레이션		×		×	P	2,3			×
Genius Forecasting천재적 예측기법		×	×	×	S	3		×	
Infometrics계량정보분석		×			T	1,2			
Leadership Style리더십 스타일					O	4			×
Literature Survey문헌조사		×		×	all	1	×		
Morphological Analysis형태분석법		×	×		S,T,P	1,2	×		
Panelling Methods패널기법		×	×		P	1,2		×	
Process Re-engineering프로세스 혁신		×			O	4			×
Roadmapping로드맵 작성법	×	×	×	×	T,I	3			×
Scenarios시나리오 기법	×	×	×	×	S	3		×	
Statistical Modelling & Time Series Analysis 통계모형/시계열 분석기법	×		×		I	1,2	×		
STEEP사회·기술·경제·생태·정치 요인분석법		×	×	×	all	1	×		
Strategic Planning전략기획		×			O	4			×
SWOT강점·약점·기회·위협 요인분석법		×	×		I,P	3			×
Text Mining텍스트 마이닝		×	×	×	T	2		×	
Trend Extrapolation Analysis추세분석 외삽법		×		×	S,I,E	1,2	×		
Visioning Workshop비저닝 워크숍		×	×		all	3			×
Visualization of the Future미래상 시각화기법		×		×	O	3,4			×
Wild Cards와일드카드	×	×		×	S,T	1		×	
Wind-tunnelling윈드터널링		×		×	P	3,4			×

7 Chapter 현재의 이슈와 트렌드 탐색방법

"과거는 지식의 원천이며 미래는 희망의 원천이다"
– 스티븐 앰브로즈(역사학자)

우리는 어떻게 과거로부터 흘러 여기까지 왔을까? 현재 우리가 살고 있는 세상은 어떻게 변하고 있는가? 과거로부터 현재에 이른 과정에 무슨 일이 있었던가? 무엇이 세상을 움직이는 원동력인가? 현재 우리가 처한 환경의 주요 이슈issue들은 무엇인가? 우리를 새로운 미래로 이끌, 예상되는 큰 변화는 과연 무엇일까? 미래를 미리 정확하게 예측할 수는 없다지만, 과거 · 현재를 제대로 이해understand하고 탐색scanning해서 미래로 가는 트렌드trend라도 미리 파악할 수는 없을까?

이 장은 이러한 질문들에 답할 수 있는 기술적이고 체계적인 접근방법들을 소개한다.[1] 과거와 현재를 분석함으로써, 주요 이슈와 향후의 추이를 이해하려는 방법들에 대해 설명한다.

이머징 이슈 분석기법

이머징 이슈emerging issue란 최근 발생하여 쟁점거리가 되는 사안 혹은 문제를 뜻한다. 특정 이머징 이슈는 하나의 트렌드로 정착되기 전에 과거에 보였고 또한 현 시점에 보이는 세상의 의미 있는 꿈틀거림이다. 마치 땅에서 솟아나는 작은 새싹과 같다.[2] 그 새싹이 시

1) 이러한 방법들의 과학적인 근거는 없다. 전문가들의 경험으로 추천하는 제안일 뿐이다.

2) 새싹의 사진 출처: http://www.ep-scotland.org.uk/policy-focus/emerging-issues/

들고 말지, 아니면 큰 나무로 성장할 것인지 새싹 자체만을 가지고 판단하기엔 불가능하지만 날씨와 영양분 등을 관찰하고 잘 분석하면 어느 정도 유추 가능하듯이 숲을 덮을만한 새싹, 즉 큰 변화를 일으킬 징후를 찾아보자는 것이 이머징 이슈 분석기법이 탄생한 배경이 된다.

1. 이머징 이슈분석의 정의와 목적

이머징 이슈emerging issue분석은 미래를 예측하기 위해 미리 트렌드trend나 미래에 영향을 끼칠 수 있는 요인을 찾기 위해 다양한 정보를 수집하고 분석하는 기법이다. 변화의 징후를 포착signal sensing함이 목적이다.

이 기법은 다양한 분야에 적용될 수 있다. 선도적인 전략으로 미래시장을 점하려는 기업들이나 미래의 환경변화에 대비한 정책을 수립하려는 정부기관이 대표적이다. 미래에 대한 예언서를 책으로 내는 미래전문가futurist나 미래의 트렌드를 알리는 추세분석가trend analyst들은 이머징 이슈분석으로부터 출발한다.

2. 이머징 이슈분석을 위한 활동

새롭게 등장하는 이슈들을 관찰하여 어떻게 변화해갈 것인지 예측하기 위해 다음과 같은 활동이 필요하다.[3)]

- **자료 수집** 향후 트렌드로 발전할 이슈를 찾아내기 위해서는 다양한 정보에 대한 자료를 수집해야 한다. 신뢰할 만한 정보뿐 아니라 비상식적인 정보도 포함되어야 예상하지 못했던 이슈도 포착할 수 있다. 정보 출처는 다양하겠으나 대중매체보다는 예술가들의 시대를 앞선 작품이나 선구자들의 희소한 연구, 비주류 분야 전문가들이 더욱 적합하다. 미래 트렌드는 전 세계적으로 공통된 현상일 수 있으므로 국내외 정보 모두를 수집할 필요가 있다.

3) 이희준, "이머징 이슈분석", *전략적 미래예측 방법론 BIBLE*, 두남, 2014.

- **이슈 도출** 트렌드는 이성적이고 합리적으로 만들어지는 것이 아니므로, 고정관념을 버리고 모든 가능성을 열어둔 채로 다양한 정보를 수집하고 그 정보에 담긴 의미와 원동력을 잘 해석해야 한다. 보이고 들리고 경험하는 모든 정보를 뭉치고 또 골라내는 슬기가 필요하다.
- **의견 교환** 이슈들에 대한 해석decoding과 전문가와의 의견교환이 필요하다.
- **모니터링** 이머징 이슈의 후보가 트렌드로 발전할 것인지 소멸할 것인지, 지속적으로 모니터링해야 트렌드로 발전하여 미래에 큰 영향력을 끼칠 이머징 이슈를 발견할 수 있다.

3. 이머징 이슈 분석사례

이머징 이슈들을 밝히는 다양한 연구들이 발표되었지만, 한 대학생이 자신의 연구결과를 인터넷에 공개하였기에 여기 소개한다. 인도 뉴델리의 인드라프라차 여자대학교 Indraprastha College for Women의 프리양카 굽타Priyanka Gupta는 시대가 변하면서 인적자원관리 HRM: Human Resource Management에 무슨 변화가 있는지에 대한 지료를 수집하고 살핀 후 다양한 이슈들을 도출하였다. 우선 HRM에 영향을 주는 요인들을 정치·경제·사회·기술 분야로 분류하고 동향을 분석한 다음 이슈들을 정리했는데, 그 결과는 [그림 7.1]과 같이 요약된다.[4]

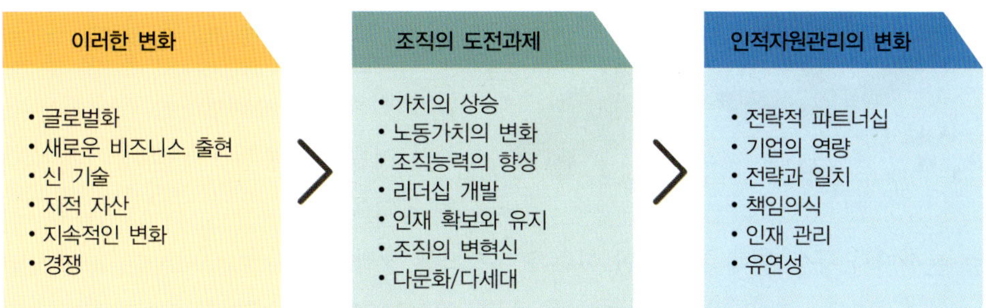

[그림 7.1] 인적자원관리HRM분야의 이머징 이슈들사례

즉, 글로벌화와 새로운 기업들의 등장, 신기술·지적자본·경쟁구도가 지속적으로 변하면서, 인력의 가치관이 바뀌고 기업의 생산성과 리더십 및 인재 발굴 등에 커다란 변화가

4) Priyanka Gupta(Indraprastha College for Women의 학생), Emerging Issues in HRM, 2016. https://www.slideshare.net/PriyankaGupta430/emerging-issues-in-shrm

오면서, 다양한 변화를 일으키고, 그 결과 인력관리는 기업의 전략적 파트너십, 기업역량·신뢰성·인재개발·유연성 등의 이슈를 접하게 된다는 것이다.

환경스캐닝 방법

세상이 어떻게 돌아가고 있는지 궁금하면 일단 주위를 넓고 깊게 살펴볼 일이다. 무엇이 변하고 있는지, 무엇이 문제인지부터 다양한 출처의 많은 정보를 탐색해야 한다. 이와 같은 대단히 상식적인 이유로 미래연구 대상과 관련된 환경을 사전에 조직적이고 체계적으로 탐색하는 기법을 환경스캐닝environmental scanning이라 한다.

1. 환경스캐닝 방법의 개념

환경스캐닝은 경영진이 정한 운영위원회의 작업진행 제안으로부터 출발한다. 10명 안팎의 전문가패널이 편성되면 전문가들은 일차적으로 신문·잡지·방송 등 언론 중심의 기초적인 스캐닝부터 시작하여 일반적인 이슈를 도출한 후, 그 중 더 심도 깊은 영역을 선정하여 전문지·학술논문이나 심층 분석기사 등을 통해 전문적인 이슈를 분석하는 전략적인 단계를 거친다. 또한 인터넷을 검색하고, 학술행사에 참석하고, 해당분야 전문가들의 발표내용을 추적하면서 정보를 수집한다. 나아가, 협동적인 참여와 소통으로 '집단지성collective intelligence'이 체계적systematic으로 나타날 수 있도록 워크숍 등을 통해 수집된 정보를 토론·분석·종합한 후 분석보고서를 작성하는 과정을 밟는다. 이 과정은 [그림 7.2]와 같다.[5]

5) Gordon, Theodore J. and Jerome C. Glenn, "Environmental Scanning", *Futures Research Methodology, Version 3.0*, 2011. 위 사진 출처는 https://thechangeleader.com/

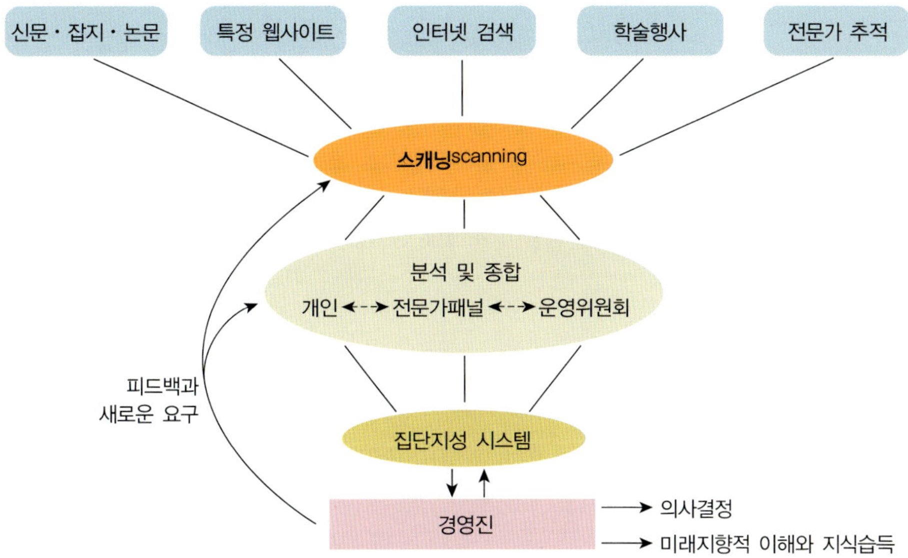

[그림 7.2] 환경스캐닝 기법의 개념

환경스캐닝은 단순한 정보수집 활동이 아닌 전략적인 활동으로 [표 7.1]에서 보듯이 관심 이슈에 관해 질문을 던지고 그 답을 찾는다.

[표 7.1] 환경스캐닝의 질문과 결과

주어진 이슈 혹은 질문	환경스캐닝을 통해 얻는 결과
• 변화의 본질은 무엇인가? • 변화는 왜 발생했나? • 변화는 유익한가? 이에 대한 사람들의 수용과 협조는 있는가? • 환경스캐닝 과정이 다른 작업과 연관성이 있나? • 이슈의 주요 목표는 무엇이며 타 환경요소들과의 관계는 무엇인가?	• 조직이 실행해야 할 내용에 대한 이해 • 변화하는 환경에 대한 신속한 대응책 • 개선 혹은 창의적 환경조성 방안 • 향상된 상황판단능력

2. 스캐닝 절차

환경스캐닝은 조직적이고 체계적인 활동을 강조한다.

- **운영위원회** 소수의 운영위원회는 환경스캐닝 활동을 관장하되, 안건에 대한 권한은 갖지 않는다. 환경스캐닝의 목표를 설정하고 외부 전문가들로 패널을 구성하며 회의를 주관한다.
- **전문가패널** 위촉된 각 위원들은 전문 영역별로 경험·관심·창의력을 겸비해야 한다.
- **워크숍** 조직에 미치는 외부환경의 주요 사건과 경향을 분석하고 상호 영향과 제도상의 역량에 대해 논의하는 워크숍은 하루 일정으로 진행되어도 무방하다.
- **분석보고서** 도출된 이슈들과 그 영향이 초래할 상황을 예견하는 보고서를 작성한다.

조직의 임원 혹은 기획부서가 전략정책 수립을 위해 빠른 시간에 스캐닝이 필요할 경우에는 QUESTQUick Environment Scanning Technique가 추천되기도 한다. QUEST는 외부환경에 대한 포괄적인 분석과 전략적 선택사항을 도출하는 방식이다. 스캐닝을 위해 추천되는 활동은 다양하다.

- **전문 데이터베이스 검색** 정보획득 목적으로 추천되는 전문 데이터베이스로는 LexixNexix, Nexus.com, Current Issues, Country Analysis, Factiva, ABI Inform, Country Wire, Country Reviews 등 매우 다양하다. 다양한 분야의 방대한 자료가 수록된 이들의 활용은 매우 효과적일 수 있다. 물론 국내 전문 데이터베이스 서비스도 다양하게 제공되고 있다.
- **인터넷 검색** 인터넷은 보고서와 자료들로 가득하다. 구글google.com, ixquick.com 등이 보편적이고 한국의 경우 네이버naver.com와 다음daum.net 등이 대표적인 검색엔진들이다.
- **문헌조사** 도서·신문·잡지·논문집 등은 기본이고, 온라인에서 찾기 힘든 오래된 간행물이나 도서가 필요한 경우에는 국회도서관 같은 곳을 직접 찾아갈 수도 있다.
- **전문가의 이슈 에세이** 수집된 정보를 전문가에게 의뢰하여 에세이로 준비시키면 유용하다. 단, 에세이의 서체·요약·분량·주석·참고문헌 등을 표준화하고 규칙을 정해주면 바람직하다.
- **전문가 탐색** 전문가를 만나기 위해 학술행사장을 찾거나, 전문 프로필을 살피거나, 인터넷 검색 등이 가능하다. 저명인사를 파악하고 필요한 경우 직접 만나 주어진 이슈 도출에 협조를 구해도 좋을 것이다.

이슈에 관해 전문가들 사이에 이견이 있거나 입장이 다를 경우different positions도 있다. [그림 7.3]와 같이 정보가 의미하는 장·단점에 대한 해석이 다를 수도 있고 다른 해법을 제시하고 질문을 제기할 수 있는데 다양한 입장들을 모두 포용하는 이슈도출이 바람직하다.

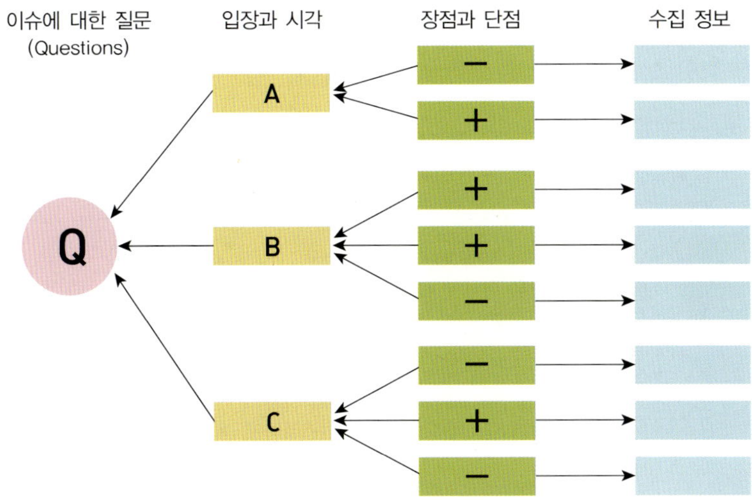

[그림 7.3] 전문가의 다른 입장 정리방안

3. 환경스캐닝의 사례

현대 기업들은 시장동향에 매우 민감하다. 한 연구는 [그림 7.4]와 같이 사회적 변화, 경제여건, 정치 및 법과 제도, 경쟁상황, 인구통계 등 통제하기 힘든 시장의 외부환경external environment이 어떻게 변하고 있는지 최근의 시장에 대한 환경스캐닝 결과를 보여주었다.[6)]

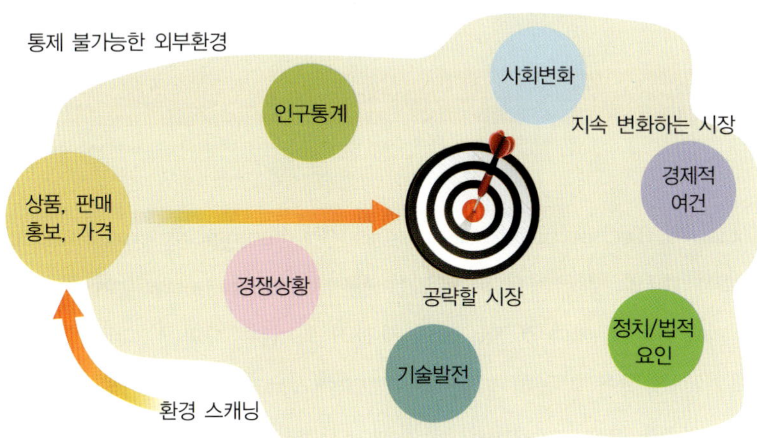

[그림 7.4] 시장의 외부환경

6) ivansotelo103(아이디), *Environmental Scanning*, https://www.slideshare.net, 2011.

환경스캐닝에 의해 도출된 이슈들을 감안하여 제품·유통·광고·가격 등을 전략적으로 결정함으로써 원하는 표적시장target market을 공략할 수 있다는 것이다. 다양한 채널을 통해 파악된 추세들은 [그림 7.5]와 같다.

환경 영향	환경스캐닝이 포착한 트렌드
사회적	• 남녀의 역할이나 구매 패턴의 차이 감소 • 미국 인구구조의 다양성 확대 • 세계적으로 흡연율 감소
경제적	• 전쟁 혹은 테러 대비, 국방 및 인도주의적 지원 예산 증가 • 해외로의 화이트칼라 사무직 종사자들의 이동 • 은퇴자들이 늘어남에 따라 저축과 재산관리의 증가
기술적	• 모바일 통신 이용의 증가 • 리눅스가 시작했던 오픈 소스 소프트웨어의 대폭 확대 • 바이오 기술, 성형수술 기술, 암퇴치 제약기술 발달
경쟁 구도	• 기술제조 분야에 중국의 영향력 증가 • 기업 내에 경쟁지능 담당조직의 발족과 연방 보안기구들과의 관계를 위한 전담조직의 탄생 • 성과 향상을 위해 직원들에게 자율권한 확대
규제	• 디지털 지적재산권 보호를 위한 법과 제도 정비 • 사생활과 개인정보 보호를 위한 관심 확산 • 인터넷 조세제도, 이메일 스팸, 인터넷 도메인 네임 관련 신규 법 제정

[그림 7.5] 시장 환경스캐닝

STEEP 분석기법

STEEP은 Social사회, Technology기술, Economical경제, Ecological·environmental생태·환경, Political·legal정치·법규의 첫 글자를 따서 만든 용어로, [그림 7.6]과 같이 거시적인 환경요인이 무엇인지 파악하는 것이다.[7] 'Steep'의 사전적 의미는 '가파른', '비탈진' 등이므로 미래를 향해 올라가는 상상을 가능하게 한다. STEEP에 Value가치를 추가하여 STEEPV라고도 하고, Population인구와 Resource자원을 추가해 STEPPER로 체계를 확장하기도 한다.[8]

---

7) 김영주, 누구나 전략기획 고수가 될 수 있다 – 거시적 환경 분석과 4P, *Creative & Smart, LGCNS 블로그*, 2017. http://blog.lgcns.com/1549

STEEP은 원래 존재하던 PEST정치·경제·사회·기술에 생태환경ecological을 추가해 만든 것이다.

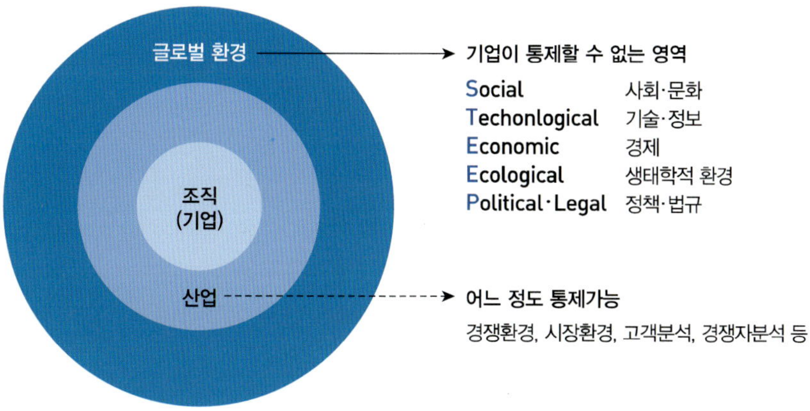

[그림 7.6] STEEP의 환경

1. STEEP 분석의 개념

STEEP 분석은 연구자가 미래연구의 주제·대상을 둘러싼 거시적인 외부환경을 정확히 파악할 수 있도록 해준다. 즉, 어떤 미래지향 트렌드나 사건이 어떻게 발생하고 전개되며, 달성하고자 하는 비전과 목표에 어떤 영향을 주는가에 대한 기초자료를 찾아내는 활동이다. STEEP 체계의 각 세부내용은 [표 7.2]와 같다.

[표 7.2] STEEP 체계

STEEP 항목	주요 고려사항
Social 사회·문화	• 인구통계(출생률, 사망률, 평균수명, 연령분포, 지리적 인구분포, 인구 구조 등) • 사회문화, 교육수준, 행동양식·규범, 사회 전반의 가치, 라이프사이클
Technological 기술·정보	• 보육 특허, 정부·학계의 R&D 예산, 대학 숫자 등 • 기술 변화속도, 신기술·정보기술, 기술 클러스터 존재 여부 등
Economic 경제	• 환율, 금리, 무역수지, 예산 운영 정도 • 취업률, 인플레이션 증가율, 신용경색 정도 • GDP 대비 가계부채, 가처분소득 수준, 실업률, 임금수준·소비성향 등

8) 이광형, *미래경영*, 생능출판사, 2015,

Ecological 생태학적 환경	• 천연자원의 소진율, 소멸・변질에 따른 피해 정도 • 재활용률, 소음・먼지 공해 정도, 원자재 대체성 등
Political/Legal 정책・법규	• 정당정책, 정책 성향, 규제기관의 활동 • 투표율, 동향, 여론 등 • 지원정책, 규제 합리화, 민영화, 자유화, 조세 등

STEEP 분석절차는 다음과 같다.

1. **외부환경요인 도출** 미래에 영향을 미칠 수 있는 외부환경요인들을 도출하고 STEEP 체계에 각각 분류한다.
2. **요인 평가** 변화가 예상되는 각각의 요인이 기회로 작용되는지 아니면 위험요인인지 평가하고, 특히 환경변화에 따라 기회나 위험이 바뀔 수 있는지에 관해 토론한다.
3. **워크숍 진행** 개인의 분석능력과 상상력을 통해 수행가능하기도 하지만 일반적으로 연구과제 운영팀을 구성한 후 워크숍을 갖고 분석에 신뢰성을 확보한다.

2. STEEP 분석 워크숍 진행법

STEEP 워크숍은 구성원들이 한자리에 모여 신속하게 다양한 요소를 도출할 수 있도록 해준다. 적은 비용으로 과정과 결과를 모든 이해당사자들stakeholders 및 과제수행자들 사이에 공유하면서 적극적인 참여를 통해 흥미를 자극하고 새로운 요인을 도출할 수 있는 장점이 있다. 워크숍은 다음과 같이 진행된다.

사전준비 방해받지 않고 작업할 수 있는 장소를 우선 확보한다. 과제 수행자들이 사전에 신문이나 유사 미래보고서 등 많은 자료의 검색과 숙독을 한 후에 워크숍에의 참여를 유도한다. 특정 과제 등과 상관없이 공통적으로 활용가능한 거시환경의 분석정보는 외부로부터의 구매도 가능하다. 예를 들어, Arup Foresight사는 이러한 분석정보를 'Drivers of Change변화의 동인動因'라는 STEEP 카드로 미리 제작해 판매하거나 웹사이트에서 다운로드받을 수 있는 서비

스를 제공한다.[9] Foresight.com을 통해 100여 개 분야의 Foresight 카드도 구매가능하다.[10]

워크숍 진행 워크숍은 사방이 넓고 벽이 많아 포스트잇을 붙여가며 영역별·시간대별 요인들을 참여자들이 함께 보며 토론을 한다. 그 내용의 분석을 위해 [표 7.3]과 같은 프레임워크framework가 추천되기도 한다.

[표 7.3] STEEP 분석을 위한 프레임워크

STEEP 항목	주요 고려사항	현재	미래	기회	위협
Social 사회·문화	연구통계	• 출산율 1.1명 • 평균수명 88세	• 10년 후 출산율 0.9명 • 평균수명 98세	디지털에 익숙한 인구증가로 인터넷·모바일뱅킹 사용률 확대	
Technological 기술·정보	스마트폰 사용률	• 2016년말 기준 75%	• 2020년말 기준 90% • 10년 후 사회 진출 디지털세대 300만 명		
Economic 경제					
Ecological 생태학적 환경					
Political/Legal 정책·법규	관련 규제	은산분리법(산업자본지분 4% 제한, 의결권 미행사 및 금융위 승인 시 10% 가능)	은산분리법 완화 또는 인터넷은행 예외(지분 최대 30% 보유 가능)		

사후 단계 STEEP 분석을 통해 발견된 미래변화 요인들이 장점strength인지 약점weakness인지, 기회opportunities인지 위협threats인지, 장기적 관점에서의 추가분석이 필요하다. 이를 위해 [그림 7.7]과 같은 STEEP·SWOT표가 이용되기도 한다.[11]

---

9) https://www.arup.com/publications/research/section/drivers-of-change

10) https://foresightcards.com/

11) SWOT 기법은 이 책의 제9장에서 상세히 다룬다.

	Social	Technology	Economic	Ecological	Political
Strengths					
Weaknesses					
Opporunities					
Threats					

[그림 7.7] STEEP/SWOT matrix

3. STEEP 기법의 활용사례

STEEP 분석기법은 널리 알려져 사용되어 왔다. 예를 들어, 유럽 에너지분야의 환경을 분석한 미국의 한 연구는 이슈들을 발견하고 [표 7.4]와 같이 이에 따른 향후 영향을 도출했다.[12)]

[표 7.4] 유럽 에너지분야의 전망을 위한 STEEP 분석(에너지분야 사례)

분야	주요 이슈	영향·의미
사회 Social	최저임금 지구온난화에 대한 인식	높은 GDP 상승률 기업의 '친환경 그린' 기술 도입
기술 Technological	수력·태양광·풍력발전 재생에너지를 위한 기반조성	지속적인 연구개발
경제 Economic	코루나체코 화폐와 유로 가치 절하 전통적으로 낮은 이자율	수입품 비용 증가 소비자의 재력 하락
생태 Ecological	환경보호에 대한 인식부족으로 공해 유럽 탄소배출량 축소	과거의 실책 만회 환경오염에 대한 부정적 인과관계
정치 Political	체코와 유럽 법 준수 법·제도 정비	EU의 미래성장을 위한 다양한 산업 법 제정

12) Spencer Banks, *Energy Sector Services Portfolio Analysis*, The University of North Carolina at Wilmington, 2015.

국내사례로는 소프트웨어 산업의 미래를 타진한 연구결과가 있다.[13] [그림 7.8]에서 볼 수 있듯이, STEEP 분석과 함께 키워드를 발견하고 이를 통해 미래 유망 소프트웨어분야를 도출한 점은 흥미롭다.

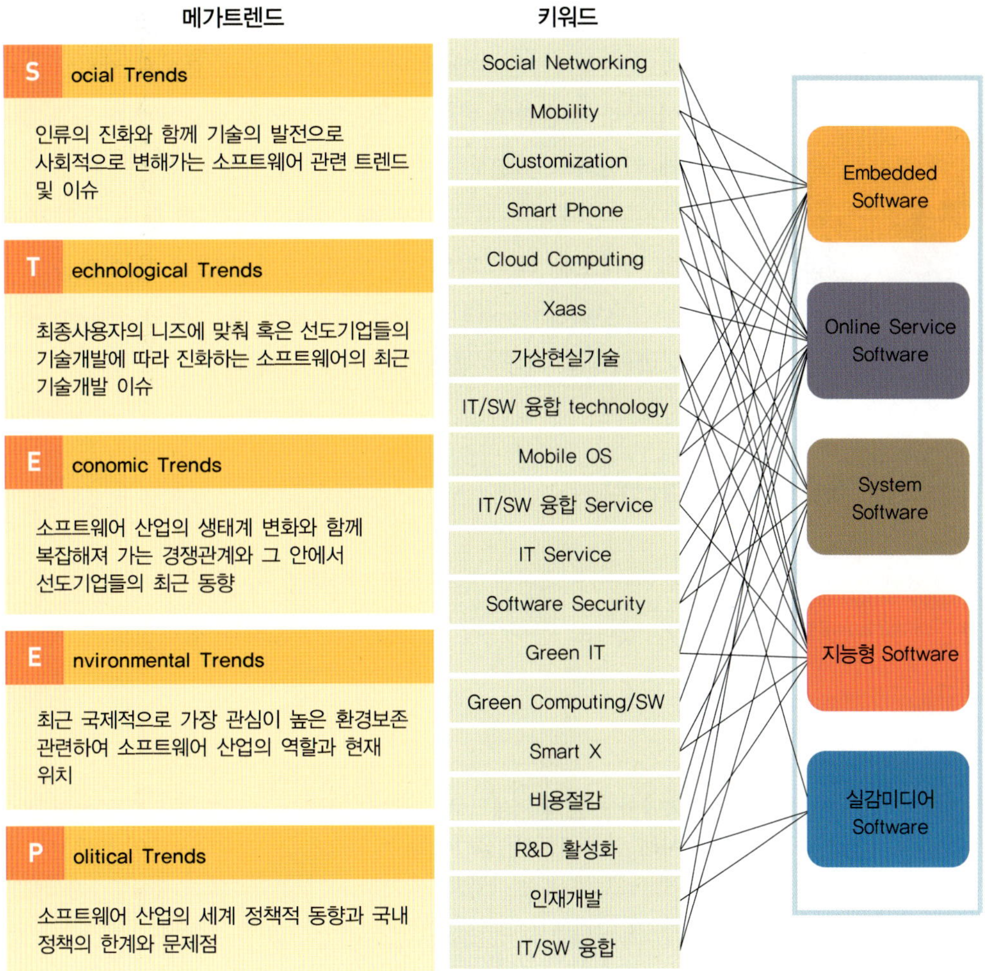

[그림 7.8] STEEP 분석을 통한 소프트웨어의 미래전망

13) 중소기업청, 소프트웨어산업 로드맵, 2013.
http://bizhospital.co.kr/04_info/knowhow_view.php?no=223&start=0&key=&keyfield=&PHPSESSID=cbe8f176e0f346af75389c5df2ebde2f

인과층위분석 기법

인과층위분석CLA: Causal Layered Analysis은 관찰되는 사건의 원인과 그 배경을 단계적으로 분석하여 다양한 미래상을 예측하는 기법이다. 이 기법은 미래에 대한 주요 변수로 결정된 키워드에 대하여 하나의 관점이 아닌 다양한 관점으로 접근하여 현상을 깊이 있게 이해하고 설명하는 방법이다. 2개 이상의 집단이 미래에 대한 다른 견해를 가지고 있을 때 집단 간 토의를 통해 동일한 현상을 바라보는 다른 견해들을 드러냄으로써 집단 간 이견을 조정하고 미래에 대한 공통된 의견을 도출해가는 데 유용하다. 그래서 이 기법의 적용은 '빙산의 일각'에 가려진 이야기를 밝혀내는 과정으로 묘사되기도 한다.[14)]

1. 4단계 계층구조와 접근법

1998년 이나야툴라Sohail Inayatullah가 제안한 인과층위분석[15)]은 주어진 문제가 4개의 인과층causal layers으로 구성되어 있다고 본다. 각 계층에 대한 정의와 접근방법은 아래와 같다.

- **문제**The Litany 사람들 사이에서 관심의 대상으로 논의되는 사건이나 이슈가 부각되면 사건, 트렌드, 견해, 정책, 유사 사례 및 단편적인 정보수집 등 관찰하는 작업scanning이 필요하다.
- **원인**causes 문제를 발생시킨다고 생각되는 원인을 찾는다. 사회과학적으로 사회적 · 경제적 · 문화적 원인을 규명하기 위해 단편적인 정보의 연계와 시스템 · 사회 · 정책분석에 임한다.
- **세계관**worldview 규명된 원인의 기저에 깔려있는 보다 근원적인 이념적 · 문화적 가치구조세계관에 관한 담론분석discourse analysis을 통해 다양한 시각alternatives을 확보한다.
- **관념과 믿음**metaphors & myths 오랜 세월을 거치며 갖게 된 무의식 믿음이나 신화 · 전설이나 감정이 세계관으로 드러난 배경요소를 밝힌다. 문자 아닌 그림visioning으로 표현될 수도 있다.

14) STEPI, *미래연구 용어집*, 과학기술정책연구원, 2018.

15) Inayatullah, Sohail, "Causal Layered Analysis: Poststructuralism as Method", *Futures*, 1998.

각 계층에서 분석된 요인에 따라 문제해결 방법은 다르게 도출될 수 있다. 미래예측의 토의과정에 인과층위분석을 적용하면 동일한 이슈에 대하여 참여자들의 관점이나 이해방식의 차이에서 비롯되는 다양한 해석을 이끌어낼 수 있다. 또한 이 기법은 집단 간 관점의 차이에서 비롯되는 긴장요소를 정의하는 데에도 활용할 수 있으며, 다양한 이해관계가 반영된 미래에 대한 토론을 활성화하는 데에도 활용할 수 있다.

인과층위분석은 단독으로 활용되지 않고 시나리오 기법과 혼용되는 것이 보편적이다. 분석은 심층적으로, 시나리오 개발은 일반인들의 사고수준으로 이루어진다. 다양한 분석을 통해 장·단기 전략 또는 풍부한 미래 시나리오를 도출하는 데 장점이 있는 기법이다. [그림 7.9]는 인과층위분석을 활용한 문제해결 과정을 보여준다.

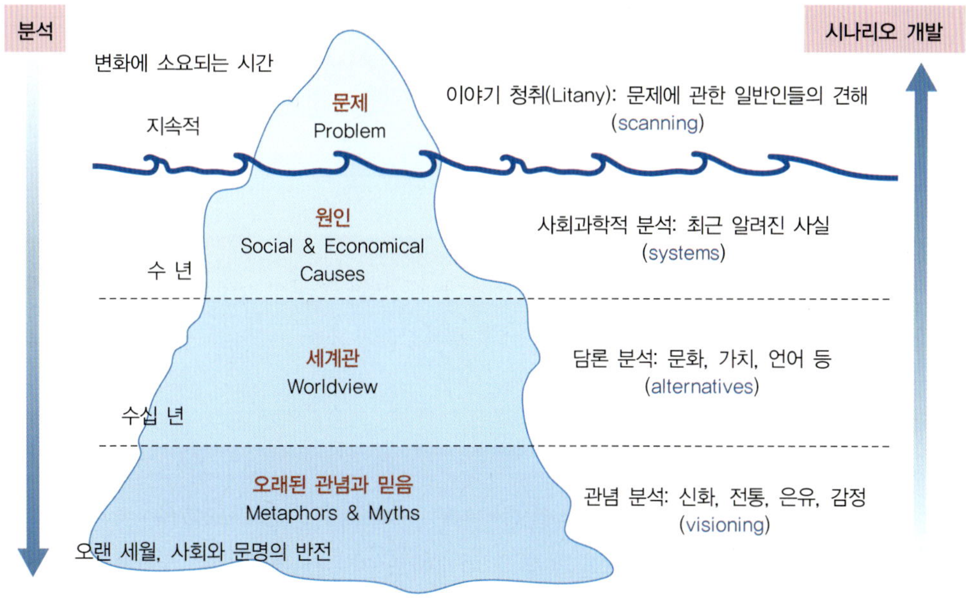

[그림 7.9] 인과층위분석의 단계별 특성과 접근방안

2. 인과층위분석 기법의 이용

인과층위분석 기법은 미래를 연구하는 흥미로운 시각 때문에 다양한 사례를 만들어왔다. '결혼의 미래'를 다양한 시나리오로 예측한 예는 다음과 같다.[16)]

16) Inayatullah, Sohail, *Robust Decisions in Uncertain Times, Workshop*, 2013.

[표 7.5] 인과층위분석 기법을 이용한 결혼제도의 미래예측(예)

층	질문	다양한 견해
문제	결혼, 이대로 좋은가?	이혼율 급증, 결혼 회피, 싱글맘, 국제결혼 등 결혼제도는 과거와 다른 양상임.
원인	무엇이 이렇게 만들었나?	사회적 인식 변화, 경제적 어려움, 자유섹스 등이 이유이고 싱글들의 동거도 용인되는 풍조임.
세계관	결혼에 대한 보편적인 생각은?	결혼은 순수하고 아름답고 신성한 제도이며, 사회적·경제적 안정감을 부여함. 그러나 결혼과 연애는 별개라는 이중성도 존재함.
관념·전통	옛날엔 어땠나?	아담과 이브, 유교적 전통, 가부장적 아버지, 위대한 어머니, 결혼반지, 보금자리 등이 대변함.
결혼의 미래상들 (시나리오)	1. 일부일처제에서 다부다처제로(집단 결혼) 2. 늦은 결혼, 국제결혼, 황혼이혼·재혼의 일반화 3. 무자녀 가정, 법적 책임 없는 결혼(동거)이 보편적 모습으로 4. 전통적인 부부 모습에서 남들에게 보여주는 커플로(연예인 커플처럼)	

추세외삽법

1. 추세외삽법의 개념

추세외삽법trend extrapolation 혹은 트렌드분석trend analysis이란 과거의 추세가 미래에도 지속될 것이라는 가정하에 양적 혹은 질적 자료를 활용한다. 현 시점에서 미래를 투시한다는 시각에서 추세 **투사법**projection 등의 용어와 개념상 동일하다.

양적 추세외삽법[17]은 흔히 통계학을 바탕으로 한 시계열 분석time series analysis이나 주요 요인들의 인과관계를 계량적 모형으로 전망하는 선형예측linear forecasting의 적용이 보편적이고, 질적 추세외삽법은 불확실성이 높은 주요 변수들의

https://www.slideshare.net/wendyinfutures/blowing-the-cobwebs-off-your-mind-bootcamp

17) 사진 출처는 https://www.questionpro.com/blog/trend-analysis-definition. 양적 추세분석은 통계학의 시계열분석 기법에서 별도로 다룬다.

추세에 대한 정성적이고 질적인 자료를 바탕으로 다양한 의견을 분석하고 통찰력을 얻는다. 양·질적 추세외삽법의 목적과 장·단점은 [표 7.6]과 같다.[18]

[표 7.6] 질적·양적 추세외삽법의 목적과 장·단점 비교

	목적	장점	단점
질적qualitative 추세외삽법	• 모든 분야의 메가트렌드 • 사회·정치·제도 부문 • 변화의 영역에 주력	• 전체적 구도와 영감 • 조기 정보 수단 • 기회와 위협요인의 동시 제시 • 시나리오 대안모색의 시발점	• 주관성에 의존할 가능성 • 장·단기 추세판별의 어려움 • 과도한 일반화가능성
양적quantitative 추세외삽법	• 변화가 적은 단기예측 • 인구·경제·기술예측 • 신뢰가능 자료 정기축적 • 다른 방법과 병합 필요	• 객관성 및 신뢰성 • 통계적 자료제시 • 전달이 용이함 • 조사의 경제성	• 분석결과의 비중립성 • 고립되고 편향된 분석 • 불연속적 변화에 적용하기 어려움 • 과도한 유형 도출

2. 질적 추세외삽법의 과정

질적 추세외삽법은 자료가 부족하거나 비정형적일 때 적용가능하다. 아래 6단계를 추천한다.

1. **예측할 주요 쟁점과 추세의 도출** 무엇을 예측할 것인지 명확히 묘사함으로써 주어진 주제를 분명히 알고, 또한 다양한 하위주제에 대한 지식을 도출한다. 주요 쟁점과 추세를 검토하고, 강한 영향을 주는 트렌드를 확인하고, 추세의 흐름에 관련된 자료를 수집하고, 주요 결정요인을 명확화하며, 중요한 환경적 요인을 검토하고 분석한다.
2. **정보 제공자의 선정과 인터뷰 진행** 추세를 도출하기 위해 1:1 심층면접in-depth interview이나 초점집단면접FGI/Focus Group Interview을 수행한다. FGI 집단은 서로 모르는 사람들로 구성되어야 다양한 정보가 도출될 수 있다. 인터뷰는 현장·즉석메모가 필요하고 녹취록도 만들면 좋다.

18) 김병희, "질적 추세분석 기법", *전략적 미래예측 방법론 BIBLE*, 두남, 2014. 추세분석 기법의 설명은 이 자료를 인용한다.

3. **인터뷰 결과의 분석과 해석** 인터뷰 결과를 바탕으로 미래의 추세에 대한 주제를 선정하고 주요 시나리오의 동인을 명확히 밝혀 중요한 트렌드를 찾아낸다.
4. **추세의 분석과 시나리오 도출** 변화의 역동성을 고려하고 새로운 요인을 반영해 현재의 추세를 평가하고 예상가능한 여러 시나리오들을 작성한다. 영향을 미치는 사건목록을 만들고 발생할 사건들의 가능성도 평가한다.
5. **추세의 통합과 우선순위의 결정** 서로 비슷하거나 관련있는 것들끼리 묶어 10~20여 개의 통합된 추세consolidation of trends를 도출한다. 나아가, 불확실성 정도에 따라 추세의 우선순위를 정한다. 결정된 우선순위에 따라 각각의 시나리오에 필요한 서술문narrative을 작성한다.
6. **분석결과의 신뢰도와 타당성 검증** 신뢰성을 확보하기 위해 서로 발견된 내용을 설명하는 연구자 간 보고peer debriefing와 타당성을 검증하기 위한 참여자들의 확인 작업member checks도 중요하다.

3. 질적 추세외삽법의 한계

질적 추세분석은 여러 분야의 메가트렌드를 예측하고 변화의 영역을 파악해주는 장점에도 불구하고 주관성에 의존해 직관적 예측intuitive forecasting을 함으로써 과도하게 일반화시키는 한계점이 있다. 현재의 지배적인 추세가 지속될 것이라는 가정 때문에 그 추세의 영향력·방향성·변화가능성을 간과할 가능성도 존재한다.

추세외삽법이 예측을 빗나가게 하는 심리적 함정도 있다.

- **고정관념의 함정**anchoring trap 현재의 트렌드, 과거의 경험, 기존의 예측이 고정관념으로 작용하여 미래의 변화·방향성을 제대로 반영하지 못하는 함정이다.
- **자기 과신의 함정**overconfidence trap 자신의 예측·실행·판단능력을 과신한 결과 잘못된 예측을 하게 되는 전문가집단이나 경영진이 빠지기 쉬운 함정이다.
- **기억력의 함정**recallibility trap 과거에 경험했던 재해나 극적인 사건을 지나치게 염두에 두고 미래를 전망한 결과, 예측이 비관적·보수적으로 편향되게 흐르는 함정이다.
- **신중함의 함정**prudence trap 예측이 틀릴 것을 우려해 지나치게 신중을 기한 결과, 자신의 실제 예상보다 보수적이거나 수요자의 기대에 부응하는 예측을 내놓는 함정이다.
- **증거확인의 함정**confirming evidence trap 자료수집과 해석 과정에서 자신의 원래 가설에 부합되는 증거들만 채택하는 심리적 편향으로 흐르는 함정이다.

4. 적용사례

질적 추세외삽법을 적용한 사례는 많다. 예를 들어, 지난 2012년 기획재정부가 발표한 '2020년 한국사회의 질적 수준 제고를 위한 미래연구' 보고서[19]는 연구진 19명이 참여했고 42명의 전문가와 일반인을 대상으로 FGI를 실시해 얻은 결과를 바탕으로 하였다.

정보통신정책연구원이 진행했던 '메가트렌드 코리아' 연구[20]는 3년에 걸쳐2012~2015년 60억 원의 예산을 투입하여 정보통신기술이 한국인의 의식과 행위, 노동과 여가, 소비생활, 정치참여 등 사회활동 전반에 걸쳐 어떠한 변화를 가져올 것인지를 밝힌 추세외삽법의 대표적인 적용사례라 할 것이다. 이를 위해 200여 명의 철학·사회학·정치학·경제학·문화학자들이 동원되었으며, 복지·의료·공간·환경·안전 영역에서 일어나고 있는 커다란 변화를 찾기 위해 추가로 100여 명의 전문가들이 투입되었다. 이들로부터 생성된 100여 권에 달하는 연구보고서들은 면밀히 분석되었고, 다시 학계의 원로들과 정보통신정책연구원 '디지털미래연구실'의 전문가들의 수십 차례의 토론과정을 거쳐 최종적으로 20가지의 메가트렌드와 79개

[표 7.7] 21세기 메가트렌드 코리아

1	접속사회로의 전환	11	작은 힘들의 전면적 부상
2	NGO 경제주도세력의 등장	12	경계의 소멸
3	기술은 개인 중심으로	13	디지털 경제 패러다임의 등장
4	자발적 참여의 증가	14	신유목적 민주주의의 출현
5	양극화의 가속화	15	선진국으로의 변모
6	신중세적 국제사회로의 전환	16	동북아시아의 다자주의화
7	현실원리를 넘어서	17	정부의 유비쿼터스화
8	디지털기술로 인한 인간능력의 진화	18	IT가 대신할 수 없는 인간능력의 가치 증가
9	커리어career의 복잡화	19	미디어의 집중·분산화
10	창조적 파괴	20	아이코닉iconic한 사회의 도래

19) 최항섭 외, *2020년 한국사회의 질적 수준 제고를 위한 미래연구*, 기획재정부, 2012.
20) 이 책의 저자가 원장으로 재직 시, 강홍렬·황주성·최항섭 등과 함께 진행한 연구프로젝트이다.

의 변화를 도출하였다. 그 결과는 연구보고서들 외에도 '21세기 한국 메가트렌드 시리즈 총5권'21)으로 출간되었고 대중에게 쉽게 읽히기 위해 단행본22)으로도 펴냈는데 요약하면 [표 7.7]과 같다.

통계모형과 시계열분석 기법

앞서 설명한 질적 추세외삽법과 달리, 양적quantitative 추세외삽법은 통계모형statistical model을 설정하고 과거·현재의 계량적 데이터를 분석함으로써 미래를 탐색하는 기법이다. 변화해 온 과정을 살펴 변수들 간의 상호관련성을 파악하여 추세를 밝히고 이 추세가 반복될 것이라는 가정하에 미래를 가늠해보자는 것이다. 회귀분석과 시계열분석 등이 대표적이다.

1. 회귀분석

'회귀'란 용어는 19세기 영국의 생물학자 프랜시스 골턴Francis Galton이 키 큰 선대 부모들이 낳은 자식들의 키가 점점 더 커지지 않고 다시 평균 키로 회귀하는 경향을 보고 발견한 개념으로, 회귀분석regression analysis은 설명변수들영향을 주는 요인들이 종속변수영향을 받는 대상의 값에 미치는 평균적 영향력을 예측하는 데 사용되는 통계기법이다. 예를 들어, 회귀분석은 가격변경 또는 경쟁행위가 특정 브랜드의 매출에 영향을 주는 경우, 이들 각 요소가 매출에 끼치는 확률적 영향력을 밝혀 미래전략을 수립할 수 있게 해준다.

회귀분석은 독립변수의 개수에 따라 단순회귀분석simple regression과 다중회귀분석multiple regression으로 구분하기도 하는데 모두 평균적인 영향력을 예측한다. 예를 들어, [그림 7.10]과 같이 종속변수 y와 설명변수 x의 관계를 2차원의 좌표평면에 표현할 수 있는 단순회귀분석의 경우, 파란색 동그라미는 과거에 관찰한 관찰observation수치이며 빨간색은 예측값이

21) 정보통신정책연구원, *21세기 한국 메가트렌드 시리즈 총5권*, 민음사, 2005.
22) 강홍렬·이주헌 외, *메가트렌드 코리아*, 한길사, 2006.

된다. 통계모형은 $Y = a + bX + e$로 표현할 수 있다Y는 종속변수, a는 상수, X는 독립변수, b는 기울기, e는 오차값. 예를 들어, 키X값에 따라 몸무게Y값를 예측하게 한다. 다중회귀분석은 독립변수가 하나 이상일 때예로, 키·허리둘레·나이·성별 등 이용되는 기법이다.

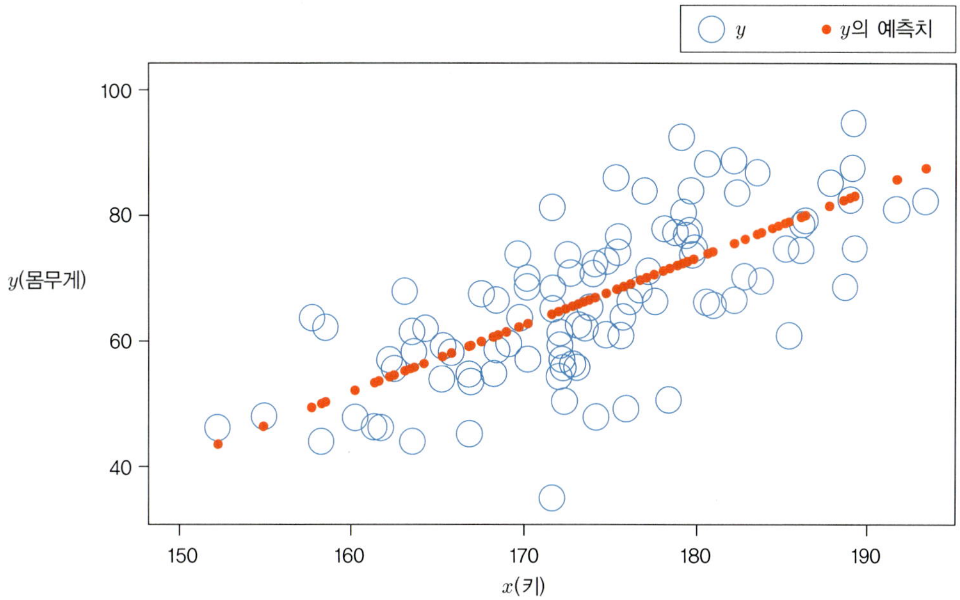

[그림 7.10] 선형회귀분석의 예

2. 시계열분석과 사례

시계열time series분석은 과거에 시간이 흘러오면서 측정된 값들을 토대로 추세를 분석하고 미래를 예측forecasting하려는 과학적인 기법이다. 예를 들어, 매일 매일의 특정 주식의 종가를 Y라고 한다면 이는 시간 t에 대한 함수 $Y = F(t)$라고 할 수 있으며, [그림 7.11]처럼 시간에 따라 움직이는 점으로서의 시계열 그래프로 표현할 수 있다.

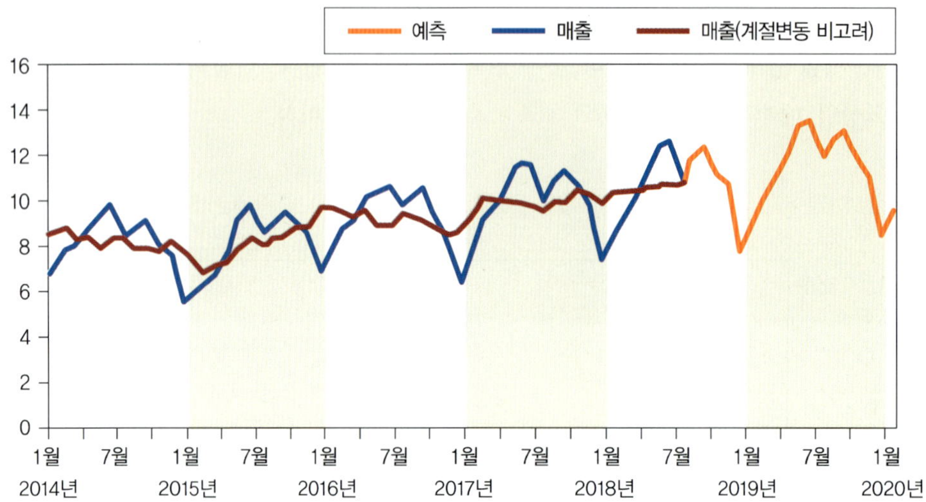

[그림 7.11] 시계열분석을 이용한 예측사례

이러한 시계열분석은 과거 데이터로부터 아래 4가지의 주요 특성을 포착한다.

- **추세적 움직임**trend movements 장기적 흐름의 일관성
- **주기적 변동**cyclic variation 주기적으로 순환하는 변동
- **계절변화**seasonal variation 해, 계절 또는 달마다 일어나는 동일한 패턴
- **불규칙적인 변동**irregular 임의적 또는 우연한 사건에 의한 우발적 특성에 따른 움직임

위의 4가지 요소인 추세·순환·계절·불규칙성을 각각 T, C, S, I로 나타내면 시계열 변수 Y는 4개 변수의 곱 또는 그들의 합인 $Y = T \times C \times S \times I$으로 모형화할 수 있다.

시계열분석을 위해 주로 많이 활용되는 통계모형들은 이동평균법MA/moving average, 지수평활법exponential smoothing, 자기회귀모형AR/autoregressive model 및 AR과 MA를 결합한 ARIMAautoregressive integrated moving average model 등 다양하지만 이 책에서는 생략한다.

생각해봅시다 7.1 여자는 과거, 남자는 미래?

오래전 남녀의 차이에 대해 썼던 글이다. 잠시 쉬며 재미삼아 아래 글을 읽고 생각해보자.

남자와 여자는 많이 다르다. 근본적으로, 태생적으로 다르다. 함께 살 수 있다는 게 신기할 정도다. 아니, 그래서 오히려 더불어 사는 맛이 있다는 걸까.

예들 들어 남자가 좌뇌가 발달했다면 여자는 우뇌가 발달했다고 한다. 그래서 남자는 논리적이고 언어적이고 능동적인 반면, 여자는 직관적이고 공간적이고 수동적이다. 일을 함에 있어 남자가 목표지향적이고 위계질서를 따진다면, 여자는 절차를 중시하고 관계를 존중한다. 남자에겐 인정과 신뢰가, 여자에겐 염려와 관심이, 그리고 남자에겐 자율성과 원칙이, 여자에겐 상호의존성과 애착이 중요한 삶의 척도이다. 대화방식에 있어서도 남자는 대화 중에 결론을 찾지만 여자는 대화 자체에 의미를 둔단다. 남자는 백 마디 말을 한마디로 줄이는데, 여자는 한마디 말을 백마디로 늘여 말하는 경향이 있단다. 남녀는 이토록 참으로 다르다.

남녀의 차이를 풍자한 비유도 재미있는 것이 많다. 예를 들어, 여자는 심리학의 원서이고 남자는 서툰 번역서란다. 여자는 몰라도 좋을 일을 너무 많이 알고, 남자는 꼭 알아야 할 일을 너무 모른단다. **여자는 과거에 의지해서 살고 남자는 미래에 이끌려 산다.**

익살스러운 비교도 있다. 가령, 남자의 의상은 명예이고 여자의 명예는 의상이란다. 여자의 얼굴은 초대장이고 남자의 얼굴은 이력서란다. 남자는 경험으로 여자를 알지만 여자는 본능적으로 남자를 안단다. 남자는 모르는 것도 아는 척하고 여자는 아는 것도 모르는 척한단다. 마찬가지로 여자는 약하기 때문에 '악'하기 쉽고 남자는 착하기 때문에 '척'하기 쉽단다. **남자는 사랑의 양을 자랑하지만 여자는 사랑의 질을 기대한다.** 모든 남자들의 결론은 "여자는 할 수 없어!"이고, 모든 여자들의 결론은 "남자는 다 그래!"란다.

이 비교를 읽어보면 남녀는 정반대다. 극과 극이다. 하늘과 땅, 바다와 육지, 흑과 백, 빛과 어둠, 육체와 영혼, 플러스와 마이너스의 관계다. 180도 딴 판인 인간들이 한 뱃속에서 나온다는 사실도 흥미롭고, 이 어마어마한 차이를 극복하고 함께 살 수 있다는 것도 신기하다. 이렇게도 생각과 행동이 다른데 어찌 사랑까지 할 수 있단 말인가. 그럼에도 남자는 남자답고 여자는 여자다워야 서로에게 사랑의 감정을 갖게 된다니 음양의 이치가 참으로 기이하다.

(이주헌, "너무 달라서 천생연분", *대통령의 여인*, 수필집, 북콘서트, 2009)에서 발췌

잠시 생각해보자. 양을 자랑하는 남자는 시계열 통계법으로 미래를 예측하지만 질을 기대하는 여자는 질적 추세분석 방법으로 미래를 예측하고 싶을까? 정말 여자는 과거에 의지해서 살고 남자는 미래에 이끌려 살까? 미래연구는 남자와 여자, 누가 더 잘할 수 있을까?

형태분석법

형태학morphology의 어원은 고대 그리스어의 morphe형·形·shape에서 유래된 것으로, 형태분석법morphological analysis[23]은 어떤 사물 혹은 대상의 구조를 정의하고 그 구조를 형성하는 세부요소들 간의 상호관계를 연구하는 것이다. 다양한 문제의 분석법으로 이용되지만, 미래연구 관점에서는 연구대상의 현재의 구조를 이해함으로써 미래에 고려할만한 선택의 폭을 명확히 할 수 있다는 사실에 의미를 찾는다.[24]

1. 형태분석의 개념과 실행방법

형태분석은 본질적으로 정량화하기 힘든 사회·기술적 문제를 엄밀하게 구조화하기 위해 변수공간parameter space을 정의하고 이들 변수들 사이의 내적 일관성 관계를 조사한다. 이렇게 상호 연계되어 있는 변수공간들을 통틀어 형태영역morphological field이라 한다.

분석 팀의 실행방법은 다음과 같이 추천된다.[25]

형태영역의 정의 연구대상 문제를 구성하는 매개변수parameter·dimension들의 상태states·value·scope 등를 형태분석의 창안자인 스위스의 천재 물리학자 츠비키Fritz Zwicky 이름을 딴 일명 '츠비키 박스Zwicky box'로 구성한다. [그림 7.12]에서 보듯이 한 개의 변수마다 한 개의 상태를 선택하면이 그림의 경우는 5x5x3=75개의 경우 cell의 수 중 1개 선택 그 결과는 한 개의 해법그림에 파란색으로 표시이 된다.

23) Zwicky, F. *Discovery, Invention, Research – Through the Morphological Approach*, Macmillan, 1969. Zwicky는 '츠비키'라고 발음한다고 한다.

24) Ritch, Tom, "Morphological Analysis", *Futures Research Methodology, Version 3.0*, 2011.

25) 박병원, "형태분석법", *전략적 미래예측 방법론 BIBLE*, 두남, 2014.

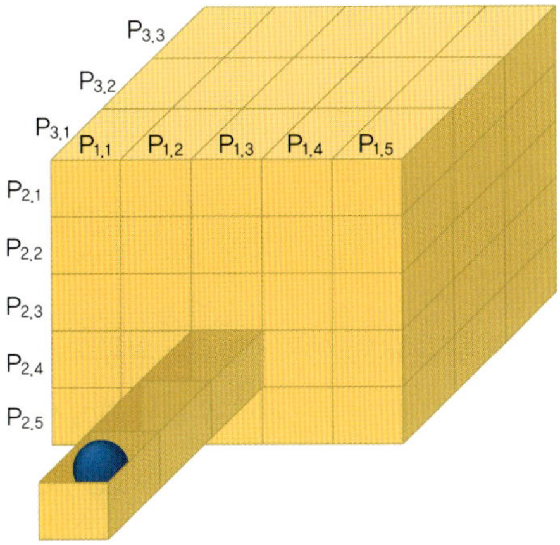

Parameter 1 변수 1	Parameter 2 변수 2	Parameter 3 변수 3
P1.1	P2.1	P3.1
P1.2	P2.2	P3.2
P1.3	P2.3	P3.3
P1.4	P2.4	
P1.5	P2.5	

[그림 7.12] 형태분석을 위한 츠비키 박스

교차일관성 평가 변수들을 1:1로 비교하면서 변수들 간의 상호배타적이거나 공존할 수 없는 경우는 배제하여 변수공간을 축소한다. 이때 주의해야 할 점은 인과관계를 묻는 것이 아니라 내적 일관성만 검토해야 한다. 이를 교차일관성평가cross-consistency assessment라고 하는데 [그림 7.13]은 그 한 예를 보여준다.

		Parameter A				Parameter			Parameter C					Param	
		A1	A2	A3	A4	B1	B2	B3	C1	C2	C3	C4	C5	D1	D2
Parameter B	B1														
	B2														
	B3														
Parameter C	C1														
	C2														
	C3														
	C4														
	C5														
Parameter D	D1														
	D2														
Parameter E	E1														
	E2														
	E3														
	E4														
	E5														

[그림 7.13] 교차일관성 평가

시나리오 작성 축소된 변수공간의 많은 해법들 중에서 의미 있는 해법은 하나의 시나리오가 된다. 각 시나리오가 바로 미래를 위한 전략적 대안이다.

2. 형태분석법의 활용사례

형태분석법은 미래연구와 무관하게 식품·의료·의류·지질 등 매우 다양한 분야에서 애용되어 왔다. 심지어 우리나라에서는 살인현장에 남겨진 핏자국혈흔을 통해 사건해결의 실마리를 찾는 연구모임인 한국혈흔형태분석학회[26]도 창립되었던 바 있다. 형태분석법을 과학수사기법의 하나로 활용해서 '살인의 추억'은 사라지게 하겠다는 의도에서이다.

형태분석법의 한 활용사례로는 스웨덴 국방연구원이 냉전cold war기간 중에 막대한 예산을 투자해 온 엄청난 방공호bomb shelter 시설들에 대해 전쟁종식을 맞으면서 향후 어찌하는 것이 좋은가에 대한 미래정책연구를 들 수 있다.[27] 주요 기술적·재정적·정치적·윤리적 이슈들을 파악하여 방공호 시설에 대한 문제를 정의하고자 했는데, 이렇게 각각 다른 관점에서의 이슈들을 종합적으로 고려함에 있어 형태분석법을 사용했다.

이 연구에서는 방공호의 위치 우선순위, 기능적 우선순위, 규모, 신설 신축 여부, 유지보수, 혜택 수여그룹에 대한 철학 등 6개의 변수들을 정한 후 각 변수에 해당되는 안들을 정리하며 총 2,304=4×4×4×3×3×4개의 가능한 정책들을 도출한 후, 교차일관성 평가와 전문가 검토를 거쳐 수십 개의 정책대안들로 압축시킬 수 있었다. 그 중 [그림 7.14]는 '모든 국민에게 동일한 방공호 이용 혜택을 부여하기 위한 위치·기능·규모·건설·유지보수 목적의 정책대안들은 무엇인가'에 대한 답들을 보여준다. 물론 이 연구결과를 검토하고 미래의 방공호 시설에 대한 최종 정책결정은 스웨덴 정부가 했을 것임은 당연하다.

26) 한국혈흔형태분석학회(http://www.kabpa.or.kr/). 정보내용이 민감하여 인증절차를 밟아야 검색가능하다. 사진은 '수사연구' 논문지의 표지

27) Swedish Morphological Society, General Morphological Analysis, 2013. http://www.swemorph.com/ma.html

Geographic priority	Functional priorites	Size and cramming	New construction	Maintenance	General philosophy
Metropoles	All socio-tech. functions	Large, not crammed	With new construction	More frequent maintenance	All get same shelter quality
Cities + 50,000	Tech support systems	Large & crammed	Compensation	Current levels	All take same risk
Suburbs and countryside	Humanitarian aims	Small, not crammed	New only for defcence build up	No maintenance	Priority: Key personel
No geo-priority	Residential	Small & crammed			Priority: Needy

[그림 7.14] 형태분석법을 이용한 스웨덴의 방공호 시설에 대한 정책들

생각해봅시다 7.2 추리소설과 미래학

추리mistery/thriller소설혹은 탐정/미스테리소설은 소설의 장르 중 하나이다. 의문의 사건이 등장하며, 주인공을 비롯한 주변 인물들은 추리를 통해 이 사건을 해결한다. 추리推理/inference는 '알고 있는 것을 바탕으로 알지 못하는 것을 미루어서 생각한다'는 뜻이므로, 탐색을 통해 다양한 미래를 예측하는 미래학의 논리와 같다.

추리소설은 독자로 하여금 순간순간 예측을 하게 만들며 그것이 읽는 재미를 준다. 작가는 작중 인물들의 입을 빌어 몇 가지 단서들을 던져주며 독자와의 두뇌 싸움을 건다. 이 단서들은 발견된 순간에 가치가 판명되는 경우가 드물다. 물론 '앞으로는 이런 일이 벌어질 것이다' 정도의 예상을 할 수 있겠지만, 사건의 결말에 가서야 진가를 드러낸다. 그래서 작가는 해당 시점에서 발견된 단서들을 모두 설명하지 않고 일부러 대부분 독자들이 그냥 지나치게 한다. 단순히 답을 가리는 게 아니라 알아챌듯하면서도 못 알아채게끔 조절하는 것이며, 독자는 나중에 가서야 이를 깨닫고 충격과 공포・감탄・감동 등의 카타르시스를 느끼게 된다. 바로 이 지점에서 추리소설의 질이 결정된다고 볼 수 있다. 독자에게 불리한, 즉 독자가 추측을 '전혀' 할 수 없는 전개가 되면 실패한 소설이나 다름없다. 추리소설은 작중 인물들만이 아니라 독자도 추리할 기회를 주는 소설이기 때문이다. 물론 반대로 추측하기 '너무 쉬운' 소설도 실패한 추리소설이라고 할 수 있다. 독자로 하여금 추리를 해야 할 필요성을 없애버리기 때문이다.

에드거 앨런 포Edgar Allen Poe의 작품 '*모르그 가의 살인 사건*'이 추리소설의 시작점으로 평가되며, 하나의 장르로 정립된 것은 코난 도일Sir Arthur Conan Doyle의 '*셜록 홈즈*' 시리즈부터라고들 한다. 애거서 크리스티Agatha Christie, 앨러리 퀸Ellery Queen 등이 대표적인 추리소설가이고, 김내성

• 김성종은 우리나라 추리소설의 원조로 꼽힌다.

2003년 세계적인 베스트셀러였던 댄 브라운Dan Brown의 '*다빈치코드 The Davinci Code*'도 스릴러 추리물에 속한다. 내용은 루브르미술관에서 일어난 살인사건을 계기로 레오나르도 다 빈치의 그림 '최후의 만찬'과 '모나리자' 등에 숨겨진 암호를 풀면서 그리스도교를 둘러싼 비밀에 접근하는 과정을 그리고 있다. 그러나 저자는 우리나라의 기독교 추리소설인 1983년의 김성일의 '*땅 끝에서 오다*홍성사, 1983'가 다빈치코드를 압도하는 우수작이라고 평가한다. 이야기는 동경에 근무하던 주인공이 그의 라이벌이었던 친구의 실종으로 그를 찾아 나서며 시작되는데 친구의 가장 소중한 물건인 성경책과 남겨진 힌트를 따라 세계를 누비다가 놀라운 사실을 깨닫게 된다. 이 소설은 추리소설을 즐기는 저자가 어린 시절 읽었던 '*팬클럽*'Irving Wallace, *The Fan Club*, 1974, 우리나라엔 번역본이 나오지 않음과 함께 가장 재미있게 읽었던 소설이다. 이 책의 독자들에게도 일독을 권한다.

이 책을 쓰던 지난 2018년 5월 20일, '*땅 끝에서 오다*'의 작가 김성일 선생을 만날 기회가 있었다. 서울공대 출신으로 대우그룹의 임원으로 활약하다가 기독교 추리소설가로 변신한 그는 이제 팔순을 바라보는 나이임에도 눈빛이 빛나보였다. 문득, '저런 분이 미래학을 연구하면 좋을텐데~'라는 생각은 SF • 추리소설가들이 동참하는 미래학의 미래로 이어졌다.

에이전트 모델링

에이전트agent란 '대리인'을 뜻한다. IT용어로서의 에이전트는 상황 발생 시 스스로 갖고 있는 자료를 기초로 적절한 처리를 자동적으로 할 수 있는 반독립적인 프로그램이다. 특정 목적을 위해 사용자를 대신하여 작업을 수행하는 자율적autonomous 프로세스이며, 독립적으로 존재하지 않고 어떤 환경의 일부이거나 그 안에서 작동하는 시스템이다.[28)29)] 나아가 소프트웨어 에이전트software agent는 인공지능을 기반으로 인간을 대신해서 업무를 수행하는 소프트웨어로 최근에는 학습 • 추론 • 계획능력과 같은 지능적 특성을 지닌 지능형 에이전트intelligence agent로 발전하기에 이르렀다.

28) Gordon, Theodore J., "Agent Modelling", *Futures Research Methodology, Version 3.0*, 2011.
29) 서재철, "에이전트 모델링 기법", *전략적 미래예측 방법론 BIBLE*, 두남, 2014.

1. 에이전트 모델링의 개념

미래연구를 위한 에이전트 기반 모델링ABM: Agent-based Modelling은 규칙을 따르되 자율적인 결정권을 갖는 소프트웨어agent들의 상호작용하는 시뮬레이션을 통해 연구대상 전체에 미치는 영향을 살피는 기법이다.

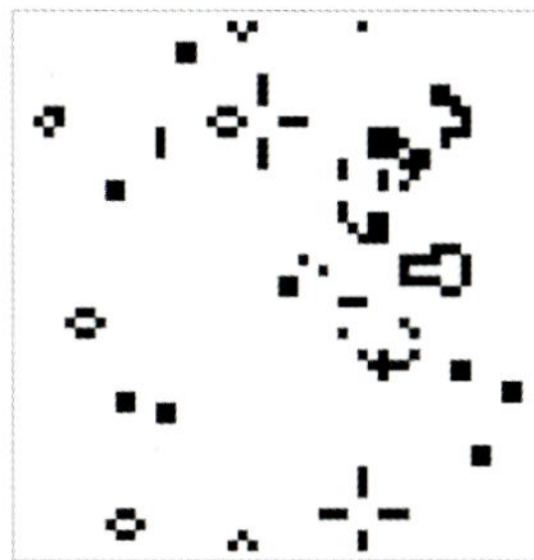

이 기법의 시초는 1940년대 폴란드 태생의 스타니스와프 울람Stanislaw Ulam과 함께 연구했던 프린스턴대학의 존 폰 노이만John von Neuman이라고 알려져 있지만 1970년도에 캠브리지대학의 수학자인 존 콘웨이John Conway가 무선전화기의 셀룰러 오토마타CA: Cellular Automata 모델을 만들어 시뮬레이션하면서 널리 알려지게 되었다고 한다. CA모델은 계산가능한 특징을 가지는 계산기로, 복잡한 물리적인 현상을 설명하기 위해 수학적인 기법을 컴퓨터 과학자들이 대응하여 사용하는 형식론으로, 다양한 동적 현상을 반영하는 실제의 자연현상을 유용하게 모델링할 수 있기 때문이다이 책의 제4장에서 이미 설명했음.

1972년에 콘웨이가 만든 생명게임The game of life은 널리 알려져 있다. 정사각형의 여러 칸으로 나누어진 공간에서 한 칸에 하나씩 자리잡은 셀cell, 세포들의 삶과 죽음이 펼쳐지는 게임이다. 말이 게임이지 실제로는 게임자가 처음 셀들의 위치를 입력하면 그 규칙에 따라 삶과 죽음이 일어나는 것을 재미있게 관찰하면 된다. 이 게임의 규칙은 매우 단순하다. 일정한 행렬공간에 살아있거나 죽은 셀들이 들어있을 때, ① 어떤 칸과 인접한 칸 중 정확히 3칸에 셀이 살아있다면 해당 칸의 셀은 그 다음 세대에 살아나거나 이미 살아있다면 계속 산다. ② 어떤 칸과 인접한 칸 중 정확히 2~3칸에 셀이 살아있다면 해당 칸의 셀은 살아있는 상태 혹은 죽은 상태를 계속 유지한다. ③ 위와 해당되지 않은 칸의 셀은 죽는다. 이 규칙을 시뮬레이션 프로그래밍 언어인 Wolfram언어로 프로그램을 짜면 아래와 같이 단 3개 라인으로 구현된다.

```
gameOfLife = {224, {2, {{2, 2, 2}, {2, 1, 2}, {2, 2, 2}}}, {1, 1}};
board = RandomInteger[1, {50, 50}];
Dynamic[ArrayPlot[board = Last[CellularAutomaton[gameOfLife, board, {{0, 1}}]]]]
```

콘웨이의 생명게임처럼[30] 한 개의 에이전트가 아닌 여러 개의 에이전트들이 상호작용하는 모습이나 각 에이전트가 보다 복잡한 규칙을 따르는 모습이 실세계의 모습이다. 이를 위해 조슈아 에프스타인Joshua Epstein과 로버트 악스텔Robert Axtell의 슈가스케이프sugarscape 모델[31]이 최근 가장 선호된다. 슈가스케이프 모델 내에서의 에이전트는 특정한 환경에서 공간을 가지며 특정한 속성과 행동규칙과 함께 존재한다. 예를 들어 생물이 먹이를 찾아가는 방식, 유전의 전이, 무역의 교류, 전염병의 확산, 인종의 분포 등을 시뮬레이션해 볼 수 있다. 물론 소프트웨어 에이전트로 구현해야 하는데, 컴퓨터 화면의 한 예는 [그림 7.15]와 같다.

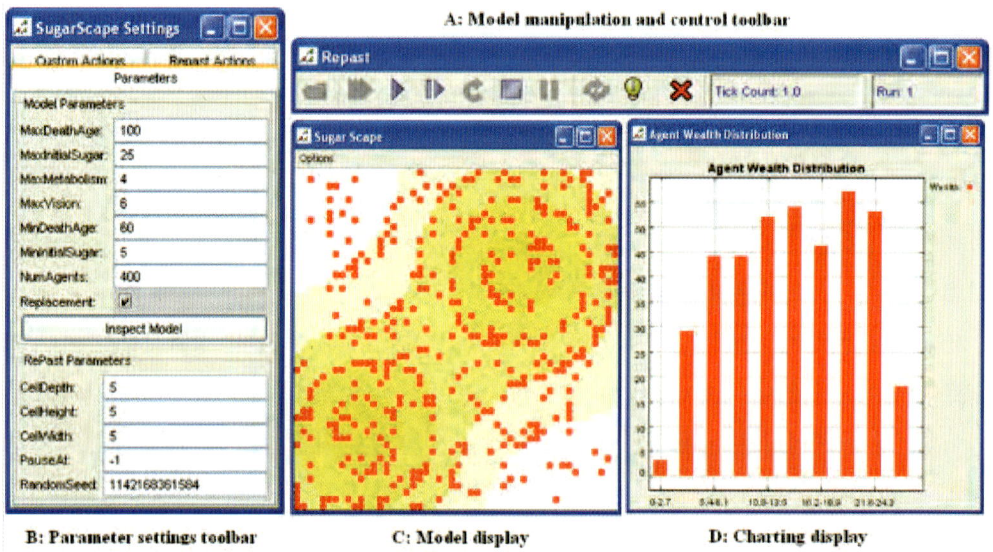

[그림 7.15] 슈가스케이프 모델의 컴퓨터 화면

2. 에이전트 모델링의 특징

지난 20여 년간 소프트웨어 에이전트에 대한 비약적인 기술발전 덕분에 매우 복잡한 환경변화의 역동적이고 흥미로운 모습도 눈으로 지켜볼 수 있게 되었다. 더불어 에이전트 모델링에 대한 흥미로운 연구도 진행되어 왔다. 다음과 같은 연구들이 그렇다.

---

30) https://www.wolfram.com/language/gallery/implement-conways-game-of-life/
위 생명게임의 사진과 프로그램 코드는 여기서 발췌함.

31) Epstein, Joshua and Robert Axtell, *Growing Artificial Societies: Social Science From the Bottom Up*, Brookings Institution Press, 1996.

- **유행성 모델링** 유행성epidemic모형은 다양한 사건사망·전염·치유 등에 대한 인구의 이동을 보여준다. 예로, SIR모형은 의심Suspectible · 감염Infected · 치유Recovered지역 간의 이동이 S에서 I구역으로, I구역에서 R구역으로의 이동경로를 보여주는 좋은 예이다.
- **스타로고 언어** MIT가 개발한 스타로고StarLogo 프로그래밍 언어는 중심적인 통제가 없이도 질서 있는 패턴이 만들어지는 실제상황새의 무리, 교통체증, 개미떼, 시장경제 등을 잘 묘사해준다.
- **벌떼 지능** 개체 간의 조화를 의미하는 벌떼 지능SI: Swarm Intelligence이라는 용어도 등장하였다. SI는 사회적 관계, 교통의 흐름, 대중통제와 같은 분야에서도 유사하다고 알려진다.

에이전트 모델링은 다음과 같은 특징으로 이해가능하다.

① 규칙의 간결한 단순한 시스템이 복잡한 행위를 양산해낸다.

② 불규칙적으로 보이지만 사실은 규칙적이다.

③ 전염의 개념은 질병 외에도 생각·신념·유행·시장·습관 등 사회적 영역으로의 확장이 가능하다. 사회적 현상의 전파는 전염병과 유사하다는 것이다.

3. 모델링 사례

지진이나 쓰나미와 같은 자연재해는 지형을 변화시키고 사람들의 삶을 크게 변화시킨다. 에이전트 모델링의 한 예는 지난 2010년 1월 아이티Haiti에 대지진이 발생한 후 그 엄청난 사태의 여파를 파악하기 위해 크라우드소싱crowdsourcing으로 확보된 자료를 토대로 이루어진 미래연구였다. 구호센터의 위치를 정하고 사람들의 이동상황을 점검하고, 미래에 유사한 재난 후 가장 적합한 인도주의적 도움을 주기 위한 정책을 개발하기 위함이었다.32) 모델은 GeoMASON이라는 도구로 구현되었는데 [그림 7.16]은 그 결과를 보여준다.

---

32) Crooks, A. T. and S. Wise, "GIS and Agent-Based models for Humanitarian Assistance", *Computers, Environment and Urban Systems*, 2013.

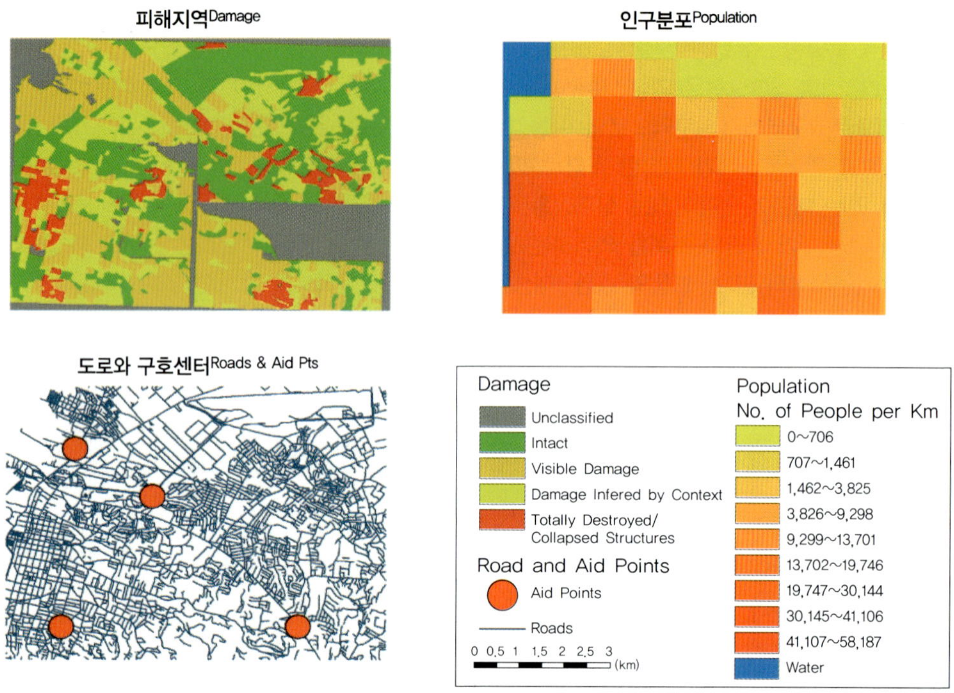

[그림 7.16] 에이전트 모델링을 이용한 재난지역의 미래연구

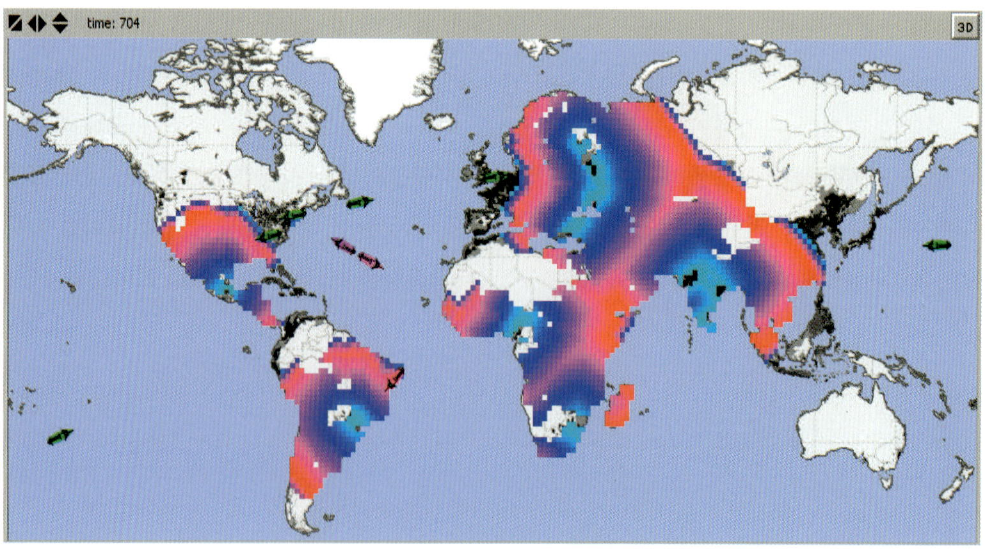

[그림 7.17] 스페인독감의 감염경로 연구

또 다른 사례는 스페인독감의 감염경로를 연구해 미래의 재앙을 방지하기 위한 에이전트 모델링 기반의 연구를 들 수 있다.[33] 스페인독감은 오래 전인 1918년에 처음 발생하여 2년 동안 전 세계에서 무려 5천만 명의 목숨을 앗아간 독감으로 지금까지도 인류 최대의 재앙으로 꼽힌다.[34] [그림 7.17]은 그 연구의 화면 하나를 보여준다.

문헌조사

문헌조사literature review[35]란 연구하고자 하는 문제에 대한 기존의 연구내용들을 사전에 검토하는 작업이다. 원래 과학적 연구는 단편적이기보다는 누적적인 것이어서 기존의 연구들을 통해 집적된 이론 혹은 경험적 연구결과를 바탕으로 연구가 설계되고 진행되어야만 한다. 만일 모든 연구자들이 각기 자신의 연구문제에 접근함에 있어서 기존의 연구결과들을 무시하고 서로 독립적으로 움직이려 든다면 단편적이고 파편적인 연구결과들만이 난무할 뿐 수많은 연구결과들 사이의 유기적 연계를 기대할 수가 없게 된다.

미래연구와 같은 사회과학적 연구의 발전을 기하기 위해서는 여러 연구결과들이 서로 어떠한 연관성을 지니는지 그리고 그러한 연구결과들 간의 구체적인 관계의 양상은 어떠한지를 반드시 사전에 점검할 필요가 있다. 따라서 연구자는 자신의 연구문제를 본격적으로 접근하기에 앞서 기존 문헌에 나타난 연구결과들을 미리 면밀히 검토하여야만 하는데, 이를 문헌조사라고 부른다. 환경 스캐닝이나 STEEP 분석 같은 기법들은 연구주제에 관한 체계적인 정보탐색을 요구하는 반면에 문헌조사는 유사한 주제, 유사한 연구방법 등에 관한 국내외의 학술출판물에 대한 사전조사라는 점에서 차이가 있다. 연구가 이루어지는 모든 단계가 문헌조사의 대상이 되지만, 그 중에서도 특히 이론과 경험적 결과가 가장 중요한 대상이다. 문헌조사는 이 책의 제4장에서 논의했던 조사연구research의 한 부분으로 간주될 수도 있다.

33) http://ww1centenary.oucs.ox.ac.uk/body-and-mind/agent-based-model-the-spanish-flu/

34) 한국에서도 740만 명이 감염되었고 이들 중 14만 명이 사망한 것으로 알려져 있다. 이 독감은 사실 스페인에서 시작하지도 않았으며 이름이 잘못 붙여진 것으로 파악되었는데 당시는 정확한 원인을 몰랐으나 2005년 미국의 한 연구팀에 의해 인플루엔자 A형 중 H1N1형 바이러스로 확인되었다.

35) *교육평가용어사전*, 학지사. 2004.5.

토의문제

01. '될성부른 나무는 떡잎부터 알아본다'는 속담에 대해 어떻게 생각하는가?

02. 당신 개인의 이머징 이슈들은 무엇인가?

03. 우리나라의 인구감소와 고령화는 당신 개인에게 무슨 의미가 있는가?

04. 스마트폰 없이는 못 사는 현대인의 생활방식은 계속되리라고 믿는가?

05. 인공지능기술의 발전추세가 이어진다면 실시간 완벽한 자동 통번역기의 출현은 언제쯤이라고 상상해보는가?

06. 한반도 통일이 이루어진다면 당신에게 무슨 영향이 있을까?

07. 지금 우리나라 국민들의 삶에 영향을 미치고 있는 이슈를 STEEP에 대하여 각각 한 개씩 말해보라.

08. 주식시장의 주가에 시계열분석 기법이 유용하지 못한 이유는 무엇일까?

09. 과학수사에 왜 형태분석법이 유용하다고 판단하는가?

10. 촛불운동 당시 시민들이 새의 무리나 벌떼처럼 몰려다녔다고 생각하는가?

참고문헌

국내문헌

강홍렬·이주헌 외, *메가트렌드 코리아*, 한길사, 2006.
김병희, "질적 추세분석 기법", *전략적 미래예측 방법론 BIBLE*, 두남, 2014.
김영주, "누구나 전략기획 고수가 될 수 있다", *Creative & Smart, LGCNS 블로그*, 2017.
박병원, "형태분석법", *전략적 미래예측 방법론 BIBLE*, 두남, 2014.
서재철, "에이전트 모델링 기법", *전략적 미래예측 방법론 BIBLE*, 두남, 2014.
이희준, "이머징 이슈 분석", *전략적 미래예측 방법론 BIBLE*, 두남, 2014.
중소기업청, 소프트웨어산업 로드맵, 2013.

최항섭 외, *2020년 한국사회의 질적 수준 제고를 위한 미래연구*, 기획재정부, 2012.

STEPI, *미래용어집*, 과학기술정책연구원, 2018.

해외문헌

Crooks, A. T. and S. Wise, "GIS and Agent-Based models for Humanitarian Assistance", *Computers, Environment and Urban Systems*, 2013.

Epstein, Joshua and Robert Axtell, *Growing Artificial Societies: Social Science From the Bottom Up*, Brookings Institution Press, 1996.

Gordon, J. Theodore, "Agent Modelling", *Futures Research Methodology, Version 3.0*, 2011.

Gordon, Theodore J. and Jerome C. Glenn, "Environmental Scanning", *Futures Research Methodology, Version 3.0*, 2011.

Inayatullah, Sohail, "Causal Layered Analysis: Poststructuralism as Method" *Futures*, 1998.

Inayatullah, Sohail, *Robust Decisions in Uncertain Times, Workshop*, 2013.

ivansotelo103(아이디), *Environmental Scanning*, https://www.slideshare.net, 2011.

Priyanka Gupta, Emerging Issues in HRM, 2016.

Ritch, Tom, "Morphological Analysis", *Futures Research Methodology, Version 3.0*, 2011.

Banks, Pencer, *Energy Sector Services Portfolio Analysis*, The University of North Carolina at Wilmington, 2015.

Zwicky, F., *Discovery, Invention, Research – Through the Morphological Approach*, Macmillan, 1969.

웹사이트

https://www.arup.com/publications/research/section/drivers-of-change

https://foresightcards.com/

https://www.questionpro.com/blog/trend-analysis-definition/

https://www.slideshare.net/PriyankaGupta430/emerging-issues-in-shrm

https://www.swemorph.com/

부록 7 육감 테스트와 미래예측력

이 부록에서는 과학적으로 설명하기 힘든 인간의 미래예측력에 관해 알아본다. 제8장에서 논의하는 천재적 예측Genius Forecasting과 무관하지 않을 수도 있다.

▶ 프시

'프시psi'는 초감각적 지각ESP: extra sensory perception과 염력psychokinesis/念力 등 초능력 현상을 통틀어 일컫는 말이라고 한다. 텔레파시도 이에 포함된다. 인간의 직감·예감·영감을 모두 뛰어넘는 통찰력의 힘이 바로 프시이고 프시는 미래예측력이라는 것이 최근 출간된 '*프시*'라는 책의 주장이다*프시: 미래를 예측하는 통찰력의 힘*, 페이얼투 지음, 조영숙 옮김, 스노우폭스북스, 2017.

프시와 관련되어 아주 오래된 이야기가 있다. 최초의 인류에게는 원래 꼬리가 있었다고 한다. 그 꼬리는 모두 열 마디로 나뉘어 있었는데, 그 중 아홉 마디가 노랗게 변하면 그 사람의 생명이 종착지에 가까워졌다는 것을 의미했다. 그런데 어느 날, 이 꼬리의 존재가 너무 잔혹하다고 생각해 신이 꼬리를 없애버렸다. 이후로 인류는 더 이상 자신의 운명에 대해 알 수 없게 되었다. 그러나 인류는 줄곧 이 '꼬리'를 찾기 위해, 즉 자신의 운명을 알아내기 위해 노력해 왔다. 그 꼬리가 바로 프시라는 것이 위 책의 저자의 주장이다.

우리가 가끔 느끼는 무슨 일이 일어날 것 같은 예감, 꿈이 간혹 현실로 나타날 때가 바로 우리도 모르는 우리의 초감각적 지각 능력이다. 화산폭발, 지진 같은 치명적인 사고는 예언할 수 있다고 한다. 수많은 과학자들은 미래를 예측하는 대뇌의 신비한 통찰력을 밝히기 위해 노력해왔는데 아직 설득력 있는 해답이 없는 것은 문제가 지나치게 복잡한 탓에 사람들의 이해 범주를 벗어나기 때문이다.

우주의 정보를 능동적이면서도 일정한 질서에 따라 하나씩 받아들이는 것이 소울soul이다. 또한 시시각각 우주의 에너지, 그것이 좋은 것이든 나쁜 것이든, 쓸모 있는 것이든 쓸모 없는 것이든, 긍정적이든 부정적이든 가리지 않고 흡수하면 소울은 점차 감응력이 생겨 감각기관을 통하지 않고도 정보를 입력받는다. 이 소울은 프시를 실행하는 근본이며일반적 의미에서의 '영혼'은 아님 따라서 소울을 발전시키면 누구든 프시를 가질 수 있다. 그 방법으로 관찰하고, 표정을 읽고, 마음의 눈으로 감정을 읽고, 마음속으로 상대가 되어보고, 끊임없이 감각을 수정하는 등 훈련을 통해 프시를 길러보라고 권한다.

여기까지가 이 책에 대한 내용 소개이다. 황당하다 싶었는데 결국 환경스캐닝, STEEP 분석, 이머징 이슈분석 기법 등을 머릿속에 담고 활용하라는 논리 같다(IQ보다는 EQ를 중시하면 대인관계가 원만해지고 더 행복하다는 논리와도 크게 다르지 않다는 생각이다).

▶ 식스센스

식스센스sixth sense, **육감**은 오감시각·청각·후각·미각·촉각을 통한 분석적인 사고에 의하지 않고 직관적으로 사태의 진상을 파악하는 **직감**을 의미한다. 이 말의 뜻을 감感의 내용에까지 확대하고, 인력을 넘어서서 돌연 외부에서 주어진 것같이 느끼는 사실이라든지 진리의 해득解得·발명·발견·창작 등에까지 미치면 천래天來의 감흥 또는 영감이라고 하는 것과도 관계된다.

일반적으로는 이들 육감·영감도 결국은 고심한 인간의 힘의 성과이며, 본인 자신의 평소의 수업·연구·경험의 축적에서 나온다고 하는 사실이다. 더욱이 이때 육감을 발휘하기 위하여 그것만을 생각하고 몰두하면 오히려 실패하기 쉽고, 차라리 여유를 가지고 아무 생각 없이 막연하게 마음을 열어두는 편이 목적하는 육감을 불러일으키기 쉽다고 한다. 잊어버린 사람의 이름을 생각해내는 경우와 마찬가지로, 실험실이나 서재에서보다도 산책·침실·화장실, 또는 꿈 등에서 갑자기 생각이 떠오르는 일이 많은 것도 그 예이다. 또 맹인의 육감이 좋은 것은 한쪽 감관感官의 결손 때문에 다른 쪽의 감관이 특별히 수련된 것이라고 할 수 있다.

보통의 판단이나 추리 및 감각으로는 알 수 없는 사실을 묘하게도 감지하고 예측하는 것 같이 보이는 육감에 대하여 현대의 초심리학에서는 초감각적 지각ESP라고 하며, 드물게 보는 이상능력이기는 하지만, 그 실제를 인정하고 있다.

결국 육감이 프시이고 프시가 육감이며, 모두 자신의 축적된 정보력에서 비롯되는 통찰력이다. 미래학의 관점에서는 역시 스캐닝의 힘으로 발휘되는 미래예측력이다. 스캐닝을 얼마나 잘 하느냐가 관건일 뿐이다.

▶ 육감테스트

우리 개인의 육감은 얼마나 발달되어 있을까? 스스로를 진단하며 미래역량을 측정해보자.

① 스탠퍼드연구소의 육감 테스트

아래 질문들에 '네' 또는 '아니오'로 답하라.

1. 며칠 전 혹은 몇 년 전에 꾸었던 꿈이나 꿈속 광경이 현실화된 적이 있다.
2. 처음 가본 곳의 풍경을 어디선가 본 것 같다고 느낀 적이 있다.
3. 보통 다른 사람들이 입을 열기도 전에 그가 무슨 말을 하려고 하는지 이미 알고 있다.
4. 설령 가족과 떨어져 있을지라도 그들의 마음을 느낄 수 있다.
5. 가끔씩 몸에 이상한 느낌, 예를 들어 피부 혹은 신체기관을 찌르는 듯한 아픔이 느껴진다.
6. 전화벨이 울리기 10초 전쯤 이미 전화벨이 울리리라는 것을 예감할 수 있다.
7. 아주 오랫동안 만나지 못한 사람을 생각난 지 일주일도 안 되어 만난 적이 있다.
8. 갑자기 호흡 곤란을 느끼고 온몸에 힘이 빠지는 증상이 일어났는데 곧이어 안 좋은 일이 생겼다.
9. 사장이 월급을 올려주거나 해고할 것을 완벽하게 예측한 적이 있다.

10. 뭐라 설명할 수 없는 소리를 들었지만 순식간에 사라져버린 적이 있다.
11. 누군가 뒤에서 당신을 바라보고 있다거나 혹은 낯선 사람이 갑자기 나타나리라는 것을 예감한 적이 있다.
12. 행운 또는 악운이 언제 닥칠지 정확하게 느낄 수 있다.

평가: 만약 '네'가 3개라면 당신에게도 육감이 존재한다. 6개 이상이라면 육감이 제법 뛰어난 사람이다. 8개 이상인 사람은 쉽게 찾기조차 힘들다.

② 감정지능테스트, 또 다른 육감테스트Emotional Intelligence Test

아래 10개의 질문에, 각각 10초 이내에 답하라.

1. 당신이 좋아하는 색깔은?
   Ⓐ 모두 Ⓑ 갈색·회색·노랑 Ⓒ 희거나 빛나는 색 Ⓓ 빨강·파랑·초록 Ⓔ 까맣고 짙은 색
2. 좋아하는 과목은?
   Ⓐ 과학 Ⓑ 역사 Ⓒ 건강 Ⓓ 국어 Ⓔ 심리학
3. 대부분의 시간에 어떻게 느끼고 지내는가?
   Ⓐ 주변 사람들이 좋다 Ⓑ 무엇인가를 갈망한다 Ⓒ 남을 의식한다
   Ⓓ 외롭다 Ⓔ 좋거나 나쁘다
4. 무엇이 없으면 살 수 없겠다고 생각하는가?
   Ⓐ 추억 Ⓑ 안전 Ⓒ 전기 Ⓓ 재미 Ⓔ 시력
5. 당신이 좋아하는 게임은?
   Ⓐ 좋아하지 않는다 Ⓑ 스무고개 Ⓒ 보물찾기 Ⓓ 숨바꼭질 Ⓔ 고스톱이나 카드놀이
6. 비가 오는 날에 강의실에서 무슨 생각을 하나?
   Ⓐ 친구와 얘기 나누거나 교수님 말씀을 듣는다 Ⓑ 추억을 더듬는다
   Ⓒ 다른 사람들의 표정을 읽는다 Ⓓ 활기가 넘친다 Ⓔ 조심스럽게 혼자 앉아있다
7. 태풍이 몰아올 것 같은 느낌을 받는가?
   Ⓐ 네. 바로 저에요! Ⓑ 가끔씩 Ⓒ 아니오 Ⓓ 아니지만 다른 사람들보다는 빠를 수도
   Ⓔ 태풍이요? 일기예보 보지 않나요?
8. 해변에 앉아있다고 상상해보라. 지금 무엇이 당신의 시선을 끄는가?
   Ⓐ 바람과 모레의 감촉 Ⓑ 섹시한 남자 혹은 여자 Ⓒ 인명구조대
   Ⓓ 푸른 하늘과 바다, 바다의 향기로운 내음 Ⓔ 밀려오고 부딪히는 파도
9. 화가 날 때 기분을 풀기 위해 하는 것은?
   Ⓐ 감정을 누군가와 얘기한다 Ⓑ 즐거웠던 순간을 회상한다 Ⓒ 친구들과 어울린다
   Ⓓ 일기장에 낙서한다 Ⓔ 잔잔한 음악을 감상한다

10. 어떤 초능력을 갖고 싶은가?
Ⓐ 투명인간의 능력 Ⓑ 텔레파시 Ⓒ 시간여행(타임머신과 같이 가고 싶은 때로 오고가는 힘)
Ⓓ 아무도 당할 수 없는 무적의 힘 Ⓔ 투시력(X레이)

채점표

	Ⓐ	Ⓑ	Ⓒ	Ⓓ	Ⓔ
1	0	20	10	30	40
2	10	20	40	0	30
3	30	20	10	40	0
4	20	40	10	0	30
5	40	30	10	20	0
6	0	20	30	10	40
7	10	40	20	30	0
8	20	0	40	30	10
9	30	20	0	40	10
10	40	10	20	0	30

평가: 총점에 따라 같이 해석하면 되지만 믿을 것은 못 된다는 저자의 판단이다.

- 0~70점이면 육감 없음(no sixth sense)
- 80~150점이면 약간의 감지능력은 가질 수 있음(electro-reception)
- 160~240점이면 무엇을 접하면 그것과 관련된 과거의 사건을 느낄 수 있음(psychometry)
- 250~320점이면 특별한 눈을 가져 다른 사람들의 성품・감정을 느낄 수 있음(eagle eyes)
- 330~400점이면 죽음이나 큰 위험을 직감할 수 있음(death call)

8
Chapter

미래예측 기법

"사람이 먼 일을 생각하지 않으면 바로 앞에 슬픔이 닥치는 법이다"
– 공자(사상가)

주요 이슈가 도출되고 과거로부터 현재로 흘러왔던 트렌드trend가 파악되면이 책의 제7장, 그 추세가 지속되었을 때 나타날 미래의 모습이 더욱 궁금해진다. 당연한 지적호기심이다. 이를 위해 다양한 예측기법들이 발표되어 왔다. 이 장에서는 미래연구자들이 애용하는 대표적인 기법들을 소개한다.

퓨처스 휠 분석기법

퓨처스 휠futures wheel 혹은 '미래수레바퀴' 기법은 관심대상이 되는 트렌드를 중앙에 위치시키고 바퀴모양으로 그 영향이나 결과를 확장해가면서 미래의 파급효과를 예측하는 기법이다.

1. 퓨처스 휠의 개념

1971년 제롬 글렌Jerome Glenn이 제안한 퓨처스 휠 기법[1]은 그 개념이 너무 단순하여 초등학생부터 전문적인 연구기관에 이르기까지 사용가능하다. 또한 간단하면서도 영향력을

---

1) Glenn, Jerome C., "The Futures Wheel", *Futures Research Methodology, Version 3.0*, 2011.

확장해 가는 과정에서 다양한 요인들을 고려할 수 있고 완성된 바퀴구조도를 통해 상호관계를 쉽게 파악하게 해준다. 이 기법은 기술·사회 변화뿐만 아니라 정치·경제·산업·법제·심리·문화·생활방식 등 다양한 영역과의 상호작용적인 관점에서 미래변화를 파악하게 해주는 장점이 있다.2)

[그림 8.1]과 같이 그려나가는 퓨처스 휠 기법은 다음과 같은 때에 흔히 이용된다.

① 특정 트렌드의 미래에 미치는 영향을 알고싶을 때

② 트렌드에 대한 생각을 정리할 때

③ 특정 대안 시나리오 안에서 예측을 할 때

④ 복잡한 연관관계를 알아보려 할 때

⑤ 트렌드의 개념을 다각도로 정립하고 싶을 때

⑥ 멀티 콘셉트multi-concept를 만들어낼 때

⑦ 미래를 염두에 둔 전망을 내놓을 때

⑧ 그룹 아이디어 회의brainstorming의 보조도구로

⑨ 의외의 돌발상황에 미리 대처하기 위해서

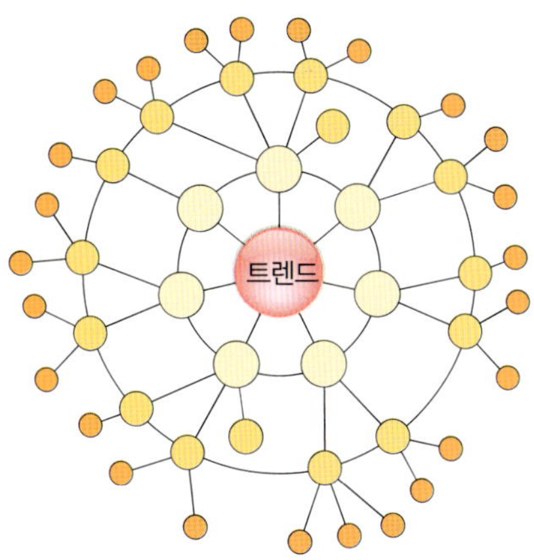

[그림 8.1] 퓨처스 휠의 기본모형

2) 박영숙·제롬 글렌·테드 고든, "퓨처스 휠 기법", *전략적 사고를 위한 미래예측*, 교보문고, 2007. 이 책은 Glenn의 원문(Version 1.0)을 일부 번역한 이 자료를 많이 인용한다.

2. 퓨처스 휠 기법의 실행방법

퓨처스 휠 기법의 실행은 아래 4단계를 거친다.

1. **주제단어 결정** 고려할 주제트렌드·이슈·사건·문제·해법 등에 대한 단어를 결정한다. 예를 들어, '점점 소형화되고 저렴해지는 컴퓨터 커뮤니케이션 기기'라고 칠판혹은 종이에 쓴다.
2. **직접파생영향 정의** 연구자들끼리 브레인스토밍을 통해 1차적으로 영향primary impact을 받을 사건이나 요인과 효과에 대해 논의하고 합의한다.
3. **간접파생영향 분석** 주제에 대한 생각은 배제하고 직접파생영향의 각각에 대한 효과들을 토대로 발생할 수 있는 2차적인secondary 간접영향이나 요인들을 토의하여 결정한다. 이 작업은 추가적인 3차tertiary 파생영향분석을 위해 한 단계 반복가능하다.
4. **명확화** 함께 작성된 미래바퀴를 보며 분석·평가한다. 이 과정에서 참여자 전체의 동의를 확보하지 못하는 영향요인은 제거되고 수정이 필요한 부분은 전체동의를 얻어 수정한다.

이 실행과정과 결과는 [그림 8.2]처럼 그려질 수 있다.

퓨처스 휠 기법의 가장 큰 장점은 쉽고 과정이 재미있다는 점이다. 교육이나 훈련도 필요 없다. 그러나 가능성 있는 영향들과 결과를 그 트렌드가 미치는 영향의 전부라고 여기는 실수를 범할 수도 있다. 또한 단순한 하나의 요인이 어마어마한 영향을 불러온다고 착각할 수도 있다. 퓨처스 휠은 미래의 영향을 파악하는 도구일 뿐이므로 성급한 판단은 경계해야 한다.

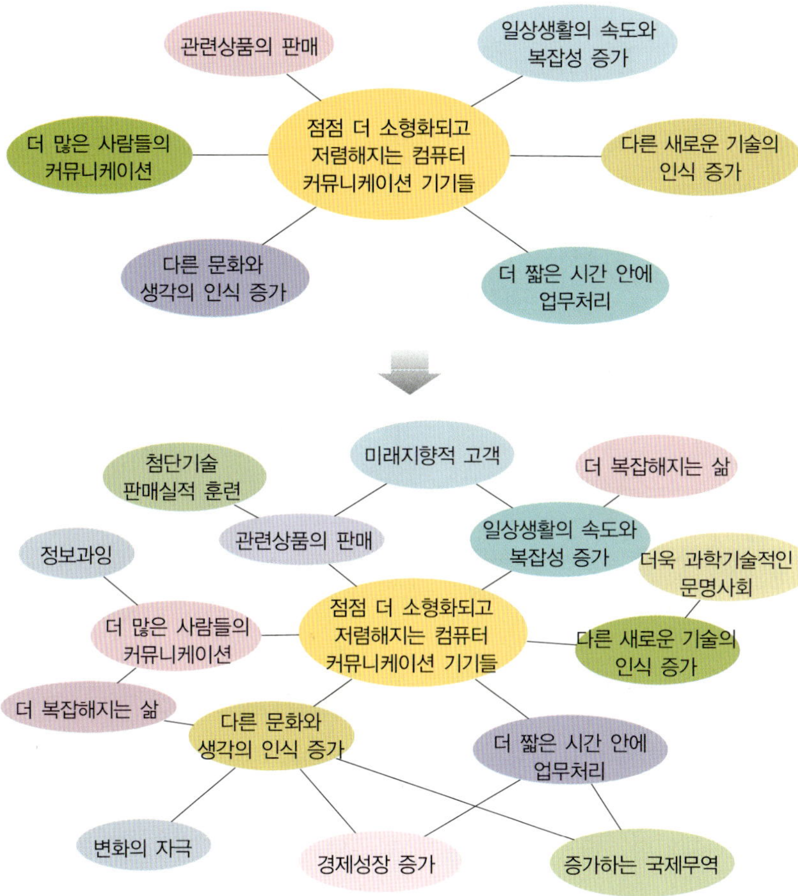

[그림 8.2] 1차와 2차 트렌드 영향들의 예

3. 버전 2와 버전 3 모형

퓨처스 휠의 형태가 영향들을 고려하는 과정에서 그 범위를 충분히 넓게 포용하지 못한다고 여겨 버전 2가 제안되었다. 예를 들어, '아프리카 경제통합'이라는 주제를 상정했을 때 고려해야 할 요인들은 정치·문화·환경·심리·기술·교육·복지·경제 등 다양할 수 있다. 이럴 경우 버전 2는 [그림 8.3]과 같이 표현될 수 있다.

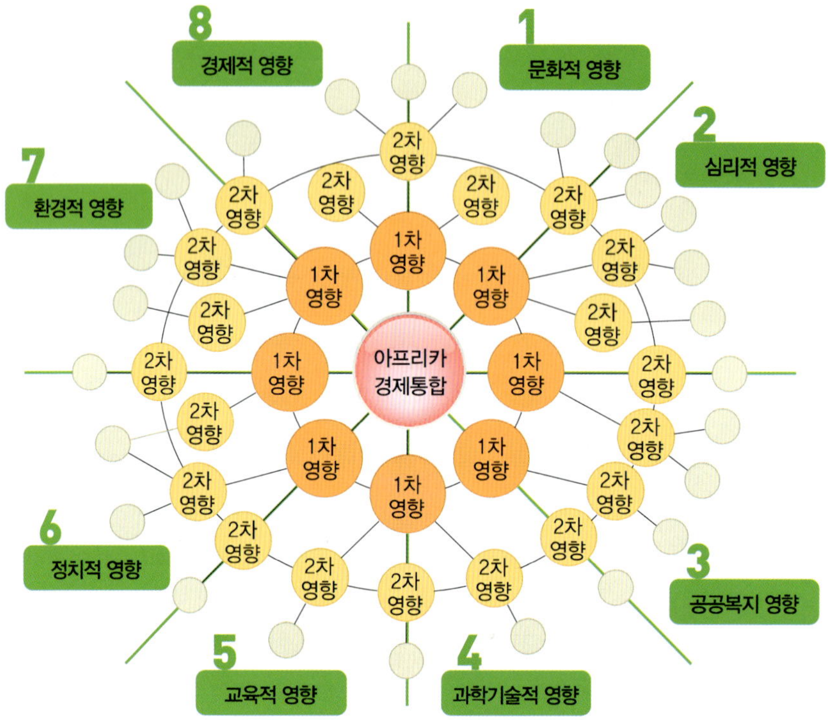

[그림 8.3] 퓨처스 휠 버전 2 적용사례아프리카 경제통합

버전 3도 제안되었다. 버전 3은 현재를 만들었던 과거의 동력인 역사적 요인historic forces, 현재 미치는 영향current impacts 그리고 미래의 결과future consequences가 [그림 8.4]와 같이 콘cone 모양을 이룬다. 어떤 이들은 트렌드가 어떻게 진화해 왔는지를 보고싶어 하고, 어떤 이들은 현재의 미치는 영향들에 대해 알고 싶고, 또 어떤 이들은 여전히 미래에 초점을 맞추려고 하는데, 버전 3은 이런 요구를 반영한 것이다.

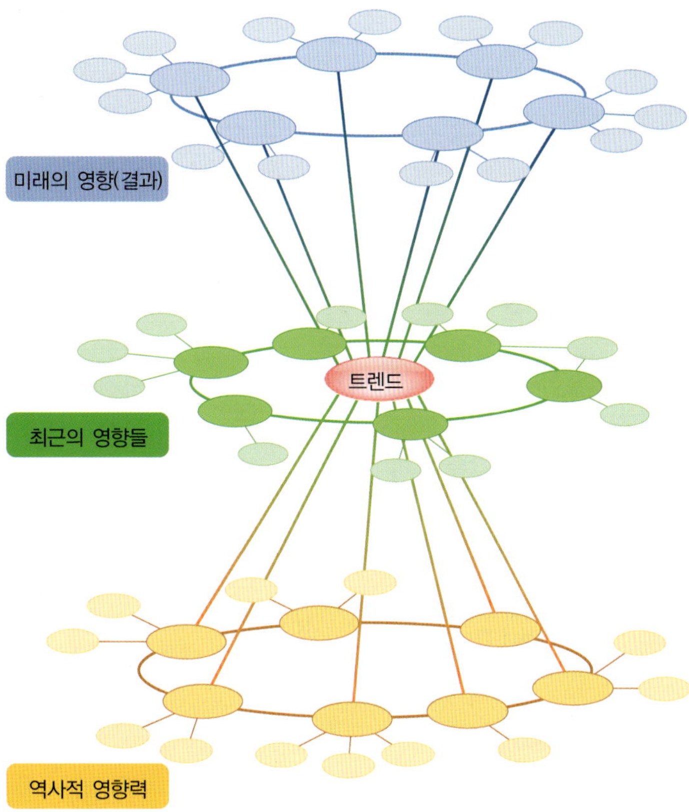

[그림 8.4] 퓨처스 휠 버전 3 모형

생각해봅시다 8.1 아프리카 대륙의 미래 비전

개인적으로 2017년 7월과 2018년 1월, 두 차례에 걸쳐 아프리카를 방문하면서 지난 2013년도에 수립되었던 아프리카의 '아젠다 2063'을 뒤늦게 알게 되었다. 경제적 번영, 정치적 통합, 민주주의와 정의구현, 평화와 안전, 문화정체성과 도덕성, 인간중심의 발전, 그리고 국제사회의 영향력을 지닌 아프리카로의 염원aspiration을 실현시키기 위한 구체적인 미래창조 계획서였다. 세계인구 15%를 차지하는 아프리카의 50년 후의 미래를 향한 이 꿈은 더 이상 백인들의 속국이 아닌, 나름대로의 힘을 비축하려는 소망으로 이해되었다.

귀국 길에 에티오피아 항공사의 잡지에서는 '아젠다 2063'을 실현하기 위한 주력 프로젝트들flagship projects을 소개하는 기사를 접했는데, 이 목록에는 대륙 내의 자유무역continental free trade area, 고속 연계 철도망integrated high speed train network, 범 아프리카 네트워크pan african nerwork, 아프리카 경제기반african economic platform, 단일 항공운송 시장single air transport market, 가상교육과 사이버대학african virtual & e-university 등이 포함되어 있었다. 기사를 읽으며 저자는 시대가 변한만큼 오랜 세월 백인들에게 짓밟힌 과거의 아픔을 딛고 이제는 아프리카인들도 미래를 향해 크게 도약하길 함께 빌어주었다.

이 순간 '한반도 2050'을 상상해본다. 우리의 통일의 꿈도 꼭 이루어지리라.

4. 퓨처스 휠 기법의 이용사례

퓨처스 휠 기법을 이용한 사례는 무수히 많다. 제4차 산업혁명시대의 증강현실augmented reality과 결합된 가상현실VR: virtual reality 버전 4.0의 등장이 초래할 문화예술의 미래상을 [그림 8.5]로 소개한다.[3)]

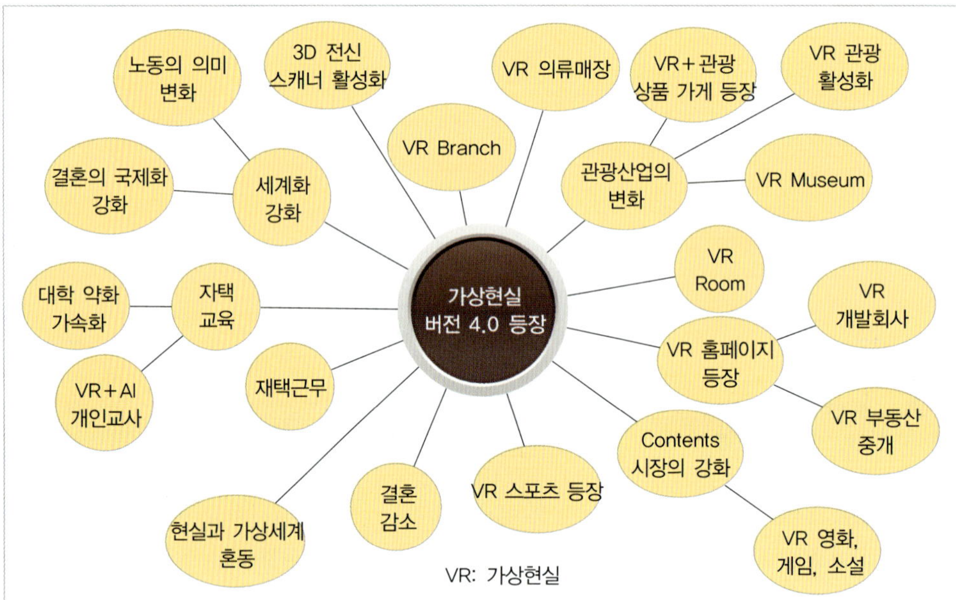

[그림 8.5] 가상현실의 미래

2010년도에 아모레퍼시픽의 연구팀이 2020년도의 뷰티 시장을 예측한 보고서는 퓨처스 휠 기법의 버전 3을 이용한 한 예가 된다.[4)] [그림 8.6]과 같다.

3) 윤기영, "가상현실이 만들 '미래수레바퀴'는?", *미래창*, 2017. http://plug.hani.co.kr/futures/3104876

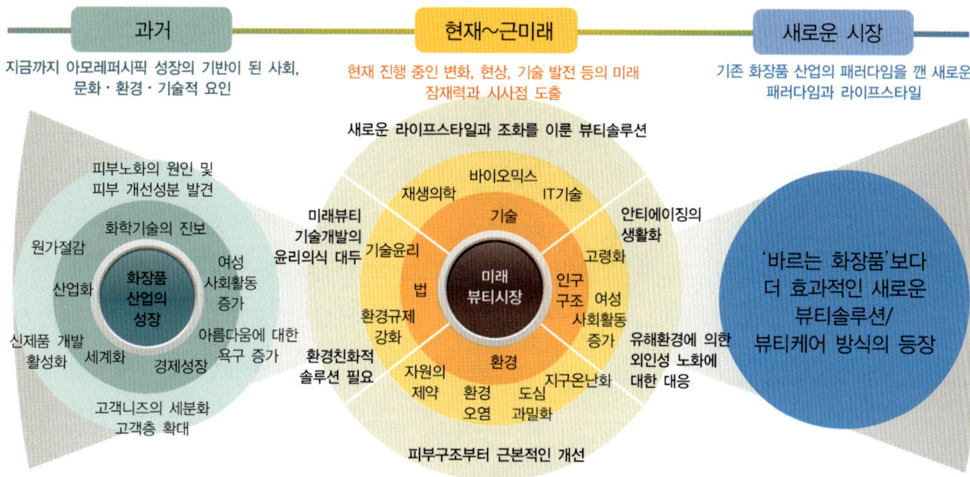

[그림 8.6] 퓨처스 휠 '버전 3'으로 그린 뷰티시장의 미래

시나리오 기법

시나리오scenario란 어떤 상황에서 일어날 수 있는 여러 가지의 가상적인 결과나 과정을 뜻한다. 1950년대 랜드RAND연구소의 허먼 칸Herman Kahn에 의해 만들어진 시나리오 기법은 복잡하고 급변하는 불확실성 시대의 비선형적이고 불연속적인 변화에 대해 창의적인 발상을 유도함으로써 발생가능한 다수의 대안적 미래alternative futures를 가정하고 선택의 폭을 확장시켜준다. 각 시나리오에서 나타날 장·단점을 따져본 후 의사결정을 하도록 도와준다.

예를 들어, 반도체사업에 투자를 할 것인지 말 것인지를 놓고 몇날 며칠 잠을 이루지 못했던 삼성 이병철 회장의 일화는 유명하다. 최고 의사결정권자는 늘 이렇게 대안을 비교하면서 고독한 결정을 하는 위치에 있다. 아래 그림처럼 개인들도 사실 마찬가지이다. 어떤 일을 위해 무슨 방법이 가장 좋을까 자주 고민한다. 이러한 문제의 해결방법을 모색함에 있어 시나리오 기법이 유용할 수 있다.

---

4) 아모레퍼시픽, *아모레퍼시픽, 테크뷰티 프로젝트 메이크온*, 2017. 이 책의 제14장에서 사례로 소개한다.
http://gibo.conects.com/main/index/detail/detail_makeon

시나리오 기법은 미래에 갑작스런 상황이 발생할 경우 그 상황과 가장 유사한 시나리오를 채택함으로써 문제에 신속하게 대응할 수 있다는 장점도 제공한다. 그러나 어떤 시나리오만 제시한다고 해서 미래의 모습이 명확히 제시되는 것은 아니다. 의사결정권자가 제시된 시나리오 중에서 한두 가지를 선택해 미래에 대비하는 현실적인 전략을 마련하고 집행했을 때 그 시나리오는 진가를 발휘하게 된다. 결국 시나리오란 미래예측과 미래창조 전략을 이어주는 연결고리인 셈이다.[5)]

1. 시나리오 기법의 실행방법

시나리오는 많이 만든다고 해서 좋은 것이 아니다. 오히려 대안적 시나리오는 2~4가지 정도로 도출하는 것이 적당하고 그 중 2가지 시나리오는 불확실한 미래를 예측하는 내용이어야 한다. 더 많은 시나리오를 만들어도 되지만 5가지 이상의 시나리오는 실용성이 없다.

좋은 시나리오는 다음과 같은 두 가지 조건을 반드시 충족시켜야 한다.[6)]

---

5) 김병희, "시나리오 기법", *전략적 미래예측 방법론 BIBLE*, 두남, 2014. 시나리오 기법의 설명은 이 자료를 인용한다. 위 사진은 *Introduction to the Scenarios*, Forum for the Future에서 발췌함. https://www.forumforthefuture.org/project/retail-futures-2022/more/introduction-scenarios

6) 최항섭 외, *디지털사회의 미래예측 방법론 연구*, 정보통신정책연구원, 2006.

- **발생가능성** 제시한 시나리오는 미래에 발생할 가능성이 있어야 하며, 과거의 경험에 미루어 설득력이 있어야 한다. 가능성의 범위 설정에 집중하는 것이 중요하다.
- **내재적 일관성** 하나의 시나리오에서 일어날 수 있는 사건들은 각각 인과적으로 맞물려 있어야 한다. 그와 같은 내재적 일관성은 미래를 예측함에 있어서 가치 있는 기준이 된다.

시나리오 기법의 실행은 직관적 논리를 바탕으로 진행된다. 아래와 같은 8단계가 추천된다.

1. **관심사에 대한 검토·분석** 관심사 혹은 미래연구 대상에 대한 미래에 필요한 의사결정을 생각하며 범위를 축소하고 한정시킨다. 범위가 좁을수록 시나리오 개발이 쉬워진다. 관심사를 정의하고 나아가 예측할 미래의 시기를 정한다.
2. **주요 결정요인의 명확화** 가장 영향력 있는 요인들을 수집해 명확히 정의한다. 예를 들어 전통적 미디어의 영향력은 감소되고 스마트미디어의 영향력이 확대되는 상황에서, 불분명한 '우리나라 미디어 환경의 미래예측'보다는 '환경변화에 따른 2030년 광고시장의 미래'식으로 주요 결정요인을 구체적으로 명시해야 한다. 그래야 시나리오의 질적 수준이 높아진다.
3. **주요 환경요인의 검토** 주요 환경요인들을 검토한다. STEEP 기법 등이 활용될 수 있다.
4. **주요 환경요인의 분석** 3단계에서 찾은 주요 환경요인들의 원인과 예상되는 결과를 분석한다. 이를 위해 SWOT 분석기법 등이 사용가능하다.

사실 위 4단계는 미래연구 대상의 처한 환경의 이해와 트렌드의 탐색이 이미 있었다면이 책의 제7장 불필요한 단계이므로 곧바로 아래 5단계부터 시작하면 된다.

5. **시나리오 논리와 정의** 가상적인 시나리오를 만드는 데 필요한 주제나 가정을 체계화시킨다. 이때 시나리오의 논리는 일관성과 타당성을 확보해야 하며 1~4단계에서 검토되었던 대부분의 요인들과 불확실성을 포함해야 한다. 맹목적으로 낙관하거나 비관하는 시나리오는 무용지물이므로 불확실성에 기초한 시나리오 논리를 개발하는 것이 중요하다.
6. **시나리오 작성** 중요한 요인들에 초점을 맞춰 가상적인 시나리오를 만든다. 주요 관계자의 역할을 설정한 다음, 특정 변화나 예상되는 문제점을 적시하면서 이야기의 뼈대를 설득력 있

게 구성하여 미래를 나타내는 시나리오들을 만든다.

7. **주요 결정요인의 의미 분석** 미래를 결정하는 핵심요인들이 구체적이고 현실적인 의미를 갖는지 평가한다. 의사결정권자에게 더욱 의미가 크다고 여겨지는 시나리오들에 대해서는 확신을 심어주도록 객관적인 정보를 준비한다.
8. **결정된 시나리오의 점검과 평가** 마지막 단계에서는 다음과 같은 질문을 하며 점검과 평가에 임한다. 결정된 시나리오와 전략이 초기의 가정을 증명할 수 있는가? 시나리오 대안에 내포된 핵심전략은 무엇인가? 시나리오에 기회와 위협요인이 담겨져 있는가? 예상되는 주요 이슈는 무엇인가? 유연성과 탄력성을 반영하고 있는가? 시나리오에서 제시한 정보를 평가할 적합한 척도는 무엇인가?

2. 플롯의 선택

위와 같이 단계를 밟는 과정을 **시나리오 플래닝**scenario planning이라고도 부른다. 시나리오를 기획할 때 가장 많이 쓰이는 개념은 이분법적으로 1:1의 불확실한either/or uncertainties 대립구도를 만드는 것이다.[7] 예를 들어, 가격은 '싸다:비싸다', 원산지는 '국내:해외' 등의 1:1 구도를 설정한 후에 함께 묶으면 4개의 시나리오들이 탄생하게 된다.

그래서 시나리오를 개발하는 단계에서 플롯plot의 선택이 필수적이다. 즉, 구성을 어찌할 것인가를 정해야 한다. 자주 등장하는 플롯은 다음과 같다.[8]

- **승자와 패자 플롯** 어느 한쪽이 이기면 다른 한쪽은 패자가 된다는 제로섬 법칙의 플롯이다. 국가 간의 전쟁이나 경쟁이 치열한 기업환경에서 승패 플롯은 타당하다.
- **도전과 반응 플롯** 순식간에 승패가 갈리는 유동적인 상황에서는 오히려 기존의 질서가 새로운 환경에 어떻게 반응하는지를 고려하는 플롯도 필요하다.
- **빠르고 느린 진화 플롯** 어떤 변화가 천천히 혹은 빨리 이루어지는지를 그 속도를 포착하여 급변하는 사태에 대비하기 위한 플롯이다.
- **연속과 불연속의 대변혁 플롯** 극적인 변화가 발생해 지속되었던 모든 것이 단절되는 대변혁의 가능성이 예측된다면 반드시 고려해야 한다.

---

7) Wade, Woody, *Scenario Planning*, Wiley, 2012.

8) Lindgren, M. & H. Bandhold, *Scenario Planning: The Link between Future and Strategy*, Palgrave Macmillan, 2003.

3. 시나리오 기법의 장·단점과 유의사항

시나리오 기법의 장·단점은 [표 8.1]에 정리한다.

[표 8.1] 시나리오 기법의 장·단점

목적	장점	단점
• 장기적 미래예측과 대안적 미래 제시 • 불안정한 체제나 환경변화가 예상될 경우 • 미래의 불확실성이 클 경우 • 근본적인 변화를 추진할 경우	• 설득가능성이 높음 • 변화에 따른 전략수립에 용이 • 대안적 미래 제시 • 결정권자의 선택 다양성 • 다양한 조사 목적에 유용 토론 근거, 문제공유, 조기경보, 평가지표, 가상훈련, 전략수립 등	• 불연속성 • 비결정성 • 구체성 결여 • 결정 및 실행의 어려움 • 계량화 필요 • 예산과의 연계성 미약 • 명확한 방향을 선호하는 정책 결정권자는 비선호

시나리오 기법의 가장 큰 단점은 시나리오를 3~4개로 줄이는 과정에서 임의성이 개입될 여지가 크다는 것이다. 또한 작업팀의 직관적인 능력과 의사소통에 지나치게 의존하기 때문에 과학적인 예측이 어렵다는 점이다. 나아가, 구체성이 결여된 시나리오가 만들어지면 의사결정과 실행과정에서 어려움에 직면한다는 사실이다. 모두 유의해야 할 점들이다.

4. 시나리오 기법의 활용사례

시나리오 기법의 활용은 일상화되어 있어 어느 조직에서든 전략적 도구로 사용되고 있다. 여기서는 지난 2017년 7월에 발표된 우리나라의 원전문제를 다룬 사례를 소개한다.[9)]

문재인 정부 들어서서 정부는 고리 1호기의 영구 중지에 이어, 신고리 5·6기 건설을 일시 중단하며 공론화위원회를 구성해 국민 의견을 수렴한 후 건설 여부를 결정하겠다고 밝혔다. 이 사례는 원자력발전에 대한 찬반 의견이 엇갈리고 있는 시점에서 좋은 대안을 수립하는 데 참고가 되기 위해 2030년 상황을 가정하여 약식으로 시나리오 기법을 사용해 본 것이다. 우선 불확실하고 영향도가 큰 요인을 대략 검토해보면 원전사고 발생 여부와

9) 이영구, "원전사고 최대 발생 확률 로또 당첨의 1,162배: 원전 문제 어떻게 해결해야", 1BOOM, 2017. '*미래학자처럼 생각하라*', '*미래전략: 시나리오 플래닝*'의 저자임을 밝힌다.

신재생에너지의 경쟁력을 꼽을 수 있다. 이 두 요인으로 [그림 8.7]과 같이 4개의 시나리오가 나온다.

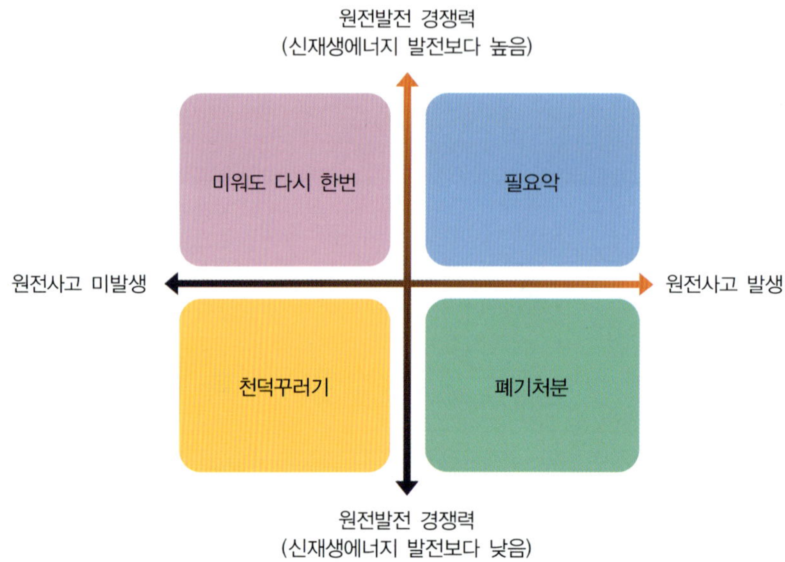

[그림 8.7] 원전에 대한 시나리오들

각 시나리오에 대한 설명은 다음과 같다.

- **필요악** 자연재해든 인재든 아니면 북한의 공격이든 어떤 이유로 비교적 덜 심각한 원전사고가 발생한다. 원전 안전에 대한 우려가 확산되지만 한국은 원전에 대한 의존도가 너무 높은데다 유가, 천연가스, 석탄 발전은 물론 신재생에너지 발전 효율도 원자력발전을 따라잡지 못한 상태다. 완전한 폐기까지 단계적으로 원전을 운영한다.
- **폐기처분** 심각한 수준의 원전사고가 일어난다. 원전에 대한 의존도도 높고 대체가능한 에너지원도 없지만, 국토의 절반 가까이가 방사능에 오염되면서 대한민국은 쑥대밭이 되고 경제도 돌이킬 수 없는 붕괴 상태에 빠진다. 전력수요도 급격히 줄었지만 상상할 수 없을 정도의 재앙을 직접 경험한 정부는 무조건 원전 폐기에 들어간다.
- **미워도 다시 한번** 다행히 원전사고가 일어나지 않는다. 예상보다 신재생에너지 발전 효율 상승이 느려 여전히 원전이 필요하다는 논리가 우세하다.
- **천덕꾸러기** 시나리오에서는 원전사고가 일어나지 않지만, 효율성 측면에서 신재생에너지 발전이 월등히 앞서면서 원자력발전 비율은 전 세계적으로 5.5% 이하로 떨어진다. 원자력발전소 무용론이 대세가 되어 당장 폐기하지도 못하고 쓸모도 없는 발전원이 된다.

너무 원전에 대해 비관적이지 않느냐는 비판도 있을 수 있지만, 사실상 발생할 가능성이 높은 시나리오들이며 가장 현실화될 가능성이 높은 시나리오는 '천덕꾸러기'다(제공된 근거 자료는 생략한다).

생각해봅시다 8.2 영화 시나리오와 미래

시나리오의 또 다른 뜻은 '영화 촬영을 목적으로 창작된 대본'이다. 지난 1999년, '프로젝트 비너스'라는 시나리오에 대한 자문을 요청받으면서 아예 직접 영화제작의 길로 나선 적이 있다. 한국의 마이크로위성 군사기술을 일본이 동남아시아의 산업스파이를 고용해 빼내가는 과정에서 온갖 미래의 첨단 IT기술이 등장하는 한국판 007영화였다. 비록 IT교수지만, **'정보는 국력이다', '미래의 IT기술은 이렇다'**라는 점을 계몽시킨다는 명분이 나름 있었다. 한・미・중・일 각 나라에서 총든 여 전사들도 등장했다. 두뇌싸움과 IT와 애국심・사랑・폭력・섹스가 조화를 이루며 이 영화는 흥행 한국영화가 드물었던 당시로서는 대박을 꿈꿀만 했다.

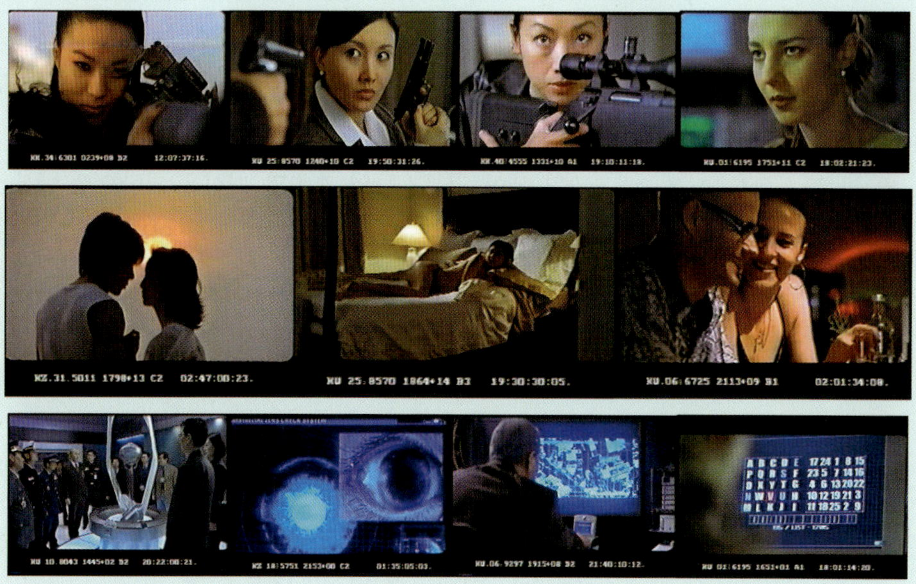

그러나 홍콩 유명 여배우 오천련이 동참하는 등 한중일 합작으로 동시개봉이 목표였던 이 영화는 아직도 개인적으로만 보관 중인 영화의 위 사진 클립에서 보듯이, 80% 촬영을 마치고도 홍콩 펀드사와의 마찰로 제작 중단사태를 맞아 개봉은 물거품이 되고 말았다. 와일드카드 '마찰'이라는 미래를 미리 읽지 못한 탓이었다. 개인적으로는 미래 IT기술을 미리 선보일 기회를 놓쳤다는 점이 안타까웠다. 관객들에게 스마트폰, 마이크로위성, 홍채인식, 위치추적서비스, 증강현실,

사이버 전쟁 등을 현실보다 10년 앞서 보여주지 못했음이 지금도 못내 아쉽다.

사실 영화와 미래와의 관계는 깊다. 세계 최초의 SF영화는 1902년도의 인간의 달 여행이었는데 그 공상이 1969년에 아폴로 11호의 달 착륙을 이끌어냈는지도 모른다. 어두운 별dark star이라고 불리던 블랙홀blackhole은 1966년의 영화 스타트랙star trek 때문에 대중에게 알려지기 시작했으며, 날아다니는 자동차인 스카이카skycar도 1977년의 영화 스타워즈star wars에서 그 가능성이 그려졌다. 미래를 예측하는 영화 속 상상은 이토록 현실로 나타나기도 한다.

미래학은 무한한 상상을 필요로 하는지도 모른다. 어떻게 생각하는가?

델파이 기법

델파이Delphi 기법은 미국 랜드RAND연구소가 개발한 미래예측기법으로, 초기에는 군사행정 영역의 미래전략에 활용되었으나 이제는 미디어·마케팅·사회복지·스포츠·의료 등 거의 전 분야에서 광범위하게 사용되고 있다. 관련 분야 전문가들의 경험과 지식을 기반으로 반복적인 설문혹은 질문과 분석 및 재질문을 통해 연구대상에 대한 합의를 도출해내는 '전문가합의법'인 까닭에 패널 전문가들의 선정이 핵심 성공요인이라 해도 과언이 아니다.[10)11)]

1. 델파이 기법의 이용방법

델파이 기법을 사용하기 위해서는 연구팀의 구성이 중요하다. 연구팀은 10여 명 내외의 전문가들로 구성되며, 전문가패널 선정, 설문내용 작성, 설문 반응결과에 대한 분석과 피드백, 조사결과의 정리 등 과정 전체를 담당한다. 연구팀은 [그림 8.8]이 보여주는 절차를 밟는다.

10) 안종배, "델파이 기법", *전략적 미래예측 방법론 BIBLE*, 두남, 2014. 이 자료를 많이 인용한다.

11) 사진 출처는 Pi, Aina, "Consensus building: The Delphi Method and the Nominal Group Technique", Insights in Life Sciences, 2015.

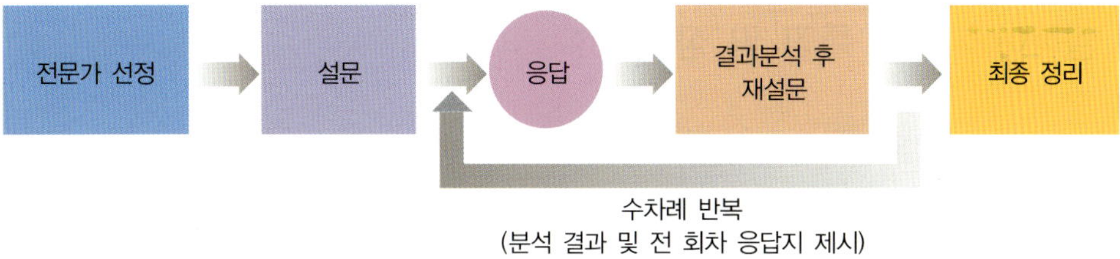

[그림 8.8] 델파이 기법 수행절차

- **연구주제와 계획수립** 연구책임자와 팀원들이 협의하여 연구주제를 명확히 하고 조사 목적과 범위, 조사기간과 영역 및 일정 등 연구계획을 수립한다.
- **전문가패널 선정** 연구주제에 풍부한 전문성을 지녀 설문에 의미 있는 응답을 할 15~50명의 전문가를 선정한다. 후보로 선정된 전문가에게 먼저 전화로 참여를 요청하고, 그 후 이메일이나 우편으로 익명성 보장 확인내용, 연구계획, 예상설문횟수와 설문 답신방법, 패널 승낙확인서를 송부하고 패널을 확정한다.
- **설문 설계** 몇 차례 어떤 단계로, 또 어떤 방식으로 설문조사를 할 것인지 정한다. 나아가 설문 응답 분석과 피드백할 절차와 계획도 입안한다.
- **설문지 작성 및 1차 조사** 개방형으로 진행되는 1차 설문지의 객관식 질문은 내용이 이해하기 쉽도록 명료해야 하고 한 개의 답만 가능하도록 작성되어야 한다. '홀로그램이 적용될 미디어를 3개 이상 적어주세요'식의 주관식 질문으로 2차 설문을 미리 준비하는 것도 좋다.
- **2차와 3차 조사** 2차 설문부터는 폐쇄형으로 하되 5점 혹은 7점 척도로 중요도·가능성·영향력 등을 평가하도록 한다. 설문 항목별로 1차에서 제시된 공통적인 의견도 알려주어, 2차 설문에서 자신의 1차 응답을 수정할 것인지 표시하고 이에 대한 견해를 피력할 수 있도록 의견란을 마련해 준다. 3차 설문지는 2차 설문결과를 분석하여 항목별로 중간값median을 산출하고 미리 알려주어 집단지성이 합의점으로 이끌 수 있도록 유도한다. 3차 설문 후에도 중간값에서 극단으로 떨어져 있는 패널전문가는 개인별로 인터뷰를 통해 의견을 청취한다.
- **최종 정리 및 분석** 1, 2, 3차 설문 및 인터뷰를 포함한 조사 결과를 정리하고 평가 및 분석한다. 패널전문가 간의 합의가 이루어진 의견뿐만 아니라 합의에 이르지 못한 의견도 분석에 포함시킨다. 이런 최종분석을 토대로 연구책임자의 전문적 식견과 판단을 통해 결론을 포함한 최종 보고서를 작성한다.

2. 델파이 기법의 특징 및 장·단점

델파이 기법은 '미래, 혼자 안보이면 여럿이 함께 보자'는 기법이라고도 한다.[12] 전문가들의 식견과 지혜를 집단지성으로 모아 보다 객관적이고 개연성이 높은 미래예측이 가능하기 때문이다. 특히 익명성, 반복성 그리고 통제된 피드백 등 델파이 기법이 갖는 특징은 자연스럽게 합의를 도출시키고 합리적인 의견이 개진되도록 해주는 장점으로 나타난다. 집단회의brainstorming에서 발생할 수 있는 특정인의 압력이나 강한 주장을 배제하는 민주주의적 예측기법임과 동시에, 설문이 반복되면서 연구팀 전체도 일관성 있는 분석과 결과에 합의해 나아갈 수 있는 체계적인 기법이다.

그러나 델파이 기법의 단점은 시간과 노력이 많이 투입되어야 한다는 점이다. 의미 있는 델파이 조사는 수십 명의 전문가를 대상으로 3~4개월에 걸쳐 조사가 진행되어야 한다고도 한다. 이를 극복하기 위해서 전문가들이 온라인www.realtimedelphi.com에 접속하여 시간을 단축시키는 '리얼타임 델파이 기법'[13]이 추천되기도 하지만, 인터넷 이용이 필수라는 점은 전문가 선정의 또 다른 한계가 될 수 있다.

3. 델파이 기법의 이용사례

우리는 장애인들과 더불어 이 세상을 살고 있다. 국가는 그들에게 보조공학AT: Assistive Technology서비스를 제공하여 더불어 살 수 있는 따뜻한 복지정책을 펼쳐야 할 의무가 있다. 보조공학서비스란 장애인이 과제나 작업을 할 때 그것이 없으면 할 수 없거나, 또는 더 쉽고 나은 방법으로 할 수 있게 해주는 컴퓨터, 휠체어, 물리치료, 의사소통이나 이동지원 등 장애인의 기능적인 능력의 개선·유지·확대에 필요한 도구나 물품 및 인적 도움의 제공을 의미한다.

12) 최연구, "미래, 혼자 안보이면 여럿이 함께", *테크M*, 2016년 8월호
13) 김병희, "리얼타임 델파이 기법", *전략적 미래예측 방법론 BIBLE*, 두남, 2014.

우리나라 보조공학서비스의 미래정책을 연구하기 위해 델파이 기법이 적용된 사례를 요약하면 다음과 같다.[14)]

연구문제 보조공학서비스 제공을 위한 미래 정책방향예측·이슈·목표 등 조사

연구방법 보조공학 분야 전문가 75명을 대상으로 델파이 기법 3회 조사

[표 8.2] 보조공학서비스의 미래를 위한 델파이 기법

전문가		학계(22명), 실무담당자(27명), 관료(12명), 소비자 겸 활동가(14명)를 각자 소속, 집단위치, 연구·발표업적 등의 기준을 토대로 선정함
설문조사	1차	예측·이슈·목표 등에 관한 개방형 설문 실시
	2차	개방형 설문분석을 각 영역별 12개 문항을 5점 척도로 측정해 우선순위 선정
	3차	2차 조사결과를 분석하여 각 영역별 8개 문항으로 범주화하고 우선순위 선정

연구내용

[표 8.3] 보조공학서비스의 미래연구

세부 연구문제		연구결과
예측	예상되는 장점	삶의 질 향상, 일상생활 활동증진, 독립생활 활성화
	미래의 문제점	예상확보의 어려움, 욕구 및 특성에 맞는 서비스 제공의 어려움, 소비능력 부족
이슈	서비스 전달방식 활성화	맞춤형 지원, 정책 및 제도 마련, 광역센터 중심
	산업화 미발전 이유	정부지원 부족, 보조기기 시장의 열악함, 높은 가격
목표	정책우선과제	정책적 지원, 인프라 구축, 전문가 양성
	산업화 발전과제	서비스 체계 확립, 정부의 정책·제도·재정지원 확대, 전문인력 양성 및 활용

14) 오도영·이근민, "델파이 기법을 활용한 보조공학서비스 발전을 위한 과제분석", *중복지체부자유아 연구*, 2008. 위 사진은 http://blog.skhynix.com/1721에서 퍼옴.

교차영향분석 기법

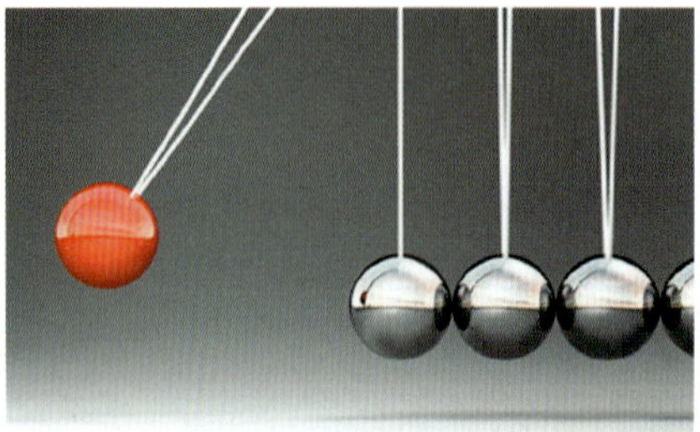

교차영향분석cross impact analysis은 분석 대상의 주요 요인들이 상호연관성을 지녔다는 전제 아래, 요인들 간의 연관관계 분석 및 특정 요인들의 발생가능성 파악에 활용되는 기법이다.15) 1966년 고든Gordon과 엘머Helmer에 의해 제안된 이 기법은 현상적 상관관계correlation 파악이 아닌, 미래에 대한 가능성의 예측과 판단을 해준다. 복수의 미래예측 대상을 비교해 발생할 확률을 산출한 결과에 따라 발생가능성을 예측하게 한다.

1. 상호연관성

교차영향분석은 "미래의 사건들이 서로에게 어떻게든 영향을 끼친다는 전제를 바탕으로 미래를 예측할 수 있지 않을까"라는 질문에서 비롯되었다. 즉, A라는 사건이 발생했을 때 B라는 사건이 발생할 확률이 얼마나 높아지거나 감소하는지에 대한 확률적 결과를 도출하는 분석법이다. 교차영향분석을 통해 실제 사건 발발을 낳은 다른 사건들의 발생가능성을 평가할 수 있다. 교차영향모델은 여러 예측들 간의 상호작용을 설명하기 위한 수단으로 도입되었는데, 이러한 상호작용은 개별적인 예측에서는 고려되지 않았던 부분이다.16)

상호관련성은 아래와 같은 성격으로 규명된다.

- **연계의 형태**mode of linkage 하나의 사건이 다른 사건의 발생을 촉진시키는 경우의 긍정적 영향이거나, 한 사건이 다른 사건의 발생을 저해하는 부정적인 경우가 있는가 하면, 아예 독립적일 수도 있다. 예들 들어, 전기료 인상이 발전소 증설을 가능하게 한다거나 에너지 절약 상품의 개발을 촉진시키는 긍정적 영향이라면, 상대적으로 가전제품의 소비를 줄어들게 하고 심야의 문화행사를 위축시키는 것은 부정적인 영향으로 볼 수 있다.

15) 김광옥, "교차영향분석법", *전략적 미래예측 방법론 BIBLE*, 두남, 2014. 교차영향분석 기법의 설명은 이 자료를 인용한다. 위 사진 출처는 http://nacet.org/whats-your-impact/

16) STEPI, *미래연구 용어집*, 과학기술정책연구원, 2018.

- **연계의 강도**strength of linkage 한 사건이 다른 사건이 발생하는 데 어느 정도의 영향력으로 작용할 것인가를 분석한다.
- **연계시간**elapsed time of linkage 상호 관련된 사건 간에 연계가 발생할 시기와 지속될 시간을 식별한다. 1주일, 1년 또는 10년일 수도 있다. 예를 들어 같은 사회의 동조라는 유행도, 사회적 풍조trend인지, 문화적 유행fashion인지, 사회층의 경향tendency인지, 혹은 이념이나 견해나 사고의 변화paradigm shift인지, 그 시기별로 강도와 침투 범위가 다르다.

2. 교차영향분석 절차

교차영향분석 절차는 다음과 같이 추천된다.

1. 예측할 사건들을 정의하고 예측에 포함시킬 사건들을 선택한다.
2. 각 사건별로 독립적으로 발생할 확률을 계산한다.
3. 사건 상호 간을 연계하여 조건부확률conditional probability을 산출한다.
4. 교차영향행렬표cross impact matrix를 작성하여 각 사건 간의 조건부확률을 측정한다.
5. 교차영향행렬표에 나타난 자료를 근거로 정책policy, 행동actions, 또는 민감도 시험sensitive test 등의 범위를 결정하고 계산한다.
6. 결과에 대한 분석을 한다.

교차영향행렬표의 한 예는 [표 8.4]와 같다. 이 표에서는 사건 1과 사건 2 간에 서로 긍정적 영향으로 보인다. 사건 1은 사건 3에 긍정적이지만 반대로 사건 3은 사건 1에 부정적 영향요인임도 알 수 있다. 나아가 사건 1과 사건 4는 서로 독립적이다.

[표 8.4] 교차영향행렬표(예)

만약 이 사건이 발생한다면 if this event occurs	독립적으로 발생할 확률 initial probability	조건부 발생 확률 conditional probability			
		사건 1	사건 2	사건 3	사건 4
사건 1	0.25	–	0.50	0.85	0.50
사건 2	0.40	0.60	–	0.60	0.55
사건 3	0.75	0.15	0.50	–	0.60
사건 4	0.50	0.25	0.70	0.55	–

교차영향분석의 장점은 산만한 구조를 가진 여러 문제들 사이의 연쇄적인 인과관계를 파악할 수 있다는 것이다. 그러나 교차영향모델을 구성하기 위해 시간과 비용이 많이 들고, 실현가능성이 있는 모든 상호 관련된 사건들이 분석에 포함되었는지 확신할 수 없다는 점이 단점으로 지적된다. 확률 계산에 주관성이 개입된다는 점도 단점이다.

3. 교차영향분석 사례

시나리오 기법이나 델파이 기법이 제시하는 미래예측 결과를 검증하는 목적으로 사용하는 교차영향분석 사례는 다양하다. 여기에서는 흥미로운 사례를 소개한다.

베네수엘라 태생으로 MIT 출신의 미래학자인 호세 코르데이로Jose Cordeoro 교수는 '늙는 것은 병이다. 고로 치유될 수 있다'고 주장하는 특이점singularity[17] 학파의 일원이다. 그는 인간은 진화된 트랜스휴먼으로, 그 후엔 포스트휴먼으로 진화한다면서 이에 따라 인간의 행복, 결혼, 양육, 삶의 목적 등이 상상할 수 없을 만큼 급변할 것이라고 현대문명의 대전환을 예고한다. 그 근거는 NBICNano+Bio+Info+Cogno기술의 융합이며 이들이 어우러져 일으키는 기술문명의 대폭발이다. 생리학이 나노기술을 활용하고, 인체 단백질이 개발되고, 인공뇌가 가능하고, 사이보그cyborg/인조인간가 출현하고, 나아가 인간의 수명이 늘어나 영원한 삶을 영위할 가능성도 배제하지 않는다는 것이다.

[표 8.5] 2030년도에 특이점이 올 가능성에 대한 교차영향분석 사례

만약에 아래의 기술 개발이 성공한다면		2030년에 독립적인 기술 개발 성공 확률	조건부 개발성공 확률				
			기술 1	기술 2	기술 3	기술 4	기술 5
기술 1	생리학과 연관된 나노기술	0.15	–	0.10	0.05	0.10	0.05
기술 2	인공지능 개발	0.20	0.05	–	0.10	0.10	0.10
기술 3	사이보그의 결정	0.10	0.05	0.10	–	0.05	0.05
기술 4	인체 단백질 개발	0.25	0.10	0.15	0.05	–	0.10
기술 5	인공 뇌 개발	0.05	0.05	0.10	0.05	0.05	–

17) 특이점singularity은 제3장에서 설명했던 것처럼 인공지능의 발명이 급격한 기술성장을 촉발시켜 인간문명의 심오한 변화를 가져올 것이라는 가설로서, 인공지능이 전반적으로 인간의 지능을 뛰어넘는 기점을 말한다. 이 가설에 따르면 더 지능적이고 새로운 세대가 점점 더 빠른 속도로 등장하면서 지능의 폭발을 일으키고 이는 곧 인간지능을 뛰어넘는 강력한 초지능의 탄생을 야기하게 된다.

특이점이 온다면 언제 올까? 일부 특이점 학파들이 주창하듯이 과연 2030년에는 새로운 기술시대가 열릴까? 특이점에 필요한 각 기술들은 융합을 위해 서로 어떠한 영향을 미칠까? 이를 교차영향행렬표로 요약하면 [표 8.5]와 같다. 표에 나타난 확률이 맞다면 특이점을 2030년에 맞이할 가능성은 일단 희박해보인다.

생각해봅시다 8.3 미래영어 공부

어느 미래서적Wade, Woody, Scenario Planning, Wiley, 2012에 삽입되어 있는, 아래 영어로 쓰인 흥미로운 발언들을 해석하고 음미해보라.

- "The problem with the future is that it is **different**. If you are unable to think differently, the future will always arrive as a **surprise**." (Gary Hamel)
- "Our lives are defined by opportunities, even the ones we **miss**." (Scott Fitzgerald)
- "You know what's weird? Day by day, nothing seems to change. But pretty soon, everything's different." (Bill Watterson)
- "There is nothing about a caterpillar that tells you it's going to be a butterfly." (Buckminster Fuller)
- "Chance favors the prepared mind." (Louis Pasteur)

영문을 직역하지 않고 문장 전체를 감각적으로 이해했다면 흥미롭지 아니한가?

빅데이터 기법

빅데이터big data란 과거 아날로그 환경에서 생성되던 데이터에 비하면 그 규모가 방대하고, 생성주기도 짧고, 문자 수치 데이터뿐 아니라 그림과 영상 데이터를 포함하는 대규모 데이터를 말한다. PC와 인터넷, 모바일 기기 이용이 생활화되면서 사람들이 도처에 남긴 발자국데이터은 기하급수적으로 증가하고 있고, 특히 사용자가 직

접 제작하는 UCC를 비롯한 동영상 콘텐츠, 휴대전화와 SNSSocial Network Service에서 생성되는 문자 등은 데이터의 증가 속도뿐 아니라 형태와 질에서도 기존과 다른 양상을 보이면서 축적되고 있다. 주요 도로와 공공건물은 물론 심지어 아파트 엘리베이터 안에까지 설치된 CCTV가 촬영하고 있는 영상 정보의 양도 상상을 초월할 정도로 엄청나다. 그야말로 우리의 일상생활의 행동 하나하나가 알게 모르게 빠짐없이 데이터로 저장되고 있는 셈이다.[18)]

1. 빅데이터 기법의 개념

빅데이터는 흔히 3V로 설명된다. 크기volume · 속도velocity · 다양성variety을 말한다. 수십 테라tera 바이트 혹은 수십 페타peta 바이트 이상 방대한 규모로 쌓인, 융복합 환경에서 매우 빠른 속도로 생성되는 다양한 정형 · 비정형 데이터를 실시간으로 저장 · 유통 · 수집 · 분석이 가능한 것이 빅데이터이다. 이를 위해서는 플랫폼platform 환경이 필요하다. [그림 8.9]에서 보듯이 빅데이터 플랫폼은 빅데이터라는 원석을 발굴 · 보관 · 저장하는 일련의 과정을 통합적으로 처리할 수 있게 해주는 인프라infrastructure다.[19)]

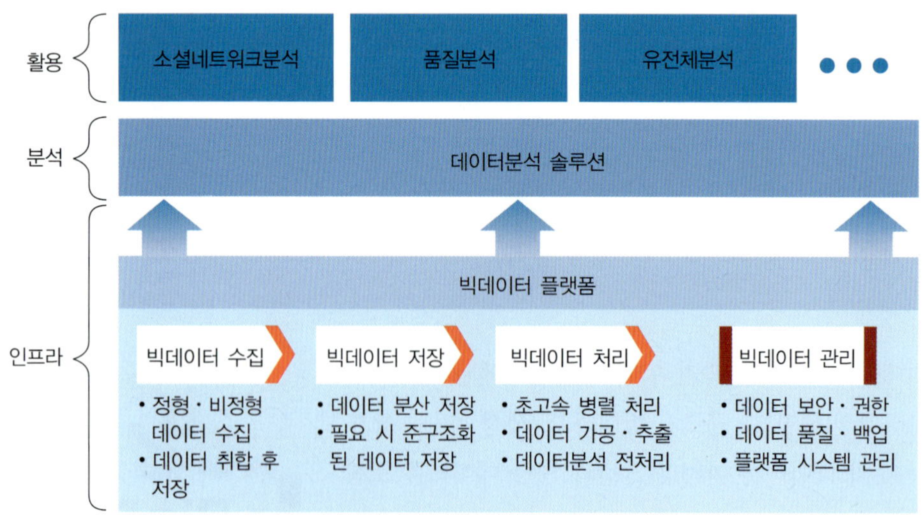

[그림 8.9] 빅데이터 플랫폼의 역할과 기능

18) 정용찬, *빅데이터*, 커뮤니케이션북스, 2013. 위 빅데이터 사진 출처는 http://thuatngu.org/

19) 김수보, "빅데이터란 무엇인가", *한국인터넷정보학회논문지*, 2013.

빅데이터 기법이란 이와 같은 플랫폼 환경에서 빅데이터를 분석하여 패턴, 상관관계, 지식 등의 유용한 가치를 찾아내는 기술을 의미한다.[20] 현대의 정치·경제·사회·문화·경영·기술 분야에서 발생하는 다양한 데이터를 분석하여 그 결과를 미래예측에 활용하는 기법이다. 예를 들어, [그림 8.10]에서 보듯이, 구글 독감 트렌드Goole flu trends는 독감이 발병할 수 있는 지역을 미리 예측하고 건강지도HealthMap서비스로 제공한다.

[그림 8.10] 독감발병을 예측하고 알려주는 구글 건강지도

2. 빅데이터 기법의 유형과 분석도구

주요한 빅데이터 기법들은 다음과 같다.

- **연관성 측정** 상품 혹은 거래기록 데이터로부터 상품 간의 연관성 정도를 측정하여 연관성이 많은 상품들을 그룹화하고 동시에 구매될 가능성이 큰 상품들을 찾아냄으로써 온라인쇼핑의 장바구니 분석 문제들에 적용될 수 있다.
- **시각화** 데이터의 구조를 일목요연하게 볼 수 있는 보기형식을 강조한다. 복잡한 데이터에서 나타나는 정보를 관찰함에 있어 쉽고 빠른 분석을 가능하게 해주는 것이 시각화이다.

20) 김진화, "빅데이터 기법", *전략적 미래예측 방법론 BIBLE*, 두남, 2014.

- **의사결정나무** 데이터의 분류 및 예측을 위해 통계학적인 용어를 쓰지 않고도 변수들의 상호작용을 쉽게 설명해주는 장점을 제공한다.
- **클러스트링** 데이터를 의미가 있도록 분류하는 기법이다.
- **신경망 모형** 인간이 경험으로부터 학습해가는 두뇌의 신경망neural network 활동을 시뮬레이션한다. 주어진 데이터로부터의 반복적인 학습과정을 거쳐 패턴을 찾고 이를 일반화함으로써 미래를 예측하고자 하는 문제에 유용하다.
- **텍스트 마이닝** 비정형 텍스트 데이터에서 자연언어처리 기술에 기반하여 유용한 정보를 추출·가공하는 것을 목적으로 하는 기법이다.
- **평판분석** 평판reputation 혹은 오피니언 마이닝opinion mining은 소셜미디어 등의 정형·비정형 텍스트 정보의 긍정·부정·중립의 선호도를 판별한다.
- **소셜네트워크분석** 소셜네트워크 연결구조 및 연결강도 등을 바탕으로 사용자의 명성 및 영향력을 측정한다.

위와 같은 기법들의 활용을 위한 도구들은 Hadoop, MapReduce, GFS, Rhiver 등 다양하다. 분석을 위한 데이터마이닝 전용 프로그램에는 R, Enterprise Miner, Clementine 등이 있고, 텍스트 마이닝에 주로 쓰이는 Python, 그리고 데이터 시각화를 도와주는 Google Chart, API, Flot, D3, Processing 등도 알려져 있다.

이 중에서 일명 '하둡'이라고 불리는 HadoopHigh-Availability Distributed Object-Oriented Platform은 클러스터 컴퓨터 환경에서 동작하는 분산 응용 프로그램을 지원하는 프레임워크로, Yahoo의 후원으로 2005년 더그 커팅Doug Cutting, 왼쪽 그림은 그의 딸이 좋아했던 코끼리 인형이 개발했으나 지금은 아파치Apache 재단으로 넘어가 공개소프트웨어로 활용되고 있다. 현재 Google, Yahoo, Facebook, eBay, LinkedIn 등 주요 회사들이 하둡을 사용하고 있으며 또한 IBM, Microsoft, Cloudera, Oracle 등 많은 기업이 자사의 제품에 하둡을 포함하고 있다.

하둡의 특징 중 하나는 메모리나 디스크를 공유하지 않는 다수의 머신에서 분산파일시스템인 HDFS를 이용해 데이터를 작게 나누고 저장하고 MapReduce로 처리하여 원하는 대상 플랫폼에서 자동적으로 결과를 병합하는 것이다. 이 과정은 [그림 8.11]에 나타나 있다.[21] Hadoop을 이용하면 데이터 읽기·쓰기에 소요되었던 시간을 비약적으로 단축시킬 수 있다.

21) https://www.glennklockwood.com/data-intensive/hadoop/overview.html

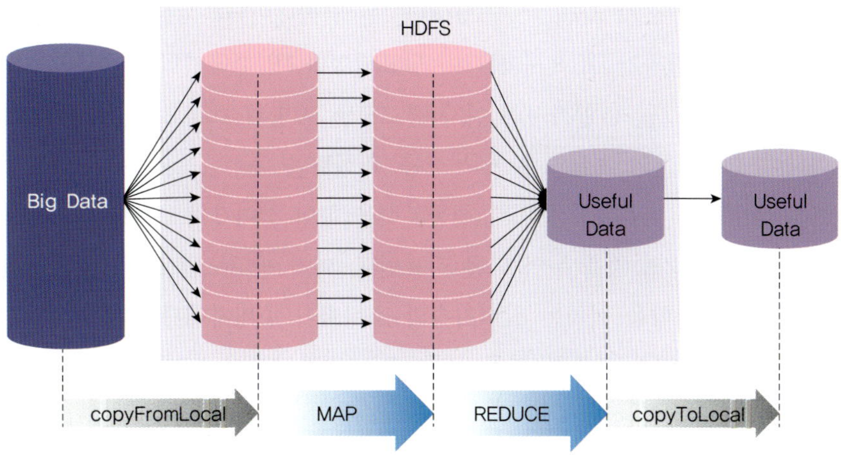

[그림 8.11] 하둡의 생태계

3. 빅데이터 기법의 이용사례

빅데이터분석 기법은 기업의 입장에서 아래와 같은 문제해결에 활용되고 있다.[22)]

- **고객의 구매결정과정**funnel conversion**의 최적화** 등급 상향 대상 고객의 선정, 마케팅 캠페인의 향상, 고객대응방법 향상 방안 등의 문제
- **고객 행동성향분석**behavioral analytics 구매성향분석, TV채널 선호도, 고객불만 해소, 매장 내부설계, 메뉴판의 편의성 제고 등의 목적
- **고객세분화**segmentation 고객 개개인에게 특화된 문자 발송, 신상품 추천, 보상 프로그램 개발, 상품에 대한 인터넷에서의 고객반응분석 등의 해결
- **예측지원** 기계고장 및 안전도예측, 서비스이용도 향상, 주요 이슈와 원인 파악, 철도탈선 예방, 성공적인 교육프로그램 개발 등의 예측 문제에 대한 지원
- **장바구니 분석 및 가격 최적화** 상품 디자인, 운송항로의 최적화, 상품의 질 유지
- **안전위협 예측** 은행의 ATM 탈취 예방, 제품 및 고객정보 유출 예방
- **사기탐지**fraud detection 은행에서의 현금인출사기, 보험청구사기, 병원에서의 부적절한 구매행태 등의 문제
- **특정 산업**industry specific**의 발전** 항공사의 가격변동에 따른 고객반응, 병원의 질병예방과 연구프로그램의 실험대상 환자 선발, 정유업체의 유전채굴의 효율성 향상, 리크루팅 기업의 인사대상자의 자기소개서 작성 동태파악

22) https://www.slideshare.net/Dell/big-data-use-cases-36019892

광고모델 브랜드평판 조사 사례 2018년 2월의 빅데이터분석을 이용한 여자 광고모델 브랜드평판 조사 결과가 [표 8.6]과 같이 발표되었다.[23] 한국기업평판연구소가 2018년 1월 14일부터 2018년 2월 15일까지의 여자 광고모델 50명의 브랜드 빅데이터 18,236,422개를 분석하여 소비자들의 브랜드 참여와 소통, 확산량을 측정한 것이다. 브랜드평판지수는 브랜드 빅데이터를 추출하고 소비자 행동분석을 하여 참여가치, 소통가치, 미디어가치, 소셜가치로 분류하고 가중치를 두어 나온 지표인데, 여자 광고모델 브랜드평판분석에서는 소비자가 브랜드에 영향을 끼치는 참여지수와 소비자가 소비자에게 영향을 주는 소통지수, 브랜드의 확산 크기를 측정한 커뮤니티지수로 평판지수를 분석한 것이다.

[표 8.6] 빅데이터를 이용한 여자 광고모델 평판지수(2018년 2월 16일, Top 10)

순위	광고모델	참여지수	소통지수	커뮤니티지수	브래드평판지수
1	김연아	694,333	476,679	1,321,713	2,492,725
2	아이유	286,903	316,634	511,074	1,114,611
3	홍진영	256,950	101,973	606,471	965,393
4	손나은	463,322	112,343	244,240	819,905
5	정유미	300,854	75,356	266,218	642,428
6	설현	37,928	227,451	294,512	559,891
7	아이린	137,475	96,442	295,002	528,919
8	백진희	288,384	26,617	172,637	487,637
9	한혜진	44,707	119,602	318,969	483,278
10	정소민	50,184	12,444	412,298	474,926

미래이슈의 발굴 연구 사례 다른 사례로, 지난 2017년 한국정보화진흥원의 미래전략센터가 빅데이터 기법을 활용한 미래예측 연구를 통해 2017년 사회 변화를 주도할 것으로 예상되는 사회·기술·경제·환경·정치STEEP 분야의 미래이슈의 발굴 연구를 소개한다.[24]

분야별 미래 전망을 위해 최근 3년간 국내외 온라인뉴스와 전문기관 문헌자료 약 1,140만 건을 수집하였으며, 빅데이터분석 기반 텍스트 마이닝, 연관어분석 및 전문가검토를 통

23) http://www.futurekorea.co.kr/news/articleView.html?idxno=103003

24) 미래전략센터, *빅데이터로 본 2017년 STEEP별 이슈 전망*, 한국정보화진흥원, 2017.

해 미래이슈를 선정하였다. 특히 이슈 선정과정에서 이슈의 변화량을 추적하여 꾸준히 등장하고 있으며 다수가 인지하고 있는 이슈인 '핫이슈'와 앞으로 부상할 것으로 예상되는 이슈인 '이머징 이슈'를 미래이슈로 구분하여 구체적인 미래신호를 확인했다.

분석결과 [표 8.7]에 정리된 것처럼 2017년 분야별 핫이슈와 이머징 이슈는 장기화된 경기침체와 국내외 정치적 불안정성, 재난·안전의 위협, 그리고 4차 산업혁명에 동반된 미래사회 변화와 관련된 이슈들이 공통적으로 등장하였다. 이를 통해 특정 분야의 중심 이슈로 등장한 이슈가 한 분야의 영향권 내에 머무르지 않고 다른 분야들과 연계되어 사회에 영향을 미치고 있다는 점에서 STEEP 분야를 아우르는 관점으로 미래 이슈에 접근할 필요성을 확인하였다.

[표 8,7] 빅데이터로 찾은 STEEP 분야별 이머징 이슈(2017)

STEEP 분야	주요 이슈
사회 Society	사회 전반에서 장기화된 경기침체와 국정혼란의 영향이 나타날 것으로 전망되었다. 누진세, 기본소득 논의 등 가계경제생활과 관련된 이슈가 증가하여 복지체제 개선 이슈로 이어질 것으로 예상된다.
기술 Technology, ICT	ICT분야는 산업 및 서비스 간의 경계 없는 결합과 개인화 플랫폼의 성장이 눈에 띌 것으로 전망되었다. 이질적으로 간주되었던 산업·서비스 간의 결합 활동으로 혼합현실, 사물인터넷, 드론, 핀테크분야의 성장이 기대된다. 또한, 인공지능 가상비서, 주행자 데이터에 집중하는 자율주행자동차, O2O, 생체인증 등 개인맞춤형 서비스의 부상과 이에 동반된 사회변화가 예상된다.
경제 Economic	내부적으로는 저성장 기조와 정치적 불확실성이 지속되고 있고, 대외적으로는 미국우선주의, 중국의 내수중심 성장전략, 브렉시트(Brexit) 협상 등의 불안요인이 잠재해 있어 경기회복 가능성은 낮을 것으로 예상된다.
환경 Ecological	2016년 지진을 비롯한 자연재해, 유해화학물질 제품 사건들로 경험한 불안감이 지속되는 가운데, 원자력 건설 및 관련 폐기물 처리 문제 등 재난·안전과 관련된 이슈가 중심적으로 나타날 것으로 예상된다. 이러한 재난·안전에 대한 관심은 에너지 신기술 개발, 친환경 스마트시티 건설 등으로 이어져 환경 에너지분야가 꾸준한 관심 속에서 부상할 것으로 전망된다.
정치 Political	정국혼란이 지속되면서 정치환경의 변화를 요구하던 민심은 시민들의 일상적인 정치참여로 이어질 것으로 전망된다. 또한, 조기 대선의 가능성이 높아짐에 따라 정치분야를 넘어 사회·경제 등 다양한 분야의 이슈가 대선공약과 결부되어 등장할 것으로 예상된다.

서울시의 심야버스 노선 최적화 사례 좀 더 구체적인 미래를 예측하고 정책결정에 반영한 사례로는 2013년도 서울시의 심야버스 노선 최적화를 위한 빅데이터 기법 활용을 들 수 있다.[25] 이를 위해 서울시는 유동인구 밀집구간을 선별하여 1,252개 구간으로 분류

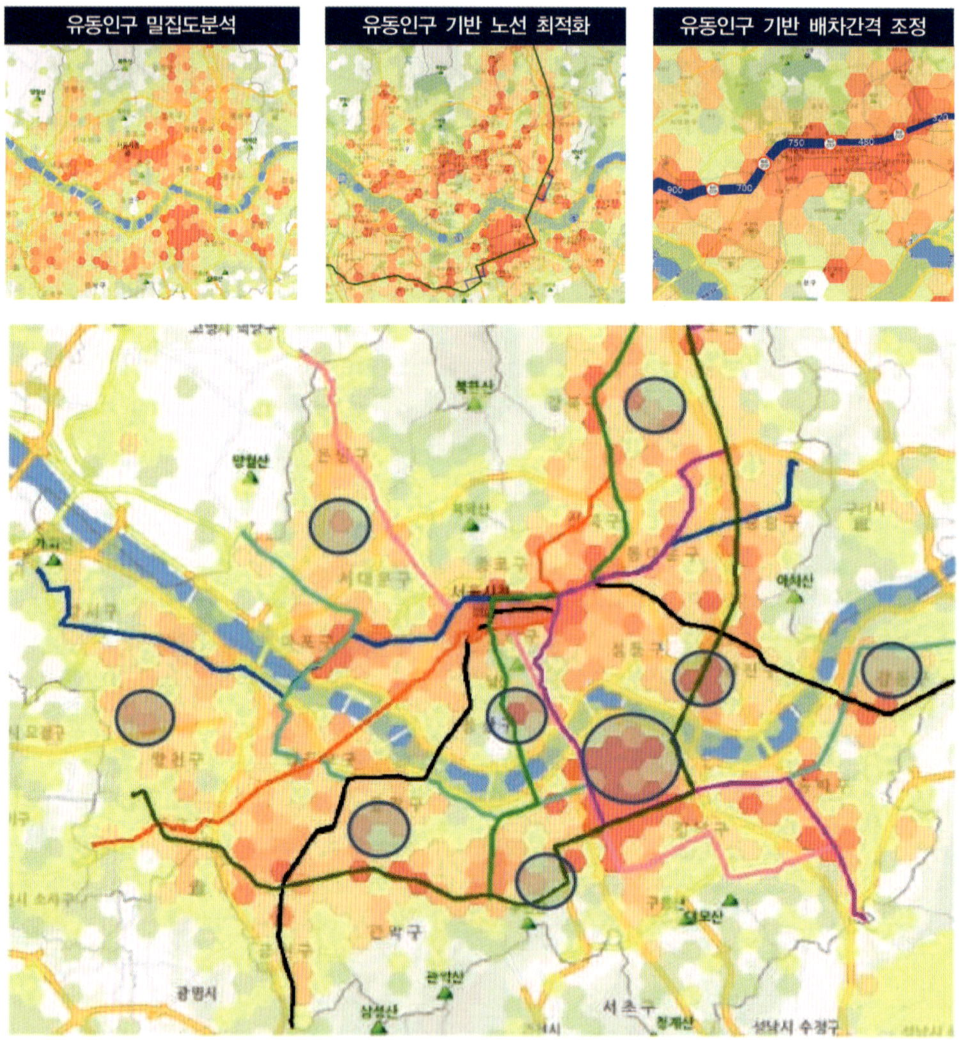

[그림 8.12] 서울시 심야버스 노선 최적화와 노선개발 상세화면

25) ESRI Korea, 서울시 빅데이터 기반 심야버스 노선수립 구축사업, 2013.
https://www.esrikr.com/support/professional-service/case-studies/zeronova,
서울시 심야버스 노선 최적화 빅데이터 활용사례.
https://zeronova.kr/2013/08/07/seoul-bus-route-optimization/

한 후 심야시간대에 수비된 약 30억 건의 전화통화 데이터와 심야택시 승·하차 500만 건을 분석하여 교통수요 구간을 우선순위로 정리하였다. 또한 교통카드 이용량 등의 공공 데이터를 토대로 요일·시간·노선별 유동인구의 가중치에 의한 패턴분석 결과를 시각화하였고 이들을 결합하여 [그림 8.12]에서 보듯이 기존 심야버스와 비교·조정·추가하여 최적화된 노선설계에 반영했다. 그 결과 서울시민이 뽑은 2013년도 10대 뉴스 중 1위에 선정되기도 할 정도로 빅데이터 기법 이용의 성공사례로 꼽힌다.

텍스트 마이닝 기법

텍스트 마이닝text mining이란 인터넷 데이터와 소셜 미디어 데이터와 같은 비정형문서·도형·그림·영상 데이터에서 정보나 지식을 추출하는 기술이다. 대용량의 데이터 속에 숨겨진 의미 있는 패턴을 발견하고 특정 주제와 연관된 데이터를 검색한다. 이 기술은 언어학linguistics·통계학statistics·기계학습machine learning 등을 기반으로 자연어처리natural language processing 기술을 활용하여 반反정형·비非정형 텍스트 데이터를 정형화하고 특징을 추출함으로써 미래의 트렌드를 예측하는 등 의미 있는 정보를 발견할 수 있도록 한다.

1. 텍스트 마이닝 기법의 개념

텍스트 마이닝은 **데이터 마이닝**data mining과 다른 개념이다. 데이터 마이닝이 구조적인 데이터를 대상으로 유용하고 잠재적인 패턴을 끌어낸다면, 텍스트 마이닝은 주로 인간이 사용하는 자연어로 구성된 비구조적인 텍스트 안에서 패턴 또는 관계를 추출하여 지식을 발견하는 것으로, 주로 텍스트의 자동분류 작업이나 새로운 지식을 생성하는 작업에 활용된다.[26]

26) 김진화, "텍스트 마이닝 기법", *전략적 미래예측 방법론 BIBLE*, 두남, 2014. 이 글을 많이 인용한다. 위 사진의 출처는 https://sandsiv.com/text-mining-as-a-building-block-for-voc-analytics/

자연어 처리 기반 텍스트 마이닝의 주요 기술들은 다음과 같다.[27]

- **자연어 처리** 파싱, 형태소분석, 품사 태깅tagging, 관계 추출, 의미 추출
- **언어모델링** 언어 감지, 규칙 기반 개체명·상용어 인식
- **기계학습** 반복훈련을 통하여 습득한 정보 사용능력을 개선
- **마이닝 기술** 각종 통계적 기법을 활용한 정보분류 및 분석 기술

텍스트 마이닝 기술을 구현하기 위해서 [그림 8.13]에서 보듯이 자연어 텍스트를 컴퓨터가 이해할 수 있는 요소로 구조화하여 문장 수준의 텍스트에서 의미를 추출해야 한다.

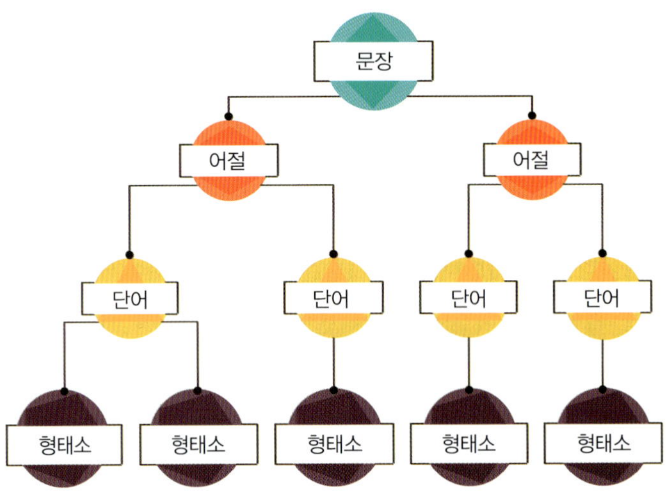

[그림 8.13] 문장의 구조화

텍스트 마이닝은 일반적으로 다음과 같은 과정을 거친다.

- **데이터 검색** 작업과 관련된 문서의 위치를 파악하고 검색한다.
- **특정 정보 추출** 선택된 문서로부터 특정 정보를 추출하고 불필요한 것은 제거한다.
- **정보 마이닝** 특정 정보 내의 패턴을 찾아낸다.
- **해석** 마이닝 단계에서 발견된 패턴을 해석한다.

27) 국립중앙과학관, 텍스트 마이닝. http://www.science.go.kr/

2. 텍스트 마이닝 도구

텍스트 마이닝을 위한 도구들은 다양하다. 대표적으로, IBM의 Watson Content AnalyticsICA는 기업이나 개인이 보유하고 있는 문서, 외부 사이트, 소비자 보고서, 콜센터, 소셜네트워크상의 댓글 등 다양한 데이터 소스로부터 비정형 데이터를 추출·탐색·분석하는 플랫폼으로, 패턴과 의미를 빠르게 검색할 수 있는 스마트한 데이터분석 및 시각화 서비스를 제공한다. 데이터 검색 안내, 예측분석 자동화, 자연어 대화와 같은 인지congitive 기능을 통해 데이터와 소통하여 원하는 답변을 얻을 수 있다. 대시보드dashboard를 통한 시각화 서비스의 예는 [그림 8.14]와 같다,

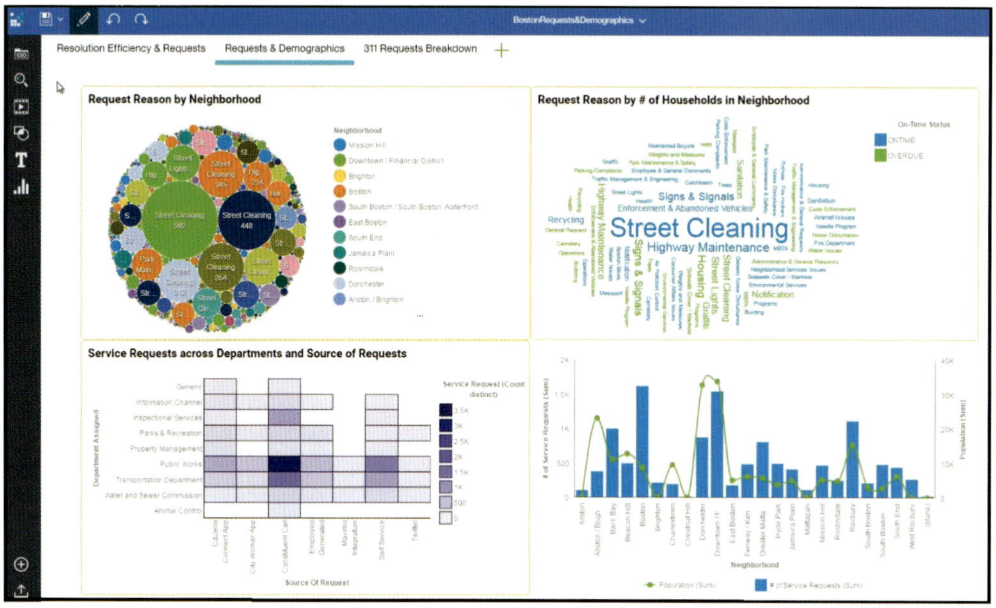

[그림 8.14] IBM ICA의 대시보드예: 보스턴의 거리청소 사례

솔트룩스Saltlux사의 비정형 빅데이터분석 및 처리 플랫폼, 코난테크놀로지Konan Technology 사의 다국어 지원 검색엔진, 다음소프트의 텍스트 마이닝 기반의 소셜네트워크 서비스 분석 솔루션 등도 알려져 있다. 수십 여종의 예측분석predictive analytics 소프트웨어가 이 기술의 중요성을 뒷받침한다.[28]

28) Nicholson, Ian, Top 52 Predictive Analytics & Prescriptive Analytics Software, 2014.

국내 기업인 ECMiner[29]도 [그림 8.15]에서 볼 수 있듯이 한국어 특성을 고려한 형태소 분석 모형 및 품사 태깅 모형을 적용하고 마이닝 알고리즘을 통해 다양한 유형의 업무 활용성을 지원하고 있다.

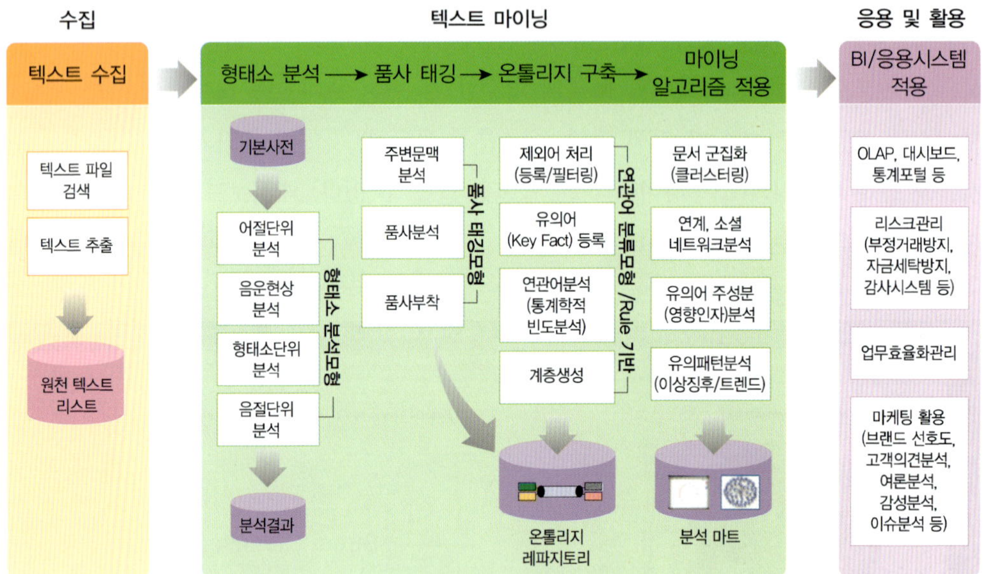

[그림 8.15] ECMiner의 텍스트 마이닝 개념도

3. 텍스트 마이닝 활용사례

편의점 도시락 빅데이터 분석기업인 TIBUZZ가 편의점 도시락에 대한 빅데이터에 텍스트 마이닝 기법을 이용한 사례가 흥미롭다.[30] GS25, CU, 7-Eleven 3사의 도시락에 대해 2015년 8월부터 2016년 7월까지 텍스트 마이닝으로 수집된 125,000건의 데이터를 분석한 '편의점별 도시락 구매요인' 결과는 [그림 8.16]과 같다.

https://www.predictiveanalyticstoday.com/top-predictive-analytics-software/

29) ECMiner. http://ecminer.com/

30) TIBUZZ, 소셜 데이터로 본 편의점 도시락, 2016.8.10. https://www.tibuzz.co.kr/blog/view/9

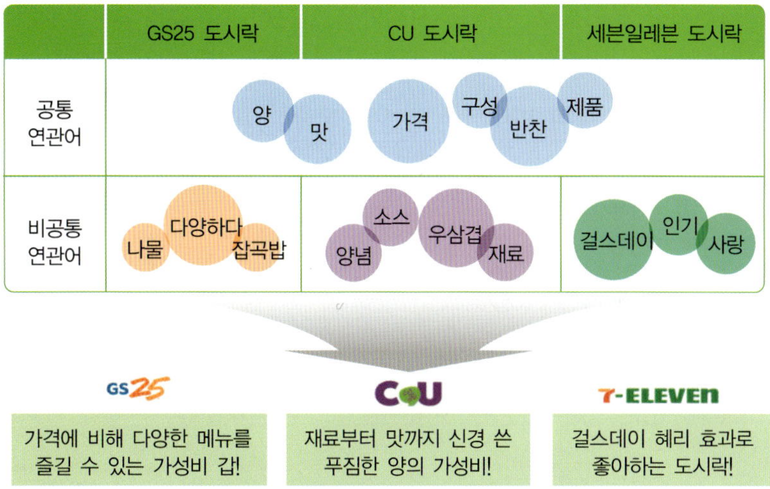

[그림 8.16] 편의점별 도시락 구매요인

국가 R&D 과제분석 2017년 8월에 발표된 한 논문[31]은 텍스트 마이닝을 이용해 우리나라 국가연구개발과제 동향분석을 하였다. 국가연구과제로 조사·기록된 과제 50,865건을 조사하여 아래 [표 8.8]의 6T 유망기술에 대해 R 도구를 이용하여 분석하고 연구동향 및 미래 발전방향을 모색한 것이다.

[표 8.8] 6T 미래유망 신기술의 정의 및 범위

기술분야		정의 및 범위
IT	정보통신기술	데이터의 수집·가공·저장·검색·전송 등 정보 유통의 모든 과정에 사용되는 기술
BT	생명공학기술	생물체의 기능(유전·번식·성장·자기제어 및 물질대사 등)과 정보를 이용하여 인류에게 필요한 물질과 서비스를 가공·생산하는 기술
NT	나노공학기술	분자·원자를 조작하여 새로운 100나노미터 크기의 입자를 가지는 소재·구조·기구·기계·소자를 창출하기 위한 기술
ST	우주항공기술	위성구조물 기반기술, 추진기관 등의 우주 발사체 기술, 위성자료를 이용한 정보추출 등의 위성 응용 분야 기술
ET	환경공학기술	환경기반기술, 청정생산기술, 에너지기술 및 해양환경기술
CT	문화산업기술	문화산업 발전을 위한 기술, 삶의 질을 향상시키고 문화예술 발전을 촉진시키는 기술

31) 홍정림, *텍스트 마이닝을 통한 국가연구개발 과제 동향분석 – 미래유망신기술(6T) 중심으로*, 서울시립대학교 석사학위 논문, 2017.6.

이 논문은 각 기술 분야별로 키워드 시각화도 했는데, 그 결과 중 일부는 아래 [그림 8.17]과 같다. 연구결과, 6T 전 분야에서 '지능형 네트워크 시스템이 필수적이다'라는 결론과 협업이 필요한 융합기술의 미래연구 과제를 도출하였다.

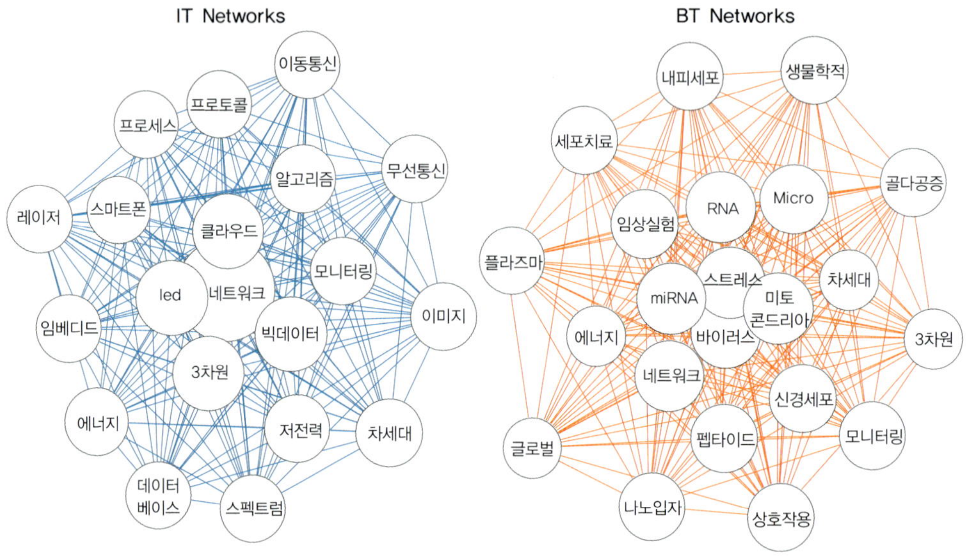

[그림 8.17] 텍스트 마이닝을 이용한 IT · BT기술 키워드의 시각화

브레인스토밍 기법

브레인스토밍brainstorming이란 일정한 테마에 관하여 회의형식을 채택하고, 구성원의 자유발언을 통한 아이디어의 제시를 요구하여 새로운 발상을 찾아내는 방법이다. 1941년에 미국의 광고회사 BBDO의 알렉스 오즈번Alex F. Osborn이 제창하였는데, 그의 저서 '*독창력을 신장하라*Applied Imagination'32)로 널리 소개되었다. 다양한 상상력과 창의성을 필요로 하는 미래연구에 있어서는 매우 유용한 기법으로 평가받는다.

32) Osborn, Alex, *Applied Imagination: Principles and Procedures of Creative Thinking*, Scriber, 1953.

브레인스토밍은 하나의 중심 키워드와 연결성을 가지는 단어들을 문자·그림 등으로 이미지화하여 중심에서부터 사방으로 뻗어나가는 마인드맵mind map과도 관련성을 갖는다. 같은 종이에 아이디어를 써서 다음 사람이 거기에 새로운 아이디어를 추가하는 브레인라이팅brainwriting으로 개념이 확장되기도 한다.[33)]

1. 브레인스토밍 기법의 개념

브레인스토밍은 주제와 관련된 모든 가능성 및 방법들을 열어두고 여러 사람들의 생각을 교환함으로써 많은 아이디어를 제공하고 그 아이디어들을 통해 하나의 새로운 제품전략 등을 탄생시킨다. 브레인스토밍 기법은 다음과 같은 원리를 토대로 한다.

① 한 사람보다 다수인 쪽이 제기되는 아이디어가 많다.
② 아이디어 수가 많을수록 질적으로 우수한 아이디어가 나올 가능성이 많다.
③ 일반적으로 아이디어는 비판이 가해지지 않으면 많아진다.

이 원리를 존중하기 위해 지켜야 하는 기본규칙은 다음과 같다.[34)]

- **주제 설명** 회의 시작 전 브레인스토밍 주제에 관해 배경 설명을 한다.
- **비판 금지** 공감되지 않는 아이디어라 할지라도 비판하거나 무시하지 않고 수용한다.
- **다다익선** 최대한 많은 아이디어를 모으고 서로 다른 아이디어들을 합쳐가며 새로운 아이디어를 도출한다.
- **함께 선택** 아이디어 수집 후 리더와 참여자 모두가 함께 최종 아이디어를 선택한다.
- **적극적 태도** 참여자는 적극적인 태도로 회의에 참여하고, 리더는 참여자들을 주제에 집중할 수 있도록 진행한다.

---

33) McEwen, Mandy, Big Blog Ideas: Brainstorming Exercises to Inspire Fresh Topics, Modgirl Consulting, http://www.modgirl.consulting/brainstorm-blog-post-ideas/ 위 사진의 출처임.

34) 비즈폼, "폭풍처럼 아이디어를 몰아치다. 브레인스토밍 회의 기법", 2017. 이 자료를 많이 인용한다. 브레인스토밍을 이용한 관광 상품 개발 사례도 여기서 발췌한다.

2. 브레인스토밍 진행방법

브레인스토밍은 [그림 8.18]과 같이 7단계로 진행된다.

[그림 8.18] 브레인스토밍 진행절차

1. **안건 및 의제 선정** 팀 내 아이디어 도출을 위한 주제를 선정한다. 리더는 브레인스토밍의 참여자들로부터의 아이디어 도출이 수월하도록 구체적인 의제를 선정해야 한다.
2. **회의장소와 진행방향 결정** 자유롭게 토의할 수 있는 장소와 진행자를 선출한다. 기록이 자유로운 화이트보드 등이 있고 편안한 장소가 적절하다. 진행자를 선출할 때는 분위기 조성을 잘하고 의견분석과 조합이 뛰어난 사람으로 선택하는 것이 좋다.
3. **주제에 대한 배경설명** 리더가 선정한 브레인스토밍 안건에 대해 참여자들에게 사전에 배경 설명을 한다. 회의진행 전에 필수적이다.
4. **아이디어 수집** 참여자들은 리더에게 전달받은 주제에 맞는 아이디어를 수집한다. 생각·인터넷검색·문헌조사 등을 활용해 여러 방향의 아이디어가 도출될 수 있도록 다양한 매체를 통한 정보를 수집한 후, 생각을 정리하여 회의에 참석한다.
5. **아이디어 회의** 각 참여자들은 아이디어 수집 후 공지된 시간에 회의에 참석하여 개인별로 모든 아이디어키워드나 연상 키워드 등를 브레인스토밍 '단어 연상 리스트'에 빠짐없이 기록하고, 현실적으로 실현가능한 아이디어인지 참여자와 리더가 충분한 의견교환을 통해 1차적으로 '독창적', '평범', '유용'한 아이디어로 분류작업을 시행한다.
6. **아이디어 취합 및 정리** 1차적으로 분류한 아이디어를 취합하여 한 번 더 분류작업을 하고, 이를 토대로 2차 분류로 재정리한다. 정리한 아이디어는 보드판에 작성하거나 사진·PPT·회의록 등을 통해 기록으로 남길 수 있으며 1시간 내에 정리하여 공유하는 것이 효과적이다.
7. **아이디어 선택 및 실행** 리더와 참여자는 1차, 2차로 나누어 분류한 아이디어를 검토하여 실행가능성이 있고 경쟁력이 있는 아이디어를 선택한 후, 리더는 선택된 아이디어를 통해 어떻게 프로젝트를 진행시킬 것인지 방향을 정하고 계획을 수립한다.

3. 브레인스토밍 기법 이용사례

관광 상품 개발 (주)비즈투어의 기획팀과 콘텐츠팀이 2015년 9월 27일 사내 회의실에서 '겨울시즌 20~30대 연인을 대상으로 한 국내 관광상품 신규개발'이라는 의제를 가졌다. 주제에 대한 배경설명 후 '겨울', '20~30대 연인', '여행'을 키워드로 아이디어들이 브레인스토밍을 통해 도출되었고, 다양한 단어연상 리스트가 만들어졌다.

① 겨울: 스키, 얼음축제, 크리스마스, 겨울바다, 겨울야경, 손난로, 호빵 등
② 20~30대 연인: 영화보기, 먹방, 사진찍기, 겨울룩, 추억남기기, 놀이동산 등
③ 여행: 여유, 힐링, 설렘, 문화체험, 역사, 배낭, 휴가, 연말 등

아이디어들을 취합·정리한 결과는 [그림 8.19]와 같이 분류되었다. 채택된 아이디어는 '기발한' 아이디어로, 맛있는 음식을 먹고 사진 찍는 먹방 여행이 채택되었다.

	평범한	쓸만한	기발한
키워드	축제+추억+즐거움	겨울 바다+추억+사진+설레임+힐링	먹방+사진찍기+따뜻한 음식+스트레스 풀기
아이디어 도출	겨울시즌 축제를 통해 추억을 남길 수 있는 여행	겨울바다, 겨울캠핑 등 자연에서 추억을 남길 수 있는 힐링여행	맛있는 겨울철 음식을 먹고 사진을 찍어 이벤트도 참여하는 먹방여행

[그림 8.19] 겨울관광 상품 개발 브레인스토밍의 아이디어 분류

미래의 직업 사회환경과 기술혁명에 의해 직업과 일자리가 크게 변하고 있는 시점에서 브레인스토밍 기법을 이용하여 '미래의 직업'을 연구한 사례를 소개한다.35) 이 연구는 기본적으로 환경스캐닝을 주 연구기법으로 삼았지만 연구의 주요 단계마다 브레인스토밍에 기초하여 의사결정을 했다. 한국고용정보원 연구진의 전문성과 집단사고의 장점을 활용한 브레인스토밍을 통해 환경스캐닝 결과의 종합, 미래 고용환경 핵심 동인 및 미래

35) 한국고용정보원, *미래의 직업 연구*, 고용노동부, 2013.

부상 직업 선별, 미래 직업생활 시나리오 개발, 그리고 정책제안 등을 도출하였다.

연구결과, 미래 직업세계 트렌드는 디지털화, 고령화, 아시아로의 부의 이동, 환경과 윤리의식의 변화, 일상적 삶의 안심, 개성화의 환경에 발맞추리라 예상되었고, 이 중 디지털화가 초래할 미래 전망요인이슈으로는 아래 2개가 선정되었다.

① 산업의 생산성 향상과 비용축소 지향 디지털경제의 전면화

② 개인의 생산성 향상 및 물질적 풍요로 인한 가치 변화

디지털화의 영향력을 브레인스토밍을 통해 예측한 미래 고용시장의 이슈별 부정적·긍정적인 변화는 [표 8.9]와 같다.

[표 8.9] 디지털화가 초래할 산업과 직업의 미래상

이슈 1	산업의 생산성 향상과 비용축소 지향 디지털경제의 전면화
부정적	• 인간이 해왔던 일들을 급속히 대체 • 각 분야 1, 2위 기업을 제외한 기업의 경쟁력 약화로 고용환경이 악화 • 아날로그적 특성이 강한 분야는 축소 혹은 대거 성격이 변할 것으로 예상
긍정적	• 스마트 비즈니스와 생산성 확대를 위한 디지털 생태계의 산업이 성장 • 기존 산업과 디지털경제의 결합으로 융합, 디지털보안 등 새로운 성장분야가 나타나 고용을 창출 • 기업이나 조직 외부에 아웃소싱·전문성 갖춘 작은 조직이 다양한 지원분야에 종사함으로써 고용창출에 긍정적인 영향
이슈 2	개인 생산성 향상 및 물질적 풍요로 인한 가치 변화
부정적	• 소수 기업의 지배력 강화로 막강한 능력을 갖춘 초거대 기업들의 개인에 대한 기업 지배력 강화로 종속적 관계가 우려됨 • 대규모 투자가 필요한 영역에서의 고급 직업의 편중 심화 가능성이 커짐
긍정적	• 기업 및 여러 조직과의 효율적인 네트워크를 통해 산업이 발전하고 여기서 다수의 직업이 생길 수 있음 • 디지털경제의 생산성 향상으로 개인의 노동시간을 줄여 더 적은 시간 일하면서 여러 가지 일을 하는 고용생태계가 수많은 인력을 포용할 것임 • 개인의 전문적 능력이 생산, 서비스, 코칭 등 다양한 창업 및 1인 직업이 증가할 것으로 예상됨

전문가패널 기법

전문가는 흔히 그 분야 최고의 권위자로서 통찰력을 가지며, 지식과 경험이 풍부한 사람을 일컫는다. 나아가 패널이란 토의에 참석하여 주장을 펼치는 전문가들을 말한다. 전문가와 함께 균형감이 있는 5~10인의 패널로 구성하여 미래를 예측하는 기법을 전문가패널 expert panelling 기법이라 한다. 장시간에 걸쳐 수차례의 토론을 거쳐 각종 영향요인을 다각도로 분석하여 권위와 수준 높은 보고서를 채택한다.

1. 패널의 종류

패널이 하는 역할은 전문가로서 폭넓은 지식을 토대로 현재를 직시하고 미래를 예측하는 일이다. 다양한 형태의 패널 토의 방법들이 있다.[36)]

- **세미나** seminar 특정 주제나 이슈에 관하여 발제자가 주제발표를 하고, 패널로 구성된 토론자들이 이 주제에 대해 집중적으로 토론한다. 찬반의 형태로 토론이 되기도 하고 전문가적인 입장만을 밝힐 수 있다. 좌장 혹은 사회자가 결론을 유도하기도 한다.
- **심포지움** symposium 사회자를 중심으로 진행되며 복수의 전문가가 서로 다른 측면에서 전문적인 의견을 피력하고 필요 시 참석한 청중으로부터 질의를 받고 응답으로 진행되는 방식이다.
- **포럼** forum 토론자끼리 혹은 청중과 토론자 간에 활발한 의견 개진과 충돌·합의가 이루어지는 자유토론을 말한다.
- **워크숍** workshop 참여자들이 연구·검토·토론을 하는 연구회의 성격을 띤다. 전문가의 참석도 가능하다.

36) 서재철, "패널 기법", *전략적 미래예측 방법론 BIBLE*, 두남, 2014. 이 글을 많이 인용한다.

2. 전문가패널 기법의 특성과 장 · 단점

전문가패널 기법을 활용하여 미래를 잘 예측하기 위해서는 패널을 잘 구성해야 한다. 충분한 교육 및 지식과 경험을 쌓은 전문성과 패널로서의 입장, 가치관, 학술적인 견해 등 왜곡됨이 없는 균형감각을 갖추어야 한다. 잘 구성된 패널이 제시하는 보고서는 권위와 신뢰, 그리고 정당성 · 객관성 · 타당성을 인정받을 수 있는 까닭이다.

전문가패널 기법의 가장 큰 장점은 전문가들의 다양한 관점을 수용할 수 있다는 것이다. 그러나 전문가들이 각각 개인적으로 특정 사고에 집착한다거나 입장에 따라 의견 표명을 하게 되면 왜곡현상이 나타날 수 있다는 단점이 지적된다.

와일드카드 기법

와일드카드wild cards란 카드게임에서 '아무 카드로든 대용으로 쓸 수 있는 카드', 혹은 스포츠게임에서 '출전자격을 따지 못했지만 특별히 출전이 허용된 선수'를 뜻한다. 그러나 미래연구에서는 '예측할 수 없는 요인'을 의미한다. 의외의 돌발변수나 뜻밖의 상황이 트렌드를 무시하고 미래를 바꾸는 사례가 많은데 이를 미리 예측하기 위한 노력이 와일드카드 기법이다. 존 피터슨John Petersen에 의해 정립된 기법으로[37] 알려져 있다.

1. 와일드카드의 개념

일반적인 예측 기법은 트렌드를 토대로 한다. 그러나 트렌드분석으로는 밝히지 못한 위대한 과학적 발견, 9 · 11 테러 사건, 남북정상회담 같은 뜻밖의 사건들은 이 후 사회 전반에 엄청난 영향을 미치고extraordinary implications, 나아가 지구촌 전체로 그 영향이 뻗어global reach 나간다. 그 파급력 때문에 미래지진future-quakes이라고 부르기도 한다.

37) Petersen, John L., "The 'Wild Cards' in Our Future: Preparing for the Improbable," *Futurist*, July–August 1997.

와일드카드는 세 가지로 분류된다.

① '다음 지진'과 같이 발생할 것으로 예상은 되지만 언제일지 불확실한 와일드카드

② 'IMF 사태'처럼 일반인들은 모르지만 전문가들은 예측할 수 있는 와일드카드

③ '9·11 테러'와 같이 아무도 모르고 관찰조차 불가능한 와일드카드

따라서 이를 미리 타진하려면 아래와 같은 질문을 던져야 한다.

- **인지**identification 무슨 와일드카드의 출현이 가능한가?
- **평가**assessment 무엇이 가장 중요한 와일드카드인가?
- **모니터링**monitoring 와일드카드의 출현을 기다려도 되는가?
- **행동**action 우리가 과연 할 수 있는 일이 있는가?

2. 와일드카드 기법의 이해

위와 같은 4개의 질문들에 대한 와일드카드의 기법의 답은 아래와 같다.[38)]

- **인지**언제 출현할까? 이에 대한 답을 얻기 위해 브레인스토밍, 전문가 인터뷰, 과거의 전례 연구 등이 유용하다. 심지어는 보편적 사고에서 벗어나는 SF소설도 도움을 줄 수 있다.
- **평가**무엇이 중요한 와일드카드일까? 가치·삶·관계와 같은 인간요인human factors들을 고려해야 한다. 취약성vulnerability, 발생시기timing, 발생 반대세력opposition, 영향력power 등을 고려하되, 파급효과reach, 예측 불가능한 정도, 다가오는 속도 등을 고려해서 총체적인 평가가 이루어져야 한다.
- **모니터링**와일드카드를 기다려야 하나? 전혀 예상치 못했던 와일드카드에 대한 대책은 없겠으나 인터넷 기반 조기경보시스템을 구축한다면 약한 신호weak signal를 포착할 수는 있다. 혜성이나 지진 등은 과학적 경보시스템으로 어느 정도 예측이 가능하다.
- **행동**우리가 할 수 있는 일이 있는가? 와일드카드에 대응하는 방법은 전형적인 예측기법보다는 좀 더 창의적이어야 한다. 시스템 사고, 연상적 사고associative thinking, 직감intuition 등이 필요하다.

38) Petersen, John C. and Karlheinz Steinmuller, "Wild Cards", *Futures Research Methodology, Version 3.0*, 2011.

와일드카드 기법의 3법칙은 다음과 같다.

① 와일드카드를 미리 생각하지 않는다면 와일드카드에 대한 생각 자체가 무의미하다.

② 와일드카드에 대응하는 열쇠는 정보의 획득과 이해밖에 없다.

③ 놀라운 사건에 대해서는 놀라운 접근방법이 필요할 뿐이다.

천재적 예측방법

천재적 예측genius forecasting방법은 천재 개인적 역량으로 미래를 예측해 내는 예측방법을 말한다.[39] 그동안 소수의 퓨처리스트나 천재들이 탁월한 통찰력과 상상력으로 미래를 직관적으로 예측하는 데 성공했다면 그들의 직관적 예측방법을 이해하고 흉내내어 보자는 것이다. 직관intuition은 본능적 감각이 아닌 무의식의 세계에서 나오는 판단이나 초능력을 의미한다. 따라서 천재들의 직관력을 과학적으로 설명할 수도 없고 또한 이성적이고 합리적인 해명도 불가능하다. 예를 들어, '200년 내 지구가 멸망하기 전에 다른 행성으로 미리 피하라'는 천재물리학자 스티븐 호킹의 경고는 200년 후에야 그 타당성이 입증될 것일 뿐 그의 과학자로서의 천재성을 지금은 의심하기조차 힘들다. 그러나 그러한 '천재성'을 이해하는 것은 미래연구자에게 도움이 될 수도 있다는 것이다.

1. 천재의 특성

인간의 특별한 직관력에 대한 두 가지의 가정이 가능하다.

- **탁월성** 어떤 사람은 다른 사람의 두뇌보다 더 자주 그리고 더 빠르게 생각하는 두뇌를 가졌다. 따라서 보통 사람보다 더 많이 알수록 더 정확히 추측할 수 있다.
- **천재성** 어떤 사람은 보통 사람보다 더 자주 올바른 추측을 한다. 그 이유는 모르지만 그의 추측은 믿을만한 판단기준이 된다.

39) 이민영, "천재적 예측방법", *전략적 미래예측 방법론 BIBLE*, 두남, 2014. 이 글을 많이 인용한다.

탁월성은 더 많이 알고 더 깊게 연구하면 노력으로 갖출 수 있지만, 천재성은 '정확한 직감'을 뜻하므로 그 배경을 살펴볼 의미를 갖는다. 우선, 천재는 다음과 같은 특성이 있다.

- **뛰어난 정신력** 선천적 능력에 후천적 노력이 더해져 그 잠재적 역량이 월등히 발현된다.
- **높은 지능지수** IQ140~150 이상의 MENSA 회원 수준이어야 한다.
- **창의적 상상력** 어떤 사안이나 문제에 봉착했을 때 독창적인 해결능력이 있다.
- **강한 집착력** 별난 사람이라 평가받을 정도로 주어진 문제에 매달린다.
- **다른 사고 프로세스** 미래를 바라보는 관점이나 태도가 다르다.

천재는 완벽하다 할 만큼 자신이 추구하는 것을 섭렵하려 한다. 보통 사람이 가진 그 이상을 꿈꾸고 그 이상의 경지를 바라본다. 천재는 하늘에서 내려오지 않고 끊임없는 자기 혁신을 통해 만들어지고 다듬어진다. 따라서 천재적 예측은 천재보다 IQ가 낮지만 특정 분야에 탁월한 전문성이 있거나 자신을 증명할 수 있는 사람에게도 가능하다는 논리도 성립된다.

2. 천재의 직관과 통찰력

직관이란 인간이 가지는 감각 중에서 최고의 감각이다. 일반적인 감각은 5감을 통해 얻지만 직감은 5감을 뛰어넘는 한 차원 높은 정신적 감각이다. 현실에 존재하는 것을 구체적으로 인식하는 지각과 달리 실증이 없더라도 인식되는 감각이며 무의식적인 사고이다. 문학이나 스포츠 등 다양한 분야에서 필요한 정신세계이다. 직감은 무당이 갖는 영감보다는 더 강한 믿음을 주게 된다.

발명왕 에디슨의 경우에도 직관은 발명의 근거였다. 아이폰으로 디지털통신 문명의 신세계를 펼친 스티브 잡스도 천재적 직관의 소유자로 평가된다. 천재들이 직감을 통해 직관적으로 예측하는 미래는 그들만의 가치기준과 상상력 등이 어우러져 만든 결과이다.

천재들이 갖는 또 하나의 특성은 통찰력이다. 미래의 통찰력을 나타내게 해주는 예로 [그림 8.20]과 같은 9개의 점 퀴즈가 제시되기도 한다.[40] 이 9개의 점으로 만들어진 사각

40) Lenn, Jerome C., "Genius Forecasting, Intuition, and Vision", *Futures Research Methodology, Version 3.0*, 2011.

형 안에서 생각하고 고민을 하다 보면 사각형 밖으로 나가야 문제를 해결할 수 있다는 통찰력이 생긴다. 이렇게 우리가 일상적으로 생각하는 사고의 틀을 벗어야만 하듯이 천재들은 보통사람들보다 높은 통찰력을 가지고 있다.

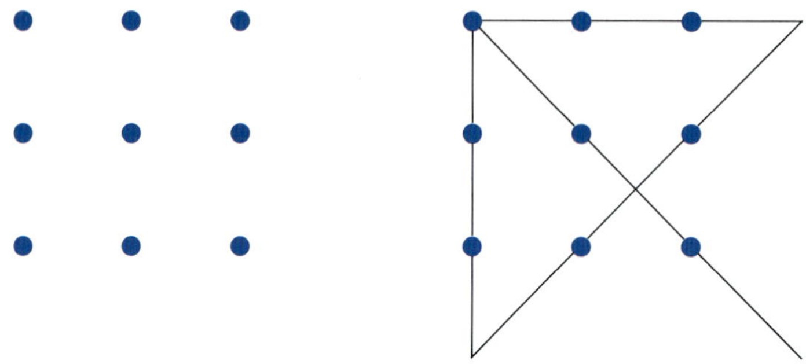

(A) 문제: 4개의 연속된 직선으로 9개의 점 연결하기

(B) 통찰력으로 얻은 답

[그림 8.20] 9개의 점 연결하기 퀴즈

3. 천재적 예측을 위한 접근방법

천재성을 활용해서 미래를 예측하는 정형화된 방법은 찾기 힘들다. 그러나 천재의 통찰력을 닮기 위해서는 다음과 같은 행위들이 추천된다.

- **독서와 검색** 사전 다양한 지식이 없었다면 뉴턴이 떨어지는 사과를 보고 만유인력의 법칙을 발견할 수 없었을 것이다. 결국 지식이 통찰력을 키운다.
- **추측해보기** 운동으로 몸을 단련하듯이 미래를 상상하고 추측하는 작업을 자주 하면서 그때그때 왜 어느 땐 맞고 또 어느 땐 틀리는지, 그리고 그 이유가 무엇이지 자각해본다.
- **반대로 생각하기** 예전 방식과 오히려 반대로 접근하면 의외로 문제가 해결되기도 한다.
- **천재를 게임에 참여시키기** 회의에 천재를 참여시키면 다른 사람들도 자극받아 천재성을 발휘할 수 있다. 천재가 전쟁게임을 하게 만들고 지켜보면서 전쟁억제 방안이 강구되기도 한다,
- **명상하기** 통찰력과 직관력을 키우기 위한 옛날 사람들의 방식이지만 도움이 된다.
- **꿈꾸기** 꿈은 무의식을 의식화시키는 인간의 특별한 행동이다. 꿈을 기억하면 무의식의 정신세계를 좀 더 이해할 수 있다. 직감을 분해시켜 작은 감정 단위로 나누어 해석해보는 것도 유익할 수 있다.

미래지수 기법

측정할 수 없는 것은 관리가 불가능하다고 했다. 국가의 미래역량은 몇 점이나 될까? 대한민국은 미래를 잘 준비하고 있는 나라인가? 각 산업별 경쟁력은 어떠한가? 기업은 미래에 도약할 힘이 있는가? 개인의 미래를 향한 능력은 얼마나 되는가? 그 평가들은 어떻게 하나? 이와 같은 질문에 대한 답이 미래지수future index 기법이다. 기본적인 통계정보를 분석하고 측정할 변수들을 선택한 후 전문가들의 질의응답 과정을 통해 이루어지는데 일회성으로 끝나는 것보다는 지속적으로 평가하여 역량강화 전략을 세우는 것이 미래개척의 지름길일 것이다.

1. 국가미래지수

국가미래지수SOFI: State of the Future Index는 국가의 미래를 예측하는 지수이다. 전문가들을 대상으로 한 델파이조사 및 과거 20년간 통계 데이터를 근거로 영아사망률, 1인당 GNP, 이산화탄소배출량 등 다양한 변수의 영향력을 예측하고 이를 통해 10년 후의 발전속도를 예측하는 지수이다.[41] 지난 1999년 UN 밀레니엄 프로젝트에서 개발을 시작한 이후 2001년도부터 꾸준히 발표되어 왔다.

SOFI는 2017년도의 발표에서 [그림 8.21]과 같이 지구의 미래에 발생될 중요한 도전으로 15가지를 상정하였다이 책의 5장, 부록에서 상세히 다룬 바 있다.

미래를 향한 변화를 위해 이러한 도전과제들이 어느 정도 진행되고 있는지를 평가하기 위해 SOFI는 [표 8.10]과 같은 지표들을 활용한다.

41) 박경식, "미래지수 기법", *전략적 미래예측 방법론 BIBLE*, 두남, 2014.

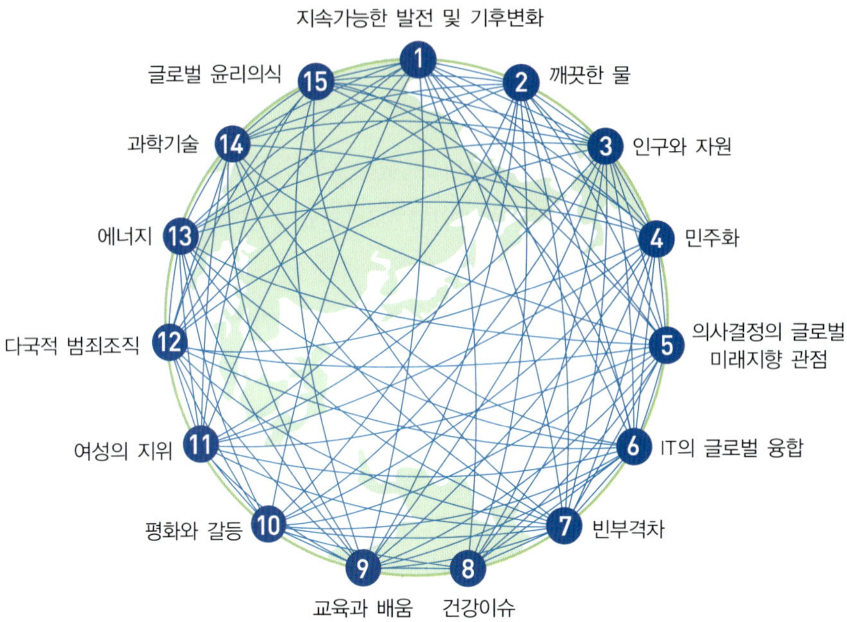

[그림 8.21] UN이 발표한 15가지의 인류의 도전과제

[표 8.10] SOFI 지표들(2017)

1	상위 10%의 경제수입 비중	15	자원제고와 폐기물 흡수 능력
2	실업률	16	삼림 면적률
3	빈곤층 비율	17	이산화탄소 배출
4	투명성 및 부패(1=낮음; 6=높음)	18	에너지 효율성
5	해외 투입자본 금액	19	재생에너지를 통한 전기 생산
6	국가예산 중 R&D 비중	20	15세 이상 식자율literacy rate
7	인구증가율	21	중고생 등록률
8	기대수명	22	고급인력의 공유 비중
9	사망률	23	무기를 이용하는 전쟁횟수
10	영양부족인구 비중	24	테러사건수
11	건강 관련 지출	25	사회적 불안척도
12	의사수(인구 1,000명당)	26	자유권리 수준
13	질 좋은 물섭취 비율	27	여성 국회의원 비율
14	재생 물자원	28	인터넷 사용률

안타깝게도 우리나라에 대해서는 지난 2008년에 마지막 발표를 한 이후 SOFI지수가 측정된 적은 없으나, 이산화탄소배출량, 식량 수급, 1인당 국민소득, 유아사망률, 부패 정도, 문맹률, 실업률 등 총 14개의 변수를 토대로 측정한 우리나라 미래지수는 2007년도 이후 [그림 8.22]와 같이 점차 향상될 것으로 예측되었던 바 있다.

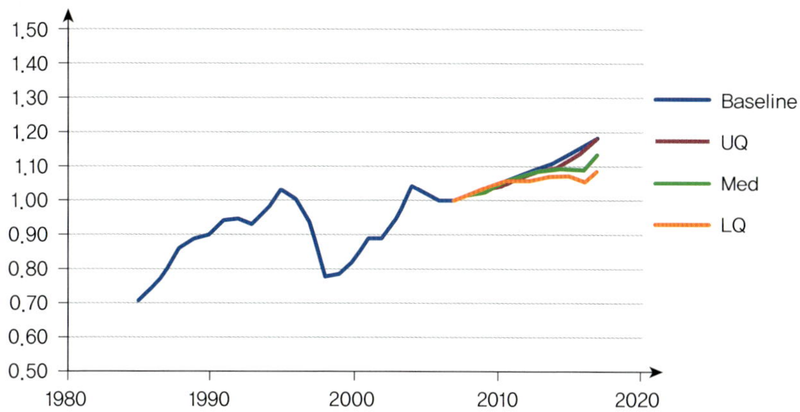

[그림 8.22] 대한민국 미래지수(2007년도=1.0)

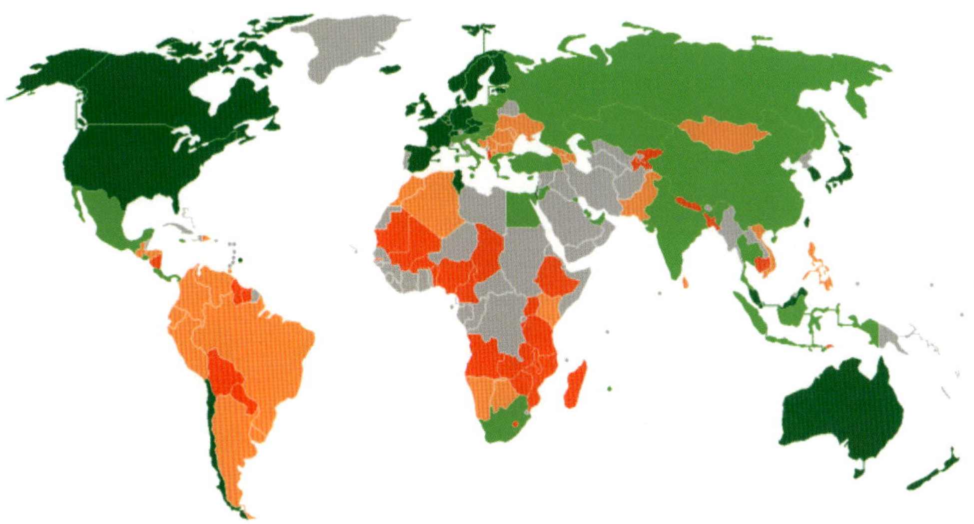

[그림 8.23] 국가경쟁력 지도

이 그림에서 ■ 북미와 오세아니아 및 일본과 한국은 강한 경쟁력, ■ 중국과 인도를 위시한 아시아권은 중간, ■ 남미와 아프리카 북부는 약함, ■ 아프리카 동서는 매우 약함 등으로 이해하면 된다.

또한 [그림 8.23]에 나타난 것처럼 우리나라는 세계 국가들의 경쟁력지수competitiveness index에서도 미국·유럽·일본·오세아니아 국가들과 겨룰만한 역량을 지니고 있는 것그림에서 초록색으로 예측되었던 바 있다.

2. 국가미래준비지수

2010년 우리나라에서도 한국정보화진흥원이 국가미래준비지수FRI: Futures Readiniess Index가 연구되어 발표된 적이 있다.[42] 급변하는 환경에서 미래에 대한 준비가 곧 그 나라의 경쟁력을 예고하는 것이라고 보고 우리 나름의 미래지향적 평가체계를 구축할 필요성이 있다고 판단했기 때문이다. 이 평가지표는 IMD국제경영개발원의 평가 330개 지표 중 미래지향 지표 76개를 평가체계에 맞게 추출하여 만든 것이다.

FRI국가미래준비지수는 아래 [표 8.11]과 같이 미래준비의 흐름에 따른 진단SAVE과 미래준비가 이루어지는 각 부문에 대한 진단HERE으로 구분된다.

[표 8.11] 국가미래준비지수FRI의 평가요소

미래준비의 흐름		미래준비가 이루어지는 각 부문	
S	Search미래탐색	H	Human인력, 교육, 의식
A	Act미래활동	E	Economy경제와 예산
V	Value-added미래성과	R	Resource자원과 기술
E	Evaluate미래평가	E	Environment환경 및 삶의 질

평가체계는 [그림 8.24]와 같다.

42) 김동환·송영조, 국가미래준비지수의 개발 및 국제비교, 한국정보화진흥원, 2010.

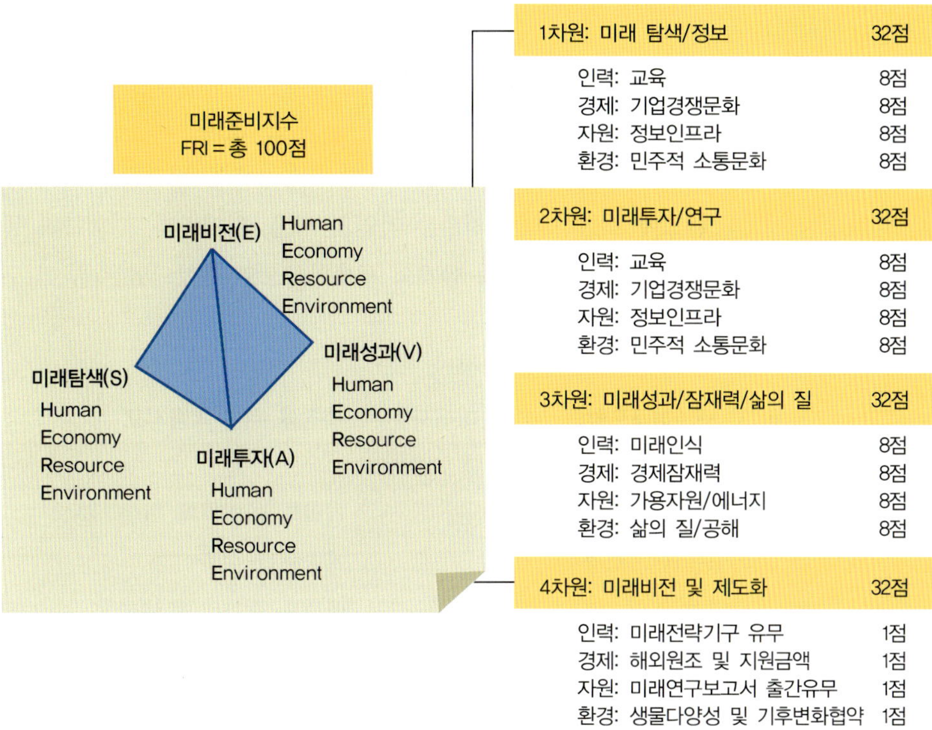

[그림 8.24] 국가미래준비지수FRI의 평가체계도

2011년도 평가결과 우리나라는 [표 8.12]과 같이 23위로 나타났다. 미래준비 인식은 높으나 체계적 준비가 미흡하고, 따라서 글로벌 경쟁력을 위한 미래형 인재양성과 타 문화에 대한 개방성이 관건이라는 해석이 내려졌다.

[표 8.12] SOFI 국가별 순위

1	덴마크	7	호주	13	오스트리아	19	벨기에
2	핀란드	8	미국	14	이스라엘	20	대만
3	스웨덴	9	네덜란드	15	일본	21	프랑스
4	캐나다	10	노르웨이	16	홍콩	22	룩셈부르크
5	스위스	11	독일	17	뉴질랜드	23	한국
6	싱가포르	12	아일랜드	18	영국	24	

3. 기업미래지수

불확실한 시대에서 급변하는 환경에 대응하는 기업의 능력은 중요하다. 기업의 미래지수CFRI: Corporate Future Readiness Index란 기업의 미래에 대한 대응능력을 평가하는 지수이다. 세계미래포럼이 2011년도에 개발한 CFRI지수는 기업의 생존, 위기관리, 기회포착 등의 영역에서의 능력 측정을 위해 23개의 지표와 39개의 세부항목으로 구성되었는데, 이 구성은 [표 8.13]과 같다.[43]

[표 8.13] 세계미래포럼의 기업의 미래지수CFRI 측정을 위한 역량지표

영역	지표(23개)			
생존	1	기업진화에 대한 CEO의 역량	5	기업의 이미지와 협업·공생
	2	의소통과 정보공유	6	기술능력 수준
	3	창의성	7	매출과 순이익 추세
	4	기업이 속한 업종의 미래전망	8	고객만족·불만족도 수준
위기·기회 공통	9	미래에 대한 CEO의 관심	12	미래환경 모니터링
	10	미래기회·위기 교육	13	미래예측 시스템
	11	미래기회·위기 관련 조직	14	미래분석 및 기회포착능력
위기대처	15	위기관리전략	17	위기 조기경보시스템
	16	위기대응 매뉴얼	18	위기관리 커뮤니케이션
기회성장	19	전략의 유연성	20	미래변화에 대한 이해관계자와의 커뮤니케이션
	21	사업화 능력		
피드백	22	예측과 실행결과의 GAP분석	23	학습능력

카이스트가 2014년에 발표한 기업미래지수CFI[44]도 [표 8.14]에 정리하였다.

43) 세계미래포럼, *기업의 미래준비지수(CFRI) 개발*, 2011.

44) 카이스트 미래전략연구센터, *기업미래지수 자체평가표*, 2013.

[표 8.14] 카이스트의 기업미래지수CFI 측정체계

구분	분야LOMIGS		평가항목(23개)	평가내용
미래대비지수	리더십 L	미래주도 리더와 문화 Leadership	L1 미래사회주도 리더십	미래지향적 의사결정, 창조적 리더십
			L2 글로벌 정보력	가치창출에 기여하는 정보획득 및 보안능력
			L3 팀워크 문화	조직 내 수평적 협력과 수직적 리더십의 조화
			L4 고객신뢰	사회적 기여, 국민적 신뢰, 글로벌 브랜드인지도
	조직 O	미래주도 조직역량 Organizational	O1 미래주도 창조역량	R&D 인력, 혁신조직 보유
			O2 미래주도 비즈니스	미래제품, 미래서비스 보유
			O3 미래주도 핵심인력	미래예측, 미래전략기획, 기술경영인력 보유
			O4 미래주도 실현역량	고객관계, 개방혁신, 신제품·서비스 출시경험
	관리 M	체계적 미래 관리능력 Management	M1 과학적 미래예측·관리	3차원 미래예측법 및 미래관리 5단계
			M2 탁월한 미래전략 계획서	기간, 수준, 범위
			M3 실용적인 업무 메뉴얼	상세·간단명료·창의적 메뉴얼
			M4 체계적 위기관리	기회·위험의 포착·판단·대응 관련 경영능력
	투자 I	개척적 미래투자 Investment	I1 미래기술·지적재산권 예산	R&D 투자, 지적재산권 확보 투자 및 관리 효율
			I2 미래 비즈니스 창출 예산	신제품 개발 및 시장개척 예산
			I3 인재발굴 및 육성예산	선발, 영입, 교육
			I4 미래대응력 확보 예산	위기관리를 위한 별도 예산 및 투자계획
미래기대지수	성장성 G	미래성장 가능성 Growth	G1 시가총액 전망	3개 이상의 시장조사기관 전망치 평균
			G2 성장잠재력	PBR: Price on Book-value Ratio
			G3 성장효율성	ROA: Return On Assets
			G4 성장의 규모	외부기회요인 고려, 5년간 매출액 증가율 전망
			G5 성장의 질	외부기회요인 고려, 5년간 신제품 매출액 증가율

지속성 S	미래지속 가능성 Sustainability	S1 신용평가 결과	3개 이상의 세계적 신용평가기관 전망치 평균
		S2 재무건전성	부채비율 및 유동비율 현황
		S3 해당 업종의 장기전망	외부요인고려, 3개 이상의 시장조사기관 전망치
		S4 안정적 수익창출능력	외부기회요인 고려, 미래 5년간 영업이익의 분산

토의문제

01. 퓨처스 휠 기법이 왜 미래연구가들이 애용하는 기법이라고 생각하는가?

02. 오랜 역사의 델파이 기법은 무슨 문제를 다룰 때 가장 유용할까?

03. 시나리오 기법이 다양한 미래상을 도출하는 데 가장 효과적이라고 생각하나? 다른 대안은?

04. 왜 빅데이터 기법이 비즈니스 분석기법으로도 칭송받을까?

05. 일반 문헌자료조사와 텍스트 마이닝은 각각 어느 때 사용하면 좋을까?

06. 브레인스토밍과 전문가패널 기법을 혼용한 전문가 브레인스토밍은 어떻게 생각하는가?

07. 천재들은 와일드카드의 등장에도 그 역량을 발휘할 수 있을까?

08. 공식적으로 발표되는 국가미래지수는 정말 믿을만 할까?

09. 미래예측기법들의 공통분모는 무엇일까?

10. 미래예측의 자동화 도구의 개념을 설계해보라.

참고문헌

국내문헌

김광옥, "교차영향 분석법", *전략적 미래예측 방법론 BIBLE*, 두남, 2014.

김동환·송영조, 국가미래준비지수의 개발 및 국제비교, 한국정보화진흥원, 2010.

김병희, "리얼타임 델파이 기법", *전략적 미래예측 방법론 BIBLE*, 두남, 2014.

김병희, "시나리오 기법", *전략적 미래예측 방법론 BIBLE*, 두남, 2014.

김수보, "빅데이터란 무엇인가", *한국인터넷정보학회논문지*, 2013.

김진화, "빅데이터 기법", *전략적 미래예측 방법론 BIBLE*, 두남, 2014.

김진화, "텍스트 마이닝 기법", *전략적 미래예측 방법론 BIBLE*, 두남, 2014.

미래전략센터, *빅데이터로 본 2017년 STEEP별 이슈 전망*, 한국정보화진흥원, 2017.

박경식, "미래지수 기법", *전략적 미래예측 방법론 BIBLE*, 두남, 2014.

박영숙, 제롬 글렌, 테드 고든, 전략적 사고를 위한 미래예측, 교보문고, 2011.

비즈폼, "폭풍처럼 아이디어를 몰아치다. 브레인스토밍 회의 기법", 2017.

서재철, "패널기법", *전략적 미래예측 방법론 BIBLE*, 두남, 2014.

안종배, "퓨처스 휠", *전략적 미래예측 방법론 BIBLE*, 두남, 2014.

아모레퍼시픽, *아모레퍼시픽, 테크뷰티 프로젝트 메이크온*, 2017.

안종배, "델파이 기법", *전략적 미래예측 방법론 BIBLE*, 두남, 2014.

오도영·이근민, "델파이 기법을 활용한 보조공학 서비스 발전을 위한 과제분석", 중복지체부자유아연구, 2008.

윤기영, "가상현실이 만들 '미래수레바퀴'는?", *미래창*, 2017.

이영구, "원전 사고 최대 발생 확률 로또 당첨의 1,162배", 1BOOM, 2017.

정용찬, *빅데이터*, 커뮤니케이션북스, 2013.

최연구, "미래, 혼자 안보이면 여럿이 함께", *테크M*, 2016년 8월호.

최항섭 외, *디지털사회의 미래예측 방법론 연구*, 정보통신정책연구원, 2006.

한국고용정보원, *미래의 직업 연구*, 고용노동부, 2013.

홍정림, *텍스트 마이닝을 통한 국가연구개발 과제 동향분석- 미래유망신기술(6T) 중심으로*, 서울시립대학교 석사학위 논문, 2017.

ESRI Korea, 서울시 빅데이터 기반 심야버스 노선수립 구축사업, 2013.

TIBUZZ, 소셜 데이터로 본 편의점 도시락, 2016.8.10.

해외문헌

Glenn, Jerome C., "Genius Forecasting, Intuition, and Vision", *Futures Research Methodology,*

Version 3.0, 2011.

Glenn, Jerome C., "The Futures Wheel", *Futures Research Methodology, Version 3.0*, 2011.

Lindgren, M. & H. Bandhold, *Scenario Planning: The Link between Future and Strategy*, Palgrave Macmillan, 2003

Nicholson, Ian, Top 52 Predictive Analytics & Prescriptive Analytics Software, 2014.

Petersen, John L., "The 'Wild Cards' in Our Future: Preparing for the Improbable," *Futurist*, July–August, 1997.

Petersen, John C. and Karlheinz Steinmuller, "Wild Cards", *Futures Research Methodology, Version 3.0*, 2011.

Pi, Aina, "Consensus building: The Delphi Method and the Nominal Group Technique", Insights in Life Sciences, 2015.

Wade, Woody, *Scenario Planning*, Wiley, 2012.

웹사이트

http://gibo.conects.com/main/index/detail/detail_makeon

http://plug.hani.co.kr/futures/3104876

https://www.glennklockwood.com/data-intensive/hadoop/overview.html

https://www.slideshare.net/Dell/big-data-use-cases-36019892

http://blog.skhynix.com/1721

http://www.futurekorea.co.kr/news/articleView.html?idxno=103003

http://www.science.go.kr/

http://ecminer.com/

https://www.forumforthefuture.org/project/retail-futures-2022/

부록 8

미래연구 기법의 분류

미래연구 기법들은 너무 다양해서 언제 왜 무슨 기법을 이용해야 하는지 불확실하다. 이미 이 책의 3부를 시작하며 밝힌 바 있지만 일반적인 분류방법은 다음과 같다.

- **연구대상에 의한 분류** S(사회society), T(기술technology), I(산업industry), E(생태ecological), P(정책policy)가 기본이다. 여기에 미래창조 기법들은제9장에서 소개될 예정 포사이트 프로젝트를 진행시키는 O(미래조직organization)에 적용되는 기법들도 있다.
- **연구목적에 의한 분류** 환경에 대한 탐색이 목적인지, 트렌드의 패턴을 찾고자 함인지, 특정한 목적달성을 위한 결과를 얻고자 함인지에 따라 분류될 수도 있다.
- **측정방법에 의한 분류** 정량적qualitative 혹은 정성적quantitative 접근방법인가에 따라 분류가능하다.
- **접근방법에 의한 분류** 일정한 규범normative을 준수해야 하는 기법인가, 아니면 창의력이 발휘되어야 하는 탐색적exploratory 기법인가로 분류가능하다.
- **프레임워크 단계에 따른 분류** 이해framing & scanning → 예측futuring → 창조visioning, designing, adopting 등 포사이트 프로젝트 진행 단계에 따른 분류도 가능하다.

위와 같은 분류는 이미 표로 설명한 바 있다.

이에 대해 과학기술정책연구원은STEPI은 한 연구보고서에서통합적 미래연구 방법론, 2008 **미래예측 프로세스에 따른 분류**를 아래 표와 같이 보여주었다Miles and Keenan, Handbook of Knowledge Society Foresight, PREST, Manchester, UK, 2003.

[표 8.15] 프로세스에 따른 기법 분류

구분	미래연구 방법론
이슈의 확인 Identifying Issuse	환경스캐닝Environmental Scanning, 이슈서베이Issue Surveys, SWOT 분석
통계적 분석 Quantitative Analysis	회귀분석횡단면분석Cross-sectional Analysis, 시계열분석Time-series Analysis, 시뮬레이션Modelling and Simulation, AHP모형Analytical Hierachy Process, 베이지안모형Bayesian Model, 형태분석기법Morphological Analysis
창의적 예측 Creative Foresight	브레인스토밍Brainsorming, 전문가패널Expert Panels, 시나리오 기법Scenarios, 정책델파이Policy Delphi, 교차영향분석Cross-Impact Analysis, 통찰력 예측Genius Forecasting, 실현성 예측Feasibility Forecasting
우선순위 선정 Priority Setting	핵심기술 우선순위기법Critical and Key Technologies, 우선순위 로드맵기법Technology Roadmapping

나아가 [표 8.16]과 같이 **미래연구가 필요한 시점에 적합한 구분**도 제시하였다. 위의 기법사용 목적과 비슷한 분류개념이다.

[표 8.16] 연구시점에 따른 기법 분류

구분	미래연구 방법론
판단을 모을 때	통찰력 예측Genius Forecasting, 델파이Delphi, 퓨처스 휠Futures Wheel, 그룹미팅Group meetings, 인터뷰Interviews
시계열과 다른 양적 방법 예측하기	계량경제학Econometrics, 트렌드 영향분석Trend Impact Analysis, 회귀분석Regression Analysis, 구조분석Structural Analysis
사건, 유형 그리고 움직임 사이의 관계에 대한 이해	시스템 역학Systerm Dynamics, 에이전트 모델링Agent Modeling, 추세영향분석Trend Impact Analysis, 교차영향분석Cross Impact Analysis, 의사결정나무Decision Trees, 퓨처스 휠, 시뮬레이션 모델링Simulation Modeling, 다중전망Multiple Perspective, 인과계층분석Causal Layered Analysis, 필드변칙완화기법Field Anomaly Relaxation
불확실성하의 행동을 정할 때	결정분석Decision Analysis, 로드맵Road Mapping, 기술배열분석Technology Sequence Analysis, 통찰력예측Genius Forecasting
그럴듯한 대안 미래 제시	시나리오Scrnario, 퓨처스 휠Futures Wheel, 시뮬레이션 게이밍Simulation Gaming, 에이전트 모델링Agent Modeling
미래가 개선되고 있는지에 대한 이해관계 성립	미래상황지수SOFI: State of the the Future Index
변화와 가정 추적	환경스캐닝Environmental Scanning, 텍스트 마이닝Text Mining
시스템의 안정성 확인	비선형기법(Non-linear Techniques)

지식의 원천에 의한 분류도 설명했다. 창의성·근거기반과 전문성·상호작용기반이냐에 따른 분류를 소개하면서, [그림 8.25]처럼 포퍼Popper, R., Foresight Methodology, The Handbook of Technology Foresight: Concepts and Practice, Edward Elgar, UK, 2008의 미래 다이아몬드foresight diamond를 보여주었다.

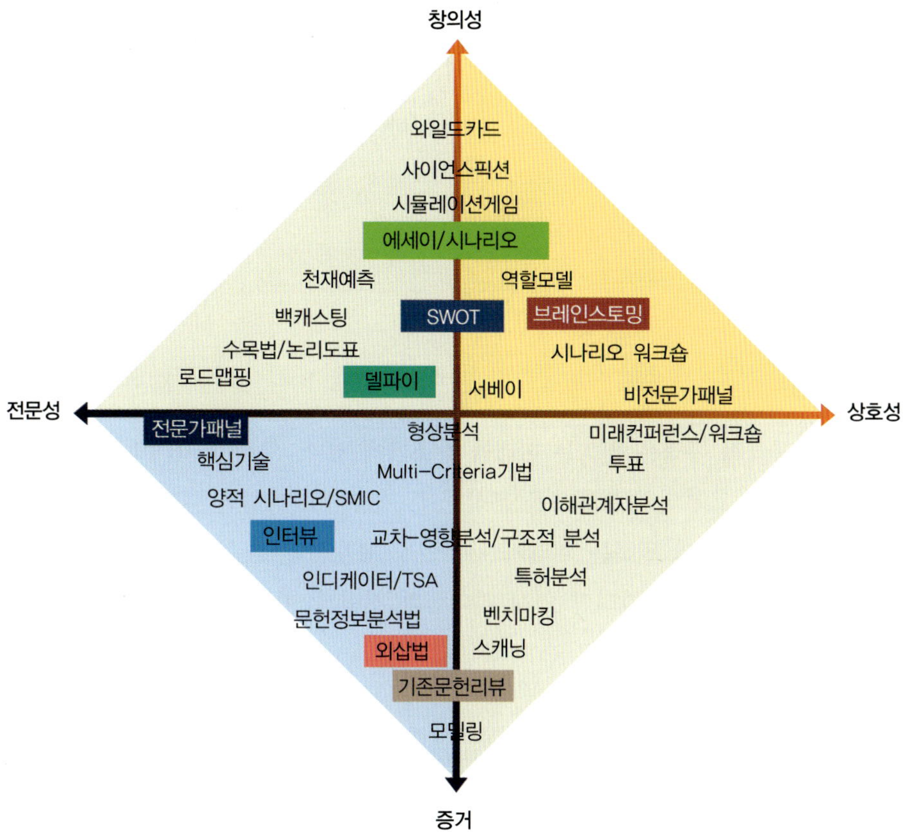

[그림 8.25] 미래 다이아몬드

그러나 이 모든 분류체계는 큰 의미가 없다. 결국 미래연구 기법들의 유용성은 연구자의 문제에 대한 인식, 기법들에 대한 이해, 그리고 미래연구 수행역량에 달려있기 때문이다.

9 Chapter 미래설계와 전략적 창조방법

"바라는 미래상을 머릿속에 그리면 현실이 된다"
–비즈 스톤(트위터 공동창업자)

미래연구의 궁극적 목적은 원하는 미래를 창조함에 있다. 그래야 미래의 경쟁에서 승자가 될 수 있다. 과거로부터의 트렌드를 분석한 후 가능하고 타당한 미래상들이 예측되면이 책의 제7장과 제8장을 통해 이제 원하는 미래가 무엇인지 체계적인 검증과 설계에 임해야 한다. 설계 청사진을 실행으로 옮기려면 역시 리더십과 전략과 혁신과 변화관리가 필요하다.

생각해봅시다 9.1 토끼와 늑대

현대는 치열한 경쟁시대이다. 변화속도도 빠르다. 개인이든 기업이든 매일 힘겨운 전쟁을 치루는 형국이다. 이기지 못하면 진다. 먹지 못하면 먹힌다. 그 모습이 마치 주변의 늑대들에게 둘러싸인 가냘픈 토끼의 처지와 흡사하다. 세상의 흐름을 읽지 못한 채 지속적으로 경쟁력을 키우지 못하면 경쟁자에게 밀리고 타 기업에 시장을 빼앗기고 결국 추락하고 도태되고 만다. 산업과 국가도 무너질 수 있다.

어찌해야 할까? 이 난관에서 벗어나려면 뭘 해야 하나? 묘책이 무엇일까?

과연, 토끼의 운명은 어떻게 될까요?

미래학은 토끼들에게 권한다. 미래경영 비법을 익혀 무서운 늑대들에게 먹히지 말고 오히려 늑대들을 잡아먹으며 성장하라고 말이다. 미래는 일반적인 예측과 다르고 예상보다 훨씬 밝아질 수 있다는 것이다. 나아가, 미래를 '창조'하라고 추천한다.

미래는 예측과 다를 수 있습니다

육식성 토끼에 대해서 어찌 생각하는가?

이 장은 예측된 미래상의 분석과 전략기획, 그리고 미래설계 및 창조에 유익한 기법들을 소개한다. 나아가 미래연구팀의 의사결정과정, 운영, 미래상 마케팅 기법과 미래를 함께 만들어갈 전체 조직의 리더십, 혁신, 변화관리 기법들도 다룬다.

계층화분석법

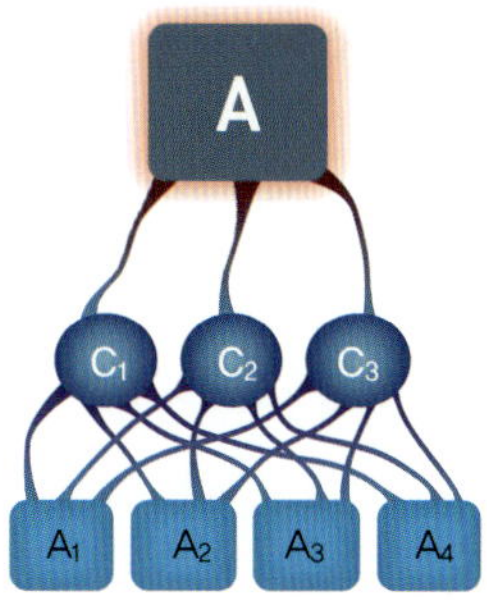

미국 펜실베니아대학의 사아티Thomas Saaty 교수가 1970년대 초에 개발한 계층화분석법AHP: Analytic Hierarchy Process[1]은 중요도를 평가하는 방법으로, 목표나 평가기준이 복잡하고 다양한 요소를 가지고 있는 여러 대안들을 체계적으로 분석·평가하기 위한 의사결정방법 중 하나이다. 미래학 분야에서는 델파이 기법이나 시나리오 기법 등을 통해 발견된 대안들에 대해 각각의 우선순위나 중요도를 평가하는 데 효과적으로 사용될 수 있다.[2]

1) Saaty, Thomas L., *The Analytic Hierarchy Process*, McGraw-Hill, 1980.

2) 엄창섭, "계층화분석법", *전략적 미래예측 방법론 BIBLE*, 두남, 2014. 이 글을 많이 인용한다.

1. 계층화분석법의 원리

계층화분석법은 정성적인qualitative 요소를 포함한 복잡한 문제를 계층화시키고, 계층화된 문제를 주요요인과 세부요인으로 분해하여 1:1로 이원비교pair-wise comparison를 실시함으로써 중요도를 도출한다. 예를 들어, [그림 9.1]과 같이 가장 적합한 지도자를 뽑는 요소로 경력·도덕성·지도력·나이 등의 요소가 중요하다면 지도자 후보인 갑·을·병 세 명에 대한 각각의 요소를 서로 비교하여 지도자를 선출하는 방식이다.

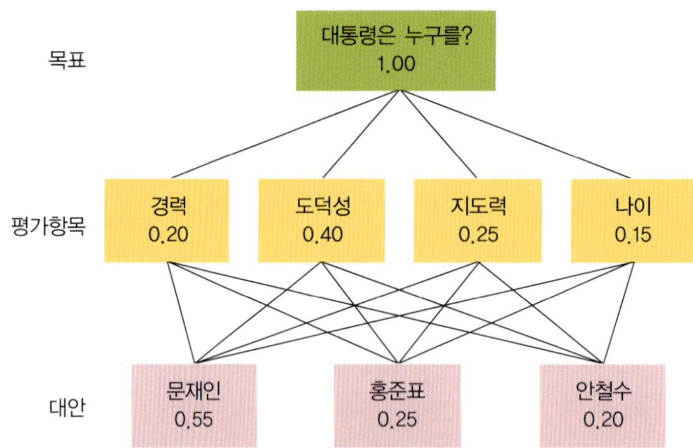

[그림 9.1] 계층화분석법의 기본개념

계층화분석법은 사람의 사고체계에서 중요하게 흔히 사용되는 세 가지 기본원리를 존중한다.

- **계층적 구조설정의 원리** 사람들은 어떤 현상을 판단할 때 대부분의 경우 현상 전체를 하나로 인식하지 않고 현상 속에 존재하는 같거나 유사한 성질의 구성요소를 찾아내고 그러한 구성요소에 따라 현상을 분해한다. 결국 최종적인 인식은 세부요소들을 분석한 결과의 합으로 표현된다. 예를 들어, 과일을 살 때 개인의 기호·맛·모양·포장·신선도 등 여러 가지 요소들을 각각 분석하고 종합적인 결정을 내린다.
- **상대적 중요도 설정의 원리** 사람들은 특정 현상을 계층화시켜 비교할 때 비교요소들에 대한 상대적 중요도나 선호도를 종합하여 전체 문제나 현상에 대한 판단을 내린다. 이 원리는 상상이나 논리적 과정을 통해 얻어진 판단에도 동일하게 적용할 수 있다. 예를 들어, 냉장고에 여

러 종류의 채소가 있다고 할 때, 어떤 채소로 요리를 할 것인지는 각각의 재료를 서로 비교하여 어느 것이 자신이 만들고 싶은 음식에 가장 어울리는 것인지 결정하는 것과 같다.

- **논리적 일관성의 원리** 사람들에게는 어떤 현상이나 생각들을 서로 비슷한 특성이나 상호 연관성에 따라 분류하고, 각각의 사이에 존재하는 관계를 특정 기준에 따라 일관성 있게 배열하는 능력이 있다. 예를 들어, 사과・배・귤・배추가 있을 때 배추를 제외한 3가지를 과일로 분류하고 이들의 당도나 자신의 선호도에 따라 사과는 귤보다 2배 맛있고, 귤은 배보다 3배 맛있다는 식으로 배열한다. 이 경우 사과는 배보다 6배 맛있는데, 만약에 사과보다 배가 더 맛있다면 논리적 일관성이 결여된 판단이 된다.

2. 계층화분석법의 적용단계

계층화분석법을 이용하기 위한 단계는 다음과 같다,

1. **계층의 구성** 해결하고자 하는 문제의 요소를 파악하여 동질적인 집합으로 모은 후 서로 다른 수준으로 배열한다. 예를 들어 3종류의 자동차 중에서 하나를 구매하려는 경우에, 그 차들은 계층구조의 가장 아래 수준level에 위치하는 대안에 해당하고, 어떤 대안을 선택하는 것이 좋을지 판단하는 데 사용하는 가격, 자금력, 나의 수입, 연비, 유지비용, 안전도, 사회적 위신, 안락감 등에서 중요한 일부를 선택하여 하나의 수준을 구성한다.
2. **결정을 위한 판단** 무슨 요소를 의사결정에 사용할 것인지에 대한 우선순위를 정하기 위해서는 각 요소들을 대상으로 이원비교를 시행하여 상대적 중요도를 계산한다. 한 요소가 다른 요소애 비해 얼마나 '강한가, 중요한가, 기여를 하는가, 이익이 되나' 등과 같이 상대적 중요도를 판단할 수 있는 질문으로 표현한다. 이와 같은 상대평가를 위해 흔히 9점 척도1은 똑같이 중요, 3은 약간 더 중요, 5는 강하게 더 중요, 7은 아주 강하게 더 중요, 9는 극단으로 더 중요 등를 사용한다.
3. **우선순위 결정을 위한 중요도 계산** 각 요소의 우선순위에 대하여 중요도를 계산하고 그 중요도를 합산한다.

미래연구를 위해 계층화분석법이 사용되는 경우는 다양할 수 있다. 예들 들어 시나리오 작업을 하기 위해 변수들을 도출하는 과정에서 각각의 발생가능성과 중요도를 척도를 삼는 경우에 각 변수의 상대적 중요도를 1:1로 비교함으로써 전문가의 의견을 수렴할 수 있다. 또 다른 예로, 변수의 선택에 따라 달라지는 미래의 발생가능성을 측정할 때도 사용 가능하다.

3. 계층화분석법의 이용사례

드론drone은 무선전파로 조정할 수 있는 무인 비행기로, 최근 국가 미래성장 동력 중 하나로 선정되기도 한 21세기 신기술 중 하나이다. 현재 국방·물류·재난 등에서의 활용방안이 활발히 모색 중이며, 정부에서도 드론의 활용도를 높이기 위해 드론 제품을 허가대상에서 신고대상으로 그 의무성을 낮추고 비非면허 대역에서의 주파수 활용폭도 기존 2.4㎓ 외에 다양한 대역대에서 자유롭게 사용할 수 있도록 허가하였다. 그러나 드론의 역기능도 존재한다. 드론의 사회적 위험예측과 위험성 평가를 위해 계층화분석법을 이용한 한 사례를 소개한다.[3)]

이 연구는 드론의 위험요인을 텍스트 마이닝을 통해 도출한 후 정성적으로 세 가지의 위험요인으로 정리하였다. 첫째, 운영적Operation 위험요인으로 충돌Collision과 공해Pollution를 포함한다. 둘째, 보안Security도 사회적 위험요인으로 해킹과 사생활과 관련한 위험요인들이 도출되었다. 셋째, 국방National defence과 관련하여 테러요인들 역시 사회적 위험으로 다양한 키워드들이 추출되었다. 이와 같은 드론의 위험요인을 위험원인 측면에서 AHP를 통해 평가하기 위해 각각의 원인들과 사회적 위험요인의 가중치를 도출했다. 가중치 설정과 평가를 위해서는 드론 기술에 관련한 ICT 연구자, ICT 기술경제·정책평가 전문가, 안전공학 전문가 등 다양한 분야의 전문가 20명에게 의뢰하였다. [그림 9.2]는 이에 따른 AHP모델을 보여준다.

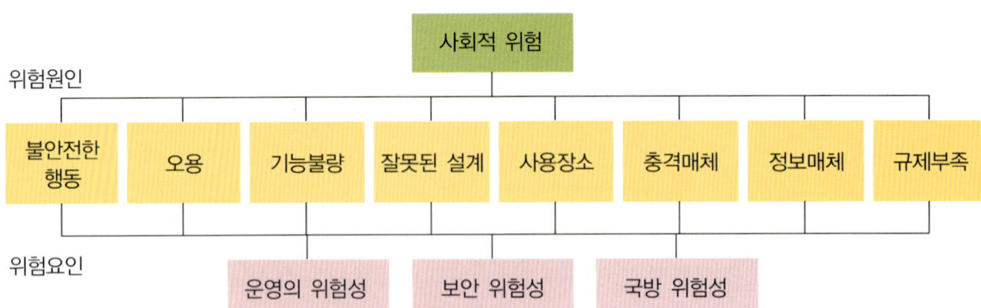

[그림 9.2] 드론의 사회적 위험성 평가를 위한 AHP모델

---

3) 서용운, "데이터분석 기반 미래 신기술의 사회적 위험 예측과 위험성 평가", *한국안전학회지*, 2017.6.

분석결과 [표 9.1]에서 볼 수 있듯이, 위험원인들 중에 가장 큰 영향력을 미치는 원인은 정보매체(0.318)와 오남용(0.208)으로 나타났다. 드론기계 자체나 관리체제보다는 인간의 오용이나 드론이 처리하고 수집할 수 있는 정보매체들이 미래사회에 위험원인들로 지목되었다. 각 위험요인들의 위험원인들과의 관련성을 살펴보면 운영적 위험성의 경우는 불안전한 행동(0.634), 기능불량(0.481)에 가장 큰 영향을 받는 것으로 나타났다. 보안 위험성은 오남용(0.637), 잘못된 설계(0.429), 장소(0.726), 정보매체(0.705), 규제부족(0.466)에 기인한 위험요인으로 드러났다. 마지막으로 국방 위험성은 잘못된 설계(0.429), 충격매체(0.537)의 위험원인으로부터 도출된다고 분석되었다. 전체적으로는 보안 위험성이 미래 드론 사용에 있어서 가장 심각한 위험요인이며, 이에 대한 미래 사회대책이 필요하다는 결론을 내릴 수 있었다.

[표 9.1] AHP로 분석한 드론의 미래 위험요인분석

위험원인		위험요인의 가중치		
		운영	보안	국방
사람	불안전한 행동(0.024)	**0.634(1)**	0.174(3)	0.192(2)
	오남용**(0.208)**	0.105(3)	**0.637(1)**	0.258(2)
기계	기능불량(0.048)	**0.481(1)**	0.114(3)	0.405(2)
	잘못된 설계(0.043)	0.143(3)	**0.429(1)**	**0.429(1)**
매체	사용장소(0.063)	0.172(2)	**0.726(1)**	0.102(3)
	충격매체(0.017)	0.364(2)	0.099(3)	**0.537(1)**
	정보매체**(0.318)**	0.084(3)	**0.705(1)**	0.211(2)
관리	규제부족(0.180)	0.433(2)	**0.466(1)**	0.100(3)
합계		0.246(3)	**0.499(1)**	0.255)2)

로드맵 기법

로드맵road map이란 지도를 보고 길을 찾아가듯이 불확실성이 높은 미래수요를 충족시키기 위해 향후 개발되어야 할 미래기술방향 및 대안을 도식화하는 미래기획방법이다.[4)5)] 로드맵은 1993년 미국에서 시작되어 미래 반도체 산업을 예측하고 필요한 기술개발을 하는 데 성공하여 널리 알려진 이후 기술분야의 보편화된 예측기법으로 자리잡았다. 최근에는 기술로드맵이 개별기업이나 산업을 넘어 국가수준에서 미래 유망기술을 도출하고 '선택과 집중'을 위한 안내지도 역할을 함으로써 과학기술정책수립의 도구로 그 활용범위가 확대되고 있다.

1. 로드맵의 유형

로드맵 기법은 성과목표에 도달할 수 있는 핵심기술 또는 기술격차를 확인하고 관련 연구과제를 조정함으로써 연구개발투자 관련 정책결정을 조율할 수 있는 미래지도를 제공한다. 이러한 이유로 로드맵은 기술로드맵TRM: Technology Road Map이라고도 하며 연구개발 혹은 신정책개발부문의 운영을 위한 마스터플랜이라고도 할 수 있다.

로드맵을 그리는 과정을 로드맵핑road-mapping이라고 한다. 로드맵은 기술예측지도이기 때문에 사용하는 형태에 따라서 다양한 유형이 있다. 먼저 기술·제품·시장 등 다양한 범주에 따라서 이들 간의 관계가 제품·서비스·비즈니스 시스템 등에 어떻게 관련이 있는지를 표현하는 다층분류표가 있고, 각 계층의 시간적 목표나 일정 등을 바bar 형태로 나타내는 경우도 있다. 로드맵의 필요에 따라서 특성들이나 관계를 쉽게 구별하고 이해하도록 표로 나타내기도 하고, 제품이나 기술들의 단계를 그래프graph로 나타내기도 하며, 때로는 기술집적과 계획에 대한 편한 의사소통을 위해 화보illustration 형태의 표현기법을 사용하기

---

4) STEPI, *미래용어집*, 2018. 이 자료를 많이 참조한다.

5) 김재능, "로드맵 작성법", *전략적 미래예측 방법론 BIBLE*, 두남, 2014. 이 자료를 많이 인용한다.

도 하고, 필요에 따라서는 기술의 발전을 목적물과 실행의 관계로 보여주는 흐름도 flow-chart 등 다양하다.

나아가 로드맵의 용도에 따라 제품기획 로드맵, 서비스 및 역량에 대한 기획 로드맵, 전략적 기획 로드맵, 장기 기획 로드맵, 지적재산에 관한 기획 로드맵, 프로그램 기획 로드맵, 프로세스 기획 로드맵, 그리고 제품과 개발시스템을 함께 보여주는 통합integration기획 로드맵 등이 있다.

2. 로드맵핑의 단계

로드맵개발의 필요성과 필요한 환경 및 예산이 확보되면 로드맵의 범위 및 한계를 정의하고 조직을 편성하게 된다. 이후 로드맵핑 단계는 아래와 같이 진행된다.

1. **로드맵 작성대상 확정** 어떤 로드맵을 작성할지를 찾기 위해 로드맵핑에 참여한 전문가들이 요구하는 공통의 필요요구를 식별하고 이를 확정한다. 시장변화의 동인 및 미래 포지션 position을 결정한다. 필요요구가 불확실한 경우에는 시나리오 기법을 통해 참여자가 함께 필요한 제품이나 기술이 무엇인지 찾는다.
2. **로드맵 구조와 틀 확정** 필요한 제품을 생산하는 데 요구되는 핵심시스템 구성요소와 성과목표를 정해 기술로드맵을 위한 전체적인 구조와 틀을 잡는다.
3. **핵심기술 분야 확정** 요구되는 핵심기술 분야를 파악하고, 각각의 기술분야를 받쳐주는 주요 요소기술이 무엇인지 파악하며 현재의 기술역량 및 경쟁력을 분석한다.
4. **개발동기와 성과목표 확정** 파악된 기술들의 개발 동기와 성과목표를 명확히 정의하고 이 동기를 만족시켜줄 기술적 대안들을 도출한다.
5. **기술 실현시점 설정** 도출된 기술적 대안의 우선순위와 기술개발의 목표시기를 정한다.
6. **기술적 대안 선택** 대안의 목표와 성능 및 비용 사이에서 타협점을 찾고 취사 선택한다.
7. **로드맵 보고서 작성** 모든 과정을 보고서로 작성한다.
8. **실행방안 수립** 로드맵이 작성되면 이를 평가하고 검증한 후 실행방안을 수립한다.

로드맵 기법은 현존하는 기술들의 기술적 발전속도와 한계점에 대한 분석을 토대로 이러한 한계를 극복하고 새로운 기술혁신을 창출할 수 있는 새로운 기술적 대안들을 탐색하는 데 기여할 수 있다는 장점이 있다. 특히 국가차원의 과학기술 경쟁력 제고를 위한 정책 우선순위를 제시해준다는 점에서 매우 중요한 의의가 있다. 그러나 기술적 불확실성이 높은 경우에는 로드맵의 활용이 증가하고 있는 반면에, 기술적 불확실성이 낮은 영역에 있어서는 효과적인 기술로드맵의 활용은 불투명하다. 로드맵 기법은 그 개념에 비해 어렵고 힘든 작업이며 효과적인 예측을 위해서는 시장·제품·기술을 통합적으로 전망할 수 있는 전문지식을 필요로 한다.

3. 로드맵 기법의 활용사례

중소기업기술정보진흥원이 개발한 다양한 기술로드맵 중에서 웨어러블wearable 기술로드맵을 그림으로 소개한다.[6] 웨어러블이란 신체에 부착하여 컴퓨팅 행위를 할 수 있는 모든 것을 지칭하며 일부 컴퓨팅 기능을 수행할 수 있는 애플리케이션까지 포함하는 개념으로 [그림 9.3]에서 보듯이 다양하다.

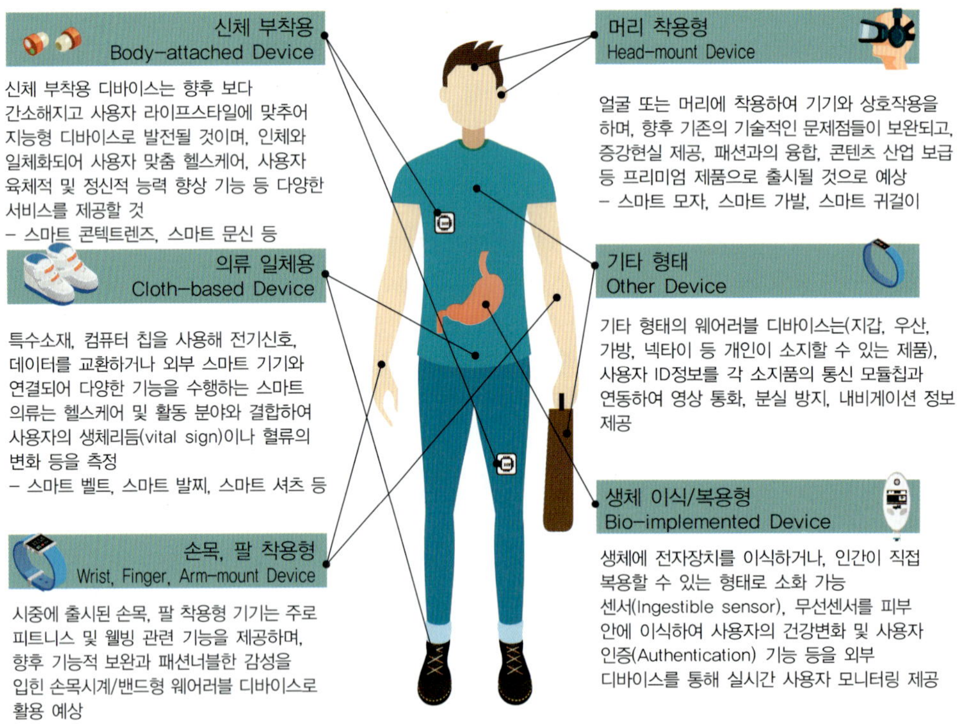

[그림 9.3] 웨어러블 디바이스의 주요 활용사례

6) 중소기업기술정보진흥원, 중소기업 기술로드맵(2018~2020) Technology Roadmap for SME-웨어러블. http://smroadmap.smtech.go.kr/download/2017_11.pdf

[그림 9.3]의 다양한 웨어러블 중 스마트 의류의 기술로드맵은 [그림 9.4]와 같다.

Time Span		2018	2019	2020	최종목표
연도별 목표		스마트 의류 기반 기술확보	스마트 의류 통신기술 성숙화	고효율/고정밀 전원제어 기술개발	차세대 스마트 의류 개발
핵심요소기술	섬유기술	광섬유/전도성 섬유기술			차세대 지능형섬유 개발
		직물회로기술			
	무선통신	저전력 무선통신기술			고효율 통신기술 개발
		스마트 디바이스 연동기술			
	데이터 처리	전기신호 데이터 인식기술			정확한 데이터 처리기술
		전기신호 데이터 교환기술			
	전원제어	고밀도 배터리기술			고효율 배터리기술 개발
기술/시장 니즈		스마트 의류 요구 증대	스마트 웨어러블 기기 산업의 시장확대 가속화		ICT와 융·복합화

[그림 9.4] 스마트 의류의 기술로드맵

의사결정나무 기법

의사결정나무decision tree는 의사결정규칙decision rule을 도표화하여 관심 집단을 몇 개의 소집단으로 분류하거나 예측하는 분석기법이다. 나무tree구조이므로 다른 기법에 비해 분석결과의 해석이 쉽고, 어떠한 변수들이 분류에 중요한 영향을 미치는지 설명이 가능하며, 변수들 간의 상호작용에 대한 해석이 용이하다. 이 기법은 기업의 미래생존예측, 주가예측, 환율예측, 경제전망 등 다양한 분야에서 활용되고 있다.[7]

7) 김진화, "의사결정나무", *전략적 미래예측 방법론 BIBLE*, 두남, 2014.

1. 의사결정나무 제작

의사결정나무를 그리기 위해서는 일반적으로 다음과 같은 단계를 거친다.

1. **의사결정나무의 형성** 분석의 목적과 자료구조에 따라 적절한 분리기준과 정지규칙을 지정하여 의사결정나무를 얻는다.
2. **가지치기 단계** 분류오류를 크게 할 위험이 높거나 부적절한 추론규칙을 가지고 있는 가지를 제거한다.
3. **타당성 평가** 검증용 자료에 의한 교차타당성 및 이익도표나 위험도표를 이용하여 의사결정나무를 평가한다.
4. **해석 및 예측** 의사결정나무를 해석하고 예측모형을 설정한다.

2. 의사결정나무를 이용한 예측

간단한 예를 들어보면, 어느 고객이 노트북 컴퓨터를 살 고객인지 예측하고 싶을 때 [그림 9.5]와 같이 고객의 나이, 학생인지 아닌지, 신용상태가 좋은지 나쁜지에 따라 평가가 달라질 수 있다. 이 사례에서는 남녀 성별은 무의미하다고 판단하여 가지치기로 제거하였으며, 30세 이하의 학생은 신용이 나쁘더라도 타당한 잠재고객이라고 평가하였다.

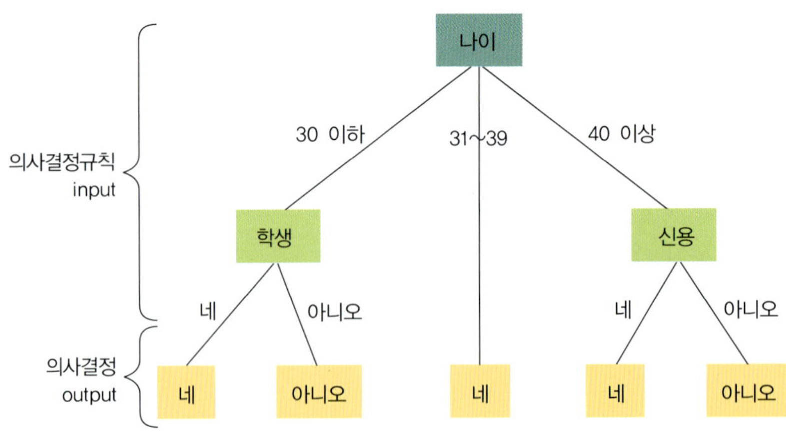

[그림 9.5] 의사결정나무의 예

같은 논리로, 의사결정나무는 미래에 대한 조기경보시스템 구축에 활용가능하다. 어떤 특별한 사태가 무슨 결과를 초래할 것인지 미리 논리적으로 파악할 수 있게 해준다. 또한 미래예측 단계에서 발견된 여러 개연성 있는 미래 중에서 타당한 미래를 분별하고, 나아가 그 중에서 가장 바람직한 미래를 선택할 때도 유용하게 활용될 수 있다.

윈드터널링 방법

윈드터널링wind tunnelling은 시나리오의 전략적 견고성을 평가하는 방법이다. 비행기를 설계하면 공장에서 제작하기 전에 실제상황과 유사한 상태에서 시뮬레이션 실험을 하는 것과 같다.

1. 윈드터널링의 개념

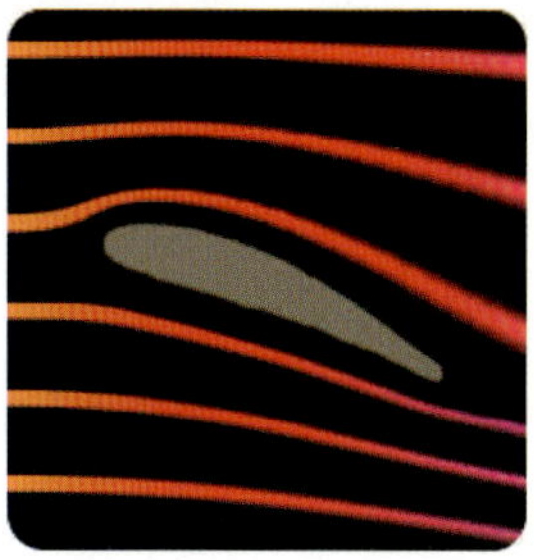

윈드터널링은 공기역학 연구에서 차용한 용어이다.[8)] 윈드터널링은 바람을 일으키는 터널 속에서 다양한 상황을 만들어 모의 비행실험을 하는 것이다. 시나리오가 윈드터널 전략의 모의 비행기라고 여기고 실험을 하는 것이다. 이와 같이 전략의 견고함은 개별 시나리오에 그 전략을 적용해보고 모든 시나리오에서 어떤 전략이 최상의 결과를 가져오는지 평가하여 알 수 있다.

2. 윈드터널링 방법의 수행

윈드터널링은 두 가지 방법으로 사용된다.

8) STEPI, *미래용어집*, 2018. 윈드터널링에 대한 설명은 이 자료를 인용한다.
윈드터널 사진 출처는 https://1apk.co/products-info/windtunnel-apk-file

- **시나리오의 전략에 미치는 영향 검증** 각기 다른 시나리오들이 조직이 추진하거나 채택한 전략에 어떠한 영향을 미치는지를 검증하는 것이다. 조직이 갖고 있는 역량, 추구하는 목표 등을 고려하여 각각의 시나리오 상황에서 전략을 달성할 수 있는지를 추론하고, 예상되는 결과를 평가한다. 결과를 평가하는 데는 '목표가 달성가능하고 바람직한가, 목표와 방법이 수정되어야 하는가, 전략이 유효한가' 등을 고려한다.
- **각 시나리오에서의 전략 모색** 각기 다른 시나리오 상황에서 최적의 결과를 얻을 수 있는 전략을 찾는 과정이다. A와 B시나리오가 있다고 가정했을 때, A시나리오 상황에서 최고의 결과를 얻을 수 있는 전략 S1은 B시나리오 상황에서는 최악의 결과를 얻을 수 있다. 이는 기업의 존폐로 이어질 수 있기 때문에 A시나리오 상황에서 성과가 감소하는 한이 있더라도 B시나리오 상황에서 성과가 개선되도록 S1 전략을 수정하여 S2전략을 만드는 것이다. 특히, 불확실성이 높은 상황에서는 최상·최고의 결과를 추구하기보다는 모든 상황에서 최악은 피하고 어느 정도의 효과를 얻을 수 있는 최적의 전략을 선택하는 것이 바람직할 수 있다. 이와 같은 과정을 거치면 전략은 좀 더 다양한 상황 속에서 성공할 가능성이 높아지게 된다.

윈드터널링 기법은 [그림 9.6]에 그 개념이 소개되어 있다.[9)]

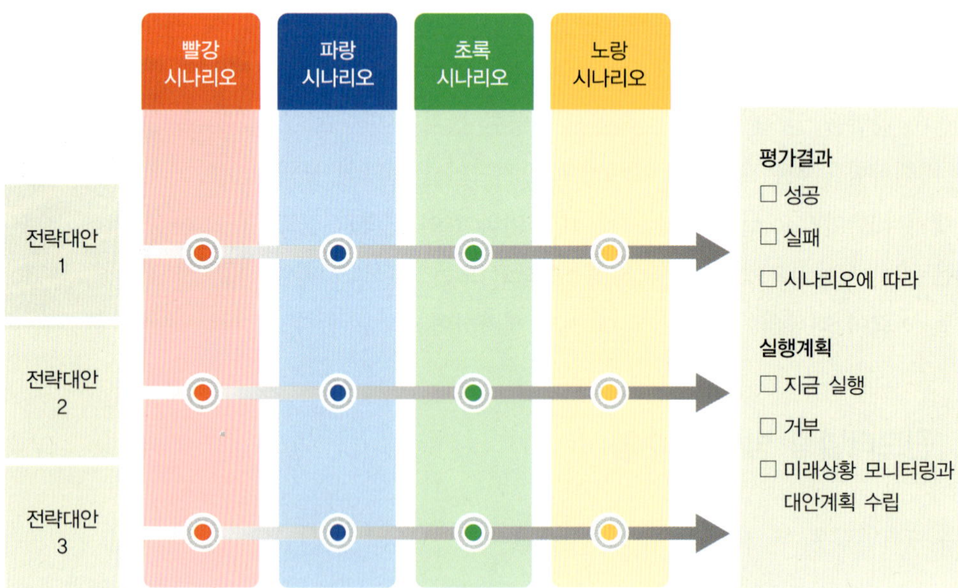

[그림 9.6] 윈드터널링에서의 전략과 시나리오의 관계

9) Sami Consulting, "Using Scenarios to Develop and Test Strategies/Policies". http://www.samiconsulting.co.uk/training/scenariotests.html

백캐스팅 기법

백캐스팅backcasting은 원하는 미래에 도달하기 위하여 필요한 작업, 의사결정, 전략, 정책, 자원, 기술 등을 조사하여 분석함으로써 실행계획을 수립할 수 있도록 도와준다. 미래로부터 현재로의 역방향으로 분석을 하는 것이다.

1. 백캐스팅 기법의 개념

백캐스팅은 가능한 미래상황을 미리 정의한 뒤 시간 역순에 따라 그 인과관계를 추론하는 방법이다. 즉, 가정하는 미래가 실현되려면 현재 시점에서 이루어져야 하는 것이 무엇인지를 역으로 예측하기 위해 활용된다. 백캐스팅은 시나리오 해석에 기반한 전략 수립을 위해 유효하다. 제시된 미래 시나리오로부터 현재의 시점까지 역순으로 미래 시나리오에 도달하기 위해 필요한 단계들을 채워나가는 작업을 수행하게 된다.[10)]

2. 백캐스팅의 효과

백캐스팅은 바람직한 미래를 관리가능한 부분과 그렇지 않은 부분으로 구분함으로써 '관리가능한 미래예측'의 기능을 수행할 수 있도록 하는 효과가 있다. 즉, 미래 시나리오를 구체적인 전략으로 변환하여 해석할 수 있기 때문에 보다 정책적 연계가 높은 결과물을 도출할 수 있는 강점이 있다. 나아가 비전 제시에 대한 스트레스 테스트를 수행할 수도 있는데, 가령 선호하는 미래를 가정한 뒤 이로부터 백캐스팅을 하는 경우 참가자들은

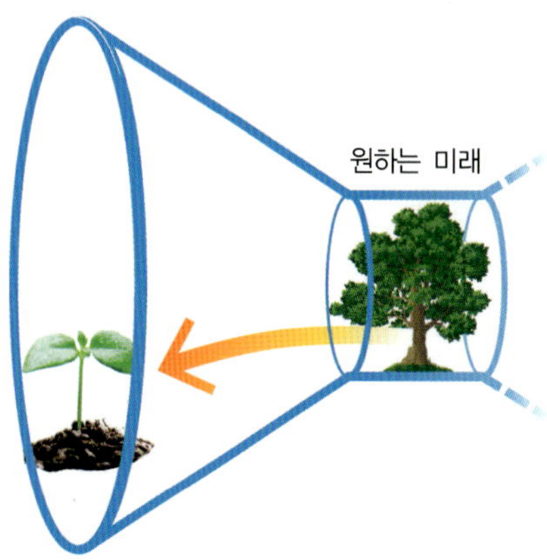

어떤 전략적인 핵심사항의 실현가능성을 평가하거나 선호하는 미래에 이르는 과정에서 발

10) STEPI, *미래용어집*, 2018. 이 자료를 인용한다.

생할 수 있는 다양한 변수들이나 장애물들을 발견하고 이들에 대비할 수 있다.

예를 들어, 2050년경에 지속가능한 농업기법이 개발되어 천연자원과 환경의 파괴를 최소화하면서 전 세계 인구를 먹여 살리는 것이 가능해질 것이라 예상해보자. 이때 백캐스팅을 활용하면 이와 같은 미래상황에 도달하기 위해 앞으로 정책과 프로그램, 국제협약, 행태변화, 기술 및 역량개발 등 어떠한 관련 행동을 취해야 할지를 정의할 수 있다.

비저닝 워크숍

비저닝 워크숍Visioning Workshop은 참가자들이 자유로운 형식 안에서 미래에 대한 각자의 아이디어를 제시하고, 토론을 통해 종합된 의견을 기반으로 원하는 미래상을 설계하는 기법이다. 단순한 아이디어 제시나 위시리스트wish list를 작성하는 것이 아니라, 현실가능성을 토대로 조직의 미래상을 공유하고 미래를 준비하는 데 필요한 핵심적인 대응책들을 제시한다.[11)]

1. 비저닝 워크숍 프로세스

비저닝 워크숍은 토론을 통해 미래상의 목표와 대안이 도출되기 때문에 워크숍의 과정과 결과에 대한 참가자들의 만족도가 높다. 또한 강한 유대감을 형성하므로 조직의 효과적인 의사결정기법으로 활용된다. 비저닝 워크숍의 프로세스는 다음과 같다.

1. **비전 설명과 교육** 워크숍에 앞서 참가자들에게 비전에 대한 정의와 목적, 그리고 비전이 주는 장점에 대한 정보를 제공한다.
2. **질문 작성 및 실행** 참가자들에게 원하는 미래의 가치, 미래상, 도전과 조직의 기능에 대한

11) 이희준, "비저닝 워크숍", *전략적 미래예측 방법론 BIBLE*, 두남, 2014. 이 글을 많이 인용한다. 위의 사진 출처는 http://www.grove.com/workshops_strategicVisioning.php

아이디어를 유도하는 질문을 제시한다. 참가자들을 소그룹으로 나누고, 개인별로 작성된 아이디어 목록을 소그룹 내부의 다른 참가자들과 공유하며, 선호하거나 가능성이 높다고 생각되는 주요 아이디어는 표시를 하는 등 소그룹별로 공통되거나 빈도가 높은 아이디어를 뽑아내어 분류·정리한다. 이에 대하여 토론하고 상호 설득하여 참가자들이 공감하는 미래의 가치와 모습이 담긴 미래상을 작성하고, 조직의 상태·기능·철학·목표·전략·문화 등 핵심 구성요소들이 포함되어 있는지 확인한다.

3. **미래상 시각화** 종합된 미래상을 키 메시지key message로 요약하거나 그림으로 시각화하여 표현한다. 표현된 키 메시지나 그림을 참가자들과 공유하고 토의를 통해 수정한다. 짧은 메시지나 시각화된 그림은 참가자들에게 비전을 이해하고 공유하기 쉽도록 도와준다.
4. **보고서 작성** 공유된 비전들을 토대로 참가자 대표나 진행자가 미래상의 초안을 작성한다. 작성된 초안은 참가자 전원에 의해 검토되고 토의를 거쳐 수정된다. 최종 승인된 미래상을 토대로 비저닝 워크숍 최종보고서를 작성한다.

2. 비저닝 워크숍의 적용

비저닝 워크숍 방법은 기업이 신상품 개발을 위해 도출된 이머징 이슈들에 대해 검토하며 다양한 분야의 전문가들이 실현가능성이 높은 미래 미래상시나리오을 함께 기획하는 데 유용하다. 기업은 이렇게 도출된 미래 시나리오에서 기술인문 융합형 신제품 개발과정을 통해 미래 소비자의 라이프스타일lifestyle에 맞는 신개념의 제품·서비스의 콘셉트concept를 발굴하게 된다.

다양한 분야의 전문가들이 함께 참여하여 미래의 가치를 찾아내는 비저닝 워크숍은 ROPE, 즉 참가자들의 소비자로서의 관계Relationship, 생산자로서의 기회Opportunity, 전문가로서의 전문성Profession, 사용자로서의 경험Experience적 관점에서 이슈를 분석하게 된다. ROPE 분석과정은 불확실하고 희미한 정보와 다양한 관점들 중에서 현실가능성이 높은 미래의 가치를 끌어올리는 밧줄ROPE의 역할을 수행한다.

SWOT 요인분석법

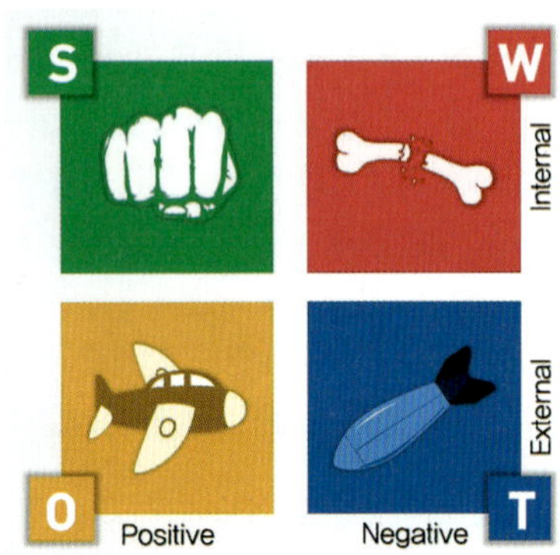

기업에서 가장 많이 사용하는 전략기획 분석기법 중 하나가 바로 SWOT 분석법이다. SWOT은 기업의 내부환경을 분석하여 강점과 약점을 발견하고 외부환경을 분석하여 기회와 위협을 찾아내어, 이를 토대로 강점은 살리고 약점은 약화시키고 기회는 활용하고 위협은 억제하는 전략을 수립하는 것을 의미한다. 이때 사용하는 4가지 요소인 장점Strength, 단점Weakness, 기회Opportunity, 위협Threat의 머리글자를 따서 SWOT라 하며 이를 분석하여 사업의 방향성을 잡고 대처하기 위해 쓰이는 분석방법이다.

1. SWOT 요인분석법의 개념

SWOT 분석은 [표 9.2]와 같은 틀을 갖고 있다. 이러한 틀에 따라서 다음과 같은 전략이 강구될 수 있다.

1. SO전략 시장의 기회를 활용하기 위해 강점을 활용하는 전략
2. ST전략 시장의 위험을 회피하기 위해 강점을 사용하는 전략
3. WO전략 약점을 극복함으로써 시장의 기회를 활용하는 전략
4. WT전략 시장의 위협을 회피하고 약점을 최소화하는 전략

[표 9.2] SWOT 분석의 개념

구분	S(강점)	W(약점)
O(기회)	1. 공격적 전략 강점을 가지고 기회를 살리는 전략	2. 방향전환 전략 약점을 보완하여 기회를 살리는 전략
T(위협)	3. 다양한 전략 강점을 가지고 위협을 최소화하는 전략	4. 방어적 전략 약점을 보완하면서 위협을 최소화하는 전략

2. SWOT 기법 활용사례

2017년 대통령선거를 앞두고 주간동아가 'SWOT로 본 대한민국의 국가전략'을 커버스토리로 다룬 적이 있다.12) '이대로 가라앉나, 다시 우뚝 서나'를 답하기 위해서였다. 이를 위해 국민이 원하는 국가 전략과 리더십을 살펴보고자 여론조사 전문기관 우리리서치에 의뢰해 8월 27, 28일 양일간 전국 20세 이상 남녀 1,063명을 대상으로 유·무선 전화 자동응답방식으로, ① 나라 발전에 강점이 될 가치관, ② 사회적 결속력 저해 요소, ③ 긍정적 내부 환경, ④ 기업과 산업정책의 강점, ⑤ 유리한 국제환경, ⑥ 지도력의 문제점 등 6개 항목에 걸쳐 설문조사를 진행했다.

그 결과 [그림 9.7]과 같은 SWOT 분석표가 만들어졌다.

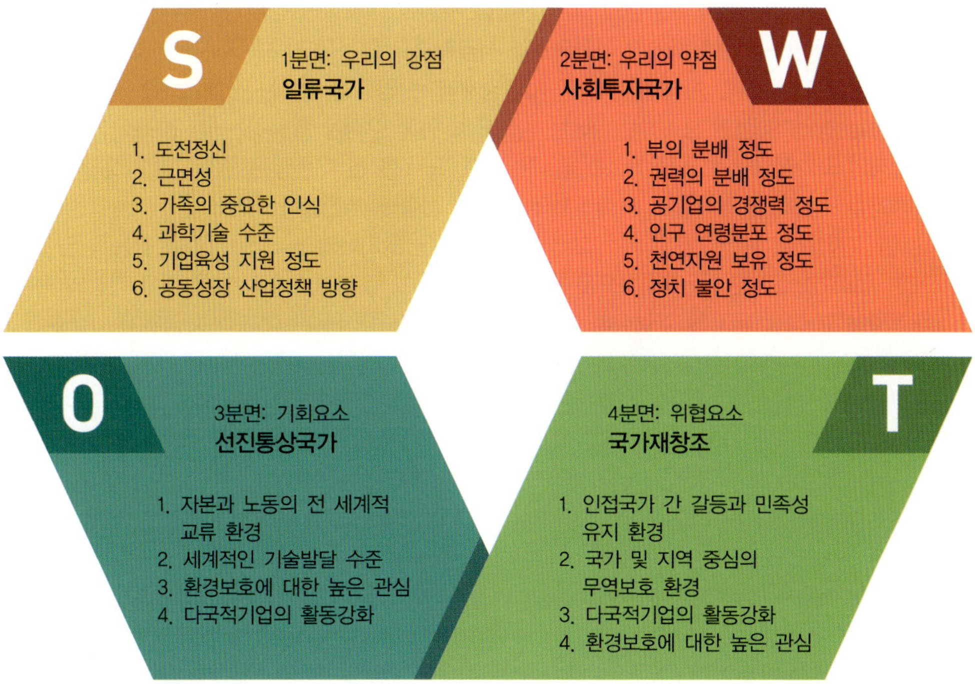

[그림 9.7] 국가비전 및 발전방향을 알아보기 위한 SWOT 분석결과

12) 주간동아, SWOT로 본 대한민국의 국가전략 – 이대로 가라앉나, 다시 우뚝 서나, 2016.9.

이 결과를 주간동아는 다음과 같이 해석했다.

- **1분면: 기회요소 위에 강점 활용** 1분면은 우리나라가 가진 강점을 기회요소에 가장 적절히 조합할 수 있기에 이상적인 국가 비전이라고 볼 수 있다. 또 1분면의 목표를 우리나라가 보유한 강점을 보존, 강화하면서 약점을 보완하고 위협요소를 관리해 다른 기회의 창출로까지 이어지게 할 수 있다. 1분면의 국가 전략을 효율적으로 사용한 정부가 박정희 정부다. 국민의 근면성을 바탕으로 기회요소를 적극 활용했다. '경제개발 5개년 계획' 등이 1분면의 전략을 뒷받침했다. 다만 높은 경제성장률 실현에도 우리나라의 약점을 보완하는 데는 실패했다는 평가도 없지 않다. 박정희 전 대통령은 리더십이 강하고 힘이 넘치는 도전적인 보스형 스타일로 일류국가 건설 전략을 추진했다.
- **2분면: 기회요소 위에 약점 보완** 2분면에서는 우리나라가 가진 약점을 기회요소 위에서 강점으로 전환하기 위해 투자에 대한 집중과 선택을 하는 트레이드오프tradeoff를 진행한다. 예컨대 2개의 정책목표 가운데 하나를 달성하기 위해 나머지 하나를 지체시키거나 희생시키는 방식으로 목표에 접근한다. 2분면의 국가 전략을 사용한 대표적인 정부가 노무현 정부다. 부와 권력의 분배 정도를 완화하고자 기회요소를 적극적으로 활용했고, 그 결과 국민소득 2만 달러 시대를 열었다. 하지만 지가地價상승 등 서민경제에 큰 영향을 미치는 경제요소를 통제하는 데 어려움을 겪었다. 정권 중・후반기에는 기회요소 위에 강점을 활용하는 1분면으로 가기 위한 종합적인 국가전략으로 '비전 2030'을 내놓았다. 노무현 전 대통령은 원칙적이고 도덕적이며 공정함을 중시하는 스타일로 사회투자국가 건설 전략을 추진했다.
- **3분면: 강점으로 위협요소를 기회로 전환** 3분면은 우리나라가 가진 강점을 활용해 위협요소를 기회요소로 전환하는 데 목표를 둔다. 이러한 목표 달성이 여의치 않을 경우 강점의 훼손을 방어하고 강점 유지에 주력한다. 3분면의 국가 전략을 사용한 대표적인 정부가 김대중 정부다. 집권 초반 맞이한 외환위기라는 초유의 위협적인 외부환경을 정보기술(IT)과 국민의 도전정신, 근면성, 저축, 절약으로 돌파했다. 이는 '제2의 건국운동'으로 이어졌고, 외환위기를 극복해 외부환경을 기회요소로 전환하는 데 성공한다. 김대중 전 대통령은 객관적이고 지각이 있으며 지혜로운 스타일로, 선진통상국가 건설 전략을 추진했다.
- **4분면: 위협요소 속에 약점 노출** 4분면은 국가가 처할 수 있는 최악의 조건을 가정한 포지션이다. 모라토리엄 수준의 상태를 의미한다. 인내심을 가지고 장기전을 준비하면서 환경을 관찰하며 기회를 엿봐야 한다. 기업이라면 기업매각이나 사업철수를 하는 상황이겠지만, 국가는 이러한 문제에서 선택적일 수 없다. 4분면의 국가 전략을 사용한 대표적인 정부는 이승만 정부다. 민주정부를 수립하고, 대지주의 농지 규모를 제한해 확보한 토지를 소작농에게 분할 납부 방식으로 분배하는 농지개혁법과 의무교육을 단행했다. 당시에는 1차 산업인 농업에 종사하는 인구가 90%를 넘었다. 이러한 기간산업을 혁명적으로 개혁한 전례는 아직까지 없다. 이승만 전 대통령은 실용적이고 낙천적이며 목표지향적인 개혁가 스타일로 국가를 재창조하는 수순을 밟았다.

김영삼 전 대통령과 이명박 전 대통령은 어땠을까? 어떤 국가 전략을 펼쳤을까? 두 사람 모두 일류국가 건설, 즉 1분면의 전략을 구사했지만 김영삼 전 대통령은 3분면으로, 이명박 전 대통령은 2분면으로 국가 과제를 전략시켰다.

3. SWOT 기법의 장·단점

SWOT의 가장 큰 강점은 내부와 외부의 면들을 동시에 판단할 수 있다는 점이다. SWOT 분석 이외에 다른 분석들은 내부와 외부환경 중 하나만을 집중하는 경향이 있지만 SWOT의 경우 내부와 외부의 모습을 동시에 파악할 수 있기에 장기적 안목에서도 유리하다. 또한 SWOT 분석은 분석 자체가 간단·명료하게 정리되기 때문에 쉽게 문제점을 파악할 수 있다. 그러나 현장에서 SWOT를 작업할 때 몇 가지의 실천적인 방법상의 문제점을 느끼게 되는데 그것은 다음과 같다.

- 환경에 대한 자의적인 선별과 해석으로 중요한 환경요소들이 간과될 수 있다.
- 강점과 약점에 대한 명확한 인식이 쉽지 않다.

더욱이 미래의 시점으로 전환하여 강점과 약점을 분석할 때 다분히 자의적인 해석에 좌우될 수가 있으며 시장지능이나 기술지능, 정보지능과 같은 지능발휘에 대한 관점도 결여될 수 있다.

생각해봅시다 9.2 당신은 똑게? 멍부?

제법 오래된 이야기이고 SWOT와는 전혀 다른 관점이지만 인재의 개념을 생각해보자.

사람의 재능을 머리와 몸 두 가지 관점에서 바라보면 네 가지 유형으로 나뉜다. 그림에서 보듯이 머리는 똑똑하거나 멍청하다고 보고, 몸은 부지런하거나 게으르다고 했을 때 똑부, 똑게, 멍부, 멍게가 네 유형이다. 이 사회는 누구를 선호할까? 미래연구엔 누가 더 적합할까?

일반적으로 **똑부**똑똑하면서 부지런한 사람는 소중한 인재임에 분명하지만 충성심이 약하고, **멍게**멍청하면서도 게으른 사람는 입사시키지 말았어야 할 사람들이니 논외로 치자. 문제는 **멍부**멍청하지만 부지런한 사람과 **똑게**똑똑하지만 게으른 사람 중 누가 더 회사의 미래에 기여할까? 창의력이나 기획력은 없지만 성실하고 예의바른 멍부와 가끔 꾀를 부리고 약속 잘 안 지키는 것은 흠인데 일시키면 해내고 마는 똑게! 당연히 멍부보다는 똑게가 선호된다. 똑게를 잘만 다스리면 기업도 발전하고 미래도 책임지게 할 수 있다. 사실 멍부는 성실함 때문에 쫓아내기도 힘든 골치 아픈 사람들이다. 그들 나름대로의 일감을 주면 될 일이다. 그러나 시스템 사고와 비판적 사고는 똑게의 몫이다.

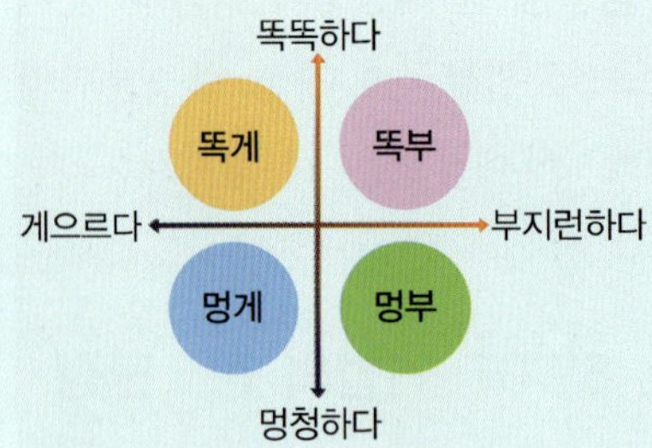

당신은 멍부인가, 똑게인가? 책임감으로 미래를 창조하는 똑부이길 바라는 마음이다.

미래상 시각화 기법

시각화visualization란 보이지 않는 것을 나타내보이게 하는 것이다. 지식을 전달하는데 컴퓨터 혹은 다른 시각화 기법을 이용하여 이루어진 시각적 표현기법을 사용하는 것은 지식의 전달을 효과적으로 증진시킬 수 있기 때문이다. 이러한 시각화 형태의 예로는 스케치, 다이어그램, 이미지, 오브제, 인터랙티브 시각화 등이 있다. 총칭하여 인포그래픽infographic이라고도 한다.

1. 미래상 시각화의 개념

시각화는 마음의 눈으로 관념적인 그림을 그리는 작업이다. 반드시 경험하고 싶은 일을, 이루고 싶은 목표를, 살고 싶은 삶을 시각화하여 성공한 사람들도 많다. 꿈을 마음의 눈으로 보기를 즐기던 월트 디즈니, 경기 전에 항상 머릿속으로 경기 과정을 완성했다던 전설적 골프선수 잭 니클라우스가 잘 알려져 있다. '**삶의 향상은 항상 마음속 그림의 향상에서 시작된다. 마음속 그림이 유도장치가 되어 그 그림을 실현하는 방향으로 우리의 행동을 이끌기 때문이다**'라는 세계적으로 유명한 자기계발 작가 브라이언 트레시의 발언은 시각화의 효력을 강조한다.

많은 이슈와 장·단점과 다양한 가능성을 내재한 미래상을 글이나 표가 아닌 그림이나 도형 혹은 디자인으로 표현하면 조직 전체의 미래에 대한 공감대 형성이 쉽고 리더십을 발휘하는 도구로 활용가능하며, 나아가 미래창조를 위한 비전으로 작용한다. 미래상 시각화는 이미지를 제공하고 사실을 알려주는 것만이 아니라, 심화된 통찰력·경험·태도·가치·기대치·관점·의견·예견 등을 전달하고 공감하게 한다. 따라서 시각화는 교육적 효과와 함께 미래상의 마케팅 도구로서의 역할도 수행한다.

미래상 시각화는 미래연구자들의 능력을 벗어나는 예술적·창의적 전문성을 필요로 한다. 그러나 다양한 미래상들에 대한 정보를 공유하며 시각화 전문가와 충분한 대화를 통해 시각화를 이루고, 나아가 이 작업을 만족하는 수준까지 반복함으로써 최종적인 시각화 결과를 얻을 수 있다.

2. 미래상 시각화의 사례

몇 가지 사례를 소개한다. 국토교통부의 미래철도 전망 2040[13]에 소개된 미래상은 [그림 9.8]과 같다.

[그림 9.8] 도시철도 2040의 미래상 시각화

13) 국토교통과학기술진흥원, *미래철도 전망 2040*, 진한엠앤비, 2017. https://issuu.com/randglobe/docs/

해양수산부의 '바다로! 세계로! 미래로!'의 보고서에는 [그림 9.9]와 같은 미래를 '인포그래픽infographic'으로 시각화한 여러 그림들이 등장한다.14)

[그림 9.9] 해양수산부의 '바다로! 세계로! 미래로!'의 미래상 시각화

미래상 시각화 기법은 독일 지멘스Siemens사의 미래형상화pictures of the future15)가 단연 으뜸이다. '지멘스 미래기술 시나리오'로 널리 알려져 있다. [그림 9.10]은 최근 지멘스가 발표한 미래시각화 사례들이다.

14) http://www.infogram.kr/035_info.html

15) 지멘스코리아, Pictures of the Future. http://picturesofthefuture.tistory.com/

2040 중국, 다른 두 세계가 공존하는 도시

2060 센서로 관리하는 도시

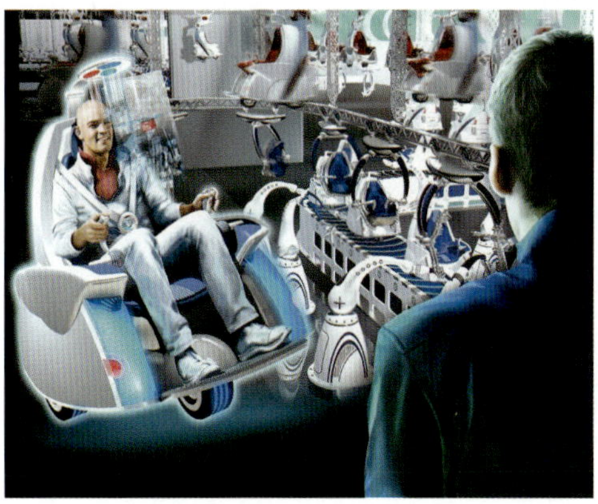

2030 가상공간에서 제품 시뮬레이션을 경험하다

2040 효용성의 대가를 만나다

[그림 9.10] 지멘스의 미래 시각화 Pictures of the Future **사례**

미래지도 기법

미래상 시각화의 일종으로 지도제작도 유용하다. 미래지도futures map는 시각적 예측visual forecast이라고도 한다. 미래상에 대해 한 눈으로 볼 수 있을 뿐만 아니라 미래를 구성할 요소들까지도 쉽게 파악할 수 있도록 하는 효과가 있다.[16)]

16) http://www.iftf.org/what-we-do/foresight-tools/maps/

1. 미래지도의 유형

미래지도는 단순한 행렬matrix, 만다라mandara, 불교에서의 상징적 그림, 시간표 혹은 로드맵일 수도 있다. 가장 단순한 지도는 사람 · 장소 · 시장 · 행동 · 도구 등 5~6개의 핵심 트렌드를 보여주는 것이다. 조직으로 하여금 눈여겨 봐야할 곳hot spots을 알려주는 의미도 있다.

미래상을 선택할 때 지도는 전략적 도구가 된다. 기회와 위협을 포착하고, 창의성이 발휘될 수 있는 지대를 파악하고, 지형의 변화에 대해 전략적 대응을 가능하게 한다. 지도는 미래 마케팅에도 유익하다.

2. 미래지도 사례들

아래 [그림 9.11]은 기술의 미래를 일반 지도형태로, [그림 9.12]는 도시와 정보의 융합세계를 행렬형태로 보여준다. 화면을 클릭하면 상세 지도와 설명이 나온다.

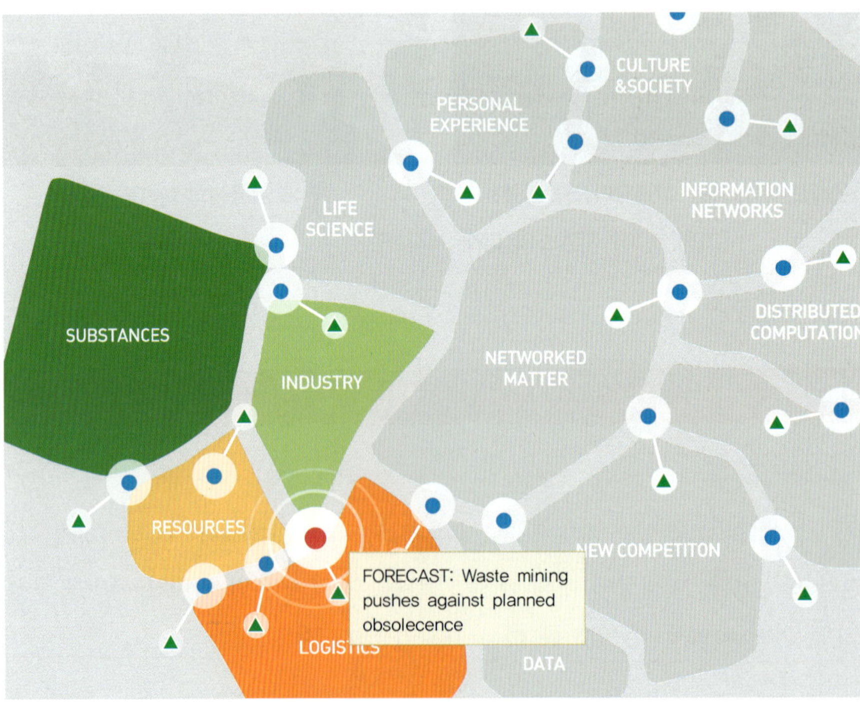

[그림 9.11] 기술의 미래지도(예)

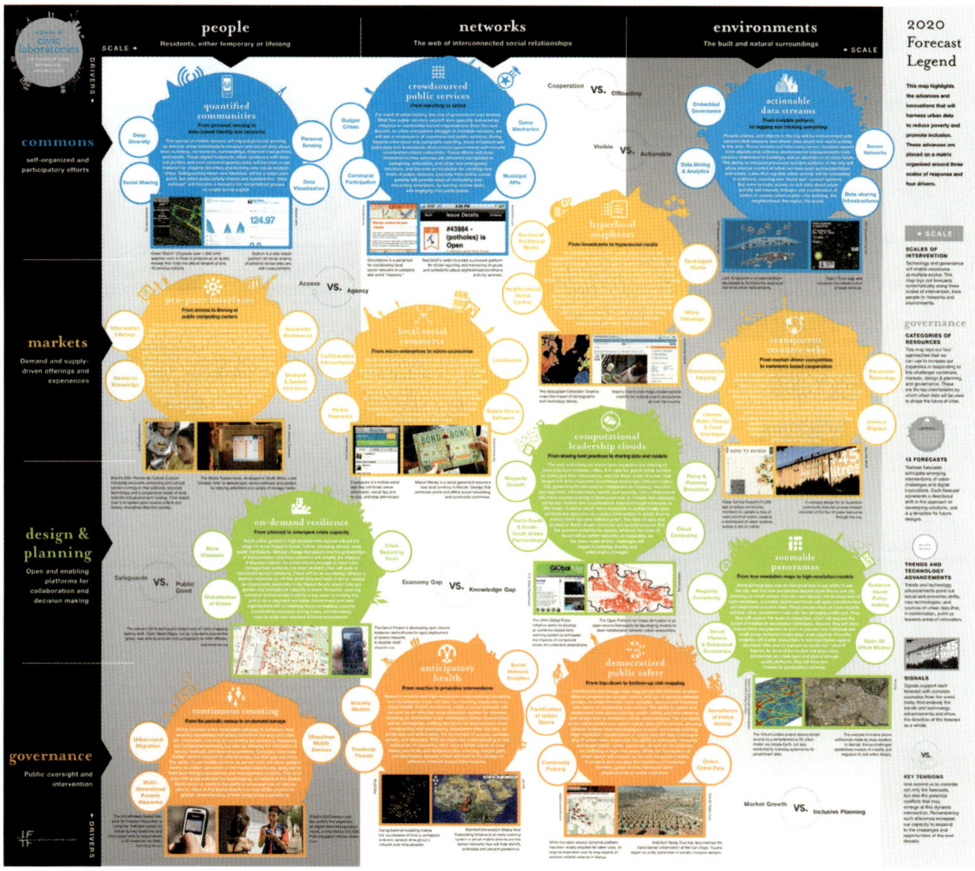

[그림 9.12] 도시와 정보의 융합세계

조지워싱턴대학의 윌리엄 하랄William Haral 교수는 기술들의 현실화를 예측하는 미래학자이다. 그는 기술예측 결과를 TechCast라는 사이트17)에서 기술지도 형태로 공개하고 있는데 [그림 9.13]이 한 예이다.

17) www.techcast.org

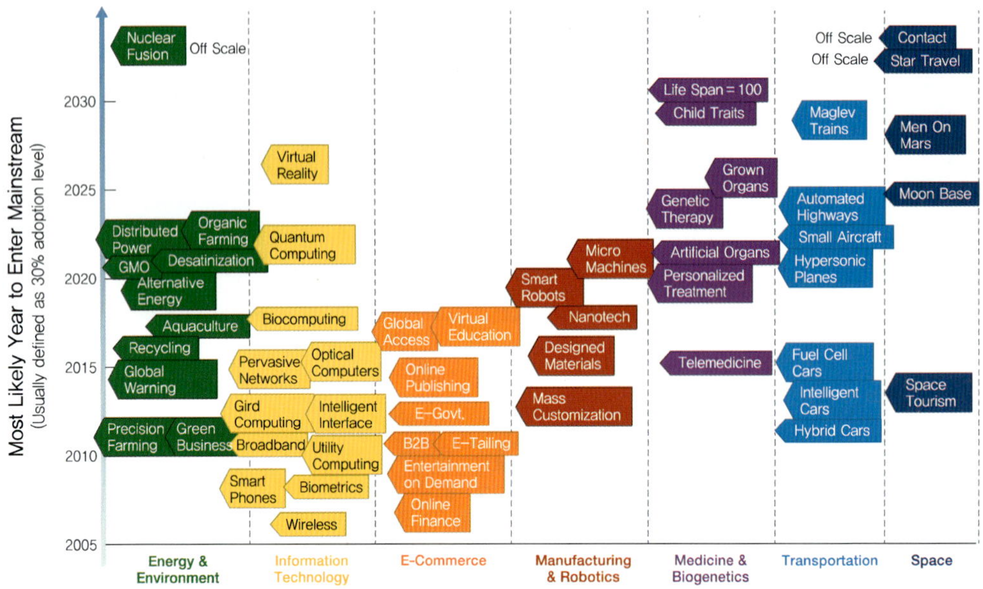

[그림 9.13] 기술예측지도Techcast

전략기획과 전략적 미래창조

경영학에서의 전략기획strategic planning은 기업이나 경영조직이 조직의 목표를 효과적으로 달성하기 위하여 비교적 장기간에 걸쳐 수립하는 전체적인 계획으로서, 조직 내부의 효율성을 높이기 위한 전략적 요인을 추출하여 시행 계획을 포괄적으로 규정하여 조직의 미래의 방향을 설정하는 전체적 계획을 의미한다. 전략기획은 조직의 자원을 내·외부환경에 따라 적절히 분배하는 방식으로 목적과 목표에 맞도록 실행되어야 하며, 조직의 문제점에 대한 창조적이고 발전적인 해결을 모색할 필요가 있다.

그러나 미래학에서는 미래지향적 전략계획수립이 아닌, 전략적 미래창조strategic foresight를 강조한다. 이는 미래 프로젝트의 핵심개념이다. 각각을 소개한다.

1. 경영학에서의 미래지향적 전략기획

전략이란 대상과 목적에 따라 성장전략・축소전략・안정전략・결합전략 혹은 차별화・원가우위・집중화전략 등으로 분류되기도 한다. 미래연구에 활용되는 SWOT 분석기법도 전략기획법의 하나로 간주될 수 있다. 그 개념은 현대경영학의 원론에 해당한다.[18)]

그러나 핵심은 전략실행력이다.[19)] 실행 없이 미래창조는 불가능하다. 전략실행력을 높이기 위한 방법은 [그림 9.14]와 같이 도형화할 수 있으며 그림의 각 단계의 활동은 다음과 같이 추천된다.[20)]

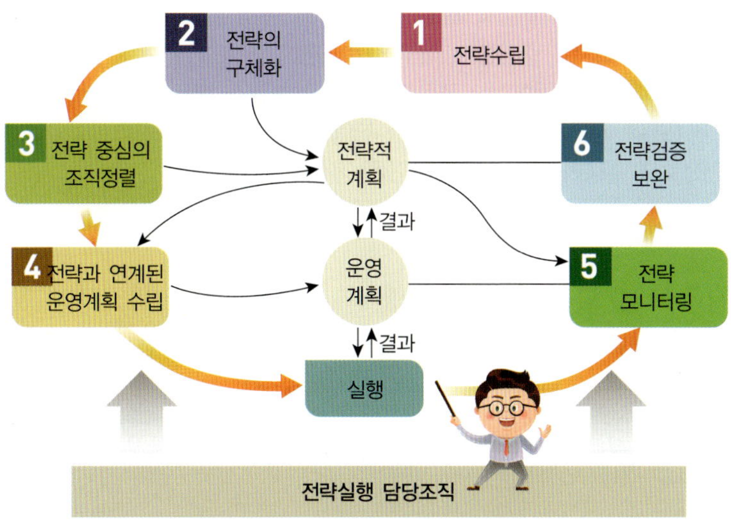

[그림 9.14] 전략실행 단계

- **1단계: 전략을 수립하라** 전략의 실행을 위해서는 명확한 미래의 비전과 전략이 출발점이다. 미션조직의 존재이유・핵심가치의사결정 및 행동의 준거가 되는 가치・비전미래 특정 시점의 조직 미래 모습・전략현재의 수준과 미래의 비전 상호 간에 갭을 줄이기 위한 세부적인 과제 등을 개발해야 한다.

---

18) 이명호・이주헌 외, *경영학으로의 초대*, 박영사, 2018

19) Kaplan, Robert S. and David P. Norton, The Execution Premium: Linking Strategy to Operations for Competitive Advantage, Harvard Press, 2008.

20) 정종섭, "살아남는 전략 세웠으면 움직여라", *의협신문*, 2009.9.
http://www.doctorsnews.co.kr/news/articleView.html?idxno=51925

- **2단계: 전략을 구체화하라** 1단계에서 개발된 전략을 조직구성원들에게 명확히 의사소통하고, 전략의 달성 여부를 측정할 수 있는 성과지표를 개발하고, 이에 대한 목표치를 수립한 다음 전략과 함께 성과지표와 목표치를 구성원들에게 명확히 전달해야 한다.
- **3단계: 전략을 중심으로 조직을 정렬하라** 이 단계에서는 조직의 전략과 성과지표가 하위조직에서 실행되고 관리되기 위해 국가 혹은 기업의 전략 및 성과지표와 연계된 하위조직하부부처·부서·팀의 전략, 성과지표 및 목표치를 개발해야 한다. 하위조직 자체의 목표를 위해 열심히 일하면, 조직 전체의 목표가 자연스럽게 달성될 수 있는 선순환 체계를 마련하여야 한다.
- **4단계: 전략과 연계된 운영계획을 수립하라** 하위조직의 성과지표와 목표치를 개발한 이후, 해당 성과를 높이기 위한 세부적인 프로세스일하는 방법 개선 및 소요 예산을 마련해야 한다.
- **5단계: 전략을 모니터링하라** 조직의 전략과 프로세스 개선활동 등이 제대로 실행되고 있는지를 점검해야 한다. 성과지표의 달성도 · 프로세스 개선 또는 주요 이행과제의 일정 준수 여부 등이 분석돼야 한다. 모니터링할 때 원인분석과 개선방안을 마련하는 것이 중요한데, 활동이 부진한 전략과 성과지표 중심으로 이루어져야 한다.
- **6단계: 전략을 검증하고 보완하라** 전략 모니터링 결과분석 내용 외에 전략 상호 간 관계 검증, 상세한 원가분석 등을 통해 이미 수립된 전략의 적정성을 검증하고, 그 결과를 바탕으로 전략을 점진적으로 수정하거나 새롭게 전략을 갱신해야 한다.

위에서 소개한 6가지 단계는 당연히 수행해야 할 일로 보이지만 실제로 많은 조직에서는 첫 번째 단계인 전략수립 이후 절차가 없거나 체계적이지 못한 것이 현실이다. 따라서 전략경영의 전 단계를 총괄적으로 관리하고 조정하는 조직, 즉 전략실행 담당조직Office of Strategy Management을 구성해야 한다. 즉, 프로세스를 설계하고 통합하고 관리하는 조직이 필요하다는 의미다.

2. 미래학에서의 전략적 미래창조

전략적 미래창조strategic foresight[21]는 미래전략 개발 · 구현SDI: Strategy Development and Implementation으로도 소개된다. [그림 9.15]에서 보듯이 경영학에서의 전략기획은 미래학이 논하는 SDI의 마지막 3단계에 해당한다. [그림 9.15]에서의 전략적 사고strategic thinking는 이 책의 제7장과 제8장에서 논했던 과거 · 현재의 스캐닝과 타당한 미래상들의 예측을 의미한다. 그러나 전략적 의사결정strategic decision making은 원하는 대안미래의 선택이며 전략기획strategic

21) 전략의 실행까지 포함하므로 '미래창조'라고 했다.

planning은 바라는 미래상의 실현을 위한 장기적 전략계획의 수립을 뜻한다.[22)]

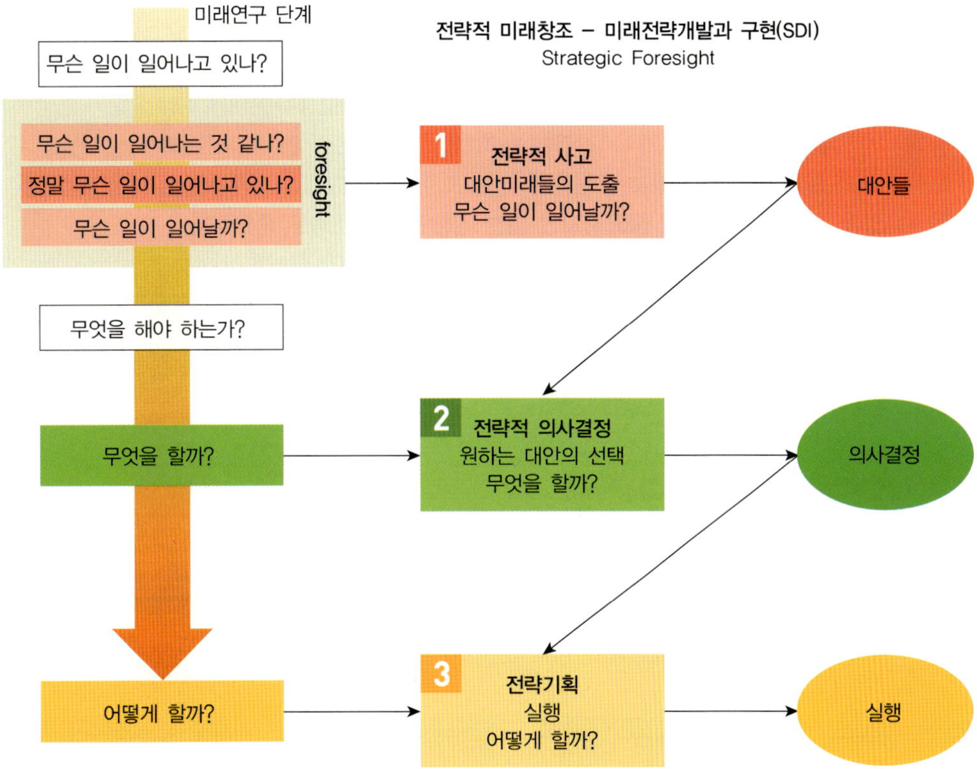

[그림 9.15] 전략적 미래창조SDI 단계

SDI 관점에서 1단계인 전략적 사고를 위해서는 델파이, 교차영향분석, 추세분석, 이머징 이슈분석 기법 등 탐색 및 예측기법이 필요하고, 3단계인 전략적 의사결정을 위해서는 계층화분석이나 시나리오 기법이나 SWOT 기법이 유용하다. 3단계 전략기획에는 경영학이 추천하는 전략계획 수립방법이 활용됨은 당연하다.

그러나 미래연구와 창조를 이끌 조직편성과 인적구성에는 또 다른 전략적 접근이 필요하다.

22) Conway, Marie, *Strategic Planning Revisited: A Future Perspective*, Association of University Administrators Conference, 2007.4. 이 자료를 많이 인용한다.
https://www.slideshare.net/mkconway/rethinking-strategic-planning-a-futures-perspective

- **언어** 말이 중요하다. 납득되는 용어를 구사하고 왜 무엇을 하고 있는지 밝히고 담대하라.
- **경영자의 지원** 최고경영자의 지원을 확보하라. 경영진 전체의 지원도 중요하다.
- **미래 실행조직** 업무에 미래지향적 방법을 사용하는 것과 미래창조 조직은 다르다. 조직 전체로부터 인정받는 조직이어야 미래창조를 선도할 수 있다.
- **저항세력의 이해** 변화에 저항하는 사람들이 있음을 이해하고 대응하라.
- **생각** 생각할 시간을 배려하라. 사람들이 생각하며 미래창조에 임하도록 하라.
- **사람** 미래조직원들은 신뢰받고 긍정적인 사람이어야 한다. 그래야 다른 사람들의 협조를 얻을 수 있다. 경영진의 지원도 중요하지만 일선 담당자들의 호응도 중요하다.
- **세계관** 세상을 바라볼 때 편견 대신에 이해심이 넓은 자세가 중요하다.
- **지식** 미래연구에 풍부한 지식은 필수적이다. 책으로만 터득한 지식으로는 불충분하므로 필요하다면 외부 미래연구 전문가를 활용하라.

3. 미래전략개발 프로세스 사례

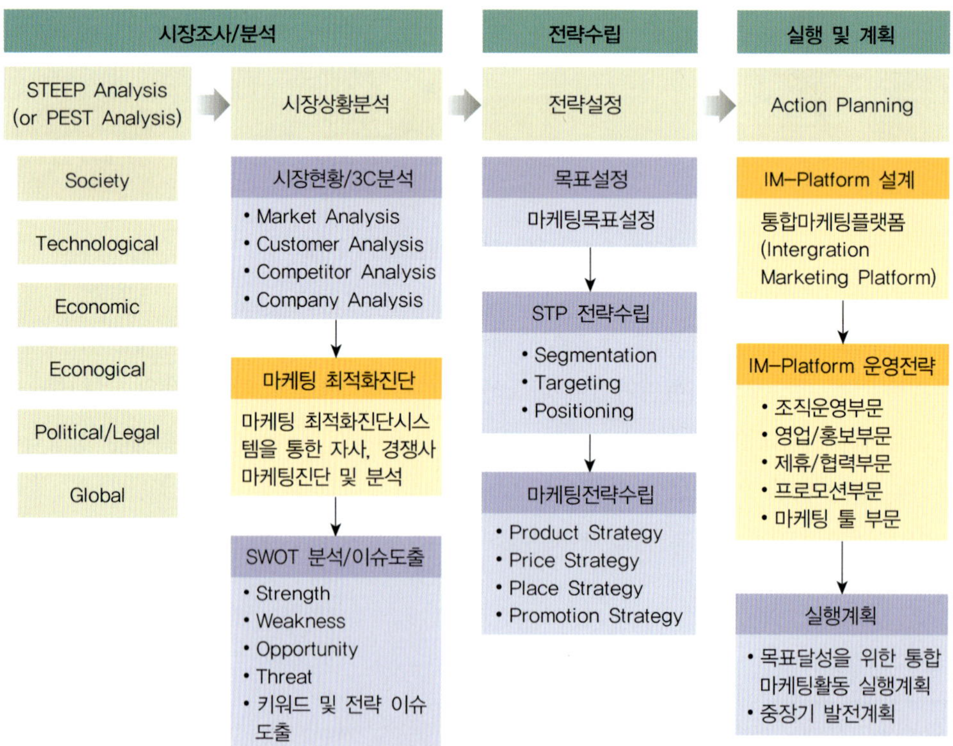

[그림 9.16] 마케팅전략 프로세스

미래전략개발과 실행을 아우르는 전략적 SDI 관점을 이해할 수 있는 사례로서 [그림 9.16]과 같이 마케팅전략연구소의 마케팅 프로세스를 소개한다.23) 시장은 멈춰있지 않고 끊임없이 진화하고 변하기 때문에 시장흐름을 이해하고 파악하여 대처하는 것에 따라 기업의 미래는 결정된다. 미래연구와 미래전략이 통합된 좋은 예이다.

미래연구 역량 평가

미래연구는 미래연구자researcher 혹은 퓨처리스트futurist들에 의해 진행된다. 바람직한 미래를 찾아 설계하고 조직 내에 적응까지 선도하려면 많은 경험과 전략적 사고와 열정이 중요하다. 미래는 이들의 손에 달려있다고 해도 과언이 아니므로 퓨처리스트의 미래연구 역량foresight competency은 매우 중요하다.

1. 미래역량의 개념

미래연구역량은 그 수준에 따라 [그림 9.17]과 같이 설명할 수 있다.24)

23) 마케팅전략연구소, *마케팅전략수립과정의 이해*, 2012.
http://msrkorea.tistory.com/tag/%EB%A7%88%EC%BC%80%ED%8C%85%EC%A0%84%EB%9E%B5%EC%88%98%EB%A6%BD

24) Association fo Professional Futurists, Draft Version of Foresight Competency Model, 2016.
https://apf.org/2016/05/draft-version-of-foresight-competency-model/

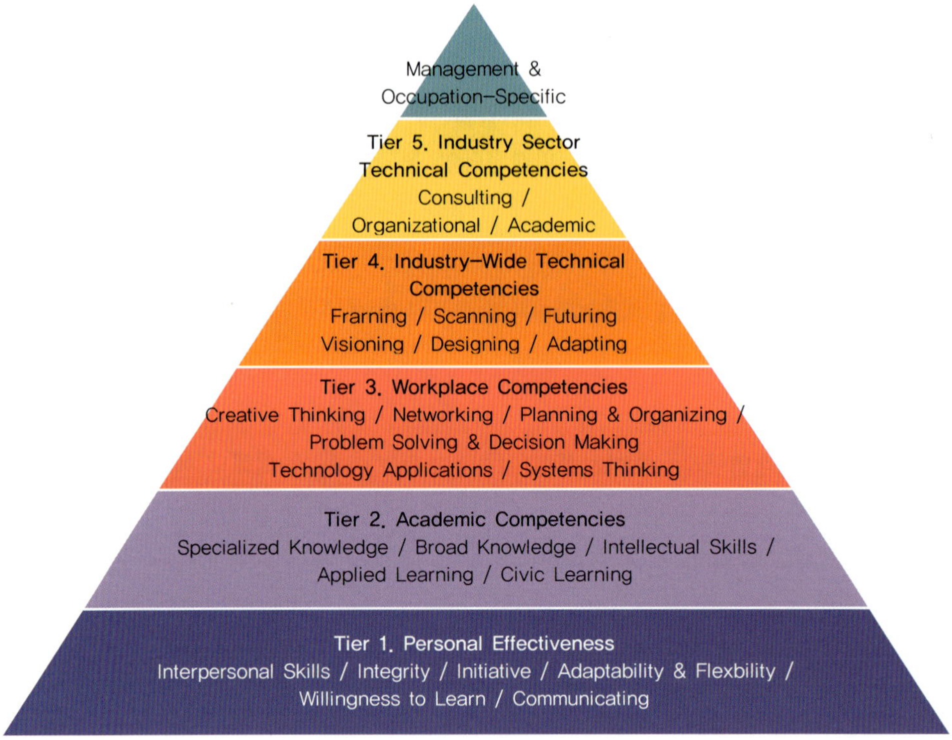

[그림 9.17] 미래연구역량의 수준

- **1단계: 개인적 역량** 대인능력, 주도성, 적응성, 유연성, 자발적 태도, 배움, 대화능력 등
- **2단계: 학습역량** 전문분야 지식, 폭넓은 지식, 지적 능력, 응용력, 학습력 등
- **3단계: 근무역량** 창의적 사고력, 대인관계, 기획조직력, 문제해결능력, 의사결정력, 기술응용력, 시스템적 사고력 등
- **4단계: 미래연구역량** 미래연구 정의, 스캐닝, 예측, 비저닝, 설계, 현장적용 등
- **5단계: 소속직업역량** 컨설팅, 특정 기업·조직, 교육기관 내에서의 직업역량

이와 같은 역량을 어떻게 평가하고 누구를 '미래 팀'에 소속시킬 것인지는 경영진의 판단에 달려있다. 일반적으로 개인의 역량을 평가하기 위해서는 다음과 절차가 추천된다.[25)]

25) Competency Model Clearing House, Developing a Competency Model, CareerOneStop, 2018. https://www.careeronestop.org/competencymodel/userguide_competency.aspx

1. **정보수집** 유사한 산업군 혹은 분야 전문직에 관한 역량 관련 정보수집
2. **역량평가** 초안 작성 주 평가분야와 세부 평가항목 개발
3. **전문가 검토** 합당한 평가체계인지 평가 및 검토
4. **수정 보완** 평가체계, 역량 명칭 등 점검
5. **최종 확인** 잠재적 피평가자들로부터의 피드백을 통해 완전성 확보

2. 미래지향적 역량평가 사례

개인의 미래지수나 특정 조직의 퓨처리스트에 대한 미래역량평가는 아니지만 미래사회를 대비하는 청소년의 생애학습지수를 개발한 사례가 있어 소개한다.[26)]

이 사례는 21세기 변화하는 미래사회를 준비하기 위해 국내 청소년들이 갖추어야 할 생애학습역량을 개념화하고 이를 구성하는 하위역량요인들을 도출한 것이다. 전문가 패널 28명의 2차에 걸친 타당성조사와 경기·인천 지역 중고생 719명을 상대로 한 검증과정을 거쳐 제안한 학습역량평가체계는 [표 9.3]과 같다,

[표 9.3] 미래사회를 대비하는 청소년의 생애학습역량 평가

하위역량	지수	평가 문항
사고력	통합적 사고력	나는 사물과 현상을 바라볼 때 그것과 다른 부분과의 상호작용을 파악하여 종합적으로 사고한다.
	비판적 사고력	나는 어떤 사태에 대해 타당하고 객관적인 근거를 바탕으로 판단하고 평가한다.
	감성적 사고력	나는 상황에 따라 개인적 이득보다는 가치 있는 일이 실현되도록 하기 위해 지지하거나 소비한다.
지적 도구 활용	언어능력 (읽기, 쓰기, 말하기)	나는 알고 있는 것을 다른 사람에게 조리 있게 말하거나 글로 표현할 수 있다.
	수리과학능력	나는 수학 및 과학적 지식을 활용하여 문제를 인식하고 근거를 바탕으로 판단할 수 있다.
	정보통신 활용능력	나는 컴퓨터(또는 인터넷) 사용 및 활용능력이 충분하다고 생각한다.

26) 성은모·진성희·김혜경, "미래사회를 대비한 청소년의 생애학습역량지수 개발 및 타당성 연구", *한국콘텐츠학회논문지*, 2016.

학습적응성	변화수용력	나는 외부의 자극이나 변화를 적극적으로 받아들이고 활용한다.
	지적 호기심	나는 새로운 것을 배우는 것을 좋아한다.
	학습주도성	나는 학습에 대한 주인의식을 갖고 스스로 계획・실행・성찰한다.

게임과 시뮬레이션

제주도의 대한항공 교육장에서는 조종사들이 비행시뮬레이션flight simulation 교육을 받는다. 미국 워싱턴주 타코마Tacoma시에는 한미연합사에서 이용하는 워게임war game 개발센터가 있다. 이러한 게임・시뮬레이션은 미래를 보게 하지는 않지만 만약의 미래상황에 어떻게 대응해야 하는지를 알려준다. 국방・인구・생태・경제・윤리・심리 등의 분야에서 사용되고 있는 또 다른 시뮬레이션 프로그램들은 자원・출생률・환경・이자율・법규 등이 변화하는 시나리오를 게임으로 미리 예비하고 미래지향적 역량을 키울 수 있는 수준에 이르렀다.27) 오늘날, 전자오락의 형태나 기업에서의 비즈니스 전략 훈련용의 시뮬레이션 게임으로 사용되고 있음은 널리 알려진 사실이다.

1. 게임과 시뮬레이션의 개념

모델이란 현실을 개념화・축소화시킨 형태이다. 시나리오는 이 모델이 특정 시간에 나타난 모습이고, 시뮬레이션은 가상의 다양한 시나리오를 연출시키는 활동이며 꼭 컴퓨터를 이용한 게임일 필요는 없다. 예를 들어, 미래의 화재상황에 대비하려는 소방훈련은 시뮬레이션이지만 게임은 아니다. 게임은 흔히 경쟁competition의 개념이 포함되어 있으나 시

27) Rausch, Erwin, "Simulation and Games in Futuring and Other Uses", *Futures Research Metholodoly*, Version 3.0, 2014.

뮬레이션은 그렇지 않은 점도 둘 사이의 차이라고 할 수 있다. 그러나 기회탐색의 관점에서는 동일하다.

게임이론은 경쟁상대의 반응을 고려해 자신의 최적 행위를 결정해야 하는 상황에서 의사결정 행태를 연구하는 경제학 및 수학 이론으로 1944년 수학자인 폰 노이만John von Neumann과 경제학자인 모르겐슈테른Oskar Morgenstern이 공저한 '*게임이론과 경제행동*'에 처음 등장했다. 게임이론은 경기자player들이 합리적인 의사결정을 한다는 가정하에 모든 경기자들의 상호작용패턴을 분석하고, 경쟁상대의 행동에 대해 어떻게 반응하는 것이 가장 합리적인가를 제시함으로써 전략적 판단에 도움을 준다.

컴퓨터 시뮬레이션은 복잡한 상황의 게임경기를 가능하게 해주는 기술이다. 어떠한 현상이나 사건을 컴퓨터로 모형화하여 가상으로 수행시켜 봄으로써 실제 상황에서의 결과를 예측하게 한다. 비용과 시간을 절감시켜 주며 실제 상황에서는 할 수 없는 가상적인 시험도 할 수 있다.

게임이나 시뮬레이션은 연구조사·기획·설계·교육·훈련·놀이 분야에서 다양하게 활용되어 왔지만 미래연구 시각에서는 또 다른 지평을 펼쳐준다. 미래에 어떤 길을 밟아야 하는지 그 가능성을 모색하고 깨우치게 해주는 효과가 있다. 정책의 효용성이나 전략의 효율성 등을 미리 살피게 해주는 까닭에 공공기관 정책가들, 군사전문가들, 기업전략가들에게 애용되는 미래연구 기법이다. 다양한 미래 시나리오 중에서 바람직한 미래상을 결정하는 과정에서 사용될 수 있다.

예를 들어 정책게임policy game은 '정책참여자'들에게 몰입할 수 있는 환경을 제공함으로써 복잡한 시스템 안에서의 다양한 상호작용에 대한 심도 깊은 이해를 돕는 방식으로 정책을 검토하거나 전망을 탐색할 수 있게 한다. 정책게임은 이해관계자들의 이익 또는 다양한 수준에서 정책 관련 결정에 영향을 미치는 역학관계에 대한 이해로 정책대안을 결정하는 데 도움을 주는 게임이다.[28)]

28) STEPI, *미래연구 용어집*, 2018. 정책게임 사례에 관해 이 책을 많이 인용한다.

2. 정책게임의 사례

정책게임의 대표적인 사례로는 검은 겨울Dark Winter이 있다.[29] 검은 겨울은 2001년 시행된 미국의 시뮬레이션 훈련으로 많은 정부 고위층 및 정치가가 참여하였다. 이 시나리오의 중심은 테러리스트의 3개의 쇼핑몰을 대상으로 두창small pox과 같은 생물무기 사용과 이에 따른 전개에 있다. '검은 겨울' 훈련의 목적은 이러한 생물테러 이후 미국 정부의 방안 및 대응의 적절성을 평가하는 데 있었다. 이 훈련을 통해 미국 병원이 갑작스러운 침상의 수요 증대 및 희생자 처리에 대응하지 못하는 체계적인 약점이 드러났다. 또한, 미국에서 두창 백신의 공급이 매우 부족하다는 것이 나타났다. 이러한 훈련이 없었으면 정책결정자들은 조사결과에 대해 불신을 가지고 설득력 있는 분석 및 구체적 증거를 요구했을 것이다.

정책게임은 시스템 수준에서 상호의존성을 인지하고 복잡성을 명확하게 드러내도록 돕는다. 이성적인 분석으로는 쉽게 서술할 수 없는 사회의 감정적인 측면을 강조함으로써 정책결정 과정을 지혜롭게 만들어준다. 또한, 정책게임은 게임 참여자들이 시간 제약하에 실제 생활에서 내릴 결정들을 예행연습할 수 있도록 하며, 이러한 경험을 통해서 정책게임 간섭의 잠재적 영향력 및 역학관계에 대한 이해를 높일 수 있다.

리더십 발휘

리더십leadership은 미래창조를 위한 핵심능력이다. 이미 이 책의 제6장에서 다루었듯이 리더십은 미래연구의 효율적인 진행을 위해서, 그리고 원하는 미래를 현실로 만들기 위해서 필수적이기 때문이다. '조직의 목적을 달성하기 위해 구성원을 일정한 방향으로 이끌어 성과를 창출하는 능력'으로 정의되는 리더십은 '궁극적으로, 대단한 일을 일으키는 데에 사람

29) Johns Hopkins Blooming School of Public Health.
http://www.upmchealthsecurity.org/our-work/events/2001_dark-winter/about.html

들이 공헌할 수 있게 하는 방법을 만들어내는 것'이라고 그 목적이 설명되기도 한다.

리더십을 발휘하는 리더leader 혹은 지도자는 '책임과 과업을 완수하려는 강한 동기와 목표를 추구하는 맹렬과 인내와 문제를 해결하려는 모험심, 창의성, 자신감, 결과를 대상으로 한 승복, 스트레스, 절망, 지체에 대한 인내라는 특징을 지닌 사람'이라고 정의되기도 했다.[30]

1. 미래지향적 리더십

심리학에서는 리더십을 어떤 집단이 그 집단의 목적을 달성하려는 활동에 영향을 주는 과정이라고 이해한다. 일반적으로는 집단 지도자가 발휘하는 영향력이다. 이 영향력이 미래를 바꾸는 힘이 된다. 리더십을 미래학에서 중요하게 다루는 이유는 선두에서 미래창조 과제를 진두지휘하는 사람이 바로 조직의 리더이어야 하기 때문이다.

미래지향적인 리더가 갖추어야 하는 덕목은 다음과 같다.[31]

- **선견력**foresight 미래의 변화하는 환경에 대해 전망을 하고 판단하는 능력
- **깨달음**hindsight 전망이 조직의 전통과 문화를 거스르지 않게끔 뒤를 다독이는 능력
- **세계관**world-view 출현가능한 새로운 발명이나 경향으로 비롯된 충격을 해석하는 시각
- **인식 능력**depth perception 전체에 대한 그림을 적절한 수준으로 자세히 볼 수 있는 깊은 능력
- **주변 파악 능력**peripheral vision 새로운 방향을 향한 경쟁자들과 다른 당사자들의 여러 반응을 이해하는 능력
- **재수립 능력**revision 환경이 변함에 따라 이전에 종합되어 수립된 방향을 지속으로 재검토하고 재수립하는 능력

이 밖에도 리더는 전망을 제시할 적절한 시기, 전망 인상의 단순성과 복잡성, 과거에서 연속되는 성질의 개념과 범위 설정, 낙관하고 비관하는 정도, 현실성과 신뢰성, 겉으로 드러나지 않고 숨은 상태로 조직에 미치는 영향을 대상으로 한 의사결정을 내려야 한다.

30) 제임스 맥그리거 번스, *역사를 바꾸는 리더십*, 지식의 날개, 2006.
31) 워렌 베니스, 김원석 옮김, *리더와 리더십*, 황금부엉이, 2006.

2. 리더십을 발휘하는 방법

리더십의 유형은 다양하다.32)

- **거래상 리더십** 리더가 부하에게 일정한 거래조건을 제시하는 방법으로 부하에게 동기를 부여하는 방식으로 한 리더십이다.
- **카리스마 리더십** 지도자가 가지는 인간다운 매력, 외모, 분위기 등을 이용하여 부하를 복종시키는 방법으로써 통솔하는 리더십이다.
- **혁신적 리더십** 현재 체제나 질서와 다른 방향으로 부하를 통솔하는 개혁을 지향하는 형태로 하는 리더십이다. 권력을 선용하는 변혁 성격을 띠는 리더십이다.

어떠한 리더십을 발휘해서 미래를 창조할 것인가는 전적으로 원하는 미래에 대한 갈망, 조직의 특성, 미래창조의 시기, 그리고 리더 개인의 인품과 특성에 달려있다. 그러나 훌륭한 리더와 효율적인 리더십이 없다면 미래예측의 성과와 무관하게 미래는 기대와 다른 모습으로 다가온다. 미래학을 가르치는 대부분의 대학에서 리더십을 강조하는 이유가 여기에 있다.

경영프로세스 혁신

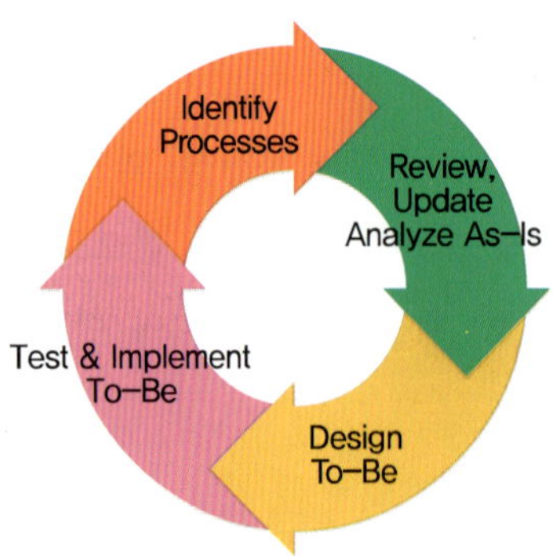

조직이 도약하기 위해서는 두 날개가 필요하다. 하나는 전략기획이고 다른 하나는 혁신경영이다. 전략기획은 결과목표를, 혁신경영은 과정방법을 통해 미래를 개척한다.

1990년 MIT의 마이클 해머Michael Hammer 교수가 제안한 BPRBusiness Process Reengineering은 기업의 일하는 방법business process을 재설계해서 조직을 변화시키자는 경영혁신 기법이다. 일하는 방법의 변화가 미래를 만든다는

32) https://ko.wikipedia.org/wiki/%EC%A7%80%EB%8F%84%EB%A0%A5

인식하에 우리나라 대부분의 유수 기업들도 1990년대 후반부터 BPR을 시도해 왔다. 삼성 이건희 회장의 '변해야 산다. 마누라만 빼고 다 바꾸라'는 BPR 철학은 널리 알려져 있다. 원하는 미래상을 현실로 만들기 위해서 BPR은 매우 중요하다. BPR은 기업의 핵심적인 미래 창조방법이다.

1. BPR의 정의

BPR은 '비용·품질·서비스·속도와 같은 핵심적 성과에서 극적인 향상을 이루기 위해 기업 업무 프로세스를 기본적으로 다시 생각하고 근본적으로 재설계하는 것'이라고 정의된다.[33] 프로세스란 일하는 방법을 일컫는데, 이 정의에는 세 개의 핵심단어가 들어 있다.[34]

- 기본적fundamental BPR을 할 때는 먼저 기업이 무엇을 해야 할지에 대해 기본적인 것을 결정하고, 그 다음 그것을 어떻게 할지를 결정해야 한다. BPR에서는 어떠한 것도 당연한 것으로 여기지 않는다. BPR에서는 '지금 있는' 것은 무시하고 '반드시 있어야 할' 것에 집중한다.
- 근본적radical BPR에서 얘기하는 근본적인 재설계는 현존하는 모든 구조와 절차를 버리고 완전히 새로운 업무처리 방법을 만들어내는 것을 의미한다. BPR은 업무를 개선시키거나 향상시키거나 또는 변경시키는 것이 아니라 다시 만들어내는 것을 의미한다.
- 극적dramatic BPR은 오직 확실한 혁신이 필요할 때에만 사용해야 한다. 점진적인 개선은 미세 조정을 필요로 하지만, 극적인 향상은 낡은 것을 날려 버리고 새로운 어떤 것으로 대체해야만 이룰 수 있다.

BPR이 미래창조기법으로 소개됨은 위와 같은 BPR의 정의 때문이다. 과거로부터 해오던 방법을 기본적으로 다시 살피고, 이제 근본적으로 뜯어고쳐서, 미래에는 극적인 효과를 누리자는 혁신사상은 미래창조와 직결된다. 현재as-is를 분석하고 미래to-be를 설계한 후 행동으로 옮기면서 변화관리에 초점을 맞추어야 한다는 철학은 미래창조 철학과 일맥상통할 뿐만 아니라, 원하는 미래를 현실로 만들기 위해서 조직이 취해야 할 혁신경영 기법이다.

33) Hammer, Michael, "Reengineering Work: Don't Automative, Obliterate", *Harvard Business Review*, 1990.7.

34) 김성근·이주헌, *플랫폼 경쟁시대의 MIS*. 문영사, 2015.

2. BPR의 실행단계

BPR은 다음과 같이 진행된다.

1. **목적 정의** 원하는 미래를 위한 경영 비전과 프로세스 재설계의 목적을 분명히 설정해야 한다. 목적과 목표가 없는 혁신은 폭풍우가 몰아치는 상황에서 방향없는 항해를 시작하는 것과 같다. 원가절감이나 생산성의 향상, 품질의 향상 등이 프로세스 재설계의 예가 될 수 있다.
2. **프로세스 선정** 정의된 목적을 바탕으로 기존의 프로세스를 재검토한 다음 현재 문제가 되어 재설계를 필요로 하는 프로세스를 찾아야 한다.
3. **현재as-is 이해** 재설계 대상 프로세스의 현재 작업방식과 성취도를 이해하고 평가한다.
4. **미래to-be 설계** 혁신할 대안 프로세스들을 재설계한다.
5. **기술과의 융합** 기존의 프로세스를 재설계하는 데 필요한 정보통신기술을 파악하고 이를 적용하는 방법을 찾는다.
6. **검토** 새로운 프로세스를 시범 운영해 구성원들의 반응을 살피고 기술적으로도 문제가 없는지를 살핀다.

3. BPR 도입의 성공요인

혁신은 '묵은 풍속·관습·조직, 방법 따위를 완전히 바꾸어서 새롭게 하는 것'인만큼 파격적인 변화를 요구하기 때문에 성공하기가 여간 어렵지 않다. BPR이 회사의 전략이나 사업목적에 맞지 않거나 현재의 문제해결 정도에 머무를 때 또는 BPR의 실행 과정과 결과가 조직구성원에 의해 심한 저항을 받을 때 실패 사례를 낳을 수 있다. BPR을 성공적으로 완수하기 위한 고려사항들은 다음과 같다.

- **최고경영자의 리더십** BPR은 여러 부서에 걸친 가치사슬value chain을 대상으로 하므로 부서 간 이해 조정과 갈등관리가 절대적으로 요구된다. 따라서 의사결정권자의 적극적인 참여와 조정능력이 절대적으로 필요하다. 즉, 최고경영자의 리더십과 조정능력, 그리고 결단력이 가장 중요한 성공요소로 작용한다.
- **전체적인 공감대 형성** 기술과 환경의 변화가 극심한 상황에서 구시대적인 업무절차와 관례 등으로는 글로벌 경쟁에서 낙오될 수 있다는 절박함과 위기의식이 조직 차원에서 공감대를 형성하지 못하면 BPR의 성공은 보장받기 힘들다.

- **추진주체 구성의 명확화** BPR의 추진은 IT기술 중심으로 이루어지는 경우가 흔하다. 그러나 IT는 BPR의 수단이지 핵심이 아니므로 BPR은 재설계 대상 프로세스 관련 부서를 주축으로 추진 조직을 구성해야 성공가능성이 커진다.
- **사업의 주요 성공요인과 연계** BPR은 사업목적 또는 기업전략을 달성하는 데 가장 중요한 요소가 무엇인지를 판단하고, 이를 강화하는 방향으로 추진해야 한다. 불필요한 군살을 빼서 강점을 좀 더 강화해 나가야만 참다운 BPR이 된다.
- **프로세스 재설계의 인식** BPR에서 추구하는 것은 부서별 혁신이 아니라 조직 전체적인 프로세스 혁신이다. 이러한 프로세스 중심의 혁신에서 유의해야 할 점은 재설계되는 프로세스의 범위와 조직구성원의 행동을 변화시키는 근본 요소인 역할과 책임, 성과측정과 보상, 조직구조, IT, 필요역량 등을 정하는 것이다.
- **고객을 위한 BPR** BPR의 참된 의미는 고객을 위해 일한다는 생각을 심어주는 것이다. 기업이 항상 고객의 입장에서 지속적으로 고객만족을 위한 고객지향적 체질 개혁을 이룰 때 비로소 질적 경영을 통한 경쟁우위를 확보할 수 있기 때문이다.

4. BPR 적용사례

BPR의 철학은 전략적 미래창조와 일맥상통한다. 비전을 강조하고 전략적 사고기업경영에 무슨 문제가 있나, 전략적 의사결정무슨 프로세스를 재설계할까, 전략기획프로세스 재설계와 정보계획수립을 어떻게 할까 수립 후 실행에 임하라는 BPR과 정보계획수립information strategy planning과 변화관리change management와의 관계는 [그림 9.18]이 보여준다.

베네통의 사례를 소개한다. 의류업계는 시시각각으로 변하는 고객수요와 공급사이클 사이의 긴 시차로 인해 발생하는 재고와 '폐의류' 더미를 해결해야 했다. 그에 대한 해결책으로 이탈리아의 의류전문업체인 베네통Benetton이 들고 나온 것이 의류 제조 프로세스 혁신이었다. 베네통은 의류 색상의 다양화라는 고객욕구 충족을 위해 염색된 옷감으로 옷을 만드는 기존의 업무절차를 버렸다. 대신 만들어진 옷을 고객이 지정하는 색깔로 염색해 주는 방식으로 작업순서를 획기적으로 바꾸었다. 또한 컴퓨터로 특정 지역에서 선호되는 색깔과 유행 의상을 추적해 하루 만에 옷을 제조해 판매하는 방식을 택해 고객의 욕구에 빠르게 대응하는 시장전략을 구사하고 있다. 그 결과 베네통은 엄청난 실적을 올렸고 업계의 판도를 바꾸었다.

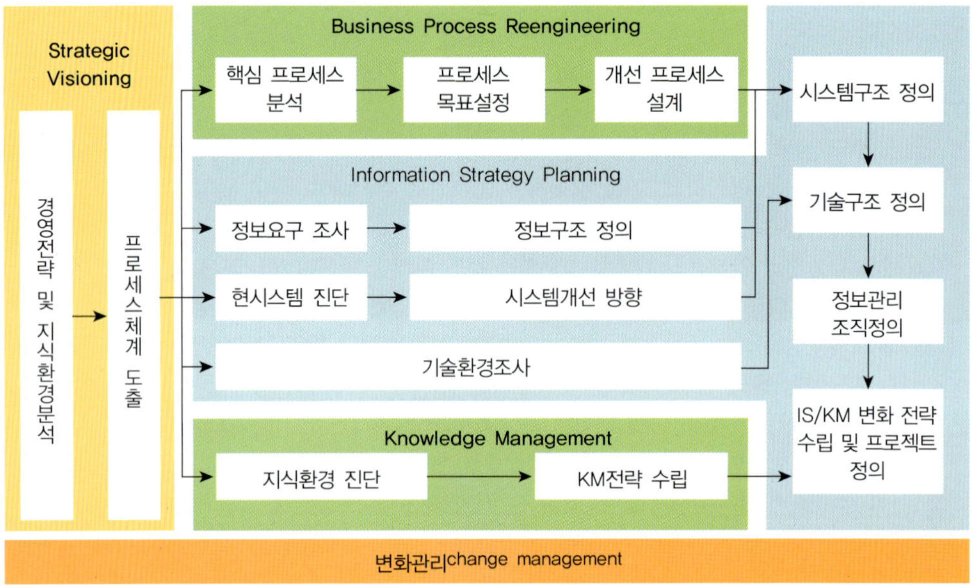

[그림 9.18] BPR 경영혁신의 개념

변화관리와 성과관리

혁신경영으로 새로운 가치와 성과를 창출하기 위해서는 변화 과정에 대한 체계적인 관리가 요구된다. 이때 필요한 것이 바로 변화관리와 성과관리이다. 혁신으로부터 야기된 변화가 사업구조와 조직, 업무와 위치 등 해당 구성원에 대한 이해관계를 변화시키기 때문에 혁신의 초기 단계부터 해당 구성원과 소통은 물론 체계적인 추진 과정이 필요한 것이다. 더구나 혁신으로 얻게 되는 성과는 공정한 평가와 보상으로 이어져야 한다.

1. 변화관리

변화관리change management란 기업에서 일어나는 중대한 변화를 기업 성과가 향상되는 방향으로 관리하는 것을 말한다. 실무적으로는 조직이 어떤 목적을 달성하기 위해 취한 변화에 의해 조직의 구성원이 영향을 받아 조직의 성과 저하가 예상될 때 취하는 조직 대상

관리프로그램들을 말한다. 따라서 변화관리는 혁신을 추구함과 함께 수행해야 하는 관리업무라 할 수 있다.

혁신이 성공을 거두지 못하는 원인은 복합적이다. 조직원들의 변화에 대한 저항이 가장 큰 원인이 될 수도 있지만 조직원들은 변화를 통해 개선도 일어난다는 점을 알고 있기 때문에 명목적인 저항보다는 자신과 관련된 기득권에 관련된 저항과 암묵적인 변화에 대한 거부감 등이 있을 수 있다. 혹은 과거의 실패 경험이나 부가적인 적응 노력 등에 대한 저항도 가능하다.

이들을 잘 극복하는 변화관리 방법은 다음과 같다.

- 저항이나 장애요인은 리더십으로 극복될 수 있다. 리더십이란 실제 참여하고 관리하는 것을 말하는 것으로 조직의 최고 실권자가 변화를 주도하는 것이 가장 효과적이라 할 수 있다.
- 변화의 내용은 매우 실제적이고 적용가능한 것부터 진행되어야 한다. 비현실적인 기대는 변화를 쉽게 이끌지 못하는 경우가 많다.
- 전체 변화에 대해서는 일관적인 메시지가 필요하며 변화하는 과정에서 어려움들을 잘 이겨내고 진행해 나갈 조직적 모니터링 또한 필요하다. 변화를 위한 당위성이 미약할 경우 중간 과정에서 회의감을 주고 변화가 회귀할 수도 있으므로 초기에 조직원들의 동의를 받는 것도 매우 중요하다.
- 변화의 범위와 목적을 단계별로 제시해 적용해 나가면 조직은 성과를 얻어가는 기쁨으로 변화에 쉽게 동참할 수 있기 때문에 초기에 쉬운 변화부터 시작하는 것이 중요하다.
- 변화관리는 사람들을 관리한다는 차원보다는 최소한의 지원과 격려를 하는 차원에서 시작하는 것이 좋다.
- 실제 운영을 고려해 설계하는 것, 그리고 단계별로 적용하는 것이 변화를 보다 성공적으로 이끌 수 있는 방법이 될 수 있다. 그러나 변화를 보다 빨리 조직에 적응하기 위해서는 변화의 시기를 조절하는 것이 보다 효율적인 전략이라 할 수 있다.

적극적 변화 마인드가 없을 경우는 수동적인 입장이므로 적극적인 학습 자세가 갖추어지지 않게 되고 보다 많은 시간이 소요된다. 변화의 취지를 이해하지 못하거나 동감하지 못하는 경우에도 변화의 속도는 낮아질 수밖에 없다. 결국 혁신으로 인한 충격의 조기 극복, 성과 저하의 복구와 성과 향상의 실현을 위해서는 철저한 변화관리를 통한 변화 적응도를 제고할 필요가 있는 것이다.

2. 성과관리

미래지향적 기업은 조직의 생존과 지속적 성장을 위해 환경 변화에 적합한 조직목표 달성에 조직역량을 전략적으로 집중해 조직 전체의 성과를 효과적으로 달성할 수 있도록 성과관리를 한다. 성과관리performance management란 조직의 비전과 전략을 달성하기 위한 경영목표와 활동계획을 수립·시행하고, 그 결과를 평가해 경영 및 조직관리에 환류시킴으로써 조직의 성과를 극대화하기 위한 노력을 의미한다.

조직의 성과는 결국 개인 성과들의 총합이다. 조직 전체의 목표와 단위 부서 및 개인 목표가 체계적으로 연계되도록 성과관리가 이루어지기 위해서는 조직의 미션mission으로부터 시작해 달성해야 하는 조직의 목표가 합리적이어야 한다. 또 이를 달성하기 위한 각 조직 단위와 개인의 업무에 대한 정확한 실적의 측정과 성과정보의 합리적 활용 등 조직 전체가 유기적으로 연동될 수 있는 체계가 갖추어져야 한다. 이러한 체계적 성과관리를 위한 구성요소를 정리하면 다음과 같다.

- **미션** 조직의 임무, 설립목적과 역할
- **비전조직** 임무의 효과적 수행을 통해 달성하고자 하는 조직의 미래 모습
- **목표체계** 중장기 전략목표와 연도별 성과목표
- **목표 관련 성과지표** 목표의 실현 정도를 측정하기 위한 지표
- **사업·활동계획서** 목표를 실현하기 위해 추진하는 세부활동내용
- **목표에 영향을 미치는 외부 요소** 조직활동 외에 목표의 성취에 영향을 미치는 긍정적·부정적 외부요소
- **성과지표의 적용과 성과정보의 수집방법** 성과지표에 입각한 성과측정을 위해 해당 자료를 측정·수집하는 방법
- **성과지표의 활용방법** 성과측정 결과 산출된 성과정보의 활용방안

3. BSC 기반의 성과관리

BSCBalanced Score Card는 1996년 로버트 카플란Robert Kaplan과 데이비드 노턴David Norton이

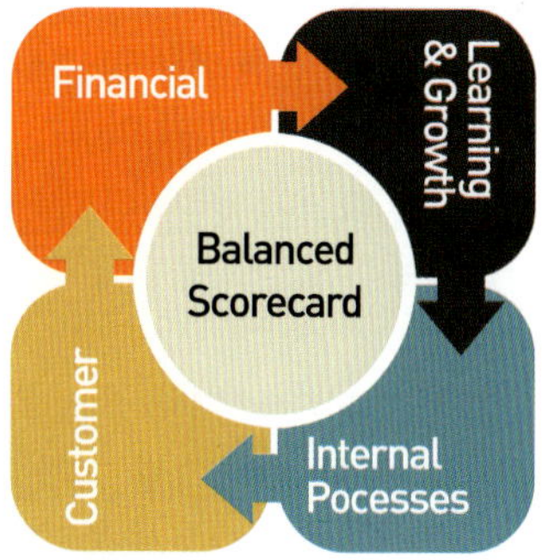

제안한 성과평가방법이다.[35] 조직의 성과를 균형잡힌 관점에서 균형 있게 측정·분석·피드백할 수 있는 성과관리 방법으로, 성과목표의 달성 여부를 실시간으로 확인·수정·보완하도록 함으로써 목표의 성공적 달성을 유도한다. 따라서 BSC는 조직의 비전과 전략에서 도출된 평가지표들의 조합이라고도 한다. BSC의 각 지표들은 재무와 비재무, 장기와 단기, 선행과 후행과거와 미래, 내부와 외부, 조직과 개인에 관련된 것들로 균형을 이룬다. 이렇게 균형을 이룸으로써 조직 내에 전략과 비전이 공유되고, 단기간의 성과가 아닌 미래이익에 선행하는 비재무적 성과도 중요하게 관리된다. 또한 지속적인 성과 피드백을 통해 전략실행을 위한 조직적인 학습이 가능하도록 한다. 결과적으로 조직은 '전략 중심의 조직'으로 바뀌어가고, 임직원들이 기존의 사고와 틀에서 벗어날 수 있도록 변화를 이끌어낸다.

BSC는 재무, 고객, 내부 비즈니스 프로세스, 학습과 성장의 서로 다른 네 가지 시각으로 구성되어 있다. BSC는 이들 네 가지의 다른 시각에서 본 핵심성과지표들을 도출하고 이 핵심성과지표들 사이의 연계 관계를 규명함으로써 효율적으로 조직의 성과를 관리한다.

생각해봅시다 9.3 '시한부 인생'을 선고받은 사람의 미래

지난 2017년 11월 어느 날 밤 미국의 남동생으로부터 오랜만에 전화가 걸려왔다. 잔잔한 목소리가 심상치 않다 싶었는데 '폐암4기'로 판정받았고 얼마를 버틸지 의사도 자신이 없어 한다고 했다. 청천벽력 같은 소식이었다.

저자에겐 하나밖에 없는 남동생이다. 여섯 살이나 밑이다. 실리콘밸리 반도체 엔지니어로 시작했다가 와튼스쿨 MBA를 받은 후 창업투자전문회사를 창립하고 사업가로 변신해서, 클린턴정부 시절 나스닥nasdaq이 호황일 때 엄청난 부를 축적해 먹고사는 데는 걱정 없던 친구이다. 아니 개인 비행기에, 이곳저곳 별장에, 한국에 사는 형이 답답했을 수도 있다.

그런데 아무튼 폐암4기라고 했다. 다른 부위로의 전이도 진행 중이라 했다. 암 덩어리들이 일곱 개나 되고 그 중 큰 것은 골프공만 하다는 것이다. 평생 흡연한 적도 없고 불과 몇 개월 전 건강검진에서도 발견되지 않았다니 신기할 노릇이었다. 오랜 대화 후, '우리, 태어난 순서대로 죽자! 부모님보다 먼저 떠나면 죄인이니 용기로 이겨내라'고 하고 전화는 끊었지만 눈물은 주체할 수 없었다.

35) Kaplan, Robert S. & David Norton, *The Balanced Scorecard*, Harvard Business School Press, 1996.

동생은 그 후 회사 일선에서는 모두 물러나고 항암치료에 들어갔다. 다행히 신비의 묘약도 효과를 발휘했다. 비싼 약이긴 하지만 alevtinib이라는 신약이 큰 효험을 발휘하여 많이 나아지고 있다는 소식이 들려왔다. 이 책 저술에 막 착수했던 3월 중순 귀국해서, 빠진 머리에 모자 쓴 모습으로 부모님도 뵙고 갔다. 강인하신 부모님이셔서 다행이었다.

이 책의 제6장변화관리에서 밝혔던 변화를 맞이하는 사람들의 5단계가 동생에게도 꼭 맞았다.

① **부정**denial 그럴 리가 없어!
② **분노**anger 이건 불공평해
③ **흥정**bargaining 좋아! 그럼 내가 뭘 해야 하는지 알려줘
④ **암울**depression 고향의 부모님이 보고 싶군
⑤ **수용**acceptance 이젠 여행이나 다니며 살지 뭐

아직은 아무도 모른다. 의사도 계속 관망해보자는 식이라고 한다. 요즘은 여행을 즐기며 지내는 듯싶지만 동생의 미래를 알고 싶다. 형은 아무것도 도와줄 수가 없다. 그 와일드카드가 90을 바라보는 부모님을 비롯하여 우리 가족 전체에 어떻게 작용할지 미리 알고 싶다. 저자의 걱정을 아는지 모르는지, 동생은 어제 메신저로 형이 쓴다는 책은 잘 진행되고 있느냐고 농담하듯 물어왔다. 그 처지에 이 책 걱정이라니~

토의문제

01. '육식성 토끼'의 개념을 담은 사례를 들어보라.

02. 미래는 창조될 수 있다는 주장에 동의하는가?

03. 백캐스팅의 개념을 이용한 실생활의 사례를 말해보라.

04. '원하는 미래'를 현실화시키는 데 가장 중요한 것은 무엇이라고 생각하는가?

05. 자신을 SWOT 기법으로 분석한 후 혼자만의 비저닝 워크숍을 통해 비전을 만들어보라.

06. 미래상의 시각화는 누구를 위해 가장 좋을까?

07. 경영학의 전략기획과 미래학의 전략기획의 차이는 무엇인가?

08. 자신의 미래역량을 평가해보라.

09. 자신은 성격상 무슨 리더십의 소유자라고 평가하는가?

10. 새로운 환경에 적응하기 위해 스스로 변화관리를 실천하고 있다고 생각하는가?

참고문헌

국내문헌

국토교통과학기술진흥원, *미래철도 전망 2040*, 진한엠앤비, 2017.

김성근・이주헌, *플랫폼 경쟁시대의 MIS*, 문영사, 2015.

감재능, "로드맵 작성법", *전략적 미래예측 방법론 BIBLE*, 두남, 2014.

김진화, "의사결정나무", *전략적 미래예측 방법론 BIBLE*, 두남, 2014.

마케팅전략연구소, *마케팅전략수립과정의 이해*, 2012.

서용운, "데이터 분석 기반 미래 신기술의 사회적 위험 예측과 위험성 평가", *한국안전학회지*, 2017.6.

성은모・진성희・김혜경, "미래사회를 대비한 청소년의 생애학습역량지수 개발 및 타당성 연구", *한국콘텐츠학회논문지*, 2016.

워렌 베니스, 김원석 옮김, *리더와 리더십*, 황금부엉이. 2006.

이명호・이주헌 외, *경영학으로의 초대*, 박영사, 2018.

이희준, "비저닝 워크숍", *전략적 미래예측 방법론 BIBLE*, 두남, 2014

엄창섭, "계층화분석법", *전략적 미래예측 방법론 BIBLE*, 두남, 2014

주간동아, SWOT로 본 대한민국의 국가전략 - 이대로 가라앉나, 다시 우뚝 서나, 2016.9.

중소기업기술정보진흥원, 중소기업 기술로드맵(2018~2020) Technology Roadmap for SME-웨어러블, 2017.

정종섭, "살아남는 전략 세웠으면 움직여라", *의협신문*, 2009.9.

제임스 맥그리거 번스, *역사를 바꾸는 리더십*, 지식의 날개, 2006.

지멘스코리아, Pictures of the Future. http://picturesofthefuture.tistory.com/

STEPI, *미래연구 용어집*, 2018.

해외문헌

Association fo Professional Futurists, Draft Version of Foresight Competency Model, 2016.

Conway, Marie, *Strategic Planning Revisited: A Future Perspective*, Association of University Administrators Conference, 2007.4.

Competency Model Clearing House, Developing a Competency Model, CareerOneStop, 2018.

Hammer, Michael, "Reengineering Work: Don't Automative, Obliterate", *Harvard Business Review*, 1990.7.

Kaplan, Robert S. & David Norton, *The Balanced Scorecard*, Harvard Business School Press, 1996

Kaplan, Robert S. and David P. Norton, The Execution Premium: Linking Strategy to Operations for Competitive Advantage, Harvard Press, 2008.

Rausch, Erwin, "Simulation and Games in Futuring and Other Uses", *Futures Research Metholodoly*, Version 3.0, 2014.

Saaty, Thomas L., *The Analytic Hierarchy Process*, McGraw-Hill, 1980.

부록 9 은퇴 후의 미래, 노후준비

나이가 들면 은퇴를 하게 된다. 미리 은퇴 후를 준비했어야 하는데 그리하지 못해 '반퇴새 일자리를 찾음'하는 사람들도 있다. 그러나 우리나라는 선진국에 비해 직장 근속이 짧고 은퇴가 빠른 편이며 은퇴 후에도 일자리 선택지가 많지 않기 때문에 우리나라 직장 은퇴자 나이 평균 53세, 희망근로 상한 연령 평균 72세, 향후 취업 의사 일하기를 원하는 고령층은 62.4% 반퇴도 여의치가 않다. 몸은 아직 건강한데 일감은 없으니 정신적으로도 노후가 힘들다. 이런 사람들이 급속히 늘어나는 우리나라 고령화 사회의 앞날도 밝지 못하다.

100세 시대의 노후, 고령화사회의 그 미래는 어떠할까? 준비되지 않은 노후는 축복 아닌 재앙이라는데, 우리 모두가 언젠가 맞을 그 미래는 무슨 모습일까?

▶ 고령화사회

의료기술·생명공학의 발달과 건강한 생활습관 확산으로 수명연장 속도는 더욱 빨라지고 있다. 선진국에서는 10년에 2.5년씩 수명이 늘고 있다고 한다. 특히 우리나라는 세계에서 가장 빨리 늙어가는 나라가 되었다. 2030년 출생 한국인 기대수명은 남자 84.07세, 여자 90.82세로 크게 늘어나 사실상 100세 시대로 접어들었다. 통계청 조사에 의하면 노후에 필요한 수입은 월평균 최소생활비 183만원, 적정생활비는 264만원이라는데 준비된 사람들이 50%도 채 되지 않는다고 한다. 연금받는 노령자는 45.3%이고 고연령층 비율이 높아지면서 국민연금은 2058년이면 바닥을 드러낼 것으로 전망된다. 경제적 어려움과 정신적 고립감에서 비롯되는 '고독사' 같은 사회문제도 등장하기에 이르렀다.

물론 다른 나라들도 문제를 안고 있다. 1억 중산층을 보유한 탄탄경제대국이었던 일본은 1990년대 거품경제로 인해 출산율이 떨어지고 노인인구가 급증하면서 10년도 채 안되어 초고령사회로 진입했다. 일본 전체 소비는 위축되고 국가부채는 늘고, 은퇴 후 저축에만 의존해 생활해야 하는 세월이 길어지면서 빈곤층으로 전락하는 '노후파산'도 사회적 문제로 떠오르고 있다고 한다. 노인층 비율이 높은 유럽도 고령화는 심각한 수준이다. 최근 북유럽에서는 '시니어 의무교육제도'를 통해 고령층의 업무능력 재충전을 꾀하고 있는 중이라는 소식도 들린다.

세계에서 가장 빨리 늙고 있지만 노후대책은 부실한 우리나라는 어떻게 해야 할까? 노인빈곤율 47.7%OECD평균의 4배, 노인자살률 10만 명당 53.3명OECD평균의 3배의 우리나라가 일본의 전철을 밟지 않기 위해 어떤 준비를 해야 하는지 진지하게 생각해야 할 때이다.

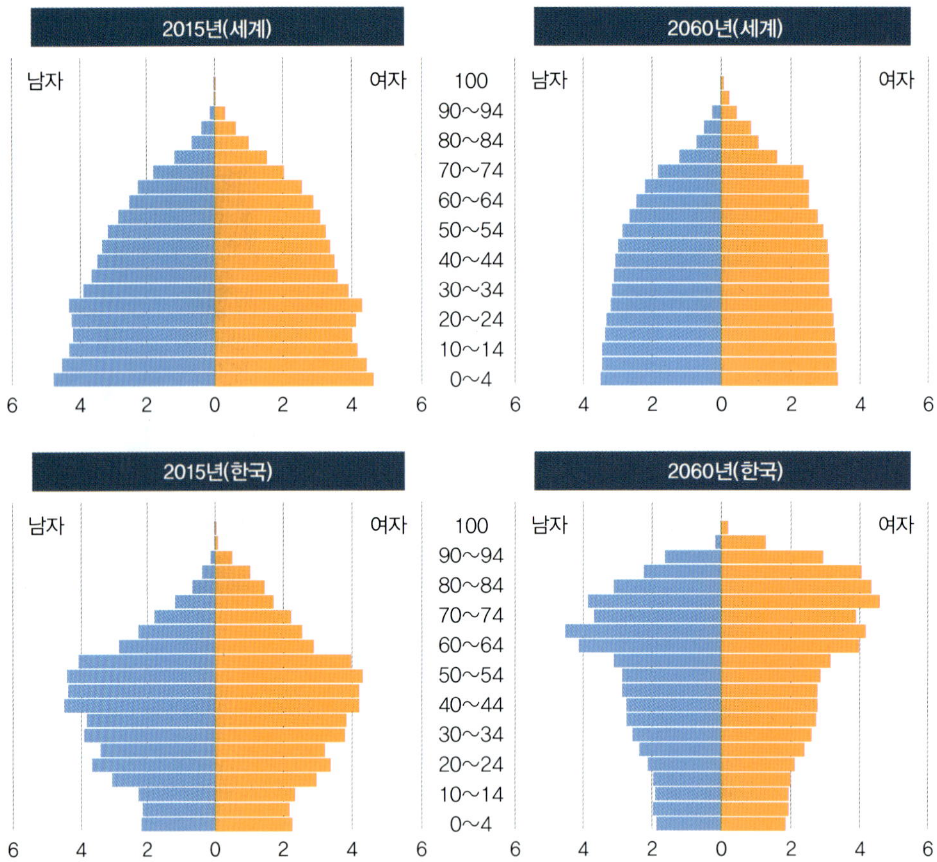

▶ 개인의 노후준비

사실 개인의 입장에서 경제력이 노후준비의 모든 것은 아니다. 건강, 돈, 배우자, 집, 자식, 친구, 소일거리, 취미, 이성친구, 신앙 등 무려 10가지가 필요하다는 설도 있다.

가장 좋은 은퇴 이후 활동은 계속 일하는 것이다. 지난 2016년 한 생보사 조사에 의하면 비은퇴자는 퇴직 후에도 계속 일하고 싶다는 비율이 84%에 달했다. 또한, 은퇴 후 즐기고 싶은 여가활동으로는 ▲여행 ▲취미생활 ▲운동 및 건강관리 순으로 나타났다. 은퇴 이전부터 소득증대와 삶의 질 향상을 위해 '제2의 일자리'를 마련하기 위한 노력과 함께 여행 등 일회성 여가활동 대신 다채로운 여가활동을 준비할 필요성이 있다.

노후준비는 일찍 시작하면 할수록 노후가 더 편안해진다고 한다. 노후준비를 위한 7원칙은 아래와 같다blog.naver.com/11adorable/221223486929.

1. 예기치 못한 일을 대비하기 위해서 노후에도 작은 일을 하면서 수익을 창출해야 한다.
2. 나이가 들어서도 작은 일이라도 하겠다는 마음가짐을 갖는 것이 중요하다.

3. 평생건강을 위해 꾸준한 운동을 하고 건강을 관리해야 나이가 들어서도 건강할 수 있다.
4. 도전정신을 항상 가지고 있는 것이 좋다.
5. 정기적으로 만나는 사람이 최소 6명은 돼야 좀 더 행복하게 노후를 보낼 수 있다.
6. 현대사회의 변화가 굉장히 빠른 만큼 배울 것은 빠르게 배우고, 익혀야 하는 것도 늘어가고 있기 때문에 항상 공부를 한다는 마음가짐을 가져야 한다.
7. 스트레스에 대해 스스로 풀어나갈 수 있는 방법을 배워야 한다.

은퇴 후 주로 하는 여가활동은 '친목모임'으로, 자기계발이나 봉사활동은 거의 하지 않고 있어 대부분의 은퇴자들이 다양한 여가, 취미생활보다는 단조로운 여가활동을 보내고 있는 경우가 많다. 얼마 전 비교적 고령층이 많이 사는 아파트에 플래카드가 하나 붙었다. 'TV만 보면 치매가 온다'는 것이었다.

과거 인생설계는 평균수명 80세에 맞춰져 있었다. 이제는 100세에 맞게 설계해야 한다. 우선 일에 대한 생각부터 바꿔야 한다. 100세까지 산다고 할 때 서른에 취직해 예순에 퇴직한다고 가정해도 일하는 기간은 30년인 데 반해 은퇴기간은 무려 40년이나 된다. 30년 벌어 40년간 놀고먹기에 충분한 돈을 모을 수 있는 사람은 많지 않다. 100세 시대는 '학업 → 취업 → 학업 → 재취업…'과 같은 순환형 라이프스타일을 요구한다. 시간관리를 위해서는 일과 취미가 병행되어야 한다.

미래학자들은 노후준비를 잘하는 직업군인지 불확실하다.

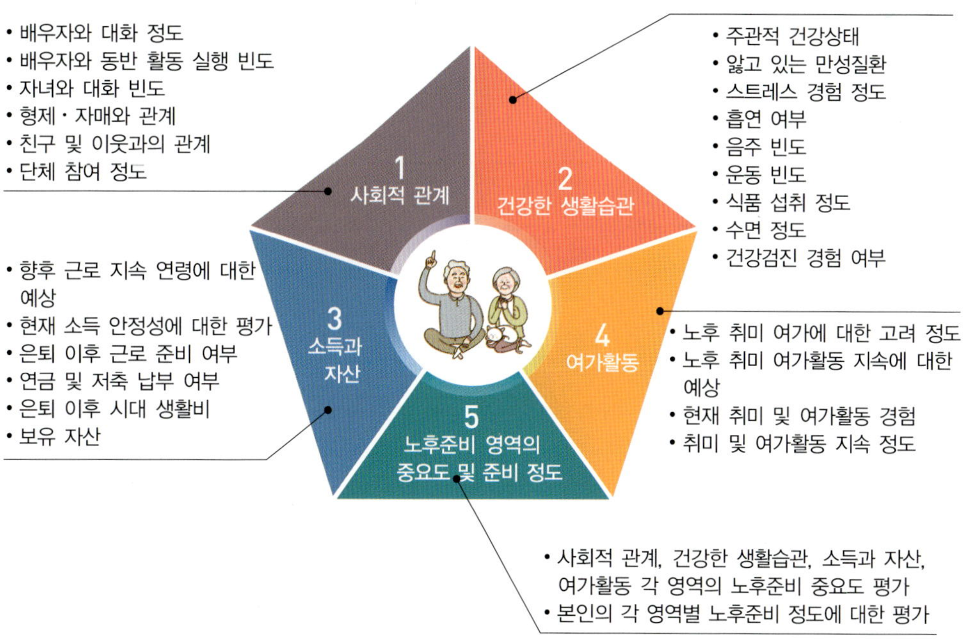

▶ 새 출발하는 노인

'가는 세월'이란 노래로 유명한 음유시인 서유석의 '너 늙어봤냐? 나는 젊어봤단다'라는 노래의 가사가 흥미롭다. 아니, 의미심장하다. 4절까지 있는데, 각 절의 후렴은 다음과 같다.

너 늙어봤냐 / 나는 젊어 봤단다 / 이제부터 이 순간부터 나는 새 출발이다 /

1절 "삼십 년을 일하다가 / 직장에서 튕겨 나와 길거리로 내몰렸다 / 사람들은 나를 보고 / 백수라 부르지 / 월요일에 등산가고 화요일에 기원가고 / 수요일에 당구장에서 / 주말엔 결혼식장 / 밤에는 상가집 / 후렴"

2절 "세상나이 구십 살에 돋보기도 안 쓰고 보청기도 안 낀다 / 틀니도 하나 없이 생고기를 씹는다 / 누가 내게 지팡이를 손에 쥐게 해서 / 늙은이 노릇하게 했는가 / 세상은 30년간 나를 속였다 / 후렴/"

3절 "마누라가 말리고 자식들이 뭐라해도 나는 할 거야 / 컴퓨터를 배우고 인터넷을 할 거야 서양말도 배우고 중국말도 배우고 아랍말도 배워서 / 이 넓은 세상 구경 떠나볼 거야...후렴"

4절 "이 세상에 태어나서 아비되고 할배되는 아름다운 시절들 / 너무나 너무나 소중했던 시간들 / 먼저 가신 아버님과 스승님의 말씀이 새롭게 들린다 / 인생이 끝나는 것은 포기할 때 끝장이다 / 후렴"

4 Part

Introduction to Futures Studies & Management

미래학 · 미래경영

미래경영 방법론

미래를 창조하는

실용적 방법은 무엇인가?

빽 투 더 퓨처
Back To The Future

영화 '백 투 더 퓨처Back to the Future'는 1985년에 개봉한 미국의 SF · 코미디 영화다. **타임머신**을 이용한 시간탐험의 내용을 재미있게 그려냈다. 2편이 1989년도에, 3편이 1990년도에 연이어 발표될 정도로 할리우드의 대흥행작으로 꼽힌다. 2015년 10월 21일에는 개봉 30주년을 맞아 1편과 2편을 합쳐 4편으로 재개봉되기도 했다.

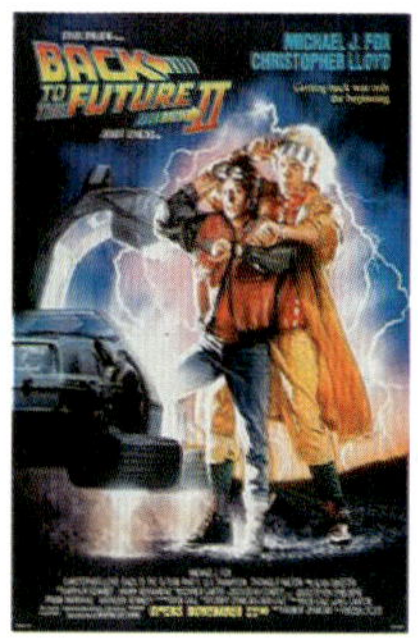

줄거리 힐 밸리에 사는 주인공 마티마이클 J. 폭스분는 록큰롤, 스케이트보드, 그리고 자동차를 좋아하는 명랑 쾌활한 고교생으로, 아버지 죠지와 어머니 로레인, 그리고 형과 누나가 있는 가정의 평범한 청소년이다. 평소 친하게 지내던 괴상한 발명가 에메트 브라운 박사가 스포츠카 드로리안을 개조해 타임머신을 만들지만, 뜻밖의 사고로 브라운 박사가 테러범들에게 총을 맞고 위험해진 마티는 급기야 30년 전으로 간다. 그러나 크고 작은 사건들을 맞으면서 마티의 '미래로의 귀환Back to the future'이 어려워지는 사태를 맞게 되는데… 2편과 3편에서도 마티는 과거와 현재와 미래를 넘나든다.

시대적 배경 영화 속의 현재는 1985년, 과거는 1885년과 1955년, 미래는 2015년이다. 타임머신 외에도 2015년도의 웨어러블 디바이스체형에 맞게 자동으로 조절되는 옷, 하버보드지면에 떠올라 움직이는 스케이트보드, 지문결제핀테크기술 등 30년 후의 기술을 미리 선보인다.

대사 타임머신으로 미래와 현재를 오가는 영화 속에 이런 대사가 나온다.

"너, 미래를 기억하니?Do you remember the future?"

만약 타임머신이 가능하다면 미래학은 전혀 불필요하리라. 그때 세상은 또 어찌 변할까?

10 Chapter 해외 미래학계의 유명 방법론

"항상 갈망하라. 그리고 항상 무모하라"
– 스티브 잡스(IT전문가)

방법론methodology이란 주어진 미래과제 전체를 완수하기 위한 일련의 활동에 대한 체계적이고 구체적인 지침 혹은 가이드라인을 뜻한다. 무슨 단계를 거치며, 각 단계마다 무슨 기법을 사용하는 것이 바람직한지 추천하고, 나아가 양식과 구체적인 사용 방법까지 소개한다. 방법론은 학술 혹은 공공의 이익을 위해 공개되기도 하고, 컨설팅 목적의 지적재산권으로 등록하고 상용화할 수 있다. 방법론 없이 미래연구를 한다함은 일종의 '주먹구구식' 진행이 되므로 바람직하지 않고 특히 경험이 많지 않은 미래연구자에게는 어려움이 가중된다.

많은 연구자들이 각 미래예측 기법이나 방법들을 방법론이라고 부르는 경우가 많아 '방법론적 틀methodological framework'이라고도 하는 미래프로젝트 방법론은 매우 다양하다. 기본 원리는 같지만 전문가들의 시각과 용어의 차이가 있기 때문이다.

그동안 많은 국가 및 기관에서 다양한 방법론들이 제안되고 활용되어 왔다. 이 장에서는 널리 공개되고 알려진 유명 해외 방법론을 선별하여 소개한다. 아울러 번역을 자제함으로써 용어이해의 혼선을 줄이며 어감을 살리도록 한다.

휴스턴대학의 Framework Foresight 방법론

미국 텍사스의 휴스턴대학University of Houston은 세계 최초로 미래학 학위 교육프로그램을 개설한 대학이다. 엘빈 토플러의 '*미래의 충격*Future Shock'이 서점가를 강타하고 있던 그 무렵인 1974년, 인문대학장이었던 캘빈 캐논Calvin Cannon은 교육학과의 프레드 키어스테드Fred

Kierstead와 행정학과의 짐 쿠머Jim Coomer 교수로 하여금 클리어레이크Clear Lake 분교 캠퍼스에서 미래과정을 개설하도록 했다. 그러나 당시에는 과거를 가르치는 역사학과 함께 인문학의 한 계열 정도로 미래를 논하는 수준이었다.

통계학을 가르치던 피터 비숍이 동참하면서 1980년대부터 미래학 교육은 새롭게 태어나기 시작했다. 올리버 마클리Oliver Markley, 웬디 슐츠Wendy Schultz, 크리스 존스Christopher Jones 교수 등과 함께 세계미래학연맹WFSF도 주도했다. 특히 비숍과 존스는 온라인 강의로 큰 호응을 얻은 것으로 알려진다. 2007년도에 본교 캠퍼스의 기술대학College of Technology으로 프로그램이 이전되고2012년도에 프로그램은 Futures Studies에서 Foresight로 개명, 다양한 산업체에서 경험을 쌓은 앤디 하인스Andy Hines가 합류하면서 비숍2014년도에 퇴직했지만 왕성한 활동 중임과 하인스는 '*Thinking about the Future*', '*Teaching about the Future*', '*Framework Foresight: Exploring Futures the Houston Way*' 등 여러 미래학 도서들을 연이어 출간시키면서 미래학 교육의 대표주자로 인정받기에 이르렀다. 이 장은 이 책들에 소개된 Framework Foresight 방법론을 요약한다.

[그림 10.1]에 보이는 휴스턴대학의 미래연구 방법론인 Framework Foresight의 체계의 각 단계에 대한 설명을 표들로 요약하면 아래와 같다.[1)]

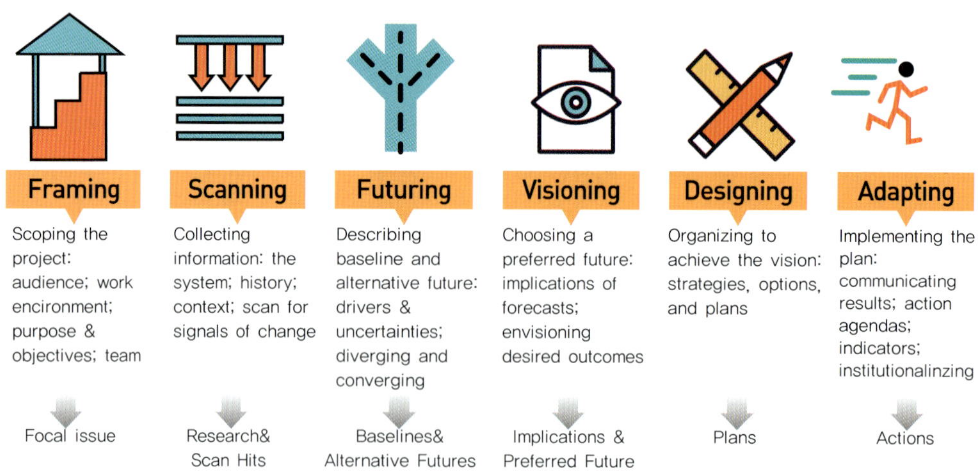

[그림 10.1] Framework Foresight의 체계

1) Hines, Andy and Peter Bishop, *Thinking about the Future – Guidelines for Strategic Foresight*, Hinesight, 2015. 위 사진은 2005년 7월 유럽미래학회에서 비숍 교수와 찍은 사진.

1. 프로젝트 정의Framing

이 단계는 미래연구strategic foresight를 필요로 하는 문제의 핵심과 범위를 정하는 단계이다. [표 10.1]에 이 단계를 진행시킬 수 있는 구체적인 지침이 소개되어 있다.

[표 10.1] 프로젝트 정의framing 단계의 지침

지침분야	구체적인 지침
1.1 연구에 임하는 자세를 확립하라 Adjust attitudes	• 미래에 대한 긍정적 생각을 하라. • 자신의 편견을 미리 이해하라. • 환상이나 부푼 기대를 버려라. • 좌뇌논리적/합리적와 우뇌직관적/감성적, 양뇌로 사고하라. • 단순논리보다는 복잡성을 감안하라. • 다른 속도의 다른 변화는 다른 시간의 변화로 나타남을 인식하라.
1.2 누구를 위해서인지 인식하라 Know the audience	• 미래연구 대상 조직에 대해 가급적 많이 배우라. • 조직이 무엇을 위해 일하며 왜 바쁜지 파악하라. • 조직고객을 미래연구자로 만들지 마라.
1.3 목적과 합리성을 이해하라 Understand the Rationale and purpose	• 현재에 영향을 미칠 미래를 탐색하라. • 의사결정권자의 사고체계를 향상시킬 수 있는 방법을 찾아라. • 미래의 탐색과 현안의 타결에 균형을 맞추라. • 제기된 문제가 진정 해결해야 할 문제인지 평가하라.
1.3 목표를 설정하라 Set objectives	• 측정가능한 목표들을 정의하라. • 최종보고서보다는 기대되는 미래의 결과에 초점을 맞추라. • 미래에 대한 여러 시계視界/time horizon를 염두에 두라. • '외부는 나중에'와 '내부는 당장'을 함께 연결하라.
1.4 팀을 구성하라 Select the team	• 미래연구strategic foresight는 '팀 스포츠'임을 인식하라. • 작업은 몰입형immersive · 대화형interactive 식으로 하라. • 동의하지 않은 사람도 팀에 포함시켜라.
1.5 전략적 업무환경을 조성하라 Create a strategic work environment	• 거리낌 없는 생각도 가능한 개방된 환경을 만들라. • 실험이나 프로토타입prototype도 시도하도록 격려하라.

미래프로젝트는 경영진이나 이해관계자들stakeholders의 지원이 절대적이다. 그들에게 왜 그리고 어떻게 프로젝트를 진행시킬 것인가에 대한 설명이 필요할 수도 있다. 무슨 결과

outcomes를 기대할 수 있고 성과는 어떻게 측정할 것인가를 미리 밝히는 것도 중요하다. 그들과의 의사소통을 위해 [그림 10.2]와 같은 개념도가 유용할 수 있다.2)

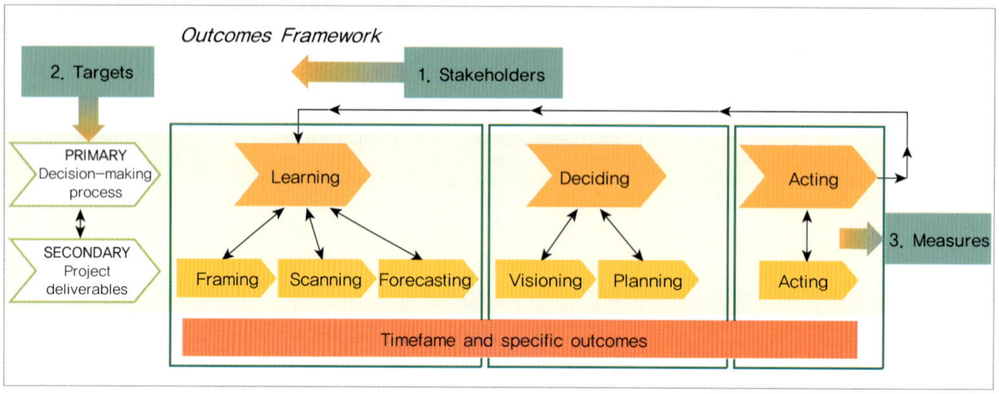

[그림 10.2] 미래연구 결과outcomes 프레임워크

2. 과거 · 현재의 탐색Scanning

이 단계에서는 주어진 문제와 관련된 정보와 동향을 내·외부 환경으로부터 획득하는 단계이다. '폭+깊이=통찰력+예지력'을 명심하라고 권한다. 구체적 지침은 [표 10.2]와 같다.

[표 10.2] 탐색scanning 단계의 지침

지침분야	구체적인 지침
2.1 시스템과 연결시켜라 Map the system	• 글로벌 시각을 가져라. • 세계와 연구대상을 연결시켜라. • 이슈에 대한 통합적인 시각으로 보라. • 이해관계자들에 대한 분석을 하라.
2.2 과거를 공부하라 Study history	• 과거를 돌이켜보기 시작하라. • 다시 만드느라 시간낭비를 말라. • 과거의 성공이 판에 박힌 사고를 하게 될 수 있음에 유의하라.

2) Hines, Andy, What is successful foresight?, 2016.8.16. http://www.andyhinesight.com/category/foresight-2/page/7/

2.3 환경을 탐색하라 Scan the environment	• 어떻게 상황변화가 일어나는지 환경을 탐색하라. • 내·외부를 통합시켜라. • 익숙하지 못하고 흥미롭지 않은 분야를 탐색하라. • 자료조사로 승리할 생각은 말라. 모든 자료가 존재하는 것은 아니다.
2.4 동료와 외부 인사를 포함시켜라 Involve colleagues and outsiders	• '최고remarkable 인물'의 자문을 구하라. • 흔치 않은 출처, 사람, 장소의외의 사람들, 불평불만분자, 문제를 일으키는 사람 포함로부터 자문을 얻어라. • 그룹으로 모여 서로 배울 수 있는 워크숍으로 꾸며라.

탐색단계에서는 이 책의 제7장에 소개된 다양한 기법들의 활용이 가능하다. 문헌조사나 환경스캐닝법이나 인과층위분석법 그리고 STEEP분석법 등이 유용하다. 이 단계와 관련하여 [그림 10.3]이 이해를 쉽게 해준다.3)

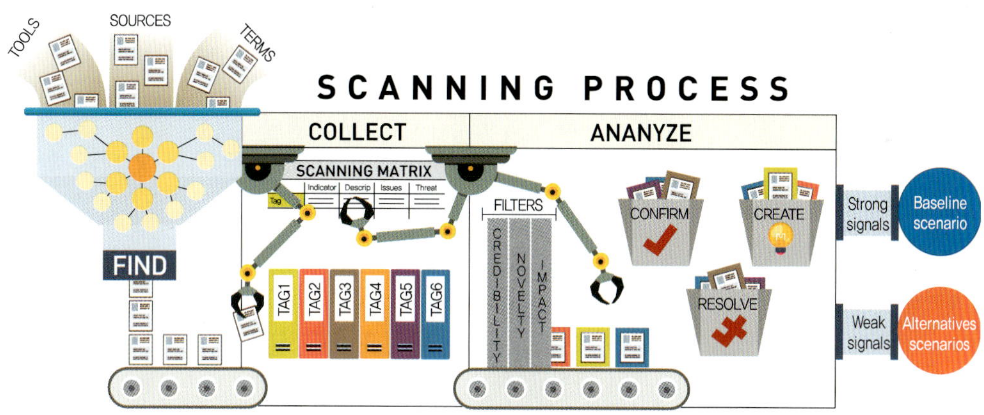

[그림 10.3] 스캐닝 단계의 개념

3. 미래 예측Futuring/Forecasting

이 단계는 다양한 미래를 예측하는 단계이다.4) 단계 3.2에서는 이머징 이슈, 시나리오,

3) http://www.andyhinesight.com/tag/scanning/

4) 원래 이 단계는 forecasting이었으나 통계학의 시계열분석법 등 전통적인 의미의 forecasting과 미래연구의 예측은 달라야 한다는 유럽학계의 주장을 받들어 최근 futuring으로 개명되었다.
Hines, Andy, Updating Framework Foresight with Six APF Competencies, 2019.8.8.

델파이 기법 등 이 책의 제7장과 제8장에서 소개된 다양한 기법이 이용될 수 있다. 구체적인 지침은 [표 10.3]에 소개되어 있다.

[표 10.3] 예측futuring 단계의 지침

지침분야	구체적인 지침
3.1 동인과 불확실성을 밝혀라 Identify drivers and uncertainties	• 근본적인 동인動因들을 파악하라. • 표면 밑의 다른 수준의 다양한 변화파악을 위해 계층화접근을 하라. • 현재의 상황에 영향을 줄 근본적인 변화shift를 평가하라. • 충돌colliding하는 변화의 궤도를 찾아라. • 전환점turning points을 찾아라. • 불확실성을 줄여 의사결정을 향상시켜라.
3.2 예측기법을 선정하라 Choose forecasting tools	• 적합한 기법을 사용하라. • 최소한 하나의 알려진 공식적인 기법을 사용하라. • 상황에 맞게 기존의 방법들을 조정·이용하라. • 가능한 미래를 넓게 상상하기 위해 여러 기법들을 복합적으로 이용하라.
3.3 틀에서 벗어나라 아이디어를 도출하라 Diverge-generate ideas	• 창의적인 접근법과 도구로 새로운 생각의 길을 유발시켜라. • 브레인스토밍 그 이상으로 나아가라. • 문제에 대해 창의적 사람들로부터 추천된 검증된 접근을 시도하라. • 무엇이 확실하다고 알려진다고 가정하는 것은 틀린 생각임을 알라. • 불편함을 초래하는 생각들을 탐색하라. • 엄격함과 창의성의 조합을 이루라. • 주목할 만한 전략적 대화를 위해 분석적·감성적 요인들을 고려하라. • 미래를 직접 경험하라. 오감을 자극하는 경험을 맛보라. • 진행이 막히면 잠시 미루고 잠을 청하라. • 아이디어들을 너무 빨리 종합하지 말라.
3.4 틀 안에서 모으라. 아이디어들에 대해 우선순위를 매겨라 Converge-prioritize ideas	• 공통 부문을 정의하고 우선순위를 매겨라. • 비판적 접근으로 현실성realism을 감안하라. • (추정되는) 트렌드에 대해 회의적으로 접근하라.

http://www.andyhinesight.com/category/foresight-2/page/3/

3.5 대안들을 만들라 Form alternatives	• 베이스라인 예측은 거의 대부분 틀림을 인식하라. • 대안미래들을 탐색하고 꾸며라. • 가능하고 타당하고 개연성 있고 바람직한 미래들을 개발하라. • 타당한 의외의 상황을 강조하라. • 미래가 어떻게 현재와 다른지 설명하라. • 극적인 시나리오가 어떻게 펼쳐질지를 구분하기 위해 역순으로 작업하라. • 미래게임을 해보라. 법칙이 어떻게 바뀔지 탐색하라. • 결과로 만들어진 미래들의 품질과 일관성을 점검하라. • 실제 데이터로 대안미래들의 타당성을 입증하라.

4. 비전의 설정Visioning

예측되는 미래에 대하여 '그래서?', '이제 어떻게 해야 하나?' 등의 질문을 던지는 단계이다. 구체적인 지침은 [표 10.4]에 정리하였다.

[표 10.4] 비전설정visioning 단계의 지침

지침분야	구체적인 지침
4.1 영향의 결과를 밝혀라 Identify implications	• 미래대안들을 문제의 답으로서가 아니라 중요한 질문에 대한 틀로 사용하라. • 2차 영향, 3차 영향을 파악하라. • 장기적이고 의도하지 않은 결과를 생각하라.
4.2 가정에 도전하라 Challenge assumptions	• 가정을 도출하고 명확히 하라. • 전통적인 지혜에 도전하라. • 아무것도 가정하지 말고 모든 것에 의문을 던져라. • 조직을 감싸고 있는 금기사항을 파악하고 무엇인지 뜯어 헤쳐보라. • 교차점검을 통해 가정들을 검증하라.
4.3 예지력으로 상상하라 Think visionary	• 전략적 비전을 개발하라. • 시간의 연속선상에서 전략비전을 위치시켜라. • 목표를 확장하기 위해 전략목표를 정하라. • 원하면 얻어진다. 긍정적으로 생각하라. • 데이토의 법칙을 기억하라. 미래에 대한 유익한 주장은 터무니없게 보여야 한다. • '혹시 만약에?'를 질문하라. • 다가오는 미래를 느끼고 만들라.

5. 계획수립Designing/Planning

계획수립 단계는 비전설정과 실행의 교량역할을 수행한다. 비전을 전략화하는 것이다. 구체적인 지침은 [표 10.5]에 정리하였다.

[표 10.5] 계획수립designing/planning 단계의 지침

지침분야	구체적인 지침
5.1 전략적으로 사고하라 Think strategically	• 출현하는 미래를 가능하게 만들라. • 사회문화적인 의미를 중심에 두라. • 전략을 만드는 것은 전략적 대화에 활기를 불어넣어준다. • 무엇을 변화할 것인지, 변화시키지 않을 것인지 알라. • 중요한 변화지점을 밝혀 전략적 선택지역을 지적하라.
5.2 전략적으로 선택하라 Develop strategic options	• 조직의 독특한 특성을 전략적 추천의 기본으로 삼아라. • 제안하는 전략을 여러 차원에서 평가하라. • 추천을 할 때 '불가', '가장 타당함', '바람직함'을 포함시켜라. • 만일의 사태에 대비하는 계획도 세워라.

6. 실행Adapting/Acting

미래프로젝트의 가장 큰 목적은 조직의 더 나은 미래를 위해 현 시점에서 지혜로운 의사결정을 하고자 함이다. 미래팀에서 만든 계획을 조직의 미션, 목표, 효율성, 성과 등과 연계시켜야 한다. 조직을 대상으로 설득하고 동참시키고 행동으로 옮기고 나아가 필요한 예산을 투입할 수 있도록 만들어야 한다. 이를 위한 구체적인 지침은 [표 10.6]에 정리되어 있다.

[표 10.6] 실행adapting 단계의 지침

지침분야	구체적인 지침
6.1 실행으로 옮길 미래를 소통하라 Communicate results	• 미래상을 조직이 이해할 수 있도록 설계하라. • 설명을 받아들이는 사람들의 생각 스타일에 맞게 맞추라. • 대안미래에 수긍하도록 이해관계자들과 경영진을 참여시켜라. • 도발적 자세로 임하라. • 결과를 구분하라. 좋은 것은 갖고 나쁜 것은 상대하라. • 경험과 통찰력과 재구성을 통해 변화에 대한 인식을 쌓아나가라.

6.2 실행계획을 세우라 Create an action agenda	• 긴박감을 조성하라. • 조직이 하고 있던 일은 강화하고 거기서부터 시작하라. • 더 나은 결정을 돕기 위한 활동에 집중하라. • 원하는 모든 자료가 없더라도 결정을 하라. • 원하는 미래를 향한 중간목표지점들을 세우고 중간 중간 자축하라. • 최소한 하나의 가능성 없는 아이디어에의 투자를 추천하라.
6.3 지식시스템을 구축하라 Create an intelligence system	• 미래 및 기획절차와 궤를 같이하는 지식시스템을 구축하라. • 약한 신호를 포착할 수 있는 조기경보 체계를 확립하라. • 시스템 내의 동요의 원인을 찾아라. • 보류되고 있는 위기의 신호를 찾아라. • 이해하기 쉽고 수집하기 편한 지표들을 선택하라.
6.4 전략적 사고를 조직 내 제도화하라 Institutionalize strategic thinking	• 개념적 프레임워크를 선택하고 설계하고 명쾌하게 만들어라. • 미래를 편하게 만들어가는 조직문화를 개발하라. • 정기적으로 전략적 미래활동을 반복하라. • 전략적 미래연구를 제도화할 수 있는 교육프로그램을 개발하라. • 복잡하고 예측 불가능한 환경이 조직에게 배움이 최고의 방법임을 강화하라. • 변화를 수용하는 자세로 전환하라.

휴스턴대학의 미래연구 프로젝트 프레임워크는 [그림 10.4]와 [그림 10.5]와 같이 설명되기도 한다.

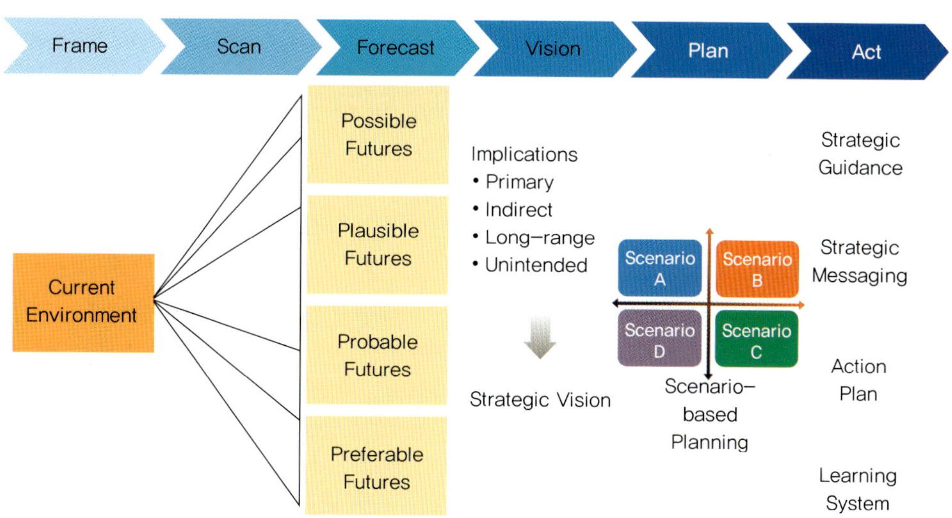

[그림 10.4] 휴스턴대학의 미래연구 프로젝트 프레임워크간단 모형

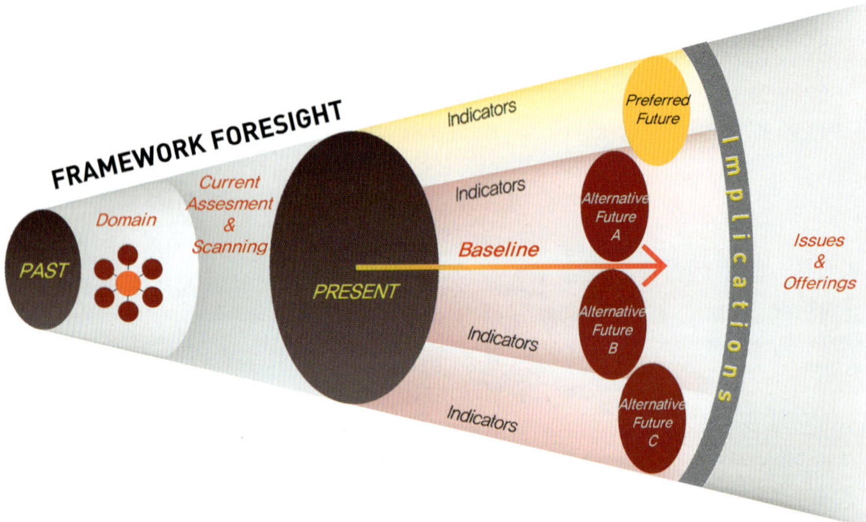

[그림 10.5] 휴스턴대학의 미래연구 프로젝트 프레임워크콘 모형

생각해봅시다 10.1 미래중독자의 내일?

'*미래중독자*'라는 책이 있다. 부제가 '멸종 직전의 인류가 떠올린 가장 위험하고 위대한 발명, 내일'이라고 되어 있어 매우 흥미롭다. 파리 사회과학고등연구원 교수인 철학자이자 역사학자 겸 진화생물학자인 다니엘 밀로Daniel S. Milo의 책이다추수밭, 2017. 잠시 그 책의 내용을 알아본다https://zhuda.blog.me/221141750323 참조.

이 책이 바라보는 것은 '내일'이다. 오래 전 호모 사피엔스는 멸종 위기에 처했으나 5만여 년에 걸쳐 결국 지구라는 생태계의 정점에 서게 되었다. 밀로는 이 같은 극적인 역전을 해명하기 위해 우리 선조들이 도구나 불, 언어보다 훨씬 혁명적인 것을 발명했다는 대담한 주장을 제안한다. 그가 제시하는 가장 위대한 인류의 발명품이란 바로 '내일'이다. 인간은 다른 동물과 달리 뇌가 과도하게 발달한 나머지, 뇌가 남아도는 에너지를 활용하여 '지나침'을 추구하게 되었고, '내일' 또는 '미래'를 생각하게 되면서 안 해도 되는 고민을 하게 되었다는 것이다. 그래서 내일은 인간에게 최고의 축복이자 저주라는 것이다.

시작은 이랬다. 케냐와 에티오피아 중간쯤 되는 어디에선가 기적이 일어났다. 동굴에 살던 웬 선사시대 인간이 동굴에 살던 다른 인간에게 "내일 보자!"라는 인사말을 건네면서 세상이 완전히 달라진 것이었다. 바로 그날, 역사는 '전pre미래'와 '후post미래'라고 하는 균등하지 않은 두 부분으로 나뉘었다. 정확하게 언제, 어떤 상황에서 최초의 "내일 보자!"가 나왔는지 결코 알 수 없을 테지만, 그럼에도 미래라는 개념이 판세를 바꿔놓기 시작한 시점에 대한 상당한 단서를 가지고 있다. 지금으로부터 5만8000년 전, 인간 종을 구성하는 몇몇 구성원들이 그들의 고향, 즉 아프리

카를 떠나 장도壯途에 오를 때가 바로 그 순간이었을 것이다

인간의 뇌는 섭취 열량의 22%를 소모하는데, 이 신체 질량에 비한 과도함이 뇌를 키웠고, 산모와 아이 모두에게 위험을 주게 되었고 적어도 12살까지는 비참하리만큼 나약한 존재로 살아야 한다인간의 생명이 유한한 것은 이 때문인지도 모른다. 이 책의 부록⑭ 죽음 후의 미래 참조. 신생아는 섭취한 영양의 74%를 뇌에 할애할 정도로 뇌의 비중이 높은 것도 그 이유 때문이다.

그러다가 시회가 분업화되면서 사람은 큰 뇌를 가지고 할 일이 없어지기 시작했고 뇌의 3%밖에 사용을 안함에도 불구하고 전두엽 뉴런이 할 일이 없어졌는데, 바로 여기서 '지나침'이 발생했다. 공연히 스트레스를 받기 시작한 것이다. 다른 동물과 달리 인간만이 장기적인 계획을 세우고 '미래'를 생각하게 되면서 너무 많은 선택에 시달리게 되었다는 것이다. 동물은 '무소식'이 희소식인 반면 인간은 계속 새로움을 선택하려 하면서 '지나침'이 생긴다.

즉, 미래를 발명한 인간은 존재보다는 무無, 앞으로 일어날 수 있는 일, 일어났어야 하는 일, 일어나면 좋을 일, 절대로 일어나지 않을 것임을 알면서도 두려운 일 등에 대해서 많은 이야기를 하는 '미래중독자'가 되어버렸다는 것이다.

밀로의 주장이 대단히 흥미롭다. 지금 이 미래학 책을 쓰고 있는 저자를 우스꽝스러운 존재로 만드는 주장이기에 더욱 재미있다. 그러나 나름 일리 있다는 생각이다. 어찌 생각하는가?

하와이대학의 4 Steps to the Future 방법론

미국 하와이대학 마노아Manoa캠퍼스의 미래학연구센터Hawaii Research Center for Futures Studies는 1971년 미래학의 대부 짐 데이토James Dator 교수가 사회과학대학 정치학과에 개설한 '현대 미래학'의 산실이다.

사실 데이토 교수의 지난 50년 가까운 왕성한 학술활동 때문에 미래학이 현재의 수준까지 발전했다고 해도 과언이 아니다. 그는 세계적인 미래학자 엘빈 토플러와 미래학회 설립을 주도했으며 고령임에도1933년생으로 알려짐 불구하고 열정적으로 논문을 발표하고 전 세계를 여행하며 미래학 방법론을 가르치고 있다. '*Advancing Futures*', '*Nonkilling Futures*' 등 많은 책을 저술한 그에게 배운 수많은 제자가 세계 각지에서 교수, 정부 관료, 기업 컨설턴트로 활약하고 있고, 카이스트의 미래전략대학원과도 교류가 깊다.

석·박사 과정과 함께 학부 교과과정에도 미래학 과목들을 개설하고 있으며, 인과층위분석법Causal Layered Analysis을 제안한 소하일 이나야툴라Sohail Inayatullah와 2016년 '*4 Steps to the Future*' 책을 펴낸 리차드 룸Richard K. Lum도 이곳 출신이다.5) 이 책은 룸의 책을 인용하여 '하와이대학 방법론'으로 소개한다.6) [그림 10.6]에서 보듯이 전략기획은 생략했다.

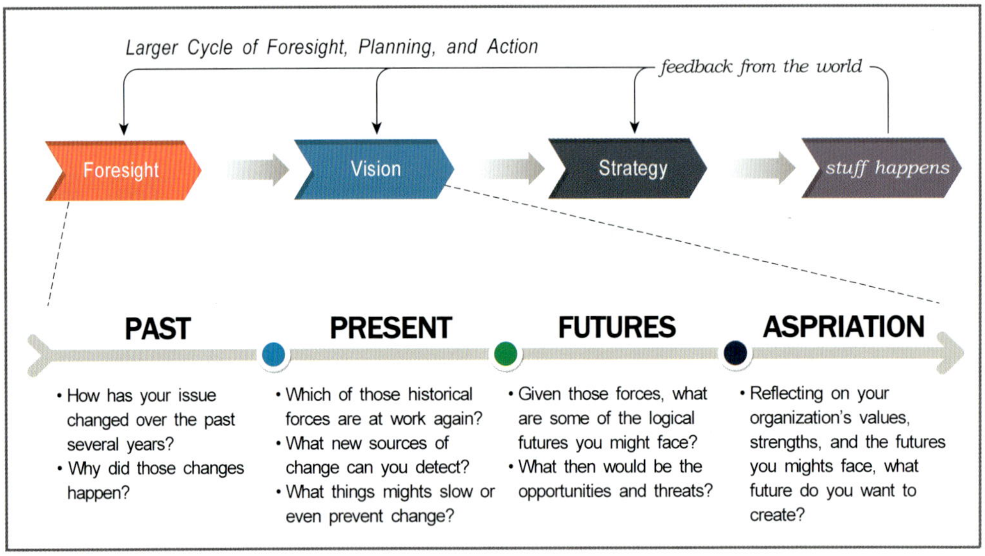

[그림 10.6] 하와이대학의 방법론 프레임워크

1. 과거분석Appreciating the PAST

미래를 연구하는 첫 단계는 과거를 돌이켜보는 일이다. 과거가 미래를 말해주지는 않지만 반복될 수 있는 변화의 패턴pattern을 파악하게 해줄 수 있는 까닭이다. 이 단계에서 던지는 질문은 2가지이다.

5) 국회미래연구원의 박성원 박사와 KAIST의 서용석 교수가 이곳 출신이고, 중앙일보의 과학·미래 담당 최준호 기자와 국민일보의 손병호도 객원연구원으로 센터를 다녀간 것으로 알려진다.

6) 하와이대학의 공식 방법론은 아니지만 데이토 교수의 프로세스를 존중해서 책을 쓰고 책머리에 스승인 그에게 바친 Lum의 책에 소개된 방법론을 편의상 이 책에서는 '하와이대학 방법론'이라고 한다. 더 상세한 내용은 'Dator, James, Alternative Futures at the Manoa School'(http://www.jfs.tku.edu.tw/14-2/A01.pdf)를 참조해도 된다. 위 사진은 2004년 하와이대학 방문 시 데이토 교수와 찍은 사진임.

무슨 변화? 지난 50년간 무슨 변화가 있었나?

과거의 변화는 흔히 과학기술의 진보new science and technology, 충돌과 경쟁conflict & competition, 새로운 아이디어와 가치관new ideas and values, 의외의 상황chance 등에서 기인한다. 그 변화를 정의해야 한다.

왜? 왜 그러한 변화가 있었나?

변화가 파악되면 이러한 변화를 일으킨 근원적 동인historical drivers들을 밝히는 것이 미래 예측에 중요하다. 이를 위해 계층화된 시간라인layered timeline이 추천된다. 즉, 일상생활daily life의 변화, 기업이나 학교같은 시스템system의 변화, 그리고 가치관values의 변화로 계층으로 구분하여 과거를 체계적으로 알아보는 것이다.

위 질문들에 대해 답하기 위해 [그림 10.7]과 같은 양식의 사용이 추천된다.

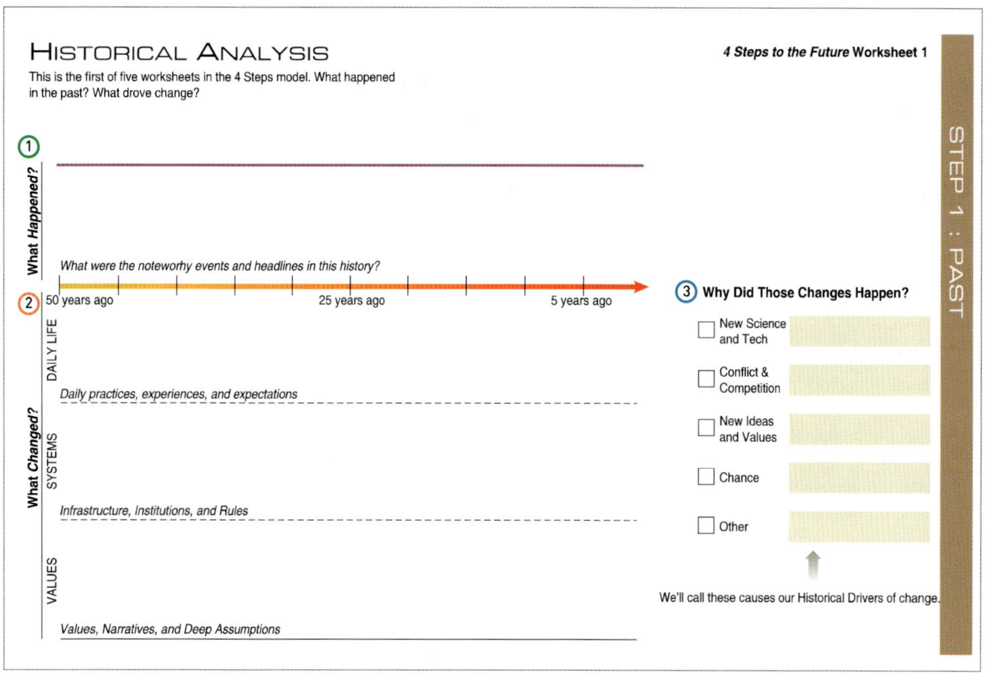

[그림 10.7] 과거 단계의 탐색용 양식(worksheet 1)

2. 현재의 이해Understanding the PRESENT

현재는 과거에서 미래로 가는 일시적 순간transitory moment에 불과하지만, 현 시점에서 인식 가능한 변화의 신호signal들을 포착하는 단계이다. 3개의 질문이 대두된다.

아직도? 과거 변화를 초래했던 동인들 중에 현재에도 영향을 주는 것들이 있나?

마크 트웨인Mark Twain의 '역사는 똑같이 반복되지는 않지만 그런 경향이 있다'고 했듯이, 과거에 변화를 일으킨 요인들 중 혹시 지금도 효력이 있는 것들을 알아보는 것이다.

새로운 변화의 이유는? 변화를 발생시키는 새로운 원천new sources은 무엇인가?

이 질문은 트렌드와 이머징 이슈가 있느냐는 것이다. 트렌드는 시간의 흐름으로 이어져 온 변화로, 그 자체가 미래를 예측하지는 않지만 미래를 암시imply한다. 이머징 이슈는 변화와 달리 변화의 신호signal이고, 이의 발견은 신기술new technologies, 잠재적 정책이슈potential policy issue, 새로운 아이디어와 개념new ideas or concepts 분야로 구분하여 찾을 수 있다이 책의 제7장에서 소개된 STEEP기법의 이용도 가능하다.

변화의 환경은? 변화의 속도를 줄이거나 저지하는 것들이 있나?

늘 변화가 있는 것은 아니다. 오히려 많은 사람들은 변화를 불편해하고 안정stability을 추구한다. 규범rules, 관습customs, 전통traditions을 중시하고, 새 도로통행이나 새 결제시스템 등 새로운 물리적·논리적 제약physical or logical constraints을 피하고 싶고, 과거의 습관패턴patterns of behavior을 지키고 싶고, 강력한 새 지도자powerful stakeholders or incumbents의 지침에 저항resist하는 일면을 보인다. 안정희구 요인들은 무엇일까?

[그림 10.8]의 양식이 추천된다.

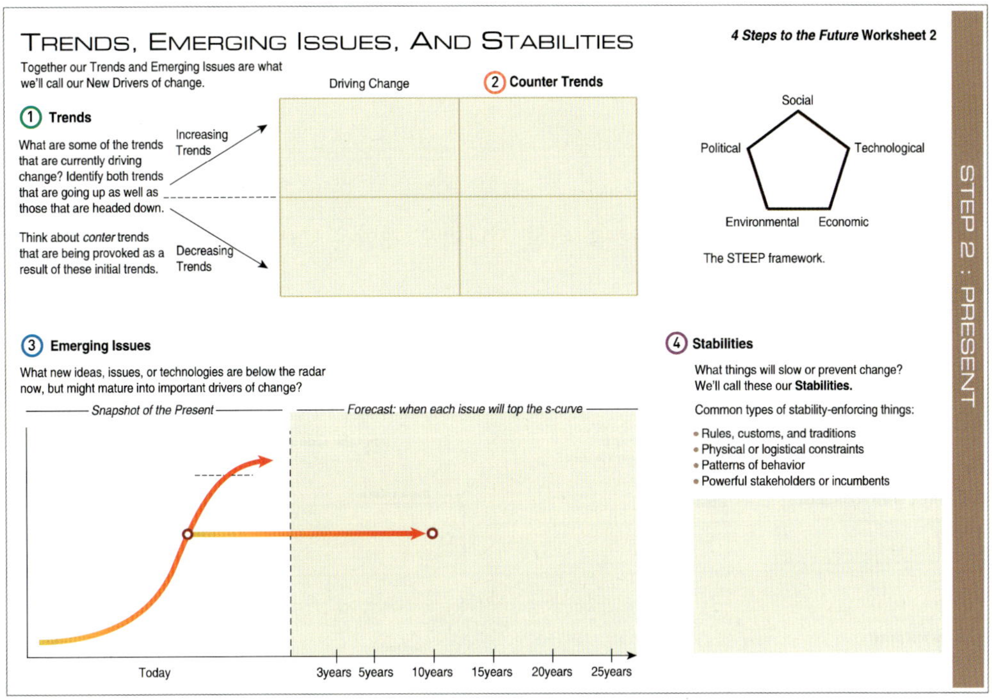

[그림 10.8] 트렌드와 이머징 이슈 및 안정희구 요인 분석을 위한 양식(worksheet 2)

3. 미래 예측Forecasting FUTURES

이 단계의 질문은 단 하나다. '가능한 미래는 무엇인가'가 질문이다. 답을 하려면 몇 개의 개념이 필요하다.

- **변화의 종류** 무변화continuity, 점진적incremental 변화, 돌연abrupt 변화로 분류된다.
- **변화수준** 변화는 제품서비스-전략-비즈니스모델-미션-기술경제기반 등 여러 수준에서 발생하며 소비자와 가까운 낮은 수준일수록 자주 그리고 약하게, 기술경제환경에 가까운 높은 수준일수록 아주 가끔 그러나 강해진다.
- **중심 이슈** 탐색하고자 하는 미래의 대상을 말한다. 예를 들어 '무엇이 교육의 미래'보다는 '발전하는 사이버교육기술은 2030년도의 교육방법을 어떻게 바꿀까'식으로 미래를 탐색해야 한다. 이슈에는 문제의 범주와 시간개념이 포함되어야 한다.
- **시나리오 유형** 시나리오는 변화의 종류와 변화의 강도에 따라 4개로 만들어질 수 있다.
  - A형: 무변화 시나리오

- B형: 점진적 변화, 낮은 변화수준
- C형: 점진적 변화, 높은 변화수준
- D형: 돌연 변화

이러한 개념을 토대로 미래예측을 위한 시나리오 개발은 [그림 10.9]과 같은 양식이 추천된다.

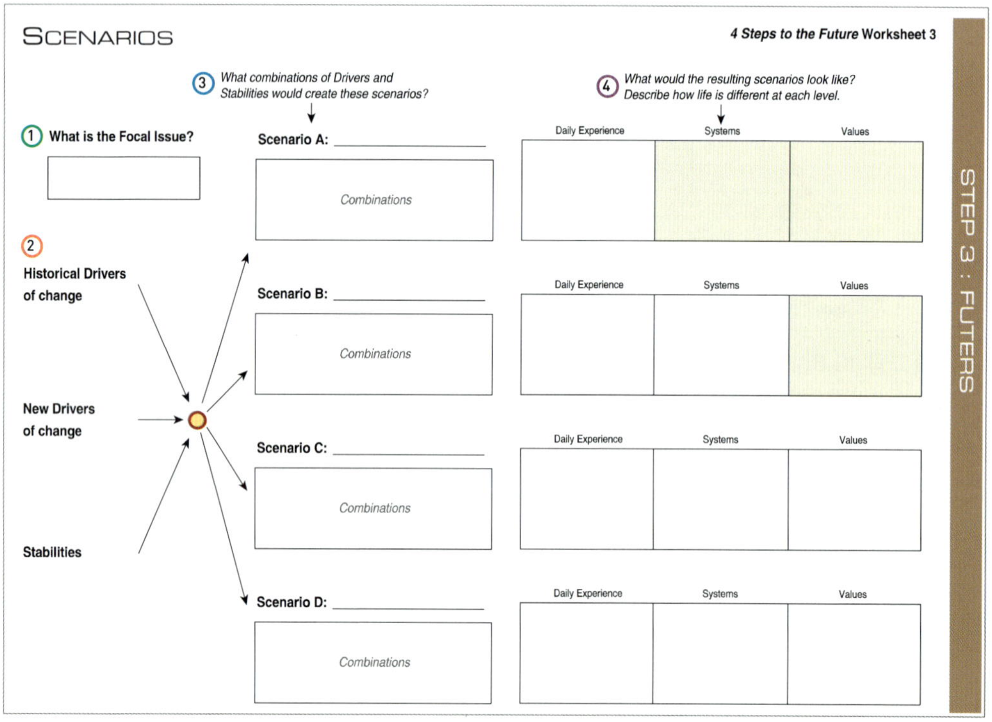

[그림 10.9] 미래예측을 위한 시나리오 개발양식(worksheet 3)

개발된 각 시나리오는 무슨 결과를 낳을 것인지 평가가 필요하다.

- **변화에 대한 반응** 사람들은 저항registers, 나름대로 단계를 밟아 수용하려는 세력channels, 열정적으로 행동으로 옮기자는 열정세력accelerators으로 분류가능하다.
- **영향을 미치는 대상** 미래상을 행동으로 옮기면 그 결과가 조직의 목표goals인지, 전략strategy인지, 제품·서비스product & services 어디에 파급효과가 있을지 평가해야 한다.

각 시나리오에 대한 평가를 위해 [그림 10.10]의 양식이 추천된다.

SCENARIOS IMPLICATIONS

4 Steps to the Future **Worksheet 4**

(one per scenario)

Scenario: ____________________

① Reacting

There are three different basic reactions to the prospect of change: those who want to resist the changes; those who accept that change is coming and want to channel it according to their value; and those who want to accelrate or amplify the changes. How would various stakeholders respond to this scenario? In this scenario, who becomes an ally and who becomes a policy or strategy competitor?

Resistors	***Channelers***	***Accelerations***
Current	Current	Current
Future	Future	Future

② Assessing

What new products or markets open up to you in this scenario? What new strategies would be successful? How would existing or proposed strategies fair in this scenario?

Goals	**Strategies**	**Products/Services**
	Wind tunnel existing or proposed strategy	
	Ideas for new strategy	

③ Monitoring

What headlines would tell you the world was heading in this direction?

STEP 4 : FUTERS

[그림 10.10] 시나리오 평가양식(worksheet 4)

4. 미래를 위한 열망Aspiration

이 마지막 단계의 질문도 하나다. '어떤 미래가 나타나길 원하는가'가 질문이다. 무슨 미래들이 가능할까가 아니라 원하는 미래가 무엇이냐고 묻는다.

결국은 비전이 필요하다. 기업이라면 조직을 위함인지, 고객을 위함인지, 산업・사회・국가 등 그 밖의 더 큰 것인지 묻고, 기업존재의 목적purpose과 성취하고자 하는 것이 무엇인지를 고려하여 정의한다, 시각적으로 표현해도 좋다. [그림 10.11]은 이를 위한 추천 양식이다.

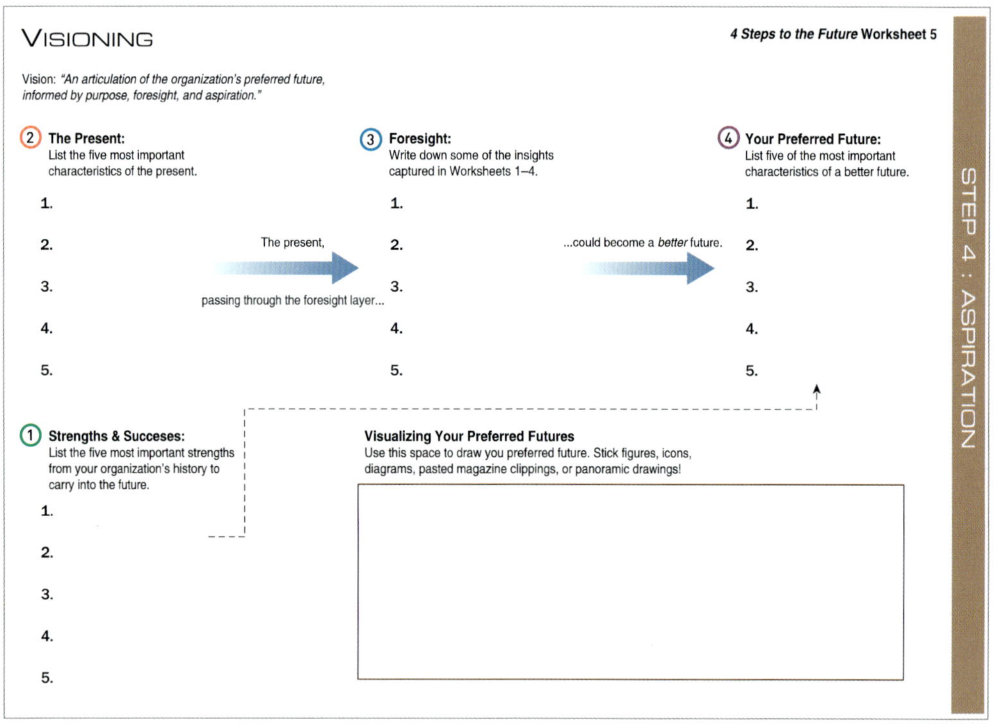

[그림 10.11] 비저닝 개발 양식(worksheet 5)

스웨덴의 TAIDA 방법론

미국과 비슷한 시기인 1970년대에 유럽의 미래연구도 출범했다. 예를 들어 1971년에 스웨덴 정부는 'Choosing One's Future' 프로젝트를 시작했고 그것이 계기가 되어 미래전략청The Secretariat for Future Studies이 설립되었다가, 1987년에 총리 직속의 미래연구소Institute for Future Studies로 확대되었다. 유럽의 가장 활동적인 미래연구조직으로 평가받는다.

이와 함께 1993년도에 설립된 Kairos Future사www.kairosfuture.com/는 국제적 명성을 지닌 미래연구 기업으로 자리잡았다. 미래프로젝트를 위한 컨설팅, 경영전략 등 미래지향적 연구·컨설팅·교육·출판 기업으로 유명하다. 특히 이 회사의 린드그랜Mats Lindgren과 반드홀드Hans Bandhold가 개발한 시나리오 플래닝 방법론이자 미래연구 프레임워크인 TAIDA는 지난 15년 동안 많은 미래연구자들의 사랑받는 방법론으로 알려져 있다.[7)]

TAIDA 방법론은 [그림 10.12]와 같이 5단계로 구성되어 있다,

1. **추적** Tracking 변화·위험·기회의 징후를 조기에 판별하고 추적
2. **분석** Analyzing 추적·탐색 결과를 분석하고, 복수의 시나리오들을 작성
3. **전망** Imaging 실현가능한 시나리오 중심으로 바람직한 비전을 제시
4. **결정** Deciding 시나리오별 장기전략과 지표를 구체적으로 선정
5. **행동** Acting 단기목표를 수립하고 정책을 실행한 후 결과를 관찰

---

7) Lindgren, M., Bandhold, H. *Scenario Planning – Revised and Updated*, Palgrave MacMillan, 2009. 이 자료를 많이 인용한다. 나아가, Kairos Futute사가 제공하는 인터넷자료인 'TAIDA: A Framework for Thinking of the Future'도 참조한다.

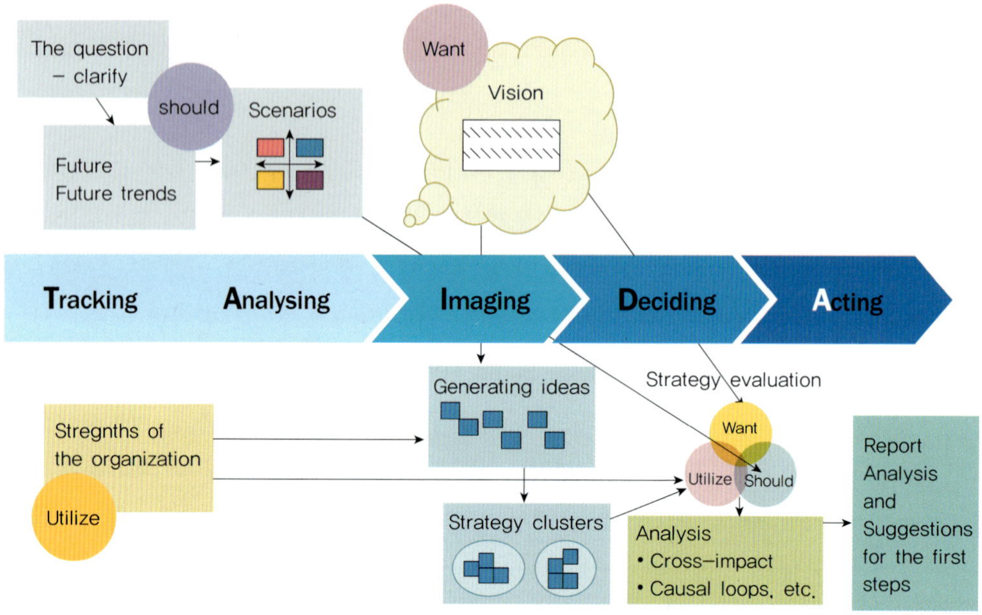

[그림 10.12] TAIDA 방법론의 프레임워크

1. 추적Tracking단계

눈과 귀를 여는Having your eyes and ears open 단계이다. 이 단계의 목표는 트렌드와 변화의 동인driving forces과 불확실성uncertainties을 파악하는 것이다. 내부의 시각에서 밖을 보지inside–out 않고 밖에서 안을 봐야 outside–in 추적이 올바르다.[8] 예를 들어, 디지털카메라 기업의 미래를 예측함에 있어서는 그 기업 내부를 돌아보며 시작하는 것보다는 전체 과학기술의 변화, 사회변화와 라이프스타일, 소비자 취향부터 살피는 것이 더 적절하다. 그래야 트렌드가 도출되고 그 동인을 추적할 수 있다.

트렌드는 [그림 10.13]에서 보듯이, 예측가능성predictability과 이슈에 미치는 영향impact on the focal issue에 따라 구분하여야 한다.

8) 최항섭 · 강홍렬 · 장종인 · 음수연, *미래 시나리오 방법론 연구*, 정보통신정책연구원, 2005.12. TAIDA 방법론에 대한 설명은 이 자료를 많이 인용한다. http://www.kisdi.re.kr/imagedata/pdf/70/70200501801.pdf

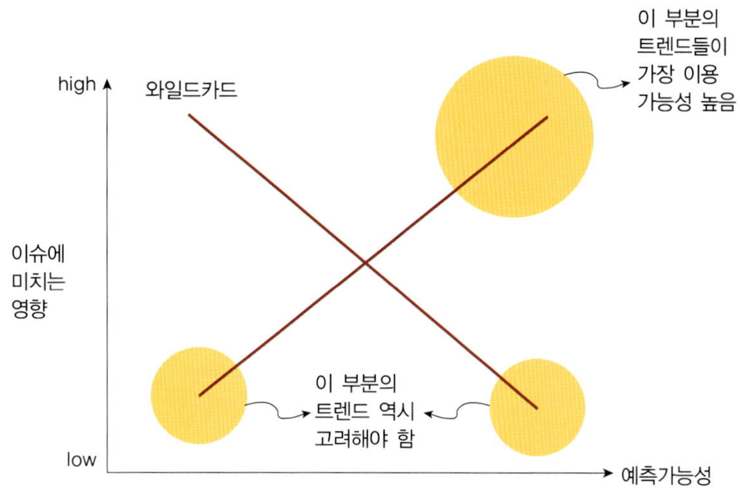

[그림 10.13] 트렌드 도출을 위한 분포도

2. 분석Analyzing단계

진정 어떤 일이 일어나고 있는지what is really happening 파악하는 단계이다. 이 단계에서는 도출한 트렌드들에 기초하여 시나리오를 만든다. 특히 트렌드들의 인과관계를 밝힌다. 예

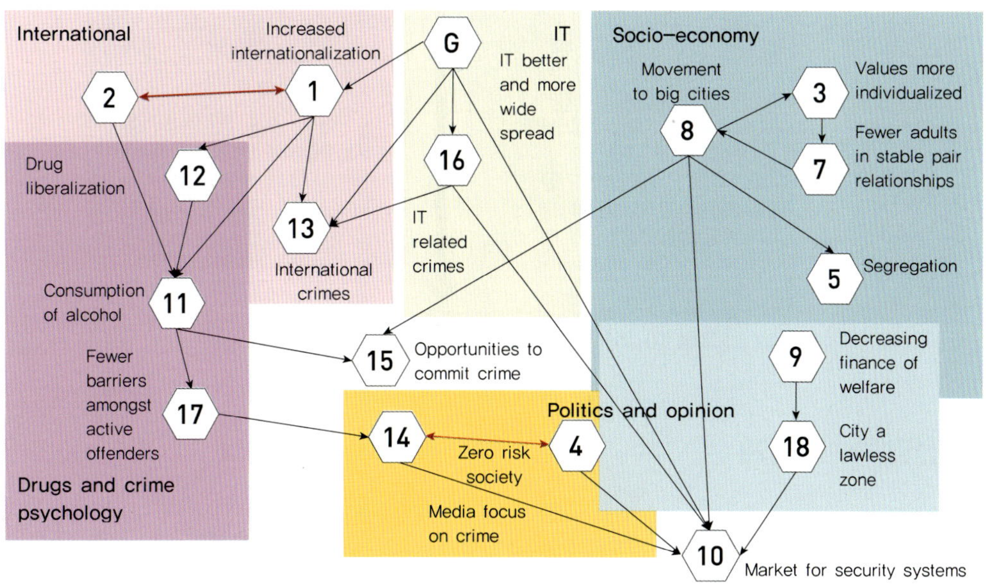

[그림 10.14] 트렌드들 간의 관계스웨덴 범죄 사례

를 들어, 스웨덴이 범죄의 미래전망과 대응방안을 모색하기 위해 18가지의 트렌드들을 도출하고 이들 간의 인과관계를 [그림 10.14]와 같이 분석하는 식이다. 가장 지배적인 트렌드들을 찾는 것이 목표이다.

TAIDA는 지배적인 트렌드들이 어느 방향으로 전개되지를 검토하며 두 개의 불확실성을 기반으로 사사분면의 틀을 권고한다. 예를 들어 '범죄의 국제화'와 'IT'라는 확실한 트렌드들에 대하여 범죄 전망에 대한 불확실성 두 가지는 ① 앞으로 미디어는 어느 수준의 범죄에 초점을 맞추고자 할 것인가와 ② 앞으로 안전과 인권 중 어느 것이 더 중요해질 것인가로 정리할 수 있다. 그 결과, [그림 10.15]와 같은 4개의 시나리오를 발굴할 수 있다.

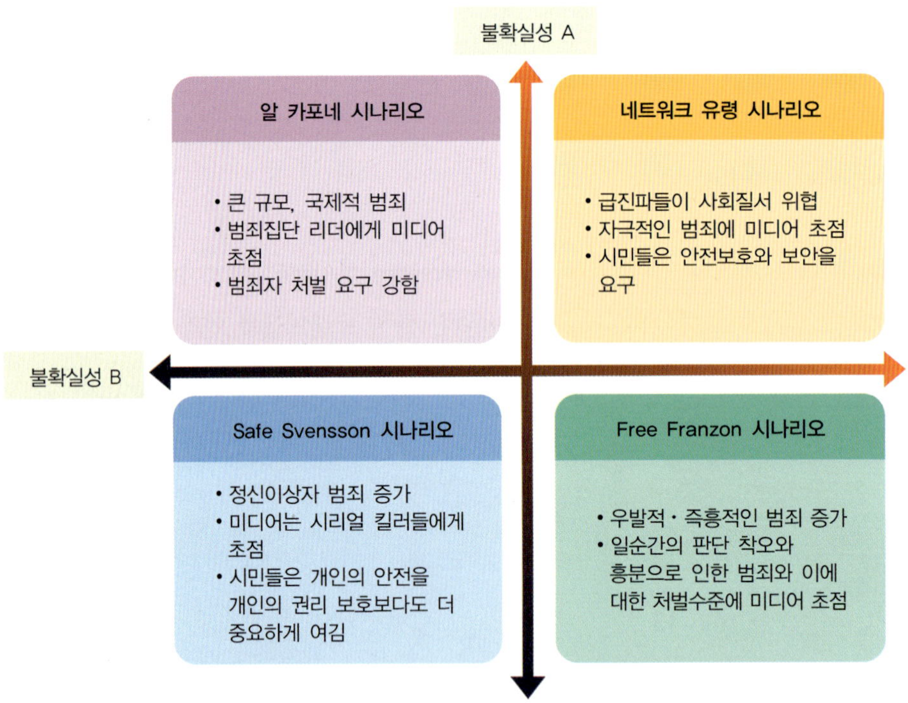

[그림 10.15] 범죄 대응을 위한 4개의 시나리오

3. 전망Imaging단계

꿈을 현실로 끌어오는bringing your dreams to life 단계이다. 미래의 바람직한 모습, 즉 비전을 제시해야 한다. TAIDA는 이 비전을 '크고 흥미롭고 야심찬 목표'라는 뜻으로 BHAGBig

Hairy Audacious Goal이라고 한다. BHAG는 수년 내에 성취할 비전이 아니며 수십 년 앞을 내다봐야 한다. 예를 들어, 다음과 같은 것들이 BHAG들이다.

- **소니**1950년대 일본 전자제품에 대한 인식을 바꾼 일본으로 유명해지는 것
- **월마트**1990년대 2000년까지 1,250억 달러 규모의 회사가 되는 것
- **나이키**1960년대 1990년까지 아디다스Adidas를 추월하는 것
- **스탠포드대학**1940년대 1970년까지 미국 서부의 하버드대학이 되는 것

4. 결정Deciding단계

다양한 대안미래 중에서 선택하고 버리는selecting and rejecting 단계이다. 전략을 수립해야 한다. 이를 위해 3가지 질문을 염두에 두어야 한다.

- WANT 그 전략이 우리가 가길 원하는 방향에 부합하는가?
- UTILIZE 그 전략이 지금 조직의 역량을 이용하는 데 적합한가?
- SHOULD 그 전략은 미래의 변화를 준비하는 것인가?

5. 행동Acting단계

현실로 만들고 또 배우는presence and learning 단계이다. 두 가지 작업이 필요하다.

- 전략을 실행하는 일
- 전략실행과 동시에 시나리오 플래닝을 지속적으로 하는 일

생각해봅시다 10.2 제나 세이 쿠와?

누군가가 인간의 매력은 양면성의 공존에서 나타난다고 했다. 섹시하면서도 지적인 여자가 매력 있고, 정숙한 상냥함과 품위를 잃지 않은 애교를 남자들은 좋아한다. 한쪽으로 치우치면 차갑거나 천박스러운 여자가 된다. 마찬가지로, 무뚝뚝하면서도 가끔씩 유머있는 남자가 매력 있다. 꽉 막힌 남자나 말 많은 남자는 질색이란다. 어느 사회에서건 예의 바르면서도 실력 있는 사람, 머리 좋으면서도 잘 놀 줄 아는 사람, 공손한 자세이되 자신감 넘치는 사람이 인기 있다.

미래학은 과학기술과 인문학에 대한 균형 잡힌 이해를 강조한다. 인문학을 사랑했던 스티브 잡스 덕분에 스마트폰 시대가 열렸듯이 미래는 인문학이다. 마찬가지로 인공지능과 나노기술과 생명공학과 가상현실과 사물인터넷과 블록체인에 대한 이해 없이는 미래사회가 눈에 보이지 않는다. 미래는 과학기술이다. 'AI가 인간을 초월하면 어떻게 될까?사이토 가즈노리, *마일스톤*, 2017' 같은 질문과 답은 학문의 양면성으로부터 비롯된다고 본다. 즉 매력 있는 사람이 미래연구를 더 잘 할 수 있지 않을까라는 생각이다. 물론 약간 억지 주장이긴 하다.

그러나 매력은 리더십의 핵심이다. 사람들을 따르게 한다. 나아가 리더십은 미래창조의 기본이다. 조직을 미래로 이끄는 힘이다. 고로, 매력 넘치는 사람이 미래를 창조한다는 논리도 가능하지 않겠는가?

프랑스어 하나 배우자. '**제나 세이 쿠와**jenna sais quoi'란 말을 들어보았는가? '제나가 쿠와라고 말했다'는 뜻은 물론 아니다. 은은한 매력, 부드러운 카리스마 같은 것일까? 2014년 신조어로사전 출판사 메리엠-웹스터가 뽑은 올해의 단어 미국에서 TV광고에까지 등장한 이 프랑스 단어의 사전적 의미는 '형언하기 어려울 정도로 좋은 것'이다. 무엇인지 딱 잘라 말하긴 힘들지만 좋아하게 만드는 그 무엇, 함께 있으면 괜히 기분 좋아지는 친구, 특별난 것은 없는데도 사랑에 빠지게 만드는 그 사람의 묘한 그것이 과연 무엇일까? 은은한 매력, 부드러운 카리스마와 일맥상통하는 말일까? 아무튼 그것이 바로 '제나 세이 쿠와'이다. 진짜 매력이다!

기타 해외 방법론

유럽에서는 스웨덴 외에도 영국의 미래전략청The Prime Minister's Strategy Unit이나 핀란드의 미래연구소Finland Futures Research Centre, 덴마크의 코펜하겐 미래연구소Copenhagen Institute for Future Studies, 그리고 노르웨이나 네덜란드 등이 국가정책적으로 미래연구를 진행시키고 있고[9] 영국·독일 등의 세계 유수 미래컨설팅 기업들도 나름대로의 독자적인 방법론을 개발하고 활용 중이다. 방법론의 적용대상이 국가정책, 기업의 미래, 과학기술 예측 등 다양하고 용어도 조금씩 달리 쓰이지만 미래팀 편성, 과거·현재 스캐닝, 미래예측, 비전개발, 전략기획, 실행 등으로 이어지는 기본적인 철학과 진행단계는 동일하다.

다음과 같은 방법론들은 잠시 추가로 눈여겨 볼만 하다.

1. 영국 Shaping Tomorrow사의 방법론

영국의 대표적인 미래컨설팅 기업은 Shaping Tomorrow사이다.[10] 이 회사의 방법론은 [그림 10.16]과 같이 5단계를 거친다.

① **포커스**Focus 연구하고자 하는 문제의 초점을 정의한다.

② **탐색**Explore 사용자를 통한 내부와 전문가를 통한 외부환경을 스캐닝한다.

③ **통합**Integrate 발견된 사실을 통합하여 중간결과를 도출한다.

④ **평가**Evaluate 대안미래들을 평가한다.

⑤ **실행**Activate 선택한 미래를 위해 실행한다.

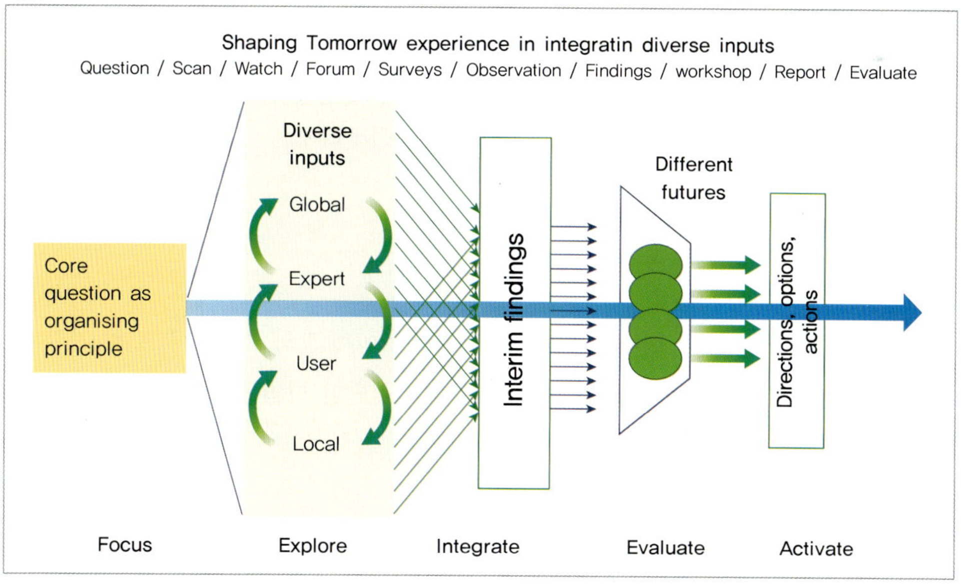

[그림 10.16] Shaping Tomorrow사의 프레임워크

9) 이각범, 해외의 미래연구 동향, 한국미래연구원, 2013.2.6. https://blog.naver.com/slayersbuffy
유의선·이세준·홍정임, 선진국 미래연구의 어제와 오늘, *과학기술정책*, 2010.

10) https://www.shapingtomorrow.com

창업자인 잭슨Michael Jackson은 미래프로젝트를 [그림 10.17]처럼 팀의 목적에 따라 정의하고 관리할 수 있다고 한다.11)

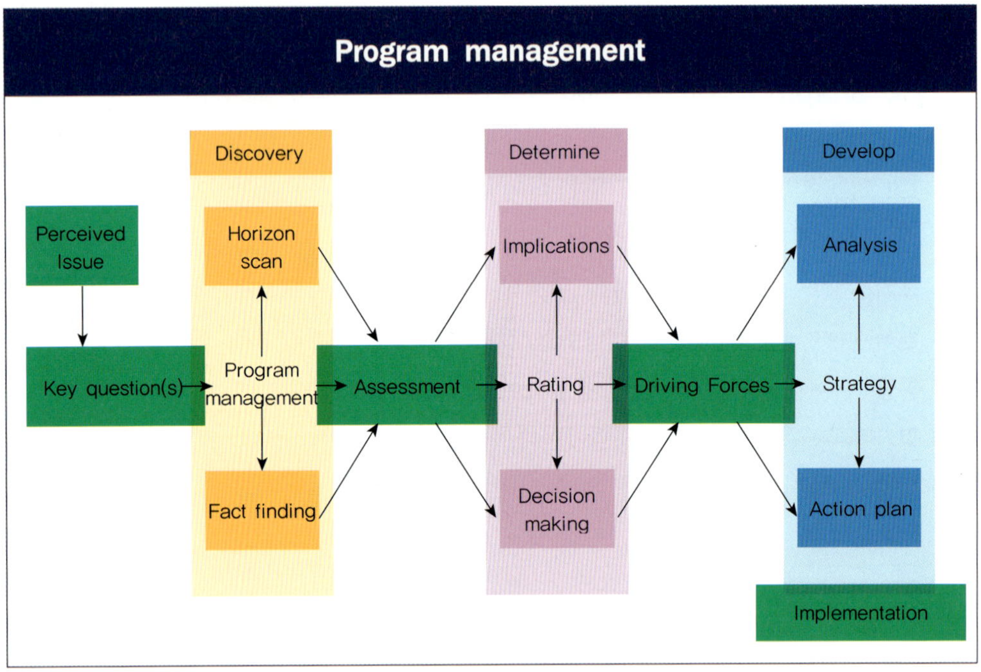

[그림 10.17] 미래프로젝트 전개도(예)

2. 독일 Siemens사의 방법론

독일의 지멘스Siemens사의 미래학자 울프 필칸Ulf Pillkahn은 그의 저서를12) 통해 가장 이상적인 기업의 미래전망foresight 프로세스와 각 단계에 적합한 방법론을 [그림 10.18]과 같이 제안했던 바 있다.

11) Jackson, Michael, shaping.tomorrow.practical-foresight-guide-complete.pdf

12) Pillkahn, Ulf, *Using Trends and Scenarios and Tools for Strategy Development: Shaping the Future of Your Enterprise*, Siemens, 2008.

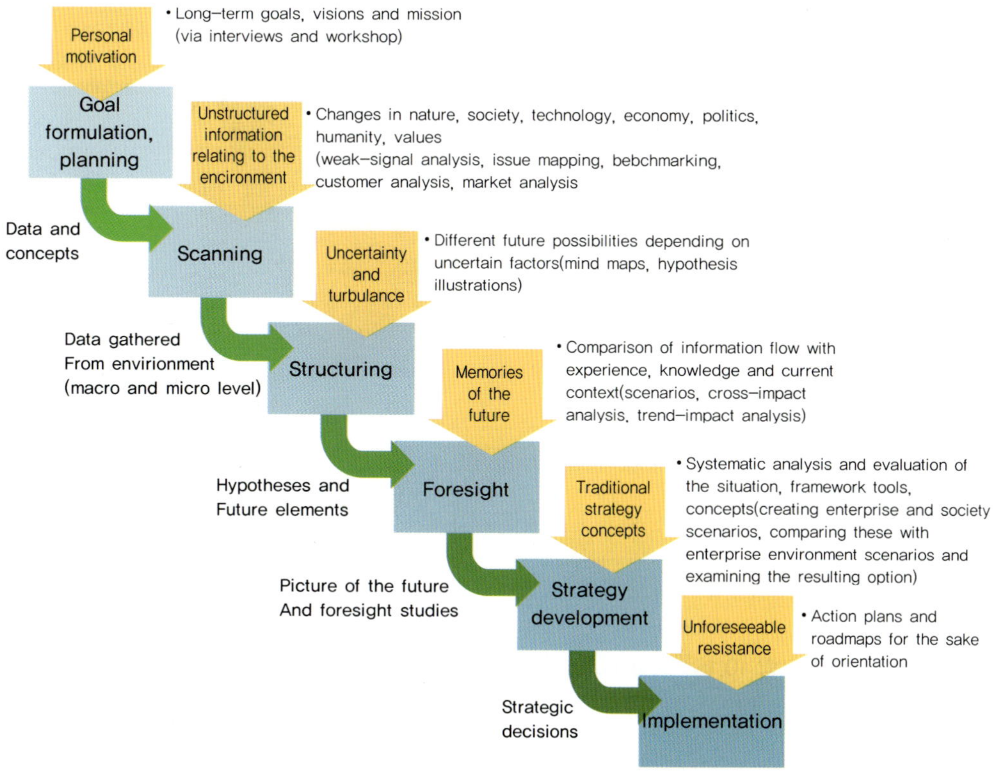

[그림 10.18] 독일 Siemens사의 방법론

또 하나의 독일 기업인 Futures Management Group는 미래를 바라보는 시각을 다양하게 보여준다. 프레임워크는 [그림 10.19]와 같다.[13]

① **미래 레이다**Future Radar 무슨 신호가 오고 있나?

② **가정분석**Assumption Analysis 우리의 환경이 어떻게 변할 것인가?

③ **기회분석**Opportunity Analysis 어떤 기회위험가 이 같은 변화를 초래할 것인가?

④ **비전개발**Vision Development 10년 후에는 어떤 모습을 하게 될 것인가?

⑤ **중단분석**Discontinuity Analysis 미래의 어떤 모습에 놀라게 될 것이며 어떻게 대응해야 하나?

⑥ **전략개발**Strategy Development 우리의 이념을 이루어낼 전략은 어떻게 세울 것인가?

⑦ **제도화**Institutionalization 전략을 문화로 바꾸는 방법은 무엇인가?

---

13) 2005년 7월 유럽미래학회에서스위스 루체른 발표 자료를 참조함. 그림은 '이주헌, 미래한국설계-연구사례, 발표자료, 2005'에서 발췌함.

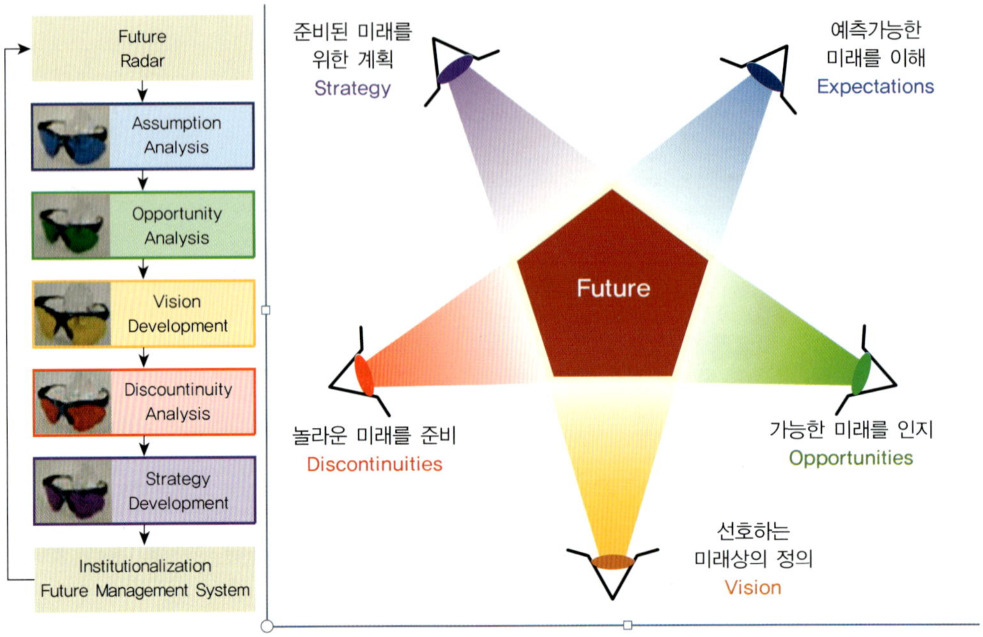

[그림 10.19] 독일 Future Management Group의 프레임워크

생각해봅시다 10.3 당신은 얼마나 미래지향적 사고를 가졌는가?

세계 38개국의 약 500여 명을 대상으로 한 연구결과Tonn, Bruce & Donald MacGregor, "Individual approaches to futures thinking and Decision Making", *Futures*, 2009에 의하면 사람들의 미래에 대한 관심은 제법 높다. 공휴일이나 생일 등 특별한 날에(500명의 89.6%), 어떤 문제에 대해 책임감을 느낄 때(86.7%), 가족들에 의해(71.7%), 직장에 경력문제가 생겼을 때(66.5%), 신문잡지 등을 읽을 때(59.6%), 일상의 걱정들 때문에(59.4%), 돈을 써야 할 때(55.2%), 건강에 문제가 생겼을 때(54.1%) 미래를 생각한다고 한다.

미래에 대한 의사결정의 태도를 보면 경험에의 의존(87.9%)이 여러 가지 상황을 예상하고 각각에 대해 대응준비를 하는 태도(72.4%)보다 더 높게 나타났다. 그저 직관을 따르고(67.5%), 남의 일처럼 대하고(39.6%), 심지어는 위험을 감수하는 태도(35.4%)도 발견되었다. 당신은 어떠한가?

그러나 미래에 대한 관심이나 바람직한 태도만이 만사가 아니다. 미래는 엉뚱하게 찾아올 수 있다. 터무니없는 문제에 대해서 논리적으로, 시스템적으로 사고할 수 있어야 미래를 잘 준비할 수 있다고 한다. 아래 질문을 읽고 답하라.

"비행기에 농구공이 몇 개나 들어갈까?"

기업 입사 면접이나 대학원 입학 구두시험으로 자주 등장하는 질문이다.

- 당신의 답은? 농구공이 몇 개일까?
- 왜 이런 질문을 한다고 생각하는가?

"무슨 비행기를 말씀하시는 건지 몰라서 답을 드릴 수 없습니다"는 최악의 답이다. "너무 황당한 질문이어서 답이 생각나지 않습니다"도 용납할 수 없다. 30초 안에 입을 열고 답을 말해야 한다면? 당신의 능력을 입증하라.

3. 러시아의 S&T Foresight 2030 방법론

시장경제로 전환되어가면서 러시아도 과학science · 기술technology · 창의innovation(STI)의 개념이 크게 변하고 있다. 그러나 2015년, 러시아정부는 과학기술S&T에 많은 투자를 해오고 있음에도 불구하고 큰 성과가 나타나지 않자 과학기술예측S&T foresight을 통해 정책변화의 방향을 재설정하기로 했다. [그림 10.20]은 러시아의 2030 과학기술발전의 예측 및 선택과 집중 정책개발을 위한 미래 프로젝트의 방법론이다.[14)]

14) Sokolov, Alexander & Alexander Chulok, "Priorities for Future Innovation: Russian S&T Foresight 2030", *Futures*, 2016.6. https://www.sciencedirect.com/science/article/pii/S0016328715001688

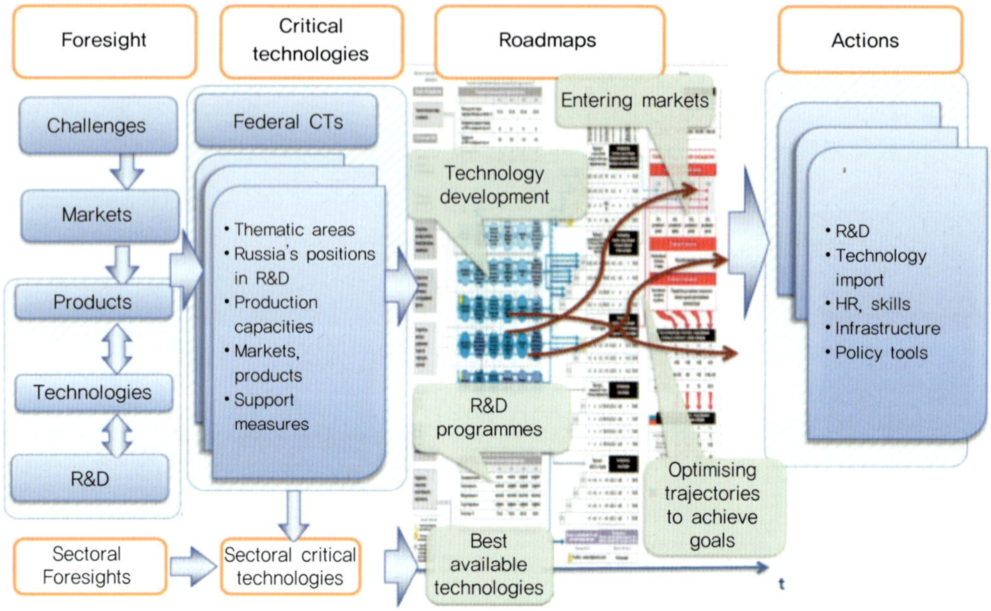

[그림 10.20] 러시아의 2030 과학기술발전 예측방법론

4. 대만 담강대학교 이나야툴라의 미래연구 방법론

아시아에서는 미래교육에 가장 앞장서고 있는 대만 담강대학교Tamkang University 교수인 파키스탄 태생의 정치학자 겸 미래학자인 이나야툴라Sohail Inayatullah는 인과층위분석Causal Layered Analysis기법의 창안자로 알려진 인물이다유엔 UNESCO의 미래연구국장으로 활약 중이기도 하다. 그는 [그림 10.21]과 같은 미래연구를 위한 6개의 기둥pillars을 추천한다.15)

15) Inayatullah, Sohail, "Six pillars: futures thinking for transforming". http://www.metafuture.org/library1/FuturesStudies/Six-pillars-Foresight-2008.pdf

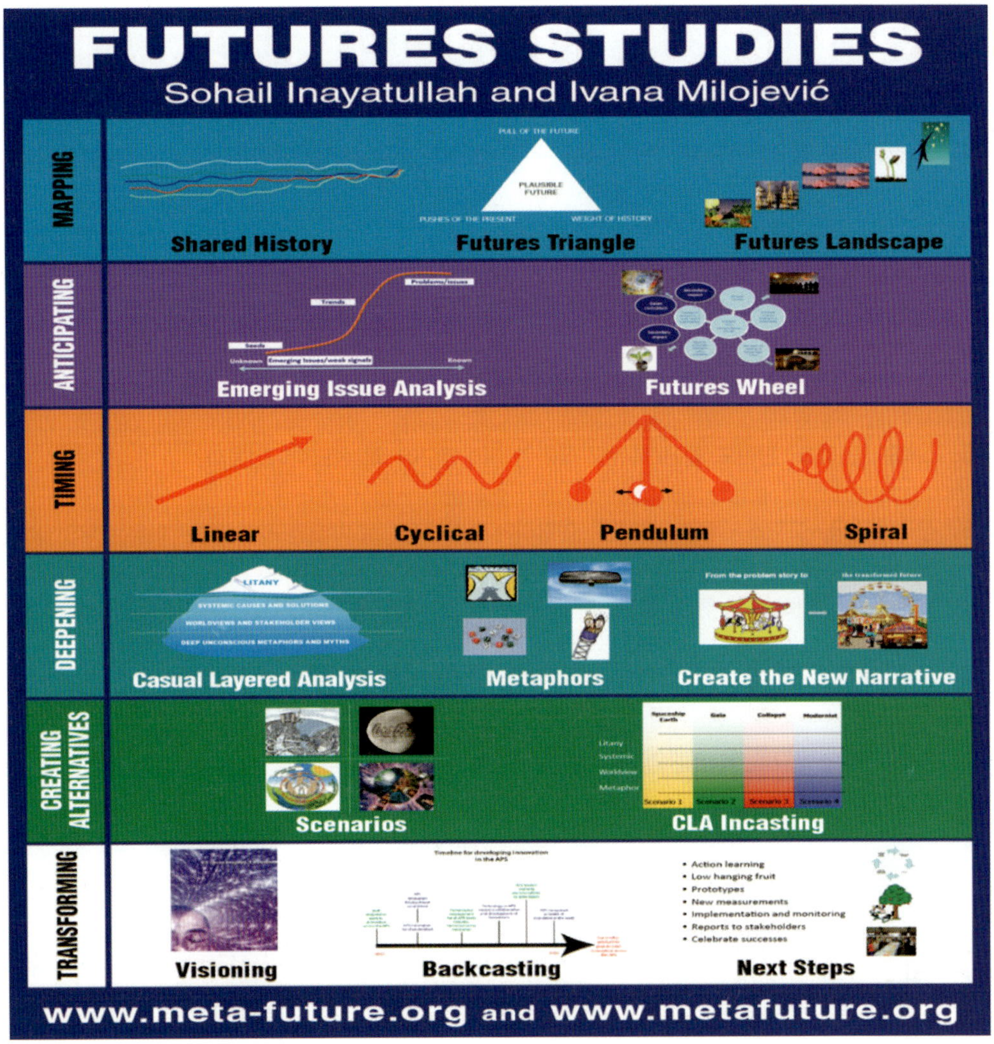

[그림 10.21] 미래연구를 위한 이나야툴라의 6개의 기둥pillars

토의문제

01. 왜 방법론이 필요한가?

02. 방법론과 프레임워크와의 차이는 무엇인가?

03. 미국 미래학은 왜 과히 유명하지 않은 휴스턴대학과 하와이대학에서 가장 활발할까?

04. 휴스턴대학과 하와이대학의 방법론 관점에서의 차이는 무엇인가?

05. 스웨덴, 덴마크, 핀란드 같은 북유럽 국가가 미래연구에 왜 선도적이었을까?

06. 강국인 영국·프랑스·독일·스페인·이탈리아가 상대적으로 미래연구가 취약한 이유는 무엇일까?

07. 비전을 실행으로 옮긴 후의 결과는 무슨 단계에서 어떻게 평가하는가?

08. 스캐닝·미래예측·미래창조 단계 중 창조에 역점을 주는 방법론은 무엇인가?

09. 소개된 해외 방법론 중 무엇이 가장 이용하기에 쉽게 생각되는가?

10. 인간이 '미래중독자'라는 말에 동의하는가?

참고문헌

국내문헌

유의선·이세준·홍정임, "선진국 미래연구의 어제와 오늘", *과학기술정책*, 2010.
이각범, "해외의 미래연구 동향", 한국미래연구원, 2013.2.6.
송종국, *선진국의 미래연구(Foresight) 동향과 시사점*, 과학기술정책연구원, 2009.
이주헌, "왼뇌와 오른뇌의 조화", *하나님, 컴퓨터 그리고 사랑*, 법영사, 1991.
최항섭·강홍렬·장종인·음수연, *미래 시나리오 방법론 연구*, 정보통신정책연구원, 2005.12. http://www.kisdi.re.kr/imagedata/pdf/70/70200501801.pdf
한국정보화진흥원, *미래연구백서*, 2011.

해외문헌

Dator, James, Alternative Futures at the Manoa School', http://www.jfs.tku.edu.tw/

Hines, Andy, Updating Framework Foresight with Six APF Competencies, 2019.8.

Hines, Andy, *What is successful foresight*?, 2016.8.16.

Hines, Andy and Peter Bishop, *Thinking about the Future – Guidelines for Strategic Foresight*, Hinesight, 2015.

Inayatullah, Sohail, "Six pillars: futures thinking for transforming". http://www.metafuture.org/library1/FuturesStudies/Six-pillars-Foresight-2008.pdf

Jackson, Michael, shaping.tomorrow.practical-foresight-guide-complete.pdf

Lindgren, M., Bandhold, H. Scenario Planning – Revised and Updated, Palgrave MacMillan, 2009.

Pillkahn, Ulf, Using Trends and Scenarios and Tools for Strategy Development: Shaping the Future of Your Enterprise, Siemens, 2008.

Sokolov, Alexander & Alexander Chulok, "Priorities for Future Innovation: Russian S&T Foresight 2030", *Futures*, 2016.6.

부록 10

좌뇌와 우뇌, 그리고 학문의 세계

우리 뇌는 무슨 작용을 할까? 잠시 뇌를 다룬다. 그리고 미래학을 위한 학문의 세계를 이해해 본다.

▶ 좌뇌와 우뇌

사람의 뇌는 약 500억 개의 신경세포neuron와 신경섬유 및 그 사이를 채우고 있는 신경조직으로 이루어져 있다고 한다. 그 무게는 약 1.36kg 정도로서 전체 몸무게의 2%밖에 되지 않지만 우리 몸이 필요로 하는 산소량의 20%를 혼자서 사용한다. 바깥 면이 뇌막으로 싸여있는 두개골만의 큰 덩어리를 대뇌라고 부르는데, 대뇌는 비슷하게 생긴 두 개의 반구로 나누어져 있다. 이 두 반구는 호두알처럼 주름이 잡혀 있으며 서로가 비대칭적이다.

인간의 뇌에 대한 연구에 따르면 양쪽 뇌는 각기 다른 기능을 갖고 있다. 논리적이고 분석적이며 언어적인 사람은 우뇌에 비해 좌뇌의 기능이, 그리고 상상력과 직관력이 뛰어나거나 예술적이고 감각적인 사람은 우뇌가 상대적으로 발달되어 있다고 한다. 일반적으로 우뇌가 발달한 사람은 창의력이 뛰어나며 사물의 판단에서도 부분이 아니라 전체를 사고할 줄 알며 자신의 감정에 충실한 사람이다. 그러나 한편 계산이 늦고 이해타산적이지 못해 경제활동의 흠이 될 수 있다. 반면에 좌뇌의 방식으로 사는 사람은 대부분이 직선적인 성격에 논리적인 성향을 갖고 있어 단순하고 진솔하며, 동시에 분석적이고 체계적인 사고력이 뛰어나다. 유명한 과학자들은 대부분 좌뇌가 잘 발달되어 있다고 한다. 그러나 사물을 생각하는 데 있어서도 부분에 집착한 나머지 전체를 놓쳐 버리는 실수를 저지르기 쉽고 직관력에 있어서도 뒤지기 때문에 복잡한 현대사회를 살아가는 데 있어 약점이 될 수도 있다고 한다.

우리나라의 학생들이 초·중학교 시절엔 우뇌가 우세하다가 고등학생이나 대학생이 되면 좌뇌의 우세로 돌아선다는 연구결과가 있다. 논리적·체계적·언어적으로 기술된 교과서와 선택형 답안지를 강조하는 학교교육의 문제에서 비롯되었다는 분석이다. 특히 과학문명이 각광을 받으면서 정신적 불균형이 초래되고 있고, 급속한 정보사회로의 진화는 우리의 좌뇌를 혹사시키면서 심한 가치관의 혼란을 초래하고 있다는 지적도 있다. 그러나 이 역시 편향된 평가일 수 있다. 이공계 기피현상이 심각한 수준에 이르러 특별대책을 수립해야 할 정도이기 때문이다. 오히려 중국 이공계 출신 지도층의 부상을 보면서 우리나라도 좌뇌형 이공계 출신들을 요직에 등용해야 한다는 주장이 일고 있어 주목된다.

어떻든, 최근 기술융합시대를 맞으면서 현대는 좌뇌와 우뇌의 균형을 강조하기에 이르렀다. 예로, 통신·방송의 융합은 좌에 해당하는 통신 인프라와 우에 해당하는 방송 콘텐츠와의 만남을 강조하고 있다. 전자금융은 좌 전자와 우 금융의 결합상품이요, 인터넷 역시 웹 네트워크 기반하에 다양한 콘텐츠가 제작되면서 급속도로 보급되기 시작한 것이다. 사실은 IT기술 그 자체가 좌우·두뇌의 융합에서 탄생한 용어이다. 정보의 효용성을 다루는 경영·행정·사회학이 컴퓨터기술을 강조하는 전자·전산·통신공학과 만나면서 본격 디지털시대가 개막되었고 바로 이 관점에서 IT라는 용어가 등장하였다고 기억되기 때문이다.

미래학 역시 좌뇌와 우뇌의 만남을 강조한다. 글로벌 정치·경제·사회·환경·문화·예술·종교의 의미를 타진할 수 있어야 하고 동시에 인공지능·나노·바이오·로봇공학 등의 과학기술을 이해하고 그 발전을 예측할 수 있어야 한다. 예측은 좌뇌의 역할이지만 미래연구 문제의 대상과 환경탐색은 우뇌가 맡는다. 창의력은 우뇌이고 비판적 사고는 좌뇌이다. 따라서 미래학은 많이 읽고 배우고 많이 깨우쳐 넓고 멀리 바라볼 수 있는 시력vision을 중시한다. 시사상식과 세상을 움직이는 뉴스와 폭넓은 학문탐구는 미래학이 요구하는 근본이다.

▶ 광활한 학문의 세계

아래 [그림 10.22]에서 보듯이 학문의 세계는 넓고 광활하다. 이들 간의 관계를 통합적으로 이해하려는 노력이 필요하다. 예를 들어 IT기술은 수학→물리학→전자hardware · 컴퓨터software공학의 집합으로 발전되어 왔으나 경영학·사회학·심리학 등의 영역과 융합되었다. 미래학 역시, 인류학·보건학·환경공학 등과 연계시키고 정치학·경제학자들의 도움을 받아 미래 지구촌의 생활환경과 디지털경제시대를 전망한다. 결국, 미래학은 종합interdisciplinary학문이다.

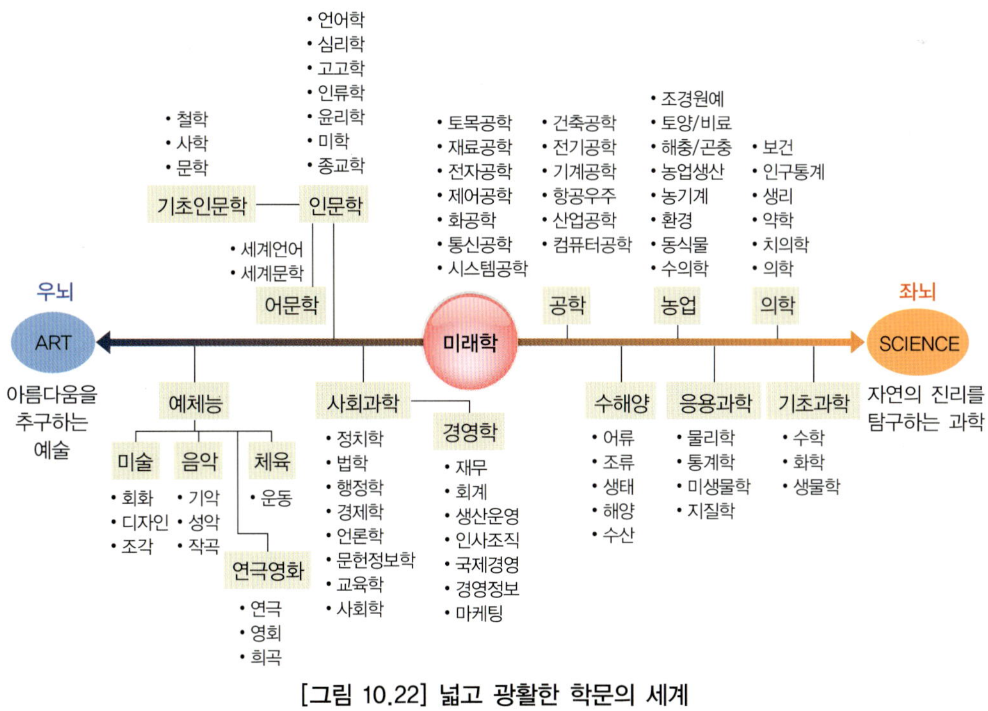

[그림 10.22] 넓고 광활한 학문의 세계

사실 역사 속의 천재들은 오래전부터 학문을 초월해 왔다. 아이작 뉴턴Isaac Newton은 수학자이자 신학자였고, 레오나르도 다빈치Leonardo Da Vinci는 예술가이자 과학자였으며, 아돌프 히틀러Adolf Hitler는 전쟁의 포화 속에서도 꾸준히 그림을 그렸다. 스티브 잡스는 인문학과 예술을 IT와 접목시켰고, 도올 김용옥도 철학가이자 한의사임과 동시에 영어·한자·일어에 능통하고 수학을 중시한다.김용옥, *중학생을 위한 철학 강의*, 통나무, 2000. 대학생들에게도 일독을 권한다. 논리적인 좌뇌와 감성적인 우뇌가 만나도록 해야 세상의 이치를 깨닫고이주헌, "왼뇌와 오른뇌의 조화", *하나님, 컴퓨터 그리고 사랑*, 법영사, 1991. 저자의 첫 수필집 미래를 예측할 수 있는 힘이 생긴다.

11 Chapter 국산 미래경영 방법론

"우물쭈물 살다가 이럴 줄 알았다"
– 버나드 쇼의 묘비(극작가)

지난 10여 년 동안 우리나라에서도 다양한 방법론들이 개발되었다. 몇몇 국책연구기관들이나 대학이 공개된 해외 유명방법론을 재해석하여 '한국적' 방법론들로 만들어 제안한 것이다.

목적은 각각 달랐다. 2000년대에 정보통신정책연구원은 메가트렌드 도출 목적으로, 과학기술정책연구원은 과학기술 로드맵 작성을 위해, 한국과학기술정보연구원은 미래 유망기술 발굴을 위해, 한국정보화진흥원은 정부 정책과 전략수립을 위해 각각 방법론을 개발하였다. 2010년대에 접어들어 카이스트는 교육 및 공공·민간기관 자문용으로, 기술인문융합창작소는 산업통상부의 지원을 받아 신상품개발을 위한 미래연구 목적으로 개발하여 공개적으로 발표했다.

이 장은 이들 국내 연구원들이 개발한 국산 실용방법론들을 소개한다.

카이스트의 3차원 미래관리 방법론

KAIST 문술미래전략대학원은 2013년도에 설립된 우리나라 유일의 미래학 교육기관이다. 미래학과 전략·정책을 연구·교육하여 인류의 발전과 행복에 기여하겠다는 사명으로, 2018년 현재 전임교수 7명, 강의활용교수 15명, 겸직교수 7명, 연구교수 5명이 학술연구와 교육 그리고 연구프로젝트에 임하고 있다.

겸직교수 중 하와이대학의 짐 데이토 교수가 눈에 띈다. 미래학 전공출신 외에도 강의

활용 및 연구교수로는 과학·공학·경제·역사·정치·경영·행정·저널리즘 분야 전문가들이 총망라되어 있고, 규모면에서는 세계 그 어느 미래 교육기관과 비교해도 부족함이 없는 수준이다. 이처럼 다양한 전문가들이 한 대학원에 있다는 사실 하나만으로도 미래학이 종합학문이자 융합학문임을 간접적으로 확인할 수 있다문득 미래전략대학원의 설립 훨씬 이전인 2005년에 KAIST에서 '코리아 메가트렌드와 미래한국 설계'라는 제목으로 미래특강을 했던 기억이 새삼 떠오른다.

문술미래전략대학원의 설립을 주도한 이광형 교수가 수년 동안 강의하는 가운데 구상했다는 새로운 방법론을 먼저 소개한다. 학생들의 날카로운 지적으로 가다듬어졌다는 이 방법론은 일명 '*3차원 미래관리 방법론*'이다.[1] [2] [3] 이 책은 편의상 '*카이스트 미래관리 방법론*'이라 부른다. 그 틀은 [그림 11.1]과 같다이 책의 제14장에서 이용 사례를 별도로 소개한다.

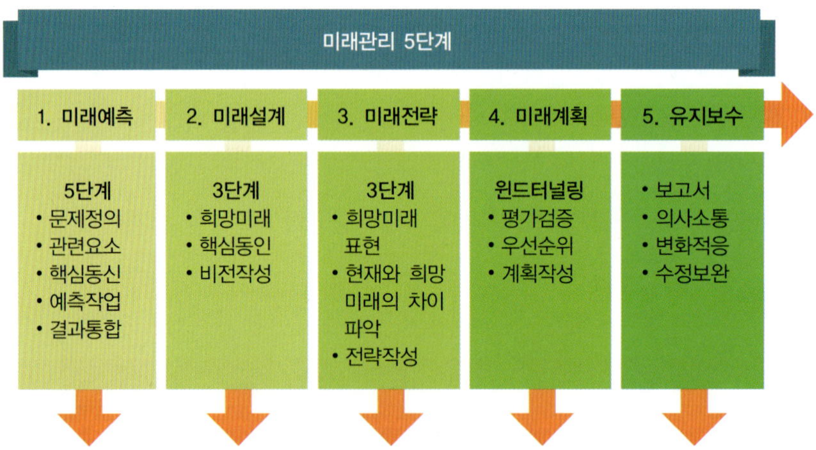

[그림 11.1] 카이스트KAIST의 3차원 미래관리 방법론의 체계

---

1) 이광형, *3차원 미래예측으로 보는 미래경영*, 생능출판사, 2015. 이 책을 많이 인용한다.

2) "7요소×3차원 질문=카이스트 미래예측법", *뉴데일리*, 2014.5.12. http://www.newdaily.co.kr/site/data/html/2014/05/12/2014051200027.html

3) 이광형 교수의 강의 동영상 https://youtu.be/X0DejiBjnW0

1. 미래예측

미래를 관리하기 위해서는 먼저 미래를 내다보아야 한다. 과거의 데이터를 분석하고 미래의 혼돈 속에서 규칙을 찾아 변화된 모습을 찾는 과정이다.

- **문제정의 단계** 문제를 정의하고 이용할 예측방법들을 결정하고 어떤 형태로 최종보고서를 작성할 것인지와 어떻게 발표·보고할 것인지를 결정한다.
- **관련요소 파악단계** 주어진 문제와 관련된 모든 요소들을 찾아낸다.
- **핵심동인 도출단계** 관련 요소들 중에서 독립변수와 종속변수를 구분하여 변화를 유발시키는 핵심 동인을 찾는다.
- **예측작업 단계** 여러 가지 방법을 이용하여 가능한 미래들을 예측한다.
- **결과통합 단계** 복수로 나타난 결과들을 어떻게 통합하여 활용할 것인지 결정한다. 복수의 미래 각각에 맞는 전략을 수립한다.

카이스트 방법론은 문제정의를 위해 [표 11.1]의 10가지 질문에 대한 답을 하라고 권고한다.

[표 11.1] 문제정의를 위한 10가지 질문

질문	내용	검토
1. 프로젝트 목적		
2. 사용자 및 용도		
3. 자원프로젝트 기간, 예산		
4. 예측대상 시간 범위		
5. 프로젝트 참여자		
6. 이해관계자		
7. 데이터, 정보활용 여부		
8. 예측 및 결과통합 방법		
9. 소통사용자, 이해관계자		
10. 결과물실행, 유지보수		

관련요소 파악단계를 위해서는 브레인스토밍이나 STEPPER 기법을 추천한다. STEPPER란 STEEP 기법에 인구Population와 자원Resource이 추가된 개념이다. 핵심동인의 도출을 위해서는 동인들 간의 관계를 네트워크 도형이나 표로 정리할 수 있다. 미래예측 작업은 이 같은 기법들 외에 문제를 분할하여 시나리오를 만들거나 수십 가지의 미래예측 기법들을 적절하게 이용하여이 책의 제7장과 제8장 실제의 미래를 예측하는 일이다.

2. 미래설계

미래설계는 아래 3단계로 나뉜다. 가능하고 타당한 미래 중에서 가장 바람직한 희망미래를 선정하고 이를 검토한다. 그 후 비저닝 워크숍 등을 통해 비전을 결정하게 되면 회사나 기관의 대표가 사전에 설정한 비전을 선포한다.

- **희망미래 설정단계** 원하는 미래상을 설정한다.
- **핵심동인 검토단계** 희망미래를 만들기 위해 꼭 필요한 요소들을 점검한다.
- **비전작성 단계** 희망미래와 핵심동인을 고려하여 비전을 확정한다.

카이스트 방법론은 시간·공간·분야 3차원 시각을 중시한다. 이 세상의 모든 사물은 이 3차원 요소와 관련되어 있고 이 요소들의 변화가 사물의 변화를 가져오는데 따라서 이 3차원 관점이 미래예측, 미래설계, 미래전략 전 단계에 매우 유용하다는 것이다. 예를 들어 경제성 높은 새로운 에너지로 평가받는 셰일가스의 미래를 2015년 현 시점에서 논할 때 '2025년시간, 한국공간, 셰일가스 관련 산업분야의 미래'로 문제의 정의가 가능하다. 우리나라의 셰일가스 사용과 관련 있는 다른 국가들미국, 중국 등을 공간 축에, 다른 에너지 산업석유화학, 태양광 등을 분야 축에 두고 시간 축 위에 문제에 영향을 주는 독립변수들GDP, 경제성장률, 인구 등을 위치시킨 후 과거 자료를 찾고 새 미래 값을 트렌드분석을 통해 예측하는 식이다. 이 값을 희망 값으로 바꾼 것이 희망미래이고 이를 위한 비전을 수립하게 된다. 이 3차원 개념은 [그림 11.2]와 같다,

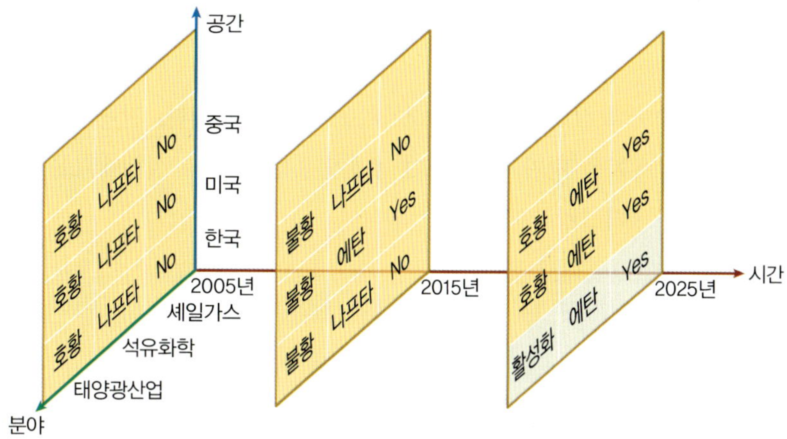

[그림 11.2] 카이스트KAIST 방법론의 3차원 시각(2025=희망)

3. 미래전략

미래전략 수립을 위한 3단계는 다음과 같다.

- **희망미래 표현단계** 핵심동인을 이용하여 희망미래 또는 비전을 표현한다.
- **현재와 희망미래의 차이 파악단계** 이머징 이슈와 트렌드를 고려하고 백캐스팅 방법이나 로드맵 기법을 이용하여 핵심동인을 중심으로 현재와 희망미래 사이의 차이점을 파악한다.
- **전략작성 단계** 현재와 희망미래의 차이를 줄일 수 있는 전략을 세운다. 이때는 위험예측도 필요하다.

KAIST 방법론은 미래연구를 미래 레일rail과 비유한다. 미래탐구는 과거의 패턴이라는 수레를 타고 현재와 미래 사이를 슬라이딩하는 것, 미래예측은 미래를 향한 전forward방향으로 슬라이딩하는 것, 그리고 미래전략은 미래시점에서 현재의 의사결정을 위해 후backward방향으로 슬라이딩하는 것이라 묘사한다. 즉, 미래전략을 위해서는 백캐스팅 기법의 활용이 필요하다.

4. 미래계획

미래계획은 정의한 전략실행을 위한 실행계획을 만드는 것이다. 전략의 효과를 미리 가늠해보고 각 전략과 계획을 평가·검증하여 우선순위를 정하고 실행계획을 확정한다. 전략의 평가를 위해 윈드터널링 기법이 추천된다.

5. 유지보수

유지보수는 보고서를 작성하고, 이를 통해 이해관계자들과 소통으로 정확성을 기하는 것이다. 즉, 미래 프로젝트를 발주한 사람들, 결과물을 이용할 사람들에게 진행과정을 설명한다. 또한 예측전략결과를 보고서로 제출한다, 나아가, 매년 정기적인 미팅을 통해 상황의 변화에 따라 전략과 계획을 수정·보완하는 피드백 작업을 한다.

생각해봅시다 11.1 **'괴짜 교수'가 미래학자?**

KAIST 문술미래전략연구원을 설립한 이광형 교수는 '괴짜 교수'로 불린다. 신발 끈의 색을 다르게 묶거나 텔레비전을 거꾸로 놓고 보는 등 색다른 생각과 행동을 하기 때문이다. 드라마 카이스트에서 안정훈이 맡았던 괴짜 교수의 실제 주인공이 바로 이광형 교수이다. 다양한 사고와 각도에서 사물과 현상을 관찰해야만 그 특성을 이해할 수 있다는 그의 생활·교육철학은 학생들에게도 꿈을 심어주었고 '벤처기업의 대부'라고 불릴 정도로 벤처로 성공한 제자들을 많이 길러냈다.

산업공학·컴퓨터공학을 전공했던 이광형 교수는 프랑스 유학 후 귀국하여 1980년대 중반부터 KAIST 전자계산학과컴퓨터공학과 교수의 길을 걷다가, 2002년도부터 미래산업의 핵은 IT정보기술와 BT생명공학의 융합에 있다고 확신하며 전자계산학과를 떠나 세계 어느 대학에도 없는 '바이오·뇌공학과'를 신설하고 신 분야를 개척해 왔다. 그러던 그가 2013년에 미래전략대학원을 설립하고 미래학자로의 새로운 여정에 올랐다. '미래학회'를 만들고 국내 최초의 미래학술논문지인 '미래연구'를 발행하기 시작한 것은 우리나라 학계의 큰 성과이다. 그는 미래학 저서인 '*미래경영*'과 그의 전공이었던 인공지능 및 BT 분야의 학술서적 외에도 수필집인 '*달팽이와 TGV*', 그리고 창의력 향상을 위한 계몽서인 '*3차원 창의력 개발법*', '*누가 내 머릿속에 창의력을 심어놨지?*' 등의 저자로도 알려진다. 오로지 그의 자유로운 영혼과 열정이 빚어낸 대단한 업적이라고 평가한다.

이런 이광형 교수와 동급으로 자임하려는 뜻은 전혀 아니지만, 저자는 걸어온 길의 유사성을 발견하며 웃는다. 같은 해에 태어나, 역시 컴퓨터공학·산업공학을 공부했고, 비슷한 시기에 학위를 받은 후 귀국하여 우리나라의 1세대 IT전문가로서의 활동을 시작했던 사실이 우선 같다. 그 후, 그가 벤처창업을 선도했듯이 저자도 한때 대기업 연구소장을 역임했고, 그가 2000년대 초반에 BT로 방향을 바꾸었듯이 저자도 경영정보학MIS학자가 되었으며, 그가 '바이오 및 뇌공학과'를 신설했듯이 저자도 한때 국책연구원장을 맡으면서 ICT정책가로 변신했었다는 점이 유사하다. 각자 미래학회와 한국경영정보학회의 창립을 주도한 점도 비슷하다. 젊은 시절에 둘 다 생활수필집을 내는 등 독서와 글쓰기를 좋아한다는 사실과 그가 다른 신발 끈의 색을 다르게 묶은 '괴짜'였던 것처럼, 저자도 주변의 눈총에도 불구하고 우리나라 교수들 중 가장 먼저 '강의실 청바지'를 즐겼다. 창의성을 강조하며 창의력 책을 펴냈던 그와, 틈만 나면 세계를 누비며 그린 창작그림들을 스케치북으로 출간한 저자는 서로 닮았다면 닮았다는 생각이다.

이광형 교수는 현재 미래전략가·미래학자로 왕성하게 활동 중이지만, 저자는 비록 2000년대 초반부터 다양한 '미래' 관련 서적을 출간하고 국가미래전략의 중요성을 주창해 오긴 했으되, 뒤늦게야 미래학입문서를 저술하는 미래학도가 되었다. 저자가 1984년도에 KAIST 교수로의 임용 제안을 사양하지 않았더라면 한 학과에서 만나 평생 동료였을 그와 저자의 공통 관심사는 지금은 '미래학'이다. 무엇이 우리를 미래학으로 이끌었을까, 혹시 '괴짜'는 아닐까?

이광형 교수와 저자는 머지않아 교수로서의 정년을 맞는다. 정년 후의 미래도 더불어 행복하길 바라는 마음으로, 이 책을 출간시킨 후에 그와 정겹게 차 한 잔을 나누고 싶다.

한국정보화진흥원NIA의 FROM 미래전략연구 방법론

과학기술정보통신부 산하 한국정보화진흥원NIA은 1984년 행정정보시스템 구축지원을 위해 한국전산원으로 출범했으나, 한국정보문화센터와 통합되면서 2003년 정보통신ICT으로 사회현안을 해결하고 국가미래를 열어간다는 비전으로 새롭게 출범하였다. 전자정부구축이 가장 중요한 사업이지만 지난 2014년 미래전략센터를 개소하면서 국가미래연구기관으로도 인정받기 시작했다. 이 센터엔 20명 가까운 전문가들이 지능정보사회연구, 미래이슈와 전략, 미래사회 메가트렌드 등을 연구 중인 것으로 알려진다.

미래전략센터의 전신인 미래전략기획부는 지난 2009년 성공적인 공공정책수립을 위한 미래전략연구 방법론 FROM을 발표한 바 있다.[4] [그림 11.3]이 보여주는 FROMFuture strategy Research Oriented Methodology 방법론의 7단계를 단계별로 소개한다.

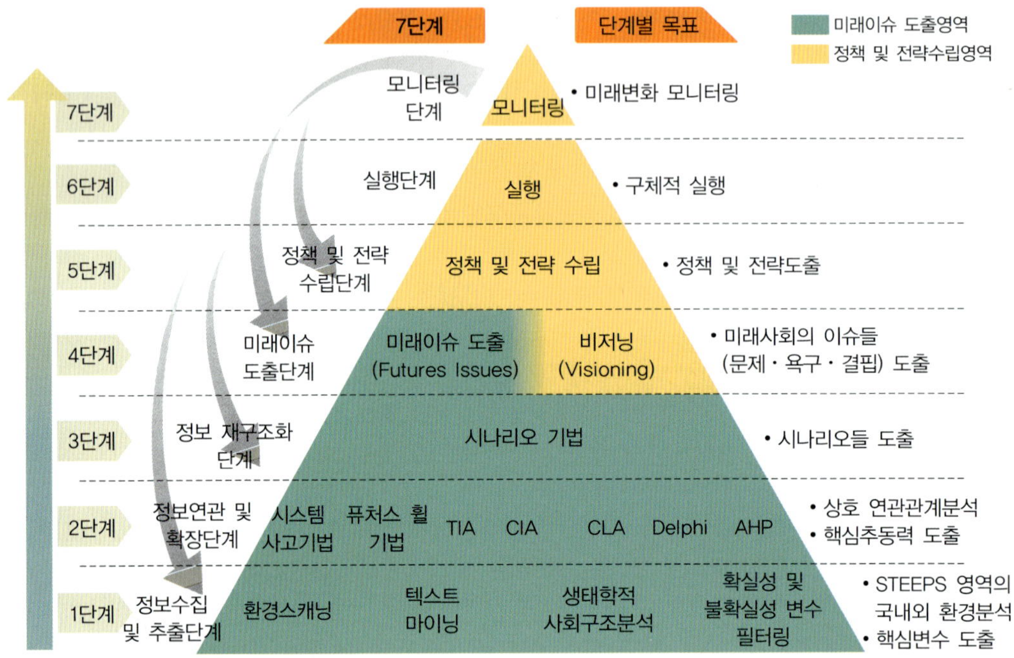

[그림 11.3] 한국정보화진흥원의 미래전략연구 방법론FROM의 체계

1. 정보수집 및 추출단계

첫 단계인 정보수집 및 추출단계는 6개의 소단계로 세분화되어 진행시킨다.

주제선정 미래연구 및 정책수립의 대상이 되는 주제를 선정한다.

환경스캐닝 미래연구의 가장 기본적인 단계로, 미래의 변화에 대한 정보를 지속적으로 수집·관찰·분석한다. 이를 위해 STEEPS 분류로 정보를 수집한다마지막 S는 영성·심리

4) 한국정보화진흥원, *성공적인 공공정책수립을 위한 미래전략연구 방법론(FROM) Version 1.0*, 2009.12. 이 연구는 공동연구책임자로 하와이 미래학파 출신의 서용석(현 KAIST 교수, 당시 행정연구원 소속)과 휴스턴 미래학파 출신의 최윤식(아시아미래인재연구소)이 동참함으로써 더욱 의미가 있었다는 저자의 판단이다. 서용석은 미래연구의 중요성을 기술하고, 실제 FROM 방법론 개발은 최윤식이 이끄는 아시아미래인재연구소 전문가들이 주도한 것으로 판단된다.

Spirtual임. 환경스캐닝을 위한 템플리트template는 [표 11.2]와 같다.

[표 11.2] 환경스캐닝을 위한 템플리트template

구분	입력란
정보의 분류 및 영역Category or Domain	STEEPS 카테고리로 분류하여 입력
미래 전개방향의 사전 징후Leading Indicator	
정보원천Source	
정보원천에의 접근 및 사용방법 How to access the source	
기타 정보Other comments	
정보의 중요한 의미Significance of Importance	
잠재적 결과 및 파급효과 Potential Consequences or Impacts	
현재 및 미래의 상황변화Current & Futures Status	
주요 이해관계자Actors	
정보입력일자Data	

데이터베이스 구축 수집된 정보를 특정 카테고리와 계층으로 구조화하여 대용량의 데이터베이스를 구축한다. [그림 11.4]는 그 사례를 보여준다.

[DB Category 사례]
– 아시아 미래인재연구소 개방형 Database

[DB 내용 사례]
– 아시아 미래인재연구소 개방형 Database

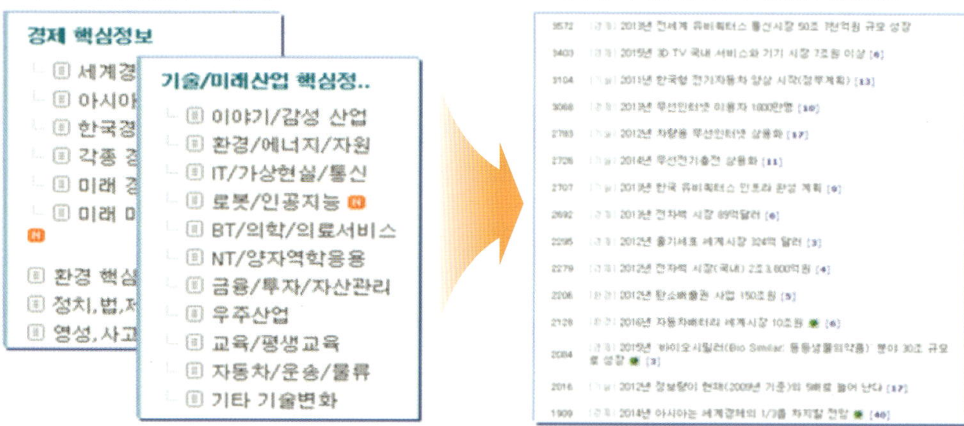

[그림 11.4] 데이터베이스 구축

텍스트 마이닝 기존에 구축된 데이터베이스로부터 핵심적이고 중요한 키워드 정보를 추출한다. 이를 위해 특성추출 기법이 필요하다. 한 예는 [그림 11.5]에서 볼 수 있다.

[DB 내용 사례]

[텍스트 마이닝 사례]

Social	Technical	Economic	Ecological	Political	Spiritual
세계의 연결 및 상호 영향성 증가 영어의 가치유지 고령사회 (평균수명 증가) 웰빙 중시 도시화	기술융합 현상 3D, 로봇, 인공지능, 생명공학기술진보 IT바이러스 vs 보안기술 대결	빈부격차 달러의 기축통화지위 유지 심리적 경기사이클(탐욕/공포) 시장자본주의 체제	지구온난화 기상이변 및 관련 피해 증대 대체에너지 사용 동식물종 감소추세	집단이기주의 및 갈등지속 시민참여정치증대 (사회참여) 국가규제철폐 노동조합약화	종교활동 강화 수동적 인간형 증가 (IT기기 의존도 상승) 감성 및 감각중시 심리적 불안감 증폭

• STEEPS 분류를 통해 정보추출 시 균형 있는 키워드 도출이 가능

[그림 11.5] 텍스트 마이닝의 사례

사회구조분석 텍스트 마이닝을 통해 추출된 키워드들을 현상·유행층, 트렌드층, 심층원동력층, 심층기반층 등의 기준에 따라 구분하여 영향력과 파급효과가 높은 키워드를 추출한다. [표 11.3]은 한 예를 보여준다.

[표 11.3] 사회구조분석의 예

Layer	S(사회)	T(기술)	E(경제)	E(환경)	P(정치)	S(영성)
현상층						존엄사인정
유행층						
트렌드층	• 기업체문화마케팅 • 봉사통한 기업가치 향상 • 노동운동 (횟수, 빈도, 강도) • 사회분열심화	3D기술 진화	• 남북경협 활발 • 기업구조조정 • 산업이동	질병확산	• 녹색성장 • 남북관계 경색 • 북한위협증가	자살증가
메가 트렌드층	• 감성화 • 여성지위향상	• 디지털 가상기술 발달 (디지털가상의 현실화) • 디지털 정보량 증가 • CCTV(인공지능화) • CPU속도 증가 (새로운 연산기법출현) • 연산능력의 기하급수	• 경제위기의 반복 • 월드스패즘 (전 카테고리) • 환경규제 심화 • 서비스업의 진화 (맞춤형)	• 그린에너지 개발 • 한반도 온난화 • 전 세계 기후변화	• 에너지 쟁탈 국지전 증가 • 국가간 갈등증가 • 사이버 해킹증가	웰빙

		적 증가 • 유전자조작 기술 • 이동통신속도(4G)				
심층 원동력층	사회양극화	가상과 현실	환경파괴			
심층 기반층	시간, 공간, 지식, 영성					

확실성 및 불확실성 변수 필터링 사회구조분석을 통해 심층적으로 분석한 정보들을 확실성이 높은 변수와 불확실성이 높은 변수로 구분하여 다음 단계에서 사용가능한 변수들만 추출한다. [표 11.4]와 같다.

[표 11.4] 확실성 · 불확실성 변수 필터링

변화를 주도하는 힘		비고
확실성이 높은 변수	트렌드	향후 기본적으로 예측가능한 미래이미지Baseline Future Image를 예상하는 데 도움이 되는 정보에 해당함
	사이클	
	계획	
불확실성이 높은 변수	잠재적 사건	향후 또 다른 미래이미지Alternative Futures Image를 예상하는 데 도움이 되는 정보에 해당함
	사회적 현 이슈	
	새로운 기술 및 아이디어	

2. 정보연관 및 확장단계

두 번째 단계인 정보연관 및 확장단계는 1단계에서 수집된 정보의 인과관계를 밝혀내고 누락된 주요 정보를 찾아내며, 미래예측에 도움이 될 만한 1차, 2차 등 파급 영향력에 대해 확장해서 생각하는 단계이다.

정보연관단계 현재시점의 변수 정보들 간의 관계를 규명하는 시스템 인과지도를 작성한다. [그림 11.6]이 한 예가 된다.

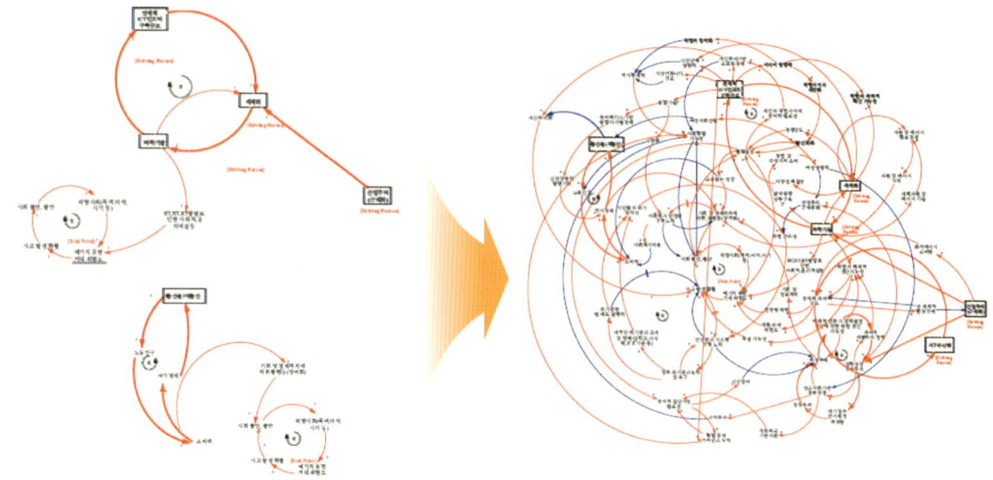

[그림 11.6] 시스템 인과지도의 예

정보확장 시스템 인과지도로부터 특정 미래시점의 시나리오 작성에 필요한 ERCR 요소들, 즉 제거Eliminate · 감소Reduce · 생성Create · 강화Reinforce 요소를 도출하기 위해 하나 또는 복수의 정보확장 기법들을 특성에 따라 선별·활용한다. 이를 위해 퓨처스 휠, 교차영향분석, 델파이, 인과층위분석, 추세외삽법, 계층화분석기법 등이 활용될 수 있다.

3. 정보 재구조화단계

세 번째인 정보 제구조화단계는 시나리오 작성단계이다.

일반적 시나리오 작성 특정 미래시점에 발생가능성이 높은 기본 미래와 확실성이 낮더라도 발생할 시 영향력이 높은 대안적 시나리오들을 복수로 도출한다.

다층적 시스템 시나리오 작성보다 심층적인 시나리오를 작성해야 하는 경우에 다층적 시스템 시나리오[5]를 작성한다.

5) 다층적 시스템 시나리오란 다층적이고 복잡한 시스템으로 변화되어가는 세계를 좀 더 잘 이해하고 예측하고자 최윤식이 개발한 미래예측기법이다. 최윤식, "다층적 시스템 시나리오 기법", *전략적 미래예측 방법론 BIBLE*, 두남, 2014.

4. 미래이슈 도출단계

네 번째 단계인 미래이슈 도출단계는 앞 단계에서 표현된 시나리오들에서 발견되는 미래사회의 이슈들기본적인 문제, 욕구, 결핍 등을 도출하는 단계이다. 이러한 이슈들은 정책·산업·사회이슈들로서 비저닝 작업을 거쳐 조감도big picture와 정책수립에 반영하게 된다.

미래이슈 도출 미래 CRCreate & Reinforce요소들, 즉 미래시점에 새롭게 등장하거나 강화되는 이슈를 반영하여 미래사회에 파급효과가 큰 이슈들을 선정한다. [그림 11.7]은 이를 보여준다.

[미래 CR요소 반영]

구분	특성
Create	미래시점에 등장할 새로운 변수, 핵심추동력 및 피드백 루프를 찾아 이를 반영함
Reinforce	기존 시스템 인과지도 및 시나리오상에 존재하는 피드백 루프에서 강화되는 이슈를 반영함

[2025년 미래사회 위험이슈 사례]

구분	미래이슈
사회	출산율 저하로 인한 자산가격 하락, 소비력 약화로 국가경제 하락 위험
경제	국가부채 증가, 세금부담 상승, 소비감소로 인한 경제약화 위험
정치	보호무역주의 강화로 인한 수출 감소, 국가경제 하강 위험
기술	사이버 테러로 인한 사회 안전망 인프라 붕괴 위험
환경	지구온난화로 인한 생태계 파괴, 새로운 전염병 및 대규모 자연재해 위험

[그림 11.7] 미래이슈 도출의 개념

비저닝 미래이슈를 통합한 정책 및 전략의 방향성을 보여주는 조감도를 제시한다.

앞에서 설명한 1단계부터 4단계는 FROM 방법론의 미래연구 프로세스에 해당한다. [그림 11.8]은 이를 요약하여 나타낸다.

[그림 11.8] FROM 방법론의 미래연구 프로세스

5. 정책 및 전략수립단계

이 단계는 미래연구 결과 및 비저닝 작업을 토대로 미래변화에 효과적으로 대응할 수 있는 정책 및 전략을 수립한다. 거시적인 전략과 함께 실행계획도 도출한다.

정책수립 설정한 비전을 달성하기 위해 국가·산업·사회 이슈들을 정책의제로 삼고 장·단기 목표 및 기본적인 정책대안을 수립한다. 미래지향적으로 정책을 결정하면 국가의 가치와 비전을 효과적으로 실현할 수 있다.

전략수립 정책을 바탕으로 전략을 수립한다, 정책의 목표를 효과적으로 달성하기 위한 기본 실행전략 및 실행계획을 세운다. 이를 위해 정책의제의 우선순위 설정이 중요하며, 정책실행 주관부서의 기준으로 SWOT 분석을 하여 정책의 파급효과와 현실적인 제약

조건을 반영하도록 한다.

6. 실행단계

실행단계는 정책과 전략을 실행으로 옮기는 단계이다. 그러나 실제 현실에서 원래 의도했던 바가 아닌 다른 결과로 방향이 바뀔 수도 있음에 유의해야 한다.

7. 모니터링단계

모니터링단계는 앞의 모든 단계에 걸친 활동결과를 추적함으로써 정책 및 전략의 개선점을 이끌어내는 피드백 기능을 제공한다. 미래모니터링futures monitoring이란 미래시나리오에 대비한 정책·전략의 실행결과가 복수의 시나리오들이 제시했던 예상결과와 어떠한 차이가 나는지를 추적하고 그 원인은 무엇인지 분석한다. 미래시그널future signals을 미리 정하고 이를 상시 모니터링할 수 있는 팀을 구성하고 시스템을 구축하는 것이 바람직하다.

[그림 11.9]는 4단계의 비저닝부터 마지막 모니터링단계까지의 '정책수립 및 실행 프로세스'를 보여준다.

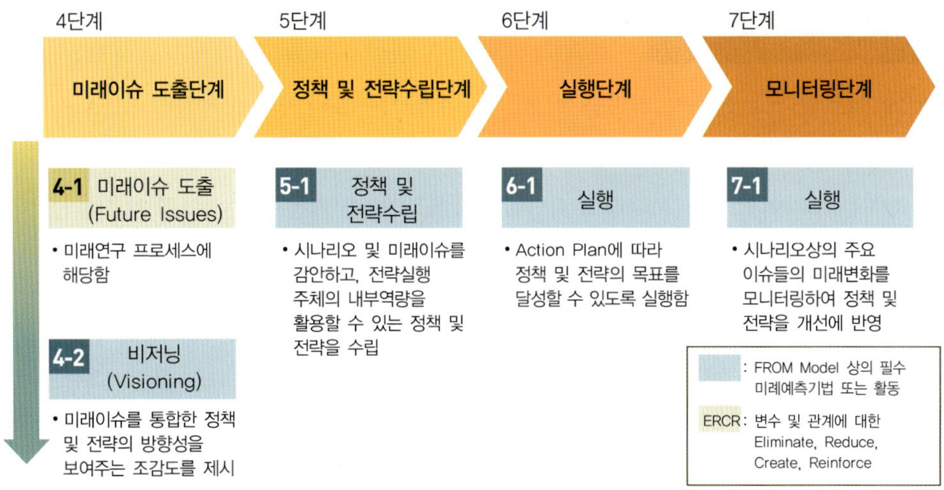

[그림 11.9] 정책수립 및 실행 프로세스

정보통신정책연구원KISDI의 KITAIP 방법론

정보통신정책연구원KISDI은 '세계 최고수준의 글로벌 방송통신정책 연구기관'을 표방하며 1988년도에 설립된 국책연구기관이다. 현재 '4차 산업혁명시대를 선도하는 ICT 정책연구기관'을 비전으로 삼고 방송·통신·정보화 등 다양한 분야에서 정책연구를 수행 중이다.

정보통신정책연구원은 우리나라에서 미래연구를 가장 빨리 착수한 연구기관이다. IT기술이 한국사회의 제 분야에 미치는 영향을 분석하고 그 정책적 함의를 도출하기 위해 2003년 '미래한국연구실'을 설립하고 '21세기 한국 메가트렌드 연구'를 시작했다. 이 연구실은 2005년 디지털미래연구실로,[6] 2008년에 미래융합연구실로, 그 이후 ICT전략연구실로 이름을 바꿔오면서 우리 사회의 미래 발전방향과 비전을 제시하는 연구를 지속적으로 진행시켜오고 있다.

많은 미래연구를 선도해오면서 탄생한 것이 우리나라 최초의 미래연구 방법론이었다. 연구책임자였던 최항섭 현 국민대 교수은 한국의 미래연구가 미래학의 본질적 성격을 제대로 담아내지 못하는 이유는 방법론의 부재라고 지적하고,[7] 미래예측 연구를 성장시키기 위해 우리 사회의 고유한 특성을 반영하는 과학적·논리적 방법론을 개발하기에 이르렀다고 연구의 취지를 밝혔는데 여기서는 그의 연구결과물인 KITAIP 방법론을 요약하여 소개한다.[8]

KITAIP[9]는 델파이 기법과 시나리오 기법에 토대하고 있다. 기본체계는 [그림 11.10]과 같다.

---

6) 저자가 2003년 정보통신정책연구원의 제7대 원장으로 취임하자마자 '미래한국연구실'을 설립했으나 너무 폭넓은 연구영역으로 확대하려 한다는 주변의 지적에 따라 이후 '디지털미래연구실'로 개명했다. 그러나 대중을 위한 '*메가트렌드 코리아*', '*2020 미래한국*' 등의 도서를 출간하는 등 범 국가적이고 탈 정보통신 시각에서 미래를 조망함에는 변함이 없었다.

7) 최항섭, "미래예측 방법론 부실하면 점성술에 불과", 중앙Sunday, 2009.1.4.

8) 최항섭, *미래예측 방법론*, 정보통신정책연구원, 2007.12. 위 사진은 미래연구에 활발하던 그 당시의 저자와 최항섭 박사의 우즈베키스탄대학 방문 때 찍은 사진. 옛날이 그리워 삽입했다.

9) KITAIP는 'KISDI-Tracking trends-Analyzing factors-Imaging futures Process'의 약칭으로 이름 안에 방법론의 3단계가 명시되어 있다.

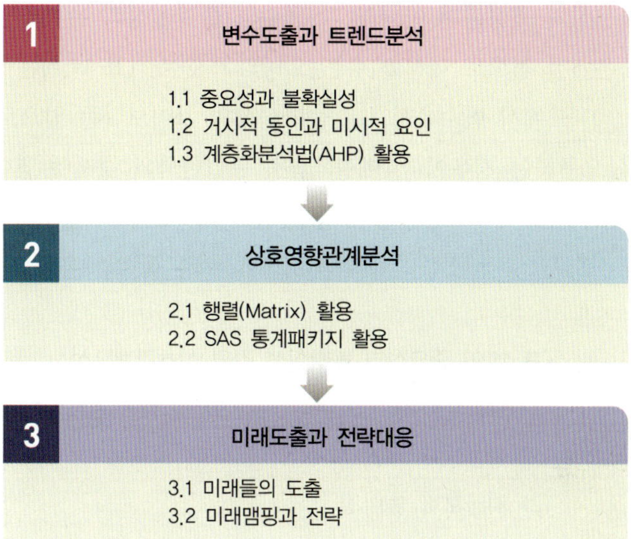

[그림 11.10] KITAIP 방법론의 체계

1. 변수도출과 트렌드분석

미래를 예측하고자 하는 대상의 미래변화에 영향을 미칠 변수를 도출하는 단계이다.

중요성과 불확실성 주어진 이슈의 미래변화에 중요하게 영향을 미칠 것이라 예상되는, 그러나 그 변화의 방향이 현 시점에서 대단히 불확실한 변수들을 찾아내는 것이다. 델파이나 브레인스토밍 기법 등이 유용하다. 예를 들어 5년 후 휴대폰 소비자들의 디자인 기호는 그 불확실성이 높으며, 반면 한국의 출산율은 비교적 불확실성이 낮다,

[표 11.5]는 변수별 불확실성을 측정한 결과를 보여준다.

[표 11.5] 변수 불확실성 측장 (예)

	발생가능성 (전문가 1)	발생가능성 (전문가 2)	발생가능성 (전문가 3)	발생가능성 (전문가 4)	불확실성
변수 1	40%	50%	60%	60%	낮음
변수 2	10%	5%	90%	80%	높음

KITAIP은 불확실성의 측정뿐만 아니라 각 변수의 불확실성의 유형과 미래의 이슈에 미칠 영향을 3점 혹은 5점 척도로 제시할 수 있으리라고 한다. [표 11.6]은 이를 위해 사용가능한 분류표이다. 이 표에서 변수유형 4는 불확실성의 차이보다는 앞으로 일어날 일에 대한 선택적 판별을 요구하는 경우이다. 예를 들어, 통일한국의 경제에 영향력을 미칠 '통일한국의 정부형태' 여부에 대해 (1) 대통령 중심 공화제, (2) 내각제, (3) 연방제 중에서 선택하는 식이다.

[표 11.6] 중요성과 불확실성 간의 상호관계분석

주요 불확실성		이슈의 미래에 미칠 영향
변수유형 1	(1) 지금보다 크게 느껴짐	−−
	(2) 지금보다 높아짐	−
	(3) 지금과 같음	0
	(4) 지금보다 낮아짐	+
	(5) 지금보다 크게 낮아짐	++
변수유형 2	(1) 크게 변화	?
	(2) 약간 변화	0
	(3) 거의 변화없음	+
변수유형 3	(1) 지금보다 변화가 많음	−
	(2) 지금보다 변화가 적음	+
변수유형 4	(1) 선택 1	+
	(2) 선택 2	?
	(3) 선택 3	−

거시적 동인과 미시적 요인 이슈에 영향을 미칠 변수들에 변화를 가져오는 외부의 환경적 요인들, 즉 거시적 동인driving forces들을 찾아내고 정치·경제·사회·기술 등 그 동인들의 트렌드를 분석하는 일이다. 예를 들어, 학교의 미래변화를 예측하려면 인구학적 동인은 반드시 포함되어야 한다. 거시적 동인은 TAIDA의 추적단계제10장에서 제안했던 것처럼 '밖에서 안을 보는 시각'이 추천된다.

거시적 동인을 찾은 후에는 이 동인들에 대한 트렌드분석을 진행한다. 트렌드는 삶의 양식의 전환적 변화 추세로, STEEP기법 등 다양한 기법들이 이용가능하겠으나제7장과 8장

KITAIP은 정치 · 경제 · 사회 · 문화 4대 부문에서 하위 트렌드를 선정하고 [그림 11.11]과 같이 사사분면에 위치시킬 것을 권한다.

[그림 11.11] 부문별 하위 트렌드(예)

나아가 부문별 하위 트렌드들을 방향 · 내용 · 강도의 유사성에 따라 부문과 무관하게 재분류하고 그들의 종합적 성격을 '유동성 · 자율성 · 표출성 · 정체성 · 구성성'으로 규정함으로써 메가트렌드를 도출한다. [그림 11.12]가 보여주는 이 작업을 위해 브레인스토밍과 같은 합의consensus회의 형식의 집중토의에 의존한다.

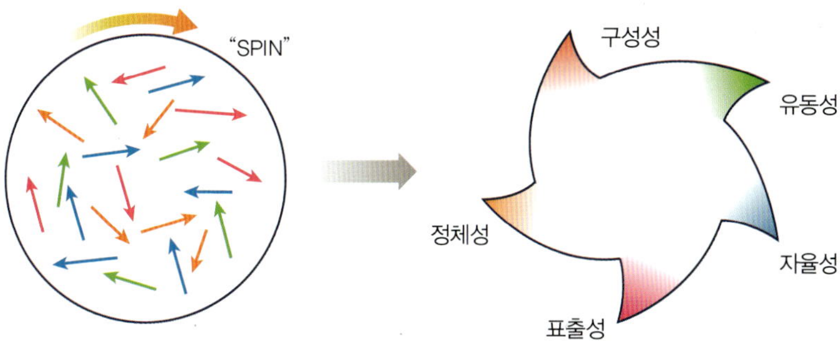

[그림 11.12] 부문별 하위 트렌드에서 초 부문별 메가트렌드 압출의 개념

메가트렌드를 총괄할 수 있는 거대 트렌드는 [그림 11.13]과 같이 이후 색출된다.

[그림 11.13] 거대 트렌드의 색출(예)

계층화분석법 활용 KITAIP에서는 변수들 간의 1:1 비교를 통해 그 중요도를 평가하는 계층화분석법AHP을이 책의 제9장 참조 활용한다. Expert Choice 프로그램을 이용하면 편리하다.[10)]

2. 상호영향관계분석

KITAIP의 2단계는 변수들 간의 상호영향관계를 분석하는 단계이다.

행렬matrix 활용 변수들 간의 상호연관성은 행렬표로 나타내는 교차영향분석cross impact analysis기법이이 책의 제8장 참조 추천된다. 예를 들어 미국대학의 미래에 영향을 주는 변수들 간의 상호연관성은 교차영향분석을 통해 [표 11.7]과 같이 분석될 수 있다.

10) 소프트웨어 문의는 (주)디시젼사이언스. http://expertchoice.co.kr/company.html

[표 11.7] 교차영향분석미국대학의 미래예측 사례

	대학직원평균 월급감축	혁신적 아이디어 증가	GRE시험 평균점수 증가	교육테크놀로지 사용증가	대학당 학생비율 향상	영향력을 주는 총점수
대학직원평균 월급감축	X	−2	0	−2	0	−4
혁신적 아이디어 증가	−2	X	+1	+2	+1	+2
GRE시험 평균점수 증가	0	+1	X	+1	+1	+3
교육테크놀로지 사용증가	0	+2	+1	X	0	+3
대학당 학생비율 향상	0	0	0	0	X	0
영향력을 받는 총점수	−2	+1	+2	+1	+2	

SAS 통계패키지 활용 KITAIP는 미래예측에 대해서 양적 데이터 수집과 데이터 간의 상호관계에 대한 시뮬레이션을 한다. 예를 들어, [표 11.8]과 같은 사건과 변수값들이 5점 척도(−2에서 +2)로 나타났다고 가정하자. 이 표에서 보면 한국 GDP가 4만 달러 이상이 되는 상황이 도래했을 때 계층양극화가 더욱 심해질 가능성도 높지만(+2), 반대로 많이 개선될 가능성 또한 높다(+2). 이런 상황적 가능성을 타진하기 위해 시뮬레이션을 한다.

전문가들의 미래에 대한 판단을 데이터로 사용하는 시뮬레이션을 위해 베이지안Bayesian 기법을 이용하며 이를 위해 SAS 통계패키지를 이용한다.

[표 11.8] 요인들 간의 교차영향분석의 다른 사례

		2027년 한국 계층양극화		
		더욱 심해짐	현재와 변화없음	많이 개선됨
2027년 한국 GDP	4만 달러 이상	+2	0	+2
	2~4만 달러	+1	0	−2
	2만 달러 이하	−2	+1	−1

3. 미래도출과 전략대응

변수들을 도출하고 변수들 간의 상호영향관계를 분석한 후 최종적으로는 미래에 어떤 모습들이 일어나게 될 것인가를 예측해야 한다, 시나리오 기법이 활용된다.

미래들의 도출 시나리오 개발을 위해 다양한 방법이 가능하다. 대표적인 방법은 [그림 11.14]와 같이 불확실성을 내재한 의미 있는 변수들을 2×2 구조로 대립시켜 4개의 시나리오를 만드는 방법이다. 물론 2×2 아닌 2:N의 변수 조합도 가능하다.

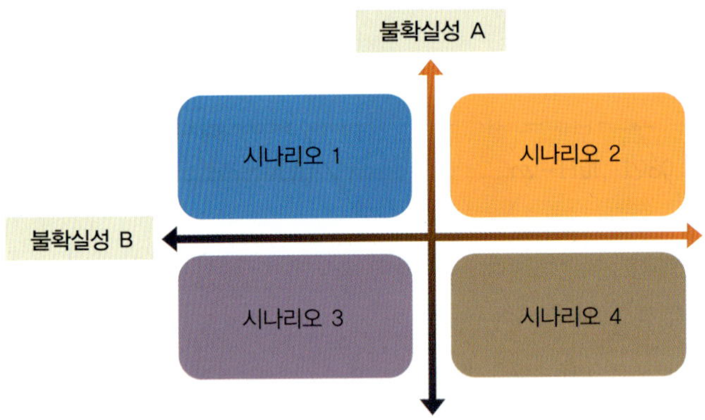

[그림 11.14] 불확실한 두 요인에 따른 4개의 시나리오

미래맵핑과 전략 시나리오는 정책결정자들에게 다양한 미래상을 보여주는 큰 의미가 있다. 미래맵핑mapping은 각각의 시나리오상에서 어떠한 일들이 벌어질 것인가에 대비하며 필요한 전략을 수립하는 작업이다. 미래맵핑의 5단계는 [표 11.9]와 같다.

미래맵핑은 시나리오 작업이 단순한 미래상들만을 도출하는 것이 아니라, 각 시나리오 상황에서 미래에 구체적으로 일어날 일들이 무엇인지, 일어나길 희망하는 일들은 무엇인지까지를 도출함으로써 미래의 모습을 보다 다각적으로 볼 수 있게 해준다.

[표 11.9] 미래맵핑 5단계

1st Step	4~5개의 미래의 모습을 예측
2nd Step	각각 미래의 모습들이 벌어졌을 상황에 있어서 앞으로 5~10년 동안 일어날 개연성이 높은 이벤트들을 설정(연도별로 설정하는 것이 바람직)

3rd Step	전문가들을 대상으로 각각의 미래 상황에서 각 이벤트들이 일어날 개연성이 어느 정도인지를 '반드시 일어날 것'(1점 부여), '절대 일어나지 않을 것'(−1점 부여)으로 나누어서 응답하도록 함
4th Step	통계 프로그램을 통해서 반드시 일어날 것에 대한 점수가 높은 미래상황과 그렇지 못한 미래 상황을 구분하여 정리. 또한 분산정도도 정리
5th Step	점수가 높은 미래의 모습을 중심으로 응답자가 각 시나리오 상황에서 무언가를 추구한다고 할 때 그것이 가능해질 개연성attainability, 그것이 일어나는 것에 대한 희망정도desirability를 1~5점 척도로 측정하고 이를 토대로 최종적으로 미래변화에 대응하는 정책을 도출

과학기술정책연구원STEPI의 통합적 미래연구 방법론

과학기술정책연구원은 1987년 KAIST 부설 과학기술정책연구평가센터로 설립되었다가 1999년에 현재의 과학기술정책연구원으로 개원한 이래, 우리나라 과학기술활동 및 과학기술부문과 관련된 경제사회의 제반문제를 연구분석함으로써 국가 과학기술정책의 수립과 과학기술 발전에 이바지한다는 목적에 충실하고 있는 국책연구기관이다.

이 연구원은 2008년 부설기관으로 설립했던 미래과학기술전략센터를 2011년 미래연구센터www.foresight.kr로 개편하면서 미래 관점에서 과학기술의 변화와 사회변화 사이에 발생하는 상호작용을 분석하여 국가차원의 정책적 대안을 제시하는 등 다양한 연구를 활발히 수행 중이다. 지난 2010년에 미래연구 홈페이지 'The Future Horizon'도 오픈했으며 최근 2018년에는 '*STEPI 미래연구 용어집*'을 발간하기도 했다.

과학기술정책연구원은 2008년 12월, 기술예측 중심에서 벗어나 우리나라 과학기술 비전과 국가 미래전략 수립에 일조하기 위해 미래전략 수립을 위한 방법론을 제안한 바 있다.[11] [그림 11.15]에서 보여주는 이 방법론의 틀을 요약하여 설명한다. 앞서 소개된 방법론들과는 달리 과학기술예측이라는 특징을 고려한 방법론이다.

11) 이세준 · 이윤준 · 홍정임, *통합적 미래연구 방법론의 탐색 및 적용*, 과학기술정책연구원, 2008.12. 이 자료를 인용한다.

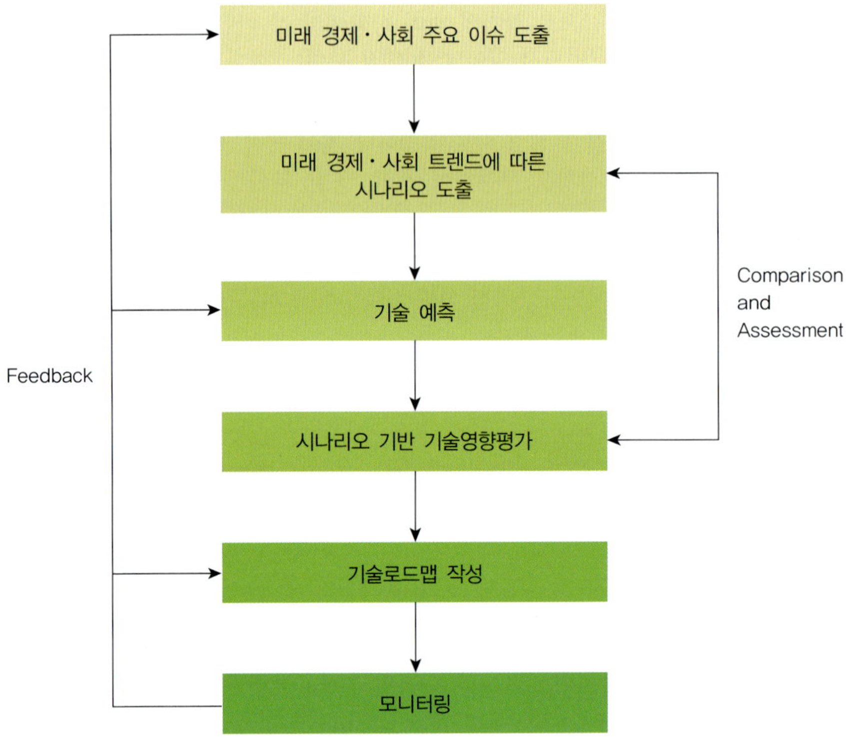

[그림 11.15] STEPI의 통합적 미래연구 방법론의 틀

1. 미래 경제 · 사회 주요 이슈 도출

첫 번째 단계는 미래 경제 · 사회 주요 이슈 도출단계이다. 다른 방법론들처럼 거의 모든 경제 · 사회분야에서의 이슈를 다루는 백화점식 이슈 나열이 아닌, 미래 경제 · 사회의 주요 이슈 도출을 위해 메가트렌드분석, 사회적 연결망분석 등을 행함으로써 처음부터 이슈에 대한 선택과 집중을 꾀한다. 즉, 메가트렌드분석을 통해 현재 제기되고 있는 주요 이슈들을 도출하고 이들 이슈의 상관관계분석을 통해 중요도가 높고 다른 이슈와의 상호연관성이 높은 이슈들을 도출하게 된다. 이 과정은 [그림 11.16]이 보여준다.

[그림 11.16] 주요 이슈 도출단계의 과정

국내외 미래전망 관련 서적 및 자료 문헌조사 폭넓은 문헌조사를 실시한다.

대표적 미래전망 메타분석 메타분석은 포괄적인 미래전망 자료를 분석하여 큰 흐름을 간파하자는 것이다. 이를 기반으로 전문가 집단브레인스토밍을 실시하여 미래전망 키워드를 도출한다. [표 11.10]은 한 예이다.

[표 11.10] 미래전망 키워드(예)

구분	개인과 사회의 변화	기업과 시장의 변화	국가/지역 문제와 세계질서
키워드	• 개인주의 • 양극화 • 고령화 • 가족개념의 확대 • 인구구조의 변화 • 네트워크 사회	• 프로슈머 • 글로벌화 • 실버산업 • 디지털혁명 • 유전공학 • 뇌공학	• 양극화 • 국제질서통합 • 에너지문제 • 환경문제 • 테러 • 질병 • 미국의 역할 • 중국의 부상

미래전망 키워드 도출 미래전망 이슈는 그 범위가 광범위하기 때문에 인터넷을 통한 키워드분석보다는 미래전망 관련 저널을 통한 키워드분석이 미래 경제·사회이슈 검증을 위해서는 보다 효과적이다.

테마지도분석을 통한 검증 논문의 주요 단어분석은 논문들의 제목과 요약문에서 가장 많이 등장하는 단어들을 등고선 형태의 그림으로 보여주는 테마지도Theme Map분석이 용이하다. 논문제목 및 요약문에서의 테마지도 분석결과를 종합적으로 정리하면 영역 확은 분야별로 구분할 수 있는데 이를 앞서 메타분석결과와 비교하여 그 유사성을 판단할 수 있다. 테마지도의 한 예는 [그림 11.17]과 같다.

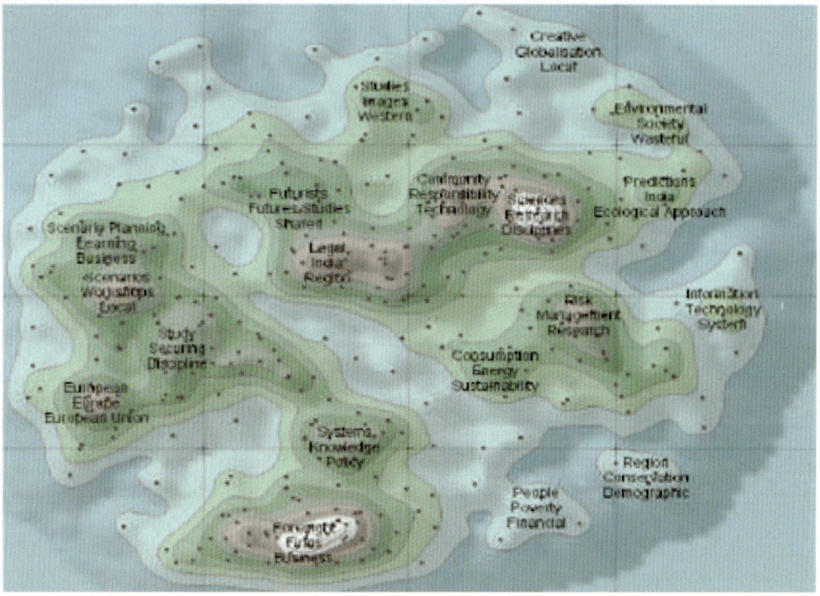

[그림 11.17] 미래전망 논문 요약의 테마지도분석(예)

사회연결망을 통한 주요 이슈 발굴 미래전망이란 단순히 사건들의 조합을 통해 보는 미래예측이 아니라 보다 적극적으로 미래를 대비하고 바람직한 방향으로 이끌어나가고자 함에 그 목적이 있다. 따라서 미래전망은 정책과의 연결이 필수적으로 뒤따라야 하며 이를 위해서는 미래이슈들에 대한 연관관계나 중요도분석을 통해 보다 중요하고 파급효과가 큰 미래이슈를 도출하고 이를 바탕으로 보다 실현가능하고 보다 바람직한 미래를 설계하여야 한다. 이를 위해 미래전망 키워드에 대해 사회연결망분석Social Network Analysis기법을 활용하여 키워드들 간의 연관관계나 중요도를 분석할 필요가 있다. 사회연결망분석기법은 사람·그룹·조직 혹은 지식객체 간의 관계를 매핑mapping하거나 측정하기 위한 사회과학 분석방법으로 분석대상이 되는 객체를 마디nodes로 나타내고 이들 간의 관계를 연결선links으로 표현하여 네트워크 개념으로 도식화하는 것이다. [그림 11.18]은 한 예이다.

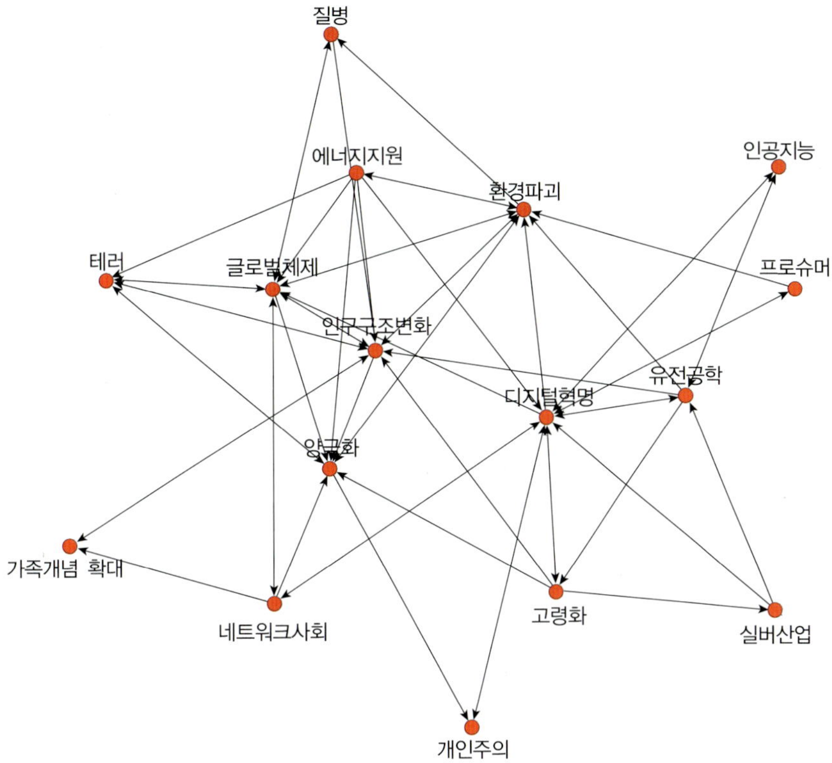

[그림 11.18] 사회연결망 분석을 통한 미래전망 키워드들 간의 관계(예)

2. 미래 경제·사회 트렌드에 따른 시나리오 도출

두 번째 단계는 미래 불확실성을 감안한 다양한 미래 대안제시를 위한 미래 경제 및 사회 트렌드에 따른 시나리오 도출단계이다. 첫 번째 단계에서 도출된 주요 경제·사회 주요 이슈별 세부 이슈도출을 위해 전문가 브레인스토밍을 실시하며 각 세부이슈에 대한 국민니즈 파악을 위한 일반인 설문을 실시한다. 이를 바탕으로 각 세부이슈들의 상호영향분석을 통하여 시나리오를 도출한다. 이 과정은 [그림 11.19]가 보여준다.

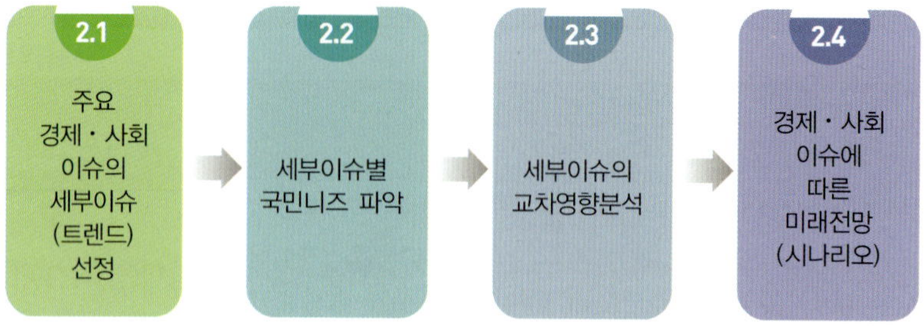

[그림 11.19] 미래 경제 · 사회 트렌드에 따른 시나리오 도출절차

주요 경제 · 사회이슈의 세부이슈 선정 메가트렌드와는 달리 주로 우리나라의 현황에 비추어 세부이슈 혹은 트렌드를 선정한다. 근거기반 기법에 기초한 자료검색을 기반으로 하여 전문가 브레인스토밍의 작업을 거쳐 선정한다.

세부이슈별 국민니즈 파악 주요 이슈별 세부이슈가 선정되면 각 세부이슈에 대한 일반인 대상 설문을 바탕으로 국민니즈needs를 조사하여 중요도를 산출한다. 중요도는 5점 척도나 7점 척도의 평균으로 산출하며 세대별 · 지역별 · 시기별 중요도 등을 산출한다.

세부이슈의 교차영향분석 세부이슈들에 관한 교차영향분석cross impact analysis을 실시한다.

경제 · 사회이슈에 따른 미래전망시나리오 교차영향분석에 의해 도출된 시나리오는 각 주요 이슈하에서 하나씩 선택되어진다. 이들의 조합으로 발생하는 총 시나리오 중 발생가능성이 높은 시나리오를 최종 시나리오로 선택할 수 있다. 불확실한 미래를 대비하기 위해서는 발생가능성이 가장 높은 하나의 시나리오만을 선택하는 것은 위험성이 높기 때문에 이외에도 발생가능성이 높은 후보 시나리오 중 최상의 시나리오와 최악의 시나리오를 추가로 선정한다. 최악의 시나리오를 대안으로 선택하는 것은 모든 상황이 좋지 않을 경우를 대비하여 최악의 상황만은 일어나지 않게 하기 위함이다. 마지막으로, 앞서 파악한 국민니즈를 고려함과 동시에 SWOT 분석을 통해 효용이 가장 높은 시나리오를 대안으로 선정하고 이를 토대로 정책목표를 설정한다. [표 11.11]은 한 예이다.

[표 11.11] 경제·사회이슈에 따른 목표시나리오와 정책목표(예)

목표시나리오	정책목표
시장통합/확대	기업의 글로벌경쟁력 제고
생산가능인구 감소	생산자동화를 통한 생산성 증가 건강수명 연장을 통한 생산가능인구 확대
산업 간 불균형	산업구조 고도화
디지털사회의 인권보호	개인정보보호
생태계 파괴	탄소배출절감

3. 기술예측

세 번째 단계는 기술예측단계로서 기존의 '과학기술예측조사'처럼 과학기술자들을 중심으로 기술목록을 작성하고 미래 기술과제들에 대한 실현시기와 기술수준 등을 델파이 기법을 통해 실시한다. 다만 이전과 다른 점은 모든 분야의 단순 기술예측이 아닌 경제·사회 이슈에 따른 후보 시나리오와 연관이 높은 기술군으로 그 범위를 좁혀 기술예측을 좀 더 심도 있고 이슈 및 니즈와 연계하여 실시한다는 것이다. 개념도는 [그림 11.20]과 같다.

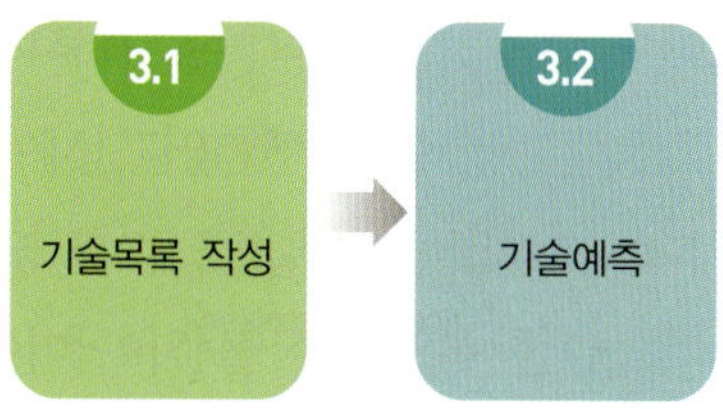

[그림 11.20] 기술예측 절차

기술목록 작성 [표 11.11]과 같이 도출되었던 이슈에 따른 후보 시나리오에 영향을 미치는 대응기술군을 선정한다. 각각의 이슈에 대응하는 기술들을 분야별로 분류하고 우리나라의 전체적인 기술수준 혹은 국내 실현시기를 두 단계 혹은 세 단계로 구분하면 [표 11.12]와 같다.

[표 11.12] 경제·사회이슈에 따른 시나리오와 연관성이 높은 과학기술(예)

분야	과학기술	기술수준(국내실현시기)
정보통신기술 분야	정보보안기술 디지털콘텐츠기술 정보감지표시기술 정보처리저장기술 유무선통신기술	고(빠름) 저(늦음) 저(늦음) 고(빠름) 고(빠름)
생명과학기술 분야	질병예방극복기술 인공장기기술 신약개발/의료기술 생물보전기술 기능성식품기술	고(빠름) 저(늦음) 저(늦음) 저(늦음) 고(빠름)
에너지환경기술 분야	자원/에너지탐사기술 환경관리시스템 에너지효율화기술 환경오염저감기술 신/재생에너지기술	저(늦음) 고(빠름) 고(빠름) 고(빠름) 저(늦음)
산업기반기술 분야	신공정/제조기술 로봇기술 교통물류기술 신소재개발기술	저(늦음) 고(빠름) 고(빠름) 저(늦음)
사회기반기술 분야	생활편의기술 재해예측기술 국방/테러방지기술 시설물안전기술	고(빠름) 저(늦음) 저(늦음) 고(빠름)
창조적 도전기술 분야	우주/항공탐사기술 지구/지질탐사기술 해양탐사기술	저(늦음) 저(늦음) 고(빠름)

기술예측 하위 미래기술 과제들에 대한 실현시기·기술수준 등을 조사하는 본격적인 기술예측은 '과학기술예측조사'에서와 같이 델파이 기법을 통해 실시한다. 다만 과학기술예측조사와 다른 점은 모든 분야의 단순 기술예측이 아닌 경제·사회이슈에 따른 후보 시나리오와 연관이 높은 기술군으로 그 범위를 좁혀 기술예측을 좀 더 심도 있고 이슈 및 니즈와 연계하여 실시한다는 것이다.

4. 시나리오 기반 기술영향평가

네 번째 단계에서는 각 기술과제의 중요도를 파악함으로써 니즈 부합성을 평가하고 중요도와 발생가능성, 각 기술동인들의 교차영향분석 등을 통하여 기술영향평가의 과정을 거친다. 기술영향평가의 또 한 가지 방향은 미래 경제·사회 트렌드에 따른 목표시나리오와 교차영향분석을 동반한 기술시나리오 대안들을 비교함으로써 미래 주요 이슈 및 국민 니즈에 부합하는 기술시나리오를 선정하는 것이다, 이 과정은 [그림 11.21]에서 보여준다.

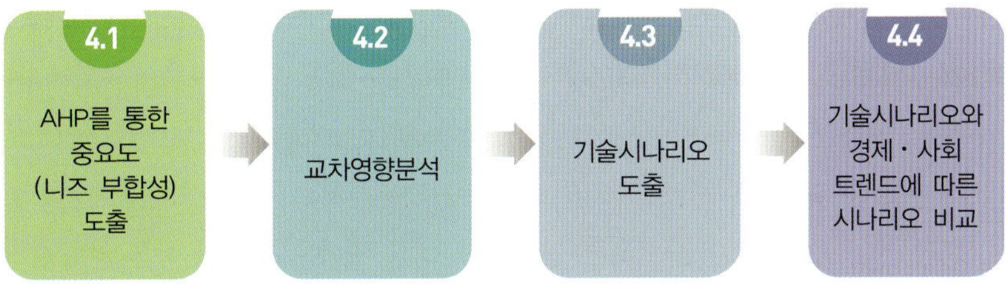

[그림 11.21] 시나리오 기반 기술영향평가 과정

AHP를 통한 중요도 도출 앞서 도출된 기술예측결과의 니즈 부합성을 평가하고 주요 경제·사회이슈에 미치는 영향을 평가한다. 이를 위해 계층화분석법AHP을 사용한다.

교차영향분석 앞서 '2.3 세부이슈의 교차영향분석' 단계에서와 같은 작업을 반복한다. 다만 기술군의 전반적인 기술수준이 높거나 국내 실현시기가 빠른 경우, 그 실현시기가 그렇지 않은 경우에 비해 빠르므로 기술수준이 높거나 국내 실현시기가 빠른 기술군에 대한 교차영향분석을 1단계로 먼저 실시한다. 2단계에서는 1단계의 기술군들이 이미 실현된다는 조건하에 기술수준이 낮거나 국내 실현시기가 늦은 기술군들에 대한 교차영향분석을 실시한다.

기술시나리오 도출 앞서의 '2.4 미래 경제·사회 트렌드에 따른 시나리오 도출'단계와 동일한 방법으로 교차영향분석결과를 이용하여 시뮬레이션함으로써 기술시나리오를 도출한다. 시나리오 도출은 교차영향분석결과를 이용하는 것이기 때문에, 마찬가지로 1단계 시나리오와 2단계 시나리오가 각각 도출된다. 기술시나리오는 미래 경제·사회이슈에 영향을 미치는 정도, 즉 기술영향평가의 성격을 지니도록 도출되는 것이 바람직하다. 따라서 AHP분석을 통해서 도출된 니즈 부합성 중요도를 고려하여 효용이 높은 시나리오 중심으로 후보시나리오를 도출한다.

기술시나리오와 경제 · 사회시나리오 비교 · 분석 앞서 도출된 기술시나리오 후보들과 경제·사회 트렌드에 따라 도출된 목표시나리오를 비교·분석함으로써 최적의 기술시나리오를 선정하는 단계이다. 이때 기술시나리오에 해당하는 세부기술목록을 참조하여 이러한 기술이 실현되었을 때의 모습과 경제·사회 트렌드에 따라 도출된 목표시나리오를 비교하여, 목표시나리오와 가장 부합하는 기술시나리오를 선정한다. 이것이 결국 시나리오 기반 기술영향평가의 개념이라 할 수 있다.

5. 기술로드맵 작성

다섯 번째 단계에서는 이렇게 도출된 기술시나리오의 각 영역별로 SWOT 분석을 행함으로써 우선순위 기술로드맵을 작성하여 국가중기 R&D계획에 반영한다. 기술로드맵은 목표 경제·사회시나리오에 부합하는 최적의 기술시나리오에 대한 세부 기술과제를 그 실현시기에 따라 작성한다. 이때 그 기술 분야에서의 우리나라의 장·단점, 시장성 등을 고려하는 SWOT 분석과 앞 단계에서 언급되었던 초기 발생가능성의 변화에 따른 효용변화분석을 통해 연구개발투자의 효과가 큰 기술과제들을 우선적으로 집중 투자할 수 있는 로드맵이 되어야 할 것이다. 기술로드맵은 [그림 11.22]와 같다.

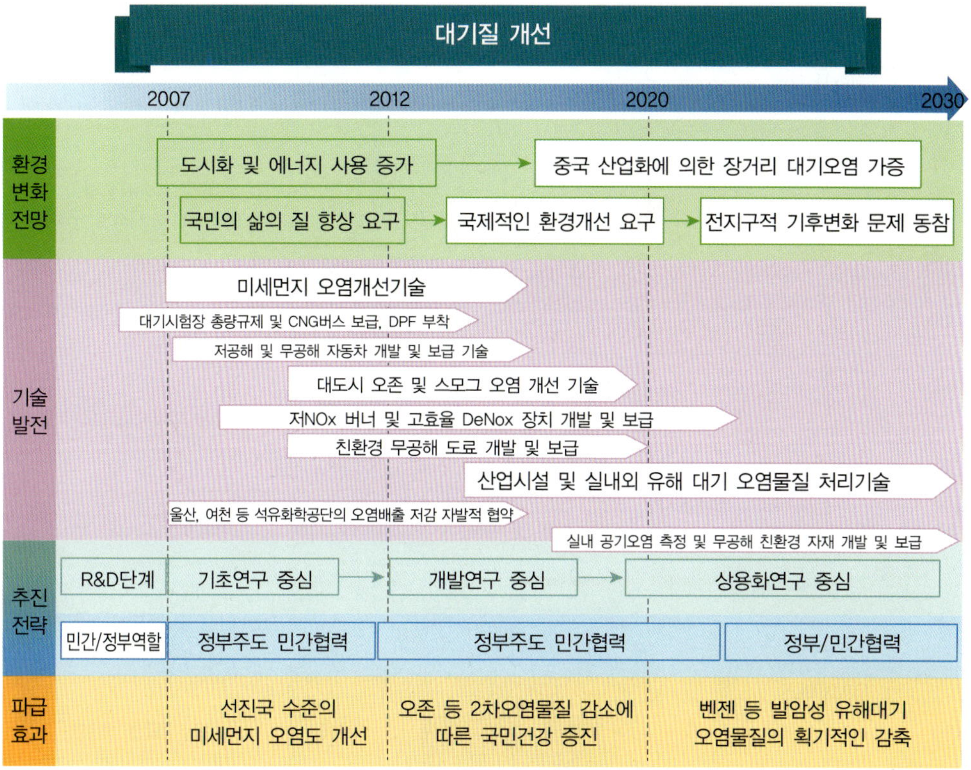

[그림 11.22] 기술로드맵의 예

6. 모니터링

이 단계의 근본적인 목적은 미래 경제·사회 트렌드에 부합하는 미래기술시나리오가 예측과 동일하게 실현되는가를 파악하고 목표를 벗어날 경우 문제점을 파악하여 수정하기 위함이다. 이와 같은 성과평가는 주로 기술로드맵에 기초한 중기계획의 성과를 모니터링하고 이를 기술로드맵으로 피드백시켜 수정하는 작업을 거친다. 따라서 단기적인 피드백은 바로 앞 단계인 기술로드맵으로 가게 된다.

과학기술정책연구원의 기술예측 목적과는 다르지만 미래유망기술의 우선순위를 도출하는 방법론도 제안되었던 바 있다. 이 제안은 과학기술 전 분야에 걸친 미래기술과제 선정의 기존 프레임워크와 병행한 니즈 및 미래유망기술 우선순위 설정을 위한 개선 방법론으로, 한국과학기술기획평가원의 이슈페이퍼로 발표되었다.12) 이 프레임워크의 개념은 [그림 11.23]과 같다.

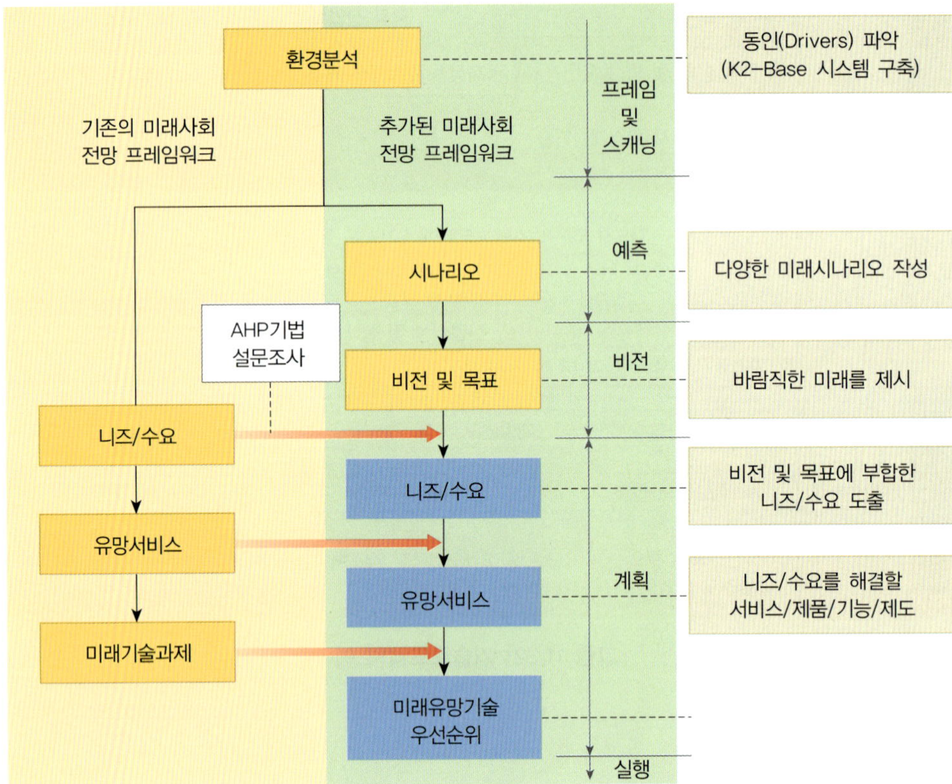

[그림 11.23] 미래사회 전망 방법론 개선을 통한 미래유망기술 우선순위 도출 방법론

한국과학기술정보연구원KISTI의 미래기술예측 방법론

한국과학기술정보연구원KISTI은 1962년 한국과학기술정보센터로 설립되어 1982년 산업연구원KIET으로 개편되었다가 2001년 현 체제를 확립한, 슈퍼컴퓨터를 지닌 과학기술정보통신부 산하기관이다. '국가와 국민을 위한 데이터 생태계 중심기관'이라는 비전으로 50년

12) 임현 · 안병민, *과학기술예측조사를 위한 미래사회 전망 방법론 개선방안*, 한국과학기술기획평가원, 2001.11.

이상의 역사를 자랑한다. KISTI의 미래기술분석센터는 미래유망기술 탐색, 기술기회 및 경쟁정보분석시스템 등의 미래 대응형 정보분석시스템과 정보포털portal 및 미래기술 탐색을 위한 기술 인텔리전스 체제를 구축하고 있다.

1. 미래유망기술 데이터베이스

KISTI의 미래기술예측 방법론[13]은 2000년 초반부터 국내외 96개 기관에서 발표하는 14,000개 미래유망 기술목록을 구축한 후, 국가적·시기적으로 중요한 기술을 선정하여 기술성·시장성분석과 논문과 특허를 기반으로 한 계량정보분석 결과를 포함하는 미래기술 지식베이스를 구축하여 공개함이 그 목적이다.

2. 미래기술예측 방법론

KISTI는 인공지능 기술과 빅데이터 기술을 적용한 새로운 미래기술 예측방법도 개발한 것으로 알려진다. 미래기술 지식베이스는 이를 기반으로 국가 미래전략 연계성, 기술의 경제·사회적 영향력, 기술경쟁력 등을 포괄적으로 판단하여 국가 미래유망기술을 탐색하는 데 활용되고 있다. KISTI의 방법론은 미래연구를 진행시키는 일반적인 방법론과는 큰 차이가 있으나 첨단기술시대의 방대한 정보를 이용한다는 점은 많은 미래연구와 유사하므로 [그림 11.24]로 그 개념만 소개한다.

13) MOT Consultant, "KISTI의 미래기술예측 방법론". https://blog.naver.com/drryuhk, 2016.10.

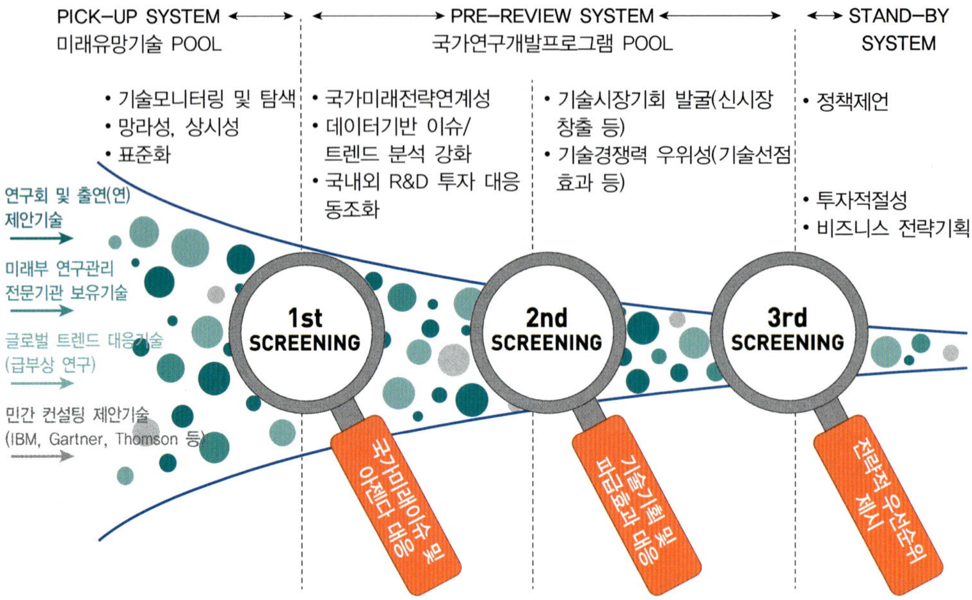

[그림 11.24] KISTI의 미래기술예측 방법론

생각해봅시다 11.2 오명만 남기고 사라진 미래 조직들

"**미래전략실**을 전격 해체하겠다!" 최순실 게이트로 곤욕을 치루던 삼성 이재용 부회장의 2016년 12월 6일 국회청문회에서의 발언이다. 정경유착, 경언유착의 산실로 주목받으며 그동안 말도 많고 탈도 많았던 '미전실'이 사라지는 순간이었다. 삼성은 그룹차원에서는 더 이상 미래전략이 없을 것이라니 씁쓸하기까지 했다.

미전실의 모태는 1959년 설립된 비서실이다. 비서실 시절에는 그룹 총수를 보좌하는 참모조직으로 운영됐다. 이후 IMF 외환위기 때인 1998년 구조조정본부로 이름이 바뀌었고, 2006년 이른바 'X파일 사건(불법 정치자금과 검사들에게 뇌물 전달 사건)'을 겪으면서 전략기획실로 다시 이름이 바뀌었다. 그러나 2007년 차명계좌를 이용해 비자금을 조성했음이 알려지면서 다시 논란에 휩싸였다. 결국 이건희 회장은 2008년 7월 전략기획실을 해체했으나 1년 반 후인 2010년 12월 이름만 다를 뿐 사실상 전략기획실과 똑같은 기능을 수행하는 미전실을 신설했다. 당시 경제정의실천시민연합경실련은 '전략기획실 해체라는 사회적 약속을 뒤집는 행위'라며 비판했다.

삼성 측은 미전실 신설 당시 계열사 간 시너지효과를 극대화하기 위한 것이라고 설립 이유를 밝혔다. 그러나 그 후에도 논란이 계속되다가 최순실 국정농단사건을 계기로 정경유착 근절 차원에서 미전실을 해체하기로 한 것이다. 실제로 2017년 2월 28일 미전실의 해체는 공식화되었다. 물론 상당수의 미전실 소속 임원들은 삼성전자에 있는 것으로 파악되고 있지만 '미래'라는 이름을 달았던 막강한 조직 하나가 오명을 쓴 채 6년 만에 사라진 것이다.

2013년 박근혜 정부 출범과 함께 신설되었던 **미래부(미래창조과학부)**의 약칭도 불과 4년여 만에 문재인 정부가 들어서면서 해체되고 말았다. 과학기술과 방송통신 조직을 합쳐 '미래'와 '창조'라는 구호까지 들고 출발했는데 그만 과학기술정보통신부로 바뀌고 만 것이다.

사실 출발부터 논란이 있긴 했다. 행정부처의 명칭에 '미래'가 포함되는 것은 직관성이 없어 부적절하고, '창조' 역시 창조과학(하나님이 세상을 창조했다는 기독교 과학자들의 모임)이라는 종교적 의미와 혼선을 빚을 수 있으며, 박근혜 정부가 자랑스레 주장했던 '창조경제'도 그 개념적 모호함으로 학계의 비판이 컸다.

결국, 박근혜 대통령 탄핵 이후 들어선 문재인 정부는 2017년 미래창조과학부에서 적폐적 용어인 '미래창조'를 제외하고, 과학기술정보통신부로 그 이름을 변경하였다. 세계 유일의 정부부처 미래부가 역사의 뒤안길로 사라지고 말게 된 것이다.

왜 이렇게 우리나라의 미래조직들은 불과 4~6년 만에 그 생명이 끝나고 말았을까. 왜 스스로 그들의 미래를 몰랐을까. 미래전담 국책연구원을 창설하자는 생각을 이젠 접어야 할까?

기술인문융합창작소의 FEF 미래예측 프레임워크

기술인문융합창작소Techno Humanities Atelier/www.atelierth.net/는 2012년 4월 기술과 인문의 융합이라는 새로운 가치로 세계시장을 주도하는 선진국으로 자리매김하기 위해 융합의 가치와 방법을 연구하여 기업에 전파하는 기업으로 설립되었다. 이 기업의 비전 자체도 흥미롭지만 이곳에서 지난 2013년 미래연구 방법론을 개발하여 발표했다는 사실이 더욱 흥미를 끈다. 방법론의 명칭은 '미래예측 프레임워크'14)로, 영문으로는 Foresight & Envisioning Framework이 책에서는 편의상 FEF라고 함라고 칭하는데, 그 내용을 요약하여 소개한다.

FEF의 단계는 미래진단foresight 4단계와 미래전략envisioning 수행 3단계, 총 7단계로 [그림 11.25]와 같다.

14) 강필현 · 남일규(연구총괄), *미래예측 프레임워크와 방법론*, 기술인문융합창작소, 2013.7.

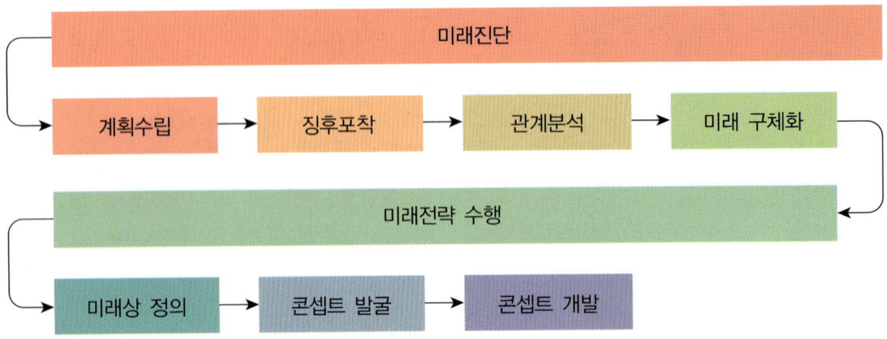

[그림 11.25] FEF 프레임워크의 단계

기술인문융합창작소는 FEF 방법론의 의미에 대해 급격한 변화를 겪고 있는 현재의 상황에서 미래예측은 특별한 연구기관이나 대기업, 공공기관, 정부의 전유물이 아니므로 누구나 미래예측을 학문적인 접근이 아닌 쉽게 따라 하고 활용할 수 있는 핸드북으로서의 가치를 살리는 데 목적을 두고 프레임워크를 개발했다고 밝힌다. 이어 FEF의 특징을 다음과 같이 정의했다.

- 하나의 프로세스로 정의할 수 없는 미래예측 과정에서 필요한 방법론들을 모듈화하여 상황에 맞게 선택함으로써 전체적인 프로세스를 만들어 나갈 수 있다.
- 장・단기 예측은 물론 사회의 변화나 미래기술, 미래에 대한 인사이트 탐색, 미래 비저닝에 이르는 다양한 상황에서 활용가능하다.
- 미래의 시점을 예측하는 수요예측보다는 선정한 미래의 특정 시점에 해당 분야에서 어떠한 변화가 있을지에 대한 종합적인 분석을 통해 미래에 대한 통찰력을 갖는다.

[그림 11.26]과 [그림 11.27]은 FEF를 잘 정리하여 보여준다. 특이한 점은 [그림 11.27]의 FEF의 개념도가 각 단계별로, 예측시점의 단・중・장기수준, 기본자료의 양, 수치자료 확보 여부, 동인의 범위, 미래의 불확실성 정도, 미래이슈의 영향력 정도, 미래상의 유형 등 프로젝트의 특성에 따라 이용가능한 기법들을 맞춤식으로 추천하고 있다는 점이다.

단계	설명	소 단계	소 단계 설명
Step 1 Planning Preparation 계획수립	미래예측 프로젝트의 성격을 진단하여 전체적인 계획과 사용 방법론의 선택을 준비한다.	목표설정	명확한 미래목표를 설정하고 프로젝트의 성격을 진단한다.
		시점결정	미래예측의 시점에 따라 알맞은 프로젝트 계획과 성격을 설정한다.
		진행계획 수립	프로젝트 진행의 기간과 예산을 고려하여 계획을 수립하고 단계별 선택 방법론을 고려한다.
Step 2 Signal Sensing 징후포착	자료의 수집과 분석을 통해 미래이슈가 될 가능성이 높은 요인들을 발굴하는 단계이다.	자료수집	다양한 자료원을 통해 자료의 양을 확보하고 정확성, 중립성, 최신성을 통해 자료의 질을 확보한다.
		자료정리	자체적인 기준에 따라 키워드를 추출하고 자료를 데이터베이스화한다.
		미래이슈 요인 설정	자료의 분석을 통해 키워드의 빈도수와 분포를 토대로 미래이슈 요인을 선정한다.
Step 3 Relation Analysis 관계분석	발굴된 미래이슈 요인들 간의 영향도, 의존도, 관계분석을 통해 요인의 영향력을 평가하는 단계이다.	관계수립	미래이슈 요인에 영향을 받는 다른 요인을 찾고 이들 간의 인과관계를 도식화한다.
		관계분석	미래이슈 요인 간의 관계분석을 통해 이들의 성격과 의미를 구체화하고 인과 관계를 파악한다.
		관계평가	관계분석을 토대로 미래이슈 요인들 간의 영향력과 개별 요인의 영향력을 평가한다.
Step 4 Future Refication 미래 구체화	영향력이 높은 미래이슈 요인들의 분석과 구조화를 통해 미래이슈를 확정한다.	미래이슈 요인 분석	미래이슈 요인들을 입체적으로 분석하고 서로 결합하여 미래이슈 요인을 확장하고 발전시킨다.
		미래이슈 구체화	미래이슈 요인들을 의미와 성격에 맞게 그룹화와 구조화하여 미래이슈를 도출한다
Step 5 Visualizing 미래상 정의	미래이슈로 예측 가능한 미래상을 포괄적이고 현실적으로 묘사하여 미래상을 구체화한다.	미래상 형성 및 제시	도출된 미래이슈로 인한 미래상을 시각화하여 명확한 비전의 제시와 이해를 제공하는 단계이다.
Step 6 Concept Ideation 콘셉트 발굴	고객과 시장에 대한 이해를 바탕으로 콘셉트 개발을 위한 방향성을 결정한다.	요구사항분석	고객, 시장환경, 경쟁상황, 내부역량 등을 고려하여 시장이 요구하는 바를 인식하는 단계이다.
		시장기회탐색	고객의 잠재욕구를 분석하고 시장을 세분화하여 시장 기회를 모색한다.
Step 7 Concept Development 콘셉트 개발	다양한 콘셉트 아이디어 가운데 상품화될 수 있는 콘셉트를 프로토타입으로 제작해 상품화할 수 있도록 준비한다.	콘셉트도출	다양한 콘셉트 아이디어를 수집하고 비교·평가하여 가장 좋은 콘셉트 몇 가지를 결정한다.
		프로토타입 제작	상품화 가능성이 높은 콘셉트를 프로토타입을 제작해 고객들에게 보여주고 개선한다.
		적용	프로토타입 점검 과정을 통해 수정된 콘셉트를 상품화할 수 있도록 준비한다.

[그림 11.26] FEF의 단계와 소 단계

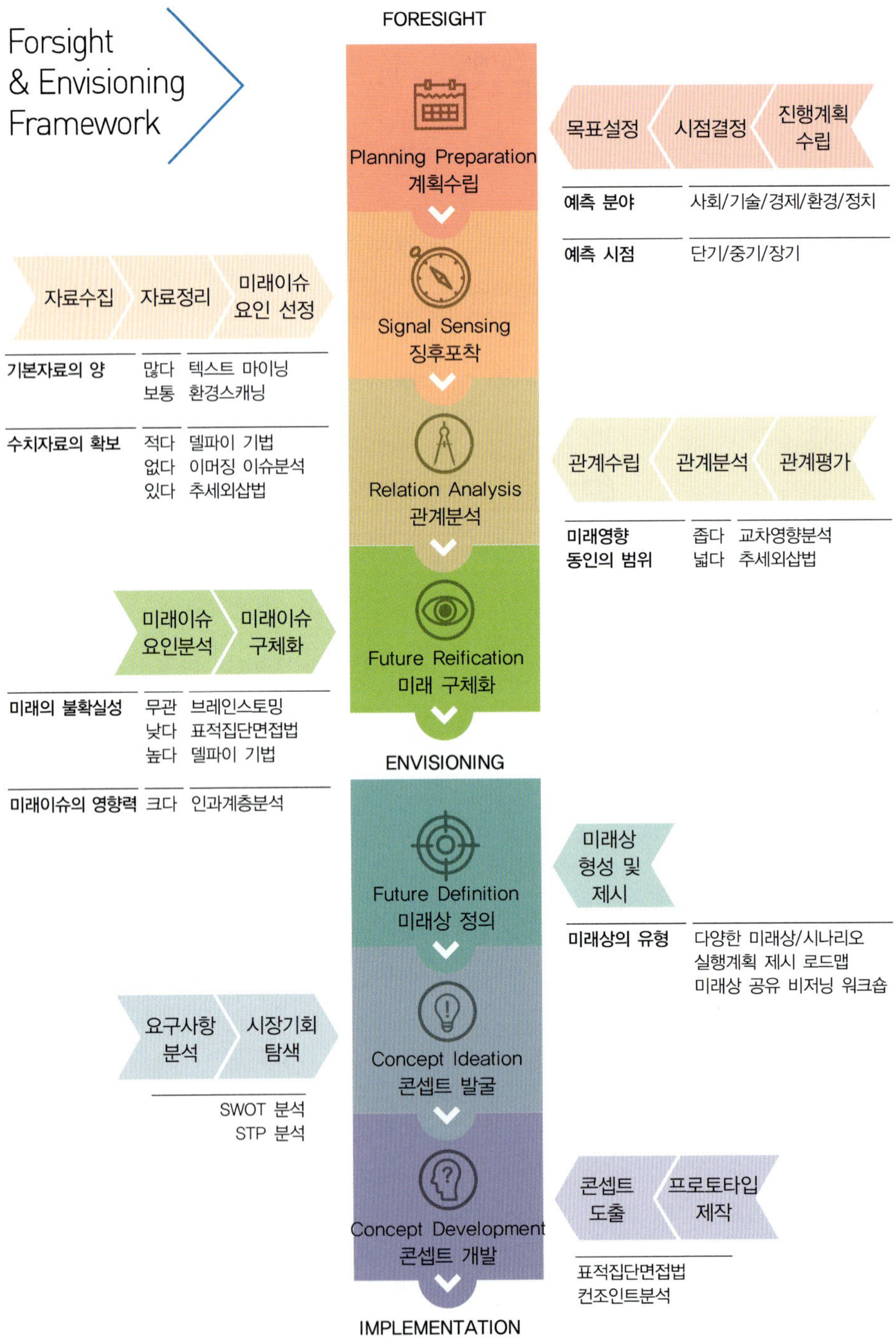

[그림 11.27] FEF의 개념도

1. 계획수립

미래예측 프로젝트를 진행하는 목적을 분명하게 설명함으로써 전체 조직원들이 같은 목표로 일사분란하게 프로젝트를 수행할 수 있도록 동기부여한다. 사전 미래진단과 미래전략 수행 사이의 간극을 좁히고, 작업 수행 중간에 발생할 수 있는 오류를 줄일 수 있도록 업무내용을 명확하게 정의한다.

목표설정 미래전략을 수행하기 위해 먼저 아직 도래하지 않은 미래를 가늠하는 미래 진단을 실시한다. 현재의 모습 속에서 미래의 단서를 찾아냄으로써 미래를 상상하고 준비할 수 있다. 과거에도 신제품 개발, 정책 결정, 기업 경영을 위해 대내외 환경을 분석해 왔지만 과거의 자료를 바탕으로 현재시점에서 분석함으로써 미래의 변화된 환경에 대한 고려 없이 작업이 진행되어 충분한 효과를 얻지 못하거나 쓸모없이 폐기되는 경우가 적지 않았다. 미래를 예측하려는 명확한 목표와 비전을 공유한 상태에서 미래를 진단함으로써 성공으로 미래전략을 수행할 수 있다.

시점결정 미래전략 수행의 시점에 따라 미래 진단의 시점이 결정된다. 과거에는 미래 사회의 변화를 예측하는 장기 예측이 주류였으나 최근에는 변화의 속도가 빠르고, 미래예측에 대한 수요가 늘어남으로써 미래시점을 가깝게 설정하는 경향이 있다. 특히, 신상품 개발의 경우에는 비교적 짧은 기간을 미래시점으로 결정한다.

진행계획 수립 미래예측 작업을 수행하기 위해서는 전체 프로젝트에 대한 일정 계획을 수립하고, 예산과 인력구성 등을 고려하여 프로젝트 수행방법을 선택한다. 이때, 미래전략의 결과물의 성격이나 목표에 따라서 진행방법이 달라질 수 있다.

2. 징후포착

이 단계는 미래에 영향을 미칠 수 있는 징후, 즉 미래이슈가 될 가능성이 있는 요인을 수집・발굴하는 단계이다. 이 단계에서는 다양한 경로와 방법을 통해 자료를 수집하고 이를 통해 미래이슈 요인을 선정하는 것을 목표로 한다. 텍스트 마이닝, 환경스캐닝, 델파이 기법, SWOT 분석기법들이 이용가능하다.

자료수집 미래 진단에 필요한 자료를 생산하는 믿을 수 있고 정확한 자료원을 확보한다. 평소에 자료원을 관리해야 하는 이유는 미래예측 과제가 주어졌을 때 즉시에 활용할 수 있는 자료를 손쉽게 확보할 수 있다는 장점과 함께 미래예측 자체가 지속적인 모니터링을 요구하고 있기 때문이다. 항시 미래를 알 수 있는 현재의 징후를 관찰함으로써 미래에 대한 통찰력을 늘리는 것이야말로 더 훌륭한 미래예측 결과물을 만들어내는 가장 확실한 길 중 하나이다.

자료정리 수집된 자료는 일정한 형식으로 데이터베이스화한다. 출처와 제목, 작성날짜 그리고 개략적인 내용을 찾아보기 쉽게 구조화하는 것은 자료정리의 핵심적인 작업 중 하나이다. 미래예측을 위한 자료는 자료에서 얻을 수 있는 미래에 영향을 주는 사건들을 일목요연하게 정리하는 것을 목표로 한다.

미래이슈 요인 선정 수집된 자료를 분석해서 미래이슈에 영향을 주는 미래이슈 요인들을 찾아낸다. 미래이슈 요인이란 미래에 영향을 주는 현재의 어떤 상태나 사실을 말한다. 이것은 현재에 발생한 것이지만 그것을 통해 변화한 미래의 모습을 상상할 수 있는 힌트가 된다. 미래이슈 요인은 서서히 변화하는 미래의 모습을 보여주는가 하면 유달리 개성적이고 독특한 모습으로 눈에 확 띄기도 한다. 이것을 찾아내기 위해서는 평소에 변화의 흐름을 읽고 있어야 하며, 그것이 미래에 어떤 영향을 줄지 생각해봐야 한다.

3. 관계분석

징후포착 단계에서 파악된 미래이슈 요인 간의 관계를 수립하고 영향력을 평가하기 위한 단계이다. 이 단계에서는 미래이슈 요인 간의 관계를 연결하고 분석해 그것이 향후 미래에 어떤 영향력을 전파시킬 수 있는지를 파악한다. 이로써 미래이슈 요인의 발전 방향과 영향을 예측하는 것을 목표로 한다. 교차영향분석 기법 등이 사용된다.

관계수립 미래이슈 요인을 개별적으로 분석함으로써 숨어 있는 미래이슈 요인을 찾아내어 확장하고, 동시에 다른 분야나 다른 미래이슈 요인 간의 관계를 살펴본다. 다른 영역의 시각으로 미래이슈 요인을 재검토하여 그것의 차이점과 공통점을 찾아내고 그것에 따라 그룹화한다. 이런 과정을 통해 미래이슈 요인이 미래에 끼치는 영향력을 더 분명하게 인식할 수 있고, 오류를 발견하여 수정할 수 있는 기회가 된다.

관계분석 미래이슈 요인들 간의 관계 가운데 미래에 영향을 끼칠 가능성이 높은 관계를 주의 깊게 관찰한다.

관계평가 미래이슈 요인의 내용context을 분석해 미래이슈 요인 간의 관계가 미래에 얼마나 많은 영향력을 끼칠 수 있는지 평가한다. 아직 미래는 도래하지 않았으므로 영향력의 정도를 객관적으로 표현하기는 어렵지만 적어도 연관관계가 많지 않은 영역에까지 영향을 끼칠 수 있다면 그것은 미래에 발현될 가능성이 큰 미래이슈 요인이라 할 수 있다.

4. 미래 구체화

미래에 영향을 미치게 될 미래이슈 요인을 분석함으로써 이것이 향후 미래에 어떤 영향을 미치게 될 것이고, 어떤 미래이슈를 이끌어 낼 것인지 파악한다. 이 단계에서는 실제적인 미래진단의 결과물을 산출하는 것을 목적으로 미래이슈를 확정하고, 미래이슈가 미래에 미치게 될 영향력을 파악하여 핵심적인 미래이슈를 찾아낸다. 델파이 기법, 표적집단면접법Focus Group Interview, 브레인스토밍, 인과층위분석, 퓨처스 휠, 의사결정나무 기법 등이 사용가능하다.

미래이슈 요인 분석 사실을 바탕으로 하여 미래에 영향을 주는 미래이슈 요인을 찾아내고, 이들 간의 관계를 분석하는 것만으로도 미래이슈를 찾아낼 수 있지만 그렇게 하면 심층적인 분석이 이루어지지 않아 정작 중요한 미래이슈 요인을 놓칠 수가 있다. 즉 미래이슈 요인을 입체적으로 분석하고, 주변 영역으로 확장시키며, 다른 미래이슈 요인들을 결합시키는 과정을 통해서 미래이슈 요인의 의미를 확장해 나간다. 이러한 사고의 연쇄반응으로 각각의 징후를 서로 연결시켜 나감으로써 더욱 다각적인 시선으로 현상을 파악할 수 있다.

미래이슈 구체화 그룹핑된 미래이슈 요인들이 가지고 있는 공통된 시사점을 통해 미래이슈를 산출한다. 미래이슈 요인을 확장·그룹핑하는 과정에서 도출된 징후에 전문가의 의견과 미래이슈 요인의 빈도수, 그리고 다른 영역으로의 연결되는 링크의 수 등을 파악해 각각의 미래이슈에 가중치를 부여하고, 이를 분석해 미래이슈를 도출한다. 그리고 그 결과물은 시나리오, 소설·에세이, 시각화기법이미지·인포그래픽·비디오 등, 시뮬레이션 등의 방법으로 가시화한다.

5. 미래상 정의

미래상을 정의한 다음 미래이슈로 인한 미래의 모습을 형상화하고, 명확한 비전을 제시하는 것을 목적으로 한다. 앞 단계에서 도출된 미래이슈로 인한 미래상을 좀 더 포괄적이고 현실적으로 그려냄으로써 예측된 미래에 대비한 여러 가지 전략을 준비하기 위한 토대를 마련한다. 시나리오, 로드맵, 비저닝 워크숍 기법 등이 유용하다.

미래상 형성 및 제시 앞 단계에서 도출된 미래이슈들을 토대로 변화하게 될 미래의 모습을 형상화한다. 먼저 미래이슈로 인해 변화할 다양한 미래상을 자유롭게 상상하고, 이를 취합해 미래이슈에 대한 줄거리를 설계한다. 그리고 이를 형상화하는 과정을 거쳐 미래의 모습을 실제로 보고, 듣고, 느낄 수 있는 모습으로 그려낸다.

6. 콘셉트 발굴

신상품의 목표시장과 고객에 대한 이해와 경쟁상황, 개발역량 등을 종합적으로 평가하여 다양한 신상품 아이디어를 발굴해낸다. 성공적인 콘셉트를 만들기 위해 콘셉트의 방향으로 결정함으로써 아이디어를 집약하고, 목표를 달성하는 시간을 줄일 수 있다. 경영기법인 3C, SWOT, STP기법의 활용이 추천된다.

요구사항 분석 미래진단을 통해 조직에서 추구하는 미래전략을 수행하기 위해 미래환경을 이해하고 공유한다. 더불어 목표시장의 특성을 이해하고, 목표고객에 대한 요구사항을 분석함으로써 새로운 시장의 기회를 발견하고, 다른 제품들과의 경쟁에서 우위를 가지는 핵심역량을 포착한다.

시장기회 탐색 시장의 다양한 기회요인을 발굴함으로써 콘셉트의 방향성을 결정한다. 고객의 사용행태나 제품의 속성 등을 심도 있게 분석해 상품성 있는 시장을 발견하고, 아이디어를 확장시킨다. 목표시장을 설정하고, 타 상품과 차별화되는 요소를 발굴하는 것 역시 더욱 양질의 콘셉트를 발굴하기 위함이다.

7. 콘셉트 개발

가장 가능성이 높은 콘셉트 아이디어를 발굴해 프로토타입으로 제작한 다음, 고객들의 평가를 받아 상품화가능성이 높은 콘셉트로 완성시킨다. 콘셉트 아이디어는 콘셉트 개발 과정을 통해 상품성 있는 콘셉트로 정제된다.

콘셉트 도출 시장에서의 새로운 기회와 장애요소를 극복하기 위한 다양한 아이디어를 도출한다. 몇 가지의 콘셉트 초안을 만들어 콘셉트보드를 작성한다. 선정된 콘셉트 후보안들에 대한 소비자 반응을 조사하여 콘셉트를 보완한다. 이를 통해 상품화 가능성이 가장 높은 콘셉트를 선정한다.

프로토타입 제작 결정된 콘셉트의 모형을 간단하게 제작해 고객에게 보여주고, 직접 사용하게 함으로써 더 완성도 높은 상품을 제작할 수 있도록 상품을 개선하는 과정을 반복한다. 이 과정을 통해 아직까지는 가설에 가까운 콘셉트는 더욱 정교해지고, 신상품의 완성도도 높아짐에 따라 실제 출시 시의 위험을 감소시킨다. 이러한 지속적인 프로토타입 개선 및 보완 과정을 통해 최종 상품의 모습이 구체화된다.

적용 고객의 의견을 반영하여 개선된 프로토타입은 실제 상품으로 출시되기 위해 본격적인 상품화 단계를 앞둔다. 상품의 양산을 위해 더욱 세밀한 디자인 작업이 수반되고, 상세한 개발 일정을 수립한다. 더불어 실제 판매시점을 예측하여 판촉, 유통 등의 마케팅 믹스를 계획하고 설계한다. 콘셉트가 반영된 프로토타입은 실제 상품으로 시장에 선보이기까지 짧게는 3개월에서부터 1년 이상 소요되기도 한다.

미래예측을 통해 신상품 개발이라는 미래전략을 수행하는 것은 미래의 불확실성을 대비하고 신상품을 성공시키는 데 그 목적이 있다. 단순히 현재시점에서 현재의 경쟁상대를 벤치마킹하는 것만으로는 빠르게 변화하고 있는 미래 시장에서의 상품경쟁력을 가질 수 없으며, 실시간으로 변화하는 미래를 바라보고 미래시점에서 사고하고 판단하는 능력을 가져야만 시장을 선도하는 상품력을 확보할 수 있다.

생각해봅시다 11.3 미래학자 넘치는 대한민국 미래예측의 현주소

아스팩미래기술경영연구소에 근무 중(?)인 IT뉴스 기자의 문제 제기 칼럼이 흥미로워 일부분을 발췌해 여기 소개한다. 제목은 위와 같다.(출처: http://www.itnews.or.kr/?p=18407)

이세돌 구단과 알파고 대결 이후 (중략) 국내에 많은 인공지능 전문가와 미래학자들이 출현하기 시작했고 이들의 움직임 또한 바빠지고 있다. 매번 그래왔지만 이번에는 좀 다른 생각을 해볼 필요가 있다. 지금의 대한민국은 서구 글로벌 기업들과 급격히 부상하고 있는 중국과 일본의 틈바구니에서 한치 앞도 내다볼 수 없는 상황이어서 미래를 대비하는 세밀한 전략이 매우 필요한 시기다.

문제는 자칭 인공지능 전문가라는 사람들과 국내를 대표한다는 미래학자라는 분들이 우리 사회를 주도하는 조직과 그룹에 속해있어 국가정책을 만들어 실행하고, 또 바둑판 훈수를 두고 있다는 것이다. 이들이 미디어에 노출되어 많은 말을 내뱉는 순간, 순식간에 또는 부지불식간에 주도적인 여론이 생성된다는 것이다. 그동안 이들 전문가들은 어디에서 피나는 연구를 하고 있다가 이 시점에 딱 맞춰 나타난 것인지 필자는 의구심이 들 뿐이다. 특히 근래에 미래학자들이 여기저기에서 출현하고 있다. 공중파는 물론이고 각종 미디어와 관련 책들이 쏟아져 나오고 있다.

모든 학문과 이론은 처음과 끝이 중요하다. 어디 학문뿐이겠는가? 사람이 관계를 맺고 사회를 이루며 행위하는 모든 것들도 마찬가지다. '앞으로 10년 안에 20억 개의 일자리가 없어진다?' '가까운 미래에 학교가 없어지고 새로운 교육 형태가 나온다?' '인공지능이 병을 진단하고 처방을 내리며, 범법자들에게 판결을 한다?' 이들은 마치 예언자처럼 미래에 대한 말들을 내놓는다. 연구 배경과 이론 등 구체적인 배경을 내놓지 않기 때문에 예언인 것이다.

(중략 유명 미래학자들의 활동 소개) 레이 커즈와일, 짐 데이토, 엘빈 토플러, 다니엘 핑크, 패트릭 딕슨, 이론물리학자 겸 미래학자 미치오 카쿠, 휴스턴대학원 미래학과 교수 피터 비숍, 호세 코데이로, 제롬 글랜, 로리 앤더슨, 패트릭 딕슨, 자크 프레스코, 벅민스터 퓰러, 아서 하킨스, 스티븐 호킹, 쏘릴 크리스튼슨, 데이비드 시어스, 존 제르잔, 마르티스 호르크스 니콜라스 카… 위에 열거한 미래학자들의 면면을 살펴보면 자기영역에서 타의추종을 불허할 만큼의 지식과 보편적인 지식을 함께 아우르고 있다. 거기다 독보적인 미래예측 기법을 가지고 있다는 것이다.

대한민국의 미래학자들은 어떠한가? 소비자 관련 트렌트 학술지 정도 책을 내놓고 그날부터 미래학자로 불린다. 해외 미래보고서를 인용하며 자칭 미래학자라고 떠벌리고 다닌다. 해외 ICT 관련 저널을 통해 정보를 취합해 알리는 이도 어느 날 공중파에서 미래학자로 나오고 있다. 도대체 어떤 근거로 무시무시한 예측을 내놓는지 도무지 알 수가 없다. 이론적 배경도 연구 배경도 없이 내뱉고 있다. 그야말로 혹세무민하고 있는 것은 아닌지?

필자도 미래전략에 대한 관심이 많아 수년간 관련 인물들을 살펴본 결과, 다음과 같은 결론을 얻었다. ▷ 첫째는 시작과 끝이 선명해야 한다는 것이다. ▷ 둘째는 미래예측 핵심역량이 무엇이냐는 것이다. ▷ 마지막으로 인류의 보편적 가치를 지향하느냐는 것이다.

(중략)

긍정적으로 보면 우리 사회가 미래학에 대해 관심이 많다는 방증이기도 하다. 하지만 어설픈 예측은 어설픈 사회에 적용된다. 이제 우리 대한민국은 어설프지 않다. 아니, 어설프지 않아야 하기 때문이다.

[2016년 5월 9일, 김들풀 기자, itnews@itnews.or.kr]

토의문제

01. 한국적 방법론의 의미는 무엇일까?

02. 카이스트의 3차원 시각에 관해 어찌 생각하는가?

03. 카이스트의 방법론은 왜 미래 '관리' 5단계라고 할까?

04. 정보화진흥원의 FROM 방법론의 장·단점을 논하라.

05. 정보통신정책연구원의 KITAIP 방법론의 장·단점을 논하라.

06. 과학기술정책연구원의 방법론의 장·단점을 논하라.

07. 기술인문융합창작소의 미래예측 프레임워크의 장·단점을 논하라.

08. 방법론 발표 후 이들이 여러 미래연구에 활용되어지고 있다고 생각하는가?

09. 기업의 미래연구에 국산 방법론 중 무엇이 가장 효과적일까?

10. 미래연구 방법론의 자동화 도구 개발가능성을 논하라.

참고문헌

강필현 · 남일규(연구총괄), *미래예측 프레임워크와 방법론*, 기술인문융합창작소, 2013.7.

이광형, *3차원 미래예측으로 보는 미래경영*, 생능출판사, 2015.

이세준 · 이윤준 · 홍정임, *통합적 미래연구 방법론의 탐색 및 적용*, 과학기술정책연구원, 2008.12.

임현 · 안병민, *과학기술예측조사를 위한 미래사회 전망 방법론 개선방안*, 한국과학기술기획평가원, 2001.11.

최항섭, *미래예측 방법론*, 정보통신정책연구원, 2007.12.

최항섭, "미래예측 방법론 부실하면 점성술에 불과", 중앙Sunday, 2009.1.4.

한국정보화진흥원, *성공적인 공공정책수립을 위한 미래전략연구 방법론(FROM) Version 1.0*, 2009.12.

MOT Consultant, "KISTI의 미래기술예측 방법론", https://blog.naver.com/drryuhk, 2016.10.

부록 11 주요 미래연구·학술기관 목록

분류	소분류	기관명	웹사이트
해외	정부기관/공조직	싱가포르 전략미래센터[CSF] 핀란드 의회 미래위원회 코펜하겐 미래연구원[CIFS] 미국 미래연구소[IFTF] 미국 국가정보위원회[NIC] 캐나다 미래전략정책처 OECD 미래연구 프로그램	www.csf.gov.sg www.eduskunta.fi www.cifs.dk www.iftf.org www.dni.gov www.horizons.gc.ca www.oecd.org/futures/
	미래연구 단체	세계미래회의[WFS] 세계미래연구연맹[WFSF] UN The Millenium Project 미래예측전문가포럼[APF] 포사이트대학교 싱귤레리티대학교[SU] AccelerationStudies Foundation	www.worldfuture.org/ www.wfsf.org/ 107.22.164.43/index.html https://apf.org/ www.foresightguide.com/ https://su.org/ http://www.accelerating.org/
	미래연구 기업	Shaping Tomorrow Kairos Future	www.shapingtomorrow.com/ www.kairosfuture.com/
	주요 대학 및 연구소	하와이대학교 휴스턴대학교 랜드연구소[RAND] Techcast	www.futures.hawaii.edu/ www.uh.edu/technology/departments/hdcs/graduate/fore/ https://www.rand.org/ www.techcast.org
	자료제공·흥미	Humanity+ Future Takes Andy Hines Stuff to Blow Your Mind Impact Lab creative futurism	http://humanityplus.org www.futuretakes.org/ www.andyhinesight.com/ www.stufftoblowyourmind.com www.impactlab.net/ www.creativefuturism.com/
국내	미래연구 기관	◉과학기술정책연구원·미래연구센터 ◉한국과학기술기획평가원[KISTEP]	http://foresight.stepi.re.kr/ http://www.k2base.re.kr/
◉ 미래 연구 경험 및 역량 보유	정부출연 연구기관	◉과학기술정책연구원[STEPI] 국토연구원[KRIHS] 대외경제정책연구원[KIEP] 산업연구원[KIET] 에너지경제연구원[KEEI] ◉정보통신정책연구원[KISDI] 통일연구원[KINU] ◉한국개발연구원[KDI]	www.stepi.re.kr www.krihs.re.kr www.kiep.go.kr www.kiet.re.kr www.keei.re.kr www.kisdi.re.kr www.kinu.or.kr www.kdi.re.kr

	한국교통연구원KOTI 한국노동연구원KLI 한국농촌경제연구원KREI 한국보건사회연구원KIHASA 한국여성정책연구원KWDI 한국해양수산개발원KMI ◉한국행정연구원 한국환경정책평가연구원KEI	www.koti.re.kr www.kli.re.kr www.krei.re.kr www.kihasa.re.kr www.kwdi.re.kr www.kmi.re.kr www.kipa.re.kr www.kei.re.kr
과기정통부 산하 주요기관	한국과학기술연구원KIST 한국생명공학연구원KIRBB ◉한국과학기술정보연구원KISTI 한국항공우주연구원KARI 한국생산기술연구원KITECH ◉한국전자통신연구원ETRI 한국에너지기술연구소KIER 한국뇌연구원KBRI 한국정보통신산업진흥원NIPA ◉한국인터넷진흥원KISA ◉한국정보화진흥원NIA 나노종합기술원NNFC 재료연구소KIMS	www.kist.re.kr/ www.kribb.re.kr/ www.kisti.re.kr/ www.kari.re.kr/ www.kitech.re.kr/ www.etri.re.kr/ www.kier.re.kr/ www.kbri.re.kr/ www.nipa.kr/ www.kisa.or.kr/ www.nia.or.kr/ www.nnfc.re.kr/ www.kims.re.kr/
국회 및 정부부처	◉국회미래연구원NAFI 기획재정부 장기전략국	www.nafi.re.kr/ www.mosf.go.kr
학회 및 대학	◉미래학회KAFS 국제미래학회GFSA ◉KAIST 문술미래전략대학원	koreafutures.net/ blog.naver.com/globalfuture futures.kaist.ac.kr/
기업 및 사단법인	◉유엔미래포럼The Millenium Project 미래전략정책연구원 ◉아시아미래인재연구소AFHI	http://www.korea2050.net/ future2027.modoo.at/ http://www.afhi.org/
기업	현대모비스	blog.mobis.co.kr/
언론사	한겨레신문 곽노필의 미래창 아시아경제 미래디자인연구소AFDI 동아일보 미래전략연구소	http://plug.hani.co.kr/futures

12
Chapter

개인의 인생을 위한 미래경영 기법과 방법론

"나만이 내 인생을 바꿀 수 있다. 아무도 날 대신해 줄 수 없다"
– 캐롤 버넷(영화배우)

우주의 중심은 나 자신이다. 국가와 조직도 중요하지만 나의 미래가 행복해야 한다. 남을 위해 봉사하고 기쁨을 주는 일은 아름답지만 다른 사람 때문에 내가 불행해지면 모든 것은 무의미해진다. 모두가 웃으며 일할 수 있는 곳이 행복한 직장이며 개개인이 모두 행복한 나라가 행복국가이다. 가족 중에 한 명만 사고를 당해도 가족 전체가 슬픔을 겪듯이 개인의 행복은 나, 가족, 조직, 산업, 국가, 세계를 위해서도 추구해야 한다. 개인들은 어떻게 미래를 준비해야 할까?

개인의 인생설계는 20대 젊은이들에게도, 노후를 준비하는 50~60대들에게도 똑같이 중요하다. '단 한 장의 인생설계도가 10년 후 미래를 바꾼다'는 말이 있다. 인생설계도는 개인의 '보물지도'라고도 한다. 인생설계는 어떻게 해야 하나. 개인의 미래경영 방법은 무엇일까?

개인의 행복한 미래를 위한 예측·설계·창조 방법은 조직의 미래경영 방법론과 기본 철학이 대동소이하다. 비전과 주요 이슈와 미래에 영향을 미칠 요인분석과 시나리오에 따른 전략기획의 단계를 밟는다. 개인의 미래창조 방법은 목표를 설정한 후, 목표달성을 위해 백스캐닝backscanning으로 인생계획을 수립하는 데 초점을 맞춘다. 이 장은 한국인의 미래에 대한 의식을 이해하고 다양한 인생설계기법과 미래경영 방법론을 설명한다. 특히 이 책으로 미래학을 공부하는 대학생들에게 도움을 주고자 대학생을 위한 미래경영 방법들도 소개한다.

한국인의 미래인식과 미래적응력

세계가 격동하고 있음은 주지의 사실이다이 책의 제3장. 특히 한반도의 정치·경제·사회·문화·인구·환경·과학기술·기족관계의 급속한 변화를 체험하며 살아가는 우리나라 국민들은 미래에 대해 긍정적 혹은 부정적 견해를 각자 자연스럽게 가질 수밖에 없다. 한국인의 미래에 대한 인식은 무엇일까? 한 미래연구에 의하면[1] 한국인들은 남북이 공존하며 지속적으로 성장할 가능성을 높게 평가하면서도 기존 시스템이 붕괴되고 새롭게 변형되기를 갈망하는 것으로 나타났다.

1. 한국의 사회분위기

전국 1,000명을 대상으로 현재와 미래에 대해 어떠한 생각을 가지고 있는지 조사한 결과 [그림 12.1]에서 보듯이 전년도에 비해 현재와 미래 모두를 부정적으로 보는 집단이 지속적으로 상승하고 있는 것으로 나타났다. 빈부격차, 부정부패, 고령화, 경쟁, 이기주의, 환경오염이 주요 이슈들이다. 이 집단은 언론의 자유 확대를 통한 민주주의 발전, 경제적 이권의 고착화 때문에 신생기업 성장 저해, 일과 삶의 균형, 여가 및 삶의 질을 중시하는 노동문화, 원자력발전소의 핵폐기물 등 미래세대에 환경부담 증가, 기초과학 분야의 경쟁력 등을 사회적 의제로 꼽았다. 전체 응답자들은 교육·위기·세대·화합·책임 등을 주요 키워드라고 밝혔다. 대외적으로 성장하고 있음에도 미래에 대한 우리나라의 사회분위기는 '불안'으로 보는 경향이 뚜렷하다.

---

1) 박성원·진설아·황윤하·조규진·송민, *한국인의 미래 인식, 사회분위기, 미래적응력 조사(3차년도)*, 과학기술정책연구원, 2015.12. http://www.ndsl.kr/ndsl/commons/util/ndslOriginalView.do

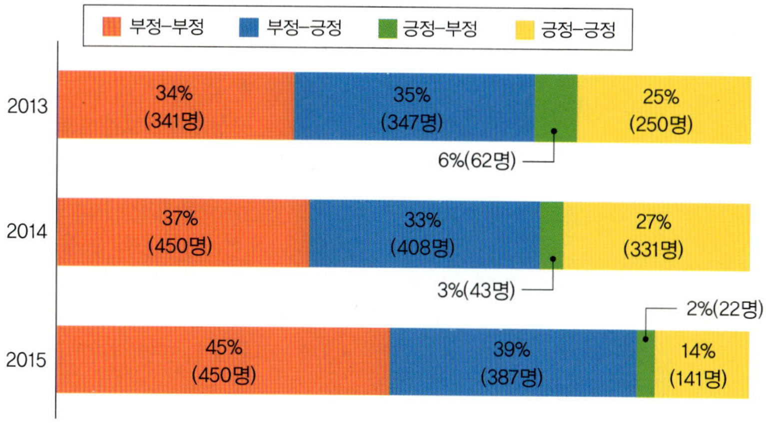

[그림 12.1] 2015년 사회분위기

2. 한국인이 선호하는 미래

한국인이 바라보는 미래는 어떤 모습일까? 서울과 5대 광역시에 거주하는 40~50대 124명을 대상으로 2035년에 다가올 4가지 미래 시나리오를이미 이 책의 제4장 부록④에서 시나리오로 설명했던 바와 같이 [표 12.1]과 같이 상정한 후 어떤 미래가 올 것 같은지가능미래, 어떤 미래가 왔으면 좋을지선호미래를 토론하는 '미래 위크숍'에서 도출된 결과는 [그림 12.2]와 같다.

[표 12.1] 2035년 네 가지 미래 시나리오이 책의 제4장 부록④에서 설명됨

미래 양상	시나리오 제목	미래 색깔	미래 특징
계속성장	판타스틱 코리아	주황	• 2035년 인구 8천만 통일한국 • 한국은 세계경제 5대강국 • 새로운 에너지원 확보 • 기업인 혁신가가 사회지도층 • 다문화 갈등, 빈부격차 심화
붕괴와 새로운 시작	느림의 나라	노랑	• 2017년 세계적 경제위기 • 유가폭등, 대량실업 • 도시오염, 귀농인구 증가 • 지역별 자급자족 공동체 형성 • 대의제 폐지, 직접민주주의 시행

보존사회	한반도 쇄신 프로젝트	파랑	• 석유고갈, 극심한 기후변화 • 식량부족, 대량 이주민 발생 • 2027년 한국 포함 세계 G-15 조직 • 남북한 공동정부 '보존사회' 시행 • 녹색대학 설립, 대안에너지 개발
변형사회	미래에서 온 소녀	녹색	• 변형인간, 로봇시민, 포스트휴먼 출현 • 로봇, 유전, 나노공학의 융합 • 2033년 한국인 화성에 착륙 • 한반도 가상공간 첫 지도자 선출 • 9세 소녀 포함 7명 위원이 공공정책 결정

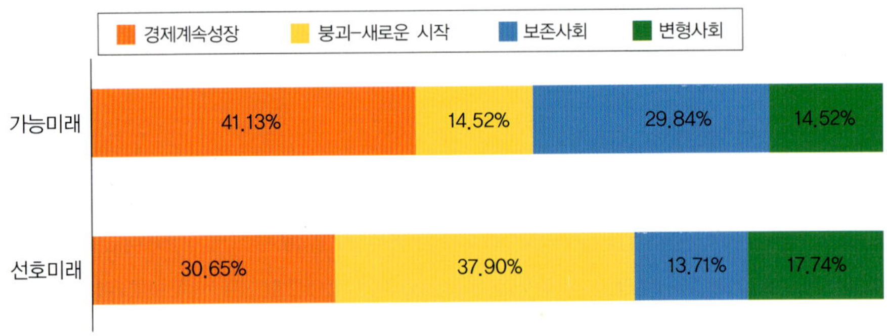

[그림 12.2] 4050세대 선호미래 조사 결과(2030세대도 유사함)

[그림 12.2]에서 보듯이 40~50대 다수는 과도한 성장주의만을 추구하는 현 사회에 저항하면서 다양한 삶의 양식을 보존하고 사회의 소수자·경계인을 보호하는 사회인 '붕괴와 새로운 미래'를 선호미래로 꼽았다. 지속적인 경제성장이나 한반도 평화도 중요하지만 현재에 '불만'을 표하며 새 시대를 갈망함으로 나타난 것이다.

3. 한국인의 미래적응력

불안과 불만! 그렇다면 한국인의 미래적응력은 어떨까? [표 12.2]의 각각의 항목에 대해 평가한 결과1점: 전혀 그렇지 않다, 3점: 보통이다, 5점: 매우 그렇다 등으로 5점 척도 한국인들은 자신들의 미래적응력을 비교적 후하게 평가연령대와 무관하게 3.5~4.0점 사이하는 것으로 나타났다. 그러나 현재·미래에 대해 긍정·긍정집단이 부정·부정집단보다 미래적응력 점수가 높게 나타났다.

[표 12.2] 미래적응력 평가 항목

새로운 의미 생성력	사회개조력
1. 주변의 세계에 대해 호기심이 많다. 2. 경험을 통해 새로운 삶의 방향을 만든다. 3. 내가 처해 있는 상황에 관계없이 배우고자 한다. 4. 남들이 당연하게 받아들이는 것에 의문을 갖고 분석한다. 5. 문제가 있으면 장애라기보다 배울 기회라고 생각한다.	1. 늘 하던 일을 다른 방식으로 접근해본다. 2. 배움을 통해 내가 누구인지 생각하고 바라볼 기회가 있다. 3. 내가 속한 지역문제에 관심을 가진다. 4. 배움을 통해 타인과의 네트워크가 형성된다. 5. 배우면서 비판적인 사고능력을 기른다.
실천력	**공동배움력(의사소통력)**
1. 배운 결과를 스스로 잘 활용한다. 2. 나는 문제가 생겼을 때 회피하지 않는다. 3. 사회를 개선하기 위해 참여한다. 4. 배워야 할 과정을 스스로 계획한다. 5. 나는 배우려는 용기를 가지고 있다.	1. 타인을 통해 배우면 감사한 마음이 든다. 2. 배움을 통해 타인과의 네트워크가 형성된다. 3. 함께 지식을 찾아가며 다른 이를 배려하고 돕는다. 4. 배운 것을 타인들과 공유한다. 5. 다른 사람들과 모임을 통해 배울 때 혼자일 때보다 더 많은 것을 배운다.

결론적으로, 한국인은 현재의 사회분위기에 불안하고 불만감에 새로운 미래를 원하지만 변화에 대한 적응력으로 미래를 개척하려는 의지는 강한 것으로 나타났다. 사회의 변화가 개인의 삶에 영향을 미치지만, 개인의 행동 또한 사회를 변화·발전시키는 까닭에이 책의 제3장 국민 개개인의 미래인생경영도 중요한 의미를 갖는다.

생각해봅시다 12.1 마음과 미래

마음이란 무엇인가? 부처님이 말씀하셨다. 애욕에 물들고, 분노에 떨고, 어리석음으로 아득하게 되는 것은 어떤 마음인가?

과거인가? 미래인가? 현재인가? 만약 과거의 마음이라면 이미 사라진 것이고, 미래의 마음이라면 아직 오지 않은 것이고, 현재의 마음이라면 머무르는 일이 없다. 마음은 안에 있는 것도 아니고 밖에 있는 것도 아니며 또 다른 곳에 있는 것도 아니다. 마음은 형체가 없어 눈으로 볼 수도 없고, 만질 수도 없고, 나타나지도 않고, 인식할 수도 없고, 이름 붙일 수도 없는 것이다. 마음은 일찍이 본 일이 없고 지금도 보지 못하고 장차도 볼 수 없을 것이다 그와 같은 마음의 작용은 어떠할까?

마음은 환상과 같아 허망한 분별에 의해 여러 가지 형태로 나타난다.
마음은 바람과 같아 멀리 가고 붙잡히지 않으며 모양을 보이지 않는다.
마음은 흐르는 강물과 같아 멈추는 일 없이 지나간다.
마음은 등불의 불꽃과 같아 연이 있어 닿으면 불이 붙어 비춘다.
마음은 번개와 같아 잠시도 머물지 않고 순간에 소멸한다.
마음은 허공과 같아 뜻밖의 연기로 더럽혀진다.
마음은 원숭이와 같아 잠시도 그대로 있지 못하고 여러 가지로 움직인다.
마음은 화가와 같아 여러 가지 모양을 나타낸다.
마음은 한곳에 머물지 않고 서로 다른 의혹을 불러일으킨다.
마음은 왕과 같아 모든 것을 통솔한다.
마음은 원수와 같아 온갖 고뇌를 불러일으킨다.
마음은 모래로 쌓아올린 집과 같다. 무상無常한 것을 영원한 것으로 생각한다.
마음은 쇠파리와 같아 더러운 것을 깨끗한 것으로 생각한다.
마음은 낚시 바늘과 같아 괴로움인 것을 즐거움으로 생각한다.
마음은 꿈과 같아 내 것이 아닌 것을 내 것처럼 생각한다.
마음은 적敵과 같아 항상 약점을 기뻐하며 노리고 있다.
마음은 존경에 의해 분노에 의해 흔들리면서 교만해지기도 하고 비굴해지기도 한다.
마음은 불에 뛰어든 불나비처럼 아름다운 빛깔을 좋아한다.
마음은 썩은 시체의 냄새를 탐하는 멧돼지처럼 타락의 냄새를 좋아한다.
마음은 음식을 보고 침을 흘리는 개처럼 맛을 좋아한다.
마음은 기름접시에 달라붙은 파리처럼 감촉을 좋아한다.

이와 같이 남김없이 관찰해도 마음의 정체는 알 수 없다. 찾을 수 없는 것이다. 얻을 수 없는 그것은 과거에도 없고 미래에도 없고 현재에도 없다. 과거나 미래나 현재에 없는 것은 삼세(三世)를 초월해 있다. 삼세를 초월해 있는 것은 유(有)도 아니고, 무(無)도 아니다.

이 글을 읽으며 '마음'을 '미래'로 바꿔 읽어보고 '마음=미래'라는 생각을 해보았다. 혹시 미래는 우리의 마음속에 존재하는 것일까?

인생설계 기법

어떻게 살면 미래가 행복할까? 무엇이 중요할까? 성공일까, 건강일까, 돈일까, 아니면 사랑일까? '좋아하는 것을 하면 돈도 따른다'고 충고하는 베스트셀러[2]도 출간된 바 있지만 행복은 일과 돈으로 살 수 있는 것도 아니다. 개인의 행복한 미래를 위한 다양한 논리와 인생설계 기법들이 알려져 있다. '많은 시간을 소비하면서 인생을 어떻게 보낼 것인가를 고민할 만큼 인생은 그리 길지 않다'는 명언도 있듯이, 아래 소개하는 인생설계기법들을 이용하여 자신의 미래를 설계해보는 것도 미래를 창조하는 좋은 방법이다.

1. 사명선언문

사명mission이란 맡겨진 임무이다. 개인의 사명선언문mission statement은 내가 왜 무엇을 위해 태어났고 또 앞으로 남은 미래를 어디에 가치를 두고 살아갈 것인가를 스스로 정의한 문장을 말한다. 2000년 전 예수는 '내가 온 것은 영원한 생명을 얻게 하고, 그것을 더 풍성히 얻게 하려는 것이다'라고 했다. 에이브러햄 링컨의 사명은 미합중국의 분열을 막는 것이었고, 프랭클린 루스벨트는 대공황에 종지부를 찍는 것이었으며, 넬슨 만델라는 인종차별을 종식시키는 것을, 테레사 수녀는 가난한 사람들에게 자비와 연민을 베푸는 것을, 잔 다르크는 프랑스 해방을 사명으로 갖고 살았던 까닭에 위대한 인물로 기억되고 있다.

'*삶의 길The Path*'[3]의 저자인 존스Laurie Beth Jones에 의하면 '이것이 바로 나다'라는 확고부동한 사명선언문을 가지게 되면 스스로 강력한 추진력을 느끼며 두려움 없는 의사결정을 쉽고 빨리 할 수 있다고 했다. 삶의 목표가 뚜렷해져서 정말 자신감이 넘치고 판단력도 좋아지고 용기를 가질 수 있다는 것이다. 존스는 사명선언문은 중학생 정도면 이해하고 암기할 수 있을 만큼 쉬운 문장이어야 하는데 명상을 한 후 아래와 같은 틀에 맞춰 작성하라고

2) Sinetar, Marsha, *Do What You Love, The Money will Follow*, Dell Publishing, 1989.
위 두뇌 사진 출처는 https://www.youtube.com/watch?v=X10Ongck8D0

3) 로리 베스 존스, *사명선언문*, KPI, 1998.

추천한다.

"나, 이름 의 사명은 ① 대상 나를 가장 매료시키는 집단/단체 을(를) 위하여/과(와) 함께 ② 핵심가치 을(를) ③ 동사1 , 동사2 , 동사3 동사 1~3개 하는 것이다."

①은 누군가를 돕기 위해 존재하기 때문이다환경·교회·건강·교육·국민·방송·예술·스포츠·비즈니스 등.

②는 죽을 때까지 간직하고 심지어는 그것을 위해 희생할 수도 있는 원리·원인·가치·목적이다기쁨·봉사·정의·가족·창조성·자유·평등·신념·탁월함 등.

③은 모든 사명에는 행동이 따라야 하는데 그 행동을 나타내는 단어들이다가르치다·만들다·구축하다·공유하다·경쟁하다·개선하다·감상하다·감독하다·발견하다·보호하다·사랑하다·약속하다·세우다·생산하다·이해하다·인도하다·참여하다·창조하다·추구하다·협력하다 등.

사명선언문에 대한 오해가 잘못된 문장을 만들 수 있다는 경고도 있다. 내 직업, 내 역할, 내가 '할 일' 목록은 사명이 아니다. 내가 현재 사명에 따라 살고 있지 않다고 해서 그것이 사명이 아닌 것은 아니며, 자신이 사명을 가질 만큼 중요한 사람이 아니라는 생각도 옳지 않고, 사명은 꼭 위대하거나 많은 사람에게 도움이 되어야 하는 것도 아니며, 사명에는 고통이 따르리라는 착각도 버려야 한다. 지금의 환경이 사명이지도 않고 내가 하고 있는 일이 사명에 근접한다는 생각도 버려야 한다. 가장 중요한 점은 인생은 예측할 수 없는 것이므로 나 또한 우연의 산물일 수밖에 없다고 생각하지 말고, 사명선언문을 만들고 가슴에 새기며 삶을 살아가면 미래가 달라질 수 있다는 점이다.

2. 삶의 영역 분류와 인생프로세스

행복한 삶의 영위를 위한 필수요건인 인생설계의 요소는 재무영역집, 재산 등과 비非재무영역직장, 건강, 관계, 여가와 취미 등으로 분류되는데, 각각의 요소가 조화롭게 균형을 이룰 때 삶의 만족도는 더욱 향상된다고 한다. 나아가 인생설계가 궁극적으로는 삶의 만족도에 긍정적 영향을 미친다고 한다.[4] [그림 12.3]은 삶의 영역들이며 인생의 목적과 비전을 지배하는 요인들을 보여준다.

이 삶의 영역들은 인생프로세스life process들이라고 정의할 수도 있다. 한 개인은 매일 이 영역들을 실행으로 옮기며 살아가는 까닭이다, 예를 들어, 신체적 건강 영역은 운동이나 다이어트를 하게 만들고, 사랑을 위해 연인과 데이트를 하고, 취미생활은 독서나 여행을 즐기게끔 하고, 영적 성장을 위해서 기도하는 시간을 갖고, 경제적 부의 축적을 위해 주식 투자도 하는 등 우리는 삶의 활동을 통해 인생의 하루하루를 보낸다.

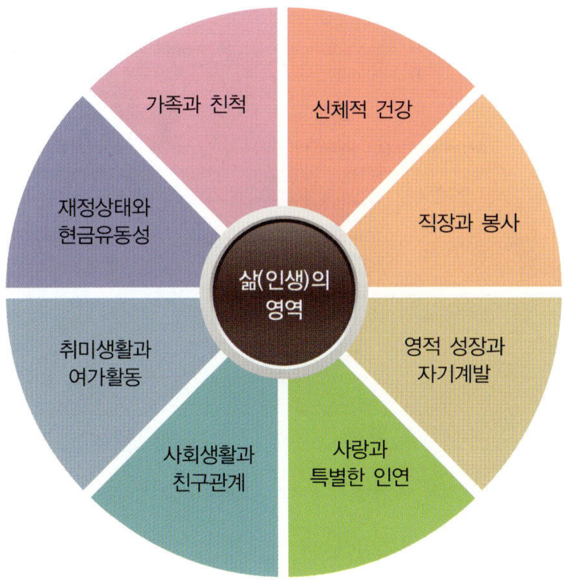

[그림 12.3] 인생을 영위하는 삶의 영역(예)

3. 매슬로우의 개인의 욕구이론

행복이란 개인의 욕구가 충족될 때 느끼는 인간의 감정이다. 미국의 심리학자 매슬로우Abraham Maslow의 욕구이론human hierarchy of needs에 따르면, 신체적physical · 감성적emotional · 지적intellectual · 영적spiritual 욕구는 [그림 12.4]와 같이 10단계로 분류가능하다. 욕구는 나이에 따라 생존본능에서 지적호기심으로 그리고 정신적 욕망으로 변하고, 어릴 때는 자유 · 소

4) 정태식, *생애설계가 삶의 만족도에 미치는 영향에 관한 분석*, 석사학위 논문, 한성대학교, 2018. http://academic.naver.com/article.naver?doc_id=301789448

속감・다양성 등을 추구하다가 성인이 되면서부터는 창의적 리더십이나 평화와 권력지향적으로 발전한다는 인간 본능의 변화를 보여주는 그림이다. 미래의 인생설계를 함에 있어 참조할 만하다.

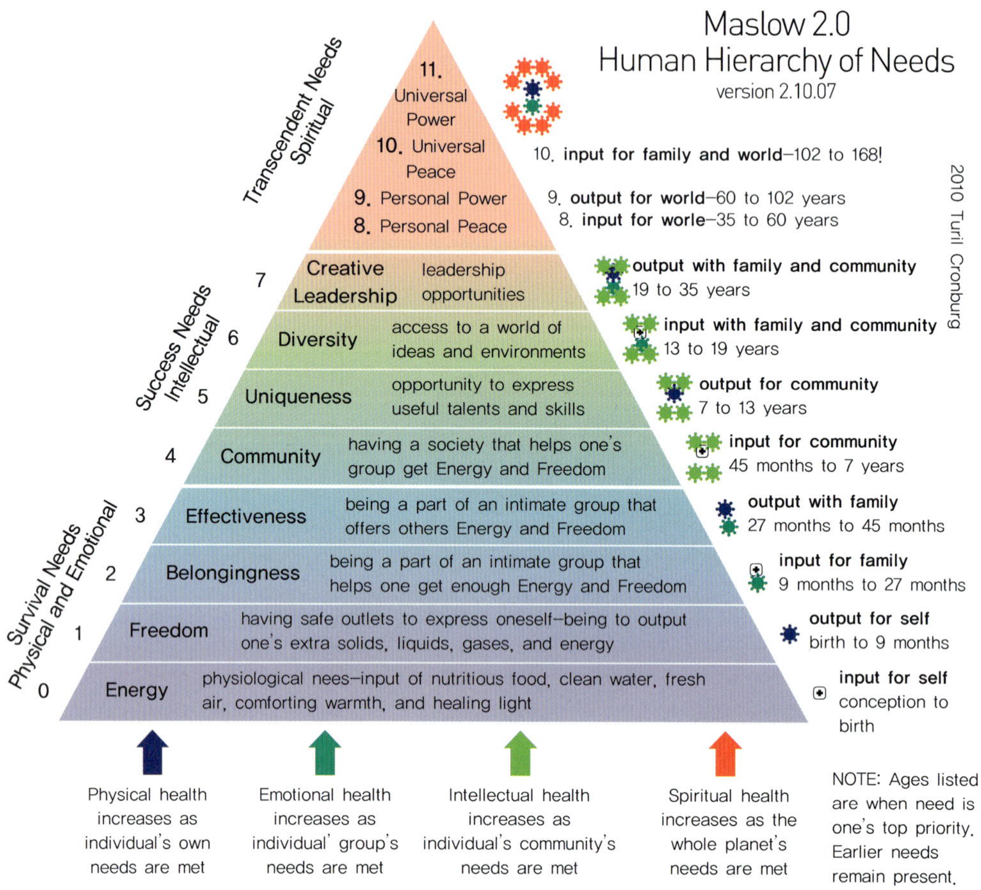

[그림 12.4] 매슬로우의 인간의 욕구단계

4. 개인의 지능

지능intelligence은 미래역량의 근본이며 인생설계를 위해서도 중요한 개념이다. 가드너Howard Gardner에 의하면[5] 지능은 [그림 12.5]와 같이 8가지로 분류된다. 예를 들어, 수학자

5) Gardner, Howard, *Frames of Mind: The Theory of Multiple Intelligences*, Basic Books, 1983.

는 논리적 지능이 뛰어나고 소설가는 언어적 지능이 발전한 사람이다. 훌륭한 세일즈맨은 대인관계 지능이 발달되어 있고 화가는 시각적 지능이 우수한 사람이다. 등산을 하며 식물과 곤충을 찾는 사람은 운동감각 지능과 자연주의적 지능이 높은 사람이다.

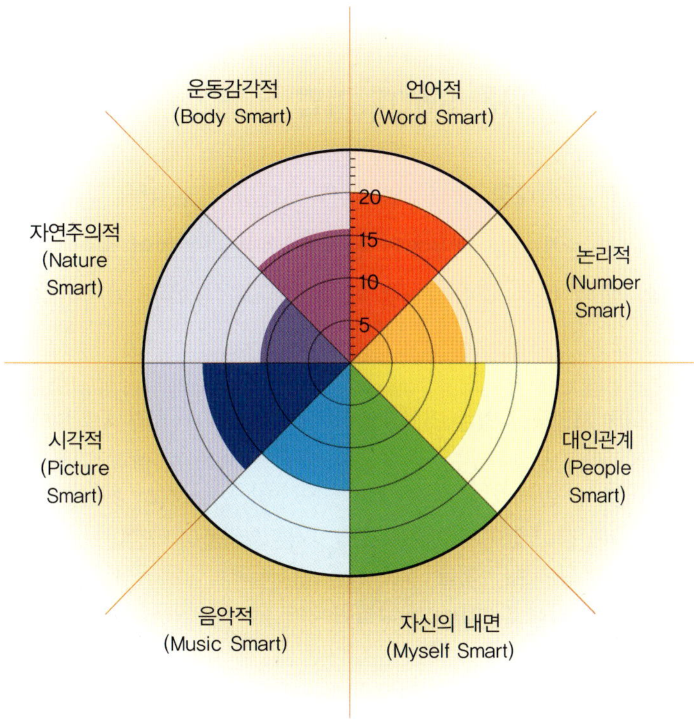

[그림 12.5] 인간의 8가지 지능

그러나 미래학적인 시각에서 지능은 아래 5가지로 분류된다.[6)]

1. **인지cognitive지능** 일반적으로 IQ라고 하는 지능이다.
2. **감성emotional지능** 자신의 기분과 다른 사람의 감정을 이해하고 통제하는 EQ지능이다.
3. **사회social지능** 단체나 지역사회의 집단 그리고 소속 개개인의 집합적 능력이디.
4. **기술technology지능** 도구와 기술이 갖는 지능이다.
5. **환경environmental지능** 우주와 우리를 둘러싸고 있는 모든 생물학적·과학적 환경의 지능을 말한다.

6) http://www.foresightguide.com/intelligence-five-basic-types

첫 2개는 개인 내부의 지능이고 나머지 3개는 외부세계의 지능으로, 개인의 내부지능들이 다른 외부지능을 향상시키기도 하지만 외부지능이 발전하는데 개인의 지능이 함께 동행하지 못하면 삶이 복잡해질 수 있다. 인생설계를 함에 있어 자신의 내부지능IQ와 EQ이 외부지능 수준과 어떤 관계인지 살펴볼 만하다.

5. 개인의 역량평가를 위한 SWOT 기법

자신의 지능과 장점을 최대한 발휘하면 밝은 미래의 길로 걷게 된다. 마찬가지로 자신의 단점을 알고 극복하는 방법을 깨우치면 문제를 접할 가능성이 줄어든다. SWOT 기법은 개인의 역량평가와 이에 따른 대응방안을 강구하는 데 유익한 기법이다.

- **강점strengths** 다른 사람들은 없는 것들기술, 자격증, 교육, 인맥 등, 다른 사람보다 잘 하는 것, 다른 사람들이 장점이라고 평가해주는 것, 자신이 자랑스러워하는 성과, 다른 사람들이 보여주지 못하는데 보여줄 수 있는 것들, 보통 사람들이 없는 인맥 등이 강점들이다.
- **약점weaknesses** 자신감이 없어서 피하는 것들, 다른 사람들이 약점이라고 평가하는 것들, 교육받는 데 부족했다고 생각되는 것들, 좋지 않은 습관들예로, 모임에 자주 늦거나 감정통제가 힘들거나, 정리하는 능력이 뒤지는 등, 자신의 분야에서 부족한 것들예로, 다른 사람들 앞에서 발표가 늘 긴장되고 두려움은 약점에 해당된다.
- **기회opportunities** 신기술이나 다른 사람을 통해 도움받을 수 있는 것들, 자신이 속한 산업이나 시장의 발전, 자문받을 수 있는 집단의 등장, 혜택을 입을 수 있는 새로운 동향, 경쟁자의 미숙함이나 실수, 새로운 교육의 기회, 지식과 경험을 쌓을 수 있는 새로운 일감, 소속 조직의 확대 등은 기회들이다.
- **위협threats** 현재 접하게 된 문제점들, 경쟁자의 존재나 등장, 업무의 변화, 신기술에 의해 위협받는 일자리, 자시의 단점이 초래할 위협요소들 등이다.

[그림 12.6]은 SWOT 분석을 위한 양식의 예다.[7]

7) https://www.mindtools.com/worksheets/Personal_SWOT_Analysis_Worksheet.pdf

Strengths What do you do well? What unique resources can you draw on? What do others see as your strengths?	Weaknesses What could you improve? Where do you have fewer resources the others? What are others likely to see as weaknesses?
Opportunities What opportunities are open to you? What trends could you take advantage of? How can you turn your strengths into opportunities?	Threats What threats could harm you? What is your competition doing? What threats do your weaknesses expose you to?

[그림 12.6] 개인역량평가를 위한 SWOT 양식

생각해봅시다 12.2 쉬운 IQ 테스트

"어제가 내일이었으면 좋겠다. 그럼 오늘이 금요일일텐데~"

문제: 오늘은 무슨 요일?

휠라이트의 개인의 미래경영 방법론

휠라이트Verne Wheelwright는 조직의 전략적 미래경영 방법론이 책의 제11장의 개념이 개인의 미래경영에도 적용될 수 있다고 주장한다.[8] 현재의 삶의 단계life stage에서 미래의 단계들을 바라볼 때 삶의 영역domain별로 다양한 사건들이 발생할 수 있는데 이러한 사건들의 상호영향력과 개인의 삶의 가치values를 잘 고려해서 영역별 발생개연성이 높은 사건들에 대해 개인의 목표를 설정하고 전략적 대응계획을 수립함으로써 개인의 미래를 경영하라는 것이다.

휠라이트의 개인을 위한 미래경영 방법론의 프레임워크는 [그림 12.7]과 같다.

1 자신 이해	2 영역별 전망	3 시나리오 개발	4 전략기획
탐색과 계획수립을 위한 삶의 단계 선정	삶의 영역별 현황의 평가와 미래단계 예측	삶의 단계별 발생가능 사건들의 도출과 가능성 및 영향력 정의	주요 사건들에 대한 미래를 위한 목표 및 계획수립

[그림 12.7] 휠라이트의 프레임워크

1. 자신에 대한 이해

먼저 해야 할 일은 자신을 아는 일이다. 자신을 연구대상으로 삼는 연구personal research가 필요하다. 휠라이트는 개인의 삶의 단계를 10단계로 분류하였다. 자신이 속한 단계에서 미래의 단계를 살피라는 취지에서다. 아래 8단계와 9단계는 생략할 수도 있다.

1. **유아기**infant 태어난 이후 2세까지의 단계이다.
2. **어린이**child 3~9세까지의 기간이다. 말을 배우고 사람들과 어울리기 시작한다.
3. **청소년**adolescent 10대 나이의 단계로서 어른으로 성장해가는 단계이다.
4. **청년기**young adult 20대 나이로 교육을 받고 마치고, 직업을 갖고 결혼을 할 수도 있다.
5. **어른**adult 30대로, 가정을 꾸리고 직업에 충실하지만 많은 삶의 문제에 봉착하게 된다.

---

8) Wheelwright, R. Verne, *Personal Futures: Foresight & Futures Studies for Individuals* Harlingen:PFN, 2006. http://www.personalfutures.net/sitebuildercontent/sitebuilderfiles/THESIS.pdf

6. **중장년**middle age 40대와 50대로, 생애주기의 노화가 시작되며 라이프스타일이 변하고 갱년기를 맞고, 자녀들이 떠나고 손자손녀가 생기고 직업은 절정에 달하며 부모가 도움을 필요로 하는 단계이다.
7. **독립적 노인**independent elder 60세 이상의 연령대다. 노화가 더욱 진전되며 퇴직도 하고 연금도 받게 되는 시기다. 여행과 운동도 즐기지만 건강문제가 발생할 수 있다.
8. **연약한 노인**vulnerable elder 노쇠해지고 다양한 신체적·정신적 건강문제가 생기며 다른 사람의 도움이 필요해진다. 실버타운에 들어갈 수도 있다.
9. **의지해야 하는 노인**dependent elder 매일 보살핌이 필요하다. 신체적 기능 수행이 힘들며 요양원에 들어가야 하는 필요성도 생긴다.
10. **사망 직전** 사망이 예고된 6개월 이내의 생애 마지막 단계이다.

자신이 속한 삶의 단계와 미래에 맞이할 단계들을 생각하며 자신의 인생을 돌이켜보고 또한 미래를 생각한다.

2. 삶의 영역별 전망

개인의 삶의 영역은 [표 12.3]과 같이 6개로 분류된다.

[표 12.3] 삶의 영역과 내용

삶의 영역	삶의 내용(예)
활동activities	학업, 비정규교육, 자기계발, 직장·일, 신앙생활, 스포츠, 취미, 여행
재무finances	수입, 지출, 비용, 자산, 부채, 투자, 보험
건강health	건강상태, 질병, 약 복용, 다이어트와 운동, 진료, 간호
주택housing	집, 요양원, 지역, 국가, 기후
사회social	가족, 친구, 동료, 자문인, 통신
교통transportation	이동성, 개인교통수단, 차, 공공교통수단, 특수차량, 장거리이동

각 삶의 영역별로 미래를 주관적으로 전망해본다면 [그림 12.8]과 같이 X축에는 나이를, Y축에는 삶의 질quality을 설정하고 그래프로 그려볼 수도 있을 것이다.

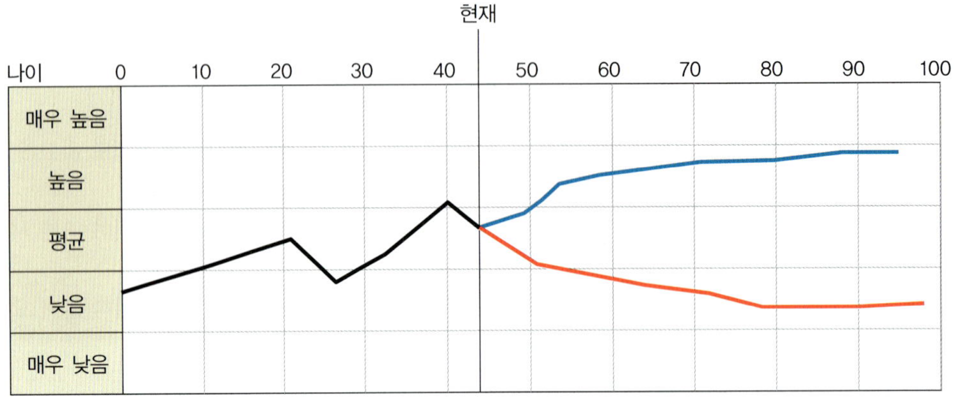

[그림 12.8] 영역별 나이와 삶의 질의 관계도(예)

3. 미래 시나리오 개발

인생은 크고 작은 사건들의 연속이다. 이 사건들이 인생을 만든다. 어떤 사건들이 어느 삶의 단계에 나타날 가능성이 많고 그 사건들이 얼마나 남은 인생에 영향을 미칠 것인가를 따져보는 것은 중요하다. [표 12.4]는 삶의 단계별로 이 사건들의 예를 제시한다.

[표 12.4] 삶의 단계별 사건들(예)

삶의 단계		흔히 발생하는 사건들	삶에 영향력이 큰 사건들
유아기		배움, 걸음, 말, 작은 병	심각한 병
어린이		수업, 상장, 작은 부상, 작은 병	심각한 병, 왕따, 부모의 이혼
젊은 세대	청소년10대	학교, 시험, 대학 선택, 사춘기, 감정, 섹스, 성장, 첫사랑, 첫이별, 운전, 위험한 언행	사고, 심각한 부상, 체포·구속, 임신, 부모의 이혼, 부모나 친구의 죽음
	청년기20대	교육 마침, 직장생활 시작, 독립생활, 결혼, 첫 애	사고, 자식의 병이나 사고, 퇴사·해직, 직업 변경
	어른30대	승진, 직장에서의 압력, 가정의 행복, 마지막 자식	재정적 압박, 이혼, 퇴사·해직, 직장 변경
중장년4050세대		갱년기 때의 임신, 노화 신호, 빈집, 손자·손녀, 부모의 은퇴, 성과에 대한 인정, 가장 높은 수입, 저축	손자·손녀, 자신이나 배우자의 만성질환, 부모의 병환과 사망, 범죄의 피해, 무직, 이혼

독립적 노인60 이상	은퇴 대상, 연금, 의료보험, 자유시간, 이사, 새 친구, 여행, 자녀들의 문제	은퇴, 역할의 변화, 손손자·소녀, 심각한 병환, 배우자의 사망, 운전 중단, 심각한 병 치유·회복
연약한 노인	노쇠허약, 인지불감, 낙상 위험, 사기당할 가능성, 범죄 피해	낙상, 부상, 간호받는 삶
의지해야 하는 노인	활동 축소, 치료	다른 사람에게 의존하는 삶, 삶의 통제력 상실, 요양원

어떤 사건이 일어날 확률이 높은지는 대략 개인적으로 유추해 볼 수 있다. [그림 12.9]의 사사분면에 특정 삶의 단계에 대한 사건들을 위치시킨 후, 발생가능성이 높으면서 동시에 발생할 경우 영향력이 강한 사건들이 펼칠 시나리오를 생각하고 이에 대한 전략적 계획이 필요하다. 암보험, 부동산투자, 저축, 정기적인 건강검진 등이 필요한 이유이다.

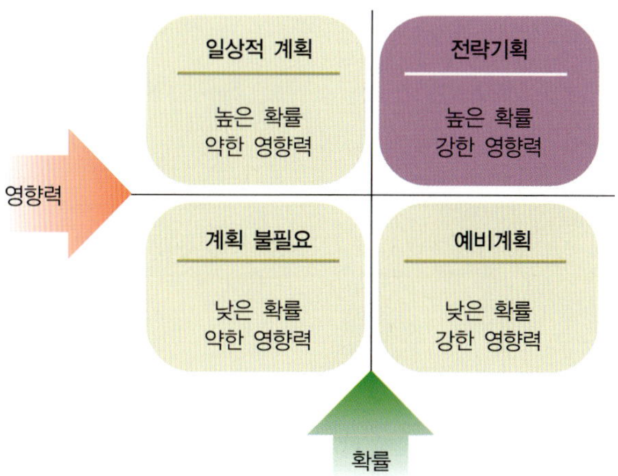

[그림 12.9] 사건들의 발생확률과 영향력으로의 분류

4. 미래전략 계획수립

각 개인은 삶의 가치를 나열하고 우선순위를 책정한다. 이들은 조지 모리시George Morrisey에 의하면[9] 독립성과 자유, 경제적 혜택, 경제적 안정, 위험감수에의 도전, 가족에 대한 배

9) Morrisey, George L., *Creating Your Own Future*, Berrett-Koehler Publishers, 1992.

려, 지리적 관점, 타인에 대한 봉사, 개인적 유산과 부동산, 전문가로서의 공로 인정, 자신이 속한 전문영역 인물들과의 유대관계, 권력과 영향력, 원칙과 윤리관 등 12가지가 있다고 한다. 이러한 가치관은 사건의 중요성을 인지하는 데 도움을 준다.

마지막 단계에서는 미래의 각 삶의 단계에 대한 삶의 영역마다 발생가능성과 영향력이 높은 사건들을 나열하고 이에 대한 개인적인 목표와 전략적인 계획을 수립한다. [표 12.5]와 같은 양식이 추천된다.

[표 12.5] 개인의 미래전략 계획수립

삶의 단계				
삶의 영역	발생가능성 높은 사건들	영향력 높은 사건들	개인적 목표와 계획	개인적 가치
활동activities (학업, 비정규교육, 자기계발, 직장·일, 신앙생활, 스포츠, 취미, 여행 등)				
재무finances (수입, 지출, 비용, 자산, 부채, 투자, 보험 등)				
건강health (건강상태, 질병, 약복용, 다이어트와 운동, 진료, 간호 등)				
주택housing (집, 요양원, 지역, 국가, 기후 등)				
사회social (가족, 연인, 친구, 동료, 자문인, 통신 등)				
교통transportation (이동성, 개인교통수단, 차, 공공교통수단, 특수차량, 장거리 등)				

생각해봅시다 12.3 IT를 알면 미래가 보인다?

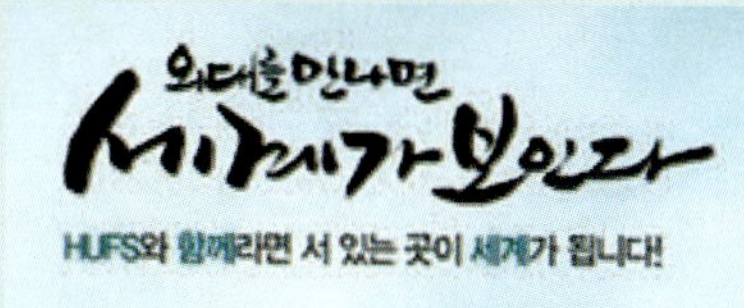

한국외국어대학교는 **'외대를 만나면 세계가 보인다'** 라면서 신입생을 유혹한다. IT학자로서의 저자는 그 어떤 기술보다도 IT가 세상의 변화를 주도해왔다는 생각에 **'IT를 알면 미래가 보인다!'**고 학생들에게 강조해오곤 했다.

저자의 개인 블로그blog.daum.net/eprofessor도 1999년 1월부터 첫 화면이 아래와 같이 변함없다. 단 미래를 볼 수 있도록 많은 정보를 제공하지 못했을 뿐이다. 이 책을 계기로 미래지향적인 '미래학 공부 블로그'로 개조할까 싶다.

한국외국어대학교의 대학생을 위한 ISOM 인생설계 방법론

한국외국어대학교는 1954년 진리·평화·창조를 3대 창학정신으로 삼고 1954년에 설립된 사립대학교이다. 2020 외대 비전에 의하면 미래지향적 융·복합 전문가의 양성을 목표로, 현재 서양어·중국어·일본어대학과 법과·상경·경영·사범대학 및 인문·통번역·국제지역·자연과학·공과대학 등 약 20여 개의 단과대학들을 운영하고 있다.

미래학은 현재 경영대학에서 '미래경영학'으로, 교양대학에서 '글로벌미래학입문' 과목으로 개설 중이다. 경영대학은 재무·회계·인사조직·마케팅·국제경영과 정보시스템(IS)

·운영관리(OM) 전공으로 분류되는데, 미래경영학은 ISOM 전공의 선택과목으로 개설 중이다.10) 따라서 학생들을 위한 미래경영·인생설계 방법론을 ISOMIndividualized Strategic fOresight Methodology 방법론이라고 편의상 명명했으며 그 내용을 소개한다.

1. ISOM 방법론의 철학

미국 하버드대학 MBA 출신을 대상으로 한 비교조사연구에 의하면 명확한 장래목표를 설정하고 이를 이루기 위한 계획을 세우고 살았던 졸업생들은 그렇지 않았던 졸업생들에 비해 10년 후에 연봉이 무려 10배 차이가 높은 것으로 나타났다고 한다.11) 인생설계는 인생이라는 바다를 항해하는 나침반의 역할을 수행하며, 졸업 후 미지의 세계로 출발하는 대학생들에게는 그만큼 중요하다는 뜻이다.

ISOM 방법론은 단순하다. [그림 12.10]에서 보듯이, 미래에 대한 꿈을 꾸고 삶의 목표를 설정한 후, 과거와 현재를 성찰하며 목표달성을 위해 과감하게 삶의 방법을 개조할 혁신계획을 표에 정리하고 또한 인생설계도로 그리는 단계를 밟는다. 즉 학생들에게 비전을 구체적 그림과 표로 만들어 머리에 담고 미래를 개척해 나아가라는 취지이다.

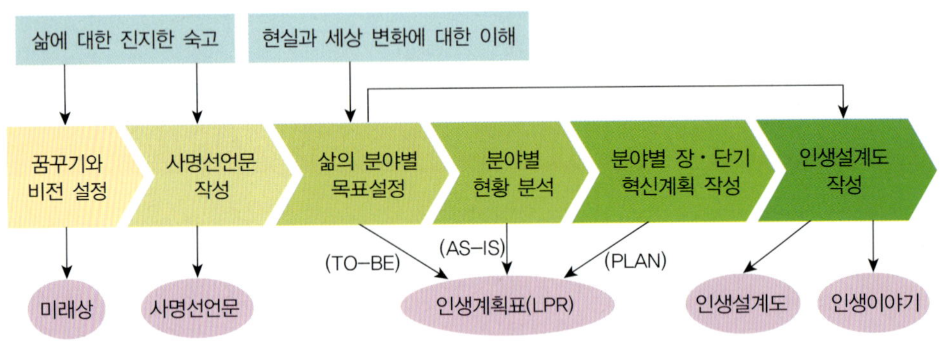

[그림 12.10] ISOM 미래설계 방법론

---

10) 미래경영학은 '미래를 생각하고 예측하고 창조하는 미래학의 역사·철학·이론을 이해하고, 다양한 미래 연구 기법들을 공부하며, 산업과 기업의 미래경영을 위한 전략적 미래개발 방법론을 강의·토론·팀과제를 통해 습득한다'고 학생들에게 안내된다. 여기 소개되는 ISOM 방법론은 이 과목을 가르치는 저자의 제안이다.

11) GLS조경, "인생설계하는 방법". http://blog.daum.net/yongsso/8481291

2. 방법론의 단계

ISOM 방법론은 미래예측이 아닌 미래창조가 목적이다. 경영학의 BPR 경영혁신기법과 미래학의 백스캐닝backscanning 기법이 융합된 ISOM 방법론의 각 단계에 대한 설명은 다음과 같다.

- **삶에 대한 진지한 사고** 삶의 의미를 찾고 삶의 목적purpose을 세우는 것이다. 탄생과 죽음은 어떤 의미를 지니는지, 무엇을 위해 어떤 삶을 살아야 하는지, 어떻게 사는 것이 가치 있는 삶인지 등에 대해 깊이 명상하는 시간을 갖는다.
- **꿈꾸기와 비전 설정** 명상의 결과로 내가 살아가며 이루고자 하는 가시적인 미래상을 정한다. 10년 후, 20년 후 또는 노후에 나의나의 일, 나와 가족 포함 미래모습을 상상하고 한 문장으로 비전을 쓴다. 자신이 생각하는 인생의 행복과 성공이 무엇인지가 반영되어야 한다. 예를 들어, '20년 후 대기업의 브라질 지점장' 혹은 '나이 50에 성공한 벤처사업가' 등이다.
- **사명선언문 작성** 나의 존재의 이유를 한 문장으로 작성한다작성방법은 이 책의 제12장 앞부문에서 설명함. 이 사명선언문mission statement은 나의 판단과 행동에 확신과 정당성을 부여하고 이를 위해서 다른 것을 희생할 수 있는 가치를 지니고, 무엇을 누구에게 어떻게 어떤 결과를 가져오는지 분명하게 알 수 있어야 한다. 예를 들어, '나의 사명은 세계인의 자유로운 의사소통을 위해 인공지능 기반 통역기술을 연구하는 것이다' 식이다.
- **현실과 세상변화에 대한 이해** 구체적인 목표를 설정하기 전에, 현재 처한 다양한 환경을 이해하고 또한 시사상식과 독서와 교육을 통해 배운 세상과 주변사회·산업·과학기술 등의 변화에 대해 통찰하는 시간을 갖는다.
- **분야별 목표(to-be) 설정** 비전을 이루기 위해 반드시 달성해야 할 목표를 삶의 영역별로 설정한다. 이 삶의 영역을 인생프로세스life process라고 칭함은 기업의 회계·재무·생산 등의 업무를 비즈니스 프로세스라고 일컫고 이의 혁신을 BPR이라고 하듯이이 책의 제9장 개인의 삶이 바로 하루하루를 살아가는 인생프로세스인 까닭이다. 직장·학업, 건강과 운동, 가족관계, 취미 및 여가생활, 사회생활과 우정, 영적 성장과 자기계발, 사랑과 인연, 그리고 경제적 목표 등을 각 영역별로 2~4개씩만 요약하여 LPR분석표에 정리한다.
- **현황(as-is) 분석** 과거를 회상·반성하고 각 분야별로 현재 잘하고 있는 것과 부족한 것을 각 영역process별로 2~4개씩만 파악한다. 자신의 역량에 대한 SWOT 분석도 도움이 될 수 있다.
- **혁신계획 작성** 삶을 혁신적으로 바꿔 미래를 개척하기 위해 현재as-is에서 목표to-be지점으로 나아가기 위한 구체적인 실행계획을 각 영역별로 2~4개씩만 작성한다. 이 계획이 인생을 바꾸는 인생프로세스 리엔지니어링LPR/life process re-engineering이다.
- **인생설계도 작성** 비전을 달성하기까지의 2년, 5년, 10년, 20년, 노후 등 시간대별로 실행계

획의 중간지점들을 포함시켜 한 장의 그림으로 그린다. 그림의 형식은 연령대별 로드맵, 지하철노선, 표, 인포그래픽 등 창의성을 발휘하면 좋다. 파워포인트가 추천된다.

- **인생이야기 작성** 비전과 사명선언문과 인생설계도를 토대로 '나의 인생이야기'를 수필식으로 작성한다. A4용지 한 장의 분량이면 충분하다. 단, 가까운 사람과 공유하고 함께 이루어가는 삶이 '삶의 가치'를 높이는 성공의 길일 수도 있다는 가정하에 감동과 신뢰를 담은 내용이어야 한다. 셀카로 찍은 3~5분 분량의 동영상도 추천한다.

LPR분석표의 건강・운동 영역에 '몸매 가꾸기'가 목표인데 '체중 70키로'가 현재라면 혁신계획은 '매일 1시간씩 조깅'이 된다. 인생설계도의 예는 이 책의 제1장 부록에서 찾아볼 수 있다.

3. 인생설계 양식

ISOM 방법론이 추천하는 양식은 [그림 12.11]과 같다. LPR 분석표를 작성할 때 한 장으로는 부족하다면 순서를 바꿔 첫 번째 장의 하단에 인생설계도를 그린 후, 두 번째 장에 LPR 분석표를 작성해도 무방하다. 인생이야기 수필은 별도의 장에 작성한다.

행복한 미래를 위한 ________의 인생설계

작성: ________년 ___월 ___일

_____년 후 미래의 비전(미래상) 미래의 바라는 모습을 자유롭게 한 줄로 작성

사명선언문(인생의 존재 이유) '나의 사명은 ___을 위해 ___을 ___, ___하는 것이다'식의 형식 준수

LPR분석표(인생 프로세스 리엔지니어링) 각 해당 영역(5~9개 선택)마다 2~4개씩만 요약 기입

삶의 영역 (인생 프로세스)	과거-현재분석 (AS-IS 진단)	미래목표 (TO-BE 설정)	미래창조 계획 (현재-미래 혁신 PLAN)
학업과 취업준비	• • •	• • •	• • •
직장 및 봉사활동	• • •	• • •	• • •
건강과 운동	• • •	• • •	• • •
가정과 가족관계	• • •	• • •	• • •
취미활동 및 여가생활	• • •	• • •	• • •
사회생활과 우정 나누기	• • •	• • •	• • •
자기계발과 영적 성장	• • •	• • •	• • •
사랑과 인연 맺기	• • •	• • •	• • •
경제적 활동과 재무목표(돈)	• • •	• • •	• • •

인생설계도 (인포그래픽 그림이나 로드맵을 powerpoint로 자유롭게)

첨부: 나의 인생(수필 A4용지 1장 또는 셀카 동영상 5분 이내)

[그림 12.11] ISOM 방법론 양식(예)

대학생을 위한 CU 진로설계 방법론

인터넷에 공개된 조선대학교 장순석 교수의 진로설계 로드맵 역시 다른 방법론과 크게 다르지는 않다.[12) [그림 12.12]에서 보듯이 현재를 이해하고 자신의 가치를 정의한 후 미래를 설정한 다음에 비전 실행을 위한 계획수립 및 실행전술과 사명선언서 작성으로 이어진다. 이 책은 이 진로설계 로드맵을 편의상 CU조선대학교 방법론이라 부른다.

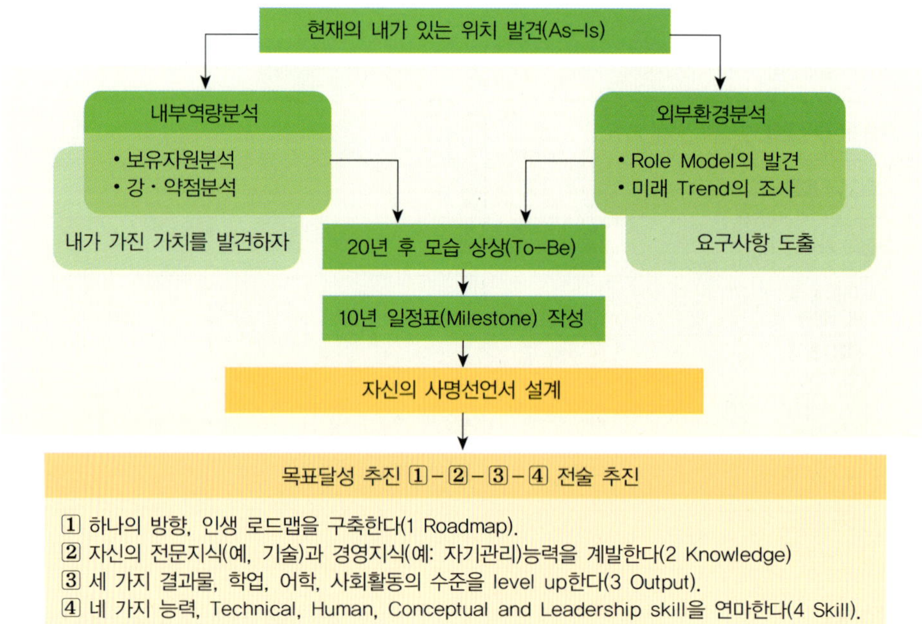

[그림 12.12] 진로설계 작성 전개도

1. 자신의 발견

CU 방법론은 먼저 자신을 발견함으로 시작한다. 대학기간 동안 혹은 졸업하기 전에 하고 싶은 10가지를 적어보고, 지난 10~20년간 자신에게 일어났던 가장 중요했던 사건들좋았던 사건들과 가장 안 좋았던 사건들 포함을 기억해보고, 자신의 꿈이 무엇인지 생각해보길 권한다.

12) 장순석, *진로설계 로드맵 workbook*, 조선대학교, 2014. http://slidesplayer.org/slide/11267197/

꿈은 '20년 후 혼자 또는 가족·부모님·연인과 함께 하고자 하는 상상'이다. 꿈은 영감이 상상을 만들고 상상이 현실이 되도록 만든다. 그림이나 사진을 찾아 꿈을 가시화하는 것도 좋다.

2. 가치관의 정립

가치는 자신에게 우선시되는 것으로 키우고자 애쓰는 특성과 자질이다. CU 방법론은 [표 12.6]의 인생의 14개의 가치에 우선순위를 책정하여 자신의 존재의미를 새기도록 한다. 나아가 [표 12.7]에 나열된 20가지 가치관들을 보며 자신이 추구하는 바를 점검한다.

[표 12.6] 인생의 가치

인생의 가치		우선순위(5개 이하 선택)
성취	일의 완수에서 오는 보람	
탐미	아름다움 그 자체를 즐김	
봉사	상대방을 이롭게 하는 것에 대한 관심	
자주	자기해결능력, 의사결정의 독립성	
창의	상상력의 개발을 통한 문제해결, 변화지향적 사고	
감성	마음과 감정이 풍요로운 상태	
건강	신체의 상태	
정직	행위의 공정성	
정의	진리에 서는 것	
기술	자신의 지식을 효과적으로 사용하는 능력	
사랑	애정, 비이기주의적 감정	
지식	전문성	
부유	물질을 많이 소유함	
지혜	통찰력, 판단력	

[표 12.7] 나의 가치관

1	결혼만족스러운 결혼	11	안정일생 동안의 경제적 안정
2	개인적 자율성원하는 것을 할 수 있는 자유	12	정의편견 없는 세상
3	권력나라의 운명을 좌우할 수 있는 기회	13	애타심질병과 궁핍을 제거하는 기회
4	우정친구의 존경과 사랑	14	명성국제적 명성과 인기
5	정서적 안정삶을 긍정적으로 볼 수 있는 완전한 자신감	15	쾌락전적으로 즐길 수 있는 기회
6	가정행복한 가족관계	16	지혜삶의 의미에 대한 이해
7	용모세상에서 가장 매력 있는 사람으로서 인정받음	17	정직부정과 속임이 없는 세상
8	건강병 없이 오래 사는 것	18	직업적 자율성직장에서의 자유
9	지식개인 전용의 완벽한 도서실	19	사랑진정한 사랑의 관계
10	종교만족스러운 종교적 신앙	20	직업적 성취선택한 직업에서의 성공

3. 20년 후의 미래상 상상과 목표설정

20년 후의 자신이 모습을 상상하기 위해 아래 질문에 답한다.

1. 20년 후, 어떤 사람이 되길 원하는가?
2. 그 사람이 되려면 어떻게 하면 되는가?
3. 그러기 위해 당신은 무엇을 가지고 있어야 하는가?

미래상이 그려지면 10년 실행목표를 설정한다. [표 12.8]과 같은 양식이 사용된다.

[표 12.8] 목표설정

목표시점	목표(일, 가족, 건강, 친구 등)
장기목표(10~20년)	
중기목표(2~5년)	
단기목표(6개월~1년)	
주간・월간목표	

CU 방법론은 이와 같은 목표달성을 위해 실행원칙을 만들고, 향후 10년간 각 연도별로 실행계획을 세우라고 권한다. 나아가 인생사명선언서를 작성하여 마음가짐을 바로 세운다.

4. 목표달성을 위한 전술

미래를 어떻게 창조하는가? 지속적인 노력이다. CU 방법론은 대학생들에게 아래와 같이 목표달성 추진 1-2-3-4 전술을 강조한다.

- **1개의 로드맵** 하나의 방향, 인생 로드맵을 구축한다.
- **2가지 지식** 두 분야의 지식, 전문지식예: 기술과 경영지식예: 자기관리을 쌓는다.
- **3가지 결과물** 세 가지 결과물인 학업, 어학, 사회활동의 수준을 향상시킨다.
- **4가지 능력** 4가지 능력인 기술능력, 대인능력, 사고능력, 리더십능력을 연마한다.

토의문제

01. 개인적으로 미래를 위한 꿈을 꾸는가?

02. 꿈과 비전의 차이는 무엇인가?

03. 사명선언문을 작성하면 인생이 변한다는 주장에 동의하는가?

04. 자신은 세상의 변화에 잘 적응한다고 판단하는가?

05. 매슬로우의 욕구이론 모델을 살핀 후 자신의 욕구단계를 생각하라.

06. 인간의 지능 중 무슨 지능이 성공을 위해 가장 중요할까?

07. 개인의 미래경영 방법론에 따라 인생설계를 하면 미래가 정말 달라질까?

08. 휠라이트 · ISOM · CU 방법론들의 공통분모와 차이는 무엇인가?

09. 행복의 의미는 자신에게 무엇인가?

10. 20년 후의 당신의 모습을 눈을 감고 상상해보라.

참고문헌

국내문헌

박성원・진설아・황윤하・조규진・송민, *한국인의 미래 인식, 사회분위기, 미래적응력 조사(3차년도)*, 과학기술정책연구원, 2015.12.

장순석, *진로설계 로드맵 workbook*, 조선대학교, 2014.

정태식, *생애설계가 삶의 만족도에 미치는 영향에 관한 분석*, 석사학위 논문, 한성대학교, 2018.

존스 로리 베리, *사명선언문*, KPI, 1998.

GLS조경, "인생설계하는 방법". http://blog.daum.net/yongsso/8481291

해외문헌

Gardner, Howard, *Frames of Mind*, Basic Books, 1983.

Morrisey, George L., *Creating Your Own Future*, Berrett-Koehle, 1992.

Sinetar, Marsha, *Do What You Love, The Money will Follow*, Dell, 1989.

Wheelwright, R. Verne, *Personal Futures: Foresight & Futures Studies for Individuals* Harlingen: PFN, 2006.

부록 12 만다라 인생계획법

만다라 계획법은 일본의 이마이즈미 히로아키가 개발한 발상기법으로 일본에서는 '소망을 열어주는 마법의 상자'라고 불린다. 불교의 만다manda, 본질와 라la, 소유하다의 합성어라고 하는데, 그 개념이 흥미로워 부록으로 포함시킨다https://blog.naver.com/pab0000/221199606915.

만다라 박스는 [그림 12.13]과 같이 그려진다. [그림 12.14]는 하나의 예이다.

1. 정사각형의 9개로 이루어진 표를 만든다.
2. 정중앙에 핵심목표를 넣고, 나머지 8칸에 그에 대한 세부목표를 채워넣는다.
3. 세부목표를 각각의 영역에 다시 쓴다.
4. 각 세부목표를 달성하기 위한 구체적인 행동계획, 총 64개의 행동계획을 기입한다.
5. 구체적일수록 좋다.

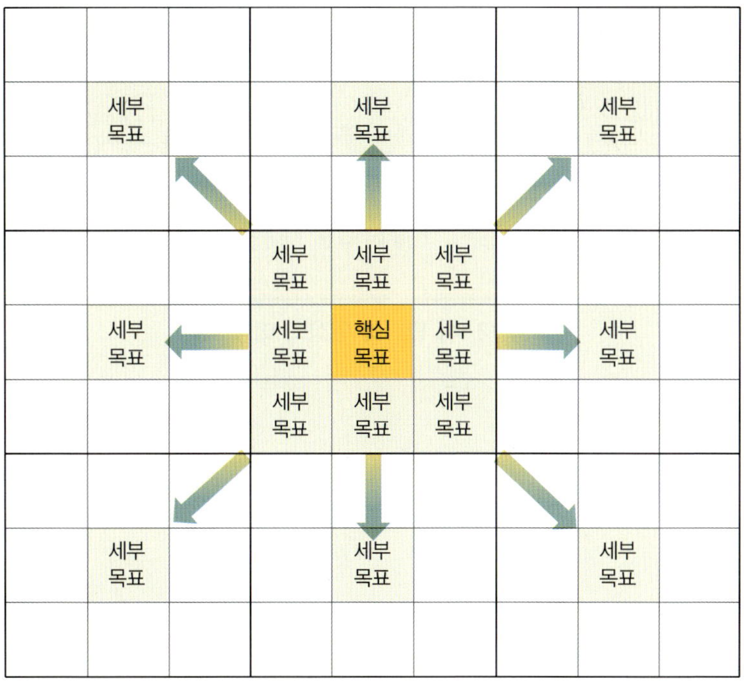

[그림 12.13] 만다라 양식

마케팅 정규교육 수강	오피스 작성능력	타인에게 강의할 수 있을 수준으로 블로그 마스터	남에게 피해주지 않기	부모님께 잘하기	잘못했다고 말할줄 아는 사람되기	뉴스시청, 기사 읽기(정치/경제/사회/문화/과학/인문/연예/국방)	역사 공부	다양한 인맥 만들고 그들의 이야기 경청하기
기획서, 제안서 쓰기 훈련	일 (마케팅)	사진 심화공부	예절, 인사	인성	겸손하기 (언제나 부족하다)	월 3권 이상 독서 후 북리뷰 작성, 주변인들에게 피드백받기	안목	문화생활 (스포츠, 뮤지컬, 전시회, 연극, 콘서트 등)
SNS 이웃들과 진심으로 소통하기	블로그 매주 3회 이상 꾸준히 포스팅	글쓰기 연습	내 입장이 아닌 상대입장에서 사고하기	매사에 감사하기	신뢰	호기심 가지기	끊임없이 질문하기	인문학에 관심가지기 (독서, 강연회 등)
상대를 위로할 때 내 이야기를 하지 말고 그저 그 사람 자체를 이해하고 손잡아주기	스피치 공부 & 목소리 발성 연습	경청하기	일	인성	안목	꾸준한 건강관리 (운동, 건강식품)	항상 자기를 돌아보기	스트레스 받지 않기
절대 가시로 찌르지 않기	소통	내 이야기는 줄이기	소통	설계	행복	많은 인맥	행복	타인을 위한 삶 (사회환원 기부, 멘토)
감정적으로 대하지 않고 이성적으로 대하기	항상 웃으며 상대 대하기	힘들면 솔직하게 털어놓기	꿈	자기계발	건강	Be positive	모두를 사랑하기	완벽한 사람이 아닌 빈틈있는 사람되기
3년 안에 스페인 2개월 여행가기	10년 안에 중남미 6개 이상 나라 배낭여행	죽기 전에 월드시리즈 직관	스페인어 DELE B2 취득, 3000단어 이상 암기	한자공부	포토샵 복습 (GTQ 1급 취득)	주 3회 이상 계단오르기 운동 최소 7회	PC방은 주 1회 내외	에어본, 비타민 챙겨먹기
같이 일하는 사람들을 행복하게 만들어주기	꿈	사회기업인(혹은 인지도 있는 사람)이 되어 10~30대에게 희망을 주고 세상의 많은 문제 해결하기)	스페인어 회화 스터디 꾸준히 참석	자기계발	피아노	자기 전 불끄고 핸드폰 사용금지	건강	음식은 싱겁게, 밀가루, 매운음식 절제
유기동물 없는 세상 만들기	영어와 스페인어는 모국어 수준으로 마스터	더불어 이해하는 세상 만들기	요리배우기	컴활 1급 재도전	운전 연수	사회인 야구 시작	오후 10시 이후 음식섭취금지	허리, 목관리

[그림 12.14] 만다라 양식의 이용 사례

5

Part

Introduction to Futures Studies & Management

미래학 · 미래경영

미래학의 응용

미래학은 국가·사회·산업·기업 현장에서
어떻게 이용되고 있나?

특이점이 온다!
The Singularity is Near!

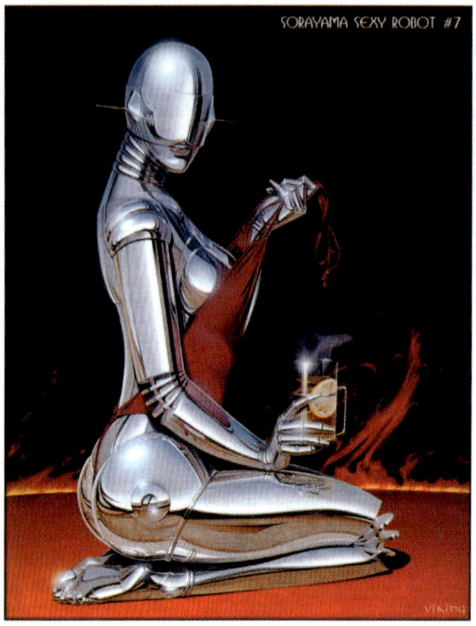

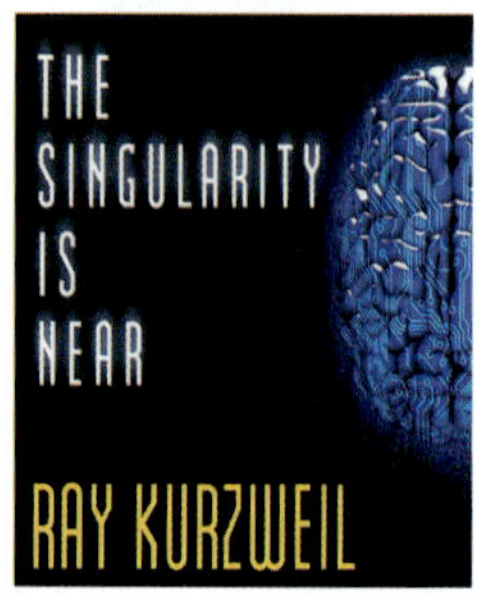

특이점 인공지능이 비약적으로 발전해 인간의 지능을 뛰어넘는 기점을 말한다. 알파고를 개발한 구글의 커즈와일Ray Kurzweil은 그의 저서 '*특이점이 온다 The Singularity is Near*'를 통해 2045년이면 유전학 · 나노기술 · 로봇공학 GNR이 융합되고 기술빅뱅을 일으키면서 인공신체 · 장기개발이 가능해져 인간은 트렌스휴먼 단계를 거쳐 포스트휴먼이 되어 영원불멸하게 되고, 로봇의 지능도 인간의 지능을 뛰어넘으면 인조인간 안드로이드와 인간의 경계도 희미해질 것이라고 예측한다. 그 시점이 바로 특이점이다. 미래학계 특이점학파의 주장과 세력은 대단하다.

기막힌 주장 Impact Lab의 'The future of sex' 연구보고서에 의하면, 2030년에는 거의 대부분의 사람들은 지금 포르노를 보듯이 가상현실섹스를 즐길 것이고, 2035년에는 가상현실과 상호작용하는 섹스토이를 가질 것이라고 예측한다. 빠르면 2025년에 값비싼 섹스로봇sexbots이 등장하고, 2050년에 이르면 남녀 섹스보다 로봇과의 섹스가 더 성행하리라는 전망이다.

상념 황당한 상상을 해본다. 특이점이 온다면 감정이 있는 인간신체의 로봇과 인간과의 사랑도 가능할까? 로봇과의 전쟁을 인간이 과연 감당할 수 있을까? 누가 그랬던가. **'지구상에 마지막까지 살아남을 인간은 로봇일 것'**이라고! 마지막 두 단어가 묘하다. 마지막 인간이 로봇이라니! 그럼 인간은 언제 사라졌다는 말인가? 특이점이 오기 전에 저자는 세상을 떠나고 싶다.

13 Chapter 국가와 사회를 위한 미래연구 사례

"머릿속의 38선을 지워야 땅위의 38선도 사라진다"
– 김구(독립운동가)

국가 차원에서 중·장기적 관점의 경쟁력을 확보하기 위한 미래연구는 중요하다.[1] 국가전략 수립을 위해서는 대내외적인 환경의 변화연구와 자체적인 역량분석에 근거해 10년 후, 20년 후의 미래변화를 읽어내야 한다. 국가전략의 수립은 현실 이해로부터 시작해 10~15년의 미래를 연구하고 이를 바탕으로 5~7년의 전략을 설계하는 과정으로 진행되는 것이 보통이다.[2]

본 장에서는 국가적 관점의 미래예측·전략수립과 사회발전을 위한 미래연구의 응용사례를 소개한다. 미래연구를 통한 특정 전략이나 정책개발의 전 과정에 대한 소개보다는 사례의 결과를 제시함으로써 방법론제10~11장의 활용 및 국가적 미래연구의 중요성을 이해하도록 한다.

국가의 미래와 정책연구

1. 국가전략 개발의 필요성

국가의 미래상을 그려낼 때는 경제·사회·문화 등 모든 분야를 아우르는 총체적인 관

1) 강홍렬, "미래에 대한 연구 – 국가 차원의 연구 필요성과 추진", *국가발전을 위한 미래연구 추진전략 심포지움*, 정보통신정책연구원, 2005.

2) 그러나 기업의 경우는 변화가 빠른 시장과의 긴밀한 관계 때문에 5년 후의 미래도 매우 먼 미래가 될 수 있다. 보통 기업이 제시하는 비전은 기업이 가고자 하는 방향을 구체화한 미래상을 말한다. 이때의 비전은 일반적으로 '3~5년 후의 미래'를 가리킨다.

점이 필요하다. 우리는 막연히 사회변동이라는 말로 통칭하지만 사회변화 속을 들여다보면 금융·법·교육·문화·일상생활·종교·가치관·사회운동·정치제도 등 무수히 많은 요소들이 내재되어 있다. 이 각각의 요소들은 독립적으로 존재하는 것이 아니라 서로 얽혀 있고 상호연관된다. 따라서 시스템 사고가 절대적으로 필요하다.

가령 자본주의적 시장경제는 경제시스템이지만 시장경제에 맞는 제도와 법, 시장경제에 대한 가치관의 공유, 시장경제의 정당성에 대한 교육, 시장경제에 걸맞은 문화생활 등의 다른 요소들과 어우러져 있다. 법을 개정하면 법 개정에 따라 제도가 바뀌고, 제도가 바뀌면 거기에 맞게 사람들의 관계나 행동양식도 변화하게 되는 것이다. IMF 위기를 예로 든다면, IMF 위기는 원래 외환보유고의 부족이라는 금융위기로부터 시작된 현상이었지만 국가부도 사태로 이어지면서 정치·경제·사회·문화의 각 분야에 걸친 총체적인 위기로 확대되었다. 경제현상을 경제적 관점만으로, 교육현상을 교육적 관점만으로, 정치현상을 정치적 관점만으로 분석하는 것은 근시안적이며, 이렇게 해서는 변화의 근본적인 실체를 파악할 수 없다.

국가적 미래예측과 전략수립의 대상은 미래사회 전망, 기회요인과 위험요인의 분석에 관한 사항, 인구·환경·교육·문화·에너지·식량·수자원·건강·정보통신·미디어·우주개발 등 미래생활과 관련된 총체적 국가비전 수립에 관한 사항, 미래 발전요인과 발전모델과 관련한 이슈의 연구·분석 및 대응전략의 수립에 관한 사항, 경제·사회·환경을 통합하는 지속가능한 발전을 위해 고려하여야 할 주요 정책과제에 관한 사항 등 광대하고 포괄적이다.

2. 미래지향적 정책개발

전통적으로 정부는 각 부처별로 1~2년 후를 위한 단기적 대응전략에 맞춰 정책개발을 해왔다. 사회변화에 수동적으로 반응하면서 위기관리에 치중한 일회성 행정이 주를 이루었고, 국가 전체의 장기계획을 수립하는 기구도 부재不在했다. 대통령의 임기에 맞춘 공약 이행을 위한 정책은 미국 같은 선진국도 예외는 아니다.

그러나 시대가 바뀌고 있다. 변화의 속도가 빨라 미래연구에 기반을 둔 전략과 정책으로 가야 한다는 데 대부분의 선진국들이 공감하고 있다. 최근의 특징은 다음과 같다.

- 단기1~2년가 아닌 장기 대응5년, 10년, 20년
- 반응reactive 아닌 예상anticipatory
- 위기 때 반응이 아니라 위기에 조기 대응emerging issues-oriented
- 각 부처별 계획이 아닌 국가 전체의 이해를 반영하는 미래계획
- 점진적 예산증액이 아닌 예산 활용 우선순위 설정
- 일회성 아닌 상시on-going 프로젝트
- 비공식 아닌 공식
- 장기계획을 위한 국가차원의 미래기구

전략은 정책으로 입안되고 법으로 제정되어 조직과 예산과 인력에 뒷받침되면서 집행된다. 바람직한 미래상이 현실화되도록 함에는 국가적 미래연구가 우선되어야 한다.

국가 IT전략과 미래연구 사례

IT전략은 다른 분야에 비해 발전해 온 추이와 기술예측자료가 많아 비교적 쉽게 접근할 수 있을 것 같지만 그렇지도 않다. 거의 모든 기술, 거의 모든 문화현상의 융합이 시작했기 때문이다. 앞으로 어디서 어디까지가 IT이고, 나노기술NT이며, 바이오기술BT인지를 더욱 더 알 수 없게 될 것이다. 예를 들어 A씨 건강 상태를 살펴보고 아픈 곳을 찾아내 병원에 알리며 음식이나 약을 조절해주는 게 IT · NT · BT인지 도대체 알 수 없고, 알 필요도 없을 시대가 10년, 20년 뒤라는 얘기다. 다만 IT는 거의 모든 기술, 거의 모든 문화현상, 거의 모든 삶을 하나로 엮어낼 그물network의 밑바탕임이 분명하다. 우리는 과연 얼마나 멀리, 얼마나 더 정확하게 IT의 미래를 내다볼 수 있을 것인가?

1. IT비전 20/20 미래전략

2004년 당시 정보통신부현재 과학기술정보통신부가 내세운 국가 IT전략은 'IT 8-3-9'로 알려졌다.

- **8개의 서비스**와이브로, DMB, 홈 네트워크, 텔레메틱스, RFID활용, W-CDMA, 지상파 DTV, 인터넷전화가,
- **3개의 기반**광대역망, 유비쿼터스 네트워크, IPv6 인터넷주소체계 위에서,
- **9가지의 기술**차세대 이동통신, 디지털TV, 홈네트워크, IT SoC, 차세대 PC, 임베디드 소프트웨어, 디지털콘텐츠, 텔레메틱스, 지능형 로봇에 의해 제공되도록 하자는 취지였다.

당시 이 전략은 미래지향적인 전략이라는 평가와 함께, 대기업, 하드웨어 위주, 성장편향, 공급자 시각의 불과 3~4년 후를 바라보는 단기 전략이라는 비판도 있었다. 이에 정보통신정책연구원은 지금의 환경변화를 이해함으로써 IT 8-3-9의 등장 배경에 논리를 추가하고, 이 전략이 추구하는 바 혹은 수요 대상이 무엇인지를 '국가발전 IT 4-7-9'라고 명명함과 동시에 30~50년 후를 내다보는 미래지향적 지혜로 보완할 것을 주문했다.[3)]

- **환경변화**는 국민소득 2만 달러 시대, 사이버 세상의 도래, 글로벌, 시민운동, 국민통합에 대한 열망, 국가경쟁력 향상, 사회개혁, 유비쿼터스 환경, 기술융합 등이고 이와 같은 환경에서 비롯된 국가 IT전략이 IT 8-3-9라면 논리적으로 납득가능하다.

국가발전 IT 4-7-9란 미래를 미리 그리자는 것이었다. 즉 기술의 수요 관점이다.

- **4개의 비전**평화와 화합, 국가균형발전, 동북아 중심, 공공부문혁신을 20년 후에 달성하기 위해
- **7개의 아젠다**인적자원관리, 불균형해소와 복지, 법치규범 정립, 국가지식관리, 고령화 대응, 국토운용, 선진외교를 설정하되, 우선 10년 후 우리가 원하는 미래의 삶의 현장을 미리 연구하자고 했다.
- **9개의 삶의 현장**국민경제, 교육, 가정, 교통·물류환경, 문화, 직장, 의료, 공공부문이 우선 대상이었다.

위를 통합하여 탄생한 새로운 국가전략이 [그림 13.1]과 같은 'IT비전 20/20'이었다. '비전vision 20/20'는 영어로 직역하면 '시력 2.0/2.0'이니 미래를 밝은 눈으로 보자는 뜻과 함께, IT 8-3-9의 8+3+9=20과 국가발전 IT 4-7-9의 4+7+9=20을 상징하는 숫자였다.

3) 이 주장은 정보통신정책연구원의 공식 입장이라기보다는 당시 원장이었던 저자 개인의 시각이었다.

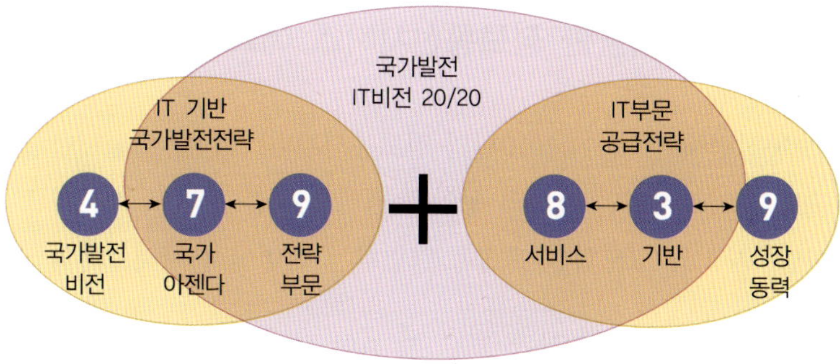

[그림 13.1] IT비전 20/20의 구성요소들

그러나 미래의 큰 꿈도 중요하다. 30~50년 후 모든 것이 조화를 이루는 '행복지구촌'이 존재한다면 사람은 어디서 어떻게 사는 것이 바람직한지를 미리 상상하자고 제안했다.

- 사람은 인류, 민족, 정치, 가족 등이 상상의 대상들이고,
- 공간은 우주, 국가, 국토, 환경을 의미하고,
- 삶은 주택, 음식, 의류, 문화, 교통, 종교 등을 뜻한다.

[그림 13.2]는 현재 변화탐색으로부터 미래 행복지구촌까지의 관계를 보여준다.

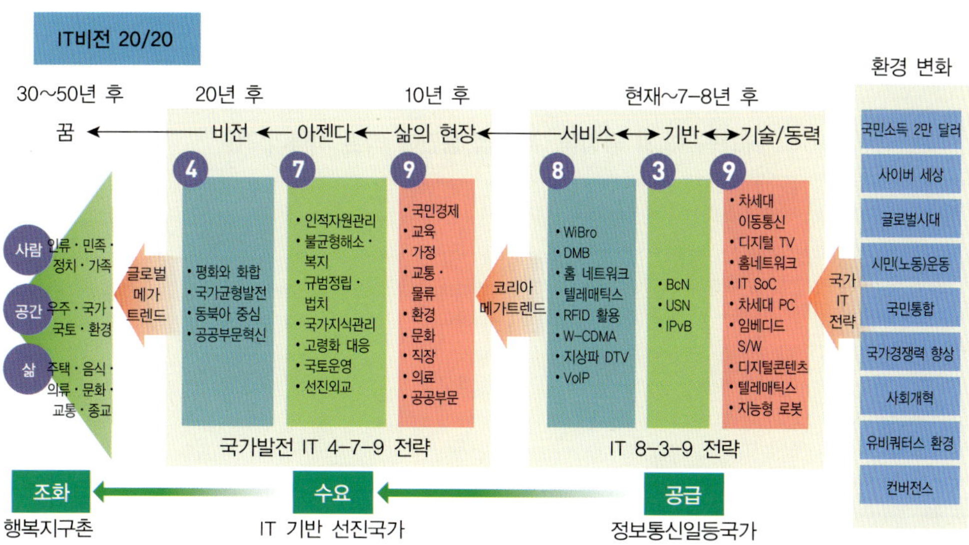

[그림 13.2] 미래연구를 중시하는 IT비전 20/20의 개념도

2. 시나리오 기법을 이용한 정보통신서비스 예측

2004년, 정보통신정책연구원이 2010년의 정보통신서비스의 미래에 대한 분석한 사례를 제시한다.[4] 오래된 자료이지만 변화의 동인을 밝히고 이를 근거로 시나리오 기법을 이용하여 가정・기업・사회의 고도화된 모습을 그렸다는 측면에서 사례로서의 교육적 가치가 크기 때문이다.

무슨 기술이 미래의 서비스를 새롭게 할까? 우선 [표 13.1]에 정리된 것처럼, 6개의 메가트렌드가 인식되었다. IT기술의 진화 관점에서 공급자 측면인 ① 디지털화, ② 광대역화, ③ 지능화와, 시장이 요구하는 수요자 측면인 ④ 모바일화, ⑤ 개인화, ⑥ 융합이 그들이다. 이들은 서비스를 고도화시키는 요인들이다. 나아가, 변화의 동인으로 ① 기술발전, ② 규제, ③ 시장수요가 도출되었다. 이들은 상황에 따라 긍정적 동인drivers 혹은 부정적 동인barriers이 된다. 이들의 조합으로 [그림 13.3]과 같이 시나리오들이 만들어질 수 있다.

[그림 13.3] 긍정적・부정적 동인에 따른 시나리오들

4) 이주헌, 미래한국 건설을 위한 IT비전 20/20, 워크숍자료, 2004.9.10.
정보통신정책연구원 최항섭 박사(현재 국민대 교수)가 당시 제공해준 자료를 토대로 한다.

[표 13.1] IT 메가트렌드와 동인들

메가트렌드 megatrend		동인들drivers		
		기술technology	규제regulation	시장수요market
공급 측면	디지털화 digitalization	• 컴퓨터정보처리능력의 확대 및 통신기술의 발달 • 네트워크 저장 및 전송기술의 발달 • 디지털 압축, 영상기술의 발달 • 콘텐츠 및 기기정보단말, 가전의 디지털화	• 디지털 격차로 인한 계층 간 정보격차 • 선점효과와 나비효과에 의한 공정경쟁 문제 • 비즈니스 모델 관련 특허권 분쟁 • 디지털화에 따른 법·제도 환경 정비	• 데이터량의 증대를 통한 가치의 다양화 • 다양한 정보접근 기회의 확대에 따른 차별화된 상품에 관심customer carer industry의 성장 • 재미와 즐거움의 사회가치화
	광대역화 Broadband & Multimedia	• 광통신기술의 발전 • 초고속 LAN기술의 발전 • 엑세스망의 저가화·대용량·고속화 • 고주파수 활용 기술의 발전 • 저전력·초고속·고집적 소자 기술 • 차세대 인터넷기술의 진보	• 통신, 방송융합에 있어서 역무 구분의 문제 • 보편적 서비스의 적용 • 진입규제, 요금규제 • 공정경쟁시장지배적 사업자에 대한 규제 등	• 인터넷의 확산으로 광대역 수요 증대 • 대용량 멀티미디어 데이터게임, VOD 등에 대한 수요자들의 니즈 증가 • QoSQuality of Service 요구 증대 • 이동성의 증가로 인한 기업 및 공공기관에서의 공적인 이용 증가
	지능화 Intelligent Agent Technology	• 디지털 신호처리기술의 발달 • Smart Sensor 네트워크군사, 환경, 교통, 무선감시 등 • Robotics & Intelligent Machine기술의 발달 (ex. mobilizer robotics) • 소형화·저전력기술의 발달	주민등록증, tag 부착 등이 늘어감에 따라 정보유출 문제에 따른 정보보안의 해결에 관련된 문제	• 생활환경의 지능화 Ambient Intelligence 요구 증대-쾌적하고 편리한 삶 • 이용자 중심의 인터페이스 기술 요구 증대음성인식, 자연어검색, 자동번역 등
수요 측면	모바일화 Mobility & Ubiquity	• 유·무선네트워크 기술의 고도화 • 유저 인터페이스, 분산처리시스템, 디바이스, 위치기반기술, in-	• 주파수 제한 및 규제, 인프라공동활용, 공정경쟁, 적정요금수준, 번호정책 등 • Unbundling, bundling	• 시간과 장소에 구애되지 않으며, 저렴한 비용으로 편리하게 네트워크 활용 • Easy Living, Smart Life

		telligent agent, 나노 기술, IPv6 기술 등의 발달 • 표준화 문제가 가장 중요Open Architecture 대두	규제 • 최적의 표준규격, 운용방법 등의 제정 • 사회적인 합의 도출 문제사생활 침해, 사이버 범죄와 보안 등	의 욕구 • 위치기반 서비스의 욕구 • 기업의 생산, 유통, 마케팅 고도화 욕구 • 사회복지시스템의 고도화
	융합 convergence	• 영상처리, 데이터프로세싱, 정보저장기술의 발달 • 지능형 네트워크 구조의 발달 • 다양한 플랫폼의 기술적 통합 • embedded SW 및 센서기술의 발달	• 각 산업 혹은 서비스 간의 융합이 진행됨에 따른 산업들 간의 서비스 주도권 문제 • 기존의 역무규정 및 형평성에 따른 문제 • 시장지배력 전이에 관한 규제	• All-in One 단말, One-Stop Service에 대한 욕구 증대 • 고객그룹 간 니즈의 유사성 증대
	개인화 personalization	• 컴퓨팅, 통신기술의 발달 • 대량의 고객정보 축적 및 다각적 분석 가능데이터통합의 진전 • 에이전트, 지식처리, 미디어인식, 인터페이스, 보안기술의 발달 • 고객과의 two-way communication 가능cyber commerce	• 정보보안, 프라이버시 및 공인인증의 문제 • 보편적 서비스 문제접속성 관점에서 • 요금제도	• 개인에 특화된 서비스 선택 욕구 • 필요한 정보를 필요한 형태로 찾고자 하는 욕구정보의 양 증대에 따른 정보의 질 확보의 욕구 • 프라이버시 보호 서비스 요구통화거부, 자신의 위치정보 제공 거절 등

가정의 서비스 고도화 광대역화에 따른 속도와 요금을 두 축으로 놓고 만든 시나리오들과 각각에 대한 분석은 [그림 13.4]와 같다. 2010년 가정의 경우 모든 기기들이 통합된 네트워크를 구축하고, 정보를 공유함으로써 구성원들이 교육, 방송, 오락 등 기본적인 서비스에서부터 원격의료, 보안 등 고도화된 서비스에 이르는 통합된 서비스를 제공받을 것으로 예측되며, 삶의 질을 높일 수 있도록 인간화·친환경화·편리화 관점에서 정보통신서비스의 발전이 지속될 것으로 파악된다.

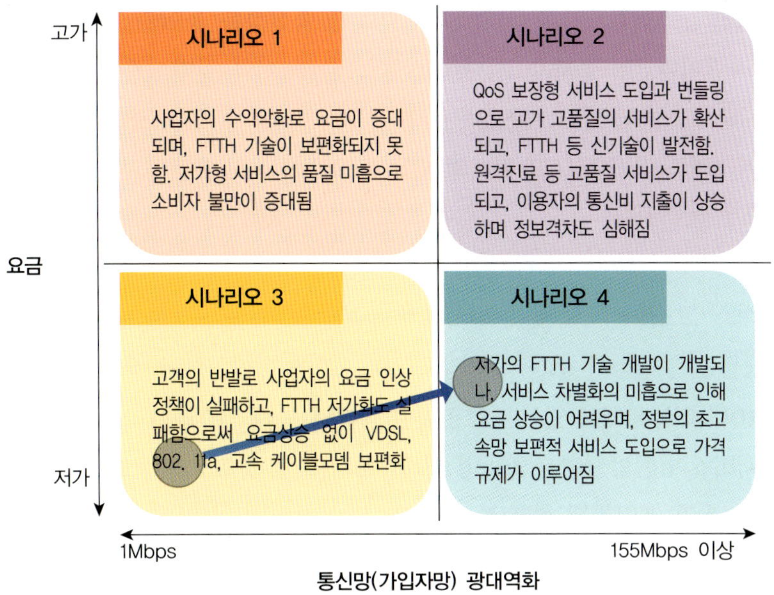

[그림 13.4] 가정서비스 시나리오들

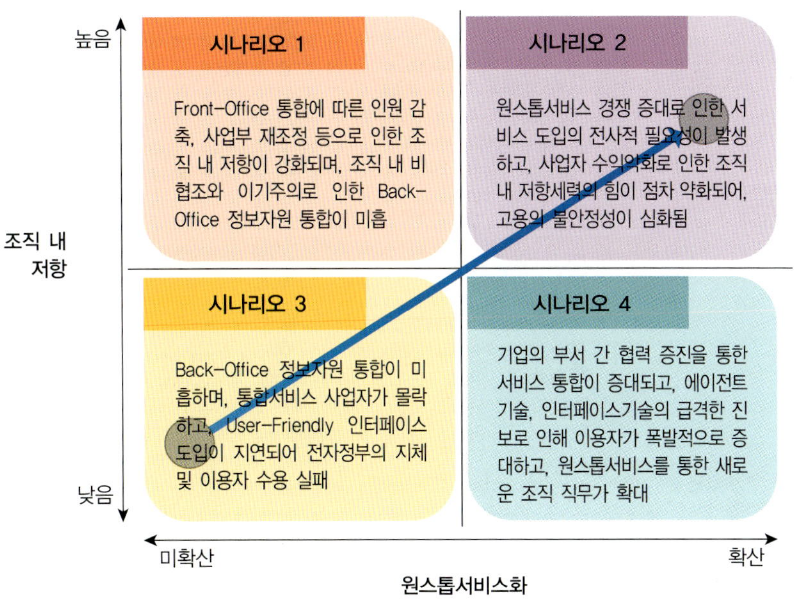

[그림 13.5] 기업서비스 시나리오들

기업의 서비스 고도화 기업의 IT를 활용한 혁신성은 높아지지만 반면에 조직의 저항도 있게 마련이다. 이에 대한 시나리오는 [그림 13.5]와 같다. 즉, 2010년 미래 기업은 시간과 장소에 구애받지 않고 원스톱으로 관련 업무를 볼 수 있는 모바일 오피스 환경의 도입, 전자상거래에 있어 전자태그 기술의 활용 등으로 조직의 분권화가 심화되며, 글로벌화가 촉진될 것으로 예측된다.

사회의 서비스 고도화 유비쿼터스 센서 네트워크USN는 생활의 편리함을 가져오지만 개인의 사생활을 침해하기 쉬운 가능성도 있다. 이에 대한 시나리오들은 [그림 13.6]과 같다. 즉, 2010년 미래사회에 있어서 보편화된 광대역 통신 인프라를 기반으로 행정이나 교통 등 다양한 서비스가 단방향에서 양방향 서비스로 진화할 것으로 예상되며, 일반 대중을 위한 콘텐츠와 서비스가 개인화된 형태로 변모하는 개인형 맞춤 서비스 현상이 두드러질 것으로 예상된다.

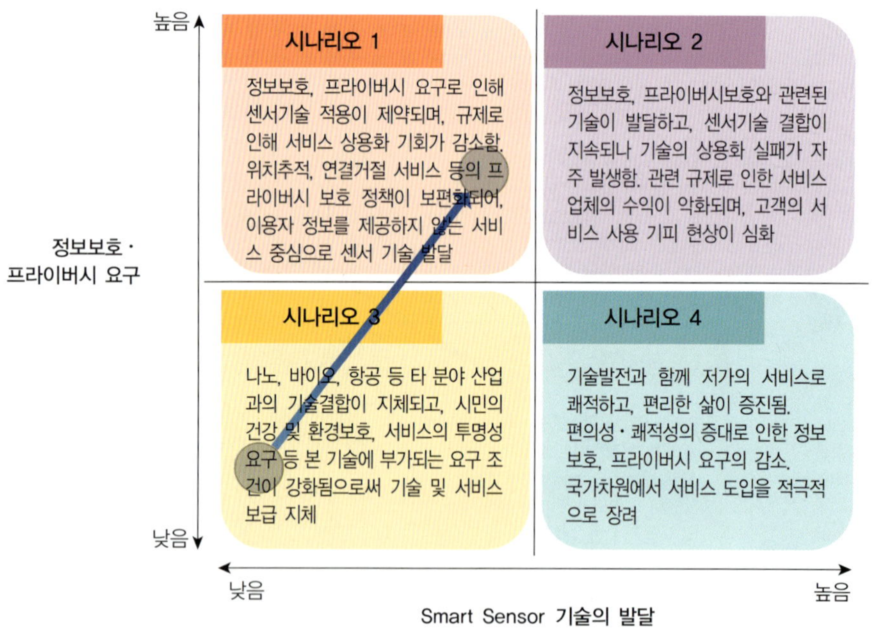

[그림 13.6] 사회서비스 시나리오들

생각해봅시다 13.1 오뚝이 나라

오래전 저자가 모 일간지에 기고했던 칼럼이다전자신문/2006년 1월 23일**. 지금 읽어봐도 같은 주장을 펼 수 있을 것 같아 여기 발췌해 소개한다.**

우리나라의 현재 모습을 눈사람에 비유하곤 한다. 신자유주의가 초래한 경제양극화의 안타까운 현실을 도형으로 표현할 때이다. 중산층이 튼튼한 '항아리'형이나 저소득층이 많은 일반적인 피라미드형과 달리, 머리와 몸통이 철저히 분리된 눈사람의 모습은 하나 아닌 둘이라는 데 그 문제가 있다. 아니, 빈부와 학벌조차 세습되고 있다는 지적처럼 한번 몸통은 영원히 머리가 못 된다는 것이 더욱 큰 문제이리라.

보수와 진보 간의 극한 이념대립은 논외로 치더라도, 다양한 양극들은 우리 사회 전역에 존재하면서 갈등과 분열의 원인이 되고 있다. 있는 자와 없는 자, 저출산과 고령화, 서울과 지방, 유명 백화점과 재래시장, 정규직과 비정규직 등은 다 눈사람들이다. IT분야도 예외는 아니다. 수출과 내수, 대기업과 중소기업, 제조업과 서비스업, 하드웨어와 소프트웨어 사이의 불균형은 심각한 수준이라 봐야 한다. IT의 GDP 기여도는 15%에 육박할 정도로 성장했지만 아직도 반도체, 메모리, 이동전화 단말기 등 소수 품목의 수출에 의존하고 있음도 기형적인 눈사람 구조로 이해된다. IT산업의 GDP기여도가 이미 30% 이상임을 감안하면 IT의 졸도는 곧 우리 경제와 국가시스템의 비상 응급실 국면을 의미하는 까닭에 더욱 그렇다.

양극화를 극복할 수 있는 비결은 무엇일까?

첫째, 생각을 바꾸자. 위에서는 '분배를 통한 국민통합'이라고 외치는데 밑에서는 '그래도 성장 우선' 정책의 엇박자도 이제 조율할 때가 되었다. 중요한 점은 소프트웨어, 벤처, 일자리 등의 단어들을 IT정책의 '조미료'쯤으로 여겨서는 안 된다는 것이다. 이 단어들이 바로 선택과 집중의 핵심이요, IT양극화 문제의 본질이기 때문이다.

둘째, 근본적인 대안을 찾자. 멋스럽게 포장된 정책이나 숫자에 연연하는 단기적 성과평가보다는 기초를 다지는 정책개발을 위해 지혜를 모을 때이다. 뒤늦은 감이 없진 않지만 수요중심의 정보통신 시장창출, 우수 IT인력배양과 청년실업난 해소, 대기업과 중소기업의 상생 생태계 조성, 소프트웨어 제값받기 환경구축과 수출력 강화 등 최근 발표되고 있는 IT 8-3-9전략의 보완책들에 대해 기대하는 바 크다.

셋째, 미래를 설계하자. 양극화가 없는 이상적인 미래 국가상을 미리 그려야 한다. 최소한 2020년 이후의 가정, 학교, 교통, 직장, 의료시설, 농촌, 정부의 비전을 그린 후 이를 현실화시킬 수 있는 대안들을 기술개발, 경제시스템, 거주환경, 생활문화, 정보인권, 복지제도, 국토활용 등 다양한 시각에서 준비해 나가야 한다. 국가차원의 미래설계기관의 설립도 필요하다. '따뜻한 디지털세상'도 좋지만 '디지털로 따뜻한 세상'을 만드는 비결을 찾자는 말이다.

어린 시절엔 겨울이면 함박눈이 좋았다. 눈싸움을 즐기고 눈사람도 만들곤 했다. 그런데 바로 이 눈사람 모습이 문제란다. 그렇다고 해서 머리 부분을 없애겠다는 혁명적 발상은 위험하다. 몸통 크기만큼 머리를 키우는 것도 20%가 나머지 80%를 지배하는 파레토법칙의 순리와 거리가 멀다. 그렇다면 양극이 만나 화합하고 웃는 한마음 한 몸의 모습은 과연 무엇일까?

바로 오뚝이 모습이리라. 그렇다. 우리 모두 IT 분야의 일자리를 만들고, 중소기업들을 중견기업으로 키우고, 소프트웨어산업을 일구고, 디지털 컨버전스 시대에 대비하는 등, 머리와 몸이 분리된 곳에 두툼하게 살을 붙여 눈사람을 귀엽고 토실토실한 오뚝이 모양으로 바꾸자. 중국과 일본이 위협하고, 미국과 유럽이 부딪쳐 와도 쓰러지지 않고 다시 일어서는 오뚝이 말이다.

미래사회의 위험분석 사례

한국정보화진흥원의 FROM 미래전략연구 방법론은 이미 이 책의 제11장에서 소개한 바 있다. FROM의 배경이 되는 개념은 [그림 13.7]과 같다.5)

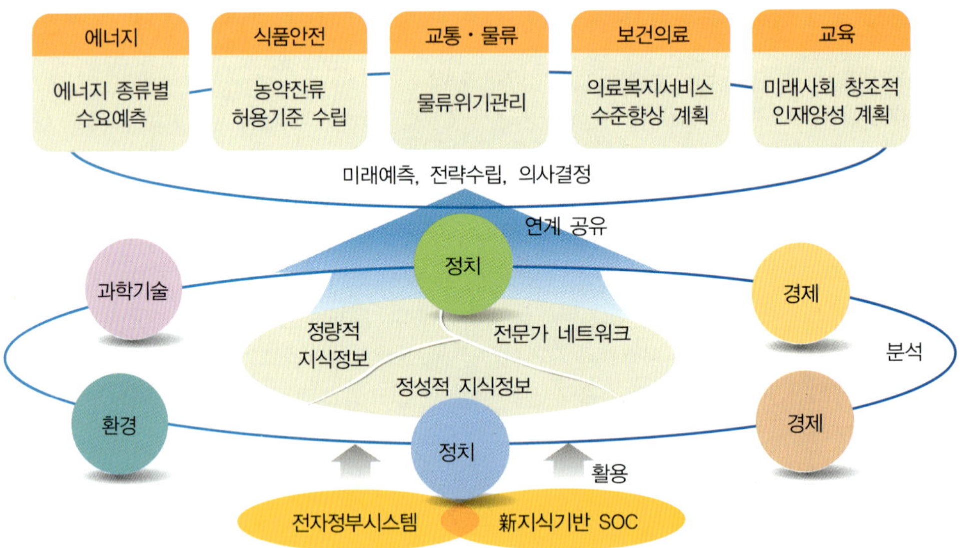

[그림 13.7] FROM 방법론의 개념도

5) 김성태, *IT기반 신국가 발전전략*, 한국정보사회진흥원, 2009.9.15.

[그림 13.8]과 같은 FROM 방법론의 8단계를 따라 우리 사회의 위험을 예측하고 이에 따른 전략수립의 사례를 설명한다.6) 2009년 현재에서 2015년에 도래할 위험요소에 대한 연구이다.

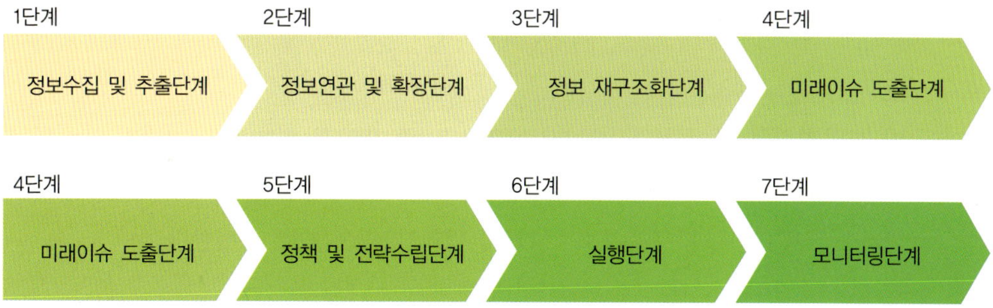

[그림 13.8] FROM 방법론의 진행단계

1. 1단계: 정보수집 및 추출단계

- STEEP 분류를 기준으로 인터넷 검색, 하드카피 문헌조사 등과 같은 텍스트 마이닝 기법 및 전문가인터뷰 등을 수행하여 키워드 정보를 추출한다,
- 핵심 키워드들은 사회분야에서는 압축성장 우선주의와 경제격차 불평등, 기술분야에서는 ICT 융합과 우주연구기술, 경제분야에서는 산업주의와 파괴적 개발주의, 생태환경분야에서는 자연파괴와 탄소배출, 정치분야에서는 정부 위기관리능력과 국가통제력 약화 등이 파악되었다.

2. 2단계: 정보연관 및 확장단계

정보연관화 1단계에서 추출된 키워드 간의 인과관계를 시스템 인과지도로 표현하고, 2009년 현재 가장 영향력이 높은 변수가 무엇인지를 밝힌다.

6) NIA, *성공적 공공정책 수립을 위한 미래전략연구 방법론*, 한국정보화진흥원, 2010.4.30.

- 1차 지도는 문헌자료 및 인터넷검색에 의한 키워드를 통해 작성한다.
- 2차 지도는 균형적이고 다양한 변수를 추가로 고려하기 위해 '국가미래예측 메타분석 보고서' 결과를 추가 및 통합한다.
- 3차 지도는 [그림 13.9]와 같이 인과관계가 단절된 부분을 연결하는 새로운 키워드를 도출해 사회위험구조를 파악한다.

이에 따라 사회위험 사이클위험사회→거대위험도→사고확률→사회불만→위험사회을 발견하고 이와 같은 사이클을 강화시키는 2009년 사회위험을 이끄는 핵심추동력은 '산업주의근대화', '세계화', '과학기술', 'ICT인프라 구축규모', '지구온난화', '출산율'로 선정한다.

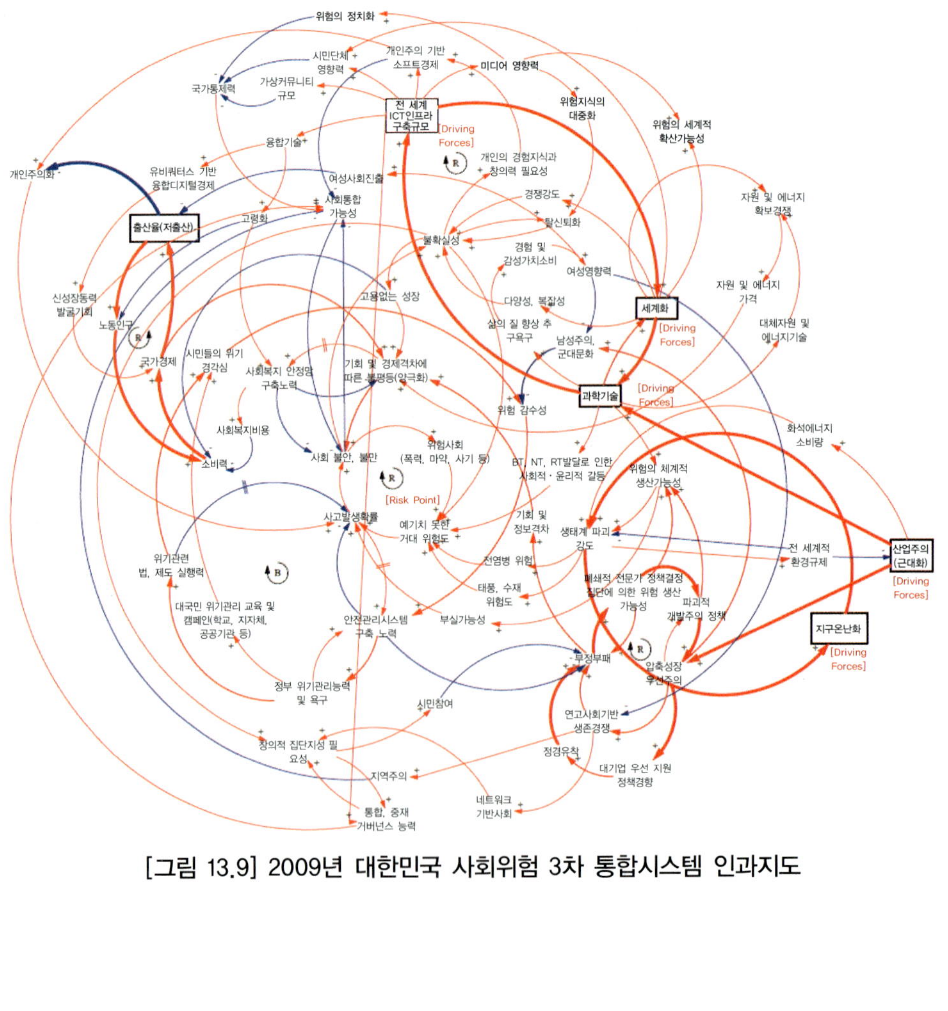

[그림 13.9] 2009년 대한민국 사회위험 3차 통합시스템 인과지도

정보 확장화 미래사회2015에 예상되는 위험정보를 델파이, 전문가면접, 전문보고서 등을 통해 도출한다. 미래에 등장할 주요 변수로는 환경파괴로 인한 기후변화 및 기후변화를 통한 신종 전염병 증대, 각국 정부의 환경규제 정책에 대응하는 국가와 기업의 위험증대, 급속한 고령 인구증가로 인한 취약계층 증가, 도시인구 집중화에 따른 대형 인명피해 위험, 경제적 양극화로 인한 사회해체적 범죄 양산, 네트워크 연결 및 확산에 따른 대규모 테러위험, 해외노동자 유입 확대로 인한 문화갈등 및 양극화 심화 등으로 파악되었다. 인과관계 재조정 후 2015년 사회위험에 대한 인과지도를 [그림 13.10]과 같이 그린다.

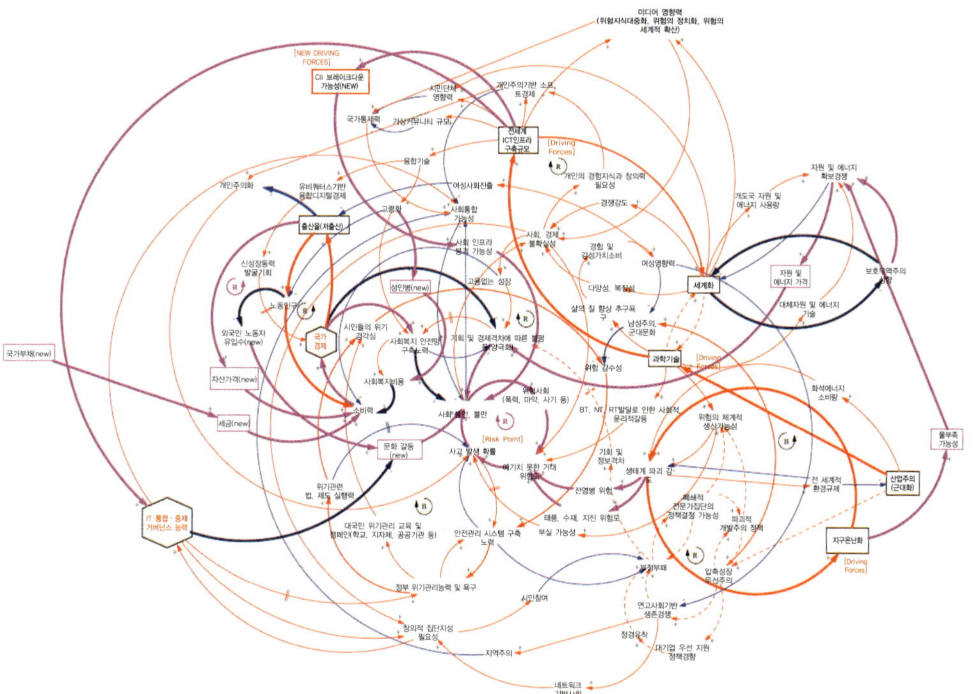

[그림 13.10] 2015년 사회위험에 대한 인과지도

3. 3단계: 정보 재구조화단계

2015년 사회위험 관련 불확실성 요소는 ① 시민단체 영향력, ② 국가경제, ③ 개인주의기반 소프트경제 규모, ④ 여성 영향력, ⑤ IT 거버넌스능력, ⑥ 위기관련 법·제도의 실행능력, ⑦ 지역주의 강화 여부, ⑧ 창의적 집단지성능력으로 파악되었다.

이 중 '국가경제'와 'IT 거버넌스능력'을 시나리오 생성을 위한 주요 변수로 선정하여 [그림 13.11]과 같이 2015년 미래 시나리오를 개발한다.

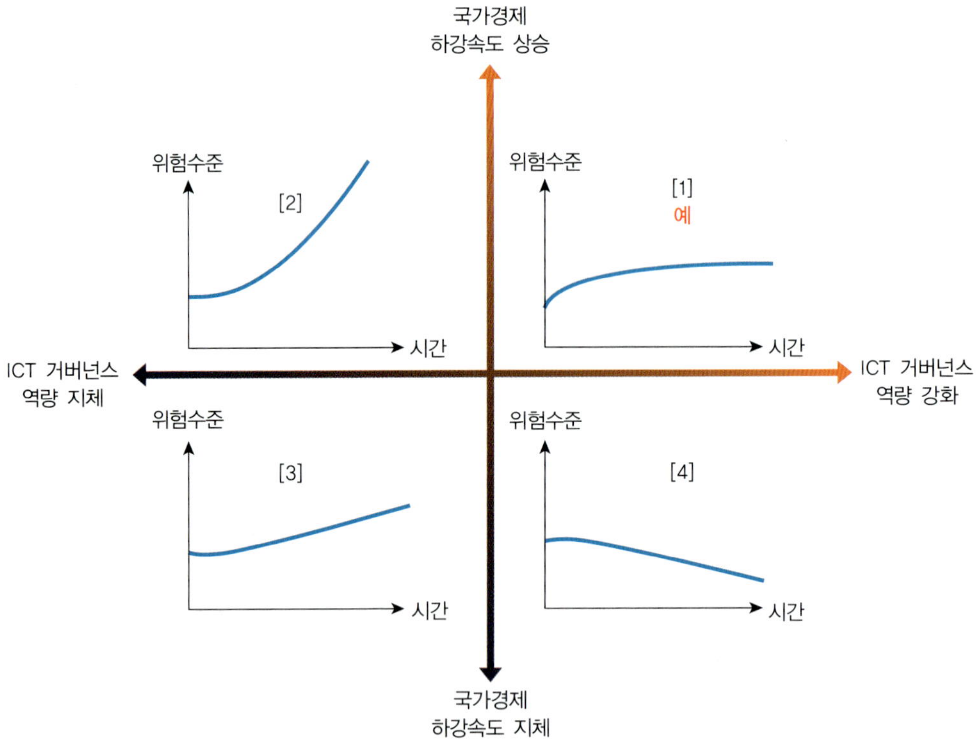

[그림 13.11] 2015 사회위험 4가지 시나리오 유형

시나리오 [1]에 대한 기술은 다음과 같다.

2015년 한국경제는 세계적인 보호무역주의 확산으로 인해 수출 감소로 국가경제 악화, 저출산으로 인한 노동인구 감소와 자산가격 하락, 그리고 국가부채 증가로 인한 세금부담 증가 등으로 인해 소비력이 약화되면서 점점 경제 하강속도가 빨라지고 국가적인 위기감이 가중되어간다. 재정확장여력이 없는 정부로서는 사회복지안정망에 추가적인 투자를 하기에는 역부족인 상태가 되고 이에 따라 실업과 사회범죄가 점차 증가하게 된다. 특히 해외노동자의 숫자가 점차 늘어남에 따라 경제적·문화갈등은 한층 심각해지게 된다. 하지만 정부의 활발한 ICT 인프라구축은 2015년 사회가 사이버테러 등에 의한 심각한 사회 인프라 붕괴가능성을 내재하고 있음에도 불구하고 정부의 ICT 기반 통합 중재 거버넌스 능력을 향상시켜 다문화와 경제양극화에 의한 사회갈등을 해소할 수 있는 사회통합의 길을 열어 사회위험을 억제시키는 긍정적인 역할을 하게 된다. 또한 ICT 기반의 정부통합 중재 거버넌스능력은 창의적인 집단지성능력을 발휘할 수 있는 기회를 제공하여 활발한 시민참여를 유도하고 보다 투명한 사회로 나아가는 디딤돌을 만들어준다. 적극적인 시민참여를 통한 투명사회로의 진전은 부정부패에 의한 사회위험을 줄이는 데 크게 기여하게 된다. 정부의 통합 중재 거버넌스능력의 향상은 정부의 위기관리능력 및 욕구를 증가시켜 위기관련 법 및 제도개선과 대국민 위기관리교육을 통해 국민들의 위험에 대한 감수성을 높여 더욱 견고한 안전관리시스템 구축에 박차를 가할 수 있게 된다. ICT 인프라구축 확대에 따른 정부의 통합 중재 거버넌스능력의 향상은 경제 하강속도를 늦추어 위험을 최소화시키는 역할을 할 뿐 아니라 경제회복을 위한 역량확보 시간을 벌어주고 더 나아가 새로운 신성장동력 산업을 창출하는 데 적극적인 역할을 기대할 수 있다.

4. 4-1단계: 미래이슈 도출단계

미래에 새롭게 등장하거나 강화되는 요소를 반영하여, 미래사회에 파급효과가 큰 주요 이슈를 STEEP별로 선정한다. 그 결과는 [표 13.2]와 같다.

[표 13.2] 미래위험이슈

STEEP	미래위험이슈
사회	저출산으로 인한 노동인구 감소, 자산가격 하락, 소비력 약화로 국가경제 하락 위험
경제	국가 부채 증가, 세금부담 상승, 소비감소로 인한 경제악화위험
정치	보호무역주의 강화로 인한 국가경제 하강위험
기술	CII 브레이크다운으로 인한 사회안전망 인프라 붕괴위험
환경	지구온난화로 인한 생태계 파괴, 새로운 전염병 및 대규모 자연재해위험

나아가, 미래이슈에 대한 사회적 욕구 및 결핍요소를 발견하여 정책적 시사점을 [그림 13.12]와 같이 도출한다.

미래이슈(문제)	파급효과	욕구 및 결핍요소	ICT 정책시사점(예시)
보호무역주의 강화	• 자원에너지 확보 경쟁 • 자원에너지 가격 및 물가상승	• 욕구: 대체에너지 발굴 필요성 • 결핍: 기존 에너지 자원의 비효율적인 사용	• ICT를 활용한 에너지 효율화 시스템 구축 • 재활용 및 대체에너지 여론수렴 위한 ICT 인프라 구축
	• 자동차, 철강, 조선 등 수출경제 성장지연	• 욕구: IT, BT, NT 등 신성장 핵심기술의 통합연구 필요성	• 기술발전에 대한 통합 연구 시스템 활성화 • 유비쿼터스 사업 활성화 정책 강화
국가부채 및 세금부담 상승	• 소비감소로 인한 경제악화 위험	• 결핍: 성장의 한계 탈피를 위한 신사업 방식 개발 및 확장	
지구온난화	• 생태계 파괴 위험도 상승 • 이상기후 및 생태계 변형으로 인한 전염병 창궐 가능성 상승	• 욕구: 새로운 질병의 신속한 발견에 대한 필요성 • 결핍: 질병확산에 대한 체계적 모니터링 부재	• 질병확산경로 모니터링 (병원, 일반인 등 민관협력) • 질병확산예측 시뮬레이션 및 조기경보시스템 구축
CII 브레이크 다운	• 기업 전산망, 인터넷, 전력공급 등 사회, 경제 인프라 운영장애	• 욕구: CII 브레이크 다운 사전 인지 필요성 (해킹대비 등) • 결핍: 대규모 시스템 다운 시 민간의 대비의식 부재	• ICT 인프라 과부하 모니터링 (전산/전력 사용량 위험지수) • 비상 시 민관협력 대응방안 의견수렴 및 시뮬레이션
저출산 노동력 감소	• 소비활동 인구축소 • 해외노동자 인구유입 증가	• 욕구: 국내거주 이민자 시장 확대, 해외시장진출, 공장이전 • 결핍: 다문화사회 및 경제적 갈등에 대한 대비의식 부재	• 다문화 융합정책 여론수렴 및 중재 지원 ICT 인프라
	• 연금납부자수 감소	• 욕구: 사회적 비용부담 경감 및 연기금의 효율적 운영 요구	• 연기금 등 사회적 비용 대비 효과측정 시뮬레이션

[그림 13.12] 미래이슈에 대한 정책시사점

5. 4-2단계: 미래이슈 도출 비저닝단계

기 도출된 미래사회 이슈들을 통합하여 가시적인 미래상을 세우고 이해관계자들과 공유함으로써 정책·전략의 목표와 방향성을 설정한다. [그림 13.13]이 이 결과를 보여준다.

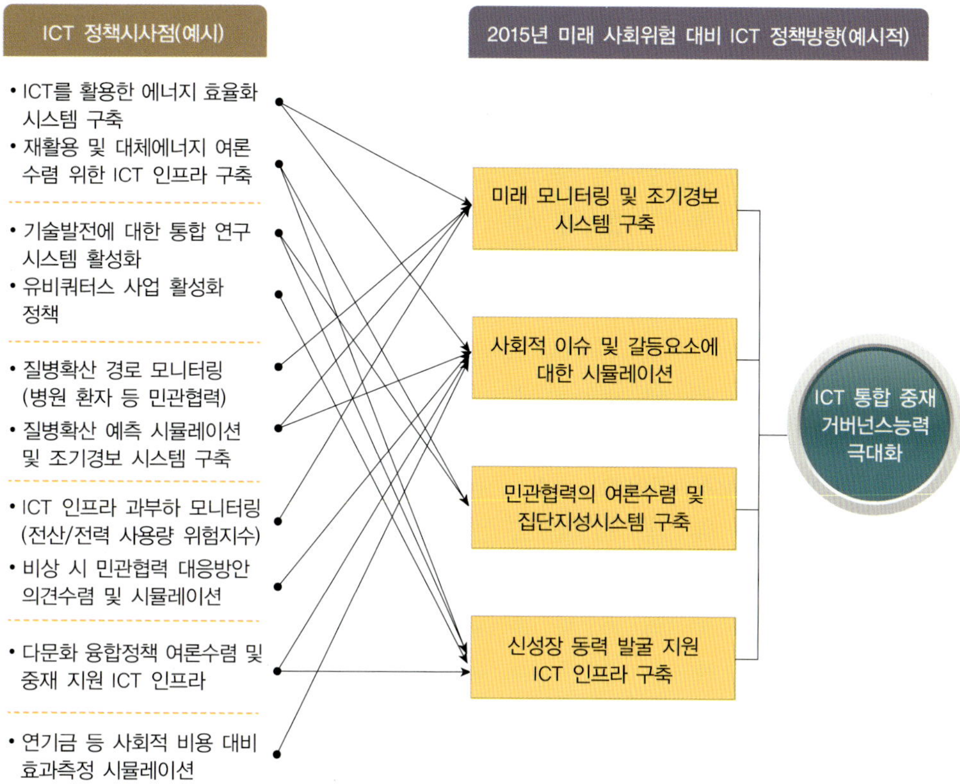

[그림 13.13] 정책시사점과 정책방향

1단계부터 4단계까지의 과정은 [표 13.3]에 정리하여 보여준다.

[표 13.3] 2015 사회위험 단계별 수행 및 주요 결과

단계		수행내용	결과
1단계	정보수집 및 추출	STEEP별 국내와 키워드 도출 ※ 참고자료 • 국가미래예측 메타분석NIA, 2008 • *위험사회*울리히 벡, 1997 • *대한민국위험사회*홍성태, 2007 • 인터넷 자료 등	• 사회: 압축성장우선주의, 경제적격차불평등 등 • 기술: ICT 융합, 우주연구기술 등 • 경제: 산업주의, 파괴적 개발주의 등 • 환경: 자연파괴, 탄소배출권 등 • 정치: 정부위기관리능력, 국가통제력 약화 등

2단계	정보연관 및 확장	1) 정보연관화: 2009년 현재 사회위험 구조 파악 • 1, 2차 사회위험 인과지도 작성 • 인과관계 연결 키워드 도출을 위한 숨은 연결고리 채우기 및 2009 현재 사회위험 추동력 도출	• 세계화 및 사회불만 간의 숨은 연결고리 – 다양성·복잡성 증가, 불확실성 • 2009년 사회위험 드라이버 도출 – 산업주의근대화, 세계화, 과학기술, ICT 인프라 구축규모, 지구온난화, 출산율 • 2009년 현재 한국 사회위험 1, 2, 3차 시스템 인과지도 도출
		2) 정보확장화 • 전문가 인터뷰 및 관련 보고서를 통한 미래위험 도출 • Futures ERCR Eliminate, Reduce, Create, Reinforce을 통한 2015년 미래 인과지도 작성	• 2015년 미래사회 위험요소 추출 – 환경 변화에 의한 전염병 증대, CCritical Information Infra 붕괴, 나노기술위험 등 • 변수들의 ERCR 조정 – 예: 탈신뢰화는 삭제(E), 보호무역주의는 감소(R)하고, CII는 새롭게 형성(C) 및 자산가격 하락은 강화(R) 등
3단계	정보 재구조화	• 미래시점에 발생가능한 시나리오를 작성 – 2015년 사회위험관련 불확실성 요소는 국가경제와 ICT 거버넌스능력을 추출	• 2015년 사회위험 4가지 시나리오 중 '빠른 국가경제 하강+강화되는 ICT 거버넌스 역량의 강화'를 선택 • 시나리오 및 시스템 인과지도 작성
4단계	미래이슈 도출	1) 미래이슈 도출: 미래시점에 새롭게 등장하거나 강화되는 요소를 반영하여, 미래사회에 파급효과가 큰 주요 이슈들을 선정 2) ICT 정책시사점 도출: 미래이슈별 욕구 및 결핍요소를 파악하고 이에 따른 정책시사점 도출	• 2015년 사회위험 이슈: 보호무역주의 강화, 국가부채 및 세금부담 상승, 지구온난화, CII 붕괴, 저출산노동력 감소 • ICT 정책시사점: ICT 활용 에너지 효율화시스템, 컨버전스 연구 활성화, 질병확산 모니터링, 재난 등 민관협력 대응방안, 사회적 비용 시뮬레이션 수립 등
	비저닝	• 가시적 미래상을 세우고, 정책·전략의 목표와 방향성을 설정	• ICT 통합 중재 거버넌스능력 극대화

6. 5~6단계: 정책 · 전략수립 및 실행단계

정책 및 전략수립은 정책 실행주체의 강·약점 및 실제 실행 시 제약요건까지 감안한 액션플랜을 도출하고 실행한다.

7. 7단계: 모니터링단계

이전 단계의 다양한 정보와 활동을 상시 추적하여 정책 및 전략의 개선점을 이끌어냄으로써 정책과 전략이 최적화되도록 지속적으로 활동한다.

한국인의 기대수명에 대한 연구사례

35개 선진국의 미래 기대수명에 관한 임페리알Emperial 칼리지 및 유엔보건기구 WHO의 공동연구 결과에 의하면[7] 2030년에 출생하는 한국인의 기대수명이 전 세계 1위를 차지를 할 것으로 전망된다. 기대수명은 보건, 복지서비스 및 연금 등에 여러 경로를 통해 사회·경제적 영향을 미칠 수 있으므로 적극적인 관심과 대비가 필요하다. 연구결과의 요약은 다음과 같다.

- **2030년 예상 여성 기대수명** 2010년 기준 한국 여성의 기대수명은 약 84세로 세계 6위이나 2030년 기준으로는 약 91세로 세계 1위에 오른다. 한국 다음으로는 프랑스, 일본, 스페인, 스위스, 호주 등이 상위 순위다.
- **2030년 예상 남성 기대수명** 2010년 기준 한국 남성의 기대수명은 약 77세로 세계 19위이나 2030년 기준으로는 약 84세로 세계 1위가 된다. 한국 다음으로는 호주, 스위스, 캐나다, 네덜란드, 뉴질랜드 등이 상위 순위다.

7) The Lancet, 2017.2.21.

참고로, 연구를 주관한 임페리얼 칼리지가 있는 영국의 2030 기준 기대수명은 여성 85.2세(21위), 남성 82.5세(14위)로 전망되었다.

2010년대에 비해 2030년 즈음이면 한국인들이 세계에서 가장 오래 사는 국민이 될 것이라는 근거는 다음과 같다.

① 초기 기대수명의 증가가 전염병에 의한 사망 감소에 있었다면 최근의 기대수명 증가는 만성질환에 따른 사망지연postponement of death from chronic diseases에 주로 기인한다.

② 포괄적인 경제성장과 교육 등의 사회자본 확충에 따라 어린이와 청소년들의 영양상태가 크게 개선되었다. 과거 1세기 동안 한국과 일본의 성인 평균 신장height/키이 가장 크게 증가한 것으로 나타났다.

③ 기초 및 2차 의료기관에 대한 접근이 용이하고 새로운 의료기술의 신속한 확대가 가능한 의료시스템을 보유하고 있다.

④ 대부분의 서구 국가들보다 낮은 체질량지수body-mass index와 혈압을 유지하고 있다. 여성의 경우 상대적으로 낮은 흡연율도 주요 요인이다.

⑤ 한국은 일본과 함께 의료 불평등health inequality이 낮은 국가로 이 또한 기대수명 증가에 일정한 영향을 미칠 것으로 예상된다.

생각해봅시다 13.2 우연과 필연, 그리고 과학과 예술

'우연偶然'은 아무런 인과관계가 없이 뜻하지 않게 일어난 일이다. 반면에 '필연必然'은 일이 그렇게 될 수밖에 없는 경우이다. 미래학적인 관점에서의 필연은 트렌드로 나타나 미래예측을 가능하게 하지만, 우연은 와일드카드인 까닭에 대책이 없다. 예측가능한 필연과 예측 불가능한 우연이 혼재하는 미래는 불확실한 미래일 것이다.

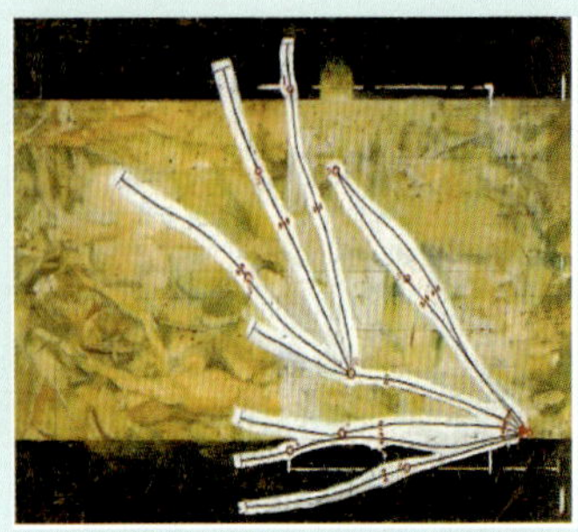

물리학자 하이젠베르크Werner Kral Heisenberg는 우주는 우연이 지배하는 혼돈의 세계라고 했다. 그 우연들이 만든 혼돈 속의 인과관계를 증명해온 인간의 노력은 우주와 자연의 필연적인 섭리를 이해하려는 과학기술의 발전으로 이어져 인류의 문명을 크게 향상시켰다.

그러나 예술은 다르다. 오히려 반대 방향으로 진화해 온 측면도 있다. 예술가들이 창작에 우연성을 도입하기 시작한 것이다. 이를 '우연의 미학美學'인 알레아토릭Aleatorik이라 부른다. 라틴어로 '주사위'라는 뜻의 알레아토릭 예술의 사례는 아래와 같다.

- 모차르트는 누구나 미뉴에트minuet를 작곡할 수 있도록 미리 176개의 마디를 작곡해 놓고, 선택한 숫자의 배열에 해당하는 마디 16개를 조합하면 세상에서 하나뿐인 작품이 탄생하도록 했다.
- 초현실주의 시인인 장 아르프Jean Arp는 글자가 적힌 종이를 찢어서 떨어뜨려 얻어지는 낱말의 우연한 조합으로 시를 지었다.
- 마르셀 뒤샹Marcel Duchamp은 1미터 길이의 실 세 개를 떨어뜨려 작품으로 삼았다.사진

사실 알레아토릭은 1920년대 프랑스에서 문학운동으로 출발한 초현실주의surrealism 예술의 한 부류라고 이해할 수 있다. 초현실주의는 이성의 간섭 없이, 논리에 지배되지 않고 드러나는 '절대적 현실성'을 의미한다. 미술세계에서의 초현실주의는 환상과 무의식의 세계를 표현하고 자유로운 상상을 추구하는 미술인 까닭에, 의식과 무의식을 혼합해 현실에 존재하지 않거나 있을 법하지 않은 일 등을 그림으로 나타낸다. 파블로 피카소Pablo Picasso, 막스 에른스트Max Ernst, 앙드레 마송Andre Masson, 이브 탕기Yves Tanguy, 후앙 미로Joan Miro 등이 초현실주의 화가로, 모두 '경이로운le merveilleux 아름다움'을 추구했다.

우연과 필연은 정반대의 개념이지만 함께 어우러져 삶의 묘미를 제공한다. '*참을 수 없는 존재의 가벼움*'의 작가 밀란 쿤데라Milan Kundera는 **"인간의 삶이란 오직 한 번만 있는 것이다. 한 번뿐인 것은 전혀 없었던 것과 같다"**라고 해석했다. 영원성이 무거움이라면 이 일회성은 가벼움이다. 영원성은 필연이고 일회성은 우연이다. 특정한 시점에서 특정한 사건과 직면하여, 과연 그래야만 하는가 하고 묻는 것은 무의미하다. 모든 사건은 단 한 번뿐인 까닭이다.

미래학은 엄마 뱃속의 아이가 태어나 나중에 컸을 때의 모습을 예상한다. **과학**은 예상하지 않고 유전자 분석과 확률적 예측에 임한다. 그러나 **예술**은 "난 왜 이 얼굴로 태어났어?"라고 묻는 아이에게 "엄마도 몰라! 그런데 태어나서 네가 이리도 큰 기쁨을 주는구나!"라며 웃는다.

글로벌 트렌드 연구와 국가정책

우리 사회는 국내외의 사회·경제·정치적 환경에 대한 불확실성이 높아짐에 따라 국가적 차원에서 시급하게 대응해야 할 상황에 직면해 있다. 특히 과학기술의 발전이 초래하는 글로벌 환경의 변화와 미래사회의 변동은 기술강국으로 지속적으로 발전해 나아가야 하는 우리나라의 국가적 미래연구와 더불어 첨단과학기술 기반 국가정책 입안의 중요성을 시사하고 있다.

1. 과학기술정책의 중요성

과학기술기반 국가의 미래를 위해 과학기술정책연구원은 중요한 위치에 있다. [그림 13.14]는 이를 그림으로 보여준다.[8)]

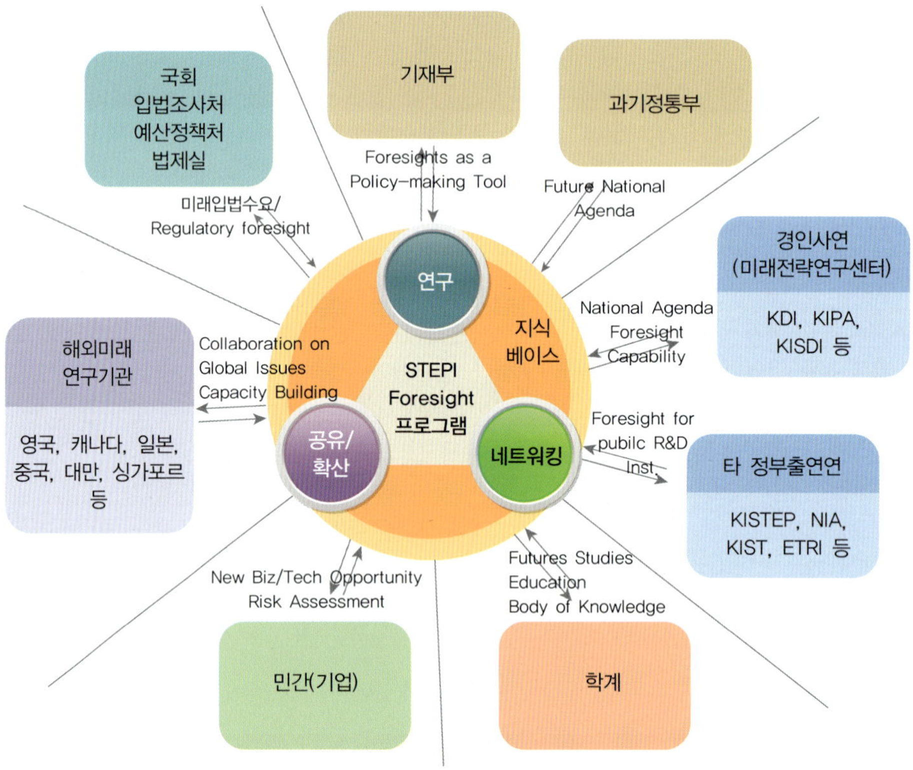

[그림 13.14] 과학기술정책연구원 미래연구의 역할

2. 글로벌 트렌드 연구

과학기술정책연구원은 미래연구를 위한 기반이 되는 글로벌 메가트렌드 연구결과를 발표했다.[9)] 연구 프로세스는 [그림 13.15]와 같았는데 문헌조사, 전문가워크숍, 설문조사 등이 활용되었다.

---

8) 박병원 외, *과학기술기반 미래연구사업 IX 총괄보고서*, 과학기술정책연구원, 2017.5.1.

9) 윤정현 외, *글로벌 트렌드와 한국: 과학기술적 대응역량 진단*, 과학기술정책연구원, 2017.12.

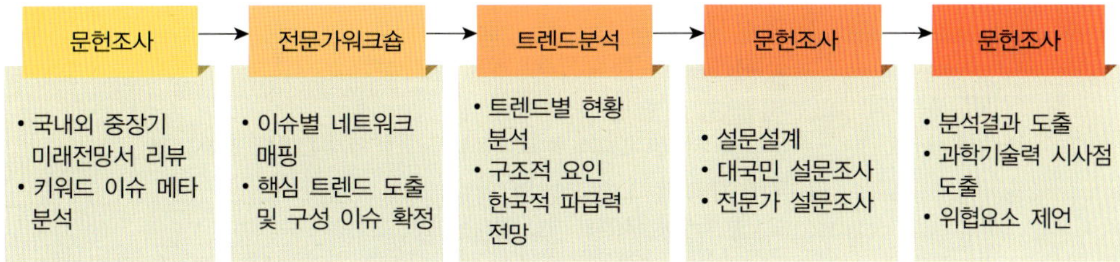

[그림 13.15] STEPI의 글로벌 트렌드 연구 프로세스

이 연구를 통해 도출된 총 14개의 트렌드와 이를 구성하는 43개 주요 이슈들은 [표 13.4]에 정리하였다.

[표 13.4] 14개 글로벌 트렌드와 43개 주요 이슈들STEPI, 2017.12.

	14대 핵심 트렌드	주요 이슈
1	그린 이코노미로의 이행	① 그리노믹스의 부상 환경윤리적 시장의 부상, 지속가능성장 모델 확산 등 ② 녹색협약체제의 확산 에코 협약 거버넌스 확산, 저탄소시스템으로의 전환 ③ 재생에너지 개발의 확대 태양광, 바이오매스, 해양, 폐기물에너지 등 ④ 녹색 소비운동의 확산그린프로슈머, 그린마케팅
2	저탄소 에너지 시스템으로의 전환	① 에너지 수급의 불안정자원부족문제, 유가 급변동 ② 신에너지 개발 확대 청정에너지, 탈화석-수소, 연료전지, 석탄액화가스 등 ③ 에너지 효율화 경쟁의 확대 친환경·고효율에너지 기술개발 등
3	기후변화의 도전	① 자원안보 이슈의 부상 식량부족, 수자원부족, 종 다양성 문제의 심화 등 ② 기후복지 이슈의 부상 기후변화 난민의 확산, 기상이변으로 인한 질병확산 등 ③ 신기후 체제로의 이행 국제기후변화 저감을 위한 재정투자, 국가별 탄소감축, 조림 등

4	스마트 시티의 부상	① 메가시티의 확대 근접지역의 도시화 및 연계망 확충, 거대 문화기능 확대 ② 지능형, 자립형 도시의 부상 도시 내 지능형 인프라 확대, 자동화, 사회적 약자 친화적 교통시스템 ③ 지속가능한 도시기능의 확대 도시형 재생에너지원의 개발, 생태형 도시, 친환경자동차
5	고용의 불안정	① 노동인구구조의 변화 노동인력의 감소 및 고령화, 노동 이민자의 증가, 은퇴연령의 상승 등 ② 스마트 팩토리의 확산 인간과 기계, 기술이 협업하는 사이버물리시스템, 유연생산시스템 확대 등 ③ 인간노동의 지식화·정보화 노동력의 탈 육체화, 지적 노동의 증가 등
6	사회적 불평등의 확대	① 경제적 양극화의 심화 고용 및 소득불평등 확대, 사회경제적 계층의 고착화 등 ② 의료서비스 혜택의 불평등 확대 위생환경의 양극화, 의료서비스 격차 증가, 비만율의 증가, 보편적 보건의료시스템 문제의 대두 ③ 정보불평등으로 인한 정치적·사회적 불안 증가 정보, 기술문맹, 정보공유 집단/비공유집단 간 정체성 대립 등
7	초고령화 사회의 도래	① 고령화에 따른 사회구조적 변화 고령인구가 다수 차지함에 따라 발생할 수 있는 고령자 중심의 경제·사회·정치 구조의 부상 ② 고령인구 증가에 따른 재정압박 가중 연금, 보험, 의료비 등 의무지출 증가로 정부재정악화 등 ③ 청년세대와 고령세대 간의 세대 간 갈등 선거, 일자리, 연금 등을 둘러싼 세대 간 대립과 갈등 심화
8	네트워크 경제의 심화	① 블록체인 혁명신뢰성, 플랫폼 위의 플랫폼, 스마트 컨트랙트 ② 공유경제의 확산사물인터넷, 클라우드, 사용 효율성의 극대화 ③ 네트워크 규제 및 보안이슈 증가 네트워크 보안 취약점, 해킹동기, 보안요구사항
9	디지털 문화의 확산 및 다원화	① 디지털 문화 기술과 콘텐츠의 확산 가상현실세계에서의 새로운 문화콘텐츠 시장의 확산 ② 새로운 사이버 집단 정체성의 부상 사이버 공동체, 사이버 문화향유 커뮤니티 등 ③ 휴머노이드 로봇의 사회적 인간관계 대체 가족, 친구와의 관계 등 인간관계 전반의 변화

10	기술 융합	① 사이버-물리시스템(CPS)이 만나는 사회시스템 변화 융합시스템 도래, 가상(VR)·증강현실(AR) 콘텐츠 증가 ② 사물인터넷 활용 확대에 따른 프라이버시 보호 이슈 ICT 융합제품·서비스의 안전과 데이터 프라이버시 ③ 유전자 교정기술의 확대와 생명윤리 논쟁의 심화 크리스퍼 가위의 사용범위와 안전성 문제 등
11	자동화 및 인공지능 기반 시대의 도래	① 자율주행차량의 사고책임과 규제이슈 부상 사고에 대한 책임소재, 트롤리 딜레마의 해결 등 ② 로봇이용의 확대와 도전 일자리의 소멸, 전자적 인간, 도덕적 로봇, 로봇세의 도입 ③ 인공지능 윤리, 알고리즘 거버넌스 이슈의 부상 기계의 자동적 판단 오류 등에 대한 통제, 보완장치 등
12	개인역량의 확대 및 정치 패러다임의 변화	① 시민관여(civic engagement)의 증대 온라인 집단지성의 출현, 시민의 정치참여 증가, 전자 민주주의 확산 등 ② 개인의 사회적 지위 향상 여성 지위의 상승, 인권의 향상, 중산층의 부상 ③ 전통적 패러다임의 변화 가족가치의 중요성 저하, 전통적 집단정체성의 약화
13	신흥안보 이슈의 부상	① 사이버 보안과 사이버 안보문제의 도전 사이버 범죄의 증가, 사이버 테러와 사이버 전쟁 등 ② 테러와 대량살상무기 위협의 증대 테러리즘의 확산, 대량살상무기 관리의 문제, 북한 핵위협의 현실화 등 ③ 보건안보와 인간안보 논의의 발전 신종 질병과 전염병의 문제, 인권안보와 인간안보 논의의 확대 등
14	전통적 거버넌스 체계의 약화	① 국가-중앙정부의 통제력 약화 국가안보와 정부리더십의 실패, 전통적 집단정체성 약화, 사회분열 가속화 등 ② 신교역시스템에 대한 국제 거버넌스 필요성 증대 비트코인, 온라인에서의 초국가적 거래, 해킹 등의 급증 ③ 국제질서의 불확실성 심화 테러, 대량살상무기의 증대, 미국영향력 감소 등 안보위협에 대한 정보 감시체계 확립 필요성 등

3. 기술 R&D 정책개발 방향

주요 이슈들의 중요도 및 기술개발을 통해 해결가능성이 높은 22개 이슈별 대응 역량은 [표 13.5]와 같이 진단되었다. 정부의 R&D 정책개발의 중요한 토대가 되는 연구결과이다.

[표 13.5] 주요 이슈들의 중요도와 기술적 대응전략

높은 편: ● 보통: ◐ 낮은 편: ○

이슈의 정점시기	주요 이슈	사회적 수용도	융합 연계 수준	R&D 수행 주체의 전문역량	R&D 정책 프로세스의 효율성	인프라 수준	규제의 유연성	종합 역량
단기적 (5년 이내)	사물인터넷 활용 확대에 따른 프라이버시 보호이슈	●	●	●	◐	◐	○	●●●●○○
	네트워크 규제 및 보안이슈 증가	●	●	●	◐	○	○	●●●◐○○
	새로운 사이버 집단정체성의 부상	◐	●	●	○	◐	○	●●●○○○
	사이버 보안과 사이버 안보문제의 도전	●	◐	◐	○	○	○	●●○○○○
중기적 (5~10년)	재생에너지 개발의 확대	●	●	●	◐	◐	◐	●●●●◐○
	디지털 문화 기술과 콘텐츠의 확산	●	●	●	◐	●	○	●●●●◐○
	공유경제의 확산	●	●	●	◐	◐	○	●●●●○○
	에너지 효율화 경쟁의 확대	●	●	●	○	◐	○	●●●◐○○
	지속가능한 도시기능의 확대	●	●	●	◐	○	○	●●●◐○○
	자율주행차량의 사고 책임과 규제이슈 부상	●	●	●	◐	○	○	●●●◐○○
	신에너지 개발 확대	●	●	●	○	○	○	●●●○○○
	사이버-물리시스템이 만나는 사회시스템 변화	◐	●	●	◐	○	○	●●●○○○
	메가시티의 확대	◐	●	●	◐	○	○	●●●○○○
	지능형·자립형 도시의 부상	●	●	●	○	○	○	●●●○○○
	녹색협약체제의 확산	●	◐	◐	○	○	◐	●●◐○○○
	스마트 팩토리의 확산	◐	●	●	○	○	○	●●◐○○○
	블록체인 혁명	◐	◐	◐	○	○	○	●◐○○○○
중장기적 (10~20년)	휴머노이드 로봇의 사회적 인간관계 대체	◐	●	◐	◐	○	○	●●◐○○○
	에너지 수급의 불안정	●	◐	◐	○	○	○	●●○○○○
	로봇이용의 확대와 도전	◐	●	◐	○	○	○	●●○○○○
	신기후 체제로의 이행	●	◐	◐	○	○	○	●●○○○○

참고로 과학기술정보통신부의 2018년도 업무계획은 [그림 13.16]과 같다.

[그림 13.16] 과학기술정보통신부의 약속(2018)

다른 국가들의 미래전략

1. 영국의 미래연구 프로젝트

영국 미래예측Foresight을 위한 추진과제를 소개한다.10) 유럽 선진국의 정부차원에서 진행했던 미래연구는 우리에게 시사점을 제공하기 때문이다. 영국의 미래연구는 1994년 신설되어 영국정부가 미래를 전략적이고 체계적으로 사고하여 미래의 불확실성에 대비할 수 있도록 만든 과학연구 프로그램이다. 미래에 대한 첨단 과학분석을 통해 정책결정자들이 미래의 기회와 도전과제를 처리할 수 있도록 지원함이 그 목적이다. 아래 3가지 방식의 과제를 추진한 바 있다,

① **주요 미래연구 프로젝트**Major Foresight Project 20~80년 후에 예상되는 주요 이슈에 대해 광범위한 증거를 기반으로 한 2년간의 심층연구 프로젝트

② **미래정책 프로젝트**Policy Future Project 정책과제 추진에서 발생하는 현안문제를 대처하기 위한 비교적 단기간의 미래정책 분석 프로젝트

③ **예측 스캔닝 센터**The Foresight Horizon Scanning Center 미래사고 역량 강화 및 정부 간 우수사례를 공유할 수 있도록 하는 훈련, 네트워크 역할

영국정부가 추진한 미래연구의 내용은 다음과 같다.

- **영국의 비만문제**Tackling Obesities: future choices 비만문제가 영국 사회・경제・의료에 주는 위협을 과학적 분석을 통해 제시했다. 동 보고서는 영국정부가 'Healthy Weight, Healthy Lives'를 기치로 3년간 372백만 파운드를 투자하는 비만 관련 정책을 전개하도록 영향을 주었으며, 중앙정부 이외에 지방정부와 관련기관의 비만관련 정책 추진을 촉진시켰다.

10) (주)영국대사관, 영국 미래예측사업(Foresight) 추진현황, 2013.4.19. http://overseas.mofa.go.kr/gb-ko/brd/m_8390/view.do?seq=1036297&srchFr=&srchTo=&srchWord=&srchTp=&multi_itm_seq=0&itm_seq_1=0&itm_seq_2=0&company_cd=&company_nm=&page=25

- **전염병 대비**Infectious Diseases : Preparing for the future 식물, 동물, 인간에게서 발생할 수 있는 전염병의 미래위협에 대한 관리를 국제적인 관점에서 제시했다. 이 보고서는 정상회담에 소개되고, 아프리카 5개국, 25개 기관이 참여하는 남아프리카전염병센터Southern African Center for Infectious Disease Surveillance: SACIDS 발족에 기여했으며, 이 보고서의 영향으로 영국정부는 질병 진단기술diagnostic technology의 혁신시스템을 마련했다.
- **홍수 대비**Future Flooding 영국의 미래 홍수 위협 고찰 및 홍수에 대한 관리방안을 제시했다. 이 보고서는 영국정부가 범정부과제로 향후 20년간 홍수 및 해안침식 영향을 분석하는 과제를 추진하도록 하고, 관련분야 예산을 늘려 투자를 확대하는데 과학적 분석을 제공했다. 홍수 위험을 분석하는 혁신적인 방법론innovative methodology은 해외 여러 나라의 관심을 일으켜 중국, 미국 등의 홍수위험관리 기관과 공동 프로그램을 추진하고 있다.
- **컴퓨터 주식거래**Computer Trading 향후 10년간 국제금융시장에서 컴퓨터 주식거래가 미치는 영향을 연구했다. 유럽 및 영국에서 컴퓨터 주식거래는 규제문제와 가장 관련이 깊으며, 미래연구 프로그램 참여자와 EU와 영국의 금융규제기관은 연구결과를 토대로 긴밀한 협력관계를 구축했다.
- **미래 재난위험 경감**Reducing Risks of Future Disasters 개발도상국가에서 증가하는 재난위험에 대해 효과적인 과학분석을 통해 관리방안을 제시했다. 자연재해에 대한 예보시스템 개선, 자연재해로 인한 피해예상에 대한 정보시스템 개선, 재해위험 경감을 위한 관리방안 등을 제시한 것이다. 이 보고서는 세계은행, 유럽위원회European commission, 연구회, 인도정부 등에도 공유되었다.
- **자기인식 변화**Changing Identities in the UK: the next 10 years 향후 10년간 영국의 자기인식이 어떻게 변화할 것인가를 제시하여 정책입안자에게 영국 미래상황에 대한 이해를 제고시켰다. 기존의 자신을 인식하는 종교·인종·국적 등의 중요성이 줄어들고, 기술과 소셜미디어의 급격한 발전으로 자기인식이 더욱 복잡하게 된 바, 향후 자기인식 변화에 상응하여 정부는 평등·사회 통합·법집행·정부의 대응속도 등을 고려하여 정책을 추진하게 하였다.
- **제조업의 미래**Future of Manufacturing 2050년까지 영국이 제조업 활동으로 어떤 장기적인 가치를 획득할 수 있을 것인가를 연구했다. 기업혁신기술부에서 재원을 지원하고, 사회·경제·기술·환경·정치적 불확실성 등 다방면의 요소를 고려하여 기업·학계의 국내외 전문가 20개국, 350명이 참가하는 심층적인 연구였다. 혁신적인 증거기반의 미래분석은 정책입안자에게 영국이 제조업을 통한 기회 극대화, 위험 경감, 미래의 불확실성에 대한 관리방안을 제시할 수 있었다.

2. 사우디아라비아의 비전 2030

사우디 비전 2030[11]은 사우디아라비아의 정치·경제·사회 전반에 걸친 개혁계획으로, 국제유가 하락으로 인한 경제위기를 극복하기 위해 석유산업의 의존도를 낮추고 민간경제를 육성하는 것을 핵심으로 한다. 사우디아라비아의 무하메드 빈 살만 왕세자가 2016년 4월 25일 발표한 사우디 정치·경제·사회 전반에 대한 개혁계획이다. 개혁의 핵심은 석유산업의 의존도를 낮추고 민간부분의 경제기여도를 높이는 것에 있다. 대외적으로는 국제유가 하락으로 인한 사우디 경제위기에 대처하고 이란의 패권국가로의 부상을 견제하는 것을 목적으로 하며, 대내적으로는 28.7%에 이르는 청년실업을 해결하고 경제성장의 동력을 확보하고자 한다.

비전 2030은 '활기찬 사회A Vibrant Society', '번영하는 경제A Thriving Economy', '진취적인 국가An Ambitious Nation'라는 3대 영역으로 구성된다. 비전 2030의 각 영역별 주요 내용은 다음과 같다.

- **활기찬 사회** ▷확고한 이슬람적 기초: 이슬람 문화의 세계화 ▷성취감 있는 삶: 보건의료·주택·여가활동 등 사우디인의 복지 향상 ▷견고한 사회적 기반: 교육과정 개선과 의료서비스 민영화
- **번영하는 경제** ▷일자리 기회 확대: 중소기업 육성과 여성의 사회 참여를 통한 실업률 해소 ▷장기투자: 유망산업 정부지원과 공공사업 민영화 및 국부펀드 조성 ▷열린 비즈니스: 사업환경 개선과 경제도시 개발 ▷지리적 이점 활용: 물류허브 구축 및 수출 경쟁력 확대를 위한 자국 기업 지원
- **진취적인 국가** ▷효과적인 통치: 공공서비스의 질적 향상과 비용 절감 및 선진 정부 시스템 구축 ▷높은 책임감: 비영리 기구 활성화를 위한 지원

한편, 사우디아라비아는 비전 2030 정책의 일환으로 여성의 운전을 2018년 6월부터 허용하는 내용의 왕의 칙령을 발표했다. 2018년 5월 30일 〈보그Vogue 아라비아〉는 하이파 빈트 압둘라 알 사우디 공주가 사막을 배경으로 자동차 운전석에 앉아있는 6월호 표지를 통해 공개했다. "사우디아라비아 왕국은 여성들을 운전석에 앉히고 있다. 우리도 그렇게

11) http://vision2030.gov.sa/en

했다The Kingdom of Saudi Arabia is putting women in the driving seat and so are we"라는 말로 시작하는 하이파 공주의 인터뷰와 여성 운전면허 허용에 대한 표지 기사도 함께 공개했다. 〈보그 아라비아〉는 기사에서, 이번 조처가 2030년까지 사우디를 현대화하겠다는 모하메드 빈 살만 왕세자의 '비전 2030'의 일부라는 점을 언급하며 "그럼에도 불구하고 운전하는 저명한 왕실 여성이 잡지 표지를 장식하는 것은 중동에서 최초"라고 자부했다. 하이파 공주는 기사 속 인터뷰에서 "변화를 두려워하는 보수주의자들이 일부 있다"며 "개인적으로는여성 운전 허용과 같은 변화를 강력하게 지지한다"고 말했다.

사우디는 1980년대 초부터 행해진 콘서트 및 영화관람 금지 조치도 해제했다. 일반 시민들을 체포하는 것이 가능했던 종교경찰의 권한도 축소시켰다. 이 모두는 미래전략일 뿐 미래연구는 아니지만 이와 같은 비전은 구체적인 미래연구로 진행되어 사우디를 크게 변화시킬 수 있음에 주목할 만하다.

3. 기타 국가들

많은 국가들이 미래전략을 펼치고 있는 가운데, 파키스탄의 비전 2025,[12] 케냐 2030, 베트남 2035, 오만 2040[13] 등 아시아와 아프리카 지역의 미래전략이 눈에 띈다. 우리나라가 지난 1960년부터 경제개발 5개년계획을 수차례에 걸쳐 진행해 왔고 그 이후 선진화를 이룰 수 있었듯이 세계 개발도상국들의 힘찬 행보가 예견된다. 특히 중국, 인도, 인도네시아, 멕시코, 나이지리아, 에티오피아, 이집트, 필리핀, 베트남 등 인구가 많은 나라들의 미래는 세계를 변화시키는 동력이고 우리나라에도 그 여파가 크게 미치리라는 전망이다.

12) 파키스탄 비전 2025. https://blog.naver.com/seo347/220501840804
13) 오만 2040. https://blog.naver.com/skchung926/220996252746

생각해봅시다 13.3 명견만리와 방탄소년단

방탄소년단BTS이 대 인기다. 아시아 최초로 미국 빌보드 메인 앨범 차트 1위를 거머쥔 그룹 방탄소년단의 독일 베를린 콘서트2018년 10월 16~17일 입장권 3만 장이 6월 1일현지 시각 예매 개시 9분 만에 매진됐다고 한다. 하룻밤 사이에 일약 스타가 되었던 '싸이'와는 격이 다르다.

KBS의 명견만리는 오늘의 변화 속에서 내일을 꿰뚫어 보기 위한 질문을 던지며, 매주 통찰력으로 무장한 지성 교양인이 출연해 당면한 미래이슈를 다루는 괜찮은 예능프로그램이다. 명견만리는 '만 리 앞 미래를 내다보는 통찰력'을 뜻한다. 이 프로그램에 출연한 BTS의 기획자 방시혁은 다른 K-POP기획사와 달리 BTS 멤버들에게 모든 자유를 부여했다고 했다. 맞다! 통제가 무슨 말인가.

조한규전 세계일보 사장는 BTS의 성공요인을 다음과 같이 일곱 가지로 분석했다. ① 방탄소년단은 평균 20대 초반(20~24세)의 '조각미남'들로 이루어져 있다. ② 리더인 RM을 비롯해 방탄소년단 모든 멤버는 작사·작곡 능력을 갖추고 있다. ③ 방탄소년단의 퍼포먼스, 칼 군무가 압권이다. ④ 방탄소년단은 문학·영화 등 다른 예술분야의 콘텐츠를 활용한다. ⑤ 방탄소년단은 SNS, 개인 인터넷 방송을 잘 활용한다. ⑥ 방탄소년단은 단순한 사랑만을 노래하지 않는다. 학교폭력·입시를 비롯해 청소년의 고민·희망·사랑을 노래한다. ⑦ 방탄소년단은 자신들의 노래에 담긴 메시지를 실천하고 있다.

아래는 미래·내일을 부르는 노래 '봄날'의 가사이다.

봄날 Tomorrow

아무 말 하지 않아도 돼 / 나는 너를 느낄 수 있어 / 마치 하나의 선을 따라 만난 원처럼 /
어둠이 내린 계단 위로 / 올라가야 했던 힘겨운 두 발 /
좀 더 힘을 내 지금껏 잘 해온 것처럼만 더 /
땀인지 눈물인지도 모른 채 견딘 시간 / 언젠가 빛을 볼 수 있을까 /
하늘의 문이 열리는 순간 / 그 빛이 우리를 향할 그 날 / 꼭 서로의 손을 잡고 함께 걸어 갈거야 /
우릴 위해 펼쳐진 세상 /
꿈꾸던 그 날을 만날 때까지 / 흔들림 없이 더 나아갈 수 있길 /
강한 척 하는 네 눈빛에 / 맺혀 있는 아픔이 보여 / 가끔 감춰둔 네 진심을 꺼내놔도 돼 /
거친 바람 앞에 흔들린 꿈 / 맘의 길을 잃고 방황하던 너 /
전부 이해해 나도 다 너와 같은 맘이니까 /

오늘의 새벽이 지나 내일의 해가 뜨면 / 우린 미소 지을 수 있을까 /
하늘의 문이 열리는 순간 / 그 빛이 우리를 향할 그 날 / 꼭 서로의 손을 잡고 함께 걸어 갈거야 /
우릴 위해 펼쳐진 세상/
꿈꾸던 그 날을 만날 때까지 / 흔들림 없이 더 나아갈 수 있길 /
언젠가 빛을 볼 수 있을까 눈을 감을 때마다 늘 같은 꿈을 꿔 / 간절한 소년의 기도 닿게 되길
멈출 수가 없는 발걸음 / 마주한 여기 펼친 내 길을 따라 / 눈부신 발자국을 새겨갈거야 Baby
One step two step / One step two step baby / One step two step
하늘의 문이 열리는 순간 / 그 빛이 우리를 향할 그 날 / 꼭 서로의 손을 잡고 함께 걸어 갈거야
우릴 위해 펼쳐진 세상
먼 날의 미래는 알 수 없지만 / 난 너와 함께라 오늘도 고마워

토의문제

01. 국가의 미래는 어떻게 누가 책임지는가?

02. 청와대 국정과제 목록을 본 적이 있는가?

03. 전략과 정책과 법과 제도의 차이를 논하라.

04. 우리나라의 미래를 위해 연구하는 기관들은 무엇인가? 잘하고 있다고 생각하는가?

05. 박근혜 정권의 미래부는 왜 사라지고 말았을까?

06. 우리나라의 미래사회는 어떠하리라고 전망하는가?

07. 5년 내에 평양관광이 가능하리라고 생각하는가?

08. 우리나라의 바람직한 미래를 가로막는 요인이나 집단을 논하라.

09. 왜 한국인이 세계에서 가장 오래 살 것이라고 할까?

10. 지금 이 순간, 세계는 하나의 지구촌인가?

참고문헌

국내문헌

김성태, "미래예측과 국가경쟁력", *디지털타임즈*, 2006.9.12.

강홍렬, "미래에 대한 연구-국가 차원의 연구 필요성과 추진", *국가발전을 위한 미래연구 추진 전략 심포지움*, 정보통신정책연구원, 2005.

김성태, *IT기반 신국가 발전 전략*, 2009.9.15.

박경식, "글로벌 통찰력과 미래예측이 국가경쟁력 좌우", *글로벌이코노믹*, 2015.8.2.

박병원 외, 과학기술기반 미래연구사업 IX 총괄보고서, 과학기술정책연구원, 2017.5.1.

안종배, "미래 예측역량, 국가와 기업의 경쟁력", *전자신문*, 2014.7.31.

윤정현 외, *글로벌 트렌드와 한국: 과학기술적 대응역량 진단*, 과학기술정책연구원, 2017.12.

이주헌, 미래한국 건설을 위한 IT비전 20/20, 워크숍자료, 2004.9.10.

장영권, "미래전략 부재가 자초한 메르스", *한국일보*, 2015.6.22.

제롬 글렌, "국가미래 총괄할 정부기구 있어야", *동아일보*, 2009.9.25.

(주)영국대사관, 영국 미래예측사업(Foresight) 추진현황, 2013.4.19.

NIA, *성공적 공공정책 수립을 위한 미래전략연구 방법론*, 한국정보화진흥원, 2010.4.30.

부록 13

국회미래연구원

이 책을 쓰고 있는 중에 '국회미래연구원법'이 시행되었다. 2018년 1월 12일 국회미래연구원 설립 준비위원회위원장 인천대 조동성 총장가 설립되었고, 이 후 2018년 5월 28일 초대 원장박진 KDI 국제정책대학원 교수을 임명하고 국회미래연구원을 개원함으로써 힘찬 출발을 시작한 셈이다. 비록 국회사무처 산하기관이긴 하지만 우리나라 최초의 국책 미래연구 전문기관이라는 점에 큰 의의가 있다하겠다.

미국을 비롯하여 유럽핀란드, 스웨덴, 프랑스 등의 의회가 국가미래연구를 주도해 온 사례는 많다. 2005년 11월 29일 국회 내에 미래사회연구포럼공동위원장 변재일·진영 의원을 발족시키는데 산파 역할을 했던 저자당시 정보통신정책연구원(KISDI)원장의 입장에서 더욱 국회미래연구원에 기대하는 바 크다.

국회미래연구원은 ① 통일·외교·국방 및 국제전략, ② 국가의 신성장동력, ③ 지속가능한 발전, ④ 국민 삶의 질 향상, ⑤ 그 밖에 국가와 사회의 발전을 위하여 연구가 필요한 분야로 한정하여, 미래환경의 예측·분석 및 국가 중장기 발전전략 도출 사업을 추진해나갈 것으로 예상된다. 그동안 국가적 차원에서의 우리나라 미래연구는 과학기술정보통신부 산하기관들 위주로 진행되어왔던 바, 앞으로는 경제, 에너지, 농촌, 보건, 행정, 노동, 여성, 교통, 통일, 교육, 국토 등의 분야에서의 미래연구와 해당 분야 출연연구기관들 및 학계와의 교류를 통해 대한민국의 미래역량을 드높이는 계기가 되리라 전망된다.

▶ 조직

국회미래연구원의 조직은 단순하다. 국제전략, 신성장동력, 지속가능, 삶의 질 향상 연구조직으로 편성되어 있다. 향후 40명의 연구조직으로 확대해나간다는 계획 아래 2018년 8월 현재 박진 원장KDI 출신과 미래연구경험이 풍부한 박성원 박사STEPI 미래연구센터 출신 등 10명 내외의 박사급들이 국가미래연구에 착수한 것으로 알려진다.

▶ 주요업무

연구사업 주요 분야 미래환경의 예측·분석 및 국가 중장기 발전전략 도출

- 국제전략: 통일, 외교, 국제경제, 국방(주요국미·중·일·러·EU 동향자료 수집·관리 병행)
- 신성장동력 및 과학기술혁신: 4차산업혁명 등 신성장동력 산업의 발굴, 생명기술·나노기술 등 과학기술혁신 및 경제적·사회적 영향 분석
- 지속가능발전: 저출산·고령화, 기후변화, 환경, 에너지 등
- 삶의 질 향상: 복지, 노동, 교육, 보건의료, 문화, 지방분권

교류·협력사업 국내외 기관을 망라하는 열린 연구플랫폼 구축

- 국내외 대학·연구기관과의 정보·자료 공유시스템 구축

• 국내외 대학 · 연구기관과의 전문인력 상호 교류
• 국내외 전문가 초청 세미나 · 학술대회 실시

▶ 국회미래연구원법일부 주요 내용만 발췌

시행 2018.3.13. 법률 제15214호(2017.12.12. 제정)

제1조(목적) 이 법은 국회미래연구원을 설립하여 미래환경의 변화를 예측 · 분석하고 국가 중장기 발전전략을 도출함으로써 국회의 정책역량 강화와 국가발전에 이바지함을 목적으로 한다.
제2조(법인격) 국회미래연구원(이하 '미래연구원'이라 한다)은 법인으로 한다.
제3조(설립)
제4조(정관)
제5조(미래연구원 운영의 기본원칙)
① 미래연구원은 그 운영에 있어서 독립성과 자율성이 보장된다.
② 미래연구원은 제13조에 따른 사업을 수행함에 있어서 전문성을 확보하고 정치적 중립성을 유지하여야 한다.
제6조(임원)
제7조(임원의 임명 등)
제8조(임원의 임기)
제9조(임원의 자격 및 결격사유)
① 원장 및 이사는 다음 각 호의 어느 하나에 해당하는 자격을 갖추어야 한다.
1. 미래연구 등 관련 분야에 전문적인 지식과 경험을 가진 사람으로서 해당 분야에 10년 이상 종사한 사람
2. 대학 또는 공인된 연구기관에서 조교수 이상 또는 이에 상당한 직위에 10년 이상 재직한 사람
② 다음 각 호의 어느 하나에 해당하는 사람은 임원으로 임명 또는 위촉될 수 없다.
제10조(원장)
① 원장은 미래연구원을 대표하고 업무를 총괄하며, 그 소속 직원을 지휘 · 감독한다.
② 원장이 부득이한 사유로 직무를 수행할 수 없을 때에는 정관으로 정하는 임원 또는 직원이 그 직무를 대행한다.
제11조(이사회)
제12조(운영재원)
제13조(사업) 미래연구원은 그 목적을 달성하기 위하여 다음 각 호의 사업을 수행한다.
1. 다음 각 목의 분야에 관한 미래환경의 예측 · 분석 및 국가 중장기 발전전략 도출. 이 경우 제14조에 따라 선정된 연구과제로 한정한다.
가. 통일 · 외교 · 국방 및 국제전략

나. 국가의 신성장동력

다. 지속가능한 발전

라. 국민 삶의 질 향상

마. 그 밖에 국가와 사회의 발전을 위하여 연구가 필요한 분야

2. 국내외 대학·연구기관과의 상호 교류·협력

제14조(연구과제의 추천 및 선정)

① 의장, 국회 상임위원회 및 특별위원회는 미래연구원에 연구과제를 추천할 수 있다.

② 미래연구원은 이사회의 의결을 거쳐 연구과제를 선정한다.

③ 미래연구원은 연구과제 선정결과와 해당 과제에 대한 연구계획을 의장과 국회운영위원회에 보고하여야 한다.

제15조(연구수행 방식) 미래연구원은 연구과제를 수행함에 있어서 해당 과제에 전문성이 있는 국내외 개인·법인 또는 단체와 공동으로 연구를 진행할 수 있다.

제16조(자료의 협조요청)

① 미래연구원은 의장의 허가를 받아 국가기관, 그 밖의 기관·단체에 대하여 연구수행에 필요한 자료의 제공을 요청할 수 있다.

② 제1항에 따라 자료의 제공을 요청받은 자는 특별한 사유가 없으면 이에 따라야 한다.

제17조(연구결과의 보고)

① 미래연구원은 연구과제의 수행을 완료한 때에는 지체 없이 그 결과를 국회 상임위원회 및 특별위원회에 보고하여야 한다.

② 미래연구원은 매년 연구과제의 진행과정 및 연구결과를 의장과 국회운영위원회에 보고하여야 한다.

제18조(사업연도)~제31조(과태료) 생략

14 Chapter 산업과 기업의 미래경영 사례

"과거는 잊었다. 나는 미래만 보고 있다
– 에디슨(발명가)

좋은 아이디어는 기술개발로 이어지고, 기술은 벤처기업 혹은 중소기업을 탄생시키며 하나의 기업은 국가경제에 큰 영향을 미치는 대기업으로 성장하기도 한다. 삼성 · CJ는 설탕과 모직으로, LG · GS는 치약과 라디오로, 롯데는 껌으로 시작했다가 오늘날의 대기업이 되었다. 현대는 건설로, 기아는 자전거로, 한화는 화약으로, SK는 화학제품으로 출발했다. 기업들은 산업을 일구며 국가경제의 근간이 되는 까닭에 정부는 산업육성에 많은 노력을 기울이게 된다.

애플 · 구글 · 인텔 · 마이크로소프트 등은 미국의 힘이요, 일본의 토요타 · 후지쯔 · NEC 등은 일본의 힘이요, 독일의 자동차기업들과 프랑스의 화장품 · 패션 기업들은 각각 선진국으로서의 힘을 과시하게 만드는 일류기업들이다. 기업이 흥하고 산업전망이 밝으면 미래가 밝다.

이 장에서는 산업과 기업의 미래경영 사례를 소개한다. 대부분의 미래경영 사례들은 기업기밀로 공개되지 않기 때문에 방법론을 이해하는 관점에서만 설명하도록 한다.

대기업들의 미래전략

세계경제에 먹구름에 잔뜩 끼어있다. 미래경영을 어떻게 해야 할까?

1. 그룹 총수들의 불황 타개책

2018년 국내 대기업들의 미래를 위한 불황 타개책들을 우선 총수들의 신년사에서 밝힌 대로 정리한다.1)

[그림 14.1] 우리나라 대표적인 대기업들

삼성 '초심으로 돌아가 새롭게 도전' 3가지 목표를 제시했다. ① 미래를 창조하는 초일류 기술 회사, ② 지속성장 가능한 조직문화 창출, ③ 고객과 사회로부터 사랑받는 회사 등이 그것이다. 이를 위한 5가지 실천방안으로, ① 창의적이고 혁신적인 기술개발 문화의 정착, ② 4차 산업혁명시대를 주도할 기술력 확보, ③ 유연하고 벽이 없는 조직문화 구축, ④ 솔선수범과 배려로 초일류회사에 맞는 매너 함양, ⑤ 국내외 산업 생태계와 상생을 통한 공동체 기여를 제시했다.

현대차 '책임경영투자확대로 위기극복' 2018년 글로벌 판매목표를 755만대현대차 467만5천대, 기아차 287만5천대로 전년에 비해 70만대 줄어든 수치로 잡은 현대차는 ① 권역별 책임경영체제 확립, ② 주력시장 경쟁력 확보 및 신규시장 개척, ③ 신차출시 확대, ④ 미래 핵

1) 〈일요기획〉 '2018년 대기업 청사진' 총수들의 불황타개책, *일요시사*, 2018.1.18.

심기술 투자 강화, ⑤ 유기적 협업체계 고도화 등 5가지 실천방안을 추진키로 했다. 자율주행자동차의 기술력 확보를 위해 글로벌 ICT기업들과의 전략적 협업도 강화해 나간다.

SK '프로젝트 중심 협업 활성화' 딥 체인지deep change/근원적 변화를 강조했다. 이를 위해 사회적 가치와 경제적 가치를 함께 추구하는 '더블 바텀 라인double bottom line', 자산을 공유하거나 변화를 주는 '공유 인프라', 해외라는 기존과 다른 시장을 공략하는 글로벌경영' 등이 실천으로 옮겨져야 한다.

LG '익숙했던 고정관념 깨자' 변화의 흐름을 통찰하고 주도면밀하게 준비하기 위해서는 ① 사업하는 방식의 고도화, ② 고객가치 창출의 원천인 R&D의 근본적인 혁신, ③ 고객의 기대를 뛰어넘는 가치 제공, ④ 국민과 사회로부터 신뢰받는 기업, ⑤ 품질과 환경과 안전에 있어 완벽하고 철저함 등이 강조되었다.

포스코 '시원유명 자세로 새로운 도약' 기존 사업의 스마트화, 고유의 신성장 동력 육성이라는 투트랙 전략이 강조되었다.

한화 '고객과의 의리를 먼저 생각' 밀려오는 파도에 움츠러들기보다는 기회의 파도에 올라타 더 큰 세상으로 나가자면서, '전사적인 혁신으로 일류 한화의 미래경쟁력을 극대화하는 체질개선'을 주문했다. 디지털 혁신시대에 부응하는 스피드speed, 스마트smart, 세이프safe도 강조되었다.

두산 '올해도 재무구조와 체질 개선' 4차 산업혁명시대에 대비한 전환과 혁신을 강조했다. 이를 위해 디지털 전환을 통한 혁신적 시도, 그리고 이를 통해 새로운 가치를 창출하고 혁신적 운영방식의 도입을 주문하였다.

한진 '고객들의 든든한 여행 동반자로' 변화하는 세상에 적응할 수 있도록 우리를 둘러싼 울타리를 걷어내고 세상과 직접 만남을 강조했다.

CJ '공격적 확장으로 월드베스트' 미래를 향해 꾸준히 전진해 세계 초일류기업으로 발돋음하는 '월드베스트 CJ'의 꿈을 함께 이뤄나가자고 강조했다, 이를 위해 국내사업에서의 역량을 바탕으로 해외에서 공격적인 사업확장에 나서기로 했다.

현대백화점 '최고 2배 이상 노력 필요' ① 사업구조 개혁을 통한 경쟁력 강화, ② 책임경영체계 구축, ③ 조직문화개선 등 3대 경영방침을 제시했다.

신세계 '스토리가 있는 콘텐츠로 무장' 상품, 점포, 브랜드 등 우리가 가지고 있는 모든 콘텐츠를 다양한 스토리로 연결해 고객의 니즈에 맞춰 재편집해 낼 수 있는 역량을 새로운 핵심 경쟁력으로 확보해야 한다고 강조했다. 이를 위해 ① 고객이 원하는 것이 무엇인지, 고객의 라이프스타일을 360도로 관찰·이해하고, ② 임직원 모두가 스토리가 있는 콘텐츠 개발자가 될 것, ③ 고정관념을 넘어 일상의 다양한 경험으로부터 진솔하고 재미있는 스토리를 찾을 것 등 3가지 역량을 우선적으로 개발해야 한다고 당부했다.

2. 국내외 기업들의 미래연구 동향

영국 최대의 기업인 브리티시 텔레콤BT은 아예 미래예측 전문가를 고용해 미래예측을 기업의 미래전략과 연계하고 있다. BT의 미래예측가가 바로 이언 피어슨Ian Pearson인데, 그는 영국이 자랑하는 세계적인 미래학자로 유명하다. 로열더치셸은 오일쇼크를 정확히 예측한 것으로 유명한 미래예측 전문가 피에르 왁Pierre Wack이 미래학을 비즈니스에 응용하는 방법을 정립하고 있다. 왁의 예측 덕분에 업계 하위였던 셸은 중동전쟁종결 후 세계 2위로 올라섰고 수익성 면에서는 세계 1위를 차지할 수 있었다. 피터 슈워츠 역시 로열더치셸에 합류해 기업의 장기전략 수립에 미래예측기술을 응용하는 분야를 담당했다.

IBM, 엑슨모빌, GE, 벨 등 굴지의 기업들은 자사 내에 미래연구 및 예측을 담당하는 부서를 만들거나 미래예측가를 고문으로 초빙해 장기적인 기업전략 수립을 맡겼다. 구미의 기업들은 이렇게 1970년대 이후부터 경영전략에 미래예측이나 미래학을 응용하기 시작했다.

2017년 6월 발표된 일본의 자동차기업인 혼다의 '미래전략; 비전 2030'은 자율주행차, 친환경차 상용화, 인공지능AI 기반 서비스를 골자로 하고 있다. 혼다는 오는 2030년까지 판매 제품의 3분의 2 이상을 하이브리드카HEV, 전기차EV, 수소연료전지차FCEV 등의 친환경차로 구성할 예정이다. 현재 5% 수준인 전기차 비중을 대폭 높인다는 것이다. 자율주행분야는 2025년까지 도시환경에 최적화한 레벨 4 수준의 자율주행차를 상용화할 방침이다. 혼다는 지난해 말 구글 웨이모와 자율주행기술 공동 개발에 나섰으며 오는 2020년 도쿄올림픽 개막에 맞춰 고속도로 자율주행이 가능한 레벨 3 수준을 완성할 계획이다. 혼다는 이밖에 카메라, 센서 등으로 구성한 AI시스템을 구축해 교통분석, 사고예방에 활용한다는 복안이다. 혼다는 2018년 3월 미래차 기술개발비용으로 연간 7,500억 엔한화 약 7조 6천억 원을 투자했다. 혼다는 지속가능성을 위해 자율주행, 새 동력원, AI분야의 해결책 모색을 우선시할 것으로 알려진다.

하지만 우리나라의 기업들은 아직까지도 미래예측을 경영의 중요한 부분으로 인식하지는 못하고 있고 미래예측 활동도 그리 활발하지는 않다. 국내의 기업들은 미래 트렌드에 관심을 갖는 정도일 뿐이다. 글로벌 시장에서의 비전을 제시하는 CEO는 많지 않으며, 독자적인 기술 로드맵으로 미래전략을 준비하는 기업은 극히 일부의 대기업에 불과하다. 국내의 대기업들은 주로 그룹의 계열 연구소를 중심으로 기술예측과 미래 트렌드를 연구하고 있다.[2)]

디스플레이 산업의 미래카이스트(KAIST) 3D 방법론 적용

고대의 벽화로부터 시작된 디스플레이display는 흑백 브라운관 TV를 거쳐 최근의 평면 컬러 디스플레이 시대로 접어들어 TV, 컴퓨터 모니터, 휴대폰 등에 사용되고 있다. [그림 14.2]에서 보듯이 휴대폰에서의 진화도 빨랐듯이 머지않아 접히고 굽혀지는 플랙시블flexible 디스플레이 혹은 3D 가상현실 스크린으로 발전하리라는 전망이 나온다.

2) 박세윤, 미래예측과 기업경영, 2012.8.30. https://blog.naver.com/parkseayun/40166912895

항목	Galaxy S8	Galaxy S8+
크기	5.8 inch	6.2 inch
패널유형	Flexible OLED Super AMOLED	Flexible OLED Super AMOLED
해상도	1440×2960, QHD+	1440×2960, QHD+

[그림 14.2] 삼성 스마트폰의 디스플레이 발전사

이 책에서는 디스플레이 산업의 미래를 카이스트의 3D 미래예측 방법론제11장의 적용 사례로 살펴본다.[3] 이 사례는 2014년의 시점에서 10년 후인 2024년의 미래를 내다본 것이다.

디스플레이는 위 그림에서처럼 도구적 관점만이 아닌 기능적 관점에서 살펴야 통합적인 미래시각을 갖출 수 있다. 즉, 디스플레이를 '어떤 정보를 시각화하여 사람에게 전달하는 도구'라고 정의한다면 정보·시각화·사람·전달·도구 등의 키워드들이 추출된다.

- **정보** 정보의 종류가 무엇이고 누가 정보에 관여하는가?
- **시각화** 화질, 컬러, 3D 등이다
- **사람** 디스플레이를 이용하는 생활공간직장, 학교, 가정 등이나 작업종류통신, 학습 등
- **전달** 시각정보를 전달하는 방송통신인터넷 등의 전달방식과 그에 관여하는 주체들
- **도구** TV·모니터·휴대폰·옥외광고판의 전달장치와 전기기구·배터리·회로·반도체·금속·희귀원소 등 하위 구성요소

3) 이광형, 3차원 미래예측으로 보는 미래경영, 생능출판사, 2015. 이 책에 담긴 대학원 강의실에서의 발표용으로 준비되었다는 6개의 사례 중 하나를 방법론의 이해 차원에서 소개한다.

1. 문제의 정의미래예측 1단계

미래연구 문제를 정의하기 위한 10개의 질문과 체크리스트는 [표 14.1]과 같다.

[표 14.1] 프로젝트 정의

	질문	체크리스트 및 내용
1	프로젝트 목적	우리나라 디스플레이 산업의 미래
2	결과의 시용자 및 용도	업계 관계자, 정책 결정자
3	자원기간, 예산, 제약 조건, 스폰서	한 달2014년 4월 27일 팀 구성, 5월 21일 프레젠테이션, 5월 28일 보고서 제출
4	대상시간	2024년경
5	프로젝트참여자	고락현, 김준호, 유민기, 정봉찬
6	이해관계자	LG디스플레이, 삼성디스플레이, CM(치메이이노룩스, AU(AU옵트로닉스, 샤프, 소니, 구글, 애플, 한국정부, 일본정부, 대만정부, 중국정부, 방송업계
7	데이터, 정보활용 가능성	문서, 논문, 기업보고서, 특허
8	예측기법과 통합방법	환경스캐닝, 문헌조사, 전문가 브레인스토밍, 시나리오, 퓨처스 휠
9	소통전략투명한 절차와 결과–사용자/이해관계자	한국정부, 전자기업의 지속성장 방안 논의
10	결과 전달방식 및 수행방안	디스플레이 산업 우위지속을 위한 보고서 제공

2. 관련요소 추출미래예측 2단계

[표 14.2]는 STEPPER로 분류한 관련요소들이다. 매우 중요함의 항목은 9개로 압축했다.

[표 14.2] STEPPER 요소들

STEPPER	매우 중요	중요	관계있음	관계 미약
사회 Society	life-style, media, entertainment	culture	education, health-care, welfare, social-infra	safety, tourism, integrity
기술 Technology	engineering	R&D, design, networking	innovation, transportation, communications,	science, technique, intellectual property, ventures, city, security, art
환경 Environment	pollution	terrain, climate, geopolitics	land-use	natural, ocean, plant, climate change,
인구 Population	employment	birth control, aging, housing, cloths	labors	animals, food
정치 Politics	intelligence	governance, policy	law	political leadership, citizenship, territory, sovereignty, diplomacy
경제 Economics	trade, management	industry	service(commerce, insurance), logistics, inequality	agriculture, enterprise, finance, tax, bonds, currency, growth rate
자원 Resources		energy, grid infra	natural resource	water, electricity

3. 핵심동인 결정 미래예측 3단계

매우 중요함으로 밝혀진 9개의 요소들의 상호작용을 [그림 14.3]과 같이 표현한다. 이 그림을 통해 라이프스타일life-style은 다른 요소들과 많은 상호작용이 있음을 알 수 있다. 그러나 사회적·기술적·정치적 관점 등 각 관점에 따라서 각 요소들 간의 인과관계가 달라질 수 있다. 이 그림에서는 경영management과 기술engineering을 중요한 핵심요소로 상정하였다. 왜냐하면 다른 요소들과는 달리 이들은 디스플레이 산업을 직접적으로 이끌 수 있고 동시에 관련자들이 제어가능한 요소이기 때문이다.

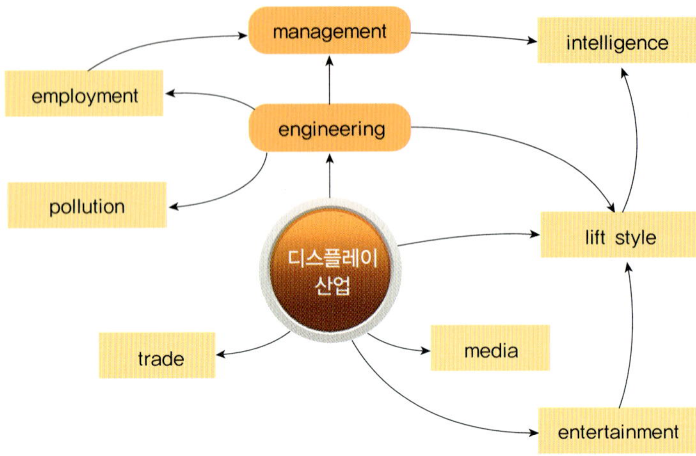

[그림 14.3] 상호작용 다이어그램

기술과 경영을 각각 x, y축으로 하여 각 사분면에 4개의 미래를 구분한 시나리오는 [그림 14.4]와 같다. 기술과 경영이 각각 긍정적일 경우와 부정적일 경우를 조합하여 각각 미래 F1, 미래 F2, 미래 F3, 미래 F4로 정의한다.

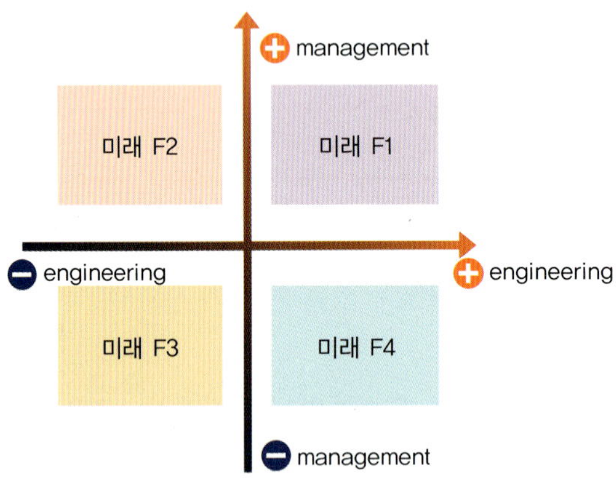

[그림 14.4] 미래예측을 위한 문제 분할

4. 미래예측미래예측 4단계

다음과 같이 디스플레이 관련 전문가그룹 브레인스토밍을 실시했다.

- **전문가그룹** 17명
- **일시 및 장소** 2014년 5월 13일 지리산 소재 팬션
- **주제** 2024년의 우리나라의 디스플레이 산업
- **진행순서** ① 3차원 미래예측 소개(10분), ② 조별 토의(25분, 1명 진행, 4인 1조), ③ 발표 및 질의응답(20분), ④ 마무리 발언(5분)

각 조별 발표를 요약한 내용은 다음과 같다.

[표 14.3] 브레인스토밍 결과

조	발표 내용 요약
1	• 앞으로 상용화가 예상되는 디스플레이 기술: 증강현실, 투명, flexible, foldable, stretchable, 대형화면, 홀로그램, 개인용 3D • 상용화를 위해 필요한 기술: 데이터 전송기술, 저전력, UHD기술 • 활용가능 분야: 광고, 교육, 운동, 의료, 바이오 융합, 장애인용 ◉ 개별기술에 따른 미래 디스플레이의 형태에 초점
2	• 2014년 현재 디스플레이 산업의 강자: 삼성제조, 구글정보, 아마존유통, 애플3개 요소 모두 갖춤 • 10년 후 디스플레이 산업에서 살아남기 위한 조건판매가능한 시간은 제한적 –제조, 정보, 유통 등을 결합하고 갖추어야 살아남음 –단순한 전자제품이 아닌 문화를 파는 회사만 존재가능 ◉ 공급자 생태계 관점에서 본다면, 현재의 시스템에서 벗어나지 못한다면 10년 후 우리나라 디스플레이 산업은 망할 수 있음
3	• 디스플레이 개념의 변화: 단순한 스크린에서 윈도우, 유비쿼터스 개념으로 변화 • 한국 디스플레이 산업의 특징 –OLED 기술 및 시장이 상당히 성장 –일본의 기술력, 중국 제조기술 및 기술력 등 갱쟁국의 유망기술 집중 지원 및 투자로 위기감 고조 • 디스플레이 산업에서 한국의 경쟁력 강화방안: 신소재 및 부품 개발 ◉ R&D 강조
4	디스플레이 산업이 급격하게 성장한 시점: 약 10년 전 2002년 월드컵 10년간 디스플레이 기술의 발전: 프로젝션TV, 평면 CRT, LCD, PDP, flexible 앞으로 10년간 개발될 디스플레이 기술 예상: 두루마리형, 레고형조립하여 대형으로 만듬, 따라다니는 스크린 ◉ 앞으로 10년 또한 새로운 기술이 개발되어 디스플레이 산업이 발전할 것임

5. 예측결과 통합 미래예측 5단계

핵심요소 중심으로 결과를 통합하고 미래 시나리오를 개발한 후 미래전략을 수립한다.

기술engineering 관점의 통합 [그림 14.5]는 퓨처스 휠을 사용하여 현재 디스플레이가 앞으로 어떻게 발전하는지 예측한 것이다. 다양한 용도의 디스플레이에 필요한 기술들을 표시하였다. 그림의 첫 번째 범위에 포함된 기술들은 현재 평면 디스플레이 공정에서 더욱 발전되거나 파생된 기술들이다. 이 분야는 우리나라 제조업체의 강점이며 초기 투자에 대규모의 자본이 소요되기 때문에 새로운 경쟁자가 진입하기 어렵다. 이에 반해 두 번째 범위에 속하는 안경형과 홀로그램 기술은 생산방식이 여러 부품을 조립하는 형태이다. 우리나라에겐 강점이 없는 기술이다.

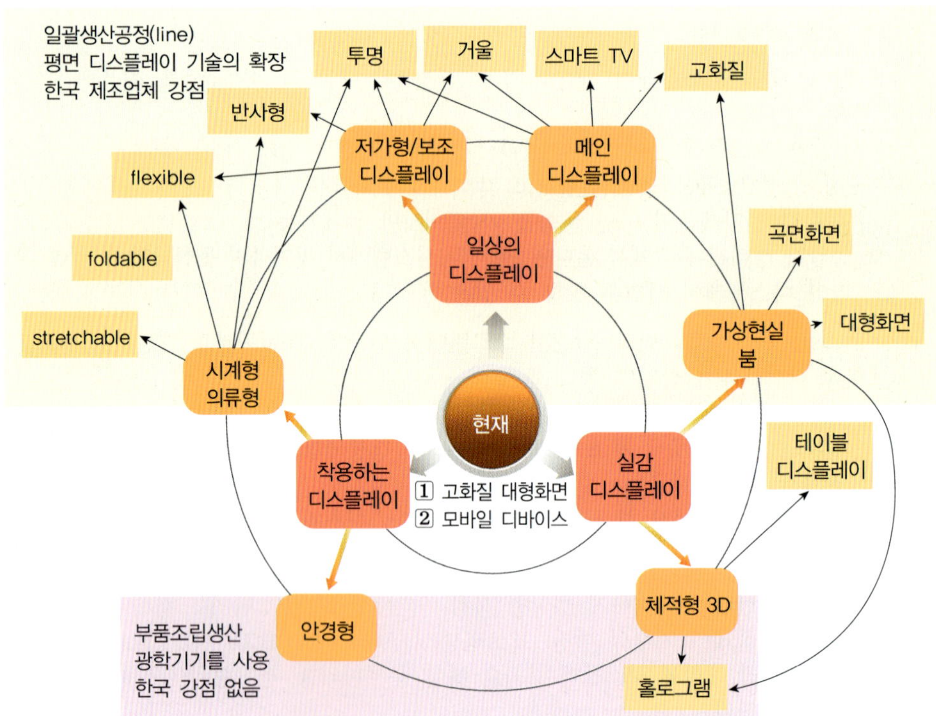

[그림 14.5] 기술 관점 예측결과 통합

경영management **관점의 통합** [그림 14.6]은 디스플레이 시장과 관련된 산업의 변화를 표현한 것이다. 기능적 측면에서 디스플레이는 정보, 전달, 도구 등의 키워드로 설명된다.

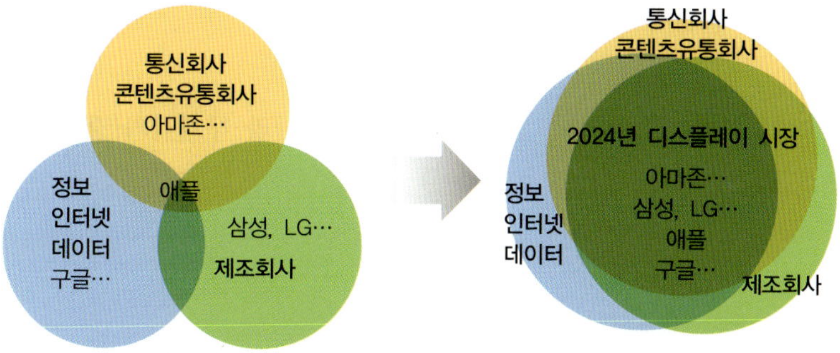

[그림 14.6] 2024년 디스플레이 시장 변화예측

① 정보는 문서·서적·음악·사진·동영상·광고 등의 형태로 개인과 단체에서 생산된다. 이 분야 대표기업은 구글이다. 구글은 콘텐츠와 제조분야로도 사업을 확장하고 있다. 예를 들어. 동영상 공유 사이트인 유튜브를 인수하여 영상정보 콘텐츠를 장악하고 있다. 또한 안경형 디스플레이인 구글 글라스를 선보였으며 이 제품의 대중화가 성공하면 휴대용 정보통신 단말기인 스마트폰은 큰 타격을 받을 가능성이 크다.

② 전달은 검색, 유통, 네트워크, 미디어 등과 같은 플랫폼을 의미한다. 미국의 아마존닷컴이 대표 기업이다. 아마존닷컴은 지금까지는 미국 시장에 주력하고 있지만 비즈니스 대상 국가를 급격하게 증가시키고 있다. 우리나라에 진출한다면 애플 아이폰이 우리나라에 진출했을 당시의 충격에 비견될 수도 있다. 온라인 서점으로 출발한 아마존닷컴은 서적 콘텐츠 분야에서 압도적인 지배력을 갖고 있다. 이 비즈니스를 위해 테블릿PC와 전자책을 저가에 보급하는 전략을 구사 중이다.

③ 도구는 컴퓨터, 스마트폰, TV 등 실제 디스플레이를 탑재한 전자제품이다. 애플과 삼성이 대표기업들이다. 애플은 PC 제조업체였지만 음악 콘텐츠를 많이 확보하고 아이튠즈라는 자체 유통시스템을 확보하면서 정보·유통·제조의 삼박자를 갖추고 확고한 IT업체로서의 위치를 점하고 있다. 특히 기술을 잘 알기 때문에 콘텐츠와 유통 플랫폼을 디바이스에 잘 녹여낼 수 있었고 이것이 성공의 열쇠가 되었다. 이에 비해 우

리나라 기업인 삼성과 LG 등은 아직 제조업의 영역에 머물고 있다.

구글, 아마존, 애플 등 세계적 기업들은 자신의 영역을 기반으로 상대방 영역으로 영향력을 확대해가고 있고 이 경향은 점점 더 가속화될 것이다. 미래에는 이 세 가지가 유기적으로 결합되어 소비자에게 시각정보를 가장 효과적이고 편리하게 전달할 수 있는 기업만이 생존가능한 시장환경이 조성될 전망이다.

기술트리와 경영환경의 변화 [그림 14.7]은 우리나라 대기업의 강점인 평면 디스플레이 기술트리와 환경을 시각화한 것이다.

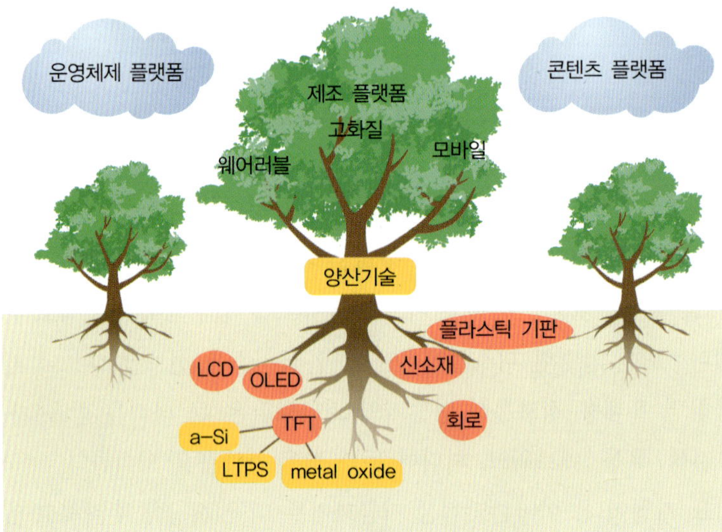

[그림 14.7] 기술트리와 경영환경

일본업체나 대만·중국업체와 비교하여 LCD, OLED, 각종 TFT, 신소재 기술 등 요소기술은 기술 포화상태에 도달하여 프로세스 혁신단계라 할 수 있다. 새로운 제품을 만드는 것보다 비슷한 제품이라도 더욱 잘 만드는 것이 중요한 단계라는 뜻이다. 요소기술들은 일본업체들이 훌륭한 기술력을 확보하고 있으나 양산기술은 우리나라가 앞선다. 우리나라 기업이 경쟁력을 가지고 제조 플랫폼을 확보할 가능성이 있다. 우리나라는 스마트 기기 등의 운영체제 플랫폼을 장악하고 있는 구글 안드로이드, 애플과 비교적 협력적인 관계를 유지하고 있지만 시장환경의 변화에 대비하여 확고한 제조플랫폼을 확보하는 전략이 필요하다.

4개의 미래 앞서 보여준 [그림 14.4]의 4개 미래상들에 대한 분석을 [표 14.4]와 같이 하였다. 기술이 부족(−)한 경우 외부적 요인으로는 경쟁국의 기술이 앞서나갈 경우이고 내부적으로는 이공계 기피현상으로 R&D역량이 위축되는 경우이다. 기술이 우수한(+) 경우 현재의 추세가 지속되는 경우이다. 경영은 콘텐츠 분야와 유통 분야로 영향력을 확대할 수 있느냐가 관건이다. 경영능력이 부족할(−) 경우 현재의 상황에 안주하는 경우이다. 경쟁기업들이 변화와 확장을 추구할 때 잠자코 있다가는 단순 디스플레이 공급 하청업체가 된다. 경영능력이 좋으면(+) 최소한 구글이나 아마존이 차지하고 있는 세계적 콘텐츠나 유통 플랫폼을 일부나마 차지할 수 있는 경우이다. 이것은 단순히 개별기업 차원의 문제가 아니라 정부 차원에서의 노력이 매우 중요하다.

[표 14.4] 4가지 시나리오

대안미래	설명
미래 F1 최적의 미래 (기술+, 경영+)	• 뛰어난 경영전략과 생산기술을 바탕으로 경쟁력 확보 • 정보통신 콘텐츠 등 연관산업의 경쟁력 강화로 시너지효과 • 지속적인 R&D투자로 독보적 신기술을 확보하여 지속적 성장
미래 F2 가능한 미래 (기술−, 경영+)	• R&D 인력확보에 어려움이 있고 신기술 개발경쟁 치열 • 이미 확보된 지식재산권을 바탕으로 치열한 특허분쟁 지속 • M&A 특허 매입 등으로 시장경쟁력 확보
미래 F3 부정적 미래 (기술−, 경영−)	• 경영실패로 기술개발 경쟁에서 완전히 뒤처짐 • 저가형은 중국, 고부가 제품은 일본으로 세계시장 분점 • 한국 디스플레이 산업 붕괴
미래 F4 타당한 미래 (기술+, 경영−)	• 창의성 없는 경영으로 시장영향력 확대 실패 • 단순 디스플레이 패널을 생산하는 하청기업화 • 국제경쟁력 없는 저부가가치 산업

3차원 미래예측을 활용한 통합 위의 분석이 시간을 축으로 분석했다면 공간이라는 다른 축을 도입하여 분야·시간·공간 3개 축을 통합한 분석이 필요하다. 그 이유는 가능성 높은 미래가 예상되면 각각의 이해관계자들이 저마다의 노력으로 각자에게 유리한 미래가 이루어지도록 전략이 변화하고 그에 따라 또 다시 미래가능성이 변하기 때문이다. [그림 14.8]은 3차원 미래예측을 활용한 국가·영역별 전략을 비교한 것이다.

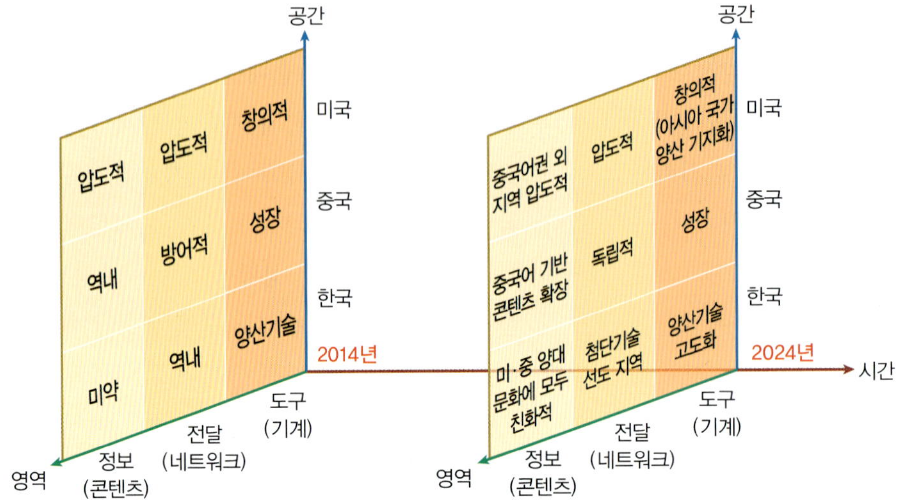

[그림 14.8] 3차원 미래예측을 활용한 국가·영역별 전략 비교

[그림 14.8]의 해석은 이러하다. 공간에는 미국·중국·유럽·일본·우리나라가 있으나 디스플레이 분야에서는 미국과 중국이 상위 대상국이고 유럽과 일본은 하위 대상국으로 판단하였다. 시간은 현재와 10년 후인 2024년으로 설정하였다. 2024년의 디스플레이 업계의 세계전략 판도는 다음과 같이 예측된다.

- 미국의 압도적인 지배력은 여전히 유효하며, 더욱 강화될 가능성이 높다.
- 중국은 거기에 대항하여 독립적 정보생산 및 전달망을 확보하려고 노력할 것이다.
- 우리나라는 경제적 측면을 고려하여 이머징 국가에 편승하는 것이 장기적으로 이득이 될 것으로 판단된다.

6. 미래창조 전략 수립

미래전략 수립은 다음과 같다.

비전 우리나라의 디스플레이 산업은 기술과 경영 어느 한쪽에 치우치지 않은 발전전략으로 세계시장을 선도할 수 있는 미래를 만든다.

미래(F1)창조 전략 바람직한 미래창조 전략은 다음과 같다.

- **기술 관점** R&D 기술개발에 대한 투자를 확대하는 동시에 직무 발명에 대한 보상을 체계화하는 등 긍정적 청사진을 마련하여 이공계 기피 현상을 해소하고 기업경영과 시너지효과를 일으키도록 한다.
- **경영 관점** 오너경영과 전문경영인 체제를 도입하여 합리적인 의사결정이 이루어지도록 하며, 두 체제의 장점을 적극 활용하여 기술발전과 시너지효과를 일으키도록 한다.
- **연관산업** 디스플레이 수출시장에서 벌어들이는 이익을 연관산업 분야에 투자하는 것이 바람직하다. 경쟁력 있는 콘텐츠를 지속적으로 생산할 수 있는 생태계가 마련되고 독립적 유통망을 확보할 수 있다면 현재 불안한 디스플레이 시장의 미래를 보다 밝고 건강하게 지속시킬 수 있다.

생각해봅시다 14.1 노키아가 몰락한 이유?

기업은 미래를 준비하지 않으면 몰락한다. 그것도 순식간에 망한다. 2007년까지 스마트폰 시장의 50%를 점유했으나 2013년 마이크로소프트에 인수된 노키아가 좋은 예다. 왜 노키아는 그토록 허망하게 무너졌을까? 자만심에 안주하다가 무너진 것은 아니라고 한다. 세계적인 경영학 저널 'ASQ Administrative Science Quarterly'의 논문 한 편의 노키아 진단을 읽어본다.

- **역할분담의 딜레마** 첫 번째 문제점은 역설적이게도 역할분담이 너무 잘됐다는 것이다. 최고경영진은 외부환경 대응에만 신경을 쏟았다. 시장과 경쟁사 동향 파악과 대응에 노이로제에 걸릴 정도로 열심이었다. 반면 중간관리자는 외부환경에는 관심이 없고, 그저 내부 관점에서 경영진의 명령을 제대로 실행하는 게 자신들의 역할이라고 생각했다. 한 직원은 인터뷰에서 "안드로이드나 아이폰이 실제로 우리 회사를 얼마나 고통스럽게 할지 제대로 아는 사람은 극히 적었다"라고 지적했다. 노키아의 명확한 역할분담은 각자 열심히 일만 하게 했고, 정작 경쟁자에는 제대로 대응하지 못한 것이다.
- **회사 내 서로 다른 감정흐름** 두 번째 문제점은 회사 내부에 서로 다른 감정흐름이 존재하는 것이었다. 노키아 경영진은 애플 제품이 시장에서 성공하는 것에 상당히 초조해하고 위기감을 느껴 직원들에게 무리한 개발 일정과 제품을 요구했고, 이에 제대로 대응하지 못하는 직원에게 공격적이고 감정적으로 대했다. 한 직원은 "경영자 중 한 사람이 책상을 내리쳐 과일 조각이 날아가는 것을 봤다. 그의 몸속에는 피가 아닌 독이 흐르고 있을 것이다"라고 말할 정도였다. 결국 상사의 무리한 요구에도 낙관적인 보고서를 내는 일을 거듭했다. 현재의 상황을 모면하면 된다는 생각에 악순환이 반복된 것이다.
- **제품특성을 무시한 조직관리** 세 번째 문제점은 스마트폰이라는 제품 특성을 무시한 조직 관

리다. 스마트폰은 하드웨어 · 소프트웨어 · 서비스 등이 복잡하게 연결되는 구조이기 때문에 이들을 최적으로 통합하는 일이 중요하다. 그런데 노키아의 조직은 세분화되어 있고 각 개발 부서는 제품 전체를 이해하지 못했다. 결국 2007년 출시된 N95는 품질에 심각한 문제가 생겼고, 2008년 터치형 저가 스마트폰은 경쟁사보다 1년이나 늦게 출시됐다. 또 2009년 N97을 출시했으나 터치 기능 부재와 품질 문제로 시장에서 퇴출당하면서 노키아는 스마트폰 산업에서 그 이름이 잊히는 비운을 맞게 되었다.

생각해보자. **노키아의 미래연구**는 없었을까? 통신시장의 환경을 탐색하고 기술발전 트렌드를 파악하여 바람직한 미래상을 설정하고 꿈과 비전을 전 직원들이 공감할 수 있도록 하는 노력은 전혀 없었을까? 그렇진 않을 것이다. 저자가 만난 노키아의 훌륭한 미래예측가들은 여럿이었다. 그럼 왜? 미래연구는 단기적인 위협이나 와일드카드에는 무용지물이란 뜻일까?

이 분석을 읽으면서 **박근혜정권의 몰락**도 연상되었다. 청와대 비서진은 각자 최선을 다했는지는 모르지만 '세월호 침몰 사건' 등 위기상황에서 효과적으로 대응하지 못했고, 상황의 심각성을 깨닫지 못하고 보수의 지지세가 강하다고 착각했으며, 국민감정을 모른 채 우왕좌왕 거짓을 일삼다가 퇴출당하고 감옥에까지 갇히는 비운의 신세가 되었으니 말이다.

화장품 기업의 미래연구 사례아모레퍼시픽

기업의 최근 미래연구 사례는 찾기가 쉽지 않다. 아니, 대부분 기업의 기밀자료인 까닭에 잘 노출되지 않고 공개를 하는 경우는 극히 드물다. 그러나 2017년 뒤늦게 공개된 우리나라 대표적인 화장품회사인 아모레퍼시픽www.apgroup.com이 혁신적인 신제품 '메이크온'을 출범시키기 위해 진행시켰던 2010년 당시의 미래연구는 그 과정이 미래연구와 마케팅전략이 조화롭게 어우러진 매우 모범적인 사례로 판단되어 여기 발췌해 소개한다.[4)]

4) 권민(ST유니타스) · 남혜성(아모레퍼시픽), *아모레퍼시픽, 테크뷰티 프로젝트 메이크온*, 2017. http://gibo.conects.com/gibo/main/detail/detail_makeon

1. 창의적인 발상과 혁신적 관점미래연구 준비

2017년 신년사에서 아모레퍼시픽의 서경배 회장은 미래에 대해 아래와 같이 말했다.

"오늘날 우리는 지금까지 전혀 경험하지 못했던 새로운 시대를 맞이하고 있습니다. 모든 사물이 복잡하게 얽힌 네트워크 연결 사회가 만들어지고, 현실의 세계Real와 가상의 세계Virtual가 결합한 또 다른 새로운 세상인 '뉴 리얼New Real'의 시대가 열리고 있습니다. 새로운 시대에는 항상 기존의 패러다임을 넘어 그 시대에 맞는 시각으로 새로운 전략을 세워 개척한 자만이 승리합니다. 우리 모두의 지혜를 모아 디지털과 모바일의 혁신을 선제적으로 이루어야 합니다."

고정관념은 창의성을 가로막는다. 고정관념을 깨는 새로운 질문을 던지면 새로운 기회가 보이고 불가능의 세계가 가능한 세계로 열린다. 무선전화기, 전기자동차, 날개 없는 선풍기, 자율자동차는 각각 '전화선', '휘발유', '날개', '운전사'가 꼭 필요한가라는 질문을 던지며 고정관념을 탈피한 신제품들이다.

아모레퍼시픽도 하나의 질문으로 시작했다, '화장품은 꼭 발라야 할까?' 즉, '바르는 화장품'이 아닌 '아름다움'이라는 본질을 중심으로 미래의 뷰티를 상상했다.

"뷰티 산업은 아름다워지기 위해 끊임없이 새로운 자연의 성분을 추구했습니다. 밀림, 바닷속, 사막, 적도, 극지를 탐험하며 새로운 원료를 통해 아름다움의 비밀을 발견하고자 노력했지요. 하지만 그런 강력한 성분들을 만드는 빛, 바람처럼 보이지 않는 자연의 에너지에 관해서는 관심을 두지 않았습니다. 우리는 이제 보이지 않고 손으로 잡을 수 없는 공기와 햇빛도 새로운 원료만큼이나 건강한 아름다움을 위해 중요하다는 것을 알고 있습니다. 언제까지나 같은 방식만을 고수해야 한다고 생각하지 않았습니다. 그래서 보이는 자연을 넘어 보이지 않는 자연의 에너지로 시야를 넓혀보았습니다.

이와 같은 혁신적 관점에서 시작했던 '메이크온makeon' 프로젝트는 [그림 14.9]와 같이 진행되었다.

[그림 14.9] 아모레퍼시픽의 미래연구 단계

2. 미래시장 조사환경 탐색

2002년 3조 8천억 원 규모의 국내 화장품 시장은 2010년 6조 3천억 원 시장이 되었다. 이 상황을 단지 1차원적으로 인터넷 쇼핑, 유통의 확대에 기인한 것으로 해석해선 안 된다. 뷰티 시장에서는 욕구와 욕망이 부풀어 올랐다. 한류, SNS의 발달, 스타급 메이크업 전문 유튜버의 등장, 화장을 원하는 연령대가 확대되는 등 보이지 않는 영역이 확대되고 있었다. 그러나 이러한 화장품 업계의 '세분화'라는 패러다임을 벗어나기 위해 새로운 상품 출시가 아니라 '뷰티의 본질'이 무엇인지로부터 고민을 시작했다. '바르지 않는 화장품'에 과거와 현재의 선을 이었다. 이를 위해 전통적인 예측forecasting기술을 이용하지 않고, 2020년의 미래 사회상의 비전, 인류의 가치와 환경적 제약 등을 함께 고려하여 목표를 설정한 뒤, 기존의 패러다임과 성공 공식의 틀을 깨고 [그림 14.10]과 같이 거꾸로 현실을 완성해가는 백캐스팅backcasting 방법을 선택했다.

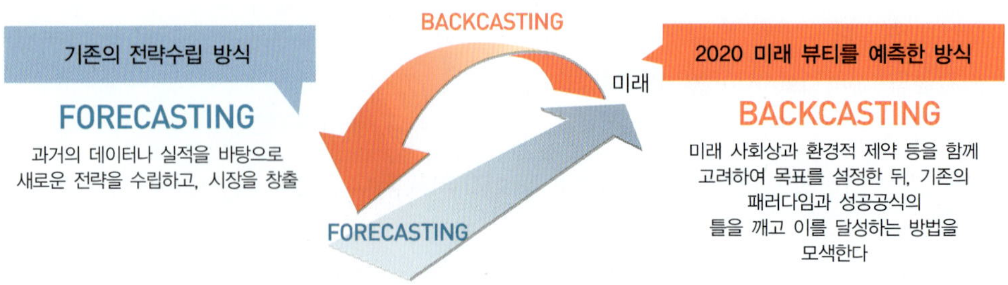

[그림 14.10] 백캐스팅 방법

미래사회 조사를 위해서는 퓨처스휠 기법이 사용되었다. 기후 변화와 환경오염, 새로운 기술의 등장, 제도의 변화 등 거시적 관점에서 일어날 상황을 [그림 14.11]과 같이 예측했다.

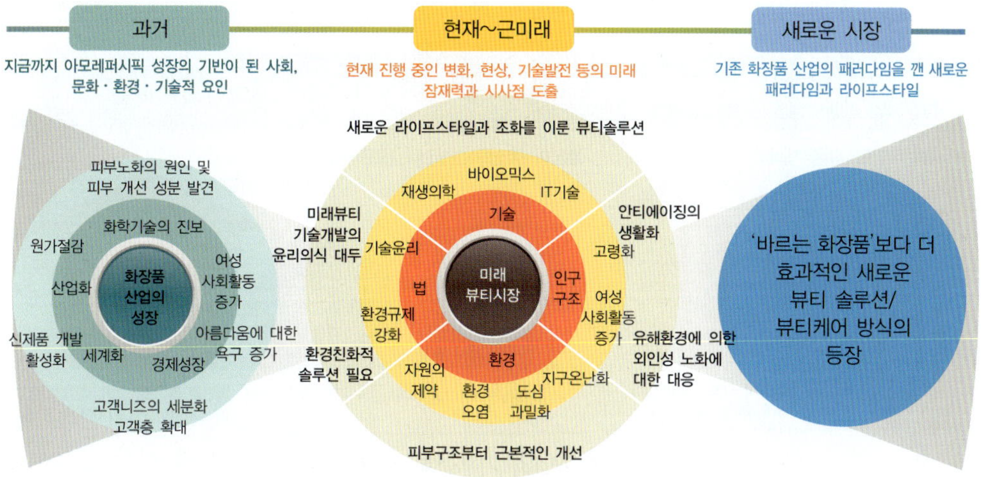

[그림 14.11] 미래 뷰티시장 창조를 위한 퓨처스 휠

중 · 단기 미래 인구구조 예측 20~30대의 모습을 20~30년 유지하려는 안티에이징 anti-aging의 욕구는 증가할 것이다. 따라서 노화에 대응하는 뷰티 솔루션에 대한 니즈가 증가할 것이다.

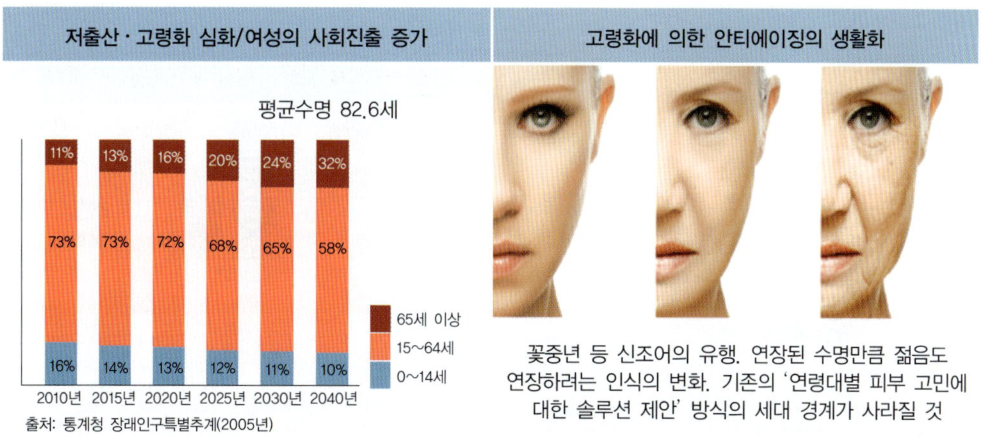

[그림 14.12] 안티에이징에 대한 욕구 변화

2020년의 지구온난화 예측 기후 및 계절의 변화로 인한 피부 고민이 증대될 것이다. 단순히 화장품으로 태양에 노출된 부분을 가리는 정도가 아니라 날씨로 손상된 피부를 근본적으로 개선할 수 있는 뷰티 솔루션이 필요할 것이라 예상했다.

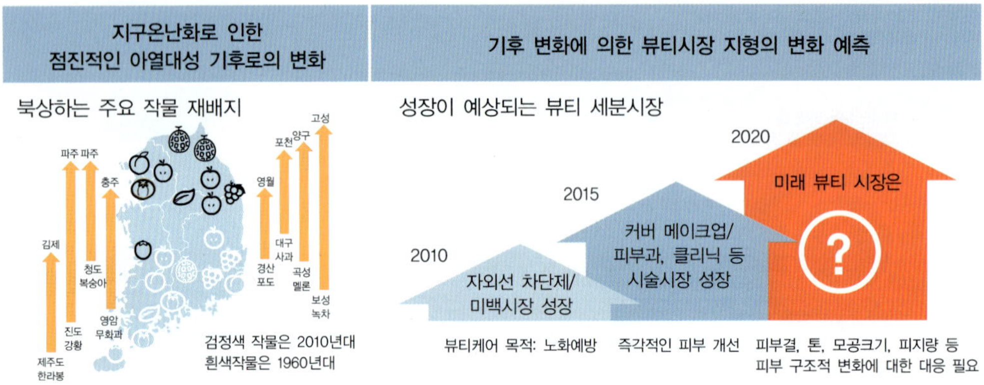

[그림 14.13] 기후변화 예측

2020년의 생활환경 예측 도심 속 유해환경에 대한 위기의식이 증가할 것이다. 2010년에도 미세먼지가 이슈였지만 이는 대부분 봄에 중국에서 날아오는 황사 현상 때문이었다. 하지만 점차 도심밀집도가 증가하고 2차, 3차의 환경 초미세먼지로 인해 피부건강을 해치는 유해환경이 일상화될 것이라 예상했다. 따라서 외부환경에 의한 노화에 대응할 수 있는 솔루션을 찾아야만 했다.

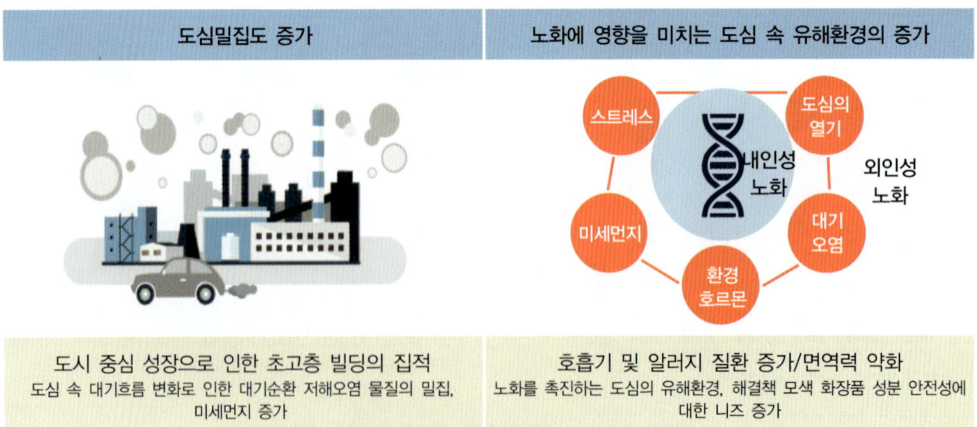

[그림 14.14] 유해환경의 변화

2020년의 사회경제체제 예측 환경, 사회와 균형을 이룬 성장에 대한 사회적 요구가 증가할 것이다. 환경규제와 자원의 한계 그리고 지속가능경영이라는 차원에서 다가오는 미래 성장의 기초를 현재의 경쟁 시장에 세워서는 안 된다는 의식이 공유되고 있었다. 따라서 전 세계의 거대한 환경 문제에 대응할 수 있는 기술 솔루션을 제시함과 동시에 환경과 사회와 균형을 이룰 수 있는 돌파구를 모색하자는 의식이 공유되었다.

2020년의 뷰티기술 예측 뷰티기술의 윤리성에 대한 사회적 논의가 증가할 것이다. 노화방지와 젊음을 유지하기 위한 미래기술로서 줄기세포 연구가 계속해서 이루어지고 있다. 바이오테크놀로지, 재생의학 등 여러 분야에서 연구성과가 나타나면서 미래기술이 현실화되고 있다. 이런 상황에서 무엇보다도 중요한 것은 상상하는 미래에 부합하면서도 기술의 윤리성에 어긋나지 않는 기술을 개발하는 것이었다.

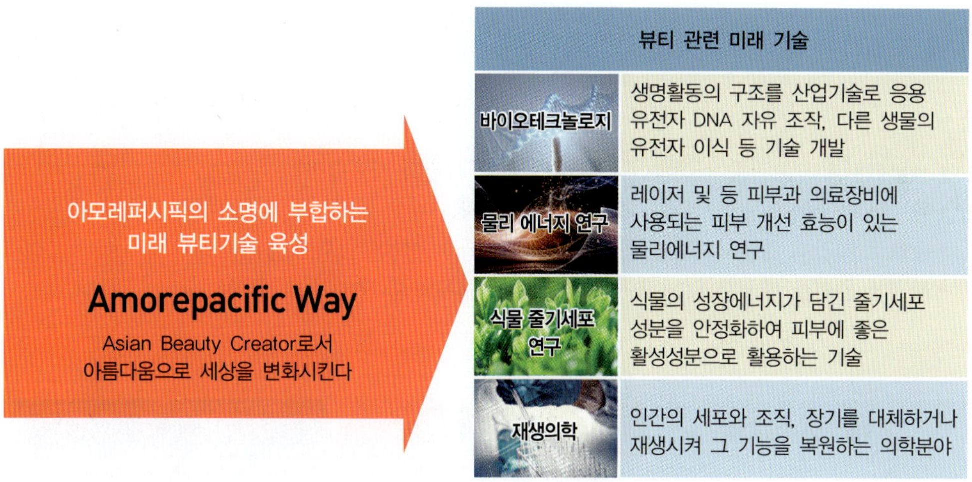

[그림 14.15] 뷰티기술 예측

2020년의 정보통신기술 예측 연결되고 융합된 사회변화로 인한 새로운 라이프스타일이 도래할 것이다. 미래형 라이프스타일과 조화를 이룬 뷰티케어방식을 창조해야 한다. 단순히 화장품을 파는 뷰티 제조 기업이 아니라 화장품 외 여러 플랫폼을 통해 소비자의 안티에이징과 아름다움을 케어care하는 메니지먼트 기업으로 변화해야 한다.

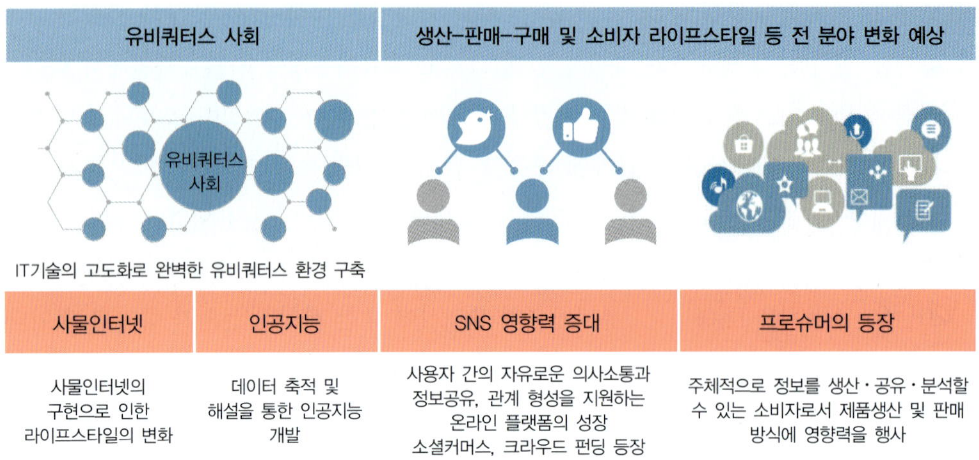

[그림 14.16] 정보통신기술이 가져오는 라이프스타일 변화

나아가 [그림 14.17]과 같이 4개의 미래혁신 질문을 함으로써 기존의 통념 및 상식적 전제에 도전하여 새로운 가치창조의 가능성을 모색하였다.

- 세분화된 피부고민을 뛰어넘어 근본적인 피부 개선이 가능할까?
- 원료와 성분이 아닌 새로운 기술은 없을까?
- 손으로 발라서 흡수시키는 방법 외에도 다른 케어방식이 있지 않을까?
- 자연에 영향을 미치지 않는 지속가능한 자원은 무엇일까?

기존 업계 패러다임	4개의 미래혁신 질문	미래 뷰티 패러다임의 창조
피부고민을 세분화해 가장 정확한 솔루션을 제안	① 세분화된 피부고민을 뛰어넘은 근본적인 피부개선이 가능할까?	시장세분화 관점에서 탈피해 고객의 근본적 해결과제를 중심으로 접근
유효성분을 잘 흡수시키기 위한 원료 및 성분 중심 기술 경쟁	② 원료와 성분이 아닌 새로운 기술은 없을까?	화장품 업계를 넘어 피부에 활용 가능한 새로운 뷰티테크를 폭넓게 탐색
바르는 화장품	③ 손으로 발라서 흡수시키는 방법 외에도 다른 케어방식이 있지 않을까?	새로운 뷰티케어방식으로 고객경험을 혁신
원료와 성분에 집중해 아직 선보여지지 않은 더 좋은 새로운 자원을 계속해서 발굴(환경과 자원개발이 사업확장의 필수전제가 됨)	④ 자연에 영향을 미치지 않는 지속가능한 자원은 무엇일까?	유한한 자원의 제약 안에서 지속가능한 기술/역량을 확보

[그림 14.17] 새로운 패러다임을 창조하기 위한 4개의 혁신 질문

3. 미래시장 개념 구축미래 예측

혁신의 시작은 현재의 부정에서 시작된다고 해도 과언이 아니다. 바르지 않고 아름다워질 수 있다면 그것은 어떤 방법일까? 일회용 화장make-up이 아닌 반영구적으로 아름다워지기 위해 무엇을 할 수 있을까? 이러한 질문을 통해 아모레퍼시픽이 찾은 사실은 사람들은 바르는 화장품 이외에또는 대신에 피부과와 클리닉 시장을 이용하고 있다는 점이다. 화장품에 의존하는 대신 피부과 혹은 클리닉으로 이동하는 소비자는 미세한 성능의 차이만 있는 화장품이 아니라 지금과는 완전히 다른 차원의 뷰티를 원하고 있었다.

[그림 14.18] 화장품과 피부과의 차이

하지만 당시 피부과·클리닉 시장은 소수만이 누릴 수 있는 시장이었다. 당시 다수의 고객들이 서 있는 화장품 시장에서 피부과·클리닉 시장은 미래의 시장처럼 보였다. 이에 아모레퍼시픽 미래팀은 소비자 불만, 즉 피부과·클리닉의 에너지 솔루션을 마치 화장품처럼 즐기는 미래를 상상했다. 이는 에너지 기술을 소비하기 어려운 이유를 제거하고 고객의 일상에 스며들 수 있는 최적의 솔루션을 고안하는 '파괴적 혁신'이었다.

그렇게 [그림 14.19]와 같이 미래 혁신시장의 개념이 정립될 수 있었다. 화장품 시장에 뷰티 디바이스 시장을 결합해 새로운 가치를 창출할 수 있다고 판단한 것이다.

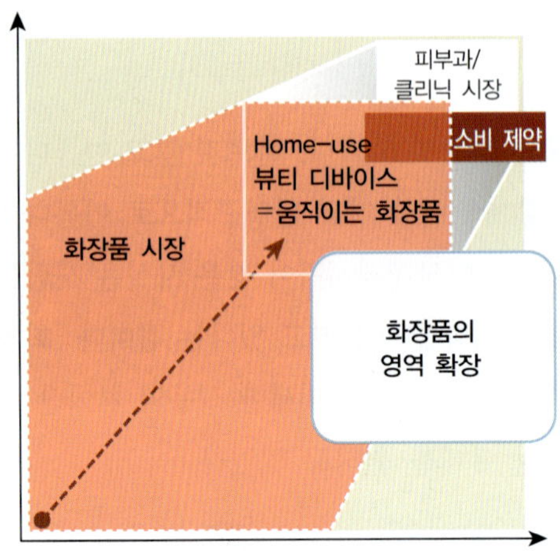

	기존 시장 화장품 시장	혁신 시장 모델 Home-use 뷰티 디바이스와 화장품 시장의 결합
고객가치	수분, 주름, 탄력, 미백 등 효능을 지닌 성분을 바르는 방식으로 피부를 관리	의료기기에서 사용되는 피부 개선 효능이 있는 물리적 에너지를 누구나 안전하게 사용할 수 있도록 혁신
비용	중고가 등 다양	고가의 전문 의료기기를 중저가의 뷰티 디바이스로 구현
편리성	다양한 용량과 제형으로 TPO에 맞는 사용 가능	피부과나 클리닉을 방문하지 않아도 화장품을 바르던 기존의 일상 습관에 5분만 더 투자
커뮤니케이션	광고 및 바이럴 마케팅 등을 통한 홍보	콘텐츠를 통해 활용법을 배우며 적극적으로 사용하고, 사용후기를 공유

[그림 14.19] 미래시장 기회 포착과 기술혁신 기반 신사업 모델

4. 신사업 설계 및 브랜드 런칭미래창조

신사업을 추진하기 위한 전담 TF조직이 구성되고 핵심과제를 도출한 후, [그림 14.20]과 같은 뷰티 디바이스 사업 현실화를 위한 과제 추진 프레임워크가 기획되었다.

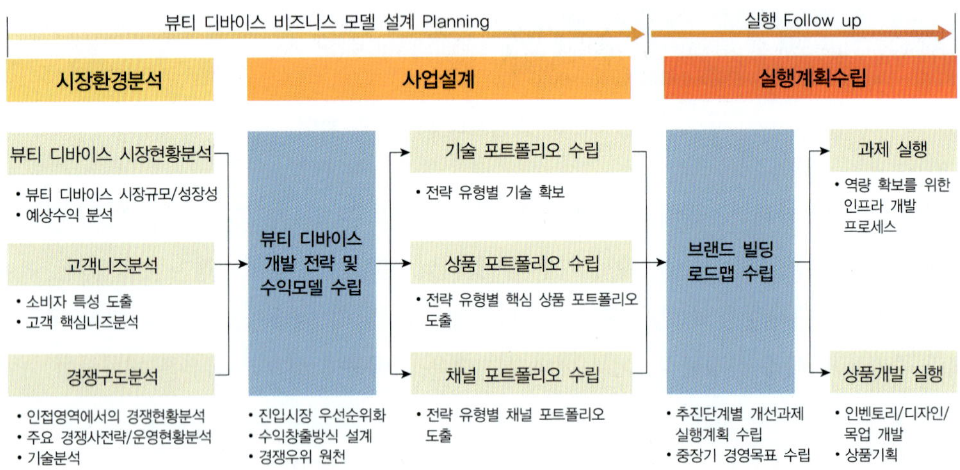

[그림 14.20] 과제 추진 프레임워크

뷰티 디바이스 시장은 미국의 성장추이를 검토하여 국내시장도 2,000~3,000억 원 규모

의 시장이 예상되었다. 나아가 국내의 30배 규모 글로벌 시장의 수요도 예측되었다. 단 실질적인 피부효능을 가진 뷰티 디바이스를 개발해야 고객의 니즈를 충족시킬 수 있다.

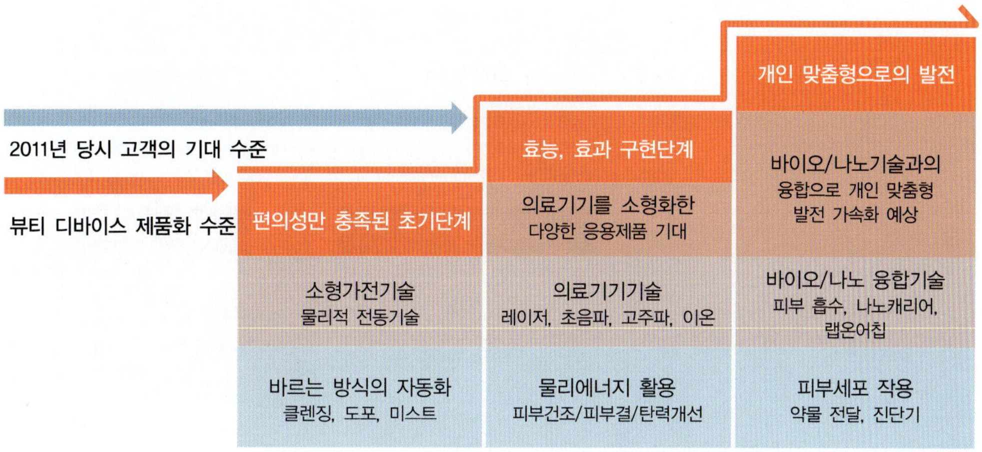

[그림 14.21] 가정용 뷰티 디바이스 기술의 발전 단계

성공적으로 뷰티 디바이스가 개발되어도 가전회사, 화장품회사, 의료기기 전문회사들이 시장에 진입함에 따라 경쟁상황이 예상되었다. 이에 각 분야별 선두업체 분석을 통해 뷰티 디바이스 사업의 현황을 파악하였다. 그 결과는 [그림 14.22]와 같다.

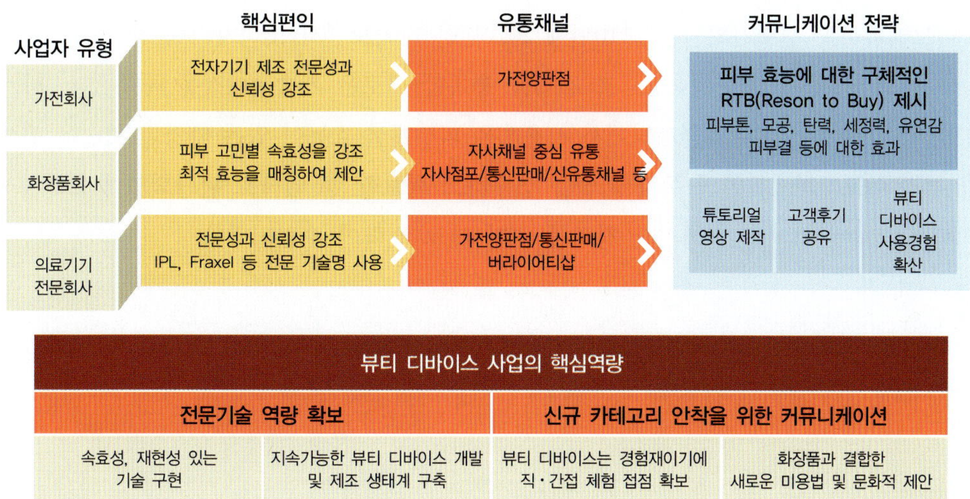

[그림 14.22] 경쟁사 현황분석

나아가 [그림 14.23]과 같이 SWOT 분석을 실시하였다. 이를 통해 아모레퍼시픽은 2010년에 뷰티 업계를 바꿀만한 자신의 좌표를 찾게 되었다.

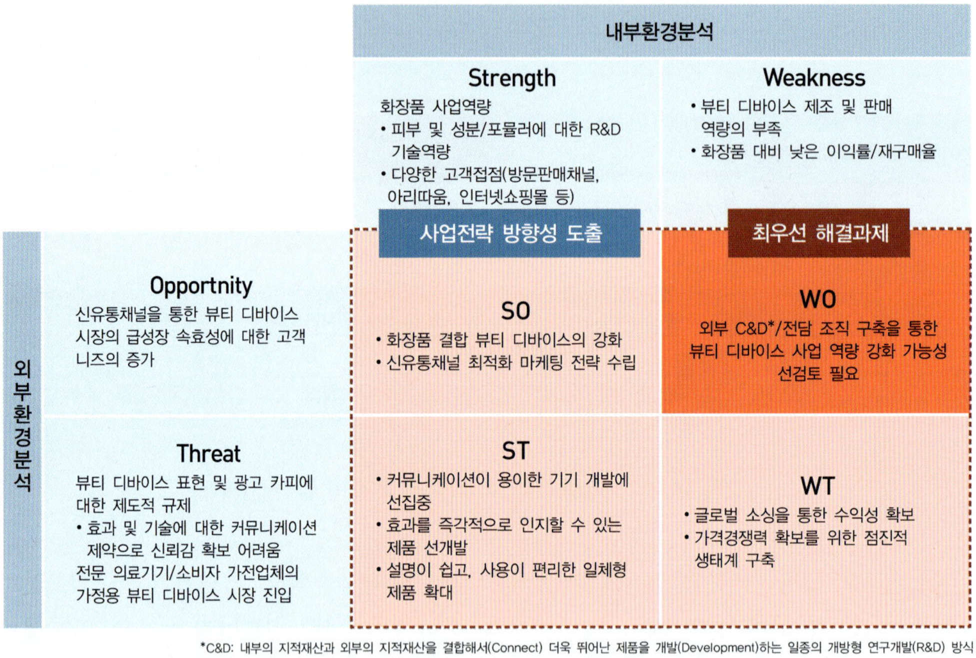

[그림 14.23] 아모레퍼시픽의 경쟁우위 확보 방향성 검토(SWOT)

아모레퍼시픽 선행기획팀은 2010년에 2020년을 바라보면서 소비자의 욕망을 움직이는 이 시대의 '결핍'을 재확인하고, 그 결핍을 충족할 새로운 기술특이점을 구축했다. 바로 LHIM™ 기술이다. 피부과클리닉에서 사용해온 피부개선 효능이 있는 다양한 기술을 검색한 결과 아모레퍼시픽만의 독자 기술을 연구하고 확보할 수 있다고 판단되었다. 그 결과 [그림 14.24]에 보이는 미래시장 창조를 위한 테크 전략이 수립되었다.

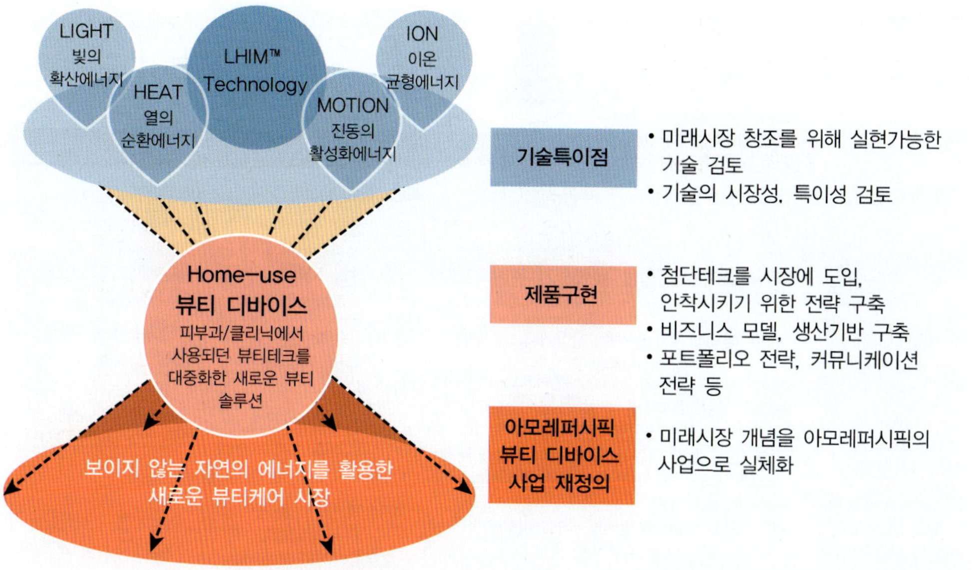

[그림 14.24] 아모레퍼시픽의 테크 전략

아모레퍼시픽의 뷰티 디바이스는 스킨케어와 메이크업을 넘어선 메이크온on은 디바이스를 누르는 행동으로 결정되었고 주 타깃target시장은 2835 뷰티 리더로 설정하였다. 화장품만으로는 채워지지 않고, 피부과를 찾기엔 너무 바쁜 일상이지만 내가 바라는 피부를 위한 나만의 솔루션을 찾는 고객층이다.

5. 제품개발 및 커뮤니케이션미래=현실

아모레퍼시픽은 2010년의 미래연구 후 2014년 메이크온을 런칭launching한 이래, 뷰티 디바이스 신시장을 건강하게 성장시키기 위해 점진적으로 제품군을 구축 중이다. 첨단 뷰티테크에 대한 경험 및 지식의 격차를 해소시키기 위한 다양한 커뮤니케이션 툴도 활용되고 있다.

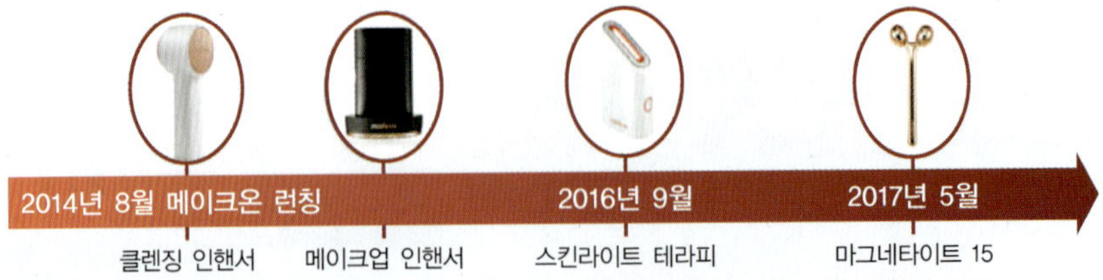

제품 출시 전략	STEP 1 뷰티 디바이스 시장을 육성하기 위한 교두보	STEP 2 손 안의 피부과 구현	STEP 3 제품라인 확대
뷰티 디바이스 수요 창출	기존 뷰티케어(세안–메이크업)에서 아쉬웠던 니즈에 소구	물리적 에너지에 대한 새로운 니즈 창조	뷰티케어 루틴 전반에 걸쳐 니즈 창조
LHIM™ Technology 인식 확대	보이지 않는 에너지 중 가장 경험하고 이해하기 쉬운 진동 에너지로 접근 피부 운동, 활력 증가 등의 메시지 전달해 물리 에너지의 구조적 개선 효과를 인식시킴	빛과 미세전류의 원리 소개	LHIM™ Technology 제품 포트폴리오 점진적 구축
뷰티 디바이스 기술적 완성도 구현	선행 기획을 바탕으로 아시안 여성 피부에 적합한 기술로 경쟁우위 확보	기술적 완성도를 높이기 위해 수차례의 프로토타이핑 끝에 출시	에너지를 가시화하는 페로폴루이드 기술 활용

[그림 14.25] 제품출시 현황

한국의 미래 의생활 예측과 의류산업

생활의 기본인 의식주衣食住! 그 중 첫 번째인 옷은 사람의 삶에 매우 중요한 의미를 갖는다. 패션과 의생활! 사람들은 머나 먼 미래에 무슨 옷을 입을까? 미래의 옷은 무엇일까? 의류산업의 미래를 위해 미래의 의생활을 예측한 사례를 요약하여 소개한다.[5)]

이 사례는 미래에 다가올 패션과 의생활 제반에 대한 체계적인 예측을 통해 급변하는 현대사회 속에서 의류산업이 맞닥뜨리게 되는 예기치 못한 사건과 상황들에 대비하기 위한 연구이다. 이 연구는 국내의 의류

5) 배윤지, *미래연구 방법론을 적용한 한국의 미래 의생활 예측*, 서울대학교대학원 박사학위논문, 2016년 8월

산업에서 발생가능성이 높은 확실성을 지닌 미래의 의생활 변화뿐만 아니라 바람직하게 나아가야 할 미래상, 또한 불확실한 미래를 예측하고 어떠한 상황에도 유연하게 대처할 수 있는 대안을 마련하고자 함이다. 이를 통하여 한국의 의류산업이 시대의 흐름에 앞서가는 방향성을 갖는다면 외부 시장과의 경쟁에서도 우월한 위치를 차지할 수 있을 것이며 이는 더 나아가 국가의 경쟁력과도 연결될 수 있다.

1. 미래연구 절차

연구를 위해 환경스캐닝, 델파이, 시나리오 기법들이 활용되었다. 이 절차는 [그림 14.26]과 같다.

[그림 14.26] 미래 의생활 연구절차

2. 환경스캐닝

한국의 주요 미래 의생활 트렌드를 밝히기 위해 STEEP 분석기법이 사용되었다. 이 중 S·T·E, 즉 사회Society, 기술Technology, 환경Environment을 주된 영역으로 삼았다. [표 14.5]는 분석결과를 보여준다.

[표 14.5] 트렌드 도출

한국 미래 의생활 변화 트렌드		하위 트렌드
S	실버세대 중심	실버세대를 위한 의류산업의 활성화
T	IT와 의복의 결합	• 일상복의 웨어러블 컴퓨터화 • 의류제품 RFID전자정보태그 보편화 • 매직미러, 스마트 옷장 등 패션스타일링과 쇼핑을 돕는 인공지능 서비스의 상용화 • 온・오프라인의 경계를 허무는 옴니채널의 확산 및 보편화 • SNS를 기반으로 RFID전자정보태그, NFC근접무선통신, Beacon저전력근거리통신기술의 활용 일반화 • 가상현실 패션쇼의 대중화
	BT와 의복의 결합	• 헬스케어 의류, 신체기능 증진 의류의 활성화 • 노인, 장애인 등 신체적 약자를 고려한 유니버셜 디자인 의류의 부상 • 근육기능 보조, 두뇌제어 외골격 로봇 의복, 셀룰라스킨 등 인체대체 의류의 부상
	NT와 의복의 결합	• 나노기술 특화 소재를 활용한 환경반응형 의복의 일반화 • 고감도 센서 직물의 활용 활성화 • 나노기술을 통한 인간친화적 스마트웨어의 구현 가능성 강화
	3D기술과 의복의 결합	• 3D프린팅 의류의 보편화 • 3D 가상제작, 피팅 등을 통한 낮은 원가의 개별맞춤이 가능한 대량맞춤생산방식 활성화
	신소재의 도입	방탄, 방수, 다기능성의 경량・고강도 소재로서의 활용이 매우 용이한 새로운 케블라 섬유의 부상
E	친환경과 자원절약의 풍조	• 친환경적 의류 기업의 보편화 • 빈티지 의류 유통 활성화 • 공유경제 의식 고취로 렌탈서비스 활성화 • 물 없이 작동하는 세탁기, 방오 소재의류 등 자원절약의 풍조 활성화

도출된 한국의 의생활 변화의 핵심 트렌드는 다음과 같다. 사회분야에서는 고령화 사회, 기술분야에서는 IT・BT・NT의 발전, 환경분야에서는 기후의 변화와 자원의 고갈, 경제와 정치분야에서는 남북 갈등의 완화가 주요 트렌드로 나타났다. 또한 의생활 주요 트렌드는 실버세대 중심의 의류산업, IT와 의복의 결합, BT와 의복의 결합, NT와 의복의 결합, 3D

기술과 의복의 결합, 신소재의 도입 등으로 나타났으며, 환경분야에서는 친환경과 자원절약의 주요 트렌드가 도출되었다. 글로벌 트렌드와 비교해보았을 때 한국의 미래 트렌드는 인구감소와 고령화사회, IT·BT·NT의 발전, 지구온난화와 자원고갈의 면에서 공통성을 지니고 있었으며 특히 급속한 초고령화사회의 진입과 남북갈등의 완화는 한국에서 발생할 수 있는 특수한 상황으로 확인되었다.

3. 델파이 설문

의류분야 전문가 25인을 대상으로 한 델파이 설문을 통해 한국의 미래 의생활 주요 트렌드의 발생가능성과 영향력에 대해 5점 리커트 척도로 [표 14.6]과 같이 평가되었다,

[표 14.6] 트렌드의 발생가능성

	트렌드	N	최소값	최대값	평균	표준편차
실버 중심	• 실버 세대를 위한 의류산업의 활성화	25	3.00	5.00	4.5600	.65064
IT 의류	• 일상복의 웨어러블 컴퓨터화	25	3.00	5.00	3.9600	.67577
	• 의류제품 RFID 보편화	25	3.00	5.00	4.0800	.64031
	• 패션스타일링과 쇼핑을 돕는 인공지능 서비스의 상용화	25	3.00	5.00	4.0800	.64031
	• 온·오프라인의 경계를 허무는 옴니채널의 확산 및 보편화	25	3.00	5.00	4.6400	.56862
	• SNS를 기반으로 RFID, NFC, Beacon의 활용 일반화	25	3.00	5.00	4.3200	.55678
	• 가상현실 패션쇼의 대중화	25	2.00	5.00	3.4800	.77028
BT 의류	• 헬스케어 의류, 신체기능 증진 의류의 활성화	25	4.00	5.00	4.6800	.47610
	• 노인, 장애인 등 신체적 약자를 고려한 유니버셜 디자인 의류의 부상	25	3.00	5.00	4.3600	.70000
	• 근육기능 보조, 두뇌제어 외골격 로봇 등 인체대체 의류의 부상	25	3.00	5.00	4.0000	.64550

NT 의류	• 나노기술 특화 소재를 활용한 환경 반응형 의복의 일반화	25	4.00	5.00	4.2000	.40825
	• 고감도 센서 직물의 활용 활성화	25	3.00	5.00	4.1600	.47258
	• 나노기술을 통한 인간친화적 스마트 웨어의 구현 가능성 강화	25	3.00	5.00	4.1600	.55377
3D 의류	• 3D프린팅 의류의 보편화	25	3.00	5.00	3.8800	.92736
	• 3D 가상제작, 피팅 등을 통한 대량맞춤생산방식 활성화	25	3.00	5.00	4.3200	.74833
신소재	• 경량·고강도 소재로서의 새로운 케블라 섬유의 부상	25	3.00	5.00	3.9600	.45461
친환경과 자원 절약	• 친환경적 의류 기업의 보편화	25	3.00	5.00	4.0000	.50000
	• 빈티지 의류 유통 활성화	25	2.00	5.00	3.3600	.70000
	• 공유경제 의식 고취로 렌탈 서비스 활성화	25	2.00	5.00	3.4400	.65064
	• 물 없이 작동하는 세탁기, 방오 소재 의류 등 자원절약의 풍조 활성화	25	3.00	5.00	3.8800	.60000
	유효 N목록별	25				

분석 결과 이전 단계에서 도출된 대부분의 트렌드가 보통 수준 이상의 발생가능성과 영향력을 지니고 있음을 확인할 수 있었다. 나아가, 기술친화적 의생활의 가능미래와 환경친화적 의생활의 타당미래로 구분되는 두 개의 범주로 분류되었다. 델파이 설문에서 미래에 발생하기 희망하는 의생활 트렌드에 관한 의견 수렴을 위해 자유서술 형식의 개방형 질문을 실시한 결과 '스타일이나 색상, 모양이 변하는 의류', '스스로 손상복구가 가능한 소재', '혁신적 신체보정 의류', '신속한 환경·기후적응형 의류', '순간이동이 가능한 의류와 액세서리', '착의가 필요 없는 가상현실 의류', '친환경적 폐기가 가능한 일회용 의복' 등으로 나타났다. 수렴된 의견들에 대해 발생할 경우 가장 바람직한 것으로 판단되는 항목에 대해 2차 설문을 실시한 결과 '혁신적 신체보정 의류'가 29.8%의 가장 높은 선호도를 나타냈다.

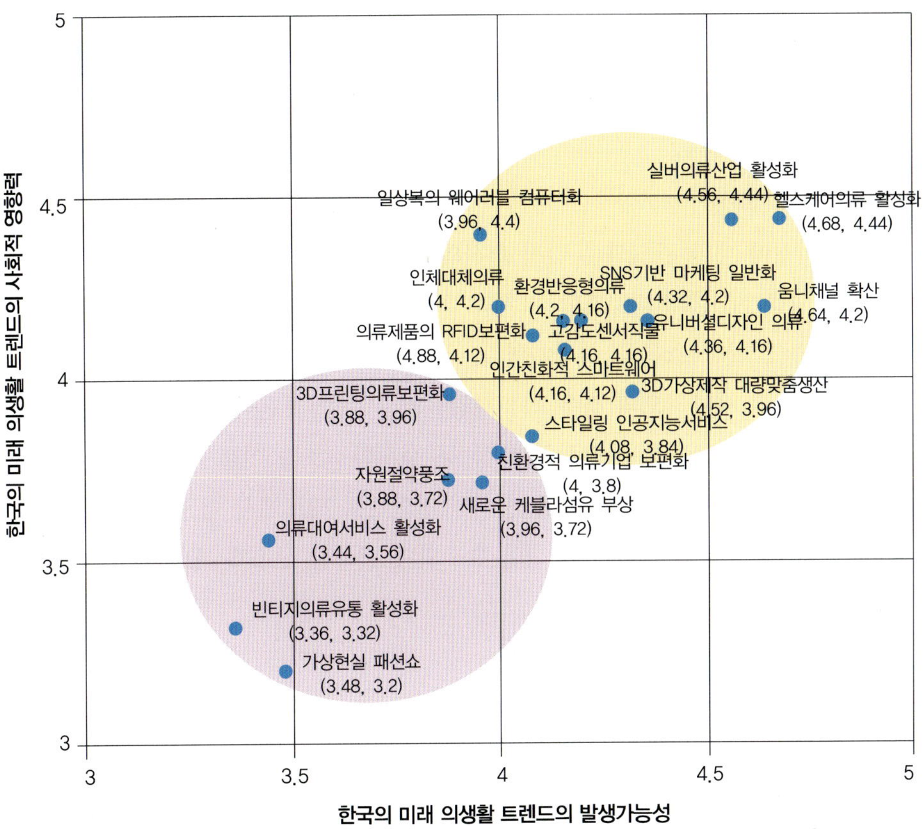

[그림 14.27] 트렌드의 발생가능성과 영향력

4. 시나리오와 의류산업의 대응전략

이상의 결과와 분석을 바탕으로 4개의 시나리오를 구성하고 각 시나리오별 대응전략을 수립하였다.

데일리 패셔놀로지Daily Fashionology

- **설명** 고령화사회에 따른 건강에 대한 관심과 신체기능 증진의 기능에 적극 기여하는 의복의 미래, IT와 결합한 웨어러블 테크놀로지가 일상복이 되는 미래의 의생활에 대한 상황을 설정하였으며, 다양한 IT기반의 의류산업 유통의 변화상을 제시하고 있다.
- **대응전략** 이 시나리오가 발생할 경우 미래형 소비자의 니즈에 부합하는 제품의 다양

화에 주력하고 옴니채널의 유통경로를 확보해야 한다. 또한 실버산업의 시장규모가 얼마나 성장할 것인지에 대한 예측의 정확도를 높여가야 할 필요가 있으며 이에 따라 대응할 수 있는 기술적 부분에 대한 연구와 투자가 이루어져야 한다.

네오 에콜로지 패션Neo-ecological Fashion

- **설명** 환경에 대한 관심과 윤리적 의식의 고취, 자원의 절약 차원에서 일어날 수 있는 미래 상황을 제시하였다. 또한 기존의 개념을 탈피하여 신환경주의로 확장된 친환경적 의생활에 관한 흐름을 설정하였다.
- **대응전략** 이 시나리오의 경우 의류기업들의 꾸준한 사회적 기업에 대한 이미지 구축이 필요하며 새로운 공유 시장의 형성 등 선순환구조를 이룰 수 있는 새로운 유통의 흐름을 제시해야 한다. 또한 기존 방식의 친환경적 태도에서 더 나아가 기술과 결합한 신환경주의적 관점의 새로운 방식이 요구되며 신속한 신소재 개발을 통한 고부가가치를 창출해야 한다.

웨어러블 뷰티Wearable Beauty

- **설명** 미래의 발전된 신소재와 의류, 미용 등의 결합으로 다분야의 기술이 융화된 웨어러블 뷰티, 즉 신개념 보정속옷 등 미래형 의복의 발생과 흐름에 대한 상을 제시하였다.
- **대응전략** 이 시나리오에서는 미래에 변화하는 소비자들의 니즈에 충족하기 위한 창의적 디자인과 의류 제품의 다양성을 갖추어야 함과, 기업의 내적 기술력의 차별성 확보를 통한 마케팅이 필수적임을 제안하였다. 또한 신소재의 개발이 반드시 필요하므로 이를 위한 학제 간 소통과 의류산업 분야의 환경조성이 이루어져야 할 것이다.

K-패션의 뉴 에라New ERA K-Fashion

- **설명** 발생가능성은 다소 낮지만 남북의 관계가 개선될 경우 나타날 수 있는 남북의 패션문화 교류와 한반도 패션 산업과 시장의 확대 등 의류 산업에서의 변화를 제시하였다.
- **대응전략** 이 시나리오에서는 남북의 경제협력과 개성공단이 재개될 경우 인적자원의 활용 면에서 유연성을 갖추는 것이 중요하다. 또한 한국적 특수성을 반영하는 디자

인 개발과 차별화된 상품의 유통전략에 필요하며 궁극적으로는 의류 산업의 관점에서 북한은 생산의 기지인 동시에 새로운 시장이 될 수 있다는 점에서 그 중요성을 인식하고 남북 간의 다양한 패션문화 교류의 장을 만들기 위한 다양한 노력들이 필요하다.

미래는 불확실하며 예기치 못한 상황이 늘 발생하므로 이 연구에서 예측한 시나리오 역시 발생하지 않을 가능성도 배제할 수 없다. 그러나 한국의 의류기업들도 미래 의류시장을 선도해가기 위해서는 창의력을 가지고 이를 구체화시킬 수 있는 독보적 기술력을 지니기 위해 힘써야 하며 각자의 상황에 맞는 미래예측을 통해 어떠한 방향으로 나갈 것인지에 대한 목표를 뚜렷이 설정해야 할 것이다.

가트너그룹이 예측한 2022년

기업 컨설팅 회사인 가트너의 최고 연구 책임자 대릴 플러머Derril Plummer가 2016년 가을 제시한 '기업이 미래전략에 감안해야 할 10가지 전략전망'은 다음과 같다.[6]

① **2020년 VR 인터페이스로 구매하는 소비자가 1억 명에 달한다.** 플러머는 최근의 포켓몬 고 현상이 전조일 따름이라고 진단하며 다음 단계는 헤드 마운트 디스플레이head mount display라고 전망했다. 가트너는 2017년 말에는 주요 소매 기업 5곳 중 1곳이 기업 웹사이트에 증강현실을 배치할 것으로 예상했다. 소매업종에 속한 기업이라면 진지하게 검토해야 할 주제일 수 있다.

② **2020년 웹브라우징 세션의 30%는 '스크린 없이' 처리된다.** 알렉사Alexa나 시리Siri와 같은 가상비서 또는 봇bot이 더욱 많이 활용될 것이라는 의미다. 플러머는 2020년에는 평균적인 사람들의 경우 봇과 나누는 대화가 배우자와 나누는 대화보다 많을 것이라고 표현했다. 가트너는 또 봇이 더 우수해지고 똑똑해지면서 각종 스마트 에이전트가 모바일 인터랙션 다수를 대체하기 시작할 것이며, 각종 기구에 언어 기능이 탑재되는 현상이 나타날 것으로 예상했다. 예를 들어, 항공정비사가 제트엔진에게 교체해

6) CIO/IDG, "미래 전략에 감안해야 할 10가지는…" 가트너가 예측한 2019~2022년", 2016.10.19. http://www.ciokorea.com/news/31637#csidx91a9bbc5177a801ac3556f42971f743

야 할 부위가 있는지 물어보게 된다.

③ **2019년 브랜드의 20%가 자사의 모바일 앱을 포기한다.** 오늘날 스마트폰에는 수십 종의 앱이 설치돼 있지만 활용되는 것은 그리 많지 않다. 이들 여러 앱을 지속적으로 업데이트할 이유가 있을까? 플러머는 선도적인 기업을 중심으로 전통적인 모바일 앱을 포기하고 즉각적이거나 진보적인 웹 앱web app을 이용하는 경향이 나타날 것으로 전망했다.

④ **2020년 알고리즘으로 인해 전 세계 수십 억 노동자의 업무 양식이 변화한다.** 여기서 '변화'는 긍정적인 방향으로의 변화다. 기업들이 행동과학, 심리학, 사회 및 인지과학을 이용해 직원들의 업무를 개선하는 알고리즘을 구축해나가기 시작한다. 예를 들면, 고객과의 통화를 함께 듣고 서비스 담당자에게 보다 효율적인 대답을 제시하는 프로그램을 들 수 있다. 플러머는 이러한 알고리즘 개발이 업무생산성을 효율화하는 한편 직원의 직장 잔류에 일조할 것으로 예측했다.

⑤ **2022년 블록체인 기반 비즈니스가 100억 달러 규모를 형성한다.** 가트너는 블록체인 기술이 아직 성숙하지 않은 상태라고 진단하면서도 금융서비스 산업에서 비용을 크게 절감시킬 잠재력을 가지고 있다고 평가했다. 또 거래 검증이 필요한 모든 업종에서 활용될 수 있다는 전망이다. 플러머는 다양한 업종에서 블록체인을 활용하는 풍경이 출현할 것이라고 말했다.

⑥ **2021년 모든 행동 중 20%가 적어도 7대 디지털 거대 기업 중 한 곳과 관련된다.** 7대 디지털 거대 기업은 바로 애플, 구글, 페이스북, 아마존, 바이두, 알리바바, 텐센트다. 디지털 세상에 속한 기업이라면 이들 기업과 공조하나 경쟁하는 관계에 처하게 된다. 플러머는 또 2018년 디지털 거대 기업 중 적어도 2곳이 일반인의 부엌에 진출할 것으로 전망했다.

⑦ **2019년 중 기업이 혁신에 투자하는 비용 1달러당 7달러의 추가비용이 요구될 것이다.** 다른 말로 표현하자면 스스로를 혁신하고 변혁시키려는 기업은 먼저 레거시legacy IT를 현대화해야만 할 것이며, 그 비용이 실로 비쌀 것이라는 의미다.

⑧ **2020 중 IoT로 인한 데이터센터 스토리지 증가분은 3%를 밑도는 수준이다.** 사물인터넷IoT의 폭발을 생각하면 다소 반직관적인 전망일 수 있다. 플러머는 그러나 IoT 센서와 기기를 통해 생성되는 데이터 중 다수가 저장되거나 유지되지 않을 것이라고 전했다.

⑨ **2022년 동안 IoT로 인해 소비자 및 기업이 아끼는 배용은 1조 달러에 이른다.** 플러머는 예측적 유지관리와 같이 간단한 것만으로도 10~20%의 비용이 절감될 수 있다고 언급했다. 비행기 제트 엔진, 엘리베이터와 같이 유지관리가 필요한 모든 기기에 적용될 수 있다고 말했다.

⑩ **2020년 피트니스 트래커 착용으로 헬스케어 비용을 줄이는 직원이 전체의 40%에 달한다.** 기업이 피트니스 트래커fitness tracker를 구입해 직원에게 배분하고 이를 통해 직원 전체의 건강 상태가 개선되는 시나리오가 발생한다. 이로 인해 직원들은 기업에게 헬스케어 비용 절감분을 협상할 수 있게 된다. 가트너는 2018년 200만 명의 임금노동자가 고용조건의 일환으로 피트니스 트래커 착용을 요구받을 것으로 전망했다.

생각해봅시다 14.2 우리의 소원은 통일

한반도 통일은 민족의 염원이고 우리의 소원이다. 같은 겨레, 같은 핏줄끼리 분단에서 벗어나 함께 살자는 것이니 당연하다. 그러나 감상적 민족애가 아닌 정치·경제·사회 등 사실은 현실적 측면에서도 통일이 우리에게 좋은 이유는 다양하다.

1. 인구가 늘어난다. 내수가 활성화되며 국제경쟁력이 커진다.
2. 영토가 넓어진다. 두 배 이상으로 넓어진 영토는 국력에 도움이 되며 특히 천연자원이 많은 북한 영토는 경제적으로 이득이다.
3. 평화안정에 도움이 된다.
4. 대륙과 연결된다. 육로를 통한 유라시아 교통은 여행, 교역을 가능하게 해준다.
5. 개발할 곳이 많아진다. 국토개발은 경제성장을 위한 발판을 제공한다.
6. 중국 및 일본과의 교류가 더욱 활발해진다. 경제에 도움이 된다는 것이다.
7. 국방비를 효율적으로 사용할 수 있다. 병력의 축소와 함께 징병제에서 모병제로 바뀐다.

역시 첫 번째 이유를 주목해야 한다. 한 국가의 인구는 그 국가의 미래를 좌우한다. 강국이 되려면 인구 1억 명이 되어야 한다는 이론도 있다. 2018년 현재, 인구 1억 명이 넘는 나라들은 중국(14.1억), 인도(13.5억), 미국(3.3억), 인도네시아(2.7억), 브라질(2.1억), 파키스탄(2억), 나이지리아(1.9억), 방글라데시(1.7억), 러시아(1.4억), 멕시코(1.3억), 일본(1.3억), 에티오피아(1.1억), 필리핀(1.1억), 이집트(1억), 베트남(1억) 등 15개국이다. 인도가 미국을 초월한 세계 2대 경제국이 될 것임은 자명하다. UN이 전망한 2055년도 세계 10대국에는 영국, 프랑스, 이탈리아, 캐나다 대신 인도네시아, 나이지리아, 러시아, 멕시코가 포함될 것이라고 한다. 인구는 미래의 국제적 위상이며 경쟁력이다.

인구 8천만 명을 넘는 나라들도 콩고·독일·이란·터키 등 4개국에 불과하고 그 뒤를 잇는 태국·영국·프랑스·이탈리아 등은 모두 7천만 명 미만이다. 따라서 통일한국은 일약 현재 5천 2백만의 27위에서 약 8천만 명의 세계 20위로 상승하며, 안정적인 경제력 10위권과 중국과 일본 사이의 지정학적인 위치에서 그 힘이 맹위를 떨칠 수준에 이를 수 있다. 물론, 북한 김정은 체제와 중국·러시아·일본 등 통일을 반대하는 주변 국가들의 향후 동향과 우리 내부의 국민여론과 정책방향이 큰 변수이리라. 그러나 시기가 불확실할 뿐, 한반도의 미래는 통일한국이 분명하며 그 결과는 '위대한 통일한국'이라고 전망해본다.

통일이 되면 또 무엇이 좋을까? 개인적으로는, 정년퇴직 후에 '은퇴 노마드retired nomad'가 되어 세계를 누비며 살겠다는 저자의 이동수단에 북한을 가로지르는 유라시아 철도가 포함될 수 있다. 평양과학기술대학에서 '미래경영학'을 가르치는 명예교수가 되어 주말에는 대동강변에 앉아 스케치를 즐기는 미래도 연상해본다. 문재인·김정은·트럼프·시진핑 파이팅!

토의문제

01. 우리나라 대기업들 중 가장 흥하리라고 생각하는 대기업은?

02. 우리나라 대기업들 중 가장 몰락하리라고 생각하는 대기업은?

03. 우리나라가 세계를 선도하는 산업 5개를 꼽으라면 무엇인가?

04. 산업육성을 위한 미래연구는 누가 어디서 해야 할까?

05. 중소기업을 위한 미래연구와 이를 통한 육성정책이 중요한 이유를 논하라.

06. 노키아와 팬텍큐리텔의 공통분모는 무엇일까?

07. 우리나라 대기업들은 왜 미래연구 조직이 없을까?

08. 아모레퍼시픽의 사례에서 얻게 되는 교훈은 무엇인가?

09. 미국·중국·유럽·일본·인도 사이에서 우리나라가 더욱 정진해야 할 산업분야는?

10. 미래경영학이 대학에서 꼭 가르쳐야 하는 필수과목이라고 생각하는가?

참고문헌

국내문헌

권민(ST유니타스) · 남혜성(아모레퍼시픽) *아모레퍼시픽, 테크뷰티 프로젝트 메이크온*, 2017,

박세윤, "미래예측과 기업경영", 2012.8.30.
https://blog.naver.com/parkseayun/40166912895

이광형, *3차원 미래예측으로 보는 미래경영*, 생능출판사, 2015.

이주헌, "미래연구 사례", CEO특강 자료, 2007.5.5.

〈일요기획〉 '2018년 대기업 청사진' 총수들의 불황타개책, *일요시사*, 2018.1.18.

CIO/IDG, "미래 전략에 감안해야 할 10가지는… 가트너가 예측한 2019~2022년", 2016.10.19.

부록 14

죽음 후의 미래

이 책 집필 중에 5주에 걸쳐 주일마다 강남 모 교회가 주관하는 '인생학교'를 다녔다. '죽음 후의 삶life after death'을 가르쳐준다기에 지적호기심이 발동한 것이다. 사망한 후의 미래를 강연하는 초빙 강사들은 성직자, 신학자, 의사, 교수 등 다양했는데 매우 유익한 시간이었다. 그 강연 내용과 함께, 인터넷에서 이 주제를 다룬 '잔소리'라는 분의 블로그 글을 참조해blog.naver.com/aspirind 여기 '죽음 후의 미래'를 논해본다.

▶ 죽음의 의미

죽음을 가장 두려워하는 동물이 있다면 아마도 사람일 것이다. 지금 살아있는 존재인 까닭이다. 모든 살아있는 생물은 죽음을 두려워하지만 다른 동물이 본능적으로 두려워한다면 지적인 생명체인 인간은 다양한 방식으로 두려워한다.

왜 우리는 죽는 것일까? 왜 죽어야만 할까?

인간은 '유한계'에서 태어나고 진화했기에, 즉 우리의 세계 자체가 유한하고 불안전한 까닭에 우리는 죽을 수밖에 없다. 모든 생물이 적자생존을 위한 전략을 펼치며 변하는 환경에 적응하면서 과히 풍요롭지 않은 지구에서 오로지 유전자를 통해 자기복제를 하도록 태어났다. 재생을 반복하며 영생을 사는 해파리도 있다지만, 인간 종의 전략은 아이를 낳고 지능과 사회의 울타리 안에서 그를 키워 대물림 하는 생물로 창조되었다.

영생을 살기에 인간은 지나치게 지혜로운 종족이다. 뇌가 너무 과도하게 발달했다. 거북이처럼 200년을 살거나 어떤 나무처럼 수천 년을 살면 자원이 부족한 생태계가 버틸 수가 없다. 인간은 신이 아닌 까닭에 모든 것이 충만하고 충분하고 완벽한 존재가 아니며 죽음은 바로 그 한계이다.

단, 육체의 사망과 영혼의 죽음이 과연 동시에 일어나는 것인가는 의문의 소지가 남아있다.

▶ 죽음과 종교

종교는 죽음과 밀접하게 연관되어 있다. 종교는 '무한'과 '영원'을 갈망하는 인간의 정신과 의식이 제도화된 것이라는 시각도 있다. 죽음이 유한함에 따른 소멸의 상징이라면 죽음을 피하고 싶은 인간이 찾은 대안이 종교이다. 생물학적으로는 죽지만 '종교론적 존재'로는 영원한 생명을 얻을 수 있다는 소망이 신앙을 갖게 만든다.

그래서 사후死後/life after death에 관한 종교의 답은 분명하다. 단, 종교에 따라 차이가 있을 뿐이다.

기독교 성경의 사후관은 아래 그림처럼 단계적이고 발전적이다. 예를 들어 죄를 지으면 지옥에 간다. 그리고 영원히 지옥 불의 고통 받는다. 그러나 하나님을 믿으면, 잠시 육신은 죽지만 다시 부활해서 영원히 천국에서 산다. 그래서 기독교는 부활의 종교이다. 아무나 부활하는 것은 아니고 예수를 믿어 '그리스도 안에서 죽은 자'들만 그러하다. 서양의 문화와 역사에 큰 영향을 미쳤으며 그리스도께서 언젠가 다시 오셔서 이 세상을 하나님의 나라로 만들 것이라고 믿는다. 다른 종교는 우리가 낙원 혹은 극락세계로 가는데, 기독교는 하나님이 다시 오신다고 한다. 하나의 중요한 차이다.

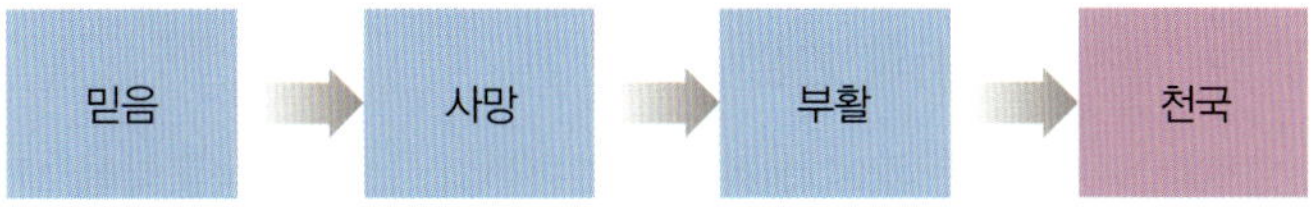

천주교도 물론 마찬가지이다. 하나님과 예수를 믿고 성모 마리아의 영성을 존중한다.

이슬람교의 쿠란의 사후관도 기독교와 비슷하게 죽음 → 부활 → 영생으로 이어진다. 그러나 기도를 통해 구제를 받고 단식을 거쳐 순례의 길을 걸어야만 아담과 하와의 모습으로 환원하여 낙원에서 영생을 누린다.

불교 불경의 사후관은 다르다. 소위 말하는 윤회, 적선착한 일을 하며 다시 태어나고 다시 태어남을 반복하다가 이런 순환의 굴레에서 벗어나 '해탈'을 한다. 그래야 열반의 세계인 극락에 입문할 수 있다. 고통스러운 윤회를 반복하다가 개인적인 깨달음을 통해 극복하라는 것이니 고도의 관용성과 포용력을 가진 종교이다.

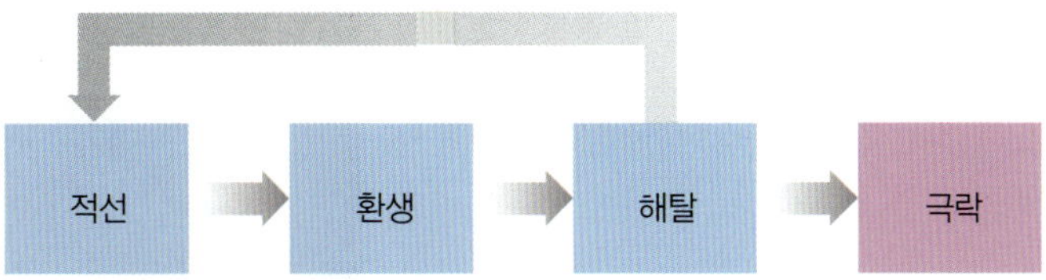

힌두교도 윤회를 믿는다. 불교와 같이 역시 바라문교에 뿌리를 두고 있기 때문이다. 반복되는 윤회를 통해 해탈의 기회를 보며 죽음으로 재생하는 것이므로 죽음이 두렵지 않다. 이 삶의 세계는 어둠과 고통의 연속이고 그 원인은 업業이다. 무지가 욕망을 일으키고 욕망이 행위를 불러일으켜 업이 쌓이고 따라서 윤회가 계속된다. 윤회가 속박으로부터 벗어나면 해탈이다.

한 번 밖에 기회를 주지 않는 기독교는 윤회라는 기회를 여러 번 주는 불교에 비해 매정한 종교라는 해석이 있을 수도 있다. '우리 다음 생에 다시 만납시다'라는 말은 못하니 말이다. 그러나 불교에서 윤회로 다시 태어나는 '나'는 더 이상 내가 아님에 주목해야 한다. 불교의 근본인 무아론無我論은

'나는 없다'이다. 그래서 내가 나 자신으로 사는 기회는 불교도 단 한 번 뿐이다.

단 기독교는 그 한 번의 기회를 포착하는 것이 달랑 '믿음' 하나이므로 가장 자비로운 종교일 수도 있다. 천국에서 다시 만나면 된다. 문제는 천국에서 하나님과 나누는 기쁨은 이루 말로 형언할 수 없으므로 땅에서 만난 사람들끼리의 재회는 그 기쁨이 싱거울 수도 있다.

▶ 생물학적 죽음 후 기계 안에서의 영생

죽음은 의학적으로는 뇌사, 혹은 호흡사 등으로 표현한다. 그러나 생물학적 사망일뿐이다. 의학적으로는 사망했지만 완전히 죽지는 않았을 가능성도 존재한다.

- 시체를 동면 상태로 보관했다가 과학기술이 발전한 100년 후에 꺼내 다시 살릴 수 있다면?
- 만약 사망한 신체 밖으로 이미 그의 모든 생각과 기억과 감정이 고스란히 컴퓨터에 의해 저장되었다가 아직 건강한 사람의 뇌에 이식되어 겉모습은 같은 사람이 아닐지언정 다른 모든 것은 바로 사망했다는 그 사람이라면?
- 사망했다는 그 사람이 원래 트랜스휴먼transhuman이었다면? 즉, 뇌를 제외하고는 팔 다리를 포함한 체내 모든 것도 이미 인공장기이었으므로, 그 뇌 속 정보를 다른 인조인간 안드로이드android에 넣어 회생시킨다면?
- 굳이 안드로이드나 트랜스휴먼과 같은 인간의 실체 외형이 아니더라도, 컴퓨터에 저장되었던 모든 뇌 정보를 이용하여 가상현실에서 부활시켜 3차원 홀로그램으로 예전처럼 가족과 대화하고 생활할 수 있다면?

현대 과학은 이미 포스트휴먼post-human을 꿈꾸고 있다. 영생하는 새로운 인간. 늙지도 죽지도 않으며 생물학적 한계를 뛰어넘는 인간의 출현 시기도 불과 100년 안팎으로 본다.

참고로, 옆 사진은 책 '*호모데우스: 미래의 역사* 유발 하라리, 김영사, 2017'의 광고이다.

부록

Introduction to Futures Studies & Management

미래학 · 미래경영

미래 상상교육관

미래와 세계를 생각하는

그림·영화·동영상 모음

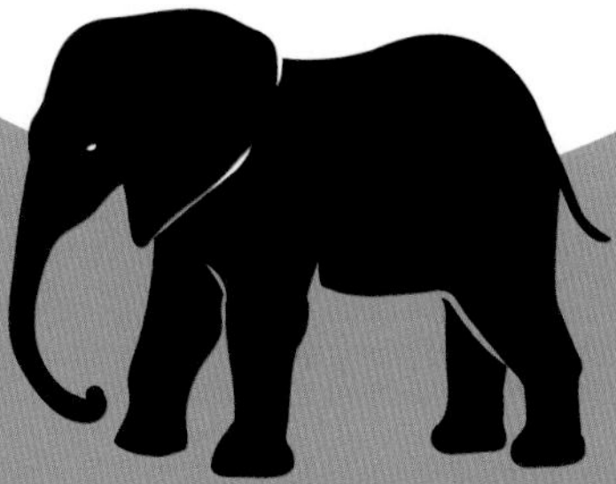

이 책의 부록으로 미래를 상상한 그림과 영화들을 선별하여 모아 소개한다.
흥미로울 뿐만 아니라 미래학의 의미와 가치를 음미할 수 있는 내용이다.
나아가, 미래를 논하고 미래학을 가르친 다양한 유튜브 교육용 동영상 자료들을 간추려 담았다.

미래학 서적들과 동영상
Books & Videos for Futures Studies

미래학 교과서 미래를 다루는 서적들은 많다. 1970년대의 토플러, 1980년대의 나이스비트, 1990년대의 네그로폰테, 2000년대의 리프킨 그리고 2010년대의 하라리는 그야말로 베스트셀러 작가들이다. 그러나 미래학 대학교재는 찾기 힘들다. 오로지 한 권, 휴스턴대학의 비숍과 하인즈 교수가 공저한 '*Teaching about the Future*'가 교과서답다. 그런데 배움Learning이 아니라 가르침Teaching이라니 이 책마저도 제목이 모호하다. 아무튼 저자는 이 책과 함께 글랜・고든 박사의 미래연구기법모음 CD를 가장 의미있는 미래학 참고문헌으로 꼽는다.

미래학 동영상 지난 4~5년 동안 미래학을 배울 수 있는 동영상들도 많아졌다. 특히 상생방송・불교방송・YTN의 미래시리즈 방송물을 찾아 미래학의 이해와 공부에 도움받길 바란다.

미래 상상미술관

100년 전 사람들이 상상한 2000년대의 인류의 삶을 그린 그림들! '상상, 현실이 된다'는 말은 사실이다.

출처: 프랑스 국립도서관 소장(https://blog.naver.com/parkpaulus/221293473538)

Aerial Firemen

The Rural Postman

A Very Busy Farmer

Intensive Breeding

Aero-Cab Station

A House Rolling Throught the Countryside

The New-Fangled Barber

A Tailor of the Latest Fashion

Madame at Her Toilette

Electric Scrubbing

At School

A Whale-Bus

An Aerial Battle

A Torpedo Plane

미래 영화관

미래를 상상한 영화들을 선별하여 소개한다. 흥미 위주지만 교육적 효과도 있다.

제5원소 The Fifth Element, 1997

사라진 4개 원소를 되찾고 제5원소의 비밀을 밝혀라!
1914년 이집트. 한 노학자가 피라미드의 벽에 새겨진 '5개 원소'의 비밀을 밝혀낸다. 2259년 뉴욕. 지구에 거대한 행성이 다가와 대통령을 비롯한 전 군대는 비상상태에 빠진다. 지구를 구해줄 4개 원소를 가진 몬도샤인들은 지구로 오는 도중에 모두 죽게 되고 과학자들은 남은 팔로 유전자 합성을 통해 빨간 머리 소녀 리루를 만드는데…

에이 아이 A.I. Artificial Intelligence, 2001

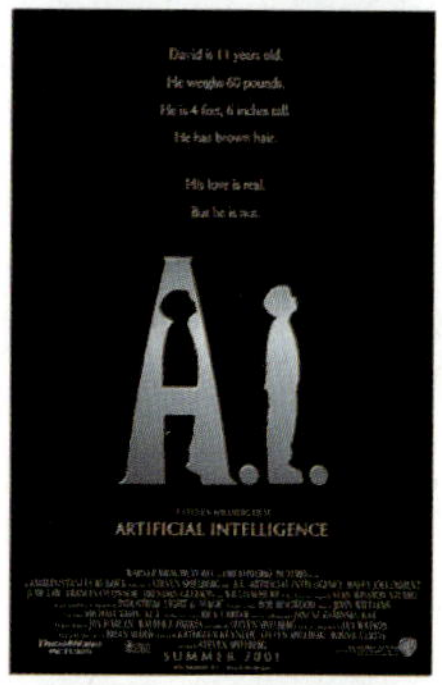

인간은 그들과 가장 닮은 것을 창조해냈다. 그러나… 큐브릭의 감성과 스필버그의 판타지가 만든 21세기 최고의 SF 휴먼메시지. 소년은 사랑이라 말한다. 그러나 인간들은 아니라고 한다.
과학문명은 천문학적 속도로 발전하고 있지만 극지방의 해빙으로 도시들은 물에 잠기고 천연자원은 고갈되어 가던 미래의 지구. 모든 생활을 감시받고, 먹는 음식조차 통제되는 그 세계에서 인간들은 인공지능(Artificial Intelligence)을 가진 인조인간들의 봉사를 받으며 살아간다. 정원가꾸기, 집안 일, 말동무 등 로봇이 인간을 위해 해줄 수 있는 일은 무한하다. 단 한 가지 '사랑'만 빼고…

마이너리티 리포트 Minority Report, 2002

2054년 워싱턴, 범죄가 일어나기 전 범죄를 예측해 범죄자를 단죄하는 최첨단 치안 시스템 프리크라임은 시민들의 안전을 지켜주는 든든한 존재이다. 프리크라임 시스템은 범죄가 일어날 시간과 장소, 범행을 저지를 사람까지 미리 예측해내고, 이를 바탕으로 프리크라임 특수경찰이 미래의 범죄자들을 체포한다. 프리크라임 팀장인 존 앤더튼은 천부적인 감각으로 미래의 범죄자를 추적해내는 능력을 인정받고 있다. 한편, 앤더튼은 프리크라임 감사를 위해 연방정보국에서 파견된 대니 워트워와 사사건건 대치하는 가운데 프리크라임 시스템은 믿을 수 없는 살인을 예견하는데…

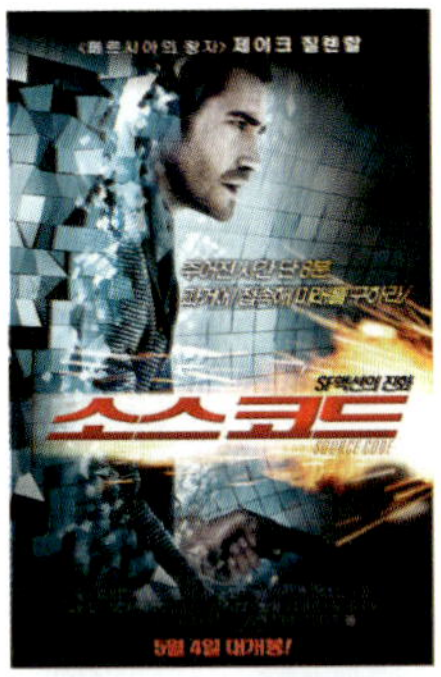

소스 코드 Source Code, 2011

SF 액션의 진화 소스 코드. 주어진 시간 단 8분, 과거에 접속해 미래를 구하라! 도시를 위협하는 열차 폭탄 테러 사건 해결을 위해 호출된 콜터 대위. '소스 코드'에 접속해 기차 테러로 희생된 한 남자의 마지막 8분으로 들어가 폭탄을 찾고 범인을 잡아야 하는 임무를 부여받는다. 이 임무가 성공해야만 6시간 뒤로 예고된 시카고를 날려버릴 대형 폭탄테러를 막을 수 있다. 그는 모든 직감을 이용해 사건의 단서와 용의자를 찾아야 하는데…

프로메테우스 Prometheus, 2012

인류의 기원을 찾는 태초로의 탐사여행!
지구상의 모든 역사를 뒤엎을 가공할 진실을 목격한다!
2085년, 인간이 외계인의 유전자 조작을 통해 탄생한 생명체라는 증거들이 속속 발견되면서 인류의 기원을 찾기 위해 탐사대가 꾸려진다. 우주선 '프로메테우스호'를 타고 외계 행성에 도착한 이들은 곧 미지의 생명체와 맞닥뜨리게 되고, 이는 인류 전체를 위협하는 엄청난 공포가 되는데…

더 콩그레스 The Congress, 2013

만인의 연인이였던 여배우 로빈 라이트는 세월이 흐르고 나이가 들어가면서 점점 스타의 자리에서 물러나고 대중들에게 외면받기 시작한다. 한편 기술과 문명의 발달로 영화계는 배우들을 스캔해서 컴퓨터 프로그램화시키는 새로운 단계에 접어든다. 이에 세계 최대 영화 제작사 미라마운트는 로빈 라이트에게 영원히 젊은 모습으로 살게 해주겠다며 거액과 함께 스캔에 참여할 것을 요구한다. 두 번 다시 실제로 연기를 할 수 없다는 현실과 영원히 젊고 아름다운 배우로 남을 수 있다는 이상 속에 로빈은 결국 20년 동안 스캔한 캐릭터를 자유롭게 사용할 수 있다는 계약에 사인하게 되는데…

그녀 Her, 2013

'테오도르'(호아킨 피닉스)는 다른 사람들의 편지를 대신 써주는 대필 작가로, 아내(루니 마라)와 별거 중이다. 타인의 마음을 전해주는 일을 하고 있지만, 정작 자신은 너무 외롭고 공허한 삶을 살고 있다.
그러던 어느 날, 스스로 생각하고 느끼는 인공지능 운영체제인 '사만다'(스칼렛 요한슨)를 만나게 된다. 자신의 말에 귀 기울이고 이해해주는 '사만다'로 인해 조금씩 행복을 되찾기 시작한 '테오도르'는 점점 그녀에게 사랑을 느끼게 되는데…

엣지 오브 투모로우 Edge of Tomorrow, 2014

가까운 미래, 미믹이라 불리는 외계 종족의 침략으로 인류는 멸망 위기를 맞는다. 빌 케이지(톰 크루즈)는 자살 작전이나 다름없는 작전에 훈련이나 장비를 제대로 갖추지 못한 상태로 배정되고 전투에 참여하자마자 죽음을 맞는다.

하지만 불가능한 일이 일어난다. 그가 다시 그 끔찍한 날이 시작된 시간에 다시 깨어나 다시 전투에 참여하게 되고 다시 죽었다가 또 다시 살아나는 것. 외계인과의 접촉으로 같은 시간대를 반복해서 겪게 되는 타임 루프에 갇히게 된 것이다.

아일랜드 The Island, 2005

전 인류가 흥분한 최고의 화제 '인간복제'! 이제, 거대한 미래가 다시 창조된다! 지구상에 일어난 생태적인 재앙으로 인하여 일부만이 살아남은 21세기 중반. 자신들을 지구 종말의 생존자라 믿고 있는 링컨 6-에코(이완 맥그리거)와 조던 2-델타(스칼렛 요한슨)는 수백 명의 주민들과 함께 부족한 것이 없는 유토피아에서 빈틈없는 통제를 받으며 살고 있다. 잠자리에서 일어나면서부터 몸 상태를 점검받고, 먹는 음식과 인간관계까지 격리된 환경 속에서 사는 이들은 모두 지구에서 유일하게 오염되지 않은 희망의 땅 '아일랜드'에 추첨이 되어 뽑혀 가기를 바라는데…

아이, 로봇 I, Robot, 2004

2035년, 미래가 움직이기 시작한다!

근 미래인 2035년, 인간은 지능을 갖춘 로봇에게 생활의 모든 편의를 제공받으며 편리하게 살아가게 된다. 인간의 안전을 최우선으로 하는 '로봇 3원칙'이 내장된 로봇은 인간을 위해 요리하고, 아이들을 돌보며 인간에게 없어서는 안될 신뢰받는 동반자로 여겨진다.

NS-4에 이어 더 높은 지능과 많은 기능을 가진 로봇 NS-5의 출시를 하루 앞둔 어느 날 NS-5의 창시자인 래닝 박사가 미스터리한 죽음을 맞이하게 되는데…

터미네이터: 미래전쟁의 시작 Terminator Salvation, 2009

21세기 초, 군사방위 프로그램으로 제작된 네트워크 '스카이넷'은 자각력이 생겨 인류가 자신을 파괴할 것을 예상하고 인류에 대한 핵공격을 감행했다. 살아남은 자들은 이를 '심판의 날'이라 불렀으며, 처참하게 파괴된 2018년 지구에는 기계 군단과 인간 저항군 사이의 악몽 같은 전쟁이 계속되고 있었다. 스카이넷은 인류 말살을 위해 터미네이터 군단을 만들었고, 보다 치명적인 터미네이터를 만들기 위해 인간들을 잡아다 생체실험에 이용하고 있었는데…

인 타임 In Time, 2011

커피 1잔 – 4분, 권총 1정 – 3년, 스포츠카 1대 – 59년! 모든 비용은 시간으로 계산된다.
근 미래, 모든 인간은 25세가 되면 노화를 멈추고, 팔뚝에 새겨진 '카운트 바디 시계'에 1년의 유예 시간을 제공받는다. 이 시간으로 사람들은 음식을 사고, 버스를 타고, 집세를 내는 등 삶에 필요한 모든 것을 시간으로 계산한다. 하지만, 주어진 시간을 모두 소진하고 13자리 시계가 0이 되는 순간, 그 즉시 심장마비로 사망한다. 때문에 부자들은 몇 세대에 걸쳐 시간을 갖고 영생을 누릴 수 있게 된 반면, 가난한 자들은 하루를 겨우 버틸 수 있는 시간을 노동으로 사거나, 누군가에게 빌리거나, 그도 아니면 훔쳐야만 한다. 돈으로 거래되는 인간의 수명! "살고 싶다면, 시간을 훔쳐라!!"

토탈 리콜 Total Recall, 2012

평범한 일상을 보내던 '더글라스 퀘이드(콜린 파렐)'는 매일 아침 의미를 알 수 없는 악몽에서 깨어나며 괴로워한다. 그러던 어느날, 완벽한 기억을 심어서 고객이 원하는 환상을 현실로 바꿔준다는 '리콜사'를 방문해 자신의 꿈을 체험해 보기로 한다. 하지만 기억을 심는 과정에서 의문의 사고가 일어나고 그는 정신을 차릴 틈도 없이 전 세계의 운명이 걸린 거대한 음모 속에 휘말리게 된다. 졸지에 스파이로 몰리게 된 퀘이드. 거대한 세력을 상대로 숨막히는 추격전이 시작되고…

루퍼 Looper, 2012

암흑의 도시로 변해버린 2074년 캔사스. '시간여행'은 불법으로 규정돼 거대 범죄조직들 사이에서 비밀리에 이용된다. 완벽한 증거 소멸과 시체 처리를 위해 미래의 조직들은 제거 대상들을 비밀리에 2044년에 활동하고 있는 '루퍼'라는 킬러들에게 보낸다. 어느 날, 완벽한 임무수행으로 최고의 자리를 지켜내고 있는 킬러 '조(조셉 고든 레빗)'의 앞에 새로운 타깃이 등장한다. 그는 바로 '레인메이커'에 의해 살해당한 아내를 다시 살려내고자 과거로 돌아온 30년 후의 바로 자신(브루스 윌리스인)임을 알게 되는데…

오블리비언 Oblivion, 2013

외계인의 침공이 있었던 지구 최후의 날 이후, 모두가 떠나버린 지구의 마지막 정찰병 '잭 하퍼'(톰 크루즈)는 임무를 수행하던 중 정체불명의 우주선을 발견한다. 자신을 이미 알고 있는 한 여자(올가 쿠릴렌코)를 만나 기억나지 않는 과거 속에 어떤 음모가 있었음을 알게 된 잭. 그는 적인지 동료인지 알 수 없는 지하 조직의 리더(모건 프리먼)를 통해 자신을 둘러싼 모든 것에 의심을 품기 시작하고 지구의 운명을 건 마지막 전쟁을 시작한다.

스타트렉 다크니스 Star Trek Into Darkness, 2013

우주를 항해하던 거대함선 USS 엔터프라이즈호를 이끌고 귀환한 '커크' 함장(크리스 파인). 하지만 누군가의 무자비한 공격으로 인해 전 세계는 거대한 위기에 빠지고, 스타플릿 내부까지 공격당하며 공포와 충격은 더욱 커져만 간다. 테러의 주인공이 다름 아닌 스타플릿의 최정예 대원 '존 해리슨'(베네딕트 컴버배치)이라는 사실이 밝혀지고, 그의 분노가 극대화될수록 세상은 걷잡을 수 없는 혼란에 휩싸이기 시작한다. 내부의 적에 의해 절체절명의 위기를 맞게 된 엔터프라이즈호! 커크 함장과 대원들은 초토화된 전쟁터 한복판에서 인류의 미래가 걸린 선택의 기로에 놓이게 되는데…

인터스텔라 Interstellar, 2014

"우린 답을 찾을 거야, 늘 그랬듯이"

세계 각국의 정부와 경제가 완전히 붕괴된 미래가 다가온다.

지난 20세기에 범한 잘못이 전 세계적인 식량 부족을 불러왔고, NASA도 해체되었다. 이때 시공간에 불가사의한 틈이 열리고, 남은 자들에게는 이곳을 탐험해 인류를 구해야 하는 임무가 지워진다. 사랑하는 가족들을 뒤로 한 채 인류라는 더 큰 가족을 위해, 그들은 이제 희망을 찾아 우주로 간다. 그리고 우린 답을 찾을 것이다. 늘 그랬듯이…

트랜센던스 Transcendence, 2014

인간의 두뇌가 업로드된 슈퍼컴 '트랜센던스'

인류가 수억 년에 걸쳐 이룬 지적 능력을 초월하고 자각능력까지 가진 슈퍼컴 '트랜센던스'의 완성을 목전에 둔 천재 과학자 '윌'(조니 뎁)은 기술의 발전은 인류의 멸망이라 주장하는 반(反) 과학단체 'RIFT'의 공격을 당해 목숨을 잃는다. 연인 '에블린'(레베카 홀)은 윌의 뇌를 컴퓨터에 업로드시켜 그를 살리는 데 성공하지만, 또 다른 힘을 얻은 그는 온라인에 접속해 자신의 영역을 전 세계로 넓혀 가기 시작하는데…

엑스맨: 데이즈 오브 퓨처 패스트 X-Men: Days of Future Past, 2014

엑스맨 vs 센티넬 거대한 전쟁이 시작된다!

천재 과학자 '트라스크'가 발명한 로봇 '센티넬'로 인해 사상 최악의 위기에 직면한 미래.

오랜 시간 적으로 맞섰던 '프로페서 X'와 '매그니토'는 돌연변이는 물론 인류를 위협하는 '센티넬'과의 전쟁을 막기 위해 '울버린'을 과거로 보낸다. 과거로 돌아간 '울버린'은 뿔뿔이 흩어졌던 엑스맨들을 모두 불러모아 인류의 미래를 구원할 거대한 전쟁을 시작하게 되는데…

매드맥스: 분노의 도로 Mad Max: Fury Road, 2015

핵전쟁으로 멸망한 22세기. 얼마 남지 않은 물과 기름을 차지한 독재자 임모탄 조가 살아남은 인류를 지배한다.

한편, 아내와 딸을 잃고 살아남기 위해 사막을 떠돌던 맥스(톰 하디)는 임모탄의 부하들에게 납치되어 노예로 끌려가고, 폭정에 반발한 사령관 퓨리오사(샤를리즈 테론)는 인류 생존의 열쇠를 쥔 임모탄의 여인들을 탈취해 분노의 도로로 폭주한다. 이에 임모탄의 전사들과 신인류 눅스는 맥스를 이끌고 퓨리오사의 뒤를 쫓는데…

터미네이터 제니시스 Terminator Genisys, 2015

"난 기계도, 인간도 아니야. 그 이상이지".

인간 저항군의 리더 존 코너의 탄생을 막기 위해 스카이넷은 터미네이터를 과거로 보내고, 이를 저지하기 위해 부하 카일 리스가 뒤를 따른다. 어린 사라 코너와 그녀를 보호하고 있던 T-800은 로봇과의 전쟁을 준비하며 이미 그들을 기다리고 있었다. 시간의 균열로 존 코너 역시 과거로 오지만 그는 나노 터미네이터 T-3000으로 변해있었던 것… 이제 인류는 인간도 기계도 아닌 그 이상의 초월적인 존재, 사상 최강의 적에 맞서 전쟁을 벌여야만 한다. 마침내, 인류의 운명이 결정된다.

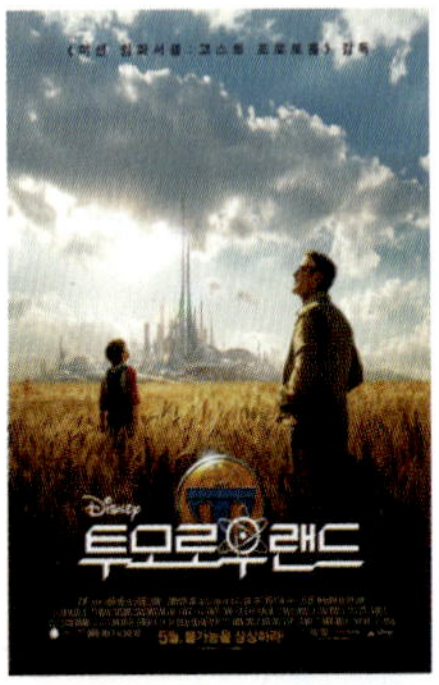

투모로우랜드 Tomorrowland, 2015

선택받은 자만이 들어갈 수 있는 평행 세계 투모로우랜드. 최고의 천재 과학자 데이빗(휴 로리)은 지구 종말을 대비해 투모로우랜드를 또 다른 최첨단 과학 기술의 세계로 만드는 것에 집중한다. 우연히 투모로우랜드에 들어갔던 프랭크는 그곳이 세상의 미래를 바꿀 수 있다고 믿었지만, 데이빗과의 대립에 의해 추방당하고, 이후 스스로를 고립시킨 채 은둔하며 살아간다. 한편, 현명하고 호기심 많은 십대 소녀 케이시는 우연히 투모로우랜드의 티켓인 '핀'을 줍게 되는데…

블레이드 러너 2049 Blade Runner 2049, 2017

인간과 리플리컨트가 혼재된 2049년.

인간의 통제를 벗어난 리플리컨트를 쫓는 블레이드 러너 'K'(라이언 고슬링)는 임무 수행 도중 약 30년 전 여자 리플리컨트의 유골을 발견하고 충격적으로 출산의 흔적까지 찾아낸다.

리플리컨트가 출산까지 가능하다는 사실이 알려지면 사회에 큰 혼란이 야기되므로 이를 덮으려는 경찰 조직과 그 비밀의 단서를 찾아내 더욱 완벽한 리플리컨트를 거느리고 세상을 장악하기 위해 'K'를 쫓는 '니안더 월레스'…

미래학 동영상 교육관

Youtube로 공개된 수많은 '미래' 관련 동영상 중에서 교육적 효과가 큰 것들을 골라 간추렸다. 각 동영상마다 아래 URL의 직접 입력보다는 2~3개 키워드로 필요한 동영상을 찾아 살피는 것이 수월하리라 판단된다(혹은 저자의 블로그에서 클릭 가능: http://blog.daum.net/eprofessor/1393).

미래학 동영상교육관 http://blog.daum.net/eprofessor/1393

1 세바시, 세상을 바꾸는 시간의 미래 강연

최진기

최재원

정지훈

- 최진기(오마이스쿨 대표), IT는 왜 인문학을 요구하는가?, 2015.
  https://www.youtube.com/watch?v=miJhrWBHhwo
- 최재붕(성균관대 교수), 사람으로 풀어보는 4차 산업혁명 이야기, 2017.8.
  https://www.youtube.com/watch?v=50vkDTiCU3w
- 김창경(한양대 교수), 재수 없으면 200살까지 산다, 생명공학 강연, 2017.10.
  https://www.youtube.com/watch?v=hNRK0PXDjmU
- 조용민(구글코리아 매니저), 4차 산업혁명의 시대, 자기를 혁신하는 방법, 인생동기부여 자기계발 강연, 2017.10.
  https://www.youtube.com/watch?v=PVr_WvUio_U
- 노준용(KAIST 문화기술대학원 교수), 인공지능은 못하지만 인간은 잘하는 것, 인공지능기술 강연, 2017.10.
  https://www.youtube.com/watch?v=EtgL0qWp1IQ
- 최재원(다음소프트 이사), 빅데이터가 말하는 꿈과 공부의 미래, 인생 강연, 2017.10.
  https://www.youtube.com/watch?v=DAAmaDWRmkY
- 김민철, 100% 성공하는 법, 성공동기부여 강연, 세바시, 2017.12.
  https://www.youtube.com/watch?v=If95bdcptEM
- 조영태(서울대 보건대학원 교수), 정해진 미래, 인구학이 말하는 10년 후 한국, 그리고 생존전략, 2016.5.
  https://www.youtube.com/watch?v=92twlTHF5WQ

- 정지훈(명지병원 IT융합연구소장), 내 아이가 만날 미래, 어떻게 준비할 것인가?, 2013.12.
  https://www.youtube.com/watch?v=UeaanNoNeWA
- 최윤식(아시아미래인재연구소 소장), 에너지와 미래사회의 변화, 2015.12.
  https://www.youtube.com/watch?v=LmTlqybkCSs

2 미래학자 하라리, 커즈와일, 프레이 그리고 스티븐 호킹 박사 외

커즈와일

프레이

스티븐 호킹

- 7분만에 정리하는 진짜 인류 역사 1부 - 유발 하라리의 사피엔스, 책그림, 2016.
  https://www.youtube.com/watch?v=X5R5Kbe_oQE
- 7분만에 정리하는 진짜 인류 역사 2부 - 인류역사의 허구, 책그림, 2016.
  https://www.youtube.com/watch?v=4YSAkNlMTeM
- 시간이라는 환상!(과거, 현재, 미래는 이미 존재한다), 1분과학
  https://www.youtube.com/watch?v=h5EJZNlqN0k
- 란자 박사, 죽음은 존재하지 않는다, 2017.1. https://www.youtube.com/watch?v=SRtTFgLlszo
- 특이점이 온다, 1분과학, 2017.1. https://www.youtube.com/watch?v=8RiHLNJOgoo
- 특이점 National Geography http://www.gomtv.com/view.gom?contentsid=14906241&auto=1
- 커즈와일, 2099년 세상의 미래, 2017.10. https://www.youtube.com/watch?v=DuKh0rv7fFQ
- 30년간 미래예측 86% 적중한 미래학자의 예언!! https://www.youtube.com/watch?v=DwybfH41fNE
  https://www.youtube.com/watch?v=DuKh0rv7fFQ
- 2050년까지 인류에게 일어나게 될 팩트 총정리 https://www.youtube.com/watch?v=bqCj48LehYo
- 가까운 미래 20년 후 사라질 직업 10가지 https://www.youtube.com/watch?v=Qr8hJGqfiZE
- 로봇이 가져오는 '환상'의 세계, 유발 하라리의 생각, 1분생각, 2017.12.
  https://www.youtube.com/watch?v=qcGp2zSiVCU
- 스티븐 호킹이 죽기 전에 남긴 마지막 경고, AI 대재앙, 2018.3.
  https://www.youtube.com/watch?v=PSlyAmW5gqw
- 강제로 로봇이 된다면, 상궁, 2018.1. https://www.youtube.com/watch?v=tQgTH2KOBK8
- 실현가능한 황당한 미래기술 8, 랭킹스토리, 2017. https://www.youtube.com/watch?v=xBPSle-5gSU

- 미래를 바꿀 7가지 기술, 세계경제포럼, 2014.1. https://www.youtube.com/watch?v=fcjgEAUpbTg
- 토마스 프레이가 예측하는 미래는? https://www.youtube.com/watch?v=GFyXU8U4CgE
- 미래학자들이 예상한 앞으로 10년 안에 일어날 충격적인 일들 https://www.youtube.com/watch?v=46NWzDXxA_Q
- 2099년 세상의 미래 https://www.youtube.com/watch?v=DuKh0rv7fFQ
- 1000년 뒤에 지구는 어떻게 될까? 1000년부터 1해년까지 알아보자! https://www.youtube.com/watch?v=c2sCPl6wXNM
- 10000년 후 미래에 일어날 일들 TOP 7 https://www.youtube.com/watch?v=2GC57pnMA1c
- 앤디하인스 Your story and your work https://youtu.be/hy-8zK1RXEo
  What is a futurist? https://youtu.be/Ff0j5s8e1M0

3 아시아미래인재연구소의 미래학 강의

최윤식

박복원

양성식

▶ 엘빈 토플러처럼 생각하는 법(최윤식 · 박복원 · 양성식)

- 기획은 불확실성과의 싸움(1) https://www.youtube.com/watch?v=mToci3ZEn0w
  기획은 불확실성과의 싸움(2), 2012.7. https://www.youtube.com/watch?v=mGJOP9MdCi4
- 미래 쇼크를 예견하는 미래 지도를 준비하라 https://www.youtube.com/watch?v=u_nVPgqKnwY
- 소비자의 문제, 욕구, 결핍에 주목하라(1) https://www.youtube.com/watch?v=A_EXOi7VS1s
- 소비자의 문제, 욕구, 결핍에 주목하라(2), 2012.7. https://www.youtube.com/watch?v=ldF1mWANkM8
- 방향보다 속도다 https://www.youtube.com/watch?v=ki1BwVEDhts
- 기획의 필수요소, 설득 https://www.youtube.com/watch?v=YEpoo1UWCeA
- 모니터링 속에 미래가 있다 https://www.youtube.com/watch?v=w4U201gsB7M
- 대체에너지의 미래 https://www.youtube.com/watch?v=26SzlJuBJwA
- 금융의 미래 https://www.youtube.com/watch?v=myw-4LMDyN8
- IT의 미래, 2012.7. https://www.youtube.com/watch?v=iH7vf4YXptA
- 지식의 미래와 미래의 10년 https://www.youtube.com/watch?v=70d32Q_phNU

▶ 씽크퓨처스(양성식)

- 트렌드 vs 통찰 vs 미래예측, 2015.4. https://www.youtube.com/watch?v=anGPUM6m_I8
- 미래는 왜 불확실해지는가? 2015.4. https://www.youtube.com/watch?v=eu66pKLIjbM
- 트렌드, 아는 만큼 보인다, 2015.4. https://www.youtube.com/watch?v=hpEC6WMI3Ck
- 당신이 비즈니스에서 이길 수 없는 이유는? 2015.4. https://www.youtube.com/watch?v=AA0oXpaZUeg
- 유행과 트렌드를 구분하는 방법은? 2015.4. https://www.youtube.com/watch?v=mpy5yjJcpOI
- 부분이 아닌 전체를 보면 마법이 일어난다, 2015.4. https://www.youtube.com/watch?v=4hMs4yt9cMk
- 셜록홈즈를 통해 배우는 미래창조의 기술, 2015.5. https://www.youtube.com/watch?v=XB4Hz1fC_BM
- 정보폭식시대 정보를 다이어트하라, 2015.5. https://www.youtube.com/watch?v=xal9aOWOPJc
- RSS리더를 활용한 정보필터링과 정보모니터링, 2015.5.
  https://www.youtube.com/watch?v=Qu25EixcD1A
- RSS리더 feedly 웹과 모바일 동기화하기, 2015.5. https://www.youtube.com/watch?v=pZSyooiy65c
- 네이버 키워드RSS와 구글알리미 RSS, 2015.5. https://www.youtube.com/watch?v=0gKeIPuXV5A
- RSS구독 크롬브라우저 확장프로그램과 미래캘린더 활용법
  https://www.youtube.com/watch?v=L_p737Re-oU
- 인간은 미래를 예측할 수 있는가?, 2017.3. https://www.youtube.com/watch?v=hyrmaa9iJWg
- 원하는 미래는 어떻게 만드는가?, 2017.3. https://www.youtube.com/watch?v=wRUCikYNSag
- 미래학이란 무엇인가,, 2017.3. https://www.youtube.com/watch?v=x4S0Kh2fsdA
- 지금 당장 미래학을 공부해야 한 이유, 2017.3. https://www.youtube.com/watch?v=MMH67LQVwQk

4 유엔미래포럼의 미래 강연

▶ 박영숙의 미래충격(2013)

- 미래충격 1회 https://www.youtube.com/watch?v=tSEzouxRfdY
  https://www.youtube.com/watch?v=Vu0QYI7e79Y
- 미래충격 2회 https://www.youtube.com/watch?v=a4HWJe8bFGU
- 미래충격 3회 https://www.youtube.com/watch?v=MNuS2f5VLAs
- 미래충격 4회 https://www.youtube.com/watch?v=O4i-OU6wcEg
- 미래충격 5회 https://www.youtube.com/watch?v=e3Rhu_zn6p0

▶ 미래혁명, 미래보고서2045(2015)

- 국경용해 https://www.youtube.com/watch?v=MUrFKLh2M_Q
- 글로벌브레인 https://www.youtube.com/watch?v=Xsnod3jW2ZM
- 가상현실기기 https://www.youtube.com/watch?v=WvTWoR5aiA4
- 인터넷기업 https://www.youtube.com/watch?v=Ju2OnKMB-e4
- 무인자동차 시대 https://www.youtube.com/watch?v=CV6dcsSQaL4
- 한전붕괴 https://www.youtube.com/watch?v=acFFjWd0Rlk
- 스마트 시계 https://www.youtube.com/watch?v=mimMG5lze_8
- 장애인이 없는 세상 https://www.youtube.com/watch?v=tSKMruoB2Ds
- 커피숍의 미래 https://www.youtube.com/watch?v=RCsG8nnoEos
- 신소재의 출현 https://www.youtube.com/watch?v=36lXRRQ7ddg
- 스마트가구 시대 https://www.youtube.com/watch?v=zw06y61W75E

▶ 박영숙 교수의 미래예측 – BTN불교TV(2017)

- 미래사회, 인류에게 가장 중요한 것을 말하는 시간! https://www.youtube.com/watch?v=9w2dtdoWdEQ
- 한국사회의 변화와 새로운 시각의 미래를 대비 https://www.youtube.com/watch?v=6oBx0o_ta-E
- 의식주 – 옷의 미래 https://www.youtube.com/watch?v=XgcGeE2HUvY
- 의식주 – 주거의 미래 https://www.youtube.com/watch?v=6XpzxiAswOM
- 의식주 – 식생활의 미래 https://www.youtube.com/watch?v=UKZW-6x8hUY
- 컴퓨터, 휴대전화의 미래 https://www.youtube.com/watch?v=OgOyUjQY0C8
- 미래예측의 방법, 40여 개의 방법론 토론, 연구 후 발표 https://www.youtube.com/watch?v=nZ9TIGNWtHY
- AI인공지능의 변화 https://www.youtube.com/watch?v=5ZdGYYEk2Uo
- 부상하는 기술과 산업 https://www.youtube.com/watch?v=Qal1DZzP2JA
- 미래, 다양한 교통 시스템 https://www.youtube.com/watch?v=8iBRl8YaMqo
- 자율자동차의 보편화와 그에 따른 변화 https://www.youtube.com/watch?v=Qxa7lgETrqk
- 미래, 드론과 택배 https://www.youtube.com/watch?v=qkV5OCPcKZI
- 교육의 변화 https://www.youtube.com/watch?v=2sJDuZw_1XI
- 온라인 무료교육 https://www.youtube.com/watch?v=pEdE1T8AEjU
- 장애인 소멸 https://www.youtube.com/watch?v=40rIQ0jB_lk
- 의료혁명, 수명연장 https://www.youtube.com/watch?v=JlRaxPVzjXU
- 로바마 국가 국회소멸, 세계시민 https://www.youtube.com/watch?v=YQJqhs8JgQw
- 일자리소멸과 기본소득 https://www.youtube.com/watch?v=mlbqpWk9p0M
- 토니세바(Tony Seba) 교수 1, 2 https://www.youtube.com/watch?v=w-JvemmawE0
- 에너지 혁명 https://www.youtube.com/watch?v=CVICfV2ks6w
- 솔라 일자리, 솔라의 시대 https://www.youtube.com/watch?v=LnGsV5ghsCc
- 기후변화, 해수면상승 https://www.youtube.com/watch?v=dumgFkPUPK4

- 해상도시 해상국가 건설 https://www.youtube.com/watch?v=faqHK8Dgm9Y
- 제4차 산업혁명, 부상 기술, 산업 https://www.youtube.com/watch?v=m22sUgOoUds
- 공유 협업경제, 에너지 알리바바 https://www.youtube.com/watch?v=rJlkkTu_Xyw
- 온라인 가상국가 비트네이션 https://www.youtube.com/watch?v=FvLHFovHRZc
- 미래 일자리, 미래 준비 https://www.youtube.com/watch?v=7j3y5mt1xKw
- 미래의 타임라인 2017-2030 https://www.youtube.com/watch?v=LP0-O-JEnHY
- 미래타임라인 2030-2060 https://www.youtube.com/watch?v=NeNTzN6VO5o

▶ 블록체인(2018)

- 블록체인이 소멸시키는 산업들 1 https://www.youtube.com/watch?v=ldKmSWrsBYk
- 블록체인이 소멸시키는 산업들 2 https://www.youtube.com/watch?v=scyqod5zpTI
- 블록체인이 소멸시키는 산업들 3 https://www.youtube.com/watch?v=BKmctHNkLWo
- 블록체인이 소멸시키는 산업들 4 https://www.youtube.com/watch?v=lhx9PJH4AtE
- 블록체인이 소멸시키는 산업들 5 https://www.youtube.com/watch?v=FPGfxP6nkYY
- 블록 체인시대를 산다 https://www.youtube.com/watch?v=baT_kspH3nc

▶ 기타

- 미래는 어떻게 변해가는가, 선아리랑, 2014. https://www.youtube.com/watch?v=pjfVe6r-eP0
- 미래예측 리포트 – 미래를 지배할 메가트렌드, 한국소비자티브이, 2015.1. https://www.youtube.com/watch?v=Ce6v_-w4_nU
- 세계미래보고서 2055, 2017.1. https://www.youtube.com/watch?v=ufS9Nkp2K_8
- 인공지능혁명2030, 2017.1.14. https://www.youtube.com/watch?v=a5nFbAIZRg4
- 박영숙의 미래충격 시리즈 https://www.youtube.com/watch?v=E2lEFBK6Nks

5 카이스트의 미래학 강의

이광형

이민화

차원용

▶ 미래예측(이광형)

- 미래를 예측할 수 있는가, YTN사이언스 https://www.youtube.com/watch?v=9O0yLuA9URM
- 미래예측법 https://www.youtube.com/watch?v=X0DejiBjnW0

▶ 기술트렌드와 미래전략(이민화), KAIST IP-CEO, 2015

- O2O https://www.youtube.com/watch?v=cssuJoFv4Zg
- IoT https://www.youtube.com/watch?v=6rilQk8iINU
- 웨어러블과 생체인터넷 https://www.youtube.com/watch?v=yTEZCsjdvlk
- 빅데이터와 클라우드 https://www.youtube.com/watch?v=UZ2C3bXTbzs

▶ 미래기술(차원용), KAIST IP영재기업인교육원, 2013

- 나노 https://www.youtube.com/watch?v=KplFGGJhQhQ
- 바이오융합 https://www.youtube.com/watch?v=Dnnq62v7TIY
- 바이오융합-계속 https://www.youtube.com/watch?v=DyrX2MpROWs
- 녹색융합기술 https://www.youtube.com/watch?v=ct2slEbAB2Y
- 녹색융합기술-계속 https://www.youtube.com/watch?v=rXGY9hO_LJ0
- 로봇융합기술 https://www.youtube.com/watch?v=i1WU04okcU8
- 로봇융합기술-계속 https://www.youtube.com/watch?v=tuGDAusMAvM
- Apple NEXT IT https://www.youtube.com/watch?v=B8e1opqaiPc
- Apple NPD https://www.youtube.com/watch?v=lVqwaX3QwZw
- Apple Ecosystem NEXT https://www.youtube.com/watch?v=5UU5tfW8Z8o
- Apple Ecosystem NEXT-계속 https://www.youtube.com/watch?v=gTfyanv6fsQ

▶ 미래사회(이민화 · 차원용), 2018

- 미래기회 https://www.youtube.com/watch?v=c7V1hlGcASU
- 미래학 https://www.youtube.com/watch?v=7CGObjXvisk
- 미래 인문 https://www.youtube.com/watch?v=xlBRclEFcqM
- 미래 기술 https://www.youtube.com/watch?v=nD2McMsprNE
- 미래 경제 https://www.youtube.com/watch?v=DpPF03xEGjI
- 미래 인간 https://www.youtube.com/watch?v=FoHQmsd8YYk
- 지능정보사회 https://www.youtube.com/watch?v=B34-nPiz4V0
- 인간중심사회 https://www.youtube.com/watch?v=oBUuUuSFIzo
- 솔로경제사회 https://www.youtube.com/watch?v=XsDIOahp2CA
- 아마존의 제4차 산업혁명 https://www.youtube.com/watch?v=och6DMg47nc

6 KISTEP 수요포럼(2015~2018)

장병탁

이승민

최연구

- 김지현(KAIST), 스마트폰 이후 새로운 비즈니스의 기회 https://www.youtube.com/watch?v=SN-Nualj2Qw
- 장석인(산업연구원), 미래성장의 열쇠 - 실행을 위한 우리의 과제는? https://www.youtube.com/watch?v=o0u80nr7vYc
- 정지훈(경희대), 미래 과학기술 인재양성을 위한 융합 리더십 https://www.youtube.com/watch?v=msSTBJWVf0o
- 김진형(KAIST) 소프트웨어 중심사회의 의미와 우리의 준비 https://www.youtube.com/watch?v=-4zkinACums
- 장영근(한국항공대), 新우주시대의 한국 우주개발 전략 https://www.youtube.com/watch?v=cvlGO3ljbfo
- 강혜진(Mckinsey 파트너), Mckinsey가 바라본 미래위험과 기회 https://www.youtube.com/watch?v=Ku7cJ-2ZToA
- 최기영(인하대), 무인기 기술의 오늘과 내일 https://www.youtube.com/watch?v=m6fzpSDXDog
- 국양(서울대), 파괴적 혁신의 과학기술: 지난 100년간의 사례를 바탕으로 https://www.youtube.com/watch?v=lanBXE0yKog
- 이경일(솔트룩스), 빅데이터, 인공지능을 만나다 https://www.youtube.com/watch?v=ZQWNhW96AX8
- 민옥기 (한국전자통신연구소), 소프트웨어, 사람을 이해하고 닮아가는 진화 https://www.youtube.com/watch?v=t9Dxf0B26d8
- 심재현(국립재난안전연구원장), 미래재난 대응을 위한 과학기술의 역할 https://www.youtube.com/watch?v=dSkjtjptLu4
- 장석인(산업연구원), 글로벌 저성장시대 한국산업 위기와 해법 https://www.youtube.com/watch?v=rklH5bPEqL0
- 오대균(에너지관리공단), 新기후체제 현황과 우리의 과제 https://www.youtube.com/watch?v=TCgKyHYjsV0
- 권세창(한미약품), 한미약품 성공사례와 대한민국 신약개발의 미래 https://www.youtube.com/watch?v=S1tOGFT9TPk

- 최재붕(성균관대), 스마트 신인류가 만드는 초연결사회, 우리의 준비는?
  https://www.youtube.com/watch?v=ApS4HmLpvnA
- 선우명호(한양대), 자율주행 자동차가 바꾸는 2030년 미래사회
  https://www.youtube.com/watch?v=0ImWK69qNGU
- 이승민(ETRI), 인공지능이 열어갈 기술혁명의 시대 https://www.youtube.com/watch?v=KyusIvERS88
- 임정욱(스타트업얼라이언스), 금융과 IT의 융합, 핀테크 산업동향과 우리의 과제
  https://www.youtube.com/watch?v=BVeXcC9o1KQ
- 김명신(KOTRA), 중국 경제 · 산업 패러다임의 전환과 미래 전망
  https://www.youtube.com/watch?v=bGZJfFzHWDI
- 최성권(한국폴리텍), 3D프린팅과 산업혁명 4.0 https://www.youtube.com/watch?v=xabQVAzG0bQ
- 이종일(한국뉴욕주립대), 미래 한국경제 재도약을 위한 산업혁신전략
  https://www.youtube.com/watch?v=kOoorNsfrEQ
- 곽재원(경기과학기술진흥원), 제4차 산업혁명시대 미래사회 모습과 일자리
  https://www.youtube.com/watch?v=1jd2y9---15o
- 이경호(고려대), 지능정보사회로의 진전과 사이버 보안 미래 과제
  https://www.youtube.com/watch?v=cTCR-nLS9Dw
- 박성현(사회적책임경영품질원), 빅데이터 시대의 조망과 인재양성
  https://www.youtube.com/watch?v=taQCL32_qj8
- 이유수(에너지경제연구원), 지속가능성장의 열쇠, 미래 에너지와 에너지 신산업
  https://www.youtube.com/watch?v=tp1wab2bpE0
- 김진수(기초과학연구원), 유전체 혁명과 바이오 경제시대
  https://www.youtube.com/watch?v=2uZYqfhftz8
- 우운택(KAIST), 가상 · 증강 현실이 바꾸는 미래세상, 그리고 우리의 대응
  https://www.youtube.com/watch?v=G8rMCd-bL_I
- 이장재(KISTEP), 제4차 산업혁명과 과학기술행정체제의 설계
  https://www.youtube.com/watch?v=uu6QkSDspRI
- 허환일(충남대), 대한민국 우주개발, 위기인가, 기회인가
  https://www.youtube.com/watch?v=QAYUh3xt_z0
- 김진영(ROA인벤션랩), 미래세상을 바꾸는 혁신의 철학과 성공전략
  https://www.youtube.com/watch?v=GvkFuzeLzNw
- 송성진(성균관대), 제4차 산업혁명시대 창의적 융합인재 양성
  https://www.youtube.com/watch?v=kfd2fBFzPyc
- 김동근(아주대), 인공지능이 바꾸는 미래세상과 우리의 대응
  https://www.youtube.com/watch?v=vURdYPXY3ug
- 이영환(치의과대), 블록체인과 사이버화폐 https://www.youtube.com/watch?v=yly3ycabT7E
- 서유헌(가천대), 뇌연구 신흥강국 전략 https://www.youtube.com/watch?v=OitR0pmFt2I

- 이승규(KISTEP), 4차 산업혁명시대, 미래 인재상과 사람중심의 시스템 혁신 https://www.youtube.com/watch?v=Bq-AhGgF2eU
- 허은녕(서울대), 에너지, 미래 디자인 https://www.youtube.com/watch?v=z2k2VoyGGqc
- 최연구(한국과학창의재단), 4차 산업혁명과 인간의 문화 https://www.youtube.com/watch?v=oVMC217vdKo
- 박현철(KAIST), 5G 이동통신 기술혁신으로 변화하는 미래사회 https://www.youtube.com/watch?v=xRXjpq3SIQw
- 이경일(솔투룩스), 4차 산업혁명을 여는 눈(眼)! 빅데이터 기술의 생태계 활성화 방안 https://www.youtube.com/watch?v=-eslUk6or68
- 이근(서울대), 2018 이슈와 트렌드: 세계경제와 한국경제 https://www.youtube.com/watch?v=nr72jMf9iNI
- 김억(딜로이트), 디지털 경제의 세계적 동향과 뉴 비즈니스 https://www.youtube.com/watch?v=v1axsRDEPzQ
- 장병탁(서울대), 인간과 로봇의 미래 https://www.youtube.com/watch?v=cr4Y1gM2O9Y
- 백종대(한국건설기술연구원), 서울에서 부산까지 16분…하이퍼루프가 여는 새로운 기회 https://www.youtube.com/watch?v=7gllrMHSlW8
- 김주한(서울대), 4차 산업혁명과 의료의 미래 https://www.youtube.com/watch?v=SolLrDcjkGM

7 미래학 강의 – 국내 강사들 및 기타 동영상

상생방송

YTN 사이언스포럼

MBC 백분토론

▶ 현대문명의 대전환, 상생방송(2016~2018)

- 2045 미래문명 1부(박영숙) https://www.youtube.com/watch?v=wtg94uUNmuQ
- 2045 미래문명 2부(박영숙) https://www.youtube.com/watch?v=Yi9SlxeI0PY
- 미래보고서 1(박영숙) https://www.youtube.com/watch?v=o_vjXL4NW_8
- 미래보고서 2(박영숙) https://www.youtube.com/watch?v=JgUzhS-p6r0
- 미래보고서 3(박영숙) https://www.youtube.com/watch?v=eL6-NH7Qg10

- 미래를 펼치다!(토마스프레이) https://www.youtube.com/watch?v=DUTJL7eCFRl
- 의식기술의 시대가 온다(제롬글렌) https://www.youtube.com/watch?v=OUECD89FvPM
- 죽음의 종말(호세 코르데이로) https://www.youtube.com/watch?v=c4gvQ3TjTo4
- 위험사회 1강(홍찬숙) https://www.youtube.com/watch?v=_3woPXnv66k
- 위험사회 2강(홍찬숙) https://www.youtube.com/watch?v=cby1U3Qa71s
- 인간의 수명연장과 인공지능혁명 1부(박영숙) https://www.youtube.com/watch?v=YPc_XjU5nlU
- 인간의 수명연장과 인공지능혁명 2부(박영숙) https://www.youtube.com/watch?v=25wd1xQ2QlA
- 4차 산업 혁명으로 가는 길 1부(이민화) https://www.youtube.com/watch?v=EPStLEyRQMw
- 4차 산업혁명으로 가는 길 2부(이민화) https://www.youtube.com/watch?v=w1PDYKqms2Q
- 자원과 전쟁(유달승) https://www.youtube.com/watch?v=M49NikCnX3U
- 달러패권 1부(왕윤종) https://www.youtube.com/watch?v=IgBh_diDxBE
- 달러패권 2부(왕윤종) https://www.youtube.com/watch?v=KYa3ZqMWoOw
- 중국 금융(왕윤종) https://www.youtube.com/watch?v=4vL1f-acPpY
- 의학의 미래 1부(엄창섭) https://www.youtube.com/watch?v=jlPzPPd7Kwg
- 의학의 미래 2부(엄창섭) https://www.youtube.com/watch?v=0eSISAFLxJk
- 디자인의 미래 1부(이순종) https://www.youtube.com/watch?v=3UoPXfUI0ic
- 디자인의 미래 1부(이순종) https://www.youtube.com/watch?v=sSbtyXx2DZc
- 한글 문명론 1부(정원수) https://www.youtube.com/watch?v=mtIDBgc1sUg
- 한글 문명론 2부(정원수) https://www.youtube.com/watch?v=NMNKTGQ7fpA
- 미래우주개척 1부(장영근) https://www.youtube.com/watch?v=kUL9vQTLqfc
- 미래우주개척 2부(장영근) https://www.youtube.com/watch?v=ttuBPBecNc8
- 미래의 주거 1부(장성주) https://www.youtube.com/watch?v=TUWu50_SMKY
- 미래의 주거 2부(장성주) https://www.youtube.com/watch?v=xpl5fyGnm3Q
- 미래의 컴퓨터 1부(신용태) https://www.youtube.com/watch?v=orpmElVN60M
- 미래의 컴퓨터 2부(신용태) https://www.youtube.com/watch?v=_dza0ZEBhJs
- 미래의 의복 1부(김주용) https://www.youtube.com/watch?v=8qsl8P9so1M
- 미래의 의복 2부(김주용) https://www.youtube.com/watch?v=2cLdHSbvF-M
- 핵발전의 위험성과 대체에너지 1부(김익중) https://www.youtube.com/watch?v=yORiRMNe55A
- 핵발전의 위험성과 대체에너지 2부(김익중) https://www.youtube.com/watch?v=PYaYUDmPFFA
- 미래의 컴퓨터, 빛의 시대를 열다(신용태) https://www.youtube.com/watch?v=4mqa-uMHF34
- 바이오테크놀로지의 미래 1부(김은기) https://www.youtube.com/watch?v=XTDxoXXievl
- 바이오테크놀로지의 미래 2부(김은기) https://www.youtube.com/watch?v=4JAlYrDKLn8
- 지진과 화산의 오늘과 내일 1부(장찬동) https://www.youtube.com/watch?v=Kb2WEu2NN3A
- 지진과 화산의 오늘과 내일 2부(장찬동) https://www.youtube.com/watch?v=ZPSzkEx6XYI
- 전시재난과 생존법 1부(박휘락) https://www.youtube.com/watch?v=5tduU-ePuQ8
- 전시재난과 생존법 2부(박휘락) https://www.youtube.com/watch?v=yYYLaO1tCJ0
- 전시재난과 생존법 3부(박휘락) https://www.youtube.com/watch?v=cBacmoGYC-E

- 생활속의 재난관리 1부(조석현) https://www.youtube.com/watch?v=Fvb15dcOs0I
- 생활속의 재난관리 2부(조석현) https://www.youtube.com/watch?v=HaZSP0W_ovs
- 생활속의 재난관리 3부(조석현) https://www.youtube.com/watch?v=feDQlwbstkU
- 생활속의 재난관리 4부(조석현) https://www.youtube.com/watch?v=oiRJQcy-id0
- 생활속의 재난관리 5부(조석현) https://www.youtube.com/watch?v=6gIPhAasLCw
- 생활속의 재난관리 6부(조석현) https://www.youtube.com/watch?v=bO0jhTxTyh8

▶ YTN 사이언스포럼(2013)

- 꿈, 도전 그리고 융합(권성훈) https://www.youtube.com/watch?v=Lwzwa3cxZ3c
- 미래예측법(이광형) https://www.youtube.com/watch?v=_-K_kj66-ds
- 과학기반 미래전략(강성모) 2013.7. https://www.youtube.com/watch?v=qm5lLcGzZpc
- 미래전략을 가진 성공한 리더들의 뇌(정재승) https://www.youtube.com/watch?v=9PrPvxh3FY8
- 산업경제 미래전략(채수찬) https://www.youtube.com/watch?v=Ey00LLm96IM
- 소셜미디어와 정치, 사회, 산업의 미래전략(진달용) https://www.youtube.com/watch?v=yW2ZvNCdA6A
- 생각한 것을 마음대로 움직이게 해주는 뉴로기술(임종진) https://www.youtube.com/watch?v=QBGSSJVtJi0
- 창조와 융합: 새로운 패러다임을 향하여(최양희) https://www.youtube.com/watch?v=WhkVldEtLGU
- 아이의 미래, 자기조절력이 결정한다(이시형) https://www.youtube.com/watch?v=pbsu47xiSjg
- 문·이과 통폐합 이상과 현실(과실련) https://www.youtube.com/watch?v=E0v9AjeiExU
- 꿈의 로켓을 쏘다(채연석) https://www.youtube.com/watch?v=zIPQARWOS6E
- 미래 식품기술 트렌드(최문정) https://www.youtube.com/watch?v=vzR7jx--y_w
- 마이크로 RNA(박태현) https://www.youtube.com/watch?v=kOF7bgpVK3A
- 신(神)의 입자를 찾아서(이종필) https://www.youtube.com/watch?v=3ajMOo3EvNc
- 미래교육, 지식창조의 공간 디자인 하기(소효정) https://www.youtube.com/watch?v=UtXl_7wkrh4
- 기술혁신을 기반으로 한 헬스케어 3.0 시대(방사익) https://www.youtube.com/watch?v=s5QiNqfeU0k
- 왜 과학과 예술은 융합할 수 없는가?(이영준) https://www.youtube.com/watch?v=C11i6bRCtf8
- 20세기의 기술, 미디어와 아방가르드(이광석) https://www.youtube.com/watch?v=KWaNOBpiHck
- 뇌의 목소리, 뇌파(최정미) https://www.youtube.com/watch?v=YEi7oD59kgk
- 기생충 열전(서민) https://www.youtube.com/watch?v=lZ3FmKqdOrg
- 게임이론이 발견한 놀라운 협력의 비밀들(허준석) https://www.youtube.com/watch?v=j-KKOF0q50k
- 뇌 기능 들여다보기(나흥식) https://www.youtube.com/watch?v=Bz6bbEMbeLs
- 작지만 큰 나노의 세계(현택환) https://www.youtube.com/watch?v=Glx7B82l100
- 인식의 지평을 넘어(오용근) https://www.youtube.com/watch?v=nMEt-vqXUtU
- 레이저, 빛으로 창조하는 미래(남창희·박영욱) https://www.youtube.com/watch?v=9HuSTzGVWuw
- 카오스 강연 '뇌가 보는 뇌'(김대식) https://www.youtube.com/watch?v=CqGxWMW55Z4

▶ 기타 세미나 및 동영상 자료(2014~2017)

- 상상, 현실이 되다 2, KT올레오픈세미나(유영민)
  1. https://www.youtube.com/watch?v=LoDW8_3YdRg
  2. https://www.youtube.com/watch?v=ibXYmGZRPGA
- 우리가 맞이하게 될 미래사회의 모습, 마이크임팩트(정지훈)
  https://www.youtube.com/watch?v=uAzbPEFn418
- 죽고나면 어떻게 돼요?(법륜스님) https://www.youtube.com/watch?v=5EDc2Qjgau4
- 이세돌과 알파고, 인공지능에 대해 말하다, MBC백분토론(정재승)
  https://www.youtube.com/watch?v=hxOt9lE5dTA
- 4차 산업혁명 콘서트, 차이나는 클라스 19~21회, JTBC(정재승)

- 나카하라 츠네오, *100년 후 미래*, 파라주니어, 2009.
- 니콜라스 카, *생각하지 않는 사람들*, 청림출판, 2011.
- 대니얼 카너먼 외, *생각의 해부*, 와이즈베리, 2015.
- 다니엘 밀러, *미래중독자*, 추수밭, 2017.
- 더글러스 호프스태터, *괴델에서 바흐*, 까치, 2017.
- 데이비드 크리스천 외, *빅히스토리*, 해나무, 2013.
- 도넬라. H. 메도즈 외, *성장의 한계*, 갈리파고스, 2012.
- 돈 탭스콧, *디지털 네이티브*, 비즈니스북스, 2009.
- 라메즈 남, *인간의 미래*, 동아시아, 2007.
- 매그너스 린드비스트, *미래가 시작될 때*, 생각과 사람들, 2013
- 미치오 카쿠, *마음의 미래*, 김영사, 2015.
- 마티아스 호르크스, *테크놀로지의 종말*, 21세기북스, 2009.
- 레이 커즈와일, *특이점이 온다*, 김영사, 2007.
- 로버트 앨런, *바이오미메틱스*, 시그마북스, 2011.
- 리처드 도킨스, *이기적 유전자*, 을유문화사, 2010.
- 리처드 도킨스, *조상 이야기*, 까치, 2018.
- 리처드 하인버그, *제로 성장시대가 온다*, 부키, 2013.
- 마키노 노보루, *총예측 미래 기술*, 동방미디어, 2002.
- 빅토르 마이어 쇤베르거, *잊혀질 권리*, 지식의날개, 2011.
- 빌 브라이슨, *거의 모든 것의 역사*, 까치, 2003.
- 세실리 사머스, *미래학자처럼 생각하라*, 골든어페어, 2017.
- 스티븐 핑커, *우리 본성의 선한 천사*, 사이언스북스, 2014.
- 앤드류 H. 놀, *생명 최초의 30억 년*, 뿌리와이파리, 2007.
- 엘빈 토플러, *미래의 충격*, 범우사, 1999.
- 에릭 브린욜프슨 외, *제2의 기계시대*, 청림출판, 2014.
- 에릭 켄델, *기억을 찾아서*, 알에이치코리아, 2014.
- 올더스 헉슬리, *멋진 신세계*, 문예출판사, 1998.
- 웬델 웰러치 외, *왜 로봇의 도덕인가*, 매디치미디어, 2014.
- 유발 하라리, *호모 데우스*, 김영사, 2017.

- 이다 요시아키, *지구와 인류의 미래*, 문학사상, 2017.
- 자크 아탈리, *더 나은 미래*, 청림출판, 2011.
- 자크 아탈리, *어떻게 미래를 예측할 것인가*, 21세기북스, 2018.
- 잭 린치, *브레인 퓨처*, 해나무, 2010.
- 제닌 베니어스, *생체 모방*, 시스테마, 2010.
- 제프 호킨스 외, *생각하는 뇌, 생각하는기계*, 멘토르, 2010.
- 조너선 하이트, *바른 마음*, 웅진지식하우스, 2014.
- 조엘 가로, *급진적 진화*, 지식의 숲, 2007.
- 존 브록만, *위험한 생각들*, 갤리온, 2007.
- 존 L. 캐스티, *대중의 직관*, 반비, 2012.
- 제레미 리프킨, *한계비용제로사회*, 민음사, 2014.
- 재레드 다이아몬드, *문명의 붕괴*, 김영사, 2005.
- 재레드 다이아몬드, *제3의 침팬지*, 문학사상사, 2015.
- 진노 마사후미, *역사로 읽는 세계*, 라이프맵, 2017.
- 칼 세이건 외, *잊혀진 조상의 그림자*, 사이언스북스, 2008.
- 칼 세이건, *코스모스*, 사이언스북스, 2006.
- 케빌 켈리, *기술의 충격*, 민음사, 2011.
- 토머스 프레이, *미래와의 대화*, 북스토리, 2016.
- 클레이튼 크리스텐슨, *불확실성 경영*, 21세기북스, 2009.
- 페이얼투, *프시*, 스노우폭스북스, 2017.
- 필립 E. 테틀록, *슈퍼 예측, 그들은 어떻게 미래를 보았는가*, 알키, 2017.
- 한스 모라백, *마음의 아이들*, 김영사, 2011.
- 호드 립슨 외, *3D 프린팅의 신세계*, 한스미디어, 2013.

존 나이스비트
하이테크
하이터치
HIGH TECH
HIGH TOUCH
한국경제신문

THE SINGULARITY IS NEAR
기술이 인간을 초월하는 순간
특이점이 온다
RAY KURZWEIL
레이 커즈와일

호모 데우스
미래의 역사
유발 하라리
전 세계 45개국! 500만 부 초대형 베스트셀러
《사피엔스》 유발 하라리 최신작!
《사피엔스》는 우리가 어디에서 왔는지 알려주고
《호모 데우스》는 우리가 어디로 가는지 알려준다
Yuval Noah Harari
Homo Deus

생각하지
않는
사람들
인터넷이
우리의 뇌 구조를
바꾸고 있다
'스마트' 시대, 우리는 더 똑똑해지고 있는가?

지구와
인류의
미래
지금까지 인류가 찾아낸 단 하나의 '생명의 별' 지구,
이 찬란한 별에서 더 이상 살 수 없다면……
문학사상

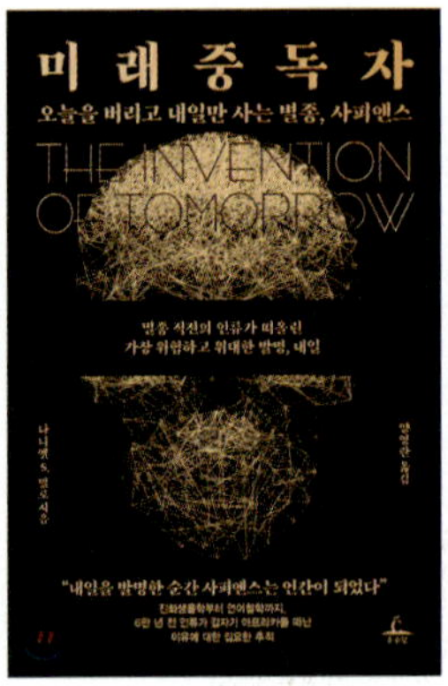
미 래 중 독 자
오늘을 버리고 내일만 사는 별종, 사피엔스
THE INVENTION
OF TOMORROW
멸종 직전의 인류가 떠올린
가장 위험하고 위대한 발명, 내일
"내일을 발명한 순간 사피엔스는 인간이 되었다"

BIG
빅 히스토리
HISTORY
한 권으로 읽는 모든 것의 역사
137억 년의 역사가 이 한 권에 담겼다
빌 게이츠가 지원하는
빅 히스토리 프로젝트!

슈퍼예측,
그들은 어떻게 미래를 보았는가
SUPERFORECASTING
4차 산업혁명의 시대,
불확실한 미래를 보는 힘!

지구촌 스케치관

미래학은 세계를 하나의 시스템으로 본다. 고대와 근대, 중세와 현재, 동양과 서양, 자연과 문명은 모두 하나로 이어져 미래를 향해 역동적이다. 이념과 국경은 무의미하고 문화는 뒤섞이고 인종과 관계없이 세상 사람들이 어우러져 지내는 세상이다. 나아가 미래학은 인문과 과학, 예술과 기술의 융합까지 강조한다.

세상을 아는가? 많은 곳을 찾고 많은 것을 보고 경험하고 느껴야 세상이 보인다. 우리 모두 지구촌을 누비며 미래를 상상하자. 아래 그림들은 '이주헌의 스케치북'에서 발췌

독일(드레스덴)

에스토니아(탈린)

인도(뉴델리)

잠비아(빅토리아폭포)

베트남(메콩)

몽골(평원)

몽골뉴질랜드(남섬)

인도(겐지스강)

바티칸

프랑스(파리)

이집트(피라미드)

이스라엘(예루살렘)

미국(국회의사당)

영국(런던)

스위스(루체른)

네덜란드(암스테르담)

호주(시드니)

체코(프라하)

이탈리아(피렌체)

미국(샌프란시스코)

인도네시아(발리)

사이판

중국(북경)

러시아(모스크바)

스페인(바르셀로나)

브라질(리오)

헝가리(부다페스트)

덴마크(코펜하겐)

스웨덴(스톡홀름)

티베트(라싸)

보스니아(스타리모스트)

크로아티아

미국(라스베가스)

터키(이스탄불)

일본(동경)

라오스(탕원)

그리스(마테오라)

금강산

개성(선죽교)

남아프리카공화국(케이프타운)

멕시코(피라미드)

캄보디아(시골)

페루(마추피추)

에티오피아(평원)

보츠와나(초베)

| 찾아보기 |

국문

갈등론 ······ 135
검은 겨울 ······ 350
게놈 ······ 89
게임 ······ 348
게임이론 ······ 349
경로의존성 ······ 130
경영프로세스 혁신 ······ 352
계층화분석법 ······ 315
계획수립 ······ 198
고령화사회 ······ 363
고슴도치 개념 ······ 196
과학기술정책연구원 ······ 67, 427, 510
교차영향분석 ······ 274
교차일관성평가 ······ 241
구글 독감 트렌드 ······ 279
국가미래준비지수 ······ 304
국가미래지수 ······ 301
국가전략 ······ 487
국제미래학회 ······ 68
글로벌 트렌드 ······ 511
기대수명 ······ 507
기법 ······ 145, 146
기술로드맵 ······ 320
기술론 ······ 133
기술인문융합창작소 ······ 441
기술트리 ······ 538
기업미래지수 ······ 306
기하급수적 ······ 120
꿈 ······ 29

나비효과 ······ 6
나이스비트 ······ 20

다윈 ······ 137
단속평형 ······ 122
데니스 가버 ······ 7
데이터 ······ 64
데이터 마이닝 ······ 285
데이토 ······ 7, 9, 121, 379
델파이 기법 ······ 270
델포이 ······ 36
도구 ······ 145
동양철학 ······ 13
디스플레이 산업 ······ 531
디아만디스 ······ 92
딥러닝 ······ 84

라이프스타일 ······ 533
랜덤워크 가설 ······ 169
로드맵 ······ 320
로마클럽 ······ 40
로바마 ······ 85
리더십 ······ 188, 350
리얼타임 델파이기법 ······ 272
리프킨 ······ 94

만다라 338
만다라 계획법 483
매슬로우 463
머신러닝 84
머피의 법칙 165
메가시티 86
메가트렌드 20
메가트렌드 코리아 235
메이크온 542
문헌조사 249
문화론 134
미국 국가정보위원회 97
미래 다이아몬드 312
미래상 시각화 334
미래수레바퀴 256
미래역량 345
미래연구센터 427
미래전략개발 344
미래지도 337
미래창조 198
미래창조론 167
미래콘 48, 143
미래학회 69
밀레니엄 프로젝트 81

박성원 71, 153
박영숙 71
발전론 133
방법 145
방법론 145, 369
100세 시대 363
백캐스팅 327
베이스라인 미래 171
변화관리 356
변화의 철칙 202
복잡계 128, 129
복잡적응계 128
브레인스토밍 290
블록체인 87
비선형 120
비숍 148, 370
비연속 121
비저닝 193
비저닝 워크숍 328
비전 193
비전 선언문 194
비즈니스 프로세스 리엔지니어링 23, 204
비판적 사고 143, 173
빅데이터 277

사명선언문 461
사우디 비전 2030 518
사이버네틱 127
사이버네틱스 124
사이버물리시스템 102
사회변동 131
사후 566
생명게임 245
선형 120
성공 33
성과관리 358
세계미래연구연맹 40
세계미래회의 40
셀룰러 오토마타 125
소피아 84
수확체감법칙 121
순간이동 85
순환론 135
슈가스케이프 246
스캐닝히트 160

스페인독감 ··· 249
시각화 기법 ··· 334
시계열분석 ··· 237
시나리오 기법 ··· 263, 492
시나리오 플래닝 ··· 139, 266, 387
시대 ··· 171
시리 ··· 561
시뮬레이션 ··· 348
시스템 ··· 124
시스템 사고 ··· 124
싱귤래리티 대학 ··· 92

아모레퍼시픽 ··· 542
아바타 ··· 85
아시모프 ··· 148
아웃바운드 변화 ··· 187
안드로이드 ··· 568
알레아토릭 ··· 509
알렉사 ··· 561
양극화 ··· 497
양자 컴퓨터 ··· 85
에이전트 ··· 138
에이전트 기반 모델링 ··· 245
와일드카드 ··· 163, 296
외삽법 ··· 167
욕구이론 ··· 463
윈드터널링 ··· 325
웰스 ··· 37
유물론 ··· 133
유엔미래포럼 ··· 66, 82
의류산업 ··· 554
의사결정나무 ··· 323
의생활 ··· 554
이광형 ··· 410
이나야툴라 ··· 230
이머징 이슈 ··· 163, 218
인공일반지능 ··· 84
인과층위분석 ··· 230
인더스트리 4.0 ··· 102
인바운드 변화 ··· 187
인생설계도 ··· 475
인생프로세스 ··· 462, 475
임계성 ··· 129

재앙 ··· 129
전략기획 ··· 198, 340
전략적 미래창조 ··· 342
전망 ··· 167
전문 데이터베이스 ··· 222
전문가패널 ··· 295
점근적 ··· 121
정량적 ··· 167
정보통신정책연구원 ··· 65, 420
정성적 ··· 167
정책개발 ··· 488
정책게임 ··· 349
제4차 산업혁명 ··· 84, 101
제로한계비용 ··· 94
지능 ··· 464
지멘스 ··· 336
진보론 ··· 132
진화론 ··· 137

창발 ··· 138
창발론 ··· 137
창의성 ··· 174
창조적 파괴 ··· 202
천재적 예측 ··· 298
최윤식 ··· 72
최항섭 ··· 420

추론 168
추리소설 243
추세외삽법 232

카오스 129
카오스 이론 6
KAIST 문술미래전략대학원 405
카이스트 미래관리 방법론 406
커즈와일 92
칸 263
콘웨이 245
클라우스 슈밥 102
클라크 8

타임 호라이존 118
탐색 156, 159
텍스트 마이닝 285
텔레프레즌스 85
토정비결 14
통찰력 31
통합이론 140
통합적 미래 141
트랜스휴먼 568
트렌드분석 232
특이점 84, 92, 95

포사이트 47, 145
포스트휴먼 568
포용적 성장 103
포터 163
퓨처스 휠 256
프레임워크 145, 148
프레임워크 예측 158
플롯 266

하둡 280
하랄 339
하와이대학 379
한국과학기술기획평가원 99, 438
한국과학기술정보연구원 438
한국미래학연구원 65
한국미래학회 65
한국정보화진흥원 67, 411
한백연구재단 65
해머 352
행복 33
형태분석법 240
호모 헌드레드 29
호킹 43
환경스캐닝 220
회귀분석 236
휠라이트 468
휴스턴대학 148, 369
히로시 8

영문

Agent-based Modelling 245
Aleatorik 508
Alexa 561
Analytic Hierarchy Process 315
android 568
artificial general intelligence 84
Arup Foresight 226
Asimov 148
asymptotic 121
avatar 85

Backcasting 327
Balanced Score Card 358

BHAG ··· 390
big data ··· 277
Bishop ··· 148
blockchain ··· 87
BPR: Business Process Reengineering ··· 204, 352
brainstorming ··· 290

Catastrophe ··· 129
Causal Layered Analysis ··· 230
cellular automata ··· 125
change management ··· 356
chaos ··· 129
complex adaptive systems ··· 128
complex system ··· 128, 129
conflict theory ··· 135
creativity ··· 174
critical thinking ··· 143, 173
criticality ··· 129
cross impact analysis ··· 274
cross-consistency assessment ··· 241
culture theory ··· 134
cyber physical system ··· 102
cybernetics ··· 124, 127
cycle theory ··· 135

Dark Winter ··· 350
Darwin ··· 137
data mining ··· 285
Dator ··· 121
decision tree ··· 323
deep learning ··· 84
Delphi ··· 270
Delphoe ··· 36
Dennis Garbor ··· 7
development theory ··· 133
discontinuity ··· 121
dream ··· 29

Emergence theory ··· 137
emerging issue ··· 163, 218
environmental scanning ··· 220
evolution theory ··· 137
expert panelling ··· 295
exponential ··· 120
extrapolation ··· 167

Flight simulation ··· 348
foresight ··· 47, 51, 145
Foresight & Envisioning Framework ··· 441
four images of the future ··· 121
framework ··· 145, 148
framework forecasting ··· 158
Framework Foresight ··· 148, 370
FROM ··· 411, 498
futures cone ··· 48, 143
Futures Management ··· 51
futures map ··· 337
Futures Research ··· 51
Futures Studies ··· 51
futures wheel ··· 256
futuring ··· 167
futurology ··· 38, 51

Genius forecasting ··· 298
genome ··· 89
GNR ··· 94
Goole flu trends ··· 279

Hadoop ··· 280

happiness ········· 33
hedgehog concept ········· 196
Herbert George Wells ········· 37
Herman Kahn ········· 263
homo hundred ········· 29
human hierarchy of needs ········· 463

Inayatullah ········· 230
inbound change ········· 187
inclusive growth ········· 103
integral futures ········· 141
integral theory ········· 140
iron law of change ········· 202

James Dator ········· 7, 379
jenna sais quoi ········· 392
Jerome Glenn ········· 256
John Conway ········· 245

KAIST ········· 405
KISDI ········· 420
kistep ········· 99
KISTI ········· 438
KITAIP ········· 420
Klaus Schwab ········· 102
Kurzweil ········· 92

Leadership ········· 188, 350
life after death ········· 566
life process ········· 475
life-style ········· 533
linear ········· 120
literature review ········· 249

Machine learning ········· 84
materialism ········· 133
megatrend ········· 20
method ········· 145
methodology ········· 145, 369
Michael Hammer ········· 352
mission statement ········· 461
morphological analysis ········· 240
Murphy's law ········· 165

NIC: Naional Intelligence Council ········· 97
NBIC ········· 276
nonlinear ········· 120

Outbound change ········· 187

Path dependence ········· 130
performance management ········· 358
Peter Diamandis ········· 92
pictures of the future ········· 336
planning ········· 198
plot ········· 266
policy game ········· 349
Porter ········· 163
post-human ········· 568
prediction ········· 167
progressive theory ········· 132
punctuated equilibrium ········· 122

Qualitative ········· 167
quantitative ········· 167
QUEST ········· 222

Random Walk Hypothesis ········· 169
regression analysis ········· 236
Rifkin ········· 94

road map ··· 320

Scanning ··· 156, 159
scanning hit ··· 160
scenario ··· 263
scenario planning ··· 139, 266
Shaping Tomorrow ··· 393
Siemens ··· 394
singularity ··· 92
Siri ··· 561
social change ··· 131
SOFI ··· 301
STEEP ··· 117, 224
STEEPS ··· 412
STEPPER ··· 408
strategic foresight ··· 342
strategic planning ··· 198, 340
Strategy Development and Implementation 342
success ··· 33
sugarscape ··· 246
SWOT ··· 330
systems thinking ··· 124

TAIDA ··· 387
Tasaka Hiroshi ··· 8
TechCast ··· 339
technique ··· 145
Technology Road Map ··· 320
technology theory ··· 133
tele-presense ··· 85
teleportation ··· 85
text mining ··· 285
The Club of Rome ··· 40
The law of diminishing return ··· 121
The Millenium Project ··· 81
time horizon ··· 118
time series ··· 237
tools ··· 145
transhuman ··· 568
trend analysis ··· 232
trend extrapolation ··· 232

Vision statement ··· 194
visioning ··· 193
Visioning Workshop ··· 328
visualization ··· 334

Watson Content Analytics ··· 287
Wheelwright ··· 468
wild cards ··· 163, 296
William Haral ··· 339
wind tunnelling ··· 325
World Futures Society ··· 40
World Futures Studies Federation ··· 40

맺음말

나의 소망

이 책은 2018년 초 저자가 검은 아프리카 대륙의 50년 후 미래설계도를 접한 후 대한민국의 미래를 꿈꾸며 쓴 책이다. 한반도의 10년 후도 모르는데 아프리카의 50년 후라니! 신선한 충격이었다. 책에 대한 구상이 여행 중에 시작되었다.

급변하는 글로벌지구촌・신문명사회・기술혁명시대의 10년, 20년 후의 미래를 예측하고 바람직한 미래를 창조하는 이론과 응용사례를 담았다. 개념조차 모호한 '미래'를 누구나 쉽고 재미있게 이해하고 '미래학'을 공부하여 국가・기업・개인의 미래경영에 실용화할 수 있도록 썼다.

아직은 황무지에 가까운 대한민국의 미래학! 이 책으로 우리나라 대학에 미래학을 전파시키고 싶은 것이 33년 교수생활 끝의 작은 소망이다.

아무쪼록 우리나라 젊은이들이 꿈을 꾸며 미래를 개척해가는 데 도움이 되길 바라며, 내 뜻에 흔쾌히 동참해 준 도서출판 청람의 이수영 대표와 책으로 만드느라 수고해 주신 모든 분들께 감사드린다.

저자　이주헌

| 저자약력 |

이주헌

고등학교 1학년 때부터 미국에서 수학, 남미시시피대학교에서 컴퓨터과학(학사), 버지니아공대에서 산업공학(석사), 일리노이공대에서 경영정보학(박사)을 전공한 후, (미)벨연구소 연구원, LG전자(前 금성반도체와 금성소프트웨어) 연구소장을 지냈다. 한국데이터베이스학회장, 한국경영정보학회장, 전자정부특별위원회 위원, 정보통신정책연구원장(차관급), 한국IT리더스포럼 부회장을 역임했으며 (사)한국소프트웨어측정원의 대표를 맡고 있다.
현재 한국외국어대학교 경영대학 교수로 재직 중이다.

● 학술 저서

소프트웨어 입문(한경, 1988)
소프트웨어공학 시리즈(법영사)
㊤권: 소프트웨어공학론(1993)
㊥권: 소프트웨어 생산공학론(1993)
㊦권: 프로젝트 관리론(1991)
전략정보시스템 구축론(역서, 푸른산, 1993)
경영학으로의 초대(공저, 박영사, 2002)
정보통신정책 핸드북(공저, 법영사, 2005)
인터넷시대의 경영정보시스템(공저, 문영사, 2009)
플랫폼 경쟁 시대의 MIS(공저, 문영사, 2014)

● 일반 저서

하나님, 컴퓨터 그리고 사랑(법영사, 1991)
2020 미래한국(공저, 한길사, 2005)
메가트렌드 코리아(공저, 한길사, 2005)
IT로 말하는 통일한국의 미래(공저, 전자신문사, 2005)
대통령의 여인(북콘서트, 2009)
IT와 그림이 만난 인생은~ 이주헌의 스케치북(북랩, 2014)

미래학•미래경영

2018년 8월 25일 1판 1쇄 인쇄
2018년 8월 30일 1판 1쇄 발행

저 자 | 이주헌
발행인 | 이수영
발행처 | 도서출판 청람
서울시 마포구 독막로 288(대흥동, 세양상가 109호)
전 화 | 02)3272-2601~2
팩 스 | 02)3272-2603
이메일 | crbooks@daum.net
홈페이지 | http://www.crbooks.co.kr
등 록 | 2000년 8월 26일 제6-0509호

ISBN 978-89-5972-658-5 93320 [정가 35,000원]